마오주석과
전우를
그리워하며

마오주석과
전우를
그리워하며

초판 1쇄 인쇄 2018년 8월 14일
초판 1쇄 발행 2018년 8월 16일
지 은 이 우렁시(吳冷西)
옮 긴 이 김승일(金勝一) · 이인선(李仁善)
발 행 인 김승일
디 자 인 조경미
펴 낸 곳 경지출판사
출판등록 제2015-000026호

판매 및 공급처　도서출판 징검다리
주소 경기도 파주시 산남로 85-8
Tel : 031-957-3890~1 **Fax** : 031-957-3889 **e-mail** : zinggumdari@hanmail.net

ISBN 979-11-88783-63-2　93340

마오주석과
전우를
그리워하며

우렁시(吳冷西) 지음 | 김승일(金勝一)·이인선(李仁善)옮김

경지출판사

1. 1937년 우렁시는 연안에 도착하여 항일군정대학에서 학습한 후에 연안 마르크스·레닌연구원에 들어가 학습하였다. 1941년 『해방일보』 편집부에 들어가 국제부 주임으로 활동했다. 사진은 우렁시가 『해방일보』 국제부 부주임 황차오량(黃操良)과 함께 논의하고 있는 모습.

2. 1961년 12월 우렁시는 신화사 사장에 취임했다. 사진은 1952년 우렁시가 신화사에서 일하는 모습

3. 1953년 마오 주석이 중남해(中南海) 회인당(懷仁堂) 후원에서 신화사 전국회의 대표들을 접견하였다. 앞 열 우로부터 첫 번째가 신화사 사장 우렁시

4. 1954년 저우(周恩来) 총리가 중국정부 대표단을 이끌고 제네바(日內瓦) 회의에 참석했다. 당시 우렁시는 대표단 고문 및 발표자들을 대표하여 이들을 이끌고 참가했다. 당시 저우 총리와 중국대표단 인원 및 고문들과 합동 촬영한 모습. 앞 열 좌로부터 리커농(李克農, 좌3), 왕쟈샹(王稼祥, 좌4), 장원톈(張聞天, 좌5), 저우언라이(周恩来, 좌6), 공펑(龔澎, 좌8), 우렁시(앞열 우1)

5. 1959년 10월 비행장에서 호지명 주석이 중국을 방문했을 때, 류샤오치 주석과 담화하고 있는 우링시 모습.

6. 1959년 여산(廬山)회의 기간에, 후챠오무(胡喬木, 우측), 톈쟈잉(田家英, 좌측)과 여산에서 합동 촬영.

7. 1961년 5월 라오스(老撾) 문제에 관한 제네바 회의에서 중국정부 대표단 일원이며 대표단 대변인 인 우렁시와 각국 기자들이 함께 대화하고 있다.

8. 1961년 5월 13일 라오스 문제를 다룬 제네바 회의에 참석한 중국 정부 대표단이 기자회견을 하고
   있다. 사진은 중국대표단 일원이며 대표단 대변인인 우렁시가 기자들 질문에 답하고 있는 모습(뒷
   열 좌2).

9. 1961년 마오 주석이 일본 언론계 친구를 회견하고 있다. 당시 우렁시가 동행하여 같이 회견하였다.
   앞 열 좌1이 우렁시.

10. 1962년 저우 총리가 중남해 서화청(西花厅) 앞에서 우렁시와 담화하면서 신화사의 업무를 지시하고 있다.

11. 1963년 시자오(西郊)비행장에서 일을 마치고 귀국하는 류
샤오치 주석을 우링시와 주더(朱德) 위원장이 함께 환영하
였다.

12. 1964년 12월 저우 총리가 정부의 공작보고를 기초한 전체 성원들을 접견한 후, 조어대(釣魚台) 10호 건물 앞에서 합동 촬영한 모습. 좌3 우렁시, 좌4 저우 총리, 좌6 캉성(康生), 좌7 천이(陳毅).

13. 1966년 3월 3일 중공 중앙 부주석 류샤오치를 수석으로 한 중공대표단과 일본공산당 중앙 총서 기 미야모토 겐지(宮本顯治)를 수석으로 한 일본대표단이 회담하고 있다. 사진은 좌측이 중국 대 표단이고 좌3이 덩샤오핑(鄧小平), 좌5 류샤오치, 좌6 펑전(彭真), 좌7 캉성, 좌8 우렁시이다.

14. 1972년 10월 13일 저우 총리가 영국 톰슨(湯姆森)신문사 연합 회장 톰슨 남작을 회견하고 있다. 앞 열 좌3이 당시 『인민일보』 책임자 임무를 맡고 있던 우렁시이다. 이는 우렁시가 '문화대혁명' 중 타도되었다가 다시 복귀한 후 처음으로 참가한 외무관계 활동이었다.

15. 연안의 보탑산(宝搭山)

16. 1980년 4월 우렁시는 중공 광동성위 서기로 취임하였다. 사진은 1980년 여름 우렁시가 광주주도
빈관(広州珠島賓館)에서 시종쉰(習仲勳)(좌1, 당시 중공 광동성위 제1서기 및 성장), 양상쿤(楊
尚昆, 좌2 당시중공 광동성위 제2서기, 광동군구 제1정위)과 담화하고 있는 모습.

17. 1980년 우렁시, 양상쿤(좌2), 시종쉰(좌3) 등이 함께 광저우
비행장에서 예젠잉(葉劍英)을 영접하고 있는 모습.

18. 1980년 10월 광동성 성장 시종쉰이 중국 성장 대표단을 인솔하여 미국을 방문하였다. 시종쉰(앞 열 우2), 중공 감숙성위 제1서기 송핑(宋平, 뒷 열 좌2), 중공 광동성위 서기 우렁시(뒷 열 좌1).

19. 1980년 11월 우렁시가 광저우에서 일하는 기간 중에 "건국 이래 당의 약간의 역사문제에 관한 결의"를 기초하는 일에 참여하기 위해 북경에 갔다. 사진은 1981년 7월 후야오방(胡耀邦)이 "결의"를 기초하는 전체 성원들을 접견했을 때의 합동촬영. 둘째 줄 우렁시(좌2), 덩리췬(좌3), 후차오무(좌4), 후야오방(좌5)

20. 1982년 4월 우렁시가 라디오·텔레비전부 부장에 취
   임했다. 사진은 1982년 12월 후야오방이 라디오·텔레
   비전부를 시찰할 때 환담하는 장면. 우렁시(좌1)

21. 1982년 12월 후야오방이 라디오·텔레비전부를 시찰할 때 수행하는 모습. 우렁시(좌1)

22. 1984년 덩샤오핑이 미국 신문계 인사들을 접견하였다. 사진은 덩샤오핑이 미국 친구들에게 사인 해주고 있는 모습. 당시 라디오·텔레비전부 부장 및 전국신문공저자협회 주석인 우렁시(우-2)도 참석하였다.

23. 1991년 우렁시가 부인 샤오옌(蕭岩)과 집에서 합동촬영

24. 1995년 집에서 회고록을 집필하고 있는 우렁시의 모습

서문

이 기념문집은 렁시(冷西)가 생전에 쓴 회고록과 기념 글로 구성되었다. 옌안(延安)시기에서부터 사회주의 건설시기에 이르기까지 렁시는 줄곧 중국공산당의 언론분야에서 근무했다. 업무상의 편의로 그는 중앙 지도자들의 직접적인 업무지도를 받을 수 있는 기회를 얻을 수 있었으며, 일부 중요한 정치사건과 역사적 사건을 직접 겪기도 했다. 그는 회고록에서 자신이 직접 겪은 대로 마오쩌둥(毛沢東)·류샤오치(劉少奇)·저우언라이(周恩来) 등 당과 국가 지도자들의 일부 업무생활을 기록했으며, 그 자신과 랴오청즈(廖承志)·후챠오무(胡喬木)·아이스치(艾思奇)·톈자잉(田家英)·야오전(姚溱) 동지와 친분을 맺고 함께 일해 온 과정을 기록했다. 그 글들은 중국공산당 지도자들의 업무 맥락과 실천을 반영했을 뿐 아니라, 다른 한 측면으로 보면 역사를 기록한 것이기도 했다.

본 문집에 수록된 글들은 모두 간행물들에 각각 발표된 바 있는 글들이다. 그중 일부는 회고록이고, 일부는 청탁을 받고 쓴 기념 글이다. 회고록 중 『마오 주석을 추억하며』라는 글은 신화(新華)출판사에서 1995년에 출판된 바 있다. 본 문집에 수록된 『마오 주석을 추억하며』는 렁시가 생전에 직접 교정을 거친 개정판으로 제1차로 출판된 글 중 일부 문자에 대해서만 수정했다. 「옌안 10년」은 렁시의 자서전 중의 한 장이다. 본 문집에 수록된 기념 글로는 「7천 명 대회에서의 샤오치 동지」·「조정 시기의 샤오치 동지」·「저우 총리와 관련해 가장 인상 깊었던 사건들」·「1961~1964년의 저우 총리」·「랴오청즈 동지가 신화사 업무를 이끌다」·「챠오무 동지를 추억하며」 등이 있다.

그는 회고록을 쓰는 동안에 비록 수중의 원고를 채 마무리하지 못한 상황이었음에도 여전히 오랜 벗들의 원고청탁을 흔쾌히 받아들였다.

톈자잉 동지 부인인 동볜(董邊) 동지의 요구에 응해 「자잉과 함께 일했던 나날들」이라는 글을 썼고, 야오전 동지 가족의 요구에 응해 「야오전 동지를 추억하다」라는 글을 썼으며, 아이스치 동지 가족의 요구에 응해 「계몽스승 아이스치를 추억하다」라는 글을 썼다. 특별히 말하고 싶은 것은 그가 수령을 기념하는 글을 쓰건 동료와 벗을 추모하는 글을 쓰건 언제나 정확하고 완벽하게 쓰려고 애썼으며, 직접 자료를 찾아 확인하고 직접 집필했다는 점이다. 그렇게 하느라고 그는 너무 지치곤 했다. 그는 『마오 주석을 추억하며』를 집필할 때 쓰다가 쉬다가 하면서 4년 반을 거쳐서야 비로소 완성했다. 그는 절친한 벗인 톈자잉 동지와 야오전 동지를 추모하는 글을 쓰는 과정에서 과로로 몸져눕기까지 했었다.

신 중국의 창립과 건설에 참가했던 오랜 세대 공산주의자들이 잇따라 세상을 떠나고 있는 실정이어서 노도와 같은 줄기찬 역사를 진실하게 기록하려는 것이 렁시의 초심이었다. 그와 몇 십 년을 서로 의지하고 서로 도우며 함께 살아온 아내로서, 그의 이런 글을 정리해 보다 많은 사람들이 오래도록 세세대대로 공산주의자들에 대해 이해하고, 렁시를 이해할 수 있도록 하는 것이 나의 책임이라고 할 수 있다.

본 문집은 중앙문헌연구실의 심사를 거쳤다. 출판 과정에서 인민출판사와 신화사 지도자들의 전폭적인 지지를 얻었다. 이 자리를 비러 특별히 그들에게 진심으로 감사의 뜻을 전한다.

샤오옌(蕭岩)

2015년 6월 집에서

CONTENTS

머리말

1. 옌안(延安) 십년

(1) 낯설던 데서부터 시작하다 _38

(2) '해방일보사'에서 근무하면서 느낀 것 _42

(3) 후세에 전해질 훌륭한 작품 _45

(4) 밤낮을 이어 주시하다 _49

(5) 정풍과 개판(改版) 및 사상 개조 _50

(6) 일본의 항복으로부터 옌안에서의 철수까지 _62

2. 마오 주석을 추억하다

(1) 스탈린에 대한 평가 사건과 관련해서 _76

(2) 신문의 계급성 _116

(3) 정치가가 발행하는 신문 _124

(4) '반(反)급진주의'에 대한 비평 _132

(5) 사기를 북돋우는 것과 분위기를 진정시키는 것 _149

(6) 무력투쟁과 언론투쟁 _168

(7) 냉정한 촉진파 _195

(8) 실사구시하게 _210

(9) 투쟁도 하고 단합도 하고 _223

(10) 신문 선전은 바뀌어야 한다 _243

(11) 학술토론에서 '문화대혁명'에 이르기까지 _257

(12) 부록: 다섯 가지 두려움 모르는 정신 및 기타 _272

3. 7천 명 대회에서의 샤오치(少奇) 동지

(1) 지극히 중요한 회의 _290

(2) 두 개의 '삼칠개(三七開)' _293

(3) 분산주의를 비평하다 _298

(4) 자아비평과 분풀이 회 _302

CONTENTS

4. 조정시기의 샤오치 동지

(1) 조정 시기에 늘어가다   _308

(2) 7천명 대회   _312

(3) 사회주의도 경제위기가 발생할 수 있다.   _331

(4) 일을 계급투쟁과 연결시키지 않는다.   _337

5. 저우(周) 총리에 대해 가장 인상 깊었던 몇 가지 일

(1) 첫 번째 담화   _348

(2) '편집장 보좌관'   _350

(3) 도시에 들어간 후의 새로운 과제   _352

(4) 매일 『참고자료』를 반드시 봐야 한다.   _355

(5) 타이완 해협의 두 차례 풍파   _358

(6) 엄격한 비평   _362

(7) 리종런(李宗仁)의 기자회견   _365

(8) 제1차 핵실험   _369

6. 저우 총리의 1961년부터 1964년

(1) 8자 방침의 제기 _376

(2) 조사연구의 풍조를 크게 일으키다 _377

(3) '7천명 대회'에서 자아비평하다 _379

(4) 경제난이 예상했던 것보다 훨씬 더 심각했다 _382

(5) 비상조치를 취하다 _386

(6) 계급투쟁을 확고히 하는 것이 조정업무에

영향을 주어서는 안 된다 _390

(7) 국민경제가 전면적으로 호전되다 _397

7. 랴오청즈(廖承志) 동지가 신화사 업무를 지도하다

(1) 전면적인 내전이 시작될 때 임무를 맡았다 _404

(2) 연안에서 철거하다 _407

(3) 타이항(太行) 임시 본사가 업무를 인계받다 _409

(4) 중앙과 멀리 떨어져 있던 타이항시기 _412

(5) 시바이퍼(西栢坡)에서 중앙과 합류하다 _417

CONTENTS

8. 차오무(喬木) 동지를 회억하다

(1) 사론(社論)으로 차오무 동지를 알게 되다   _424

(2) 차오무의 지도하에 합동 훈련을 받다   _426

(3) 우수한 정론가의 풍채   _429

(4) 루산(廬山)회의에서 '문화대혁명'까지   _431

(5) 다시 일하다   _435

9. 계몽 선생님 아이쓰치(艾思奇)를 회억하다

(1) 『대중철학(大衆哲学)』의 나에 대한 계몽   _440

(2) '라오아이(老艾, 아이쓰치 동지에 대한 애칭)'에

    대한 인상기   _441

(3) 아이쓰치 동지와 함께 일하다   _444

10. 자잉(可英)과 함께 일하던 나날

(1) 양자링(楊家岭)에서 서로 알게 되다   _450

(2) 징구(静谷)에서 도움을 청하다   _452

(3) 첫 번째 협력 _455

(4) 위베이(予北) 조사 _457

(5) 루산 풍운 _462

(6) 다시 루산에 오르다 _478

(7) 7천명 대회 _482

(8) 베이다이허(北戴河)에서 좌절을 맛보다 _493

(9) 『10조(条)』에서 『23조(条)』까지 _498

(10) 폭풍 전야 _503

(11) 동호(東湖)에서 사별하다 _506

11. 야오전(姚溱) 동지를 추억하다

(1) 마오쩌둥 사상의 홍보 전문가 _514

(2) 중-소 논전(論戰)에 뛰어들다 _517

(3) "5인 소조"의 업무에 참가하다 _526

(4) 마지막 결별 _540

(5) 세상과의 비장(悲壯)한 사별 _542

1. 옌안(延安) 십년

1. 옌안(延安) 십년*

(1) 낯설던 데서부터 시작하다

동년배들 중에서도 나는 아주 늦게 마오 주석을 알게 되었다. 내가 처음 마오쩌둥이라는 이름을 듣게 된 것은 1935년 12.9운동을 앞둔 얼마 전이었다. 당시 나는 광저우(広州) 광야(広雅)중학교에서 공부할 때였고, 나이는 16살이었다. 나보다 두 학년 선배인 고등학생이 '주마오 홍군(朱毛紅軍. 주더와 마오쩌둥이 각각 이끌던 부대가 합류하여 형성한 군대 - 역자 주)'의 장정 이야기를 들려주었다. 그때 나는 처음 '공농홍군(工農紅軍)'·'공산당'이 있다는 사실을 알게 되었다. 그러나 '주마오'라는 사람은 여전히 너무나 낯선 이름이었다.

나는 애국 학생이었다. 동북 3성이 함락하고 일제가 화북(華北)지역을 침범했으며 나라가 나날이 망해가는 것을 보면서 공산당·공농홍군의 단호한 항일 주장에 가탄했으며, 또 열렬히 동경하게 되었다. 그로 인해 나는 베이핑(北平) 학생들이 일으킨 12.9 운동에 적극 호응하게 되었으며, 일주일 뒤에는 광저우 12.16 시위에 참가하게 되었다.

그때부터 나는 항일구국운동에 헌신하면서 잡지인 『생활주간(生活週刊)』·

---

* 본 문의 원 제목은 「옌안 십년—마오 주석 인상기(延安十年—毛主席印象記)」로 2001년 『중화혼(中 華 魂)』 제8-10기에 게재됨.

『세계지식(世界知識)』·『자수대학(自修大学)』 등 좌익 간행물을 통해 항일 구국의 이치, 고통 받는 대중의 해방·민족 해방·사회 해방의 이치에 대해 점차 인식하게 되었으며, 세계 최초로 고통 받던 대중이 주인이 된 국가인 소련에 대해 알게 되었다.

루꺼우챠오(盧溝橋)사건이 있은 뒤 잡지 『자수대학』에서 옌안 항일군정대학을 소개한 글을 보고 나는 1937년 12월 초 처음 광저우를 떠나 옌안으로 갔다. 항일을 위한 실력을 배우고 쌓기 위해서였다. 내가 선망한 것은 공산당·홍군이라는 집단이었으며 그 집단의 지도자에 대해서는 별로 인상이 없었다.

옌안에 이른 나는 항일 군정대학에 들어갔다. 처음에는 마오쩌둥·주더(朱德)·저우언라이·장원텐(張聞天) 등 공산당 일부 지도자의 이름만 알고 있었을 뿐, 대체 누가 선두주자인지 알지도 못했고, 또 별로 개의치도 않았다. 내가 보기에 당시 마오쩌둥의 지위는 별로 두드러지지 않았다. 그저 그가 '항대(抗大. 항일 군정 대학을 줄여서 이른 말)' 학생들에게 여러 차례 연설을 했다고만 들었을 뿐 나는 보지도 듣지도 못했었다.

내가 먼저 만난 사람은 마오 주석이 아니라 주더 총사령관이었다. 주 총사령관이 늘 '항대' 본부 농구장에 와서 농구를 하곤 했는데, 그때 당시 나는 학교 본부 뒤에 있던 '항대' 제3기 제3대대 제10대에서 재학 중이었기 때문이었다. 그 곳은 옌안사범학교 옛터로 농구장 바로 옆이었다. 주 총사령관이 나에게 준 대체적인 인상은 붙임성이 좋고 후더분한 연장자라는 것이었다. 얼핏 보면 취사부나 마부로 오해 받기 딱 좋은 인상이었다. 수장으로서의 용모가 전혀 갖추어 지지 않았다.

근 십 년간 옌안에 있으면서 나는 마오 주석의 연설을 여러 차례 들었지만, 마오 주석과 직접 이야기를 나눈 적은 한 번도 없었다. 내가 마오 주석에 대해 낯설던 데서 초보적으로 알게 되기까지는 주로 언론 업무를 통해서 느낀 것에 불과했다.

내가 처음 마오 주석을 만나 그의 연설을 듣게 된 것은 1938년 3월 19일 '항대' 제4기 개학식 때였다. 나는 원래 1937년 12월부터 '항대' 제3기 학생이었는데 1938년 2월말에 졸업한 뒤 제4기 군사대대에 다시 입학 신청을 냈다. 전선에 나가 일제와 싸울 준비를 하기 위해서였다. 학교 본부는 제4기 군사대대(后에 제1대대로 개칭)를 옌안에서 와야오바오(瓦窯堡)로 이주시키기로 결정했다. 출발을 앞두고 개학식이 열렸는데 마오 주석이 우리에게 연설을 했다. 기본 내용은 "항일군정대학은 이름 그대로 항일에 대해 배우기 위한 학교로서, 그러기 위해서는 정치에 대해 배워야 할 뿐 만 아니라, 특히 군사에 대해 배워야 하며, 정치와 군사를 서로 결합시켜야 한다는 것", "군사대대에는 노홍군(3분의 1을 차지)도 있고, 청년 학생(3분의 2를 차지)도 있는데, 서로 배우고 젊은 층과 나이 먹은 층이 결합되어야 한다는 것", "확고한 정치 방향과 어려움을 극복하고 분투하는 업무의 기풍, 민첩하고 능동적인 전략전술을 배워야 한다는 것" 등이었던 것으로 기억하고 있다.

마오 주석의 연설은 참으로 신선했으며 간단하고 이해하기 쉬운 것 같으면서도 자세히 음미해보면 깊은 뜻이 담겨 있었다. 나는 알 듯 말 듯 아리송했지만 연설을 듣고 전심전의로 군사기술을 잘 배워 적의 후방에 갈 준비를 해야겠다고 결심했다. 아쉽게도 졸업한 뒤 전선에 배치되지 않고 당시 옌안에서 최고의 학교인 마르크스·레닌학원에 추천되어 입학하게 되었다. 그때 당시 마오 주석이 나에게 남겨진 인상은 어렴풋이나마 위대한 이미지였으며 비범하고 헤아릴 수 없는 사람이었다.

내가 처음 마오 주석의 근무처에 배치되어 근무하게 된 것은 1940년 12월이었다. 그때 나는 중앙선전부로부터 마오 주석의 근무처로 차출되어 『시사총서(時事叢書)』 편집을 맡게 되었다. 그때 당시 나는 중앙선전부 편심과(編審科) 간사로 있으면서 중국공산당 중앙위원회 기관 간행물 『해방(解放)』 잡지 편집 업무에 참가하고 있었다. 차출 명령을 받은 나는 바로 마오 주석 거처에 있는 도서관 근처의 토굴집으로 가 근무하기 시작했다. 임무는 『항일전쟁 중의 항일 근거지』 편집을 담당하는 것이었다. 나와 우신위(武新宇, 중국이 해방된 후 제1기 전국인민대표대회상무위원회 부비서장)가 공동으로 책임을 맡고, 마오 주석 도서관의 동지(차이뮈[柴沫] 동지가 담당함)가 우리에게 여러 항일 근거지의 신문·잡지 등 간행물과 기타 자료를 제공했으며 우리는 그 중에서 선별하여 편찬했다.

처음에 업무를 시작할 때 천보다(陳伯達)가 우리에게 마오 주석의 의견을 전했다. 마오 주석이 적과 친구, 그리고 아군 세 방면에 대한 조사 연구를 강화할 것을 요구했다는 것이다. 이에 따라 이미 옌안 시사문제연구회가 설립되었고, 『시사총서』가 계속 편집 출판되었으며, 『함락지역에서의 일본 제국주의』가 이미 출판되었다. 그리고 또 대 후방(국민당 통치지역)·근거지 등 국내방면과 국제방면 관련 자료도 출판할 것을 요구했다. 마오 주석은 먼저 자료를 수집해 성실한 연구를 진행할 수 있도록 하여 결론을 이끌어낼 것을 요구했다. 그 일을 통해 나는 마오 주석이 자료 수집을 얼마나 중시하고 있는지를 처음으로 알게 되었다.

편집 과정에서 천보다(陳伯達)는 여러 차례나 마오 주석의 의견을 전했다. 주로 마오 주석이 적진 후방의 항일 근거지 신문과 잡지에 발표된 글과 통신을 추천해 책에 편집해 넣을 수 있게 생각해보라는 것이었다. 우리는 아침 일찍부터 저녁 늦게까지 3개월간의 시간을 들여 초고를 편찬했다. 여러 근거지에서 그때 당시 출판된 간행물이 아주 적은데다 일본 침략자와 괴뢰정권의 봉쇄로 교통상황이 좋지 않았기 때문에 수집한 자료는 아주 충분하지 못했다. 그래서 3월초에 이르러 편집을 잠시 중단하는 수밖에 없었다. 그 사이에는 마오 주석을 줄곧 만나지 못했다. 아마도 마오 주석이 그때 당시 완난사변(皖南事變)에 대한 처리로 바삐 지내고 있었기 때문이었을 것이다.

나는 왜 나를 차출해『시사총서』편집에 참가시켰는지를 알지 못했다. 아마도 내가 옌안 '오랜 세대 혁명가 5인' 중의 한 사람인 셰줴자이(謝覺哉) 동지와 함께 집필한「산(陝西)·간(甘肅)·닝(寧夏) 변경 지역 농촌 경제 관련 몇 가지 문제」라는 글이 1940년 11월 잡지『해방』19기에 발표되었는데 저자 이름을 셰줴자이·줘젠즈(左健之. 내가 옌안에서 쓰던 필명)라고 밝혔기 때문일 수도 있다. 그 글은 세 선생님의 지도를 받으며 쓴 것이었다. 그때 당시 그는 산간닝변경지역정부 미정청(民政庁) 청장 직을 맡고 있었다. 나는『시사총서』편집 업무가 잠시 중단된 후 바로 중앙선전부로 돌아가 국제문제연구를 계속했으며 시사평론들을 썼다.

(2) '해방일보사'에서 근무하면서 느낀 것

내가 옌안에 있으면서 마오 주석에 대해 알게 된 것은 대체로 중앙선전부에서 중앙 기관지『해방일보』로 전근되어 근무하던 시기였다.『해방일보』는 1941년 5월 16일에 창간했다. 그리고 잡지『해방』이 바로 정간되었으며, 나는 9월에 중앙선전부에서『해방일보』국제면 편집실로 전근되었다.

그때 당시 옌안에서 모두들 두 가지 문제를 두고 의론이 분분했다. 한 가지는 소(소련)독(독일)전쟁(『해방일보』가 창간된 지 1개월 남짓 지나서 발발함) 형세가 어떠한지 소련군이 히틀러의 전격전에 견뎌낼 수 있을지 하는 문제였고, 다른 한 가지는 일본과 독일·이탈리아가 '반공동맹'을 결성한 후(1940년 9월 결맹) 북쪽으로 소련을 공격할지 아니면 남쪽으로 미·영 식민지를 공격할지 하는 문제였다. 그때 당시 나는『해방일보』국제면 편집을 맡고 있었기 때문에 국제형세에 대한 옌안의 여러 분야에서의 견해에 대해 특별한 관심을 기울이고 있었다.

나는 보꾸구(博古) 동지(당시 그는『해방일보』사장 겸 신화사 사장이었음)와 위광성(余光生)(당시 그는 『해방일보』 부총편집장이었는데 미국 유학을 다녀온 인재로 언제나 마오 주석의 영문 통역을 맡곤 함)을 통해 중앙지도자, 주로 마오 주석의 견해를 전해 듣곤 했다. 나 자신도 늘 국제면의 책임 편집인 차오뤄밍(曺若茗) 동지(파리의 『구국시보[救国時報]』에서 근무한 경력이 있음)와 함께 제18집단군 총참모부(『해방일보』와 아주 가까운 왕자핑[王家坪]에 주둔해 있었음)에 가서 전쟁형세 좌담회에 참가하곤 했다.

왜놈들이 북진할지 아니면 남진할지 하는 문제에 대해 그때 당시에는 두 가지 견해가 있었다. 한 가지는 일본 공산당 주석 오카노 스스오(岡野進, 즉 노사카 산조[野坂参三]로 항일전쟁이 발발한 후 소련을 떠나 옌안으로 와 오랜 시간 정착함)가 이끄는 일본문제연구소를 대표로 하는 "두 가지 가능성이 다 있었으나 북진 가능성이 더 크다"고 하는 주장이었다. 다른 한 가지 견해는 총참모부 작전국 동지를 대표로 하는 "두 가지 가능성이 다 있으나 남진 가능성이 더 크다"고 주장하는 경향이었다. 나는 보꾸 동지를 통해 마오 주석의 견해를 두 번 전해 들었다.

한 번은 내가 신문사에 온 지 얼마 되지 않았을 때였다. 9월에 보꾸 동지가 전반적인 국제형세에 대해 말하면서 마오 주석은 만약 소련 홍군이 모스크바에 대한 히틀러의 전격전 공격을 이겨낼 수 있다면 일본군은 감히 북진하지 못할 것이고, 만약 일본이 미국과의 협상(그때 당시 워싱턴에서 협상 중이었음)에서 타협을 달성하지 못하게 될 경우 일본은 역시 북진하지 않고 남진할 것이라고 관측했다고 말했다. 그로부터 얼마 후인 약 10월말쯤에 보꾸 동지가 또 마오 주석의 견해를 전했다. 마오 주석은 다음과 같이 분석했다.

"일본 내각 개편을 거쳐 고노에(近衛)가 사퇴하고 군부의 수뇌인 도조 히데키(東条英機)가 등극한 것은 새 전쟁이 발발할 조짐이다. 현 상황으로 볼 때 일제는 남진할 가능성이 크다. 독일의 모스크바 공격이 거듭되는 저항을 받아 진전이 더디고 있고, 또 이제 곧 겨울이 다가오고 있어 독일군의 공격이 더 큰 어려움에 직면하게 된 상황에서 일본이 경솔하게 북진한다는 것은 상상하기 어려운 일이다"라고 분석했다. 그러면서 "반면에 태평양지역 미·영의 군사력은 약해 공격하기 쉬우므로 일본은 쉬운 것부터 골라 먹을 가능성이 컸다. 게다가 태평양지역은 물산이 풍부해 일본의 입맛에 꼭 들어맞지만, 시베리아는 얼음과 눈에 뒤덮여 있고 황량하고 인가가 적기 때문에 가까운 시기에는 일본에 별로 쓸모가 없다.

독일·이탈리아·일본 3국의 반공동맹이 연합해 소련을 공격해야만 하는 것은 아니다. 독일이 서유럽을 공격하는 것도 '반공'의 기치를 치켜든 것이었고, 일본이 중국에 대해 침략전쟁을 발동한 것도 '반공'의 기치를 치켜든 것이다. 태평양에서 영·미를 공격하는 데도 이러한 기치를 추켜들 수 있다. 그렇기 때문에 중·소·미·영이 연합해 독·이·일에 저항하는 형세가 나타날 수 있다. 이는 항일전쟁을 해야 하는 중국의 입장에서는 아주 유리한 일이다. 완난사변 후 낙담과 조급한 정서를 쓸어버려야 한다. 중·소·미·영이 필승을 이룰 수 있다는 대 추세를 보아야 한다"고 했다.

1개월 남짓 지난 후 일본이 진주만을 기습했으며 태평양전쟁이 발발했다. 마오 주석의 예측이 완벽하게 실증된 것이었다.

소·독 전쟁과 관련해서 마오 주석은 소·독 전쟁이 발발하고부터 줄곧 전쟁 국면의 발전을 예의 주시하면서 자신의 독특한 견해를 꾸준히 제기했다고 보꾸 동지가 전했다.

나에게 가장 인상 깊었던 일이 두 번 있었다. 첫 번째 인상 깊었던 일은, 독일군 전격전에 대한 마오 주석의 견해였다. 독일군은 6월 22일부터 전격전을 발동했으며 빠른 진전을 이루었다. 히틀러는 3개월 내에 소련을 정복하려고 시도했다. 그때 당시 서방의 평론은 대부분 한쪽으로 기울어 모두 소련군이 이미 무너졌다고 주장했다. 대략 9월경에 독일군은 북으로 모스크바를 향해 진군하는 한편 남으로는 돈바스지역을 향해 진군했다. 그때 마오 주석은 히틀러가 자신의 실력을 과대평가했다면서 군사를 두 갈래로 나누는 것은 승리를 거둘 수 있는 길이 아니라고 지적했다. 10월에 이르러 마오 주석은 소련군이 모스크바 서부에서 저항을 점차 강화해 독일군의 진군이 더뎌지고 있다고 지적했다. 그는 또 소련군이 동시에 남부의 로스토프 지역에서 독일군의 동진을 차단했다면서 전반적인 전쟁 형세가 이미 소련군에게 유리한 방향으로 점차 바뀌기 시작했다고 말했다.

11월 10월 혁명 기념일에 이르렀을 때, 마오 주석은 전격전으로써 소련군을 격파시키려던 히틀러의 전략적 시도가 실패할 것임이 확실시되었다면서 겨울에 재차 공세를 펼치지 못한다면 오히려 홍군의 반격을 받게 될 것이라고 이미 단정 했다. 사실이 증명하다시피 겨울이 되자 홍군은 잇따른 반격을 가해 모스크바까지 육박해온 독일군을 100여 Km밖까지 물리쳐 마오 주석의 예견을 실증해주었다.

(3) 후세에 전해질 훌륭한 작품

두 번째로 인상이 특별히 깊었던 일은 스탈린그라드 전투에 대한 마오 주석의 견해였다.

1942년 5월부터 독일군이 남부에서 대대적인 공격을 펴 돈강 유역에서부터 볼가강으로 빠르게 진군했으며, 또 카프카스지역을 향해 밀고 나갔다. 그때 전 세계가 크게 들썩했다. 모두가 독일군이 볼가강을 차단하고 카프카스유전을 점령한 뒤 모스크바 후방까지 에돌아 들어갈 것이라고 여겼다. 그러나 마오 주석은 7월에 이미 독일군이 일거에 두 목표를 달성하려는 시도로 군사를 두 갈래로 나누어 공격하는 것은 지난해 여름 공세 때 저질렀던 실수를 반복하는 것이라고 지적했었다.

8월에 이르러 독일군이 돈강을 건너 스탈린그라드를 육박하자 홍군이 스탈린그라드 보위전을 개시해 거리 하나하나·건물 하나하나씩을 빼앗으며 전례 없이 치열한 쟁탈전을 거듭하며 완강하게 싸웠다. 스탈린그라드 보위전은 전 세계의 주목을 받았다. 48일간의 낮과 밤을 전 세계 모든 반(反)파시즘인사들이 스탈린그라드 홍군 전사들과 함께 숨 쉬고 근심도 기쁨도 함께 나누었다. 그때 마오 주석은 매일 전국의 변화에 대해 관찰하고 분석했다고 보꾸 동지가 말했다.

10월 12일 새벽, 우리가 출근해 신문 편집을 하고 있는데, 보꾸 동지가 아침 식전에 마오 주석이 직접 『해방일보』에 쓴 사설 「홍군의 위대한 승리」를 가지고 왔다. 그 글은 마오 주석 본인이 중앙서기처회의에서 말했던 의견을 토대로 해서 쓴 것이라고 보꾸 동지가 말했다.

그 사설은 '붉은 베르됭'이라는 표현으로 스탈린그라드를 비유해 글 첫머리에 제목을 밝히며 놀랍게도 서두에서 마오 주석은 제1차 세계대전에서 독일 황제가 베르됭 전투를 발동해 실패하면서 내리막길을 걷기 시작했다고 상기시켰다. 이어 사설은 역사적으로 서로 대립되는 쌍방이 치열한 전투를 치르는 과정에서 한 쪽이 다른 한 쪽의 마지막 발악에 대해 겉으로는 강해 보이나 실제로는 약하기 그지없다고 지적했다. 그것은 현실을 제때에 파악하지 못하는 일이 아주 흔하다고 폭넓게 논했다.

그런 뒤 사설은 제1차 세계대전에서 영·프 연합군이 독일이 베르됭 전투를 일으킨 것은 마지막 발악이라는 사실을 미처 보지 못했던 것처럼 현재 사람들 역시 스탈린그라드 보위전이 소·독 전쟁의 전략 형세의 전환점이고, 또한 이번 세계 반파시즘전쟁의 전환점이며, 인류 역사의 전환점이라는 사실을 미처 보지 못하고 있다고 지적했다. 마오 주석은 서두에서 높은 지붕 위에서 병에 든 물을 쏟아 붓듯이 사실에 대한 전면적이고도 투철한 견해를 피력했던 것이다.

이어 마오 주석은 스탈린그라드 보위전 48일간의 변화에 대해 분석하고 히틀러가 대 소련 전쟁을 발동해서부터 3단계 전국의 변화에 대해 분석하면서 스탈린그라드 보위전이 제3단계의 결속과 제4단계의 시작, 즉 홍군이 전략적 방어에서 전략적 반격으로 접어들고, 독일군은 전략적 공격에서 전략적 방어로 바뀌는 새로운 단계의 시작이 될 것이라고 역설했다. 그리고 또 홍군이 돈강의 남북에서 적군이 가장 두드러진 지대 양쪽에서 반격을 가해 독일의 위험한 부위를 협공할 것이라고 예언했다. 그는 또 겨울이 곧 닥칠 것이어서 독일군은 빨리 공격을 멈추고 방어로 바꾸는 전략을 실시하는 것이 급선무라고 말했다.

마오 주석은 사설에서 또 한 걸음 더 나아가 스탈린그라드 보위전과 지난해 모스크바 보위전의 같은 점과 차이점을 분석했다. 그는 만약 스탈린그라드 전투가 파시스트의 공격을 멈추게 했다면 그 전투는 결정적인 것이라면서 그 결정성은 세계 전쟁과 연결되는 것이라고 지적했다. 그는 또 파시스트에게는 공격이 곧 생명이라면서 일단 공격이 끝나면 그 생명도 끝나는 것이라고 말했다. 따라서 히틀러는 소련과 영·미, 유로·랜드·인민 세 방면 전선의 협공에 직면하게 될 것이며, 이는 스탈린그라드 전투 후의 위대한 역사 발전과정이라고 피력했다.

마오 주석은 그 사설을 결말짓기 전에 또 나폴레옹을 역사의 경계로 삼아 나폴레옹의 정치 생명은 워털루에서 끝났으나, 그 결정적 요소는 모스크바 공격에서 실패한 데 있다고 지적했다. 그는 오늘날 히틀러가 걸은 길이 곧 나폴레옹이 걸었던 길이며, 스탈린그라드 전투는 그 결정적 요소라고 말했다. 그리고 끝으로 "세계 형세에 대해 비관적으로 보고 있는 모든 사람들이 자신의 관점을 바꿔야 한다"라는 말로 사설의 결말을 맺었다. 참으로 의미심장하고 여운이 남는 말이었다!

마오 주석이 그 사설에서 행한 분석과 판단, 예견의 과학성과 역사관, 전략적 안목과 통찰력과 탁견은 그 후 전쟁 과정 속에서 하나하나 실증되었다. 게다가 사설에서 단도직입적으로 본론으로 들어간 문풍은 시원한 서두 뿐 아니라 사고의 맥락이 일관되었으며, 유창하고 자유분방하며 글의 앞뒤가 서로 잘 맞물렸다. 그 어느 방면으로 보나 그 사설은 시사평론 중 후세에 전해질 훌륭한 작품이라고 하기에 손색이 없었다. 그때 당시 나는 탄복해 마지않았다. 지금 『마오쩌둥선집』에 수록된 그 사설(제목은 「제2차 세계대전의 전환점」으로 고침)을 다시 읽어도 여전히 감탄을 금치 못하곤 한다!

바로 10월 12일 『해방일보』에 마오 주석의 사설이 발표된 그날 밤, 신화사는 베를린의 독일군 최고사령부 대변인이 10월 12일(독일시간, 중국시간보다 7시간이 늦음) 독일 DNB통신사를 통해 발표한, "독일군이 공세에서 수세로 접어들었다"를 선포하는 내용의 성명을 접하게 되었다. 신화사 부사장 우원타오(吳文燾)가 즉시 보꾸에게 보고하고 보꾸가 바로 전화를 걸어 마오 주석에게 보고했다. 이튿날 신화사와 『해방일보』 소재지 칭량산(淸凉山)에서는 사람마다 분주히 뛰어다니면서 "마오 주석이 제갈량을 능가한다"라고 서로 소식을 전했다.

마오 주석은 13일과 15일 잇따라 「역사 교훈」·「베를린 성명을 논한다」 두 편의 사설을 발표했다. 전자는 스탈린그라드 전투에서 소련군의 정확한 전략전술과 용감한 저항에 대해 논평을 행한 것이고, 후자는 세계전쟁 형세에 근본적인 변화가 이미 일어나기 시작했다고 평론하면서 파시스트 국가들이 주도적 지위를 완전히 상실했다고 지적했다. 11월 7일 『해방일보』에는 또 마오 주석이 10월 혁명 기념일을 기념해 쓴 사설이 발표되었다. 사설에서는 소련과 홍군 승리의 위대한 의의에 대해 논술했다.

그 후 소련군은 11월 19일 반격을 시작했다. 반격 지점은 역시 마오 주석이 10월 12일 사설에서 예언했던 대로 스탈린그라드 남북 돈강 양안이었다. 그 지역 독일군은 겹겹의 포위 속에 빠져들어 1943년 2월 2일까지 군사 23만 명에 비행기 1,500대, 탱크 5,000대가 섬멸되었으며, 유명한 독일군 총사령관

볼스(鮑利斯)가 거느린 정예부대 전군이 전멸되었다. 홍군은 그로 인해 전면 적으로 전략적 반격을 실행할 수 있었다.

(4) 밤낮을 이어 주시하다

마오 주석이 국제 형세에 대해 예의 주시하는 것은 일관적이고 경상적인 일이었으며, 때로는 밤낮을 가리지 않았다. 앞에서 말했다시피 마오 주석은 신화사로부터 독일군 최고사령부가 수세로 바뀐다는 성명을 아주 빨리 접했을 뿐 아니라, 홍군이 산베이(陝北)에 당도한 후 마오 주석이 늘 밤중에 바람막이 등불을 들고 신화사가 무선 신호를 접수하고 있는 토굴로 와 어떤 새로운 소식이 있느냐 묻곤 했다고 신화사의 샹중화(向仲華) 전 사장을 통해 들었다. 후에 나는 또 스탈린그라드 전투 기간에 마오 주석이 매일『참고소식(參考消息)』에 게재된 외국 통신사의 중요한 국제뉴스를 베껴 썼다는 것을 알게 되었다. 그는 1942년 11월부터 1943년 1월까지 3개월간 꾸준히 이어왔던 것이다. 실로 놀라울 뿐이다!

최신 소식을 마오 주석에게 보고하는 것이 신화사의 업무 수칙이 되었으며, 이는 또 전통이기도 했다. 훗날 미·영 연합군이 프랑스 노르망디에 상륙해 제2전장을 개척하고, 소련군이 베를린을 점령했으며, 소련군이 동북에 출병해 대 일본 작전에 참가하고, 일본 천황이 무조건 투항한다고 선포하는 등 중대한 뉴스를 마오 주석은 외국 통신사에다 발표한 뒤 반 시간 내에 바로 신화사를 통해 소식을 접했다. 그중 소련군이 동북지역에 출병한 사실과 관련해서 그때 당시『해방일보』총편집장을 담당하고 있던 루딩이(陸定一) 동지로부터 훗날 전해들은 바에 따르면 중국공산당 중앙위원회에서는 사전에 전혀 모르고 있었으며, 소련 측으로부터 아무런 통지도 받지 못했는데, 다행히 가장 긴요한 순간에 신화사로부터 소식을 입수해 재빠르게 관련 배치를 할 수 있었다고 들었다.

나는 사업에 참가하기 시작해서부터 국제문제를 연구했고, 또 그때 당시 『해방일보』 국제면 업무를 맡고 있었는데, 국제 형세에 대한 마오 주석의 예리하고 정확하며 적절한 분석은 젊은 지식인이었던 나를 완전히 매료시켜버렸다고 할 수 있었다. 그때부터 나는 비로소 국제문제에 대해 비교적 열심히 그리고 성실하게 연구하기 시작했으며, 비교적 계획적으로 국제 시사평론에 대한 창작을 시작했다. 나는 국제면(后에 국제평론부로 개편 확장함)의 동지들과 합작해 1942년 5월부터 「국제술평」 전문란에 글을 쓰기 시작했다. 매달 2편씩 1946년 8월까지 꾸준히 썼으며, 그 후부터는 매 주 한 기의 「국제한주」로 개편해 한 기에 약 1천 자씩 글을 썼다. 이러한 일은 옌안에서 철수할 때까지 계속되었다.

나는 생전 처음으로 이렇게 국제뉴스 평론을 통해 마오 주석에 대해 알게 되었으며, 그러는 과정에서 그의 예안에 탄복하게 되었다. 이 또한 나의 기나긴 신문업무가 시작되는 동기부여의 계기가 되었던 것이다.

(5) 정풍과 개판(改版) 및 사상 개조

나는 마오 주석의 제1차 정풍 보고(1941년 5월 「우리를 개조하기 위한 공부」) 연설이 있은 후 얼마 지나지 않아 『해방일보』로 와 근무하게 되었다. 1942년 초에 시작된 『해방일보』의 개판은 마오 주석을 수반으로 하는 당 중앙이 이끄는 당 내 정풍운동의 중요한 구성부분이었다.

그때 당시 나는 일개 편집자에 지나지 않았기에, 국제뉴스 담당 편집으로서 당 중앙이 조직한 고급간부의 정풍운동(주로 내전시기 왕밍[王明]의 '좌'경 기회주의와 항전시기 왕밍의 우경 기회주의를 청산함)에 참가하지는 않았다. 그때 옌안은 조직 내 기율이 매우 엄격했으며 모두가 비밀을 유지해야 한다는 기율을 성실하게 지키고 있었다. 고급간부 정풍운동에 참가하지 않은 동지들은 고급간부 정풍과 관련된 '소문'을 거의 들을 수 없었다. 몇 년 뒤에야 볼 수 있었던 「'6대(중국공산당 제6차 전국대표대회)' 이래」 등 고급간부 정풍 관련 중요한 문서들에 대해서 그때 당시에는 전혀 알지 못했다.

내가 그때 당시 정풍에 참가한 것은 18개 문건(후에 22개 늘림)에 대해 학습할 때였다. 그 학습은 1942년 2월에 시작했으나 얼마 뒤 바로 『해방일보』 개판으로 바뀌었다. 이는 마오 주석이 1941년 9월에 이미 제기한 바 있었으며, 그 뒤 1942년 1월 24일, 2월 11일, 3월 11일 중앙정치국회의에서 『해방일보』 편집 방침을 바꿔야 한다고 거듭 구체적으로 강조하면서 이루어졌다. 이번의 정풍을 관습적으로 '개판(改版)'이라고 칭했다. 실제로는 원래의 편집방침을 바꿔 『해방일보』를 '사보(社報)'에서 '당보(党報, 당 기관지)'로 바꾸고 '불완전'에서 '완전'한 당 중앙의 기관지로 변경하는 것이었다.

원래 『해방일보』는 국제문제를 주로 다루었다. 1면은 국제 뉴스와 국제 평론을 싣고, 2면은 전면을 국제문제로 편집했으며, 3면은 국내문제이고, 4면은 산간닝(산시-간쑤-닝샤) 변경 지역 뉴스와 전문란이 각각 절반씩 차지했다. 마오 주석이 2월 1일과 2월 8일 중앙기관 간부대회에서 연설한 두 차례의 삼풍(三風. 학풍[学風]·당풍[党風]·문풍[文風]을 이름) 정돈 관련 보고가 고작 3면 아래쪽에 한 편의 뉴스로 발표되었다. 신문사 근무를 시작한 뒤, 나 역시 그렇게 하는 것이 맞지 않다는 생각이 들었다. 내가 예전에 근무했던 잡지 『해방』의 매 기 별 내용은 모두 국내문제를 위주로 했기 때문이었다. 그러나 나는 그것이 편집방침에 문제가 있었다는 사실을 미처 인식하지 못했다. 게다가 나는 소·독 전쟁이 치열하게 진행 중이고, 태평양전쟁이 막 시작되었기 때문에 그렇게 배치하는 것이 어느 정도 일리가 있다고 여기기까지 했다.

마오 주석은 정치국회의에서 한 마디로 정곡을 찔렀다. 그는 『해방일보』가 마땅히 갖춰야 할 당성(党性)을 충분히 나타내지 못했다면서 '당보'가 아니라 '사보'라고 말했다. 또 당 중앙을 대표하지 않고 당의 노선과 정책을 관철하지 않고 있으며, 당의 활동과 중앙의 결정을 반영하는 경우가 아주 적다고 지적했다. 그리고 또 '우리'를 위주로 하는 것이 아니라 대량의 국제뉴스를 게재해 대부분 지면을 외국 통신사에 양보하고 있으며, 심지어 아무 수정도 거치지 않고 외국 통신사 원고 전문을 옮겨 실으며 그들의 의무 선전원 노릇을 하고 있다고 지적했다.

마오 주석은 다음과 같이 지적했다. "당 기관지는 집단의 선전자와 조직자이고 당의 가장 예리한 무기이며, 대내외에 대한 영향이 매우 크다. 따라서 당 정돈의 목표를 이루려면 제일 먼저 당 기관지를 개조해야 한다. 당 기관지는 당의 정책을 선전해야 하고 대중을 반영해야 한다. 당성은 단계적인 철저한 표현이다. 당 기관지는 확고한 당성을 갖추어야 하고 당의 이익을 대표해야 한다. 어떤 소식과 글을 발표하든지간에 제일 먼저 당에 유리한지 여부를 고려해야 한다."

당 중앙정치국은 마오 주석의 건의에 따라 『해방일보』 업무를 개선하기로 결정했다.

중앙의 결정은 2월 21일에 내려졌다. 그로부터 며칠 동안 신문사 편집위원회가 문을 닫고 조용히 의논했다. 우리 같은 일개 편집자들은 아무 것도 모르고 있었다. 3월 17일이 되어서야 신문사 사장 보꾸 동지가 비로소 편집부 대회를 열어 마오 주석의 의견과 중앙정치국의 결정을 전하면서 자아비평을 진행하고 개선 방법을 제기해 토론에 부쳤다.

마오 주석은 개판하는 문제에 대해 아주 바짝 고삐를 틀어쥐었다. 그는 보꾸 동지와 의논해 4월 1일 개판하기로 하고 개판 전날 밤 『해방일보』 업무 개선 좌담회를 소집했다. 옌안 여러 분야 책임자와 유명 인사 등 수십 명이 참가했다. 주 총사령관·쉬터리(徐特立)·셰줴자이·커중핑(柯仲平) 및 당내 인사 리딩밍(李鼎銘)·류디(柳堤)·샤오쥔(肖軍) 등이 모두 발언했으며 모두 비평과 희망을 제기했다. 마오 주석은 회의에서 신문을 충분히 이용해 당의 정책을 선전하고 신문을 이용해 삼풍을 정돈하며 업무를 개선할 것과, 비평·자아비평을 바르게 진행하고 대중의 생활과 의견을 충분히 반영할 것을 중앙과 서북국 여러 분야에다 제의했다.

『해방일보』는 4월 1일 개판 당일 사설을 발표해 본 지의 개판 방침은 당성·대중성·전투성·조직성 등 4대 특성을 증강할 것을 제기했으며, 또 이는 당 기관지가 마땅히 갖춰야 할 네 가지 품성이라고 지적했다. 개판 후 지면을 새롭게 배치했다. 1면은 중요 뉴스와 평론으로 정하고, 내용은 항일전쟁과 항일근거지 건설을 포함해 국내 문제를 위주로 싣기로 했다. 2면은 산간닝 변경 지역면이고, 3면은 국제면이며, 4면은 특별란으로 배치했다. 이로써 우리를 위주로 하는 신문편집방침이 정해졌다. 그중 국제뉴스와 관련해서 우리는 마오 주석의 비평을 받아들여 과거 외국통신사 원고를 그대로 옮기거나 일부 내용을 삭제하는 데만 그쳤던 그릇된 방법을 버리고 종합보도로 새롭게 고쳐 쓰는 쪽으로 점차 방향을 바꾸었다.

개판 후 얼마 지나지 않아 마오 주석은 또 옌안 정풍운동을 추진하기 위해 『해방일보』에 「학습」 전문란을 배치하기로 결정했다. 3일에 한 기씩 펴내도록 하고 루딩이 동지를 전근시켜 책임편집을 맡도록 했다. 루딩이 동지는 그 후 『해방일보』 총편집장 직을 맡아 보꾸 동지를 협조하여 개판 관련 중앙의 결정을 관철토록 하였다. 그는 취임 후 소집한 편집부 회의에서 마오 주석이 8월에 열린 중앙회의에서 한 연설 내용을 다음과 같이 전했다. "『해방일보』가 개판 후 4개월간 일정한 발전을 이루었지만 아직 중앙 기관지 역할을 완벽하게 해내고 있지는 못하고 있다. 아직도 아주 많이 노력해야 한다. 『해방일보』가 뉴스와 평론을 발표하는 것은 중앙을 대표해 인민과 대화하는 것으로서 개인의 이름을 밝히고 발표하는 글도 영향력이 아주 크다. 앞으로 일상 정책문제와 관련한 글을 발표할 경우 작은 소식에서 큰 평론에 이르기까지 모두 중앙에 보고해 지시를 받도록 하고, 중앙과 한 마음 한 뜻이 되어 밀접한 관계를 유지해야 하며 독립성을 주장해서는 안 된다. 글자 하나 글 한 마디일지라도 독립성을 주장해서는 안 되며, 신문사 내부에서 자유주의가 존재하는 것은 허용될 수 없다." 보꾸 동지도 본인이 전적으로 마오 주석의 의견에 좇아 신문을 만들지 못한 점에 대해 반성했다.

마오 주석은 9월 15일 보꾸 동지와 담화를 진행해 신문사 업무의 발전이 크다면서 '불완전했던 당 기관지에서 완벽한 당 기관지'로 될 가능성이 있다고 말했다. 그는 주도적으로 중앙 여러 부서 및 서북국과 연계를 강화해 그들이 신문을 충분히 이용해 업무를 추진하고 개선할 수 있도록 끌어들일 것을 요구했다. 이를 위해 마오 주석은『해방일보』4면(특별란) 원고 공모방법을 직접 대신 작성하고 원고 공모좌담회를 소집해 원고 창작 임무를 배치했다.

그때부터 나는 마오 주석이 가장 뛰어난 국제형세 평론가일 뿐 아니라 일련의 구체적인 사건을 통해 마오 주석이 또 신문업무의 전문가라는 사실을 점차 알게 되었다. 그의 언론 수단에 대한 중시와 운용, 당 기관지의 성질·임무 관련 이론 및 몸소 체험하고 힘써 실천하는, 풍부하고 다채로운 실천이 나에게 점점 더 깊은 느낌을 주었다.

『해방일보』는 개판 초기부터 일련의 사설을 발표했다. 「독자에게 보내는 글」·「당과 당 기관지」·「정치와 기술」·「신문과 새 문풍」·「뉴스는 마땅히 전적으로 진실해야」·「신문학 관련 기본 관점」등은 모두 마오 주석의 지도 아래 글을 짓고 수정을 거쳐 최종 탈고한 것들이었다. 그 글들을 통해 나는 마르크스주의 신문학의 기본원칙에 대해 배우게 되었다. 그 글들은 나를 일생 동안 신문 업무에 종사할 수 있게 만든 계몽 스승과 같은 글들이었다.

개판 과정에서 나는 신문사 일부 동지들과 논쟁을 해야 했다. 주로 신문의 4대 특성 문제에 대한 이해 때문이었다. 그때 당시 나는 4대 특성(즉 당성·대중성·전투성·조직성)은 어느 하나가 빠져도 안 되며, 그러나 꼭 같이 중요한 것이 아니라 당성이 가장 중요한 것이라고 여겼다. 나는 당보(党報)는 당 기관지이고, 당은 무산계급의 선봉대이며, 무산계급 계급성의 최고 표현은 바로 당성이며, 당성은 당 기관지의 근본적인 특성이라고 주장했다. 일부 동지들은 나의 견해에 찬성하고, 또 다른 일부 동지들은 찬성하지 않았다. 처음에 나는 일부 동지들을 설득할 수가 없었다. 후에 나는 그해 7.1 창당기념일에 당성을 증강하는 것과 관련한 당 중앙의 결정을 찾아냈다. 그 결정 중 당성을 증강해야 한다는 내용에는 전체 당 내에서 사상적·정치적·조직적으로 철저히 공고히 할 것을 요구하는 내용이 포함되어 있었다. 나는 이를 근거로 당성은 근본이고, 기타 세 가지 성격은 당성에서 파생되어 나온 것이라고 설명했다. 이 또한 마오 주석의 지도아래 이루어진 『해방일보』 개판 과정에서 얻은 나의 작은 느낌이라 할 수 있었다. 그런데 30~40년 뒤에 중국 신문업계에서 이 문제와 관련해 또 다시 논쟁이 일어날 줄은 미처 생각지 못했다.

개판과 동시에 신문사에서는 개인의 사상 기풍과 연결 짓는 정풍학습을 시작했다. 나는 일반 간부의 정풍학습에 참가했는데, 이는 당 중앙이 직접 조직한 고급간부학습과 달랐다. 고급간부학습은 「제6차 당 대표대회' 후」를 위주로 한 정풍문건을 학습했는데 왕밍의 '좌경' 노선에 대해 반성하는 것이었다. 신문사에서는 편집위원 이상만 참가하고 일반 간부는 참가하지 않았다. 그때 당시 나는 일반 편집자였기에 중앙에서 규정한 18개 정풍문건에 대한 학습에 참가해야 했다. 그중에는 마오 주석의 정풍운동에 관련한 세 차례 연설, 류샤오치의 「공산당원의 수양을 논함」, 천윈(陳雲) 동지의 「공산당원은 어떻게 해야 하는가」 등의 글이 포함되어 있었다.

그때 당시 신문사 사원 대다수, 특히 편집부 인원들은 거의 청년 지식인이었다. 우리 같은 학생 출신들은 애국주의에서 공산주의 길에 들어서서 비록 입당 시 공산주의를 위해 종신토록 분투할 것이라고 선서했지만, 입당 후에는 여전히 소자산계급사상이 많이 남아 있었다. 그래서 중앙기관은 일반 간부 정풍학습에 대해 배치하면서 정풍 과정에 무산계급 사상으로 소자산계급사상을 극복할 것을 강조했다.

그런데 처음에는 나를 포함해서 많은 동지들이 자신에게 어떤 소자산계급사상이 있는지를 미처 알지 못했다. 정풍학습 시작 초기에 개판임무와 결부시켜 지도층(편집위원회 회원)에 의견을 제기하는 과정에서 많은 동지들이 편집부 벽보(명칭은 『춘풍(春風)』)에 글을 발표해 지도자 동지와 신문사 일반 업무에 존재하는 부족한 부분에 대해 비판했다. 그중에는 정확한 의견도 많았지만 냉소와 비꼬는 잡문도 적지 않았다. 나도 벽보에 글을 한 편 썼는데 신문사를 비평하는 7월 8일자 사설이었다. 그 글은 단편성이 있었다. 그 사설의 내용은 당의 국공합작(국민당과 공산당의 합작)의 방침에 관련된 것인데, 그때 당시는 이를 '화국정책(和国政策)'이라고 했는데, 그 내용의 논술 과정에 정치적 오류가 존재했던 것이다.

그 벽보가 편집부 내부에서 광범위한 논란을 불러일으켰다. 나는 또 지도층의 민주적이지 않은 점을 비평하는 내용의 벽보도 한 편 써서 편집위원회 회의에 편집자를 참가시켜야 한다는 것, 편집위원회 결정은 편집부 대회에서 통과되어야 한다는 것 등의 의견을 제기했다. 나는 특히 이번 개판과 관련해서 편집위원회가 비공개적으로 중앙의 지시에 대해 토론하면서 일반 편집자들은 전혀 모르게 수상쩍게 행동한 것은 너무도 마땅하지 않은 처사라고 지적했다. 특히 비꼬는 표현을 썼는데 일부 동지들의 호응을 얻어 수습하기 어려운 지경에 이르렀다. 후에 저우자오지(鄒肇基) 총지부서기와 위광성(余光生) 부총편집장이 잇따라 나를 찾아 나의 처사가 옳지 않다고 비평했다. 나는 비록 조직의 배치에 따라 더 이상 벽보에서 그 문제에 대해 의론하지 않겠다고 약속했지만, 자신의 잘못이 무엇인지에 대해서는 진정으로 인식하지 못했다.

8월이 되어 루딩이 동지가 신문사 총편집장으로 취임한 뒤 편집부 대회에서 마오 주석의 의견을 전하면서 옌안의 적지 않은 기관의 젊은이들이 '극단적 민주 사상'과 '절대적 평균주의'의 심각한 오류 경향이 있는 의론을 많이 발표한 것을 비평했다고 전했다. 그는 마오 주석이 일반 간부의 정풍운동의 내용은 사상을 개조하는 데 치중해 무산계급사상으로 비무산계급사상을 극복하게 하는 것이라고 말했다고 전했다.

또 많은 청년 지식인들이 조직적으로는 입당했지만 사상적으로 아직 입당하지 않은 상태이며, 사상 속에는 여전히 소자산계급이 우세를 차지하고 있다고 전했다. 그는 또 마오 주석이 소자산계급사상은 개인주의·자유주의·무정부주의에서 나타나며, 현 단계에는 주로 극단적 민주사상과 절대적 평균주의로 나타난다고 말했다고 전했다. 마오 주석은 또 그들의 의견에 따라서는 안 되며, 소자산계급사상이 무산계급 정당을 개조시키게 해서는 안 된다며, 이번 정풍운동에서는 이 문제를 중점적으로 해결할 것을 지시했다고 딩이 동지가 전했다. 딩이 동지는 편집부 동지들이 마오 주석이 제기한 이 문제를 중시하고 정풍 과정에서 나타나는 그릇된 점을 직시하며 심각하게 반성하고 실제적으로 시정해 소자산계급 입장에서 무산계급 입장으로 바꿀 것을 요구했다.

그 제서야 나는 정풍문건에 대해 성실하게 배우기 시작했으며 자신의 사상을 비추어 보며 검토하기 시작했다. 먼저 개인주의문제에 대해 검토했다. 자신에게 존재하는 개인주의의 특성과 구체적 반영에 대해 검토하고 이에 근거하여 계급적 입장과 소자산계급사상의 여러 가지 표현과 실질에 대해 깊이 있게 검토했다. 나는 마오 주석이 지적한 현 단계에서 소자산계급 사상의 중요 표현 중의 하나인 절대적 평균주의가 나에게는 뚜렷하게 존재하지 않는다(아마도 지식인의 '청렴 고결' 때문이었을 것이다)고 여겼다. 그러나 극단적 민주사상은 아주 뚜렷했다. 내가 『춘풍』 벽보에 글을 써 일반 편집들을 편집위원회의에 참가시킬 것을 요구한 것과 편집위원회의 결정을 편집부 회의에서 통과시킬 것을 요구한 것이 바로 그 증거였다.

나는 편집부 대회에서 반성하고 소자산계급사상을 깨끗이 쓸어내 무산계급 방향으로 입장을 바꿀 것이라고 다짐했다. 그 정풍학습 과정에서 나는 편집부 많은 동지들의 반성을 통해서도 많은 것을 깨달았으며, 계급 입장을 바꿔야 하는 중요성을 심각하게 깨달았다. 만약 옌안 정풍운동이 중대한 의미가 있다면 나에게 있어서 가장 중요한 수확은 소자산계급의 입장을 바꿔 확고한 무산계급 입장을 수립한 것이라고 할 수 있다. 이는 공산당원의 가장 근본적인 사상 개조이다. 이는 모든 지식인에게 있어서 마찬가지라고 말할 수 있다. 정풍운동은 나의 일생에 있어서 무산계급 선봉대 일원으로서의 사상적 기반을 마련해 주었다. 나는 그때 당시(1943년 7월초) 샤오치 동지와 왕쟈샹(王稼祥) 동지가 마오쩌둥 사상을 학습해야 한다고 잇따라 제기한 것에 대해 전혀 갑작스러운 느낌이 없었으며 오히려 직접 겪은 것 같은 친절함까지 느껴졌다.

개판과 정풍학습을 겪은 나는 마오 주석이 더 이상 예전처럼 낯설게 느껴지지 않았으며 그를 어느 정도 이해할 수 있게 되었다.

그 후 장제스(蔣介石)가 군사력을 동원해 산간닝지역에 대한 공격을 준비함에 따라 옌안의 형세는 점차 긴장되기 시작했으며, 원래 계획했던 정풍운동을 '구급운동'으로 바꾸었다. 즉 탈선해 '국민당 스파이'로 전락된 사람을 '구급'하는 운동이었다. 삽시에 "바람소리와 학의 울음소리도 군사의 소리로 들리고, 초목이 다 군사로 보이는 격"으로 '스파이'가 수없이 많이 나타났다. 캉성(康生)이 직접 지휘한 그 '구급운동'은 중대한 과실이었으며, '구급'을 받은 동지에 대해서는 심각한 상처를 주었다. 다행히도 마오 주석이 이런 잘못을 제때에 발견하고 바로잡았다. 그는 '강요된 자백서'를 받아내는 현상을 엄히 금지할 것을 강조하면서 토지혁명 시기에 'AB단'을 잡아들였던 과오를 다시 범해서는 안 된다고 지적했다. 또한 모든 기관·부대에 '문제가 있는' 사람에 대해 "한 사람도 죽이지 말고 대다수 잡아들이지 말 것"을 요구했다. 그 제서야 '구급 기풍'을 가라앉힐 수 있었다. 이를 통해 마오 주석의 현명함과 과단성을 또 한 번 볼 수 있었다. 나도 그 '구급운동'에 참가해 많은 동지들과 함께 당에 대한 충성심을 비러 이른바 '탈선자'들에 대한 열정을 갖고 그들에게 '자백'하라고 간절히 타일렀었다. 많은 동지들은 눈물을 흘리면서 타일렀으며 나 역시 그렇게 진심으로 애써 '구급'했다. 그 후 그러한 처사는 잘못된 것임이 실증되었다. 마오 주석의 시정 조치는 참으로 너무나도 적시적이었다. 그때 당시 '구급'에 참가한 많은 동지들은 확실히 진심과 동정심과 열정을 갖고 권고했으며 이는 정풍운동의 사상개조 활동 중에서 순박함의 반영이었다.

『해방일보』의 개판은 사설 「본지 창간 1000기」의 발표를 상징으로 1944년 2월 16일 일단락 마무리 되었으며 총 1년 10개월간이 걸렸다. 신문사 내부의 정풍운동도 그로부터 얼마 뒤에 전 사내 모범근무자 선거로 결속되었다.

옌안 『해방일보』에서 근무하는 동안 나는 마오 주석을 두 번 보았으며, 또 그의 연설도 들었다. 첫 번째는 1944년 10월, 마오 주석이 『해방일보』와 신화사 전체 근무인원을 접견한 대회에서였고, 두 번째는 1945년 1월, 산간닝 변경지역 노동영웅과 모범근무자 대회에서였다. 두 번째로 마오 주석을 본 것은 변경지역 정부 대강당에서였는데 회의 참가자가 아주 많았으며, 마오 주석 연설의 중요 내용은 경제업무를 어떻게 잘 할 것이냐 하는 것이었다. 처음 참가했던 중앙 직속 기관 영웅모범대회에는 산간닝 변경지역 모범 근무자로 선거되어 참가했었지만 그다지 인상이 깊지는 않았다. 두 번째는 칭량산(清涼山)에서였는데 인상이 너무 깊었다.

그것은 늦가을의 어느 오전이었다. 나는 인쇄공장에서 당일 신문 교정을 보고 있었다. 몇몇 노동자들이 공장 작업실로 뛰어와 마오 주석이 우리 공장으로 시찰을 왔다면서 사람들을 불렀다. 마오 주석이 보꾸 동지의 수행을 받으며 칭량산으로 와서 『해방일보』와 신화사 및 인쇄공장 전체 인원을 만난 것이었다. 지점은 칭량산 옌허(延河) 강기슭과 가까운 산중턱에 위치한 허선묘(河神廟)라는 절이었는데, 그 절은 이미 구국실로 고쳐 쓰고 있었으며, 또 회의할 때 자주 사용하는 클럽이기도 했다. 내가 서둘러 그곳에 당도했을 때 접견이 막 시작된 뒤였다. 그것은 내가 처음 가까이에서 마오 주석을 본 순간이었다. 예전에는 아주 큰 회의장에서 멀리서만 바라볼 수 있었다. 내가 그때 본 마오 주석은 예전(1938년 봄)보다 몸이 더 불어 있었으며, 그의 옆에 있는 보꾸 동지와 비교해 유난히 기골이 장대하고 우람져 보였다. 보꾸 동지는 훤칠하나 수척했었다.

마오 주석은 후난(湖南) 말투가 섞인 표준말로 모인 사람들에게 인사했다. 그는 빠르지도, 느리지도 않은 어조로 말을 이어나갔다. 『해방일보』와 신화사가 정풍과 개판을 통해 아주 큰 발전을 이루었다는 것, 공장 생산도 아주 훌륭하며 많은 책, 특히 정풍 관련 서적을 많이 인쇄해냈다는 것, 기관 생산도 성과가 아주 커 기본상 "자체 힘으로 풍족한 생활을 누릴 수 있게 되었으며" 정풍과 생산 두 방면에서 좋은 성적을 거두었다는 등의 내용이었다. 마오 주석은 이미 거둔 성과에 만족하지 말고 더욱더 노력해야 한다고 격려했다.

마오 주석은 "당 기관지와 통신사는 당 조직의 여러 업무를 전개해나가는 무기이고, 정치·군사·경제·문화를 반영하고, 또 정치·군사·경제·문화를 지도하는 무기이며, 대중을 조직하고 대중을 교육하는 무기로서 전국 각지 업무에 대한 당 중앙의 지도와 지시 중 일부 일상적 지시를 제외한 많은 국정 방침은 『해방일보』와 신화사를 통해 각지와 인민대중에게 전해져야 한다"고 말했다. 또 그는 "중앙이 국내외 상황을 알아내는 경로는 아주 많지만 주로 『해방일보』와 신화사를 통해 자세히 알곤 한다면서 그렇기 때문에 그대들은 어깨에 중대한 임무를 짊어지고 있다"고도 말했다. 그러는 한편 "그대들은 당 기관지와 통신사를 더 잘 운영하기 위해 노력해야 한다. 신문 업무 종사자는 성심성의로 인민을 위해 봉사해야 한다. 딴 마음을 품어서는 안 되며 전념하지 않아서도 안 된다. 반드시 전심전의로 몰두해야 한다고" 했다.

마오 주석의 접견과 연설은 칭량산 동지들에게 매우 큰 고무와 격려가 되었다. 그때 당시 나는 드디어 가까이에서 마오 주석을 명확하게 볼 수 있게 되었고 그가 직접 당 기관지와 통신사, 그리고 제반 신문 업무에 대해 지시하는 것을 들을 수 있게 되었다. 그 지시는 참으로 개괄적이면서도 친절했다. 신문사 정풍 후 업무에 대한 평가일 뿐만 아니라, 또 신문사의 모든 동지에 대한 부탁이요 기대였다. 나는 마오 주석이 요구하는 것처럼 성심성의를 갖고 인민을 위해 봉사하는 것은 참으로 쉽지 않다는 것을 깊이 느꼈다.

* * *

중국공산당 제7차 전국대표대회(1945년 4월 23일부터 6월 11일까지 개최)는 중국공산당 역사에서 이정표가 되는 회의였다. 나는 제7차 당대회 대표도 아니고 또 대회 업무에도 참가하지 않았기 때문에 사후에 루딩이 동지를 통해서야 제7차 당대회 요약 내용을 전해들을 수 있었다.

마오 주석·주 총사령관이 대회에서 한 보고와 연설, 새 당장과 샤오치 동지의 보고, 당의 여러 가지 역사 문제와 관련된 결의는 모두 회의 후에 알게 되었으며 대략적인 것만 접해 인상이 깊지 않았다. 그러나 그 대회를 통해 마오 주석의 당 내 지도자로서의 지위를 확립한 사실에 대해서 나는 아주 분명하고 확실하게 알게 되었으며, 또 내가 보기에 이치에 맞는 자연스러운 일이기도 했다.

내가 옌안에서 공부하고 일하는 8년 사이에 마오 주석은 나에게 점차 선명한 형상으로 다가왔으며, 내 마음 속에서 완전히 낯설던 데서 점차 알게 되었고, 어렴풋하던 데서 점차 내심으로 복종하기에 이르렀다. 그렇기 때문에 마오 주석이 제7차 당대회에서 그처럼 존경과 추대를 받게 된 것은 아주 자연스러운 일이라고 느꼈다. 나와 함께 옌안에 온 많은 지식인들은 혹은 많게 혹은 적게 청렴 고결하고 도도한 습성이 몸에 배어 있어 다른 사람에게 쉽게 탄복하지 않았으며 더욱이 쉽게 다른 사람을 지도자로 떠받들 줄 몰랐다. 그러나 이번에 나와 많은 청년 동지들은 아주 자연스럽게 기꺼이 마오 주석의 훌륭한 학생이 되기를 원했다. 이 사건 자체가 중대한 역사적 의미를 갖는 일이었다. 이 사건은 중국공산당이 정치적·사상적·조직적으로 성숙했음을 상징하는 것이며, 중국공산당과 그 지도자인 마오 주석이 '38식'(항일전쟁 초기 8로군(八路軍)이라는 칭호에 앞서 일부 지식차원이 높은 애국인사들이 혁명에 참가했는데, 시간은 1937년 7월 7일에서 1938년 12월 31일까지였다. 이 시기 혁명에 참가한 인사들은 동시에 중국공산당에 입당했기 때문에 '38식'간부라고 부른다 – 역자 주) 젊은 간부의 마음을 얻었음을 반영하는 것이었다. 그렇게 되어 중국공산당은 토지혁명전쟁시기의 중견 간부를 오래도록 보유하게 되었을 뿐만 아니라, 항일전쟁시기의 새 세대 중견 간부도 보유하게 되었다. 이 두 세대는 중국혁명의 정수이며, 광범위한 중국인민의 의지와 신념을 반영했다.

(6) 일본의 항복으로부터 옌안에서의 철수까지

옌안에서 지낸 마지막 3년인 1945년부터 1947년까지 나는 역사적 의미가 있는 두 가지 갑작스러운 사건에 직면했다. 한 가지 사건은 일본의 항복이 너무 갑작스럽고 너무 빨랐기에 의외였던 것이고, 다른 한 가지 사건은 국공(국민당과 공산당) 평화 협상이 너무 갑작스럽고 너무 빨랐으며 파열 또한 너무 빨랐다는 것이다. 나는 마오 주석이 이 두 가지 갑작스러운 사건 중에서 모든 것을 통찰하고 마음속에 오래 전부터 전반적인 계획을 세워 두고 두 가지 전환을 승리적으로 파악했다는 것에 큰 느낌을 받았다.

1945년 8월 일본이 무조건 항복한다고 선포했다. 신화사는 그날 저녁 무렵에 로이터 통신사의 특송 무선 신호를 접수하자마자 전화로 마오 주석에게 알렸다. 이어 또 주 총사령관이 사인한, 8로군과 신4군(新四軍)에 항복할 것을 명하는 일본군과 괴뢰군에 대한 강제 명령인 옌안본부의 제1호 명령이 전화를 통해 전해졌으며 신화사가 그 명령을 즉시 발표했다. 이튿날 이른 아침 옌안은 들끓기 시작했으며 항일전쟁의 최후 승리를 경축했다. 그런데 승리가 너무 빨리 너무 갑작스럽게 닥쳤기 때문에, 나는 편집부 많은 동지들과 마찬가지로 경축하면서도 너무나 허무해서 어쩔 바를 몰랐다. 중국의 앞날은 어떻게 될지? 우리는 어찌 해야 할지? 아무 것도 명확하게 말할 수가 없었다.

그러한 상황에서 보꾸 동지가 우리에게 마오 주석이 옌안 고급간부회의(아마도 8월 13일에 열렸던 것으로 기억함)에서 한 보고의 내용을 전했다. 나는 갑자기 눈앞이 환해지는 느낌이었다. 마오 주석은 보고를 통해 일본이 항복한 후의 형세에 대해 분석했으며 또 중국공산당의 방침을 제기했다. 마오 주석은 일본의 항복은 항일전쟁 역사 단계의 결속을 상징한다고 지적했다. 그는 지금 우리가 새로운 역사 단계에 들어섰다면서 최근 며칠간의 상황에 비추어보면 장제스가 우리 해방구를 향해 '빼앗겼던 땅을 되찾고' 항일전쟁 승리의 성과를 빼앗으려고 적극 계획 중임을 알 수 있다고 말했다. 또 장제스가 예전에는 어메이산(蛾眉山) 속에 멀리 숨어 있다가 이제는 하산해 승리의 과일을 빼앗아가려 한다면서 우리 방침은 굳건히 맞서 싸우며 한 치의 땅도 양보하지 않을 것임을 강조했다.

마오 주석은 우리 당은 일관적으로 내전을 반대해왔으며 지금도 여전히 내전을 억제하려고 노력 중이라고 말했다. 그러나 장제스는 내전을 치르려 한다면서 과거에도 그랬고 지금도 그렇게 하고 있으며 앞으로도 반드시 그럴 것이기 때문에 내전의 위험이 심각하게 존재하고 있다고 마오 주석이 말했다. 그러면서 제7차 당대회에서 내전의 위험에 대해 충분히 예측했으며 마음의 준비를 충분히 했다고 말했다. 이어 마오 주석은 장제스가 왼 손에도 칼을 들고 오른 손에도 칼을 들고 있기 때문에 우리도 그의 방법에 따라 칼을 들어야 한다고 강조했다.

마오 주석은 다음과 같이 강조했다. "인민이 얻은 권리를 쉽게 잃어버리는 것은 절대 용납할 수 없으며 반드시 싸워서 보위해야 한다. 우리 당은 1927년에 장제스에게 패했던 피의 교훈이 있기 때문에, 지금은 명석한 두뇌와 정확한 방침이 있어야 하며, 또 다시 기회주의의 과오를 범해서는 안 된다. 우리는 자체 힘을 기반으로 하는 것을 방침으로 삼아야 하는데 이를 자력갱생이라고 한다. 세계 각국에 모두 우리의 벗이 있어 우리는 고립된 것이 아니다. 그러나 우리는 자력갱생을 강조하며 제국주의의 감언이설을 믿지 말아야 하며, 또 제국주의의 위협도 두려워하지 말아야 한다."

마오 주석은 항일전쟁 시기에서 새 시기에 이르기까지 하나의 역사적 과도 단계가 있다면서 그 단계 투쟁이 곧 장제스가 항일전쟁 승리의 성과를 빼앗아가려는 것에 반대하는 투쟁이라고 말했다. 그는 장제스가 내전을 발동하려는 것에 대처할 충분한 준비를 해야 하고, 전면적으로 내전을 치르고자 하는 장제스의 시도에 맞설 준비를 해야 하며, 또 한동안 국부적 내전을 치를 준비를 해야 한다면서 두 가지를 다 준비해야 하며 국부적인 내전은 지금도 치르는 중이라고 말했다.

마오 주석이 그 보고에서 제기한 "굳건히 맞서 싸우며 한 치의 땅도 양보하지 말자"는 방침은 일본이 항복을 선포한 당일 주 총사령관이 제18집단군 (8로군과 신4군 포함) 전군에 내린 명령을 통해 이미 실행하기 시작했다. 옌 안 본부는 모든 부대에 명령을 내려 주둔지 내 일본군과 괴뢰군에 최후통 첩을 내려 그들에게 기한 내에 무기를 버리고 항복할 것을 명했다. 8로군·신 4군은 일본군과 괴뢰군이 점령한 모든 도시와 교통노선을 상대로 적극적인 작전을 펴면서 군사를 파견해 접수하거나 공격해 점령해나갔다. 주 총사령 관은 또 8월 13일 장제스에게 전보를 띄워 장제스가 국민당 군대에게 항복 을 받아들이는 것을 '적극 추진할 것'을 명하도록 하고, 제18집단군에는 "주 둔해 방어하면서 명령을 기다리라고 한 것"에 항의하면서 인솔 부대에 일본 군과 괴뢰군의 점령지역으로 진군해 항복을 받거나 공격 점령하라는 옌안 본부의 명령을 거듭 강조했다.

마오 주석은 그 형세 관련 보고를 하는 한편 잇따라 2편의 신화사 사설, 즉 8월 13일의 「장제스가 내전을 선동하고 있다」와 8월 16일의 「장제스 대변 인의 담화에 대해 평함」이라는 제목의 사설을 써 전면 내전을 발동하려는 장제스의 계획을 폭로했다.

그때 당시 옌안에서는 제7차 당대회에 참가했던 고급간부들이 최악의 상 황(즉 전면 내전 등 인재와 천재)이 발생하는 것과 최대 승리를 쟁취하는 것 에 마음의 준비를 하고 있었을 뿐만 아니라(마오 주석이 제7차 당 대회 종합 보고에서 발생할 가능성이 있는 17가지 어려움에 대해 제기함) 나와 같은 젊은 층들마저도 내전은 피하기 어려울 것이라고 여기고 있었다. 그러나 마오 주 석이 지적하는 새 시기로 향하는 과도 단계에 도대체 어떤 상황이 나타날 수 있을지에 대해서는 많은 사람들이 명확하게 알지 못했다.

그래서 우리는 장제스가 마오 주석에게 충칭(重慶)으로 가 담판하기를 청 했다는 소식을 중앙사를 통해 전해 들었을 때 너무 갑작스러웠다. 더욱 뜻 밖인 것은 마오 주석이 미국 대사와 동반하며 장제스와의 평화담판을 위해 옌안을 떠나 총칭으로 날아갔다는 사실이었다. 불과 한 달 전에 마오 주석은 친히 신화사에 「헐리 정책의 위험성」이란 제목의 사설을 써서 "헐리(패트릭 제이 헐리, Patrick Jay Hurley) 미국 신임 주중대사가 워싱턴에서 성명을 발표해 미국은 장제스와만 합작하고 중국공산당과는 합작하지 않겠다고 밝혔다"라고 지적했었다. 평론에서는 헐리가 제기한 이러한 대 중국정책은 그릇된 것이며 또 위험한 것이라면서 중국 내전의 위기를 확대시키고 있다고 분석했다. 그런데 지금은 바로 그 헐리가 총칭에서 옌안으로 날아와 마오 주석을 수행해 장제스와 담판하러 총칭으로 간 것이다. 상황 변화가 얼마나 빠른지 참으로 방향을 분간 못할 지경이었다.

그 후 보꾸 동지가 중앙의 의견을 전했다. 중앙에서는 국내와 국제 형세에 대해 거듭되는 분석을 거쳐 다음과 같은 결론을 얻어냈다. 항일전쟁을 8년간 치렀기 때문에 사람들은 평화를 갈망하고 있다는 것, 미국과 소련 등 대국들도 이제 막 독일·이탈리아·일본을 전패시킨 뒤여서 중국문제로 인해 정면으로 충돌하는 것을 원치 않는다는 것, 중국공산당이 이끄는 항일 근거지도 8년간의 소모를 거쳤기 때문에 회복기를 가질 시간이 필요하다는 것 등이었다. 형세도 평화 담판에 이로워 적어도 전면 내전 발발의 시기를 늦출 수 있었다. 마오 주석은 중앙회의에서 "장제스와의 담판은 두 가지 가능성이 있다. 한 가지는 담판이 성사될 가능성인데 성사시키기 위해 최선을 다해야 한다. 그러기 위해서는 인민의 근본적인 이익에 손해를 끼치지 않는 원칙 하에서 일부 타협도 할 것이다. 다른 한 가지 가능성은 담판이 성사되지 않을 가능성인데 이 역시 우리 측에는 손실이 없다. 우리는 평화적 담판을 위한 노력을 거쳐 인민들에게 우리 측은 평화를 원하나 장제스가 전쟁을 원한다는 사실을 알게 할 수 있다. 우리는 또 장제스가 발동할 전면 내전에 대처할 준비 시간을 벌 수 있다"라고 말했다.

마오 주석은 옌안을 떠나기 전에 우리의 근본적인 대비는 장제스의 전면 내전에 대처하는 데 두어야 한다고 특별히 강조했다. 그는 현재 장제스가 여러 지역에서 우리 해방구를 향해 공격해오고 있는데 우리는 침범해 들어온 장제스 군대를 모조리 물리쳐야 한다면서, 우리가 전투를 잘할수록 장제스의 군대를 많이 소멸할수록 국공담판에 유리하다고 강조했다.

8월 28일부터 10월 10일까지, 마오 주석은 총칭에서 장제스와 협상을 가졌다. 그 기간 옌안 각계에서는 국공 평화협상에 대해 논하지 않는 사람이 거의 없을 정도였다. 우리 신문사는 매일 외국 통신사들로부터 여러 가지 소식을 입수하곤 했는데, 때로는 심지어 서로 상반되는 소문도 있어 평화협상 결과에 대해 걱정이 태산 같았으며, 특히 마오 주석의 안전을 크게 걱정했다. 그때 당시 나는 미국의 움직임에 특히 주의를 기울였다. 일부 이른바 꽤 명망 있다는 미국 의원들은 중국의 내정에 간섭하는 적나라한 언론을 발표하곤 했다. 9월 말에 이르러 미군이 탕꾸(塘沽)와 친황다오(秦皇島)로 상륙하는 놀라운 일이 벌어졌다.

이는 중국 내정에 개입하는 분명한 침략 행동이었다. 그때 당시 나는 신문사 일부 동지들과 의논했다. 중국에서 '스코비(로널드 스코비, RonaldMackenzieScobie)사건'이 일어나고 있다. 중국은 미군의 중국 내전 개입이라는 심각한 위기에 직면했다. 이른바 '스코비사건'이란 제2차 세계대전 후기인 1944년 10월에 영국의 스코비 장군이 영국 군대를 인솔해 그리스에 상륙, 동남유럽의 대 독일 작전 전장을 개척한다는 핑계를 대고 실제로는 그리스 유격대에 대한 진압을 감행한 사건을 가리킨다. 일부 동지들은 별로 개의치 않았으며 미국이 국공담판에 개입하는 것은 우리에게도 이용 가치가 있다고 주장했다. 이에 앞서 우리가 미군 비행기를 이용해 타이항(太行)·산동(山東)·수베이(蘇北) 등지에서 옌안에 와 '제7차 당대회'에 참가했던 중요 장교들을 여러 근거지(즉 훗날 여러 해방구로 총칭함)로 태워다 준 것과 같은 예라고 여겼다.

10월 10일 공산당과 국민당의 회담 요록(紀要)에 사인하고, 이튿날 마오 주석은 바로 총칭에서 옌안으로 날아왔다. 그때 당시 우리는 칭량산 산중턱 『해방일보』 편집부가 있는 산비탈 위에 서서 마오 주석이 탄 4개의 엔진이 장착된 대형 미군 비행기가 옌안의 성남문(城南門) 밖에서 날아오는 것을 지켜봤다. 비행기가 얼마나 낮게 나는지 칭량산과 거의 비슷한 높이로 날아 동문 밖 비행장에 흔들림 없이 착륙했다. 모두들 그 제서야 마음을 내려놓았다.

마오 주석이 중앙에 협상결과를 보고했다. 보꾸 동지를 통해 전해들은 바에 따르면 마오 주석은 총칭에서 협상을 시작할 때 원칙을 고수하며 장제스의 압박을 견뎌내다가 이어 겸허하게 자세를 낮춰 일부 양보를 했다는 것이다. 장제스가 한도 끝도 없이 욕심을 부리려 하는 바람에 협상이 대치 국면에 이르기도 했다고 했다. 우리 측은 민주당파 인사들에게 소문을 흘려 장제스는 싸우려 하고 우리 측은 화해하려고 한다고 설명했다.

쌍방의 대치 국면이 이어졌다. 일부 민주 인사들은 화해하려는 일념뿐이어서 화해 요구가 아주 강렬했다. 이는 장제스에게는 압력이었다. 미국인은 장제스를 돕고 있었지만 또 협상이 결렬될까봐 두려워했다. 마오 주석은 헐리가 8로군과 신4군을 '재편성'(즉 대대적으로 압축시킴)해 국민당군대에 편입시키고 여러 해방구를 없애려는 생각을 갖고 있을 것이라고 예측했다. 그들이 현재 협상을 주장하는 목적은 시간을 벌어 국민당 군대를 여러 대도시와 교통간선으로 운송하기 위함에 있으며, 또 미국의 무기와 탄약을 전선으로 운반할 시간을 벌기 위한 목적도 있었다. 바로 국공회담 요록에 사인하는 당일 미군은 칭다오(青島)로 상륙했으며 미군 비행기가 베이핑(北平)과 칭다오에 주둔했다고 마오 주석이 말했다. 따라서 전면 내전의 위험이 여전히 존재하며 게다가 미군이 개입할 가능성도 있었다.

이에 대해 우리는 충분한 준비를 해야 한다. 이는 우리가 반드시 경계해야 할 점이다. 그러나 회담 요록을 체결함으로써 우리는 국민당과 평등한 지위를 얻어냈고, 게다가 또 몇 가지 문제에서 협의를 달성한 이상 우리는 협의 실현도 반드시 쟁취해야 했으며, 평화적, 민주적으로 나라를 세울 수 있는 앞길을 애써 마련해야 했다. 그래서 저우언라이 동지가 여전히 총칭에 남아 국민당과 회담을 계속하기로 했다.

물론 비현실적인 환상은 갖지 말아야 했다. 만약 장제스가 전면 내전을 일으킬 경우 그는 전국의 인민 앞에서 이치를 어긴 것이 되는데, 그리 되면 우리는 더더욱 자위적인 전쟁을 치러 그들과 싸워 이겨야 하는 이유가 생기는 것이었다. 우리 방침은 인민의 기본 이익을 보위하는 것이었다. 인민의 기본 이익에 손해를 끼치지 않는 원칙 하에서 일부 양보함으로써 인민에게 절박하게 필요한 평화·민주와 바꿀 수 있었던 것이다.

인민의 무장은 총 한 자루, 탄알 한 알이라도 내주지 않고 모두 보유하는 것이다. 보꾸 동지에 따르면 마오 주석은 여러 해방구에서 빨리 야전군을 조직해 국민당의 공격에 맞받아 싸울 준비를 해야 한다고 했다. 그로부터 얼마 후 마오 주석은 또 장제스의 내전 시도 관련 7조항에 대한 밀령과 "국민당의 해방구 공격 번호 및 공격 사략(事略)"을 발령한 소식을 신화사에 발표해 폭로할 것을 지시했다. 보꾸 동지에게서 그 소식을 전해들은 나는 마오 주석이 일반인은 따를 수 없는 담략을 가졌음을 깊이 느꼈다. 그는 전반적으로 국면에 대한 계획을 이미 세워놓고 있었으며 감히 범의 굴에 들어가는 담략을 갖추고 또 유연함으로 강한 것을 제압할 수 있으며 앞으로 나아감과 뒤로 물러서기를 자유롭게 할 수 있는 재능을 갖추었다.

1946년 1월에 이르러 공산당과 국민당은 협의를 달성하고 쌍방이 동시에 '정전령(停戰令)'을 발령하고, 국공 양당과 미국 측 대표들로 구성된 군사중재 집행부를 설립해 정전 실행을 감독하기로 했다. 이어 또 정치협상회의도 소집했다. 국공의 평화 협상은 약 반 년 사이에 두 개의 협의를 잇 따라 달성했다. 그때 당시는 평화적, 민주적 건국 분위기가 짙은 편이었다.

물론 장제스가 개과천선해 그 자리에서 성불할 리 없다는 것도 모두가 이미 알아채고 있었다. '미 대통령 특사' 신분으로 중국에 오는 마셜이 좋은 의도를 가졌을 리 없으며, 앞날이 어떠할지 모두가 마음속으로 의심하고 걱정하고 있었다. 그때 당시 정세를 보면 장제스 군대가 해상과 공중 두 경로를 통한 동북 이동을 서둘러 동북 쟁탈전이 이미 시작된 상황이었다. 우리 측도 '동북민주연군(東北民主聯軍)'의 명의로 치치하얼(齊齊哈爾)·하얼빈(哈爾浜)·창춘(長春) 등 도시로 진군했다. 관내(關內, 산하이관[山海關] 서쪽과 자위관[嘉峪關] 동쪽 일대) 형세도 점차 악화되고 있었다. 우리 당 중앙이 총칭으로 파견했던 담판 대표인 왕뤄페이(王若飛)·보꾸, 그리고 옥에서 막 석방된 신4군 군장 예팅(葉挺) 등은 4월 8일 옌안으로 돌아오는 도중에 비행기 사고로 조난을 당했다. 원래 옌안에서 간부를 파견해 베이핑에 설립한 신화분사와 『해방』(3일에 한 기씩 발행되는 간행물)도 국민당에게 금지 당했다. 내전의 위험도 날이 갈수록 상승하는 기온과 함께 높아지고 있었다. 그때 당시 우리 군의 절대다수는 내선 작전 중이었고 오직 중위안(中原)부대(허난[河南] 주마뎬[駐馬店]을 중심으로 함)만 장제스의 군대에 사면으로 포위되었다. 중앙에서 장제스의 군대가 먼저 우리 군의 중위안 해방구를 집어삼킬 가능성이 큰 것에 대해 우려하고 있다는 소식이 전해졌다.

아니나 다를까 1946년 6월말 장제스의 군대가 갑자기 우리 군의 중위안 해방구를 향해 대대적인 공격을 가해 왔다. 이는 전면 내전의 시작이었다.

그때 당시 마오 주석은 장제스가 관외(關外, 산하이관 동쪽 혹은 자위관 서쪽 일대)에서 공격을 지연시키고(병력 수송이 부족함), 관내에서 먼저 싸움을 벌이는 책략을 쓸 가능성이 있다고 예측했다. 그래서 우리 군은 정면으로 맞서 크게 싸울 준비를 하되 시간을 지연시키기 위해 전력하면서 하루빨리 동북으로 병력을 증파해 근거지를 점령하는 한편, 화북의 군사배치를 조정해 먼저 내선 작전을 하면서 외선으로 진군할 준비도 해야 한다고 마오 주석은 예측했다.

7, 8월 2개월이 지나면서 상황은 이미 더욱 분명해졌다. 장제스의 군대는 우리 군의 중위안을 제거하는 것 이외에 먼저 난징(南京)·상하이(上海)에 위협이 되는 수종(蘇中)·수베이(蘇北) 해방구를 향해 진군하는데 진력하는 한편, 또 그 후방의 민주운동에 대한 피비린 내 나는 진압을 감행해 유명한 민주 인사들인 리공푸(李公朴)와 원이둬(聞一多)를 잇따라 살해했다. 전면 내전의 불길이 이미 크게 번지기 시작했다. 위광성(余光生) 동지가 전하는 바에 따르면 쟈오창커우(較場口)의 총소리(국민당 반동세력이 애국 민주인사 리공푸를 살해한 사건을 일컬음)는 평화를 꿈꾸던 사람들을 소스라치게 깨어나게 했다고 마오 주석이 말했다.

마오 주석은 류보청(劉伯承)·덩샤오핑(鄧小平) 소속 부대에 명해 롱하이로(隴海路)를 공격하도록 배치하는 한편 해방구 군민들이 각성해 장제스 군대의 침범을 물리치게 동원할 수 있도록 『해방일보』에 사설을 발표할 것을 지시했다. 이에 따라 8월 16일 "전체 해방구 인민들이여, 동원되어 장제스의 공격을 쳐부수자!"라는 제목의 사설이 발표되었다.

9, 10월 2개월간 우리 군은 첫 전투에서 잇따른 승리(수종 7차 전투에서 7차 승전보를 올렸고, 류[보청]·덩[샤오핑]대군이 롱하이를 출격한 등)를 거두었다. 그러자 장제스는 병력을 집중시켜 동서 양쪽(산동과 산간닝)에서 중점 공격하는 전략을 펴기 시작했다. 마오 주석은 전반 국면을 따져보고 전선 전체를 조금 뒤로 물려 내선 작전의 유리한 조건(우월한 지리적 조건과 훌륭한 대중적 토대 등)을 살려 우세 병력을 집중시켜 전투력이 강한 적의 부대를 차례차례 섬멸하면서 한 도시나 한 곳의 득실에 연연하지 않기로 결정했다. 상기의 상황을 통해 나는 깨우친 바가 컸다.

즉 매번 시국이 바뀌는 중요한 시점에서, 일반인들은 형세와 결책을 하는 중요한 시점에서 막막해 하지만, 마오 주석을 중심으로 하는 당 중앙은 높이 서서 멀리 내다보며 형세를 파악한 후 전국을 전면적으로 장악할 수 있었으며, 중점을 둘러싸고 과단성 있게 책략을 세움으로써 당과 인민이 전환기를 잘 넘기고 계속 앞으로 나아갈 수 있도록 했다는 점을 알았던 것이다. 그 과정에서 나타난 마르크스주의 통찰력·분석능력·결책능력은 아무리 높이 평가해도 과분하지 않았다.

미오 주석은 전국에 대한 통찰력과 탁월한 식견을 갖추었을 뿐만 아니라, 신문이라는 수단을 확고하게 장악하여 언론이 실제적으로 전국을 위해 기여할 수 있도록 했다.

나의 기억으로는 항일전쟁시기 국민당이 제1차, 제2차 반공(反共) 고조를 일으키는 사이에 마오 주석은 소식과 사설을 직접 써 국민당 반동세력의 음모를 폭로했으며, 그들의 황당무계한 논리와 사설을 반박했다. 항일전쟁 후의 과도기에 이르자 마오 주석은 8월부터 시작해 신화사에 여러 편의 평론을 발표해 장제스와 미국의 내전 준비 음모를 폭로했다. 예를 들면 "장제스가 내전을 선동하고 있다"(8월 13일), "장제스 대변인의 담화를 평함"(8월 16일), "신화사가 명을 받고 헛소문을 반박하다"(9월 3일) 등 글이 그것이었다. 이는 마오 주석이 신문이라는 수단을 이용하는 데 능했음을 설명해 주는 예이다.

특히 내가 찬탄을 금하지 못했던 것은 마오 주석이 1946년 4월에 『해방일보』와 신화사의 대대적인 개편을 지시해 새로운 형세에 적응하도록 한 것이었다. 마오 주석은 자위전쟁이 전면적으로 펼쳐질 것이라며 상황이 긴박하고 교통이 불편하기 때문에 당의 신문업무 배치는 신문을 중점으로 하던 데서 통신사를 중점으로 방향을 바꿔야 한다고 지적했다.

즉 전시에는 주로 신화사(라디오방송 포함)를 통해 당 중앙의 방침·정책·지시를 발표하고 해방구 군민의 전쟁 성과와 생산성과를 전파할 것을 제기했다. 마오 주석의 말을 인용하면 반드시 "전 당이 신문을 발행해야 한다"를 "전 당이 신화사를 운영해야 한다"로 바꿔야 한다는 것이었다. 마오 주석의 지시에 따라 진지한 토론을 거쳐 5월에 『해방일보』를 신화사로 합병해 사장 (5월에 위광성이 신화사 대리 사장 겸 총편집장직을 맡았고, 10월에는 난징에서 옌안으로 돌아온 랴오청즈가 사장직을 맡음)을 중심으로 하는 업무위원회(아이스치)를 지도층으로 하고, 중요 간부를 신화사에 집중시키며, 『해방일보』에는 신문편집부(지면 배치 및 국제뉴스 편집을 주관함)와 전문란 편집부만 남기며, 신화사 산하에 해방구 신문편집부와 국민당구 신문편집부, 국제부(평론만 취급하고 뉴스는 취급하지 않음), 구어방송부, 영문방송부 등 기관을 설치하기로 결정했다. 그때 당시 나는 국제부 업무를 주관했다. 이와 동시에 여러 해방구 신화사 지방분사 건설과 야전분사의 조속한 설립을 강화해 전시 신문통신망을 점차 형성했다.

10월에 이르러 장제스 군대가 산간닝 변경지역과 산동 해방구에 대한 중점 공격을 발동한다는 계획을 배치할 때, 마오 주석의 통찰력 있는 결정이 전면 내전의 새 형세와 맞아 떨어졌다. 중앙은 신화사 본사를 옌안에서 분산시키기로 결정했다. 먼저 노약자와 여성·아이들을 옌안 동북의 와야오바오(瓦窯堡) 부근으로 분산시켰다. 1947년 1월에 중앙은 중요 간부를 두 갈래로 나누어 한 갈래는 옌안에 남게 하고, 다른 한 갈래는 와야오바오로 보내기로 결정했다. 2월에는 또 옌안에 아주 적은 인원(약 20명 편집 기자)만 남겨 '잔류분대(留守分隊)'라고 칭하고 판창장(范長江, 범장강)과 내가 팀을 이끌었다. 그러다가 3월초에는 또 판창장이 소분대를 이끌고 일부 중앙 동지를 따라 북으로 철수하고, 나만 십 여 명을 거느리고 옌안에 남아 마오 주석이 마지막으로 철수할 때까지 기다렸다. 그때 당시 마오 주석은 이미 자오위안(棗園)에서 왕자핑(王家坪) 해방군 본부로 돌아와 지내고 있었다.

마오 주석은 3월 18일(즉 장제스 군대가 옌안을 공격 점령하기 하루 전)에 왕자핑에서 철수했다. 신화사 '잔류분대'는 명을 받고 같이 철수했다. 나는 『국제일주』 마지막 호 원고를 마무리한 뒤 17일 어둠 속에서 칭량산을 떠나 옌안 동문 밖 비행장을 거쳐 와야오바오로 갔다. 이로써 10년간(실제로는 9년 3개월)에 걸친 나의 옌안 생활은 끝이 났다.

일본의 항복 시점부터 옌안에서 철수하기까지 사이에 위대한 중국혁명의 키잡이로서 마오 주석의 탁월한 혁명 기질은 나에게 평생 잊을 수 없는 깊은 인상을 남겨주었다. 그때 나는 중앙 지도의 핵심자와 접촉하지 못했기 때문에, 국공 평화 담판에서 마오 주석의 유연한 책략에 대해서 아는 것이 별로 없었다. 그러나 혁명의 중요한 전환기에, 항일전쟁에서 해방전쟁으로 전환하는 과도기에, 국공 양 당이 대립하는 복잡다단한 환경 속에서, 그가 줄곧 확고한 계급 입장을 고수하고, 우리 당을 멸망시키려는 마음을 버리지 못하는 장제스에 대한 경계심을 늦추지 않았으며, 자력갱생과 전투 준비에 입각하고, 사상적·정치적, 특히 군사적으로 장제스가 발동한 전면 내전에 맞서 싸울 충분한 준비를 한 것 등에 대해 나는 직접 보고 느낄 수 있었다. 그의 이러한 책략은 우리 당이 혁명의 중요한 고비에서 승리할 수 있는 전환점을 가져올 수 있었던 중요한 이유였다.

— 2000년 —

2. 마오 주석을 추억하다

2. 마오 주석을 추억하다*

(1) 스탈린에 대한 평가 사건과 관련해서

이녠탕(頤年堂)에 처음 들어가다

1956년 3월 17일 저녁식사 후에 나는 차에 앉아 궈훼이제(国会街)의 신화사 본부를 출발해 가로등이 막 들어오기 시작한 시창안제(西長安街)을 따라 동쪽 방향으로 질주해 신화면(新華門)으로 해서 중난하이(中南海)에 들어섰다. 자동차는 난하이(南海) 서안을 따라 북쪽으로 달렸다. 호수를 에워싸고 달리면서 보니 불빛이 수면에 비껴 색다른 풍경을 이루었다. 베이징의 3월은 추운 겨울이 끝나가고 있었다. 펑저위안(豊沢園)에 이르러 차에서 내리면서 나는 벌써 이른 봄이 오고 있음을 느꼈다.

펑저위안은 마오쩌둥 주석 거처의 총칭으로서 뒤로는 중하이(中海)와 가깝고 남쪽은 난하이와 인접해 있으며 동쪽은 친정뎬(勤政殿)과 이어져 있고 서쪽은 징꾸(静谷)인데 경치가 수려하고 고요하며 아취가 있는 곳이다. 펑저위안은 이녠탕(회의실)·쥐샹서옥(菊香書屋, 처소)·춘어우자이(春藕斎) 등 건물을 포함하고 있다. 펑저위안은 청조 초기에 최초로 건설되었으며 일반적

---

* 본 문은 저자가 쓴 『마오 주석을 추억하다—내가 직접 겪은 몇 가지 중대한 역사 사건의 단편들』이라는 저서이다. 1990년 12월에서 1994년 6월 사이에 썼으며 신화출판사에 의해 1995년에 출판되었다.

으로 '시위안(西苑)'의 일부로 불린다. 원래는 청조 황제가 매년 봄 선농단(先農壇)에서 친경(親耕)의식을 거행하기에 앞서 이곳에 와서 농경 연습을 하던 곳인데 후에 궁전들이 잇따라 들어섰다.

나는 남쪽에서부터 자그마한 앞뜰을 지나 널찍한 정원에 들어섰다. 동서 양쪽은 각각 곁채와 회랑이고 북쪽은 높고 큰 본채인데 그곳이 바로 이녠탕이다. 마오 주석은 늘 그곳에서 중앙서기처와 정치국 회의를 소집하곤 했다. 나는 처음 마오 주석이 직접 주재하는 중앙서기처 회의에 참가한 것이다. 제8차 당 대표대회 이전의 중앙서기처는 제8차 당대회 후의 중앙정치국 상무위원회와 대등했다.

이전에 나는 신화사 사장으로서 샤오치 동지 주재로 열린 정치국회의(중난하이 서문 부근의 시러우[西楼] 회의실])와 덩샤오핑 동지 주재로 열린 비서장회의(평저위안 북쪽에 위치한 쥐런탕[居仁堂]에서 열림)에도 참가했었고, 마오 주석 주재로 열린 당의 중앙전체회의와 중앙업무회의(일반적으로 화이런탕[懷仁堂]에서 열림) 및 최고국무회의(대다수 경우 친정뎬에서 열림)에도 참가했었지만, 이녠탕에서 마오 주석 주재로 열리는 중앙서기처회의에 참가한 적은 한 번도 없었다. 이는 당의 최고 지도핵심회의였기 때문이었다.

이녠탕은 중앙에 위치한 큰 홀과 동서에 각각 하나씩 위치한 작은 홀 2개로 구성되었는데, 모두 자단목 조각 구조로 인테리어가 되어 있다. 큰 홀 면적은 약 70㎡였는데 정면은 금으로 도금한 큰 병풍이 있고, 중간에는 20~30명이 둘러앉아 회의하기에 충분한 크기의 긴 테이블이 놓여 있었으며, 바닥에는 진록색 카펫이 깔려 있었다.

전반 장식이 소박하면서도 대범했다. 마오 주석은 바로 그 곳에서 정치국 회의를 소집하곤 했다. 정치국 위원과 회의에 참석하는 관계자를 합치면 보통 20여 명이 된다. 서쪽의 작은 홀은 마오 주석이 중앙서기처 회의와 훗날의 중앙정치국 상무위원 회의를 소집하는 장소로 그 곳에는 소파 12개를 빙 둘러놓았다. 동쪽의 작은 홀은 마오 주석이 손님을 초대해 식사를 하는 장소였다. 나는 바로 그 곳에서 안나 루이스 스트롱 (Anna Louise Strong) 등 미국 친구들을 동반해 마오 주석이 마련한 간소한 연회에 여러 차례 참가한 적이 있다.

이녠탕의 동쪽에는 작은 문이 하나 있는데, 마오 주석의 처소인 쥐샹서옥과 통해 있었다. 마오 주석이 이녠탕으로 회의하러 올 때면, 쥐샹서옥의 서문을 걸어 나오게 되는데 그러면 바로 이녠탕의 동문에 이를 수 있었다.

마오 주석의 주재로 열린 그 서기처 회의의 의제는 제20차 소련공산당대회에서 후루시초프(니키타 후루시초프, Nikita Khrushchyov)가 발표한 반(反)스탈린 보고에 대한 것이었다. 그 보고는 제20차 소련공산당대회의 마지막 비밀회의에서 발표된 것이다. 제20차 소련공산당대회에 참가한 중국공산당 대표단은 그 회의에 참가하지 않았다. 소련공산당 중앙은 회의 후에 인원을 파견해 우리 대표단에 통보해왔다. 통보라고 해봤자 우리에게 보고문을 한 번 읽어만 주고는 바로 가져가버렸다. 그런데 제20차 소련공산당대회가 끝난 뒤 얼마 지나지 않아 서방의 통신사들은 그 보고 내용에 대해 잇따라 공개했다. 뉴욕타임스는 3월 10일에 보고문 전문을 발표했는데 제20차 소련공산당대회가 끝난 지 보름밖에 안 된 시점이었다. 신화사는 뉴욕타임스를 받자마자 대량의 인원을 동원해 번역을 시작했다. 번역하는 족족 인쇄해 번역이 전부 끝난 뒤에는 또 제본하여 책을 만들어 중공중앙 판공청이 제공한 인원 명단에 따라 중앙 책임 동지들에게 일일이 보내주었다. 이는 신화사에서 일관적으로 해오던 일이었다. 우리는 여러 외국 통신사의 전신과 신문 간행물의 글을 널리 수집하면서 중앙의 귀와 눈으로서의 본분을 다했다. 마오 주석과 저우 총리는 신화사가 이들 자료들을 모아 만든 『참고자료』가 매일 큰 책으로 2권(오전판과 오후판)이나 되는데 그들이 매일 반드시 읽곤 한다고 여러 번 했었다.

내가 이녠탕에 당도했을 때는 양상쿤(楊尚昆, 그때 당시 중앙 판공청 주임)·후샤오무(胡喬木, 중앙선전부 부부장)·장원톈(외교부 상무 부부장)·왕쟈샹(중앙 연락부 부장) 등이 이미 와서 서쪽 작은 홀에 앉아 있었다. 샤오치 동지·저우 총리·샤오핑 동지·펑전(彭真) 동지도 잇따라 당도했다.

마오 주석은 8시경에 이녠탕으로 왔다. 마오 주석은 자리에 앉자마자 나에게 후루시초프의 보고문 전문을 어느 동지들에게 나눠주었느냐고 물었다. 나는 모든 정치국 동지와 관련 책임자들에게 나눠주었다고 보고했다. 그는 또 그 자리에 모인 사람들에게 보았느냐고 물었다. 여러 중앙 책임자들 모두가 보긴 보았으나 다 보지는 못했다고 대답했다. 마오 주석도 이제 막 보기 시작했다면서 알아보기가 너무 어려워 아직 다 보지 못했다고 말했다. 이어 샤오핑 동지는 중국공산당 대표단이 모스크바에서 제20차 소련공산당대회에 참가했을 때 소련공산당 중앙연락부의 한 연락원으로부터 후루시초프의 비밀 보고에 대해 통보 받은 상황에 대해 얘기했다.

그는 그때 당시 통역이 한 번 읽어주는 것을 들었는데 내용이 지저분하고 논리성이 부족하다는 느낌이었다면서 스탈린이 법제를 파괴하고, 숙청 과정에 죄 없는 사람을 너무 많이 죽였으며, 소·독전쟁에 대한 아무런 준비도 없었고, 전쟁 중에 지구의에 의지해 지휘했다는 등 많은 내용에 대한 얘기였고, 또 유고슬라비아 문제에 대해서도 얘기했으며, 다른 정책적 문제에 대해서는 별로 인상이 없었다고 말했다. 그때 당시 그는 소련공산당 중앙 연락원에게 중대한 일이기 때문에 중앙에 보고해야 한다고만 말하고 입장을 밝히지 않았다.

그는 지금 다시 전문을 보고 있는데 여전히 다 보지 못했다면서 여전히 인상이 좋지 않다고 말했다. 이어 그는 현재 전 세계가 그 보고에 대해 의논하고 있으며, 많은 형제 당이 이미 입장을 밝혔으니 우리 당도 입장을 밝혀야 할 것 같다면서 어떤 방식을 쓸지는 생각해봐야 한다고 말했다.

회의에서 모두들 의견이 분분했다. 먼저 소련공산당이 사전에 형제 당과 의논도 하지 않고 국제공산주의운동의 중요한 인물인 스탈린을 비판한 것을 아주 불만스러워 했다. 이는 여러 나라의 당에 대한 기습과 같아 아무런 준비가 없는 상황에서 그들에게 심각한 혼란을 가져다주었다고 주장했다. 한편 후루시초프가 보고에서 스탈린을 전면 부정한 것은 큰 잘못이라고 주장했다.

마오 주석은 우리 당이 처음부터 제20차 소련공산당대회에 대해 자신의 의견을 보류하고 있었다면서 다음과 같이 말을 이어갔다. "『인민일보』에 2편의 사설을 발표했는데 먼저 발표한 사설은 대회 시작 초기에 후루시초프의 공개 보고에 근거해 쓴 것이다. 그때 우리는 그가 스탈린을 부정하리라는 것을 미처 알지 못했으며, 전반적인 정세를 생각해 지지하는 입장을 밝혔었다. 그러나 사설에서는 평화적 공존과 평화적 경쟁 문제에 대해서만 언급했을 뿐 평화적으로 과도하는 문제에 대해서는 언급하지 않았다. 그것은 우리가 그 문제에서 다른 의견을 갖고 있었기 때문이었다. 제20차 소련공산당대회가 끝난 이튿날 중앙은 대표단이 발송한 전보를 받았다. 전보에서는 후루시초프가 스탈린을 전면 부정했다고 보고하면서 그러나 구체적인 내용에 대해서는 알 수가 없어서 섣불리 의견을 발표하는 것은 바람직하지 않다는 내용이 적혀 있었다. 그래서 후에 발표한 사설에서 우리는 '제선왕(齊宣王)이 양 쪽으로 늘어선 신하들을 둘러보며 말머리를 돌린 것'과 같은 방침에 따라 그들의 제6차 5개년 계획에 대해서만 언급하며 두루뭉술하게 지지한다'고 밝혔다.

마오 주석은 후루시초프의 비밀보고에 대해 진지하게 연구해볼 필요가 있다면서, 특히 그 보고에서 언급한 문제와 그 보고가 전 세계에 일으키는 영향에 대해 연구해야 한다면서 다음과 같이 말했다. "지금 전 세계가 다 의논하고 있는데 우리도 의논해야 한다면서 지금 보면 적어도 두 가지 문제에 대해 지적할 수 있는데, 한 가지는 그가 내막을 드러냈다는 것이고, 다른 한 가지는 그가 사고를 쳤다는 것이다. 내막을 드러냈다고 말하는 것은 그의 비밀보고를 보면 소련·소련공산당·스탈린이 모두 정확한 것이 아님을 알 수 있으며, 이로써 개인숭배를 타파할 수 있게 된 것이다. 그가 사고를 쳤다고 말하는 것은 그의 그 비밀보고에 내용적으로나 방법적으로나 모두 심각한 실수가 존재한다는 것이다." 그러면서 마오 주석은 실제로 그런지 아닌지 모두들 연구해볼 수 있다면서 모두들 어제서야 전문을 받아 아직 다 읽어보지 못했는데 자세히 보고 연구해 보고나서 하루 이틀 뒤에 다시 의논하자고 말했다.

17일 밤 서기처 회의는 그렇게 끝났다. 후루시초프의 비밀보고에 대해 마오 주석의 두 가지 의견은 중점을 밝혔다고 말할 수 있는데, 처음 중앙서기처 회의에 참가한 나에게 있어서는 평생 잊을 수 없는 깊은 인상을 남기게 한 회의였다.

무산계급 독재의 역사 경험에 대해 최초로 논함

『인민일보』 1956년 4월 5일자에 발표된 「무산계급 독재의 역사 경험에 대해」라는 글은 마오 주석 주재로 열린 중앙정치국회의에서 거듭 토론하고 수정한 뒤 완성된 것이다.

3월 17일 중앙서기처회의에 이어 마오 주석은 3월 19일과 3월 24일 잇따라 중앙정치국회의를 소집했다. 정치국 위원 전원이 회의에 참가했으며 참석한 인원들로는 지난번 중앙서기처회의에 참가했던 왕쟈샹·양상쿤·후챠오무, 그리고 나를 제외하고도 또 루딩이·천보다·덩퉈(鄧拓)·후성(胡繩) 등이 추가되었다.

그 두 차례 중앙정치국확대회의에서 회의 참가자들은 후루시초프 보고의 내용과 그 영향·스탈린의 과오·중-소 양당 관계·개인숭배 등 문제를 둘러싸고 토론을 벌였다. 샤오치 동지가 스탈린의 중요 과오에 대해 체계적으로 발언하고, 저우 총리가 스탈린이 중국공산당 역사상 여러 차례 중대한 실수와 연관이 있다고 밝혔으며, 샤오핑 동지가 개인숭배 반대 문제에 대해 중점적으로 말하고, 왕쟈샹 동지가 후루시초프 보고 내용에 수많은 모순이 존재하는 것에 대해 구체적으로 분석했다.

마오 주석도 스탈린이 항일전쟁 초기에 "모든 것은 통일전선을 거쳐야 한다", "모든 것은 통일전선에 따라야 한다"는 왕밍의 우경노선을 지지한 것, 항일전쟁이 끝난 뒤 또 중국공산당에 국민당이 발동한 내전에 반격하지 말 것을 요구한 것, 1949년 말 마오 주석의 소련 방문 기간 최초에 중소 우호동맹조약 체결을 원치 않다가 중국지원군이 항미원조에 나선 뒤에야 비로소 중국공산당이 국제주의 공산당임을 믿은 것 등 사실에 대해 언급했다.

마오 주석은 회의에서 주로 다음과 같은 네 가지 의견을 말했다.

첫째, 공산주의운동은 마르크스와 엥겔스가 『공산당선언』을 발표한 시점부터 시작해 겨우 100년이 좀 넘는다. 무산계급 독재 역사는 10월 혁명부터 시작해 40년도 채 안 된다. 공산주의를 실현하는 것은 전례 없이 위대하고도 전례 없이 막중한 사업이다. 막중한 것이 아니면 위대하다고 할 수 없다. 따라서 너무 막중하기 때문에 매우 위대하다. 그 막중한 투쟁 과정에서 실수를 저지르지 않는다는 것은 불가능한 일이다. 그렇기 때문에 우리가 가는 길은 이제까지 그 누구도 가본 적이 없는 길이다. 나는 항상 '난면론(難免論)'을 주장해오고 있다. 스탈린이 과오를 범한 것은 당연히 중요한 일이다. 후루시초프도 마찬가지로 과오를 범할 수 있다. 소련이 잘못을 저지를 수 있고 우리도 역시 잘못을 저지를 수 있다. 중요한 것은 공산당은 비판과 자아비판을 통해 자신의 잘못을 극복할 수 있다는 것이다.

둘째, 사회주의사회에도 역시 모순이 존재한다. 모순이 존재한다는 사실을 부정하는 것은 유물주의변증법을 부정하는 것이다. 모순은 언제 어디에나 존재한다. 스탈린의 실수가 바로 그 점을 실증해준다. 모순이 있으면 투쟁이 있기 마련이다. 다만 투쟁의 성질과 형태가 계급사회와 다를 뿐이다.

셋째, 스탈린은 심각한 과오를 범했다. 그러나 그는 위대한 공적도 쌓았다. 그는 어떤 면에서 마르크스주의 원칙을 어겼지만 여전히 위대한 마르크스주의자이다. 그의 저술에는 비록 일부 잘못된 부분도 포함되어 있지만 여전히 우리가 본받아야 할 가치가 있다. 다만 본받을 때 분석적인 자세를 취해야 한다.

넷째, 후루시초프는 이번에 내막을 드러내고 또 사고를 쳤다. 그는 "소련·소련공산당·스탈린의 모든 것이 이치에 맞다"는 개인숭배사상을 깨뜨렸는데 이는 교조주의에 대한 반대에 이롭다. 더 이상 소련의 모든 것을 그대로 본받지 말아야 한다. 자신의 두뇌로 생각을 해야 한다. 마르크스-레닌주의의 기본 원리를 중국혁명과 건설의 구체적인 실제와 결합시켜 중국에서 사회주의를 건설하는 길을 모색해야 한다. 후루시초프 비밀보고의 실수에 대해서 우리는 반드시 애써 바로잡아야 한다.

회의가 끝난 뒤 마오 주석은 후루시초프가 스탈린을 대대적으로 부정한 것에 대해 우리 당은 입장을 밝혀야 한다면서 구체적인 방법은 글을 발표하는 방안을 고려해볼 수 있다고 제안했다. 그는 성명을 발표하거나 결의를 발표하는 것은 모두 지나치게 공식적인 느낌을 줄 수 있는데 소련공산당은 아직 후루시초프의 비밀보고를 공개하지 않았고 게다가 그 일의 후과는 여전히 발전 중에 있기 때문이라고 말했다. 정치국 전원이 그 제안에 찬성했다.

마지막으로 마오 주석은 그 글을 통해 제20차 소련공산당대회의 개인숭배 반대 자세를 지지하고 일부 이치를 정면으로 설명하는 것으로 후루시초프의 실수를 만회하고, 스탈린의 일생에 대한 분석을 진행해 그의 심각한 과오를 짚어내야 할 뿐만 아니라, 더욱이 그의 위대한 공적을 강조해야 하며, 중국공산당 역사상 스탈린과 연관이 있는 노선적 과오에 대해서는 중국공산당 자체 부분에 대해서만 논하고 스탈린에 대해서는 언급하지 않도록 하며, 개인숭배에 대해 분석하고, 중국공산당이 일관적으로 대중노선을 주장하며 개인을 돋보이게 하는 것에 반대해오고 있음을 설명해야 한다고 말했다. 그는 또 글의 편폭은 너무 길지 않도록 하며 핵심을 들어 이치를 따져야 한다고 말했다. 이어 그는 일주일 안에 글을 써낼 것을 요구했다.

회의에서는 천보다가 집필하고 중앙선전부와 신화사가 협조하도록 결정했다. 회의 후 나는 천보다를 도와 일부 서방 국가 정부인사와 공산당의 의론을 수집 정리했다.

글의 초고는 3월 29일 작성되었다. 샤오핑 동지가 천보다에게 루딩이·후챠오무·후성, 그리고 나를 한 자리에 불러 함께 토론하라고 지시했다. 우리는 3월 29일과 30일 회의를 열어 의논을 거친 뒤 또 천보다가 최종 수정을 거쳐 4월 1일 마오 주석과 중앙의 다른 동지들에게 보냈다.

4월 3일 오후 샤오치 동지 주재로 시러우 회의실에서 정치국확대회의가 열렸다. 회의를 시작할 때 샤오치 동지가 마오 주석의 위탁을 받고 회의를 소집한다면서 어떻게 수정할 것인지에 대해 충분히 토론할 것을 요구했다. 모두가 회의에서 아주 많은 의견을 제기했다. 주로 다음과 같은 의견들이다.

(1) 샤오치 동지가 글 중에서 실수는 불가피한 것이라고 한 부분에서 마땅히 지도자의 책임은 일부 개별적·국부적·일시적인 실수가 전국적이고 장기적인 과오로 변하기까지 이르지 않도록 최선을 다하는 것이라는 내용을 보충할 것을 제안했다. 그리고 또 착취계급은 자체의 과오를 극복할 수 없어 최종 멸망에 이르게 되고, 무산계급은 자신의 실수를 극복할 수 있어 꾸준히 앞으로 나아가게 된다고 밝혀야 한다고 제기했다.

(2) 샤오치 동지는 스탈린의 과오를 전적으로 개인숭배에 귀결시킬 수만은 없다며 근본적으로 말하면 객관적 법칙에 따르지 않고 주관적으로 행한 것과 실제에서 벗어나고 대중을 이탈한 데 원인이 있으며 이는 사상방법문제라고 제기했다. 현재 번역할 때 '개인숭배'라는 표현을 쓰고 있는데 편의어로 '개인 맹신'이라고 쓰는 것이 더욱 적절하다. 그러나 신문에서 이미 '개인숭배'로 쓰는 것에 습관이 되었으므로 고치지 않아도 된다. (그 글이 발표될때 당시는 여전히 '개인숭배'로 썼으며 후에 「무산계급 독재의 역사 경험에 대해 재차 논함」이라는 글을 쓸 때에서야 '개인 맹신'으로 고쳐 씀.)

(3) 저우 총리는 교조주의 반대에 대해 언급할 때 중국공산당이 교조주의에 반대한다고만 표현함으로써 남들로부터 우리가 반(反)교조주의를 널리 호소한다는 오해를 받지 않도록 피해야 한다고 제기했다. 그러나 스탈린이 제기한 중간세력이 기본 공격방향이라는 관점은 비판해도 좋으며, 중국공산당이 왕밍(王明) 노선의 통치를 받을 때 그 관점을 답습해 큰 낭패를 보았음을 설명할 수 있다고 저우 총리가 제기했다.

(4) 샤오핑 동지는 개인숭배에 대해 더 분석해야 한다면서 중국공산당이 일관적으로 대중노선과 집단 지도를 제창해오고 개인이 돋보이는 것과 독단에 반대해왔음을 강조할 것을 제기했다.

(5) 주 총사령관은 스탈린의 역사적 공훈에 대해 더 충분히 써줄 것을 주장했다. 글속에서 칼날은 주로 소련을 겨냥한 것이 아니라 제국주의에 대한 반격임을 분명히 해야 한다고 제기했다.

상기와 같은 의견을 제외하고도 회의에서는 또 문자에 대한 의견도 많이 제기되었다.

회의가 끝날 무렵 샤오치 동지가 회의 참가자들의 의견에 따라 수정을 거친 뒤 교정을 마친 자료를 새로 작성하고 수정을 거친 부분에 표기를 해 마오 주석에게 보내 감수를 받을 것을 원고 작성팀에 요구했다.

회의 후 천보다·루딩이·후챠오무·후성, 그리고 나는 밤을 새워 수정을 거쳐 4월 4일 새벽에 인쇄해낸 교정이 끝난 자료를 마오 주석에게 보냈다.

마오 주석은 감수 과정에서 여러 곳에 대해 중요한 수정을 했다. 첫째, 스탈린의 중요 과오에 대해 명확하게 지적했으며, 그런 과오를 범한 것은 그의 사상방법상의 주관주의와 편파성에서 비롯된 것이며 실제에서 벗어나고 대중을 이탈했으며 대중노선과 집단 지도를 벗어났기 때문이라고 지적했다.

둘째, 사회주의사회에도 여전히 모순이 존재한다는 단락을 강화했다. 셋째, 중국공산당 역사 중 노선 실수 관련 부분에서 두 차례 왕밍 노선을 더 두드러지게 부각시켰다. 넷째, 마땅히 역사적인 관점으로 스탈린을 대할 것을 강조하면서 그의 바른 면과 그릇된 면에 대해 전면적으로 분석해 스탈린은 위대한 마르크스-레닌주의자이며 몇 가지 큰 잘못을 저지르고도 그것이 잘못이라는 것을 자각하지 못하는 마르크스-레닌주의자라고 명확하게 지적했다. 이어 우리는 이를 통해 교훈을 얻어야 한다고 강조했다.

4월 4일 오후 마오 주석이 중앙서기처회의를 소집했다. 그는 먼저 원고 수정에 대해 설명한 뒤 회의 참가자들에게 또 다른 의견이 있는지 물었다. 회의에서 샤오치 동지·저우 총리·주 총사령관·샤오핑 동지가 모두 수정의견을 제기했고, 마오 주석은 회의 중에 토론하면서 수정을 진행했다. 회의 토론이 끝나고 얼마 지나지 않아 우리는 바로 원고 수정을 끝낼 수 있었다. 빨리 끝낼 수 있었던 것은 그 의견들 대다수가 문자와 관련된 것이고, 실질적인 의견은 지난 정치국회의에서 이미 의논을 끝냈으며 모두 원고에 반영되었기 때문이었다.

회의가 거의 끝나갈 때 쯤 마오 주석은 또 다음과 같은 말들을 했다. 이 글을 발표하는 것은 제20차 소련공산당대회에 대한 우리 명확한, 그러나 초보적인 입장을 밝히는 것이다. 의론은 앞으로도 더 발표할 수 있다. 우리 자신이 그 속에서 어떤 깨우침을 얻을 수 있느냐 하는 것이 문제이다. 그는 독립적으로 생각하는 것이 가장 중요하다면서 마르크스-레닌주의의 기본 원리를 중국혁명과 건설의 구체적인 실제와 결합시켜야 한다고 주장했다. 그는 민주혁명시기에 우리가 큰 손해를 본 뒤에야 비로소 이런 결합을 실현하는데 성공해 중국 신민주주의혁명의 승리를 거둘 수 있었다면서, 현재 사회주의혁명과 건설시기에 우리는 또 두 번째 결합을 실현해야 하며, 중국에서 사회주의를 건설하는 길을 찾아야 한다고 말했다.

이 문제에 대해 그는 몇 년 전부터 생각하기 시작했다면서 먼저 농업 합작화 문제에서 어떻게 해야 합작사를 더 많이, 더 빨리, 더 좋게 운영할 수 있을지에 대해 생각했고, 후에는 건설 면에서 소련의 '지팡이'를 사용하지 않거나 적게 사용할 수 없을지에 대해 생각하면서 제1차 5개년계획 때처럼 소련의 방법을 그대로 본뜨지 말고 중국의 실제 상황에 근거해 더 많이, 더 빨리, 더 좋게, 더 절약하며 건설할 수 있지 않을까 생각했다고 말했다.

그는 지금 후루시초프가 내막을 드러낸 것에 감사한다면서 우리는 어찌해야 중국의 상황에 따라 처리할지에 대해 여러 방면으로 생각해야 하며 예전처럼 맹신해서는 안 된다고 말했다. 이어 그는 사실 우리는 예전에도 전적으로 맹신한 것은 아니며 자체의 독창적인 면이 있었다면서, 지금은 중국의 사회주의 건설을 위한 구체적인 길을 찾기 위해 더욱 노력해야 한다고 말했다.

그때 당시 마오 주석은 자신이 제기한 임무를 스스로 실천하는 중이었다고 할 수 있다. 그는 1956년 초 중앙의 10여 개 부처의 동지들을 불러 담화했다. 그는 그 조사 연구에 근거해 「무산계급 독재의 역사 경험에 대해 논함」이라는 글을 완성한 뒤 얼마 지나지 않아 「10대 관계를 논함」이라는 유명한 연설을 발표했다. 그리고「무산계급 독재의 역사 경험에 대해 재차 논함」이라는 글을 완성한 뒤, 1957년 2월에는 또「인민 내부 모순의 올바른 처리에 대한 문제」라는 제목의 연설을 발표했다.

마오 주석은 우리가 수정한 원고를 보고나서 글의 제목을「무산계급독재의 역사 경험에 대해」로 고쳤으며, 제목 아래에 "(이 글은 중국공산당 중앙정치국 확대회의 토론에 따라『인민일보』편집부에서 작성한 것임)"이라는 말을 보충해 사설 형식을 쓰지 않고 대신 '『인민일보』편집부'로 고쳐 서명했다. 이러한 방식은 너무 특별해 더욱 주의를 불러일으켰다.

마오 주석은 이 글을 신화사에서 당일 저녁 방송하도록 하고『인민일보』에 이튿날(4월 5일) 발표하도록 결정했다. 그렇게 한 것은 아나스타스 미코얀(Anastas Ivanovich Mikoyan)이 4월 6일 소련정부대표단을 인솔해 베이징에 당도하기로 되어 있기 때문이었다.

소련−폴란드의 관계 악화

1956년 10월 20일 오전, 나는 중앙 판공청 회의과로부터 오후에 이녠탕에서 열리는 정치국회의에 참가하라는 통지를 받았다. 이는 중국공산당 제8차 대회 후 새로 선출된 중앙정치국 회의에 내가 처음으로 참가하는 것이다. 나는 이번 회의에서 소련과 폴란드의 긴장관계에 대해 토론할 것이라고 예측했다. 그것은 이로부터 3~4일 전 10월 17일부터 외국 통신사들로부터 소련과 폴란드 관계가 갑자기 긴장추세를 보이고 있다는 소식이 전해졌기 때문이다. 소식에 따르면 폴란드 국경에서 소련군의 이동이 빈번한데 소련−폴란드 국경지역 소련군이 폴란드 동부로 이동하고 소련 발트해 함대가 폴란드 해역으로 진군 중이며 바르샤바에는 긴장한 공기가 감돌고 있다는 것이다.

그때 당시 중앙판공청 주임직을 맡고 있던 양상쿤 동지(그는 제8차 당대회에서 중앙위원으로 선거되고 1중 전회에서 중앙서기처 서기 후보로 선거됨)가 18일 나에게 신화사에서 이와 관련된 소식을 수집해 빨리 중앙에 보고하라고 전화로 통지했다. 그날부터 나는 신화사 사장 판공실·참고자료 편집부·국제부·대외부에 하루 24시간 당직을 강화해 중요한 소식만 있으면 즉시 총리 판공실과 중앙 판공청에 보고한 다음 번역해내고 교정 완료한 원고를 작성해 중앙 지도자들에게 보내도록 배치했다.

20일 중앙판공청 회의 통지를 받은 나는 즉시 참고자료 편집부로 가 그날 입수한 최신 소식을 알아본 뒤 오후 3시 회의 시간에 앞서 이녠탕에 도착했다. 새로 선출된 정치국 위원과 위원 후보 대부분이 회의에 참가한 것(린뱌오[林彪]·린보취[林伯渠]·류보청·캉성[康生]은 병환으로 장기 휴가를 냄) 외에 왕쟈샹·후챠오무·양상쿤·톈쟈잉과 내가 참석했다.

마오 주석이 회의를 주재했다. 그는 나이트가운 차림이었는데 회의 첫 시작에 다음과 같이 설명했다. 소련공산당 중앙위원회가 중국공산당 중앙위원회에 전보를 띄워 폴란드의 반(反)소련 세력이 판을 치고 있다면서 폴란드에서 철군할 것을 소련군에 요구하고 있다고 썼다. 소련은 바르샤바조약에 따라 폴란드에 대한 군사 주둔권이 있으며 동유럽 사회주의 국가의 안전을 보위할 의무가 있다. 소련은 반소련 사건이 계속 발전하는 것을 허용할 수 없으며 군대를 동원해 문제를 해결할 계획이다. 소련공산당은 통지에서 이에 대한 중국공산당의 의견을 알고 싶다고 밝혔다. 마오 주석은 보아하니 소련이 폴란드에 대한 무장 간섭을 감행하려는 것 같은데 아직 최후의 결단은 내리지 않은 것 같다고 말했다. 그는 상황이 매우 심각하고 매우 긴급하기 때문에 정치국회의를 소집해 소련공산당중앙에 어떻게 답복을 할지 토론하고자 한다고 말했다.

이어 마오 주석이 새로운 소식은 있느냐고 나에게 물었다. 나는 그날 오전에 외국 통신사로부터 입수한 소식을 보고했다. 폴란드 군대가 이미 동원되었다는 소식, 보안부대도 긴급상태에 들어갔다는 소식, 바르샤바 노동자들도 잇따라 무기를 들었다는 소식을 전했다. 한편 소련 군함이 폴란드의 항구인 그단스크 항 밖까지 당도했다는 소식 외에도 원래 소련 서부와 민주독일 동부에 주둔했던 소련군도 이동 중이라는 소식이 스톡홀름·헬싱키로부터 입수했다고 전했다.

나의 보고를 들은 뒤 마오 주석은 아주 긴급한 상황이므로 하루 빨리 방침을 정해야 한다고 말했다. 아들이 말을 안 들으면 아버지에게 매를 맞는 경우는 있다. 그러나 한 사회주의 대국이 다른 한 사회주의 이웃 국가에 무장 간섭을 감행하는 것은 최저한도의 국제관계 준칙에 어긋나는 일이며 사회주의 국가 서로 간의 관계 원칙에 어긋나는 일이라는 것은 더 말할 필요도 없다. 이는 절대 허용할 수 없는 일이다. 이는 심각한 대국 쇼비니즘(배타적 애국주의)이다.

그날 회의에서는 의론이 분분했다. 모두들 이는 가까운 이를 마음 아프게 하고 원수를 기쁘게 하는 심각한 사건이라고 일제히 주장했다. 중국공산당 중앙은 단호히 반대해야 하며 이를 제지시키기 위해 최대한 노력해야 한다고 입을 모았다. 모두들 중앙이 긴급 조치를 취해 소련공산당중앙에 심각한 경고를 표해 폴란드에 대한 소련의 무장 간섭에 단호히 반대한다는 중국공산당 중앙의 입장을 밝힐 것을 일제히 제안했다.

회의 중에 나는 또 나의 비서가 신화사에서 걸어온 전화를 받았다. 소련 대표단이 바르샤바에 당도해 폴란드와 담판을 진행키로 했다는 외국 통신사의 보도 내용을 전해온 것이다. (후에야 알게 된 일이지만 대표단은 후루시초프를 위수로 해 소련공산당 중앙 주석단의 중요 구성원으로 구성되었다.) 나는 즉시 그 소식을 마오 주석에게 전했다. 마오 주석은 더 이상 지체할 수 없다면서 당장 소련 측에 경고를 표해 그들이 폴란드에 무력을 행사하는 것에 단호히 반대한다는 입장을 밝혀야 한다고 말했다. 회의에서는 그 결정에 일제히 찬성했다. 마오 주석은 회의가 끝났다면서 당장 소련 주중대사를 만날 것이라고 말했다. 그는 후챠오무와 나에게 남아서 배석하라고 했다.

마오 주석은 그때까지 여전히 가운만 걸친 차림이었다. 챠오무가 그에게 중산복(中山裝)으로 갈아입어야 하지 않겠느냐고 하자 마오 주석은 이대로도 괜찮다고 말했다.

반시간 정도 지나 마오 주석이 쥐샹(菊香)서옥의 침실에서 파벨 유진 주중 소련대사를 만났다. 유진은 마오 주석의 오랜 벗으로서 예전에 두 사람은 여러 차례나 철학 문제에 대해 토론한 적이 있다. 그런데 이번 만남에서 두 사람 모두 표정이 굳어 있었다. 유진은 이번 긴급 접견이 예사로운 일이 아님을 예감하고 있는 듯 했다.

마오 주석은 단도직입적으로 유진에게 말했다. 그는 "우리 정치국이 방금 전에 회의를 열어 그대들 중앙에서 보낸 통지에 대해 토론했다"고 말했다. 이어 "우리 정치국은 소련이 폴란드에 무력을 행사하는 것은 무산계급 국제주의원칙에 어긋나는 것이라고 일제히 주장했다"면서 "중국공산당중앙은 소련공산당중앙의 이 같은 처사에 단호히 반대하며 그대들이 벼랑 끝에서 고삐를 당겨 말을 멈춰 세우기 바란다"고 강조했다. 그리고 "만약 그대들이 우리 권고를 무시하고 감히 온 세상 사람의 비난을 받을 짓을 한다면 중국공산당중앙과 중국정부는 그대들을 공개적으로 비난할 것"이라고 경고했다. 그런 뒤 그는 "할 말은 이 몇 마디뿐이다." "즉시 후루시초프 동지에게 전화로 알리라"면서 "상황이 긴급하다", "시간이 많지 않다", "담화는 여기까지다", "지금 빨리 가서 처리하라"라며 서둘러 담화를 끝냈다.

유진은 땀투성이가 되어 연신 "да、да!(네, 네!)"라고 대답하며 황급히 물러갔다.

마지막에 마오 주석은 우리에게 "그대들도 볼 일이 끝났다"면서 신화사로 돌아가 상황의 발전을 예의주시하고 있다가 새로운 소식이 있으면 즉시 보고하라고 지시했다.

20일 나는 밤새 신화사 사무실에서 자리를 지키다가 21일 새벽 6시(바르샤바 시간으로 20일 자정)가 되어서야 집으로 돌아갔다.

그때부터 거의 매일 오후 혹은 저녁 마오 주석은 그의 침실에서 정치국 상무위원회의를 소집하곤 했다. 21일 소련공산당중앙은 전화를 해 우리 당이 대표단을 파견해 모스크바에서 열리는 소련공산당중앙과 폴란드공산당 중앙의 회담에 참가해주기를 청했다. 상무위원회에서는 샤오치 동지와 샤오핑 동지를 파견해 22일 모스크바로 가도록 결정했다. 그들은 화해시키는 임무를 수행하게 된다. 임무 수행의 방침은 주로 소련공산당의 대국 쇼비니즘을 비판함과 동시에 전국을 돌보도록 폴란드공산당을 설득하는 것이다.

임무 수행 방식은 오직 소련공산당 혹은 폴란드공산당과 각각 회담을 진행할 뿐, 그들 양당 간의 회담에는 참가하지 않는 것이다. 대표단은 22일 아침 소련이 보낸 전용기편으로 모스크바로 떠났다. 그 뒤 저우 총리가 매일 대표단과 통화했으며 대표단도 회담 진행상황에 대해 전화로 보고했다.

마오 주석은 매일 상무위원회의를 열어 대표단에 대한 지시사항을 결정했다. 치열한 변론과 인내심 있는 설득을 거쳐 대표단은 끝내 화해시키는 임무를 완성했다. 소련과 폴란드 양측은 "양당 간 조속한 공식 회담을 열어 폴란드와 소련 간 관계 개선을 강화할 것과 소련정부가 사회주의국가 관계 개선 관련 선언(즉 10월 30일 발표한 선언)을 단독 발표할 것, 그리고 소련이 과거 이 부분에서 저지른 과오를 인정하고 개선할 것을 다짐하는 것"에 대해 일제히 찬성했다. 중국공산당 대표단은 소련과 폴란드 양측과 상의해 일단 소련이 선언을 발표하면 중국정부도 성명을 발표해 지지하도록 결정했다. 그 성명은 중국 정부가 11월 2일에 발표한 성명이었다.

헝가리사건

그런데 사건은 하나로 끝나지 않았다. 국제 정세의 발전은 사람의 의지에 따라 움직이는 것이 아니었다. 소련과 폴란드 양 당이 중국공산당의 설득으로 화해할 즈음에 헝가리사건이 또 터졌다. 10월 하순부터 헝가리 정세가 어지러워지기 시작했다. 군경과 시위 대중 간 충돌이 끊이지 않았다. 반혁명분자들이 그 틈을 타 이간질을 해댔으며 국외 제국주의세력도 마구 떠들어대는 바람에 상황이 갈수록 복잡하고 긴장해져 갔다. 헝가리정부는 하는 수 없어 헝가리 경내에 주둔해 있는 소련군에 질서회복을 위한 협조를 청했다. 그때 국내외 반혁명세력이 한 걸음 더 나아가 헝가리 군 내 반란을 획책하는 바람에 도처에서 반혁명 부활 바람이 불기 시작했다. 그 심각한 정세 앞에서 소련공산당 지도층은 헝가리에 주둔시켰던 소련군을 철수시키기로 결정했다. 중국 대표단은 모스크바에서 그 소식을 입수한 후 베이징에 소련과 폴란드의 협의 달성 소식을 보고하면서 소련공산당이 헝가리 주둔 소련군을 철수키로 한 소식도 함께 보고했다.

마오 주석은 10월 30일 저녁 상무위원회의를 열어 소련을 지지한다는 중국정부의 성명을 발표하는 것에 찬성하는 것 외에 특별히 모스크바에 가 있는 중국 대표단에 전화해 "즉시 소련공산당중앙 주석단을 만나 중공중앙의 위탁을 받아 소련군이 헝가리에서 철군하는 것에 반대한다고 공개 선언할 것"을 지시했다. 샤오치 동지는 10월 31일 소련공산당 중앙 주석단 전체 단원을 만나 소련공산당의 그와 같은 결정은 헝가리 인민에 대한 배반이라는 것, 소련공산당 중앙이 사회주의 헝가리를 버린다면 역사의 죄인이 될 것이라는 점을 엄격하게 지적했다.

그때까지도 소련공산당 중앙은 여전히 헝가리 경내에 주둔시켰던 소련군을 철수시키겠다는 생각을 꺾지 않았다. 이튿날인 11월 1일 흐로쇼프는 샤오치 동지를 비행장까지 배웅하는 차 안에서 "소련공산당 중앙 주석단은 밤새 회의를 열어 토론한 끝에 소련군을 여전히 헝가리에 남겨 헝가리 당과 인민이 사회주의를 보위할 수 있도록 돕기로 최종 결정했다"고 희색이 만면해서 샤오치 동지에게 알려주었다. 중국공산당 대표단이 비행기에 오르기 전에 소련공산당중앙 주석단 전체 단원이 비행장에 나와 뜨겁게 배웅했다. 그들은 중국공산당이 폴란드 문제에서 그들을 도운 데 이어 또 헝가리 문제에서도 그들을 도운 것에 대해 몇 번이고 감사의 뜻을 전했다.

11월 2일 저녁, 마오 주석이 이녠탕에서 정치국회의를 소집해 이제 막 모스크바에서 베이징으로 돌아온 샤오치 동지와 샤오핑 동지의 보고를 들었다. 나는 난위안(南苑)비행장에서 대표단을 마중하는 행사에 참가했다가 바로 이녠탕으로 갔다. 그 회의는 지난 몇 차례 엄숙하고 긴장했던 회의 때와 비해 전혀 다른 분위기였다. 전반적으로 회의는 기쁨에 넘치는 분위기였다.

샤오치 동지는 먼저 후루시초프가 그들을 비행장까지 배웅하는 차 안에서 나눈 대화와 비행기 앞에서의 뜨거운 배웅 장면에 대해 이야기했다. 이어 그와 샤오핑 동지는 소련 방문 열흘간 느낀 바에 대해 중점적으로 이야기했다.

샤오치 동지는 열흘간의 활동을 통해 소련 동지들의 대국 쇼비니즘은 그 역사가 오래며 아주 두드러지게 나타나고 있음을 느꼈다면서, 그로 인해 그들에 대한 형제 당의 강력한 불만을 자아내고 있다고 지적했다. 그리고 동유럽 국가의 민족주의 정서도 역사가 오래며 지금에 이르러 더욱 강렬하게 드러나고 있다고 말했다. 또한 소련공산당 제20차 대회에서 스탈린을 대대적으로 비난한 일로 인한 악영향이 아주 충분히 드러나고 있는 실정이라고 샤오치 동지가 전했다.

샤오핑 동지는 폴란드 동지들이 모스크바에서 우리에게 하소연하는데 정서적으로 크게 흥분하고 있었다면서, 가끔은 중국의 토지개혁 때 가난한 농민들이 '쓰라린 생활에 대해 하소연하는 것'과 같았다고 말했다. 그는 폴란드와 헝가리 상황을 보면 이미 소련의 모든 것을 부정하고 심지어 10월 혁명까지 부정하는 경향이 나타났다며 각자 자민족의 특성을 과대평가하면서 국제 공통성을 부정하고 있다고 지적했다. 그는 또 소련공산당 지도자들이 비록 과거 대국주의 방식이 이제는 효험이 없다는 것을 느끼기 시작했지만 반드시 방향을 바꿔야 한다는 것을 아직 깨닫지 못하고 있다면서 우리는 남을 도우려면 끝까지 도와야 하며 앞으로 두 가지 방면의 업무를 추진해야 한다고 말했다.

그날 회의 시간은 길지 않았다. 대표단이 장거리 비행에 지쳤을 줄 알고 마오 주석이 회의를 일단락 했다가 후일 다시 열자고 제안했기 때문이었다.

무산계급 독재의 역사경험에 대해 재차 논할 준비를 하다

11월 4일 마오 주석은 또 이녠탕에서 정치국회의를 소집해 헝가리 정세에 대해 토론했다. 그때는 소련군이 이미 부다페스트로 돌아가 헝가리정부가 질서를 회복하는 것을 협조하고 있을 때였다.

회의에서 저우 총리가 먼저 현재 서방세계에서는 헝가리사건을 이용해 대대적인 반(反)소련 반 공산당 활동을 벌이고 있으며, 여러 형제 당 내에 흔들리는 세력, 심지어 변절자까지 나타나고 있다고 말했다. 총리는 소련공산당 지도자가 나약하고 무기력하기 때문에 중국공산당이 튼튼한 버팀목이 되어 기울어져가는 정세를 바로잡아야 한다고 주장했다.

회의에서 마오 주석은 다음과 같이 강조했다. 우리는 오래 전에 이미 소련공산당 제20차 대회에서 내막을 드러내고 사고를 쳤다고 지적했다. 내막을 드러낸 후 여러 나라 공산당은 소련에 대한 맹목적인 숭배를 깨고 마르크스-레닌주의 기본 원리를 자국의 혁명과 건설의 구체적 실제 상황과 결부시켜 자국 혁명과 건설의 길을 모색하기 위해 애쓸 수 있게 되었다. 그래서 중국공산당은 탐색 중이며 기타 형제 당들도 아직 해결책을 찾지 못하고 있다. 사고를 친 후과는 전 세계적으로 반 소련 반 공산당 고조가 나타난 것으로서 제국주의는 고소해하고 있고 국제공산주의 대오는 사상적 혼란을 겪고 있다. 우리는 애써 극복해야 한다. 극복할 뿐 아니라 반격도 해야 한다.

마오 주석은 다음과 같이 말을 이었다. "소련공산당 제20차 회의 이후 4월에 우리는 「무산계급 독재의 역사 경험에 대하여」라는 글을 써 그때 당시 이미 불거진 문제에 대해 답한 적이 있다. 그로부터 반년이 지난 지금 우리 관점이 정확했음이 실증되었다. 그러나 또 많은 새로운 문제들이 나타났으니 그에 대한 답을 해야 할 것이다. 또 글 한 편을 쓸 필요가 있다."

마오 주석이 그 문제에 대해 제기하자 회의 참가자들은 활발하게 발언하기 시작했다. 모두들 잇따라 당면한 상황에서 답할 문제에 대해 의견을 제기했다. 그 중에는 서방 언론구들의 악의적인 중상과 비난문제도 있고, 국제공산주의 대오의 내부문제도 있었다. 모두들 또 좋은 견해를 적지 않게 발표했다.

마오 주석은 후루시초프의 비밀보고가 누설된 후 여러 형제 당은 잇따라 성명과 글을 발표하거나 결의를 채택했는데, 우리는 이미 그 자료들을 수집해 두 권의 책자를 출판했다면서 그 자료들은 모두 그들의 관점을 공식적으로 밝힌 것으로서 자세히 연구해볼 필요가 있다고 말했다. 그리고 또 최근 폴란드와 헝가리 문제가 발생한 후 또 많은 자료들을 연구할 필요가 있다면서 어떤 중요 문제들에 대해 답을 해야 하고, 어떻게 답을 할지를 연구해서 앞으로 회의를 열어 다시 토론할 것이라고 말했다.

마오 주석은 회의가 끝날 무렵 후챠오무·톈자잉 그리고 나에게 미리 준비하라고 지시하면서 2중 전회(11월 10일부터 15일까지 열림)가 끝난 뒤 다시 의

논하자고 말했다.

2중 전회가 열리는 기간에 어느 한 번은 회의 중간 휴식시간에 내가 정치국상무위원 휴게실에 갔더니 마오 주석이 상무위원들과 요시프 브로즈 티토(Josip Broz Tito, 유고슬라비아의 독립운동가, 노동운동가, 공산주의 혁명가이자, 유고슬라비아 연방의 전 대통령)가 풀라(유고슬라비아 서부 연해 도시)에서 한 연설(11월 11일)에 대해 의론 중이었다. 후챠오무도 그 자리에 있었다. 마오 주석은 나에게 티토의 연설문 전문을 신화사에서 번역하라고 지시했다(그때 당시 『참고자료』에는 서방 통신사의 요점만 딴 보고만 등재함). 그리고 또 후챠오무와 나에게 회답할 글을 연구 작성하라고 지시했다. 티토는 풀라 연설에서 헝가리사건에 대해 언급하면서 이른바 '스탈린주의'와 이른바 '스탈린주의분자'에 대해 맹비난하면서 여러 나라 당의 '스탈린주의분자'를 퇴진시켜야 한다고 호소했다.

11월 25일부터 마오 주석은 거의 매일 정치국상무위원회의를 소집했다. 회의는 대부분 쥐샹서옥 마오 주석의 침실에서 열렸으며, 가끔 이녠탕 서쪽 작은 회의실에서 열리기도 했다. 마오 주석의 침실에서 회의를 할 때면 마오 주석은 늘 가운만 걸치고 있었으며 침대머리에 기대어 침대에 비스듬히 누워 있곤 했다. 중앙의 기타 상무위원들은 침대 앞에 반원형으로 둘러앉곤 했다. 보통 습관적으로 침대머리와 가까운 오른쪽 탁자 옆에 샤오핑 동지가 앉았다. 그는 귀가 좀 어두웠으므로 가까운 곳에 앉으면 주석이 하시는 말씀을 듣기 편리했다. 그리고 오른쪽에서부터 왼쪽으로 차례로 펑전·샤오치·총리·왕쟈샹·장원톈·천보다·후챠오무 순으로 앉곤 했으며 나는 제일 왼쪽에, 마오 주석 침대 발치에 있는 작은 테이블 곁에 앉았다. 보통 10명 정도였다. 이러한 상무위원회의에 주(덕) 총사령관은 일반적으로 참가하지 않았다. 그는 연세가 많아 밤에 일찍 자고 아침에 일찍 일어나곤 했다. 그런데 회의는 대부분 밤에 열리곤 했다. 천원(陳雲) 동지는 경제업무를 주관하고 있었으므로 역시 일반적으로 참가하지 않았다. (린뱌오는 그때 당시 제8차 당대회 때 상무위원으로 선출되지 않았기 때문에 참가하지 않았다. 1958년 5월 5중 전회에서 상무위원으로 추가 선출된 후 장기간 병가를 냈기 때문에 상무위원회의에 참가할 때가 아주 적었다. 내가 참가한 상무위원회의에서는 한 번도 그를 본 적이 없었다.)

11월 25일, 27일, 28일, 29일 나흘에 거쳐 열린 상무위원회의에서는 당면한 국제 정세에 대해 폭넓게 의논했다. 헝가리사건에서 영국-프랑스의 이집트 침략(10월말)에 이르기까지, 동유럽 당에서 서유럽 당에 이르기까지, 티토에서 존 포스터 덜레스(John Foster Dulles, 미국의 변호사이자, 미국의 외교 정책을 공식화한 외교관, 정치가, 미 국무 장관 - 역자 주)에 이르기까지 여러 가지 현상과 관점에 대해 어떻게 분석하고 회답할지에 대해 진정으로 연구했다. 영-프가 이집트를 침략해 전 세계 인민의 반대를 불러일으킨 것과 소련군이 헝가리를 도와 반란을 평정한 것을 동시에 거론하는 것은 좋은 일이라고 회의 참가자들 모두가 주장했다. 지금 제국주의와 반동파가 소련을 공격하는 데 주력하고 있으며 공산당 내에서도 일부 사람들은 영-프가 이집트를 침략한 것과 소련이 헝가리를 도운 것을 동일시하면서 적아를 구분하지 못하고 시비를 가리지 못하고 있다. 일부 국가의 공산주의자가 흔들리고 있으며 심지어 변절자까지 나타나고 있다. 이는 나쁜 일이다. 그러나 나쁜 일이라 하여 좋은 점이 전혀 없는 것은 아니다. 일단 사상이 혼란스러운 사태가 평정되고 흔들리던 이들이 교훈을 섭취하고 변절자가 당을 떠나고 나면 당의 대오가 약해지는 것이 아니라 오히려 더 강해질 것이다.

회의 참가자들은 또 티토가 제기한 '스탈린주의'와 '스탈린주의분자'에 대한 비난의 관점은 전적으로 서방 자산계급의 중상모독을 옮겨온 것으로서 전적으로 그릇된 것이었다. 이러한 중상은 공산당을 분열시키고 사회주의 진영을 분열시키려는 제국주의의 음모술수였다. 마오 주석은 이른바 스탈린주의는 스탈린의 사상과 관점일 뿐이다. 이른바 스탈린주의분자 또한 스탈린을 찬성하는 사람일 뿐이다. 그렇다면 스탈린의 사상과 관점은 어떠하냐고 묻고 싶다. 스탈린의 사상과 관점은 기본상 마르크스-레닌주의에 부합한다고 우리는 주장하고 있다. 비록 그중에 일부 잘못이 존재하지만 중요 부분은 정확한 것이며 스탈린의 잘못은 부차적인 것이다. 그렇기 때문에 이른바 스탈린주의는 기본상 정확한 것이며 이른바 스탈린주의분자 역시 기본상 정확한 것이다. 그들은 결함이 있고 잘못이 있는 공산주의자들로서 과오를 범한 좋은 사람들이다. 반드시 티토의 관점을 철저히 반박해야 한다. 그렇지 않으면 공산주의 대오가 분열될 것이며, 한 집안 식구들끼리 서로 싸우는 격이 된다. 스탈린주의는 반드시 유지해야 한다. 그 결함과 잘못을 시정하면 바로 좋은 것이다. 그 칼은 버려서는 안 된다.

공동 노선과 민족의 특징

나흘 동안 토론을 거쳐 마오 주석은 여러 사람의 의견을 모아 다음과 같은 몇 가지 요점으로 종합했다.

첫째, 10월 혁명의 길은 여러 나라 혁명이 공동으로 걸어야 할 길이다. 그 길은 개별적인 민족현상이 아니라 시대적 특징을 띤 국제 현상이다. 10월 혁명의 길을 걷지 않는 자는 마르크스주의자가 아니다.

둘째, 여러 나라에는 각기 다른 구체적인 상황이 존재하므로 각기 다른 방법으로 각자의 문제를 해결해야 한다. 이는 마치 모든 사람의 모습이 서로 다른 것과 같으며 모든 나무의 생김새가 서로 다른 것과 같은 이치이다. 개성이 있어야 한다. 개성이 없으면 그 길은 통하지 않는다. 단 모든 길은 모스크바로 통하는 길이다. 모든 길은 공통성이 존재한다. 그것은 바로 소련의 기본 경험이며 즉 10월 혁명의 길이다.

셋째, 소련 건설시기에 스탈린의 기본 노선과 방침이 정확했다는 점에 대해서는 명확하게 긍정해야 한다. 그에게도 결함과 잘못이 있게 마련이다. 이 점에 대해서는 이해할 수 있다. 스탈린은 독재정치를 지나치게 강조했다. 그는 법제의 일부를 파괴했지만 전체 법제는 파괴하지 않았고, 헌법의 일부를 파괴했지만 전체의 헌법은 파괴하지 않았으며, 민법과 형법도 전부는 파괴하지 않았다. 이로 볼 때 독재 통치는 기본상 정확했다고 할 수 있다. 민주적인 요소가 부족했지만 그래도 소비에트민주를 실행했다. 결함이 있고 관료주의 요소가 존재했지만 궁극적으로 그는 소련을 공업화국가로 건설했으며, 결국은 히틀러를 물리쳤다. 만약 온통 관료주의뿐이고 온통 관료기관뿐이었다면 이처럼 큰 성공을 이룰 수 있었겠는가? 소련이 온통 관료계층뿐이라고 말하는 것은 설득력이 없는 말이다.

넷째, 적아모순을 구별해야 한다. 적을 대하는 방법으로 자신의 동지를 대해서는 안 된다. 과거에 스탈린은 유고슬라비아에 대한 그릇된 조치가 있었는데, 적을 대하는 방법으로 티토(요시프 브로즈 티토, Josip Broz Tito) 동지를 대한 것이다. 그러나 그 후 소련공산당은 그릇된 처사를 시정하고 자신의 동지를 대하는 방법으로 티토 동지를 대함으로써 소련과 유고슬라비아 간의 관계를 개선할 수 있었다. 지금 티토 동지는 스탈린이 그를 대하던 방법으로 잘못을 저지른 동지를 대해서는 안 된다. 공산주의자들 사이에, 사회주의사회 내부에 존재하는 모순은 인민 내부의 모순으로서 적대 모순을 처리하는 방법을 취해서는 안 된다.

마오 주석은 문장의 제목을 「전 세계 무산자들은 연합해야 한다」로 정한 것에 대해 고려해 볼 수 있다고 말했다. 이는 마르크스·엥겔스가 『공산당선언』에서 제기한 구호로서 현재까지도 여전히 중대한 현실적 의의가 있다고 그는 덧붙였다. 그는 또 우리의 목적은 전 세계 노동자계급과 공산주의자의 단합을 강화하는 것이라고 말했다.

그때 마오 주석은 낮으나 묵직한 어조로 다음과 같이 말했다. "지금은 여전히 스탈린 문제를 떠날 수 없다. 나는 일생동안 스탈린을 노래하는 문장을 세 편 썼다. 첫 두 편은 생일을 축하하는 글인데, 첫 번째 글은 1939년에 스탈린의 60세 생일을 축하해 옌안에서 쓴 것이고, 두 번째 글은 1949년에 그의 70세 생일 때 모스크바에서 쓴 축사이다. 세 번째 글은 스탈린이 세상을 떠난 뒤 쓴 것인데, 소련『진리보(眞理報)』에 발표된 추도사이다. 솔직하게 말해 세 번째 문장을 쓸 때는 내키지 않았다. 감정적으로는 쓰고 싶지 않지만 이성적으로 판단해 쓰지 않을 수 없었으며 또 그렇게 써야만 했다.

나는 남에게서 생일 축하를 받는 것도 달갑지 않고 또 남의 생일을 축하하는 것도 내키지 않는다. 첫 번째 글에서 나는 개인의 감정을 제쳐놓고 세계 최초의 사회주의 국가 지도자의 생일을 축하해주었다.

개인적인 감정에서 말하면 제1차 왕밍 '좌'경노선과 제2차 왕밍 우경노선은 모두 스탈린이 계획하고 지지했다는 사실을 떠올리게 되는데 생각만 해도 화가 치민다. 그러나 나는 대국을 먼저 염두에 두었다. 그때 당시 유럽전쟁이 발발한 가운데 소련이 소-독 관계를 완화하기 위해 히틀러 독일과 불가침조약을 체결하는 바람에 서방 국가의 여론으로부터 비난을 받고 있었는데 그는 우리의 지지가 필요했다. 그래서 그 문장은 비교적 생기가 있게 썼다. 항일전쟁이 끝난 뒤 국민당이 내전을 일으켰다. 그때 스탈린은 우리에게 자위반격을 하지 말 것을 요구하면서 그렇지 않으면 중화민족이 훼멸하게 될 것이라고 했다. 새 중국이 창립된 후에도 스탈린은 우리가 제2의 티토가 될까봐 의심했다. 1949년에 내가 스탈린의 70세 생일을 축하하러 모스크바로 갔는데 그를 찬양하는 대신 욕을 해야 했겠는가? 내가 축사를 했음에도 불구하고 스탈린은 여전히 우리를 매우 냉담하게 대했다.

후에 내가 참을 수 없어 크게 화를 내고서야 그는 중-소 우호협조동맹조약을 체결하는 것에 찬성했다. 스탈린이 세상을 떠난 뒤 소련은 우리의 지지가 필요했고 우리도 소련의 지지가 필요했다. 그래서 나는 스탈린의 공덕을 노래하는 추도문 한 편을 썼다. 스탈린은 일생동안 물론 위대한 업적을 쌓았다. 이는 중요한 일면이다.

그러나 또 부차적인 일면도 있는데 그것은 그에게 결함과 잘못이 있다는 것이다. 그러나 그때 당시 상황에서 우리가 그의 잘못에 대해 크게 말하는 것은 적합하지 않았다. 그것은 스탈린 개인의 문제뿐만이 아니라 더욱 중요한 것은 소련 인민과 소련 당에 대한 문제였기 때문에 이성적으로 판단해 그렇게 썼던 것이다. 그런데 이제는 상황이 달라졌다. 후루시초프가 이미 뚜껑을 열어 내막을 폭로한 것이다. 우리가 4월에 발표한 문장에는 공덕을 노래하는 내용만 포함된 것이 아니었다. 스탈린의 중요하고 정확한 부분에 대해 긍정하는 한편 그의 부차적이고 그릇된 부분에 대해서 비평하는 내용도 포함되었다. 그러나 구체적으로 전개하지는 않았다. 이제는 두 번째 문장을 써 문제를 진일보적으로 투철하게 밝혀야 할 차례이다. 그의 공적을 긍정하는 한편 잘못에 대해서도 분석해야 한다. 단 있는 대로 다 털어놓을 것이 아니라 여지를 남겨 두어야 한다.

마지막으로 마오 주석은 상기의 의견에 대해서 모두들 고려해보라면서 며칠 뒤에 다시 토론하자고 말했다. 그는 후챠오무에게 요점을 작성해 보여줄 것을 지시했다.

마오 주석이 제기한 요점

사흘 뒤 12월 2일 밤, 마오 주석은 또 정치국상무위원회의를 소집했다. 회의는 이녠탕 서쪽 작은 회의실에서 열렸다. 마오 주석은 자리에 앉기 바쁘게 전체 문장에 대한 구상을 체계적으로 제기했다. 그가 말했다. 문장의 제목은 여전히 「전 세계 무산자는 연합해야 한다!」로 할 수도 있고 4월에 발표한 문장에 이어서 「무산계급독재의 역사 경험을 재차 논함」이라고 해 우리 관점은 일관적이라는 것과 이 문장은 4월 문장의 속편임을 밝힐 수도 있다.

마오 주석은 또 후챠오무가 작성한 요점을 보고 더 깊은 생각을 할 수 있었다면서 전체 문장의 이론적 색채를 더 짙게 할 수 있지만, 정론 형식에는 변함이 없어야 한다고 말했다. 이어 그는 또 다음과 같은 요점을 제기했다.

(1) 세계 혁명의 기본 법칙과 공동 노선에 대해 강조해야 한다. 먼저 마땅히 10월 혁명의 기본 법칙에 따라야 한다고 강조한 뒤 여러 나라 혁명의 구체적인 노선에 대해 얘기하고 또 마르크스-레닌주의 기본 원리를 여러 나라 혁명의 구체적인 실제 상황과 결합시켜야 한다는 점을 강조해야 한다. 양자 중 그 어느 하나라도 무시해서는 안 되지만 10월 혁명의 기본법칙은 공동적인 것이다.

(2) '스탈린주의'가 무엇인지를 명확하게 밝히고 공산주의자를 '스탈린주의자'와 '비스탈린주의자'로 구분하는 것은 왜 그릇된 것인지를 명확하게 설명해야 한다. '스탈린주의'를 강조하려는 것은 바로 마르크스주의라는 점, 정확하게 말하면 결함이 있는 마르크스주의라는 점을 명확하게 지적해야 한다. 이른바 '비스탈린주의화'는 곧 비마르크스주의화로서 수정주의 노선을 걸으려는 것이다.

(3) 쇼비니즘(배타적 애국주의)에 대해 명확하게 설명해야 한다. 대국에 쇼비니즘이 존재할 뿐 아니라 소국에도 쇼비니즘이 존재한다. 대국에는 대국적 쇼비니즘이 존재하고 소국에는 자국보다 작은 국가에 대해 대국적 쇼비니즘이 존재한다. 국제주의를 제창하고 민족주의에 반대해야 한다.

(4) 먼저 적아를 분명하게 구별해야 하고 그 다음 자기 내부에서 시비를 분명하게 가려야 한다. 문장 전편에서 국제 형세로부터 시작해 소련-폴란드의 관계, 헝가리사건에 대해 논하고 또 영-프가 이집트를 침략한 사건도 논해야 한다. 두 가지 사건 성질의 근본적인 구별점을 분명하게 가려 당면한 반(反)소련, 반(反)공 물결은 국제적으로 계급투쟁이 첨예화된 표현임을 설명해야 한다. 적아 모순과 우리 내부 시비 양자의 서로 다른 성질을 구분해야 하며 각기 다른 방침과 각기 다른 해결방법을 취해야 한다.

(5) 교조주의에 반대해야 할 뿐 아니라 수정주의에도 반대해야 한다. 스탈린의 저술을 여전히 배워야 하고 소련의 선진 경험도 여전히 배워야 하지만, 교조주의 방법으로 배워서는 안 된다는 점을 지적해야 한다. 중국 당이 교조주의 때문에 낭패를 보았다는 점에 대해 얘기할 수 있지만 다른 사람이 어떠했다는 얘기는 하지 않는다. 우리 당은 시종일관 교조주의에 반대하는 한편 수정주의에도 반대해왔다. 소련공산당 제20차 대회에서 스탈린의 일부 관점과 방법에 대해 크게 비난했는데 이는 국제적으로 수정주의가 범람하도록 부추긴 것이다.

(6) 문장은 단합에서 시작해 단합으로 결론짓도록 한다. 단합하지 않을 이유가 없으며 단합에 방해가 되는 혼란스러운 사상을 극복하지 않을 이유가 없다.

마지막으로 마오 주석은 다음과 같이 말했다. 문장 전편은 긍정과 부정 두 방면을 포함하되 바른 것을 긍정하고 그릇된 것을 부정해야 한다. 적대 진영에 대해서는 어려울 것이 없지만 문제는 내부 시비이기 때문에 방법을 강구해야 한다. 예를 들어 스탈린과 티토에 대해 양자를 모두 비평함으로

써 단합의 목적을 달성해야 한다. 우리 비평은 실제에 부합해야 하고 분석을 거쳐야 하며 또 여지를 남겨 두어야 한다. 이 부분에서는 중국 고대 사람들이 글을 쓰는 방법을 적용할 수 있다. 한 가지는 "억누르기 위해 먼저 추켜올리는 것(欲抑先揚)"이고 다른 한 가지는 "추켜올리기 위해 먼저 억누르는 것(欲揚先抑)"이다. 이른바 "추켜올리기 위해 먼저 억누르는 것"이란 바로 그 사람의 잘못에 대해 비평하기에 앞서 먼저 그의 바른 부분을 긍정해주는 것이다. 비평의 목적은 그를 바른 방향으로 변화시켜 단합의 목적을 이루기 위하는 데 있기 때문이다. 티토에게는 그 방법이 적합하다. 스탈린의 경우는 현재 전 세계가 스탈린을 비난하고 있는 상황에서 우리는 그를 지켜줘야 한다. 단 방법에서 "먼저 억누른 뒤 후에 추어올리는 방법"을 취해야 한다. 즉 그의 공적에 대해 논하는 것을 통해 그에 대한 전면적 부정에 대답하면서, 먼저 스탈린의 잘못이 어떤 것인지에 대해 말해야만 설득력이 있으며 사람들이 쉽게 받아들일 수 있다.

회의를 끝내기 전에 마오 주석은 회의 참가자들에게서 널리 의견을 구한 뒤 후챠오무와 나를 지정해 그 문장을 작성하도록 했으며, 톈자잉도 원고 작성에 참가하도록 지시했다. 그리고 12월 12일 전까지 초고를 작성하라고 지시했다.

회의 후 우리 셋은 의논을 거쳐 각각 한 부분씩 작성한 뒤 후챠오무가 전편을 수정하기로 결정했다. 사전에 오랜 시간 의논을 거쳤고 또 마오 주석의 요점 제시가 있었기 때문에 원고 작성이 쉬웠다. 그래서 12월 11일 초고를 인쇄해낼 수 있었다.

지혜를 모으다

12월 13일 오후 마오 주석의 주재로 정치국회의를 열어 초고에 대해 토론했다. 모두들 초고에 대해 의견이 많았다. 주로 정면 논술이 충분하지 않고 변명이 너무 많다는 의견이었다.

회의 참가자들은 정면 논술 중에서 10월 혁명 공동노선에 대해 명확하게 서술하지 않아 사람들에게 선명하고 심각한 인상을 줄 수 없다고 주장했다. 회의에서는 소련의 기본 경험을 몇 개 조목으로 명확하게 개괄해 10월 혁명의 기본 법칙과 공동노선으로 삼을 것을 건의했다.

티토에 대해 회의 참가자들은 문장 여러 군데에서 그가 프라하에서 연설한 내용을 인용한 뒤 반박하곤 했는데 이는 티토를 너무 중시한다는 인상을 주고 있을 뿐 아니라 우리가 너무 피동적이라는 느낌이 든다는 의견을 밝혔다. 마오 주석은 사실 우리는 티토의 연설을 핑계 삼아 현재 국제적으로 유행하는 잘못된 이론에 대해 비판하려는 것뿐이라고 지적했다. 그는 티토가 반스탈린주의를 제기한 것에 대해 당연히 비판해야지만, 그의 말을 너무 많이 인용하는 것은 적절하지 않다고 말했다.

회의 참가자들은 또 스탈린에 대해 4월 문장에 비해 더 깊이 있게 평가해야 한다면서 그가 잘못을 저지른 원인을 분석하고 사상 원인에 대해 진일보적으로 서술하며, 사회역사 원인에 대해서도 서술해야 한다고 지적했다.

회의 참가자들은 또 문장에서 교조주의와 수정주의에 대해서도 충분하게 논하지 못했다면서 그 부분에 대해 더 많은 지면을 할애해야 한다고 주장했다. 샤오치 동지는 수정주의자들이 '사회주의민주'에 대해 크게 떠벌리고 있는데 사실 그들은 무산계급독재를 부정하는 것이라고 제기했다. 그는 또 마르크스주의를 교조주의로 삼아 반대하는 사람도 있다면서 그 문제에 대해 투철하게 설명할 것을 제기했다.

회의 참가자들은 또 단합을 강화하는 방면에서 소련의 10월 30일 대외관계선언을 충분히 이용해야 한다면서 사회주의국가와 여러 나라 공산당의 관계 준칙에 대해 비중 있게 논하고 독립·평등·내정불간섭 등 원칙을 강조하며 애국주의와 국제주의를 결합시킬 것을 강조해야 한다고 주장했다.

회의에서 제기된 이러한 의견들은 원칙적이면서도 중요한 부분이었다. 후챠오무·톈자잉과 나는 4~5일간 노력 끝에 원고에 대한 수정을 마쳤다.

마오 주석은 12월 19일, 20일 이틀 오후와 밤에 정치국회의를 잇따라 소집해 수정 원고에 대해 토론을 벌였다. 정치국과 서기처 대부분 구성원이 출석했다. 회의에서 참가자들은 많은 의견을 발표했다. 원칙적인 것도 있고 문자표현에 대한 의견도 있었다. 중요 의견은 다음과 같은 다섯 가지 문제에 집중되었다.

첫째, 헝가리사건에 대해 너무 구체적으로 쓰는 것은 적절하지 않다. 문장에서 그 문제에 대해 변론을 전개할 필요가 없다. 그리 되면 문장의 중심이 바뀌어 문장의 이론 가치가 떨어지게 된다. 헝가리사건을 피할 수 있었느냐 없었느냐는 문제에 대한 제기와 분석은 현실을 벗어난 느낌이 들며 '사후 제갈량(뒷북 치기)'이라는 느낌이 든다. 헝가리사건은 여러 가지 내부와 외부 요소로 인해 일어났다는 사실을 마땅히 알아야 한다.

그 사건은 국내외 반혁명세력이 대중의 불만을 이용해 사단을 일으키도록 부추긴 것이며 반란을 획책하기에까지 이른 것임을 알아야 한다. 노동자·학생, 그리고 기타 대중들은 죄가 없다. 만약 헝가리 당이 줄곧 건강함과 침착함을 잃지 않고, 어찌할 바를 몰라 갈팡질팡하지만 않았더라면 10월 23일의 사건은 어쩌면 피할 수도 있었을 것이며, 또 소련군에게 반란을 평정해달라고 협조를 구하지 않았을 수도 있다. 바르샤바조약에 지원 파병할 수 있다는 규정이 있지만 구체적인 상황에 따라야지 아무 때나 파병할 수 있는 것은 아니다.

그러나 어떤 중요한 요소는 헝가리 당 스스로 결정할 수 있는 것이 아니다. 국외 국제주의세력과 국내 반혁명세력은 헝가리 당이 지휘할 수 없는 것이며 계급투쟁은 사람의 의지에 따라 움직여지지 않는 객관적인 존재이다. 전체적으로 헝가리사건에 대해서는 전반적인 성질에 대한 논단만 내리면 된다. 모든 사건에 대해 일일이 변론할 필요는 없다.

둘째, 소련공산당 제20차 대회와 관련해서 그 대회의 적극적인 의의에 대해 마땅히 긍정해야 한다. 스탈린의 과오에 대해 비판한 것은 바른 처사였다. 그러나 후루시초프가 스탈린을 전면 부정한 것은 그릇된 처사였다. 스탈린의 올바른 일면을 긍정하지 않음으로써 우경적 위험을 초래했다. 그 결과 결국은 수정주의 사조가 대대적으로 범람하는 결과를 초래했다. 그렇기 때문에 소련공산당 제20차 대회에 대한 분석은 반드시 진행해야 한다. 당면한 문제는 교조주의를 미처 숙청하기도 전에 수정주의 사조가 일어난 것이며 게다가 기세가 맹렬한 것이다. 마오 주석은 문장에서 수정주의에 반대하는 것에 주로 칼끝을 겨누어야 하며 마르크스-레닌주의 기본 원칙을 지키고 10월 혁명의 공동 노선을 지킬 것을 강조했다.

셋째, 문장은 현재 세계 2대 기본 모순, 즉 제국주의 진영과 사회주의 진영의 모순에서 시작해 적아 모순과 인민 내부 모순을 분명하게 구별할 것을 강조해야 한다. 마오 주석은 4월 문장에서 사회주의 사회에 모순이 존재한다고 썼는데 이번 문장에서는 한 걸음 더 나아가서 두 가지 서로 다른 성질의 모순을 분명하게 구별하려면 마땅히 서로 다른 방법을 사용해 해결해야 한다는 이치를 논해야 한다고 거듭 강조했다.

그는 사회주의 국가 간, 공산당 간의 모순은 인민 내부 모순을 처리하는 방법으로 해결함으로써 서로 협동해 제국주의 침략세력에 일치해서 저항해야 한다고 지적했다. 문장의 출발점은 사회주의 입장에서 제국주의와 투쟁하는 것으로서 이를 대전제로 삼아 여러 나라 공산당 간의 내부 시비문제를 토론해야 한다고도 제기했다.

넷째, 소련 혁명과 건설의 기본 경험은 여러 나라 혁명과 건설의 공동 노선이라는 점에 대해 충분히 논술해야 한다. 먼저 소련의 기본 경험이 마르크스주의 기본 원리에 부합되는 것이고 올바른 것임을 명확하게 밝힌 뒤 소련이 사회주의 건설 과정에서 우여곡절이 있었고 과오가 있었음을 밝혀야 한다. 과오가 있음을 인정하지 않고 교훈을 받아들이지 않으며 잘못을 시정하지 않고 역사와 민족의 특징을 고려하지 않고, 그대로 따르는 교조주의를 비평해야 한다. 그리고 또 소련의 잘못에 대해서만 강조하고 소련의 건설이 기본상 성공한 것과 그 기본 경험을 본받을 가치가 있다는 것을 거론하지 않고 모든 것을 부정하는 수정주의도 비판해야 한다.

다섯째, 스탈린 관련 문제이다. 현재 전 세계가 의론이 분분한데 그 초점은 스탈린 문제를 벗어나지 못한다. 소련에 대한 평가는 곧 스탈린에 대한 평가이다. 문장에서는 스탈린의 위대한 공적에 대해 반드시 콕 집어 긍정해야 한다. 그것은 역사 사실이니까. 그리고 그에게 존재하는 유심주의와 형이상학적인 사상방법, 개인의 독단적인 업무방법으로 인한 적지 않은 과오에 대해서도 물론 지적해야 한다. 현재 세계적으로 의론이 가장 많은 것 중 한 가지는 반혁명 분자에 대한 숙청을 무원칙적으로 확대했다는 것이고, 다른 한 가지는 대국적 쇼비니즘이다. 그러나 반혁명 분자를 대하는 문제에서나 대외관계 면에서나 스탈린은 모두 정확한 부분이 있었다.

사람을 많이 죽였지만 실제 반혁명 분자를 죽인 것은 맞는 일이다. 잘못이라면 무원칙적으로 확대화한 것으로서 좋은 사람을 잘못 죽인 것이다. 대외관계 면에서 대부분 상황에서 스탈린은 역시 국제주의를 실행했다. 그는 형제 당과 형제 국가에 원조를 제공했으며 전 세계 피압박민족과 인민에 원조를 제공했다. 대량의 역사사실들은 모두 이에 대해 실증하고 있다. 물론 이러한 면에서도 그에게 대국적 쇼비니즘 과오가 존재했다는 사실은 덮어 감출 필요가 없다. 소련정부가 10월 30일 발표한 성명에서 이미 스스로 인정한 일이다. 이 부분에서 문장은 스탈린의 과오가 사회주의제도로 인해 초래된 것이 아님을 특히 명확하게 밝혀야 한다. 물론 사회주의제도가 새롭고 젊은 것이어서 완벽하지 않다는 사실은 마땅히 인정해야 한다. 그러나 제도는 만능이 아니다. 제도는 사람들이 이용해야 한다. 이용 결과는 개개인의 사상방법과 업무방법이 다름에 따라서 달라진다. 그렇기 때문에 스탈린이 잘못을 저지르게 된 사상방법과 업무방법상의 원인에 대해 중점적으로 분석해야 하며 그 다음 사회적 근원에 대해 논해야 한다.

마오 주석은 스탈린에 대해 정확히 분석해야 한다고 특별히 강조했다. 첫째, 먼저 그의 올바른 부분에 대해 논하면서 부정할 수 없음을 강조해야 한다. 둘째, 그런 뒤 그의 잘못에 대해 논하면서 반드시 바로잡아야 함을 강조해야 한다. 그 다음 셋째로 실사구시 해야 함을 논하면서 전면 부정해서는 안 된다고 강조해야 한다. 이를 두고 "셋째 낭자의 아들 교육(三娘教子)", 삼단논법(三段論法)이라고 한다. 그가 과오를 범하게 된 사회적 원인에 대해서는 예를 들어 사회주의 건설은 선례가 없는 것, 국내외 상황이 복잡한 것 등에 대해 지나치게 강조하는 것은 적절하지 않다. 레닌이 살아 있을 때 사회 여건이 스탈린 때보다 나을 것 없었지만 그는 스탈린과 같은 과오를 범하지 않았다. 같은 사회 여건에서 어떤 사람은 과오를 많이 범하게 되고 어떤 사람은 과오를 적게 범하게 된다.

여기서 개인적인 요소, 개인의 주관적인 요소가 객관적인 요소에 부합되느냐가 중요한 작용을 한다. 후루시초프는 스탈린을 한차례의 몽둥이질로 때려 엎었다. 그러나 이는 결국 돌을 들어 제 발등을 찍은 격이 되고 말았다. 제국주의는 그 기회를 틈타 그에게 한 방을 안겼고, 무산계급은 또 다른 한쪽에서 그에게 한 방을 안겼으며, 티토와 톨리아티(팔미로 톨리아티, Palmiro Togliatti)도 중간에서 그에게 한 방을 안긴 것이다. 스탈린이라는 칼을 후루시초프는 잃어버렸고 다른 사람이 그 칼을 주어들고 그를 내리치면서 그는 결국 사면초가의 형국에 처하게 된 것이다.

우리가 지금 이 문장을 쓰는 것은 궁지에 몰린 그를 구해주기 위한 것이다. 방법은 스탈린이라는 칼을 주어들고 제국주의에 한 칼, 수정주의에 한 칼을 먹이는 것이다. 그 칼이 비록 흠집이 있긴 해도 그래도 예리하기 때문이다.

그 이틀간 정치국회의에서 상세하고 깊이 있는 토론을 거쳤다. 회의 참가자들의 의견에 따라 챠오무 동지가 수정 방안을 설계했다. 먼저 원래 분공한 대로 각자 수정을 거친 다음 챠오무 동지가 본인의 논리적 사유와 창작 기교에 의지해 전편을 수정하기로 했다.

12월 22일 마오 주석이 정치국 상무위원회의를 주재하고 수정을 거친 원고에 대한 일부 의견을 제기한 뒤 완성되었다고 여겨 정치국에 올려 재차 토론하기로 결정했다.

'정치국회의'에서의 토론

12월 23일과 24일 마오 주석은 또 이녠탕에서 정치국회의를 주재하고 수정을 거친 원고를 토론했다. 회의에서는 한 단락씩 읽으면서 토론하는 방법을 취했는데, 원칙적인 의견과 문자에 대한 의견은 모두 한 단락을 읽은 뒤에 제기하도록 했다. 회의 참가자들이 모두 심사숙고하면서 자세하게 다듬어나갔기 때문에 제기된 의견이 적지 않았다. 그 의견들을 다음과 같은 몇 가지 부분으로 종합할 수 있었다.

교조주의와 수정주의에 반대하는 문제에 대하여. 회의 참가자들은 교조주의가 여전히 완강하게 존재한다면서 반드시 계속적으로 반대해야 한다고 강조했다. 여러 나라 혁명은 중요 방면은 같지만 각각 다른 민족적 특색이 있기 때문에 반드시 자국만이 걸을 수 있는 구체적인 길이 있어야 한다. 소련의 민족 특색을 띤 방법을 그대로 옮겨와서는 안 되며, 이미 그릇된 것임이 실증된 방법을 그대로 옮겨 오는 것은 더더욱 안 된다. 마오 주석은 "남이 저지른 잘못을 굳이 또 다시 저질러야겠는가? 남이 내다버린 나쁜 물건을 구지 주어와야겠는가?"라고 말하면서 앞으로는 소련의 모든 것이 정확하다고 맹신할 것이 아니라 모든 일에서 스스로 머리를 써 생각해보아야 한다고 말했다. 그는 다른 사람에게 교조주의 현상이 존재하는지에 대해서 우리는 말할 필요가 없다면서 우리 스스로 우리 당이 역사적으로 범한 교조주의 과오의 교훈을 잘 받아들여야 한다는 것에 대해서만 말하면 된다고 강조했다. 회의 참가자들은 또 수정주의기 멋대로 범람하게 내버려두어서도 안 된다고 주장했다. 그들은 무산계급독재와 민주집중제를 집중적으로 비난하고 있는데, 필연적으로 사회주의 국가와 공산당을 와해하는 결과를 초래하게 될 것이다. 헝가리사건은 무산계급독재의 실행으로 인해 일어난 것이 아니다.

반대로 무산계급독재가 연약하고 무력해 반혁명세력을 숙청하지 못했기 때문에 그 반혁명세력이 대중들을 부추겨 말썽을 일으키는 것을 제지할 능력이 없어서 일어난 것이다. 스탈린의 잘못은 바로 그가 민주집중제를 이행하지 않고 개인의 독단정치를 실행한 데서 비롯된 것으로서 민주집중제 자체에 문제가 있는 것은 아니다. 이런 문제에서 수정주의를 비판해야 하며 또 무산계급독재는 인민 내부에서 민주를 실행하고, 계급의 적에 대해서 독재를 실행하는 두 가지 방면의 내용을 포함한다는 것을 분명하게 밝혀야 한다. 사회주의 진영과 국제공산주의 운동의 단합을 강화하는 문제에 대하여 회의 참가자들은 후루시초프가 스탈린을 전면 부정한 후 사회주의 진영은 소련을 위수로 해야 하는지? 국제공산주의 운동은 소련공산당을 중심으로 해야 하는지? 등의 문제가 적지 않은 사람들의 마음속에는 의심이 가시지를 않았다. 그리하여 문장에서는 "대국적 쇼비니즘에 대해서는 비판해야 하지만 소련을 위수로 해야 한다는 것과 소련공산당을 중심으로 삼아야 한다는 것에 대해서는 반드시 인정해야 한다. 그것은 역사적으로 형성된 사실이고 또 당면한 현실의 수요이기 때문이다. 물론 '위수로 하는 것'과 '중심으로 삼는 것'은 지도자와 피지도자의 관계가 아니며, 부자당(父子党)과 같은 관계가 아님을 반드시 설명해야 하며, 서로 간에 독립적이고 평등하며 내정을 서로 간섭하지 않고, 서로 돕고 지원하는 관계임을 강조해야 한다. 국제주의와 애국주의를 서로 결합시켜야 한다는 것을 명확하게 밝혀야 한다. 일부 당 내 동지들이 소련과 소련공산당을 대함에 공평하지 않다는 내용을 조금은 언급할 수도 있다"는 내용을 담게 되었다.

기나긴 역사 과정의 관점으로 당면한 국제공산주의운동을 고찰하는 문제에 대하여, 회의 참가자들은 4월 문장에서 국제공산주의운동은 역사가 짧고 젊었으며 전망이 밝다고 했던 사실을 언급하면서 이번 문장에서도 그 관점을 진일보적으로 발휘해 국제공산주의 운동의 발전과정에서 일시적인 좌절을 당하게 된 것은 이상한 일이 아니라는 점, 자산계급혁명도 역사적으로 여러 차례 부활을 거친 뒤 성공할 수 있었다는 점에 대해 설명하면서 무산계급도 불가피하게 곡절을 겪은 뒤 더 강대해질 수 있다는 점을 설명해야 한다고 지적했다. 사람들이 문장을 읽은 뒤 믿음이 가도록 해야 한다고 했다.

마오 주석은 이틀간 회의에서 두 가지 문제에 대해 중점적으로 강조했다. 첫 번째는 상부 구조와 경제 토대 간의 모순, 생산관계와 생산력 간의 모순 문제였다. 이에 대해 그는 다음과 같이 말했다. "앞서의 문장에서는 사회주의 사회에 모순이 존재한다고 말했는데, 이번 문장에서는 한 걸음 더 나아가서 그 모순들이 존재할 뿐 아니라 일정한 조건하에서 비적대적 모순에서 적대적 모순으로 바뀔 수도 있다는 점에 대해 말해야 한다. 소련-폴란드 관계와 헝가리사건이 모두 이 점을 실증해주었다." 두 번째는 우리가 소련의 두 단계 역사를 위해 변호해야 한다는 것이었다.

즉 "소련 혁명단계의 위대한 업적을 보호해야 할 뿐 아니라 소련 건설단계의 위대한 업적도 보호해야 한다.

소련의 혁명과 건설은 한 나라의 민족현상일 뿐만이 아니라 시대적 특징을 띤 국제현상이기도 하다. 그 위대한 의의는 한 나라의 범위를 훨씬 뛰어넘은 것이며, 마르크스주의와 국제공산주의운동의 재원이 되었다. 소련의 혁명과 건설이 위대한 성과를 거둔 이상 그것이 스탈린주의적이라고 한다면, 그 스탈린주의는 우수한 주의이며 스탈린주의자는 곧 우수한 공산주의자인 것이다"라는 것이었다.

정치국회의에 제출해 토론을 통해 수정을 거친 원고에서 평화적 과도문제에 대해 전문적으로 논한 단락이 있었다. 그 문제는 후루시초프가 20차 당 대회 공식 보고에서 제기한 것인데, 우리 당은 처음부터 그의 관점에 대해 다른 의견을 가지고 있었다. 여러 차례 회의를 거치는 동안 그 단락에 대해서는 모두 의견이 없었다. 그러나 마오 주석은 거듭 고려한 뒤 그 문제가 중-소 양당의 중요한 의견 차이 중 하나로서 당면한 상황에서 중-소는 공동으로 적에 대항해야 하기 때문에, 전 세계에 그 의견 차이를 공개하는 것은 적절하지 않다고 주장했다. 그래서 결국 그 단락을 삭제하기로 결정했다. 마오 주석은 여지를 남겨 두어야 한다면서 앞으로 다시 제기할 기회가 있을 것이라고 말했다.

정치국회의에서는 그 문장을 최종적으로 공식 통과시켰으며 우리에게 이틀간 회의에서 제기된 의견에 따라 수정한 뒤 정치국상무위원회에 올려 최종 심사 결정하도록 요구했다. 회의에서는 또 문장의 제목을 「무산계급독재의 역사 경험을 재차 논함」으로 하자는 마오 주석의 건의에 찬성했다.

이틀간 회의가 있은 뒤 후챠오무·톈자잉, 그리고 나는 꼬박 하루 낮과 밤 시간을 이용해 챠오무의 집에서 함께 원고에 대해 한 단락씩 수정을 행하였다. 마오 주석이 이 문장을 올해 안에 발표해 1956년의 사건을 끝낼 것을 지시했기 때문이었다.

상무위원회의에서 원고를 최종 마무리하다

12월 27일 오후 마오 주석이 정치국 상무위원회의를 소집해 우리가 2차 수정을 거친 원고에 대해 토론했다. 상무위원들이 일부 의견들을 제기했는데 대부분은 문자에 대한 의견들이었다. 마오 주석은 이미 서너 단락에 대한 원고를 수정한 상태였다. 마지막에 마오 주석은 문장 두 편이 모두 스탈린 문제를 둘러싼 내용이라면서 이 문제에 대한 논쟁이 아직 끝나지 않았으며, 본 세기 내, 심지어 21세기에 이르러서도 논쟁이 계속될 것이라고 내다봤다. 왜냐하면 이는 마르크스–레닌주의 기본 원리와 관련된 문제이기 때문이며, 따라서 우리는 장기적인 논전을 준비해야 한다고 그는 말했다.

마오 주석은 우리에게 바로 수정에 착수해 한 단락씩 수정을 끝내는 족족 그에게 보내라면서 그날 밤으로 원고를 최종 마무리 지어 이튿날 신문에 발표할 수 있도록 할 것을 요구했다. 그러면서 올해 일은 올해 안으로 마무리 지을 것이라고 말했다. 우리 셋은 회의가 끝난 뒤 집으로 돌아가지 않고 중난하이 식당에서 식사를 하고 바로 마오 주석의 처소 뒤에 있는 쥐런탕(그때 당시는 중앙서기처 사무청사였음)으로 가서 일에 착수했다. 우리가 한 단락씩 수정하는 족족 톈자잉이 마오 주석에게 가져다주었다. 마오 주석은 줄곧 침실에서 우리가 수정을 마친 원고를 기다리면서 가져오는 족족 보고 원고를 마무리했다. 그렇게 밤을 꼬박 새워 일했다. 마지막에 우리 셋이 같이 마지막 몇 단락 원고를 가지고 마오 주석의 침실로 가 심사하여 결정하도록 했다. 마오 주석은 몇 글자만 고쳤을 뿐이었다. 그리고 마지막 맺는말에 대해 특히 만족스러워했다. 그는 즉시 수정한 부분을 번역 담당자에게 알려주라고 지시하면서 중문 원고가 최종 마무리했으니 번역문도 최종 마무리하면 된다고 했다. 그는 또 신화사는 28일 밤 문장을 발표하고 중문과 영문 라디오방송도 동시에 방송토록 하며, 『인민일보』는 12월 29일자에 발표하도록 하라고 확정적으로 말했다.

우리가 마오 주석의 침실을 나설 때는 오전 9시가 이미 넘은 시간이었다. 찬바람이 불어와 얼굴을 스쳐갔지만 오히려 시원하다는 느낌이 들었다.

(2) 신문의 계급성

1957년 당중앙이 정풍 결정을 내린 지 얼마 후인 5월 18일 밤, 마오 주석이 그의 처소인 중난하이 펑저위안 쥐샹서옥에서 정치국상무위원회의를 소집했다. 내가 통지를 받고 마오 주석의 침실에 당도했을 때는 샤오치 동지·저우 총리·샤오핑 동지(이들은 모두 상무위원이었음), 펑전·루딩이·후챠오무 등 동지들이 이미 자리에 앉아 있었다.

그것은 내가 금년 초에 출국 방문(1월 15일부터 3월 21일까지, 주로 영국·프랑스·이집트·파키스탄·인도·인도네시아 등 국가 통신사에 대해 고찰함)을 다녀온 뒤 처음으로 참가하는 정치국 상무위원회였다. 회의 분위기는 여느 때와 마찬가지로 화기애애하고 편했다.

나는 문을 열고 들어가 작은 책상을 마오 주석의 큰 나무침대 발 치 조금 왼쪽으로 붙여 앉았다.(그곳은 내가 늘 앉는 자리라 할 수 있다. 말석이기도 하고 또 책상 옆이어서 뭘 좀 적기도 편리했다.) 마오 주석은 오른 손에 담배를 쥐고 왼손에 신문 한 장을 들고 흔들며 나에게 물었다. "자네, 5월 13일자 『신민보(新民報)』를 보았는가? 신문에 「선봉은 어디에 있는가?」라는 제목의 글이 한 편 실렸는데, 저자 이름은 린팡(林放), 즉 자오차오거우(趙超構)라고 달았더군. 그 내용은 매우 예리했지만 필치는 꽤 겸손한 투로 썼던데……."

"아직 보지 못했습니다. 요 며칠 기관 내부 정풍운동을 조치하고, 또 전국의 '대명대방[大鳴大放, 백가쟁명, 백화제방(百家争鳴, 百花齊放)의 약칭]'에 대해 보도하느라고 정신이 없었습니다"라고 내가 대답했다.

마오 주석은 신문 업무에 종사하는 사람은 아무리 바빠도 매일 전국의 신문들은 훑어봐야 한다면서 상하이의 『문회보(文匯報)』·『신민보』, 베이징의 『광명일보(光明日報)』는 특히 반드시 보지 않으면 안 되며, 또 자세히 보아야 한다고 말했다. 그들이 어떤 논평을 발표했는지, 어떤 독점 뉴스를 보도했는지, 지면 배치는 어떠한지 등을 자세히 살펴야 한다면서, 그들 가운데서 정치사상의 움직임을 엿볼 수 있다고 설명했다. 그는 "자네들 신문업무종사자협회가 좌담회를 개최 중이라고 어제 『인민일보』에 보도됐던데……."라고 말하면서 지금 신문업계에서 많은 의견이 나오고 있다고 말했다.

네 가지 의견

마오 주석은 그때 당시 신문업계에서 이미 발표된 의견을 네 가지로 종합했다.

1. 뉴스는 새로워야 하는데, 지금은 신문(新聞, 새 소식)이 너무 적고 구문(旧聞)이 너무 많다는 의견이 있다.

마오 주석이 말했다. "뉴스가 새로워야 한다는 것은 문제가 되지 않는다. 역사를 쓰는 것이 아니니까. 그러나 '구문(旧聞)'이 없어서도 안 된다. 또 '무문(無聞, 소식을 보도하지 않는 것)'도 있어야 한다. 일반적으로 뉴스가 새로워야 하고 빨라야 한다는 말은 맞는 말이다. 그러나 어떤 일은 너무 빨리 발표해버리면 부작용이 너무 커진다. 예를 들어 1955년 말 베이징 시가 며칠 사이에 전 업종의 민관 합작경영을 실현하고 사회주의단계에 들어섰다고 선포하면서 톈안먼(天安門)에서 경축대회를 열었는데, 이런 뉴스는 워낙 신중하게 고려해야 했음에도 당일로 방송해버린 것이다. 그래서 전국 각지에서 우르르 달려들어 베이징을 본받아 업무를 서둘러 거칠게 대강 해치우는 현상을 초래하기에 이르렀다. 그래서 뉴스가 너무 빨리 보도되어도 때로는 문제가 생길 수 있는 것이니, 이런 경우에는 차라리 좀 늦은 편이 나았지 않나 하고 생각한다. 이 문제는 사상적으로 해결하지 못한 것으로 보인다."

2. 지금 신문 업무는 자유가 너무 적고 통제가 너무 많다는 의견이 있다. 신화사와 『인민일보』가 모든 것을 주관한다는 것이다.

마오 주석이 말했다. "우리 신문 업무에 대한 통제가 국민당보다 더 심한가? 그렇다고 말하기 어렵다. 우리가 전국 해방 후 첫 몇 년간 신문 업무에 대해 엄히 통제한 것은 매우 필요한 조치였다. 정권을 쥔 지 얼마 되지 않아 아직 안정되지 않았기 때문이다. 토지개혁에, 반혁명 진압에, 또 항미원조까지 해야 했기 때문에 활발하지 않은 것이 나왔다. 즉 '일가독명(一家独鳴, 자기의 주의주장만 내세우는 것)'이 필요했다. 지금은 사회주의 개조가 기본상 완성되어 상황에 변화가 생겼다. 통제가 너무 많고 너무 엄한 것을 바꾸는 문제에 대해 연구해봐야 한다."

3. 기자는 마땅히 선봉에 서야 하며 "세상 사람들보다 앞서 자신의 주장을 마음껏 밝혀야 한다"는 의견이 있다. 과거에는 수많은 유명한 기자가 나타났었지만 지금은 없다. 모두 요화(廖化, 출중한 신인 인재가 없어 연로하고 경험 있는 사람이 중임을 떠맡음을 비유함)들 뿐이다.

마오 주석이 말했다. "「선봉은 어디에 있는가?」라는 글의 내용이 바로 그 뜻이다. 기자는 선봉에 서야 한다는 말은 원칙적으로는 틀린 말이 아니다. 문제는 어떠한 선봉이냐 하는데 있다. 촉(蜀)나라에 대장이 없어 요화가 선봉에 섰다. 지금 진정한 선봉이 없다는 뜻이다. 어쩌면 모두가 재능은 없고 머릿수만 채우고 있는 것이 아닌지도 모를 일이다."

4. 현재 신문기사는 문장의 기풍이 좋지 않고 교조주의, 당팔고(党八股, 내

용이 텅 비고 형식만 강조한 문자놀이 식 당 관련 내용의 문장을 가리킴 - 역자 주)가 많아 독자의 흥미를 불러일으키지 못한다는 의견이 있다.

마오 주석이 말했다. "교조주의는 참으로 혐오스럽다. 나도 싫어한다. 나는 옌안에 있을 때 정풍운동 시작 초기에 당 팔고의 8대 죄상을 꼽아보았었다. 3월 전국 선전업무회의 기간에 나는 신문출판계 인사들과 좌담을 하는 자리에서 신문은 생동적이고 활발하게 만들어야 한다고 말했었다. 거문고 타고, 바둑 두고, 글 쓰고, 그림 그리는 일 등 문인들의 고상한 취미생활과 관련 내용이 신문에 실리면 나도 보기 좋아한다고 했었다. 그때 당시『신민보』의 자오차오거우가 신문의 '흥미성을 강조할 것'을 제기했었다.

나도 심각한 내용을 담고 있는 정치 관련 뉴스나 경제 관련 뉴스에는 반대다. 내용이 너무 심각하면 독자들이 보기 싫어한다. 그러나 흥미성이 지나쳐도 좋지 않다. 음란한 내용들이 나타날 수 있기 때문이다. 그래서 흥밋거리 기사는 적절하게 배치하는 것이 좋다. 지난달 상하이에 갔을 때 며칠간『신민보』를 보았는데 역시 엄숙한 편이었다. 자오차오거우는 자신의 주장이 명확하면서도 성실한 사람이다. 그는 1944년에 옌안을 방문했었는데, 그때 나는 그와 대화를 나눈 적이 있었다. 그는 돌아가서「옌안에서의 한 달」이라는 글을 썼는데 국민당 통치지역에 매우 큰 영향을 주었다." (보아하니 자오 선생이 마오 주석에게 좋은 인상을 남긴 것 같았다. 마오 주석이 훗날 반우익 투쟁 중에서 '신민(新民)'을 추켜올리고 '문회(文匯)'를 억누른 데는 다 이유가 있었다. 6월에 마오 주석은 또 다시 자오 선생을 접견했으며, 그에게 더 발전할 수 있도록 고무 격려해주었다.)

마오 주석은 원래 침대머리에 비스듬히 기대앉아 있었는데 이때는 허리를 곧게 펴고 침대 위에 바로 앉아 오른 손으로 왼손가락을 꼽으면서 말을 이어 갔다. "지금 신문업계에는 세 갈래의 노선이 존재하는 것으로 보인다. 한 갈래는 교조주의이고, 다른 한 갈래는 수정주의이며, 또 다른 한 갈래는 마르크스주의이다. 지금은 교조주의가 통하지 않게 되니 수정주의가 우쭐하기 시작했으며, 마르크스주의는 아직 실제로 지도적 지위를 확립하지 못한 상태이다. 많은 사람들은 마르크스주의 신문학이 무엇인지에 대해 알지 못하고 있다."

두 가지 신문학

마오 주석은 마르크스주의 신문학의 입각점은 뉴스의 계급성과 당파성이라고 말했다. 그는 다음과 같이 말했다. "자산계급 신문학은 자본주의 경제를 기반으로 한다. 자유 경쟁, 사활을 건 경쟁, 무정부상태가 자산계급 신문계의 특징이다. 단 그들 사이에 한 가지 공통점이 존재하는데 바로 자산계급의 계급 이익에 해가 되는 것이면 그들은 발표하지 않는다는 것이다. 현재 많은 사람들이 다 해방 전 신문이 어떻게 훌륭했다고 말하고 있다. 사실 『대공보(大公報)』·『신보(申報)』는 청조(淸朝)·북양군벌(北洋軍閥) 시기에서 국민당 통치시기에 이르기까지 언제나 그때 당시 정권의 수요에 적응해왔다. 물론 자산계급 신문도 일부 우리가 본받아야 할 부분이 있다.

훌륭한 전통을 근본적으로 단절해서는 안 된다. 영화처럼 일부 훌륭한 것은 계승하고 발양시켜야 한다. 공산당은 인류 역사상 우수한 문화유산을 모두 계승했으며 더욱더 발전시켰다. 그러나 우리 무산계급 신문학은 사회주의 경제를 기반으로 한다. 이는 자산계급 신문학과 근본적으로 다르다. 자산계급 신문의 훌륭한 부분을 본받을 때 일치성만 강조하고 구별되는 것을 무시하며 무산계급의 신문정책을 망각하는 것은 바르지 못한 처사이다.

무산계급의 신문정책은 자산계급의 자유 경쟁·무정부상태와 다르다. 우리나라에서는 그 어떠한 신문일지라도 모두 국가의 계획에 포함시켜야 하고, 모두 무산계급의 이익에 복종해야 하며, 모두 공산당의 지도를 받아야 한다. 이는 헌법에 규정된 것이다. 무산계급은 전체 인민의 근본 이익과 장기적 이익을 가장 잘 대표할 수 있으며 공산당은 무산계급 선봉대이기 때문이다."

마오 주석은 무산계급 신문정책과 자산계급 신문정책은 한 가지 공통점이 있는데 바로 뉴스의 계급성과 당파성이라고 말했다. 그는 다음과 같이 말했다. "자산계급 신문에는 그들에게 이로운 내용만 게재하고 불리한 내용은 게재하지 않는다. 무산계급과 인민대중의 신문도 우리에게 해로운 내용은 게재하지 않는다. 이는 모두 계급의 이해관계이며 보편적인 법칙이다. 후루시초프가 스탈린을 부정한 비밀 보고서에 대해 자산계급 신문들은 대서특필했지만 우리 신문은 한 글자도 게재하지 않았다. 서방 통신사들의 일부 소식을 우리는 채용하지 않는다. 그들도 우리 소식을 채용하지 않는다.

오히려 우리가 『참고소식(參考消息)』을 간행해 서방의 정부와 간행물들이 우리를 비난하는 내용들을 게재하곤 하는데 매일 제국주의를 위해 의무적으로 선전해주고 있다고 말할 수 있다. 그 목적은 우리 간부들이 세균을 접촉하도록 함으로써 면역력을 높일 수 있도록 하기 위하는 데 있다. 중앙은 『참고소식』을 40만 부로 확대 발행하기로 결정했으며, 일정한 시간이 지난 뒤 경험을 종합하고 개선해 진일보적으로 확대 발행할 계획이다. 이는 '유문(有聞, 소식을 보도하는 것)'과 '무문(無聞, 소식을 보도하지 않는 것)'의 문제이며 계급 이익에 관련된 문제이다."

이때 회의 참가자들은 의론이 분분했다. 서양의 신문들이 우리 소식을 폐쇄한 것에 대해 많은 실례를 들었으며, 우리에게 해가 되는 서방의 많은 내용을 우리는 게재하지 않는다는 얘기도 나왔다. 모두들 또 『참고소식』 확대 발행 상황에 대해서도 관심이 많았다. 나는 요점을 골라 보고했다. 나는 또 소련과 동유럽 사회주의국가들에게도 우리 『참고소식』과 비슷한 내부 간행물이 있는데 발행 범위가 매우 작아 일반 간부와 대학생들은 볼 수 없다는 상황에 대해 얘기했다.

마오 주석이 다음과 같이 말을 이었다. "일부 소식은 우리 스스로 한 일인데 신문에 게재하지 않고 방송도 하지 않는다. 예를 들어 아편 금지 소식, 그리고 또 기세 드높이 전개되는 새로운 지역 토지개혁 소식에 대해 우리는 발표하지 않았다. 이는 '무문'의 일종이다. 내가 한 일부 연설 내용을 그때 당시 공개적으로 발표하지 않았다. 1955년에 농업합작화에 대한 연설은 3개월이 지난 뒤에야 발표되었고, 올해 2월 최고 국무회의에서 한 연설은 벌써 3개월이 지났지만 여전히 수정 중이며 어쩌면 다음 달에야 발표될 수도 있다. 이런 소식은 '구문'이 아닌가? 그리고 또 지난해 4월에 얘기한 '10대 관계'는 이미 1년이 넘게 지났지만 여전히 발표할 계획이 없으며 앞으로 발표되더라도 역시 '구문'이다. 나는 모험을 하고 싶지 않다. 먼저 얘기를 꺼내 반응을 보고 다시 수정을 거친 다음 발표할 것이다. 때로는 여러 차례 수정을 거친 뒤에도 만족스럽지 않으면 발표하지 않을 수도 있다. 그것은 신문 관점이 다르기 때문이다. 모든 계급은 자체의 신문관점과 신문정책이 있다."

마오 주석은 '신문(새 소식)'도 있고, '구문'도 있으며 '무문'도 있다고 말했다. 그는 다음과 같이 말했다. "첫째는 자유가 있는 것인데, 무릇 인민의 이익에 부합하는 것에는 모두 자유가 있다. 둘째는 자유가 없는 것인데, 무릇 인민의 이익에 부합하지 않는 것에는 모두 자유가 없다. 즉 제한한다. 세계에는 절대적 신문 자유가 없고 상대적인 신문 자유만 있을 뿐이다. 자유롭지 못한 상황은 서로 다른 계급의 이해관계에 따라 달라진다. 자유가 있기 때문에 선봉은 언제나 나타날 수 있으며, 요화만 나타날 수 있는 것이 아니다. 뉴스가 있으면 선봉이 나타날 수 있다. 구문이라 하여 선봉이 나타날 수 없는 것은 아니다. 「선봉은 어디에 있는가?」라는 글을 발표한 저자 본인이 바로 선봉의 역할을 했다."

마오 주석은 근본 문제는 신문이 원래 계급성을 띤다는 데 있다고 말했다. 그는 다음과 같이 말했다. "신문의 형태는 계급성을 띠지 않는다. 마치

연극의 형태가 계급성을 띠지 않는 것처럼 매국노도 연극에 출연할 수 있다. 백화(白話) 체재는 국민당도 사용하고 우리도 사용한다. 우리도 때로는 구체시(旧体詩)를 쓰기도 한다. 그러나 문제는 내용에 있다. 어떤 사상, 어떤 주제, 어떤 경향을 표현하는지, 무엇을 찬성하고 무엇을 반대하는지, 이러한 문제들로 인해 계급성을 띠게 되는 것이다. 신문은 정치와 밀접한 관계가 있다. 심지어 어떤 형식, 어떤 지면배치는 기자, 편집의 경향을 나타내기도 한다. 이로 인해 계급성과 당파성을 띠게 되는 것이다."

마지막으로 마오 주석은 현재 신문업계에 의론이 분분한데 교조주의를 비판하면 이로우며 비판하지 않으면 요화밖에 나타날 수 없고 선봉은 나타날 수 없다. 우리는 올바른 비평을 받아들여 신문업무를 진실 되게 개선해야 한다고 말했다.

마오 주석의 그 담화는 당 중앙이 정풍 결정을 내리고 당 외 민주인사들에게 공산당의 정풍 운동을 도울 것을 청한 뒤 '대명대방'이 전개되고 있을 무렵에 발표했다. 그때 당시 신문업계 지명인사들이 3월에 열린 전국선전업무회의에 참가했었기 때문에 그 기풍을 먼저 받아들여 앞장서서 견해를 밝히기 시작했다. 중화전국신문업종사자협회는 5월 16일부터 베이징에서 전국 신문업계 대표들을 초청해 좌담회를 열고 신문 업무에 대한 의견을 수렴하기 시작했다. 제1차 좌담회 의견이 5월 17일 『인민일보』 1면에 발표되었다. 마오 주석은 그만의 특유의 정치적 민감성으로 신문업계에 세 가지 노선이 존재한다는 사실을 눈치 챘고, 결국은 신문의 계급성과 당파성이라고 지적했으며, 각기 다른 계급에는 각기 다른 신문학, 신문관점, 신문정책이 존재한다고 지적했다.

그 후 6월에 반우익투쟁을 전개했다. 신문업계 일부 대표적인 인물과 자산계급 신문관점이 비판을 받았다. 일부 비판은 필요한 것이고 올바른 것이었지만 일부 비판은 확대화 되고 절대화되었으며 그릇된 것이었다. 그 결과 사상적으로 문제가 조금 있으나 재능이 있는 많은 동지들에게 해를 끼쳤으며 많은 사람들을 우파로 잘못 분류하는 악과를 초래했다.

마오 주석의 그 담화는 그가 3일전(5월 15일)에 「사건은 변화 중」이라는 문장을 쓴 데 이어 신문문제에 대해 전문적으로 논한 것이다. 마오 주석은 그 문장에서 당내 일부 수정주의사상을 가진 사람들이 신문의 당성과 계급성을 부정하고, 무산계급 신문사업과 자산계급 신문사업의 원칙적인 구별을 혼동하며, 자산계급 자유에 찬성하고 공사당의 지도에 반대하고, 민주를 찬성하며, 집중을 반대하고, 계획경제의 실현에 필요한 문화교육사업(신문사업을 포함)에 필요하나 지나치게 집중적이지 않은 지도와 계획, 그리고 통제에 반대하고 있다고 이미 거론한 바 있다. 마오 주석은 그 담화에서 신문의 계급성 문제에 대해 중점적으로 논했다. 그때 당시 신문업계에 존재하는 여러 가지 견해에 대해 그는 분석적인 자세를 취해 훌륭한 견해를 선택해 따를 것을 주장했으며, 교조주의를 비판하면 이로우며 신문 업무에 존재하는 결함을 진실 되게 개선할 수 있도록 할 수 있다고 주장했다. 그 담화는 신문 이론과 업무실천에서 모두 중요한 의미를 갖는 것이었다.

(3) 정치가가 만드는 신문

6월 7일 즉 지난 번 담화가 있은 지 보름 뒤, 마오 주석은 후챠오무와 나를 그의 집으로 불러 담화를 나눴다. 우리는 그의 침실에 이르러 다른 사람은 그 담화에 참가하지 않았다는 것을 알았다.

루위원(盧郁文) 사건으로부터 말을 시작하다

우리가 막 자리에 앉자마자 마오 주석은 매우 기쁘다는 듯이 말했다. 오늘 신문에 루위원이 좌담회에서 한 발언이 게재되었는데 발언 내용은 그가 자신을 비난하고 욕하고 위협하는 내용의 익명 편지를 받았다는 것이었다. 이는 우리에게 우파를 반격할 수 있는 절호의 기회를 마련해준 것이다.

마오 주석이 여기서 가리키는 일의 경과는 이러했다. 루위원 국무원 비서장 조리가 5월 25일 민혁(중국 국민당 혁명위원회의 약칭- 역자 주)중앙 좌담회에서 발언할 때, 일부 사람들이 제기한 의견 중에 당의 지도에서 벗어나야 한다는 뜻을 포함하고 있다면서 당과 비당(非党, 당이 아님) 사이의 '벽'은 반드시 양자가 함께 허물어야 한다고 주장했으며, 또 장보쥔(章伯鈞) 민맹(중국민주동맹의 약칭- 역자 주) 중앙 부주석이 제기한 '정치 설계원' 주장에 대해 비평했다. 그 후 루위원은 익명의 편지를 받았다. 편지 내용은 "나쁜 사람의 앞잡이가 되어 나쁜 짓을 일삼는다"고 그를 비난하고, "뻔뻔스러움이 극치에 이른다"고 그에게 욕설을 퍼부었으며, 또 "하루 빨리 뉘우치지" 않으면 "용서치 않을 것"이라고 그를 위협하는 내용이었다. 루위원은 6월 6일 좌담회 때 대중들 앞에서 그 공갈 편지를 낭독하고 그 자신은 욕설도 위협도 두렵지 않으며 앞으로도 목소리를 계속 낼 것이라고 밝혔다.

마오 주석은 그 공갈 편지가 당 외 인사에 대해 비난한데다가 그 대상이 민혁 구성원이라서 좋고, 또 이름을 명확히 밝힌 것이 아니라 익명이라서 좋다면서 다음과 같이 말했다. "물론 이름을 밝혔다면 어떤 세력의 대표로 간주할 수 있겠지만, 이름을 밝히지 않았기 때문에 더욱이 사람들에게 어떤 경향, 어떤 세력일 것이라고 널리 연상시킬 수 있게 해주었다.

원래 그런 공갈 편지는 구 사회에서도 사람들에게 멸시 당하는 대상이었다. 지금 우리가 당 외 인사들에게 공산당의 정풍운동을 도울 것을 청하고 있는 상황에서 그런 공갈 편지는 너무나도 예사롭지 않아 보인다. 지난 며칠간 나는 어느 시기, 어떤 기회를 이용해 반격할지에 대해 줄곧 생각해왔다. 그 기회가 이제 온 것이다. 그 기회를 놓치지 말고 바로 『인민일보』 사설 형식으로 우파에게 반격을 가하는 투쟁을 벌여야 한다. 사설 제목은 「이는 왜일까?」로 달아 독자들에게 문제를 제기함으로써 사고할 수 있도록 해야 한다. 비록 사설에서 이미 우리의 관점을 명백하게 밝혔지만 여전히 독자들에게 사상을 전환할 수 있는 여지를 주어야 한다. 루쉰은 글을 쓸 때 늘 독자들에게 여지를 남겨 두곤 했었다."

마오 주석은 글을 쓸 경우, 특히 사설을 쓸 때면 반드시 정치적으로 대세를 장악해야 하며 정치 형세와 밀접하게 결합시켜야 한다고 말했다. 그는 이를 가리켜 "정치가가 신문을 만든다"라고 하는 것이라고 말했다.

마오 주석은 이 대목에서 화제를 돌려 단도직입적으로 나에게 말했다. 그는 "오늘 자네를 부른 것은 주로 이런 얘기를 하려는 것이 아니라, 중앙에서 자네를 『인민일보』로 파견해 편집업무를 주관할 계획인데 자네 의사를 듣고 싶어 불렀네"고 말했다.

마오 주석이 갑자기 화제를 돌리는 바람에 나는 너무 갑작스러워 당황했다. 나는 사전에 전혀 모르고 있었으며 챠오무에게서 주석에게 담화하러 오란다는 통지를 받을 때도 아무 소식도 전해 듣지 못했다. 그래서 그때 당시 나는 아무 생각도 없이 "저는 전혀 마음의 준비가 되어 있지 않습니다"라고 한 마디 했을 뿐이었다.

4월의 비평

마오 주석은 나와 챠오무를 번갈아 바라보더니 『인민일보』의 임무가 너무 무거워서 지도 역량을 강화해야 한다며 말을 이었다. 그가 말했다. 2개월 전에 그는 『인민일보』가 최고 국무회의에서 그의 연설 정신을 선전하지 않았다고 비평한 적이 있었다. 그는 『인민일보』가 최고 국무회의에 무관심해 고작 두 줄짜리 소식으로 보도했을 뿐 사설도 발표하지 않았으며 그 후에도 선전하지 않았다고 비평했다. 전국 선전업무회의에 대해서는 심지어 소식조차 보도하지 않았다. 결국 『문회보』・『신민보』・『광명일보』가 깃발을 빼앗아 들고 대대적으로 견해를 펼치게 되었다. 참으로 백가쟁명을 이루고 있는데 유독 마가('마가(馬家)'는 마르크스주의 일가를 가리킴)만 잠자코 있었던 것이다. 그는 상하이에 있을 때(마오 주석이 3월 하순에 베이징을 떠나 남하해 텐진・지난・난징・상하이 등지를 시찰할 임) 그러한 상황을 발견하고 묘한 느낌이 들어 베이징에 돌아와 그 일을 조사했던 것이다.

그는 먼저 후챠오무를 불러 담화하고 이튿날(4월 10일)에는 『인민일보』 총편집장과 부총편집장을 불러 담화했다. 마오 주석은 그때 당시 자신이 너무 심각하게 말했다고 말했다. 그는 그들에게 정치가가 신문을 만드는 것이 아니며, 심지어 서생이 신문을 만드는 것도 아니라 죽은 사람이 신문을 만드는 격이라고 말했던 것이다. 그렇게 호되게 비평한 것은 그들이 깜짝 놀라서 정신을 차릴 수 있게 하기 위해서였다고 했다. 마오 주석은 그때 당시 여러 가지 예를 들어 자신의 견해를 증명했다고 말했다. 그는 "『인민일보』의 그날 사설(4월 10일자에 실린 「계속 제한을 풀어 백화제방 백가쟁명 방침을 관철시켜야」라는 제목의 사설을 가리킴)과 며칠 전 사설(4월 6일자에 실린 「교육자는 반드시 교육을 받아야」라는 제목의 사설을 가리킴)에서 모두 최고 국무회의와 선전업무회의에 대해 언급하지 않았으며 마치 세상에서 그런 일은 애초에 일어나지도 않은 것 같았다"고 지적했다.

마오 주석은 후챠오무를 향해 "중앙 당 기관지를 이 모양으로 만들어서야 되겠느냐?"고 말했다. 그는 사설을 쓰면서 당면의 정치와 연결시키지 않다니 이 어찌 정치가가 만드는 신문이라고 할 수 있겠냐고 말했다. 이에 후챠오무는 그 일에 대해서는 그 자신에게도 책임이 있다면서 설명했다. "『인민일보』는 최고 국무회의가 있은 뒤 선전계획을 세우고 사설도 몇 편 썼었다. 그런데 그는 별로 잘된 글이 아니라고 여겨 여러 차례 수정을 거쳤지만 여전히 확신이 서지 않아 그만 지체하게 되었다"고 말했다.

그날 담화하는 자리에서 마오 주석은 나를 『인민일보』에 보내는 일을 결정하지 않았다. 그는 나에게 생각해보라고 하면서 열흘 뒤에 다시 얘기하자고 했다. 그는 「이는 왜일까?」라는 사설에서 또 몇 글자 고친 뒤 후챠오무에게 이튿날(6월 8일) 『인민일보』에 발표하고 신화사에는 그날 저녁으로 전국에 방송할 것을 지시했다. 그리고 나와 후챠오무는 각자 집으로 돌아갔다.

그로부터 열흘도 채 되기 전인 6월 13일 오후 마오 주석의 비서가 나에게 전화해 주석이 나를 불러 담화하려 한다면서 바로 오라고 통지했다. 내가 마오 주석의 침실에 들어섰을 때 후챠오무가 이미 와 있었다. 마오 주석은 첫 마디에 나에게 중앙에서 나를 『인민일보』로 파견키로 결정했으며 동시에 또 신화사 업무도 겸하도록 한다고 알려주었다.

4가지 개선 의견

이어 마오 주석은 또 그가 4월 10일 『인민일보』 동지와 담화한 내용을 재차 언급했다. 마오 주석은 그가 그날 4시간에 걸친 담화를 마무리하면서 다음과 같이 4가지 의견을 종합했다고 말했다.

1. 신문의 선전 내용은 당면한 정치와 연결 지어야 한다. 뉴스와 기타 문장을 쓸 때 그리해야 할 뿐 아니라 사설을 쓸 때는 더욱 그렇게 해야 한다. 2월에 열린 최고 국무회의, 3월에 열린 전국 선전업무회의 및 그 뒤 발전 문제와 같이 당면한 가장 중요한 정치인 이 두 가지를 둘러싸고 신문이 선전해야 한다.

2. 중앙이 중대한 정책을 결정할 때마다 신문은 구체적으로 배치해야 한

다. 어떤 사설과 문장·뉴스를 보도할 것인지 계획을 세우고 관철 이행해야 한다. 2월 최고 국무회의 연설에 대해 그때 당시 미처 정리해 발표할 수 없 었다면 연설 요점에 따라 문장과 사설을 써 선전할 수도 있다. 이 방면에서 『인민일보』는 기풍을 선전할 수 있는 충분한 조건을 갖추었다. 이제는 그 연 설에 대해 여러 차례 수정을 거쳤으니 거의 작성되었다고 할 수 있다. 몇 곳 만 좀 더 다듬으면 며칠 뒤에는 발표할 수 있을 것이다. 『인민일보』는 체계적 으로 선전할 준비를 해야 한다.

3. 『인민일보』는 기존의 조건에서 지도 업무를 포함해 업무 개선에 애써야 한다. 편집위원회를 좀 더 확대할 수 있고 회의를 열어 정치적, 사상적인 면 에서의 실질적인 문제에 대해 토론해야 하며 논쟁도 할 수 있다. 신문의 지 면배치와 문풍은 판에 박은 듯이 하지 않고 생동적이고 활발해야 한다. 문 장은 짧게, 순리적으로 통하게 써야 하며 제목은 한 눈에 확 들어오게 해 독자들이 즐겨 보도록 해야 한다.

4. 신문사 이외의 전문가·학자·작가들이 신문 업무에 참가할 수 있도록 끌 어들여야 하며 그들과 잘 단결해야 한다. 이론면과 문예면은 전문 편집위원 회를 설치하고 신문사 밖의 사람을 청해 참가시킴으로써 반은 독립성을 띠 도록 해야 한다.

상기의 의견에 대해 말하면서 마오 주석은 매우 긴 말을 했다. 그는 지도 자의 임무 중 하나는 책략을 결정하는 것이고 다른 하나는 사람을 쓰는 것 이라는 내용으로 말을 시작해 한(漢)나라 때 여러 황제의 우열에 대해 평가 했다. 그는 유방(劉邦)이 사람을 쓸 줄 안다고 칭찬했다. 그는 한고조(漢高 祖) 유방이 서초패왕(西楚覇王) 항우(項羽)보다 훌륭하다면서 그가 천하를 얻 을 수 있었던 것은 하나는 책략을 알맞게 잘 세운 것이고 다른 하나는 사람을 적절하게 잘 썼기 때문이라고 말했다. 『사기(史記)』의 기록에 따르면 유방이 황제로 등극한 초기에 뭇 신하들에게 왜 그는 천하를 얻을 수 있었고 항우는 천하를 잃었느냐고 물었던 적이 있다. 그 물음에 대한 뭇 신하들의 대답은 일치하지 않았다. 신하들의 대답에 유방은 다 못마땅하게 여겼다. 이 대목에서 마오 주석은 『사기』 중 유방이 한 말을 그대로 읊어 내려갔다. "장막 안에서 미루어 추측하는 것에만 의지해 천리 밖에서 일어나고 있는 전쟁의 승부를 결정지을 수 있는 면에서 나는 장자방(張子房)만 못하다.

나라를 지키고 백성을 안정시키며 군수품을 마련하고 군량 운송 통로를 막힘없이 잘 통하게 하는 면에서 나는 소하(蕭何)만 못하다. 백만 군사를 통솔해 싸우면 반드시 이기고, 공격하면 반드시 점령하는 면에서 나는 한신(韓信)만 못하다. 이 세 사람은 모두 뛰어난 인물이다. 내가 이런 인재들을 등용한 것이 바로 내가 천하를 얻을 수 있었던 원인이다. 항우에게는 범증(范增)이라는 인재가 있었지만 등용할 줄 몰랐기 때문에 그는 나에게 잡히게 된 것이다." 마오 주석은 또 다음과 같이 말을 이었다.

고조 뒤로 역사학자들에 의해 문경지치(文景之治, 중국 한 나라 문제[文帝]와 경제[景帝] 시절 선정을 베풀어 백성의 민심을 크게 안정시킨 치세)라고 칭송되고 있는데, 사실 문제·경제 두 황제는 수구적이고 무능한 군주로서 이른바 "한(漢) 초의 재상인 소하(蕭何)가 만든 법을 후임자인 조참(曹參)이 그대로 답습한 것"일 뿐이어서 별로 칭송할 바가 못 된다. 오히려 한무제(漢武帝)가 뛰어난 재능과 원대한 계략을 갖추어 유방의 업적을 확장했으며, 만년에 스스로 사치스러움과 무력 남용, 점술사의 폐해를 깨닫고 자신을 책망하는 조서를 내렸지만, 치세라 부르기에 손색이 없다. 전한(前漢)시기는 원제(元帝)가 통치하기 시작하고부터 갈수록 쇠락해졌다. 원제는 유학을 가까이하고 명가(名家)와 법가(法家)를 배척했으며, 그 아버지가 했던 일련의 통치 수단을 포기했으며, 우유부단하고 시비분별을 못하며 인재를 등용함에 있어서 재능이 있건 없건 가리지 않았기 때문에 군주의 권력이 남의 수중에 들어가 버렸다. 그의 아버지는 그를 두고 "나에게 재난을 가져다준 자는 태자이니라"라고 욕을 했다.

마오 주석은 지도자의 임무는 책략을 결정하는 것과 사람을 쓰는 것뿐이라며 나라를 다스리는 데 있어서 그러할 뿐 아니라 신문을 만드는 데 있어서도 그러하다고 말했다.

마오 주석은 다시 말머리를 돌려 나를 『인민일보』에 파견해 업무를 맡게 하는 문제와 관련해서 나에게 먼저 챠오무 동지의 조수로 가서 시험 삼아 일해보라고 말했다. 그는 오늘 밤 당장 챠오무와 함께 출근하라면서 이 문장을 가지고 가라고 말했다.

그렇게 말하면서 마오 주석이 나에게 타자로 친 원고 한 편을 건네주었다. 내가 그 원고를 받아서 보니 "『인민일보』 편집부"라고 서명한 문장이었는데 제목은 「한 시기 문회보의 자산계급 방향」이었다. 그렇게 서명하는 경우는 극히 드물었다. 나는 문득 지난해(1956년 4월과 12월)에 잇따라 발표된 「무산계급독재의 역사적 경험을 논한다」라는 두 편의 문장이 생각났다. 그 두 편의 문장을 우리가 초고를 작성할 때 제목을 그렇게 달지 않았으며, 또 "『인민일보』 편집부"라는 서명도 하지 않았었다. 모두 원고를 마무리할 무렵에 마오 주석이 수정할 것을 제기하고 정치국의 비준을 거쳤던 것이다.

마오 주석이 말을 이었다. 그는 지난번에 『인민일보』를 비평할 때 국가주석 직을 사퇴한 뒤에 여유시간이 있으면 『인민일보』에 글을 써줄 수 있다는 약속을 한 적이 있는데, 지금은 국가주석 직을 사퇴하지 않았지만 이미 『인민일보』에 글을 써준다고 말했다(마오 주석이 국가주석 직무를 사퇴하겠다는 의사는 1956년 제8차 당 대회가 열리기 전에 중앙 내부에 이미 제기한 바 있다. 1957년 4월 30일 마오 주석은 여러 민주 당파 책임자들을 불러 모아 공산당의 정풍운동을 도우는 문제에 대해 의논하는 자리에서 또 그들에게 국가주석을 사퇴하고 싶다는 의사를 밝혔었다. 그 일이 있은 뒤 천수퉁[陳叔通]과 황옌페이[黃炎培]가 공동 서명으로 마오 주석의 국가 주석 사퇴에 찬성하지 않는다고 진술한 편지를 써서 샤오치 동지와 저우 총리에게 보냈다. 마오 주석은 그 편지를 중앙 정치국 동지들에게 돌려가며 보도록 지시했다. 그는 지시하는 글에서 자신이 1958년부터 국가주석 직무에서 벗어나려고 한다면서 그 이유는 정력을 집중해 중요한 문제들을 연구하기 위해서라고 밝혔다. 5월 8일, 정치국은 회의를 열어 천수퉁과 황옌페이의 편지와 마오 주석의 지시문에 대해 토론을 진행했으며, 마오 주석의 의견에 모두 찬성했다. 그 일에 대해 당 내부에서 충분한 토론을 거쳐 1958년 12월 제8기 6차 전체회의에서 비로소 결정했다. 그리고 1959년 4월 제2기 전국인민대표대회에서 비로소 류샤오치 동지를 국가주석으로 새로 선출했다.)

마지막으로 마오 주석은 나에게 서생이 만드는 신문이 아닌 정치가가 만드는 신문이 되어야 한다면서 반드시 위험을 감수해야 한다고 엄숙하게 말했다. 그는 나에게 『인민일보』에 가서 일하게 되면 적잖은 어려움에 봉착하게 될 것이니 충분한 사상준비를 해야 하며, 최악의 상황에 대처할 준비를 해야 하며, 다섯 가지 두려움을 모르는 정신적 준비를 해야 한다고 말했다. 마오 주석은 손가락을 꼽아가면서 다섯 가지 두려움을 모르는 정신이란, 첫째 면직 당하는 것을 두려워하지 않는 것, 둘째 당적을 박탈당하는 것을 두려워하지 않는 것, 셋째 아내와 이혼하는 것을 두려워하지 않는 것, 넷째 감옥에 가는 것을 두려워하지 않는 것, 다섯째 목이 잘리는 것을 두려워하지 않는 것이라고 말했다. 마오 주석은 이어 하나하나씩 설명을 해나갔는데 아주 길게 말했다.(상세한 내용은 내가 쓴 「다섯 가지 두려움 모르는 정신 및 기타」라는 글을 볼 것. 본 장 뒤에 첨부함.)

(4) '반(反)급진주의'에 대한 비평

난닝(南寧)회의

1958년 양력설이 지난 지 얼마 되지 않아 나는 중앙서기처 집무처인 중난 하이 쥐런탕으로 회의에 참가하러 갔다.

쥐런탕은 아담한 궁전인데 청말(清末) 서태후(西太后)가 늘 그 곳에서 외국 사절을 접견했다고 전해지고 있다. 쥐런탕은 중하이와 난하이의 경계에 위치해 있으며 마오 주석의 처소인 펑저위안의 북쪽에 있다. 오랫동안 수리하지 않은 탓에 1961년에 허물고 사무 청사를 재건할 계획이었으나 후에 경제적 어려움을 감안해 줄곧 공사를 시작하지 않고 있었다. 지금은 평지로 되었으며 단지 부근에 마오 주석이 만년에 거주했던 202동 한 채만 했을 뿐이다.

서기처 회의는 샤오핑 동지가 사회를 보았으며, 중요 내용은 마오 주석이 항저우 회의에서 한 연설을 전하는 것이었다. 회의가 시작되고 얼마 후 펑전 동지가 나에게 난닝회의에 대한 통지를 건네주었다. 마오 주석이 친필로 쓴 내용이었다.

"우렁시·총리·샤오치·리푸춘(李富春)·보이보(薄一波)·황징(黄敬)·왕허서우(王鶴壽)·리셴녠(李先念)·천윈(陳云)·덩샤오핑·펑전·챠오무·천보다·톈자잉·어우양친(欧陽欽)·류런(劉仁)·장더성(張德生)·리징취안(李井泉)·판푸성(潘复生)·왕런중(王任重)·양상쿠이(楊尚奎)·타오주(陶鑄)·저우샤오저우(周小舟, 이미 도착함)·스샹성(史向生)·류젠쉰(劉建勳)·웨이궈칭(韋国清)·마오쩌둥 등 총 27명이 11~12일 이틀간 모두 도착해 난닝에서 열흘간 회의를 하고, 20일 끝낼 계획임.(회의 중간에 2~3일 휴식하는 날을 빼면 실제 회의는 7~8일간임) 탄전린(譚震林)이 중앙을 맡고, 총사령관이 총지휘를 맡으며 천이(陳毅)가 국무원을 맡는다."

그 회의통지를 보고 나는 놀라움을 금치 못했다. 내 이름을 왜 제일 앞에 쓴 것일까? 그때 당시 '인민일보사' 총편집 겸 신화사 사장이었던 나인지라 그 회의가 신문과 통신사와 특별한 연관이 있는 것이 아닐까 하는 생각을 자연스레 하게 되었다. 제일 먼저 뇌리를 스치는 생각은 『인민일보』에 며칠 전에 발표된 「바람을 타고 험한 파도를 헤쳐 나가자」라는 제목의 음력설 사설을 마오 주석의 심열을 거치지 않고(그때 당시 그는 항저우에 있었음) 샤오치 동지와 저우 총리에게만 심열을 받고 원고를 마무리 했는데 혹시 무슨 문제라도 생긴 것은 아닐지 하는 것이었다.

ㄱ 사설에서는 1958년부터 기술혁명 분야로 중점을 이전해 15년이라는 시간을 들여 영국을 따라잡고 추월할 것이라고 명확하게 제기했는데, 사설이 발표된 후 국내외에서 매우 큰 반향을 일으켰다. 그 같은 내용은 마오 주석이 모스크바에서 형제 당 회의에 참가해 발표한 몇 차례 연설 정신에 따라 쓴 것이기 때문에 큰 문제가 될 것이 없다고 나는 생각했다. 이어 나는 또 1957년 11월 형제 당의 모스크바회의가 있은 뒤 『인민일보』에 또 두 편의 무게 있는 사설이 발표된 일을 떠올렸다. 그 중 한 편은 11월 18일에 발표된 사설인데 농업합작화 붐이 일어남에 따라 필연적으로 농업생산 붐을 불러올 것이며, 또 공업생산 붐도 불러일으킴으로써 생산의 대약진현상이 나타날 것이라고 지적했다. 이는 훗날 국내외를 들썩이게 한 '대약진'이라는 명사가 우리 신문 사설에 최초로 등장한 것이다. 그 사설은 『인민일보』 편집부에서 자체적으로 쓴 것으로 대체적으로 문제가 될 만한 것이 없다고 나는 생각했다. 다른 한편으로는 12월 12일에 발표된 사설인데, 마오 주석이 농촌 합작화 붐이라는 책의 서언에서 제기한 '더 많이, 더 빨리, 더 좋게, 더 절약해야 한다(多快好省)'는 건설방침에 대해 논술한 내용이었다. 그 사설은 마오 주석이 모스크바에서 형제 당 회의에 참가하는 기간에 직접 수정하고 원고를 마무리 지은 것이기 때문에 물론 문제될 것이 없었다.

나는 마오 주석이 항저우 회의에서 한 연설 정신에 대해 전달 받았는데 그 중에 언급한 17가지 문제 중에 신문과 통신사에 대해 언급한 내용은 없었다. 후챠오무와 양상쿤에게 물었지만 그들도 회의통지 명단 순서에 무슨 특별한 의미가 있는지 알지 못한다고 말했다. 그러나 후챠오무의 표정에서는 무슨 일이 일어날까봐 걱정하는 빛이 역력했다.

이러한 걱정은 난닝회의가 시작되면서 서서히 거두어지게 되었다. 1월 12일 난닝 회의가 시작되었다. 마오 주석은 처음부터 건국 8년간 줄곧 업무 방법을 강구하기 위해 분투해왔다면서 1956년 '반급진주의'는 잘못된 것이라고 말했다. 여기서 말하는 '반급진주의'는 1956년 6월부터 11월까지 중앙의 일부 동지들이 적잖은 지방과 부서의 기본 건설 규모(농경지 수리 시설 건설을 포함)가 지나치게 커 재정 적자가 나타나고 원자재 공급이 달리는 현상이 나타난 것을 발견하고 성급히 무모하게 돌진하는 것에 반대하는 의견을 제기한 것을 가리킨다.

이에 따라 난닝 회의는 '반급진주의'를 비평하는 것을 중심으로 하는 업무 방법 토론회의가 되었으며 '반급진주의'와 서로 대립되는 '대약진'을 위해 정치적, 사상적으로 준비하는 회의가 되었다.

마오 주석은 어느 한 시기 속도가 좀 빠르고 수량이 좀 많은 것은 조정을 하면 된다면서 그러나 '반급진주의'라는 구호를 제기하는 것은 아니라고 주장했다. 그는 '반급진주의'는 간부와 대중의 사기를 꺾을 수 있으며 특히 인민의 사기를 꺾을 수 있기 때문에 그릇된 방침이며 '더 많이, 더 빨리, 더 좋게, 더 절약해야 한다'는 방침에 반대하는 것이라고 말했다. 그는 국무원의 정부업무보고와 재정업무보고 및 계획업무보고에 대해 엄숙하게 비평했으며, 『인민일보』 1956년 6월 20일자에 실린 반급진주의 관련 사설(제목은 「보수주의에 반대해야 하며 또 조급 정서에도 반대해야 한다임)은 크게 잘못된 것이라고 지적했다. 그제서야 나는 비로소 회의 통지에서 마오 주석이 나의 이름을 지명한 이유를 알 수 있었다.

그날 회의가 끝난 뒤 나는 바로 챠오무 동지를 찾아가 마오 주석이 가리키는『인민일보』사설은 어찌 된 일이냐고 물었다. 그도 잘은 모르겠다고 말했다. 우리는 의논을 거친 뒤 그날 밤으로 베이징으로 전화해『인민일보』편집부에 6월 20일 사설 원고 전문을 난닝으로 전송할 것을 지시했으며, 또 그들에게 사설 원고 작성과 수정, 원고 마무리 과정에 대한 간단한 설명을 쓰라고 지시했다.

나는 13일에『인민일보』편집부에서 보낸 자료를 받은 뒤 챠오무 동지와 함께 원고를 작성한 후 전반적인 과정을 살펴보았다. 원래 그 사설은 최초에『인민일보』편집부에서 작성한 것이었다. 중앙선전부에서 토론할 때 루딩이 동지가 발표할 수 없다고 여겨 다시 원고를 작성하도록 요구했다. 그는 샤오치 동지에게 보여주었고, 샤오치 동지는 정치국회의 정신에 따라 직접 중앙 선전부의 동지들을 조직해 원고를 작성하게 했다. 초고는 왕중이(王宗一) 동지가 작성하고 중앙선전부가 여러 차례 토론하여 수정한 뒤 딩이 동지가 샤오치 동지와 저우 총리에게 보내 심열을 받았다. 두 분 다 원고에 대해 일부 수정을 했으며 더 다듬어야 할 부분에 대한 일부 의견을 제기했다. 딩이 동지가 그 의견들에 따라 또 한 번 수정을 거친 뒤 최종 샤오치 동지와 마오 주석에게 보내 심사 결정하도록 했다. 샤오치 동지가 몇 군데 수정을 거친 뒤 마오 주석에게 보냈다. 우리는 최종 원고 마무리 교정지에 마오 주석이 자신의 이름에 동그라미를 치고 "보지 않을 것"이라는 몇 자를 적어 놓은 것을 보았다. 나와 챠오무는 의논 끝에 전 과정이 명확하지만 회의에서 말하는 것이 적합하지 않다고 여겼다. 사건이 첨예화되는 것을 피해야 했다. 회의는 첫 시작부터 공기가 매우 팽팽했기 때문이었다.

『인민일보』사설에 대한 비판

마오 주석은 『인민일보』 사설의 요점들을 정리 인쇄해 회의에서 나눠주었으며 다음과 같이 평어까지 달았다. "졸렬한 마르크스주의, 졸렬한 변증법이다. 문장은 마치 '좌'적인 경향도 반대하고 우익 경향도 반대한 것 같지만, 실제로는 우익 경향을 반대한 것이 아니라 '좌'적인 경향만 특히 반대했으며 게다가 날카롭게 나를 겨냥했다."

마오 주석은 회의 과정에서 『인민일보』 사설을 거듭 비평했으며, 그 사설을 그때 당시 중앙의 일부 동지들의 '반급진주의'의 증거로 삼았다. 그는 그 사설에 대해 한 단락씩 비평해 나갔다.

마오 주석은 『인민일보』 사설은 6월 20일 발표된 것으로서 리셴녠 동지가 제1기 인민대표대회 제3차 회의에서 보고하기까지 닷새 앞둔 시점이었다고 지적했다. 그는 그 보고는 '반급진주의'적이었다며, 사설은 '반급진주의' 사상을 발휘했다고 말했다. 마오 주석은 사설 중 한 단락을 읽어 내려갔다. "성급한 정서가 당면한 심각한 문제가 되었다.

그 정서가 하층 간부들 사이에 존재할 뿐 아니라 무엇보다 먼저 상층 여러 계통의 지도간부들 사이에도 존재하며, 하층의 성급하게 무모하게 돌진하는 현상의 대부분은 상층에서 압박한 결과이다. 전국 농업 요강 40조가 출범하자 여러 계통에서는 모두 남들로부터 우경 보수주의라는 비난을 받는 것이 싫어 앞 다투어 높은 표준으로 하부에 업무를 배치했으며 조목조목 하부에 지시했을 뿐 아니라 매우 성급한 요구를 제기하기까지 했다. 여러 부서는 모두 업무 면에서 빨리 성적을 낼 수 있기를 희망했다. 중앙의 수십 개 부(部)에서 한 부에 한 조목씩 하부에 층층이 지시하고 심지어 층층이 임무를 가중시키고 있어 하층 기관에서는 감당할 수가 없게 된 것이다.

지금은 중앙이 일련의 조치를 내려, 중요한 것과 중요하지 않은 것, 급한 것과 급하지 않은 것을 구분하지 않고, 구체적 상황을 돌보지 않는 그런 조급 정서를 시정하고 있다." 마오 주석은 이 단락을 읽은 뒤 "이는 중앙이 이미 반급진주의 결심을 내렸다는 뜻임을 말한다'고 말했다.

마오 주석은 다시 사설의 한 단락을 읽어 내려갔다. "현재 중앙은 이미 조치를 취해 이런 상황을 시정하기 시작했으며 여러 부서와 여러 지방 업무 중 급진적인 경향에 대해 어떤 것은 시정했고, 어떤 것은 아직 시정하지 못했거나 적어도 철저하게 시정하지 못했다. 단 한 가지 사상 경향은 한꺼번에 철저하게 극복할 수 있는 것이 아니므로 앞으로 항상 주의해야 한다." 이어 마오 주석은 이 말은 계속 '반급진주의'를 실행해나가겠다는 의미라고 평론했다.

마오 주석은 성급하게 무모하게 돌진한다는 말이 대체 어디서 온 말이냐면서 『인민일보』 사설에서 "보수주의에 반대한 뒤 특히 중앙이 '더 많이, 더 빨리, 더 좋게, 더 절약해야 한다'는 방침을 제기하고 전국 농업발전 요강 초안을 발표한 뒤 많은 동지들의 머릿속에 한 가지 편견(성급하게 무모하게 돌진한다는 것)이 생겨났다."라고 했다고 말했다. 마오 주석은 이 말은 날카롭게 자신을 겨냥했다고 평론했다.

마오 주석은 그 사설에서는 우익 경향도 반대하고 '좌'적인 경향도 반대했다고 말했다. 그는 그 사설 내용에 마르크스주의가 전혀 없다고 말할 수 없다며 조금은 있는 것 같다고 말했다. 사설에서는 이렇게 썼다. "우경 보수사상이 우리 사업에는 해가 되며 성급하게 돌진하는 사상도 우리 사업에 해가 된다. 그래서 이 두 가지 경향은 모두 반대해야 한다. 앞으로 우리는 물론 우경 보수사상의 여러 가지 표현을 비판하고 극복하는 것에 계속 주의함으로써 사회주의 건설사업이 저애를 받지 않고 앞으로 발전할 수 있도록 보장해야 한다." 이 말이 틀렸다고 할 수 있는가? 이 말은 맞는 말이다! 그러나 이는 저속적인 마르크스주의이다. 이 사설에서는 계속 다음과 같이 썼다. "그러나 우경 보수사상에 반대하는 한편 우리는 또 성급하게 돌진하는 경향에 반대하는 것도 소홀히 하거나 늦춰서도 안 된다. 오로지 우경 보수

사상에도 반대하고 성급하게 돌진해야 한다는 사상에도 반대해야만 우리는 비로소 올바르게 전진할 수 있다." 마오 주석은 그 사설의 입각점은 성급하게 돌진해야 한다는 사상에 반대해야 한다는 데서 떨어졌다면서 우익 경향을 반대한 것이 아닌 '좌'적 경향을 반대한 것이라고 말했다. 그는 사설의 저자는 문장에서 '그러나'의 뒤에다 역점을 두었다고 말했다.

마오 주석은 또 사설에서는 그가 『중국 농촌 사회주의 절정』이라는 책의 서언에 쓴 말을 인용했다고 말했다. 그는 보아하니 저자의 의도는 그의 비위를 거스르지 않으면서 남의 칼을 빌려 사람을 죽이려는 것이라고 말했다. 그는 또 그러나 인용할 때 전문을 인용하지 않고 머리와 꼬리를 잘라버리고 중간 부분만 취했는데 그것은 전문을 인용하면 저자의 관점을 부정하는 것이 되기 때문이라고 말했다. 그는 그가 쓴 서언 전문은 주로 우경 보수주의에 칼끝을 겨냥했는데 사설에서는 문맹 퇴치 면에서 성급하게 돌진하는 방법을 쓰는 것은 잘못된 것이라고 한 그의 말을 인용해 성급하게 돌진하는 것에 반대하는 근거로 삼았다고 말했다. 그는 사설이 얼핏 보기에는 '좌'적인 경향도 반대하고 우익 경향도 반대한 것처럼 중점이 없어 보이지만 실제로는 중점을 '반급진주의'에 두었다면서 저자가 그의 말을 인용해 그에게 반기를 들었다고 말했다.

송옥(宋玉)의 언변

마오 주석은 일부 지나친 처사에 대해 시정하는 것에는 반대하지 않는다면서 단 한 가지만 부정하면 될 일을 열 가지로 만들어 부정하는 것에는 반대한다고 말했다. 그는 지나치게 성급하거나 넘치는 것에 대해 시정하는 것은 필요한 일이지만 전국적으로 성급하게 무모하게 돌진하는 것을 중요 경향으로 삼아 반대하는 것은 틀린 것이라며 이는 실제로 더 많이, 더 빨리,

더 좋게, 더 절약해야 한다는 방침에 반대하는 것이라고 말했다. 그는 또 『인민일보』의 사설 중 반급진주의는 전국시대 초나라 문학가 송옥이 등도자(登徒子) 대부(大夫)를 비난한 수법을 사용했다면서 그의 한 가지만 비난하고 그 이외의 것은 언급하지 않았다고 말했다.

마오 주석은 송옥의 이야기를 다음과 같이 상세하게 말했다. "이야기가 발생하게 된 원인은 등도자 대부가 초 양왕(楚襄王)의 앞에서 송옥이라는 사람은 '생김새가 정숙하고 아름다우며 점잖고 교묘한 말솜씨를 갖췄으며 또 여색을 너무 밝히는 성정을 지녔다'고 하면서 초 양왕에게 송옥이 후궁에 출입하지 못하게 할 것을 권했다. 어느 날 초 양왕이 송옥에게 등도자 대부가 송옥을 두고 이러쿵저러쿵하더라고 말했다. 이에 송옥이 '생김새가 정숙하고 아름다운 것은 하늘이 준 것이옵니다. 점잖고 교묘한 말솜씨는 스승에게서 배운 것이옵니다. 여색을 너무 밝히는 성정은 신에게는 없는 것이옵니다'라고 대답했다. 초 양왕은 '자네가 스스로 여색을 밝히지 않는다고 하는 이유는 무엇인가?' 하고 물었다. 이에 송옥이 이렇게 대답했다. "하늘 아래 가인(佳人, **어여쁜 여인**)은 초나라의 가인만 못하옵고, 초나라의 어여쁜 이는 신리(臣里)의 어여쁜 이만 못하오며, 신리의 아름다운 이는 신의 동쪽 집 근처에 사는 어여쁜 여인만 못하옵니다. 신의 동쪽 집 근처에 사는 어여쁜 여인은 키를 조금만 더 늘려도 너무 크고, 조금만 줄여도 너무 작아지며, 분칠을 하면 너무 희고 연지를 바르면 너무 빨갛게 되옵니다.

눈썹은 푸른 깃털 같고 살결은 눈처럼 희며 허리는 흰 비단을 감아놓은 것처럼 호리호리하고, 이는 작은 조개를 줄 세워 놓은 것처럼 가지런하여 생긋 웃으면 양성(陽城)과 하채(下蔡) 일대 사람들이 매혹되어 탄복하기에 충분하옵니다. 그렇게 아름다운 여인이 담장에 붙어 서서 3년 동안이나 신을 몰래 훔쳐보았지만 신은 아직까지도 받아주지 않았사옵니다." 송옥이 그처럼 절세의 가인이 그를 3년씩이나 유혹했지만 넘어가지 않았다고 한 것으로 보아 그는 여색을 밝히는 저자가 아님을 알 수 있다. 이어서 송옥은 등도자를 비난했다. "그러나 등도자는 다르옵니다. 그의 아내는 흐트러진 머리카락에 오그라든 귀를 가졌으며, 입술은 뒤집어지고 이는 들쑥날쑥하며 등과 허리가 굽고 길을 걸을 때면 절룩거리며 또 질병과 치질까지 앓고 있사옵니다." 뜻인즉 등도자의 아내는 머리카락이 흐트러지고 이마가 앞으로 튀어나왔으며 귀도 문제가 있으며 입 벌리지 않아도 이가 밖으로 튀어나왔으며 길을 걸을 때면 볼품이 없는데다 등까지 굽었으며 몸에는 옴이 난데다 치질까지 앓고 있다는 것이었다.

송옥은 초 양왕에게 등도자의 아내가 그처럼 추한데도 등도자는 그녀를 너무 좋아하고 있으며 아이까지 다섯이나 낳았으니 대체 누가 여색을 밝히는 저자인지 대왕께서 자세하게 생각해보기 바란다고 말했다. 이런 이야기를 한 뒤 마오 주석은 결국은 송옥이 그 논쟁에서 이겼다면서 그가 취한 방법은 바로 그의 한 점을 공격해 최대한 확대한 것이며 그 외에는 다른 방법을 쓰지 않았다고 말했다. 그는 이야기 전편은 송옥이 쓴 「등도자호색부(登徒子好色賦)」를 보라고 말했다. 소명(昭明)태자가 그 이야기를 『문선』에 수록하면서 등도자는 호색한의 대명사가 되었으며 지금까지도 그 오명을 벗지 못하고 있다고 말했다.

이튿날 마오 주석은 송옥의 그 부(賦)를 인쇄해 회의 참가자들에게 나눠주어 보게 했다.

바람을 타고 험한 파도를 헤치며 나아가다

15일 열린 회의에서 마오 주석은 언제나 열의를 북돋아야 하고 보다 높은 목표에 도달하기 위해 애써야 한다는 내용에 대해 언급하면서 또 다시 『인민일보』를 거론했다. 그는 『인민일보』의 양력설 사설은 훌륭하다며 그 중요 정신이 열의를 북돋아주고 보다 높은 목표에 도달하기 위해 힘써야 하며 바람을 타고 험한 파도를 헤치며 나아가야 한다는 것이며 이는 또 사상방법과 업무방법과 관련된 문제라고 말했다.

그날 밤 마오 주석이 나와 후챠오무를 그의 처소로 불러 담화를 나누었다. 그의 처소는 우리가 묵는 광시(广西)성 정부 교제처 사무청사에서 멀지 않았으며 호치민 베트남 주석을 늘 접대하곤 하던 별장식 높은 단층집이었다. 마오 주석이 주재한 회의는 바로 그 큰 단층집 객실에서 열렸다. 우리가 그 곳에 당도하자 마오 주석은 처음에는 '양력설' 사설을 누가 썼느냐고 물었다. 챠오무가 『인민일보』의 동지가 썼다고 대답했다. 나는 그 사설은 챠오무 동지가 많은 수정을 거쳤고 샤오치 동지와 저우 총리의 심열을 거쳐 원고를 마무리했다고 보충했다. 그때 당시 마오 주석은 베이징에 있지 않았으며 샤오치 동지가 원고를 마무리할 때 주석에게 이미 전화로 보고했다고 말했다고 챠오무가 말했다. 마오 주석은 사설이 훌륭하다면서 제목을 「바람을 타고 험한 파도를 헤치며 나아가자」라고 한 것도 눈에 확 뜨인다고 말했다. 그는 남북조(南北朝) 시기 송(宋)나라 사람 종각(宗愨)이 "긴 바람을 타고 저 만리 파도를 헤치나가길 기원한다"라고 말했다면서 지금 우리는 동풍을 타고 서풍을 압도하며 15년 뒤에는 영국을 추월하고자 한다고 말했다. 그는 또 그대들처럼 신문을 만드는 사람은 문장을 잘 쓸 줄 알아야 할 뿐만 아니라 제목도 잘 달아서 사람들이 그 문장을 읽어보도록 눈길을 끌 수 있도록 해야 하며 뉴스도 눈에 확 들어오게 제목을 달아야 한다고 말했다.

이어 마오 주석은 또 1957년 봄에 그가 최고 국무회의에서 한 연설 정신을 『인민일보』가 선전하지 않았던 일을 다시 꺼냈다. 그는 『인민일보』가 형세와 결부시켜 이처럼 훌륭한 '양력설' 사설을 써낼 수 있으면서 왜 지난해는 죽은 사람이 신문을 만드는 식이었느냐고 물었다. 그는 챠오무를 향해 그때 당시 자네에게 화가 많이 났었다고 말했다. 그는 그때 첫날에는 자네를 비평하고 그 이튿날에는 총편집장과 부총편집장을 비평했는데, 그때 당시는 화가 머리끝까지 치밀었던 때라 말이 심했으며 교양 있고 온화한 태도를 취할 수 없었다면서 그렇게 하지 않았다면 어찌 그대들이 깜짝 놀라 사흘씩 잠을 이루지 못했을 리 있었겠느냐고 말했다. 그는 지난해 4, 5, 6월에는 실제로 그가 『인민일보』의 총편집장을 담당한 셈이라고 하면서 자네도 야근하며 신문 전체를 교정보느라고 무척 힘들었을 것이라고 말했다. 후에 그는 그렇게 하는 것이 방법이 아니라고 여겨 사람을 파견해 돕기로 했다면서 달리 적합한 사람이 없어 우렁시를 파견했다고 말했다. 이때 마오 주석은 나를 향해 "그때 당시 자네에게 만약 『인민일보』에 있을 수 없으면 나에게 돌아와 비서가 되어달라고 말할 작정이었는데 자네를 『인민일보』에 파견한 것은 잘된 일이었다"라고 말했다. 그는 "지금 모두들 『인민일보』에 대해 훌륭하다는 반응을 보이고 있으며 진보 발전이 있다고 생각하고 있다. 평론, 뉴스 모두가 활발하다. 그러나 더욱 노력해야 한다. 자만하지 말고 여전히 꼬리를 사리고 있어야 한다"라고 말했다.

평론 쓰기와 지방으로 내려가기

나는 마오 주석에게 현재 『인민일보』가 여러 편집부에서 평론 쓰기 도급제를 실시하고 있다고 보고했다. 그러자 마오 주석은 『인민일보』 평론은 모두가 함께 써야 한다면서 다음과 같이 말했다. "여러 편집부에서 그들 분할 범위 내에서 도급 맡는 방법은 좋은 방법이다. 단 도급제도 총지휘자가 있어야 하며, 총편집장인 자네가 바로 총지휘일세. 자네의 임무는 모두를 조직해 쓰게 하는 한편 자신도 쓰는 것이다. 일부 중요한 평론은 자네가 직접 주관해 써야 한다. 우리가 재작년에 『무산계급독재의 역사 경험을 논함』이라는 두 편의 편집부 원고를 작성할 때 내가 직접 주관해 썼던 것처럼 해야 한다"

고 말했던 것이다.

이 대목에서 마오 주석은 그가 며칠 전(1월 12일)에 광시성위(중국공산당 광시성위원회) 서기 류젠쉰·웨이궈칭에게 써 보낸 편지에 대해 언급했다. 편지에서는 성 기관지를 잘 만드는 문제에 대해 논했다. 편지에는 이렇게 썼다. "지방 신문 몇 부를 보낸다. 신문들은 각자의 특징이 있고 잘 만들어 눈길을 끌게 하며 내용도 잘되었다. 그대들은 이를 참고하기 바란다. 성 기관지 문제는 매우 중요한 문제로서 진정성을 갖고 연구해야 한다. 광시보의 편집인원들과 함께 지면, 뉴스, 사설, 이론, 문예 등을 포함한 여러 방면에 대해 연구해야 한다. 깊이 파고들어 거듭 생각하고 거듭 분석하며 여러 성의 신문들과 거듭 비교해보면 몇 개월 동안에 어떤 길을 찾아낼 수 있을 것이다. 사설 창작에 정성을 들이는 것은 매우 중요한 임무이다.

그대들 자신과 선전부장, 비서장, 신문사 총편집이 함께 연구해야 한다. 우선 서기가 통솔해 일부 가장 중요한 사설에 대해 직접 수정하는 노력이 필요하다. 성 기관지는 전 성의 업무, 전체 인민에 대한 조직, 고무, 격려, 비판, 추진하는 역할이 매우 크다. 그대들이 이 문제에 대해 생각해보는 것은 어떠한가?" 마오 주석은 그가 그 편지를 쓰게 된 것은 『인민일보』의 경험교훈에 비추어 중앙 신문뿐만 아니라, 성급 신문도 성실하게 잘 만들어야 한다고 생각했기 때문이라면서 당위원회가 잘 장악하는 것이 중요하다고 말했다.

마오 주석은 또 다음과 같이 말을 이었다. 그대들이 도급제 방법으로 사설을 쓰는 것은 한 사람이 모든 것을 독차지하는 것을 피할 수 있어서 분산적인 부분도 있고 독점적인 부분도 있는데, 이 또한 일종의 생산관계이며 업무방법이다. 총편집장과 여러 편집부 주임 사이의 관계는 마땅히 그래야 한다. 총괄적인 면도 있고 분할적인 면도 있어야 한다. 여러 편집부와 여러 지면 사이에서는 경쟁을 벌여 반년 혹은 1년에 씩 누가 더 잘 만들었는지 비교 평가를 진행하는 것도 좋다.

마오 주석은 또 다음과 같이 강조했다. 평론을 쓸 때는 형세와 결부시키고 그때 당시의 정치 기후에 결부시켜야 한다. 정확하게 보고, 빨리 포착하며, 시간적으로 서둘러 실행하고, 머리가 빨리 돌아가야 한다. 올해 '양력설' 사설처럼 해야 한다. 지난해 2, 3, 4월처럼 내가 최고 국무회의에서 한 연설에 대해 아무런 반응도 없이 끄덕도 하지 않아서는 안 된다. 평론은 중국화해서 써야 한다. 중국의 기백이 있어야지 유럽화 되거나 서양의 팔고문으로 쓰거나, 판에 박힌 것이 되어서는 안 되며 생동적이고 활발해야 한다. 형식은 다양화해 편집자의 말도 있고, 단평·시평도 있어야 하며, 전문적으로 논한 글, 사설도 있고, 논설원의 문장, 관찰가의 문장, 편집부의 문장 등 다양해야 한다. 평론은 이치를 따져야 하는 것이지만 서정적인 요소도 배척하지 않도록 하며, 가장 좋기는 이치와 감정이 다 담기도록 해야 한다.

마오 주석이 나에게 최근 지방에 내려가 둘러본 적이 있느냐고 물었다. 이에 내가 『인민일보』에 파견되어서 줄곧 내부 업무에 바빠 지내다보니 아직 지방에 내려가 조사 연구를 진행하지 못했다고 대답했다. 그러자 마오 주석이 엄숙한 표정을 짓고 다음과 같이 말했다. "『인민일보』와 신화사의 우두머리는 반드시 지방에 자주 내려가서 신선한 공기를 마시고 하층의 실제 상황에 대해 조사해야 하며, 성위(성위원회)와도 가까운 관계로 지내야 한다.

자네는 2월에 당장 내려가도록 하게. 광둥(広東)·광시·푸젠(福建) 등지로 가서 두 발로 뛰면서 기자가 되기도 하고 지방의 업무도 돌보도록 하게. 계속 베이징에만 있지 말고. 베이징은 관료주의가 심해 가공공장 역할만 할 뿐 원료를 구할 수 없다네. 원료는 하층에서 얻어야 하네. 자네 위치에서는 마땅히 활동해야만 하니 자주 여러 지방을 돌아다니며 보아야 하네. 당장 2월에 내려가도록 하게. 한 달이건 두 달이건 다 좋네. 제8기 2차 회의 때 돌아오도록 하게. 『인민일보』는 중앙의 한 부서로서 지방과 자주 연락을 취할 임무가 있으며, 또 지방 신문의 훌륭한 내용을 자주 전재할 임무가 있으니, 이는 지방 신문에 대한 고무격려이며 또 지방 동지들이 『인민일보』를 보지 않을 수 없도록 하는 것이며, 게다가 한 지방의 훌륭한 내용을 전국에 추천할 수도 있는 것이네. 그대들이 며칠 전에 상하이 메이린(梅林)식품공장과 저장 퉁루(桐廬) 현의 경험을 소개한 것은 참으로 잘한 일이네."

이어서 마오 주석은 상하이·광동·저장 성위의 세부의 보고에 대해 언급하면서 『인민일보』에 전재하는 것을 고려해보라고 했다. 그는 이 세 부의 보고 모두 아주 잘 썼다고 할 수 없으니 신문에는 요점만 따서 발표할 수 있다고 말했다.

나는 마오 주석에게 『인민일보』가 계획적으로 제5면에 일부 사상평론을 발표할 생각이라고 보고했다. 마오 주석은 나의 보고를 들은 뒤 다음과 같이 말했다. "『인민일보』는 중앙 기관지로서 간단하게 여러 가지 구체적인 업무에 대한 보도만 해서는 안 되오. 그 중요 임무는 사상적, 정치적으로 전국에 영향을 끼치는 것이오. 나는 그대들이 사상평론을 쓰는 데 대해 찬성하오. 게다가 한 가지 중요한 사상정치업무로 삼아 진행해야 하며, 진정으로 훌륭하게 진행토록 해야 할 것이오. 예를 들면, 사상이 진보적인 것과 실무에 정통한 것 간의 관계는 중대한 문제이니, 그대들은 이 문제를 둘러싸고 평론을 전개함으로써 전국 각지와 중앙 여러 부서의 여러 업계와 인민대중이 모두 사상 진보발전과 실무 정통에 대한 문제에 관심을 가질 수 있도록 호소해야 할 것이오."

마오 주석은 또 『인민일보』 내부의 일부 상황에 대해 물었다. 『인민일보』 간부 상황에 대한 나의 보고를 들은 그는 사람을 쓰는 법을 배워야 한다고 말했다. 그는 다음과 같이 말했다. "완벽한 순금이 없듯이 사람도 완전무결한 사람은 없소. 사람마다 장단점이 있는데, 그 사람의 장점을 잘 살리는 한편 그를 도와 단점을 극복하도록 해야 한다오. 독단적으로 처리하지 말고 사람들이 다양한 의견을 충분히 발표하도록 해야 한다는 말이오. 옛날 사람들도 '다양한 의견을 취하는 것(兼聽)'을 제창했다오. 그런 점에서 공산주의자는 마땅히 더욱 '다양한 의견을 취해야 한다'. '다양한 의견을 취하면 시시비비를 분명하게 가릴 수 있다' 등의 여러 방면의 반응에 귀를 기울이게 되면, 그 속에서 여러 가지 영양을 흡수할 수가 있어 업무를 처리하는 과정에서 실수를 줄일 수 있는 것이라오."

담화 과정에서 후챠오무 동지는 주로 지난해 연초 주석의 연설을 선전하는 것을 놓친 것에 대해 이야기했으며, 그에 대한 주석의 비평은 정확한 것이라고 말했다. 그는 다만 간단하게 1956년 6월 『인민일보』 사설과 관련해서 대체적인 상황에 대해서만 이야기했으며, 그때 당시 그가 제8차 당대회 정치보고를 작성하고 있는 중이어서 그 일에 관여할 겨를이 없었다고 말했다. 마오 주석은 "그대와는 무관한 일이오. 그 사설을 작성한 뒤 나에게 보내왔었소. 내가 교정지에 '보지 않을 것'이라고 썼는데, 나를 욕한 글을 내가 왜 보겠는가?"라고 말했다. 후에 챠무 동지는 회의에서 1957년 사건에 대해서만 반성하고 1956년의 일은 언급하지 않았다.

담화가 두 시간 가까이 이어졌지만 마오 주석은 전혀 피곤한 기색이 없었다. 마지막에 그는 내일 회의에서 할 연설을 준비해야 한다면서 담화를 여기서 끝내자고 말했다.

이튿날(1월 16일) 오전, 마오 주석이 긴 연설을 했으며 주로 학습문제에 대해 이야기했다. 서두에서 그는 어떤 부서든, 어떤 성위(성위원회)이든, 어떤 군위(군사위원회)이든지를 막론하고, 특히 신문은 반드시 이론 학습을 진행해야 하며, 이론 업무를 진행해야 한다고 말했다. 그는 여러 부서와 당위·신문의 중요 책임자는 반드시 자주 시간을 내 이론을 학습하고 여러 방면의 지식을 학습해야 한다고 말했다. 마오 주석은 다음과 같이 말했다. "이번에 나는 특별히 우렁시를 지목해 회의에 참가하도록 했습니다. 그것은 그가 당중앙 기관지 총편집장으로서 전반적인 상황에 대해 반드시 잘 파악해야 하기 때문입니다. 신문은 소식지로서 많은 사건에 대해 빨리 반응해야 하지만 억지로 빠른 것을 추구하다나면 실수를 범할 수가 있습니다.

현재 『인민일보』가 중앙의 의견을 반영하는 면에서 많이 빠르고 훌륭해졌지만 아직도 더 발전해야 합니다. 일부 중대한 문제에 대해서는 스스로 확신할 수 없으면 더 심사숙고해야 하며 절대 대충 성급하게 처리해서는 안 됩니다. 신문에 발표될 중요한 문장에 대해서 많이 다듬어야 할 뿐만 아니라 중앙의 여러 부서·여러 지방 당위가 중앙에 올리는 문서에 대해서도 중앙이 재작년에 「무산계급 독재의 역사 경험을 논함」이라는 2편의 문장을 쓸 때처럼 진정성을 갖고 토론하고 수정을 해야 합니다. 그렇게 진정성을 갖지 않으면 부장이든 성위서기든 언젠가는 무너지고 말 것입니다."

마오 주석은 또 이렇게 말했다. "지금 모두들 너무 바쁘다고 말하고 있습니다. 당과 국가를 위해 밤낮없이 바삐 보내고 있다고들 합니다. 그러나 숫자에 대해서만 연구하고 이론을 연구하지 않고, 수사학을 연구하지 않으며, 고증학과 논리학을 연구하지 않으면서 써낸 글의 내용들은 한 무더기의 숫자와 자료에 불과할 뿐입니다. 이론적인 면에 정력을 기울이지 않고 있는데 이는 참으로 좋지 않은 상황입니다. 『인민일보』 총편집장은 더욱이 이론을 중시해야 합니다. 일상의 물 흐르는 듯한 소식보도에 묻혀버리게 해서는 안 됩니다."

역사가 표명했다시피 '반급진주의'에 대한 마오 주석의 비평은 잘못된 것이었다. 반급진주의는 정확한 것이며, 샤오치 동지와 저우 총리의 사상에 따라 작성한 『인민일보』 1956년 6월 20일자 사설도 정확한 것이었다. 난닝회의에서 마오 주석이 『인민일보』 사설을 비평한 연설을 역사적 교훈으로 기록함으로써 50년대 후기부터 마오 주석의 그릇된 지도사상의 초기 궤적이 어떠했는지에 대해 살펴보는 것은 역시 유익한 것이라고 나는 생각한다. 이번 회의 기간에 신문을 어떻게 잘 만들 것인가에 대한 그의 의견은 여전히 중시할 가치가 있음은 의심할 나위가 없는 것이다.

(5) 사기를 북돋우는 것과 분위기를 진정시키는 것

난닝회의 정신에 따라 나는 2월 한 달 동안 비교적 중요한 사설 여러 편을 잇따라 작성하도록 주관했다. 예를 들어 「열의를 북돋우어 보다 높은 목표에 도달하자」, 「낡은 균형을 깨고 새로운 균형을 수립하자」 등 문장이다. 그때부터 『인민일보』의 선전은 '좌'로 기울기 시작했다.

역시 난닝회의 정신에 따라 나는 『인민일보』 편집위원회의를 주재하고 『인민일보』 업무를 전면 개선할 23조의 요강을 제정해 중앙의 노선·방침·정책에 대한 선전, 평론업무, 뉴스보도, 지면과 제목, 간부대오, 여러 지방 성위·시위와의 관계 등에 대해 모두 요구를 제기했다. 그중의 일부 내용은 적절하고 합리적인 것이었고, 일부는 지나치게 높고 성급한 요구였다. 나는 청두(成都)회의에 앞서 이 23조 요강을 마오 주석에게 보고해 지시를 받고자 했다.

청두회의

청두회의는 3월 9일 청두 교외 진뉴빠(金牛壩) 호텔에서 열렸다. 여러 부부장과 성위 서기는 4층짜리 호텔에 묵고 중앙정치국 상무위원들은 여러 작은 별장에 묵었다. 이번 회의도 난닝회의와 마찬가지로 역시 정치국상무위원회 확대회의로서 중앙 관련 부 부장과 동북·화북·서북·서남 여러 성의 성위 제1서기가 회의에 참가했다. 중남(中南)과 화동(華東)지역은 오직 일부 성위서기만 회의에 참가하고 그 밖의 성위서기는 우창(武昌)에서 열리는 회의에 참가하기로 했다.

우창회의(4월 1~9일)는 청두회의의 후반부라고 할 수 있다. 회의 주제는 모두 난닝회의 정신을 전달하고 토론하는 것과 여러 성에서 본 성의 계획을 보고하는 것이었다. 이 두 회의는 난닝회의의 후속이라고도 말할 수 있다.

청두회의에서 마오 주석은 줄곧 흥분상태에 있었다. 그는 18일간의 회의 과정에서 여러 성의 보고를 들을 때 끊임없이 말참견을 한 것 외에도 연거푸 6차례나 장편의 연설(3월 9일, 10일, 20일, 22일, 25일, 26일)을 했다. 그 기세는 그야말로 영감이 샘솟듯 풍부하고, 기개가 호기롭고 씩씩하며, 높은 지붕 위에서 물동이에 든 물을 쏟아 붓는 듯해 거침없는 것이 달려 나가는 파죽지세와도 같았다.

그는 연설 첫머리에서 현재 우리나라가 기술혁명시대에 들어섰다고 언급했다. 그러나 이어 또 두 차례나 사회주의사회는 여전히 2대 착취계급과 2대 노동계급이 존재하며 계급투쟁은 아직 끝나지 않았다고 지적했다.

그는 우리나라에 현재 나타난 사회주의 건설 고조와 그 원인에 대해 거론했으며, 열의를 북돋우어 보다 높은 목표에 도달하기 위해 힘쓸 것과, 더 많이, 더 빨리, 더 좋게, 더 절약하며 사회주의를 건설하자는 종합적인 노선에 대해 창조 중이며 실증을 거쳐서 발표할 것이라고 주장했다.

그는 교조주의가 우리 당 역사상에서 초래한 위험과 형성 원인에 대해 분석하면서 교조주의에 계속 반대해야 한다고도 제기했다.

그는 유물론을 존중해야 하고 변증법을 존중해야 한다고 강조하면서 모순의 상호 전환에 대해, 사회주의 건설의 두 가지 방법에 대해 설교했으며, '급진주의'는 마르크스주의이고, '반급진주의'는 반(反)마르크스주의라고 주장하면서 더 많이, 더 빨리, 더 좋게, 더 절약해야 한다는 방침과 농업 40조 및 촉진회 이 세 가지를 잘라 내면 또 반급진주의를 부르지 않을까 걱정된다고 말했다.

그는 원칙을 고수하는 것과 독창정신을 결합시켜야 한다고도 제창했다. 특히 경극『법문사(法門寺)』중 가계(賈桂) 식의 '종의 습관'을 비평하고, 『서상기(西廂記)』중 푸지우스(普救寺)의 혜명(惠明) 스님이 앞장서서 포위망을 뚫고 나가 지원군을 불러왔던 정신에 대해 칭찬했으며, 『홍루몽(紅樓夢)』중 왕희봉(王熙鳳)이 말한 "자신의 한 몸이 찢기는 한이 있더라도 감히 황제를 말 위에서 끌어내릴 수 있는 풍격"이 마음에 든다고 했고, 『소보안(蘇報案)』중 저우룽(鄒容)이 쓴 「혁명군(革命軍)」에서 만주족 청나라 황제를 속이 후련하게 비판한 것과 장타이옌(章太炎)이 광서제(光緒帝)를 지명하며『재첨(載湉, 광서제의 이름) 어린 것이 사리분별을 못한다』고 크게 욕할 수 있는 기개를 칭찬했다. 그는 또 고금중외의 유명 인물들을 열거해 언제나 젊은이가 노인을 능가하고 학문이 깊은 이가 학문이 적은 이를 능가했으며, 후발 주자가 선발 주자를 추월했다는 점을 설명하면서, 사상을 해방시키고 맹목적인 숭배를 타파할 것을 호소했으며, 여섯 가지 두려움을 모르는 정신을 갖추어야 한다고 호소했다.

그 회의에서는 중앙 여러 부서와 여러 성의 업무보고 및 관련 결의초안을 인쇄해 나눠준 외에 마오 주석은 또 「화양국지(華陽国志)」, 「도강언(都江堰)」, 당송(唐宋) 시인이 쓰촨(四川)에 대해 묘사한 시사 50~60수, 명나라(明朝) 사람들이 촉(蜀, 쓰촨성의 약칭)에 들어와 지은 시 18수, 『소보안(蘇報案)』등 그리고 마르크스주의 고전작가의 저술에서 발췌한 글을 인쇄해 나눠줄 것을 직접 지시했다.

회의 전에 내가 마오 주석에게 건네준 「『인민일보』고전 3년 업무 요강」초안도 마오 주석의 지시로 인쇄되어 회의 자료에 들어갔다.

열의를 북돋우어야

마오 주석은 회의 첫날(3월 9일) 연설할 때 바로 다음과 같은 내용에 대해 언급했었다. 신문은 어떻게 마들어야 할까? 중앙·성·특별구역(중화인민공화국의 행정구역의 한 단위로서 성과 현의 중간에 해당함- 역자 주) 신문은 어떻게 모습을 바꿔 생생하고 활발하게 만들어야 할까?『인민일보』가 23조를 제기함으로써 약진 가능성이 존재한다. 우리가 업무를 조직하고 지도히려면 주로 신문에 의지해야 한다. 회의에만 의지해서는 효과가 제한적일 수밖에 없다. 이는 그가 난닝회의 때 특별히 류젠쉰 동지와 웨이궈칭 동지에게 편지를 써 신문을 잘 만들어야 한다고 말한 것과 마찬가지로, 마오 주석이 신문을 잘 만드는 것을 크게 중시하고 있었음을 설명해주었다.

회의기간에 어느 한 번은 아마도 3월 20일이었던 것으로 기억된다. 회의가 막 끝나고 마오 주석이 연설을 마치고 회의실에서 걸어 나오고 있을 때, 내가 뒤쫓아 가서 마오 주석에게 이번 회의에서『인민일보』의 23조에 대해 토론하는지 여부에 대해 물었다. 마오 주석이 잠깐 생각하더니 "이번 회의에서 토론해야 할 문제가 너무 많다. 인쇄해 나눠준 공업·농업·상업 분야 서류만 해도 두 더미나 된다. 문화교육 분야 종사자는 회의에 참가하지 않았으니『인민일보』문제는 차후에 기회가 되면 다시 토론하기로 할 것"이라고 대답했다.

분명한 것은 마오 주석이 회의기간에 연설한 상기의 중요 내용은『인민일보』선전보도의 대강과 세목이기도 하다는 것이다. 특히 마오 주석이 그의 주재로 열린 정치국상무위원회의에서(약 3월 15일경) 종합적인 노선에 대해 논할 때 나에게 다음과 같이 귀띔했었다.『인민일보』2월 3일자 사설 제목을「열의를 북돋우어 보다 높은 목표를 달성하기 위해 힘쓰자」라고 했는데 이 두 마디가 참으로 훌륭하다. 그러나 여전히 부족함이 있다. 광범위한 간부와 대중의 사기는 지난해 우파 반격 이후에 이미 '북돋우어졌으나' 현재의 문제가 충분히 북돋우어 졌느냐에 있다. 그 책임은 지도자에게 있다. 여기에 수량문제가 존재한다. 사기를 북돋운 정도가 30%이냐, 50%이냐, 아니면 70%이냐 80%이냐 하는 것이다. 지도자의 책임은 사물의 발전 추세에 따라 유리한 방향으로 이끌어가는 것으로서 간부와 대중의 열의를 북돋우어 주는 것이다. 그래서 우리 총 노선은 "열의를 북돋우어 보다 높은 목표에 달성하기 위해 힘쓰며 더 많이, 더 빨리, 더 좋게, 더 절약해야 한다는 종합적인 노선"이라고 칭해야 하며, 그러면 완벽하다고 할 수 있다. 마오 주석의 이와 같은 말과 그 후 그가 종합적인 노선이 형성되기 시작했다고 논한 말은 나에게 있어서 선전은 사기를 북돋우어 준다는 것을 강조해야 한다는 심각한 인상을 남겨주었다. 그것은 즉 마오 주석이 말하는 기세를 북돋우어 주어야지 기가 죽게 해서는 안 된다는 것이었다.

이외에도 또 두 가지 사건이 나에게 깊은 인상을 주었다. 한 가지는 마오 주석이 3월 22일 연설 중에 "품격을 높이고 정신을 진작시키자"는 내용에 대해 언급하면서 천보다가 예전에는 죽어도 이론적인 간행물을 만들지 않으려 했다면서 담이 너무 작다고 비평한 뒤, 이번에야 비로소 정신을 진작시키는 그런 간행물을 만들겠다는 결심을 내렸다고 말한 것이다. 다른 한 가지 사건은 마오 주석이 3월 25일 연설 중에 위생부에 대해 비평한 것인데, 그들이 『인민일보』를 위해 "네 가지 해로운 것을 제거하는 것(除四害, 1958년 2월 12일, 중국공산당과 국무원이 10년 혹은 더 짧은 시간 내에 파리, 모기, 쥐, 참새 이 네 가지 해로운 것을 전면 소멸할 임무를 제기함 - 역자 주)"과 관련된 사설을 매우 많이 썼지만 역시 훌륭하다고 할 수 없으며, 중앙을 위해 작성한 "네 가지 해로운 것을 제거하는 것"에 관한 지시는 애초에 쓸 수 없을 정도였다고 비평했다. 마오 주석은 위생부가 비위생적이라며 사상적으로 네 가지 해로운 것을 실제로 제거할 수 있다고는 믿지 않고 있었다고 말했다. 후에는 역시 후챠오무가 지방의 동지와 합작해 비로소 중앙의 지시문을 완성했으며 사설도 완성했다.(주:『인민일보』2월 13일자 사설 「반드시 전국적으로 네 가지 해로운 것을 제거해야 한다」를 가리킴) 이 두 가지 사건 모두 신문을 만드는데 있어서 품격을 높이고 정신을 진작시켜야 함을 설명했다. 교조주의에 대해 비판할 때 그는 또 다음과 같이 지적했다. "『인민일보』는 예전에 『진리보(真理報)』를 본받아 서양의 교조주의를 그대로 옮겨왔다. 심지어 제목까지도 모방하며 독립적이 사고를 거치지 않았다. 마치 세 살짜리 어린 아이처럼 모든 면에서 다른 사람이 도와주기를 바랐다. 남의 도움을 받지 못하면 혼비백산했으며 주견도 없고 독창성도 없었다. 심지어 중국인이 신문을 만드는 훌륭한 전통(예를 들어 지면의 배치와 제목 등을 중시하는 것)마저도 모두 잃어버렸다. 그러다가 후에야 다소 개선되었다."

여지를 남겨두다

물론 회의 기간에도 마오 주석은 일을 처리함에 있어서 여지를 남겨두어야 한다고 거듭 강조했다. 원래 난닝회의에서 의정한 『업무 방법 60조』에는 3년간의 고전(苦戰)을 거쳐 대부분 지역의 면모가 기본상 바뀔 수 있게 노력해야 한다고 규정했다. 청두회의 때에 이르러 마오 주석은 처음부터 "대체 얼마나 오래 지나야 10년 농업계획과 공업계획을 완성할 수 있을까?"라는 문제를 제기했다.

그는 처음에는 '3년간의 고전'을 거쳐 본 성의 면모를 기본상 바꾼 뒤 7년 내에 농업 40조를 실현하고 5년 동안 농업기계화를 실현한다는 구상을 세웠다. 그는 여러 성에게 연구할 것을 지시했다. 회의 과정에서 마오 주석은 허난(河南)성은 1년간 악전고투를 거쳐 '458목표(1967년까지 경작지 1무[약 667㎡] 당 식량 생산량을 황허[黃河]·친링[秦嶺]·바이룽장[白竜江]·황허[칭하이 경내]

이북 지역은 400근[200Kg]에 달하고, 황허 이남 화이허[淮河] 이북지역은 500근[250Kg]에 달하며, 화이허·친링·바이룽장 이남 지역은 800근[400Kg]에 달하도록 한다는 목표- 역자 주)'와 수리화(水利化)·네 가지 해로운 것 제거하기·문맹율 퇴치를 실현한다는 계획이었고, 랴오닝은 1년 내에 세 가지 자급(즉 식량·채소·육류의 본 성 내 자급)을 실현한다는 계획임을 알게 되었다. 이에 대해 그는 다음과 같이 말했다. "어쩌면 랴오닝이 옳은 것이고 나의 의심이 틀린 것일 수도 있으며, 그쪽이 마르크스주의이고 내가 기회주의일 수도 있다. 허난은 올해 안에 네 가지 대사를 이루겠다는 계획인데 어떤 것은 해낼 수 있고 어떤 것은 해내지 못할 수도 있다.

모두 다 해낼 수 있다 치더라도 그래도 5년 안에 해낼 것이라고 말하는 것이 어떨까? 올해 안에 정말 전부 다 해내더라도 신문에 발표하지 말도록 합시다. 『인민일보』가 이를 단단히 막아야 한다. 그렇지 않으면 이 성에서도 신문에 실리려 할 것이고, 저 성에서도 신문에 실리려고 할 텐데 그리되면 모두가 앞을 다투게 되어 천하가 크게 어지러워질 것이다. 1년 안에 완성해도 신문에 실리지 말고 2년 안에 완성해도 어쩌면 신문에 실리지 않는 것이 좋을 수 있다. 여러 성에서 구호를 제기할 때는 시간을 좀 길게 잡는 것이 좋을 듯싶다. 어쩌면 내가 기회주의일 수도 있다. 그러나 여지를 남겨두어야 한다. 여러 성은 한바탕 바람이 일 듯 소란피우지 않도록 하라. 허난 성에서 1년 안에 완성한다고 한다고 헤서 덩달아 1년 안에 완성한다고 하지 말도록 하라. 허난 성은 올 한 해 시험해보도록 하라. 그래서 효과가 있으면 허난 성이 1등을 차지하게 내버려두라. 우리는 내년에 다시 하면 되니까 1년밖에 차이가 나지 않는데 뭐가 대수이겠는가?"

마오 주석은 이 일은 중대한 사안인 것 인만큼 이제 우창(武昌)에 가게 되면 우즈푸(吳芝圃)를 찾아 이야기해야겠다고 말했다. 그는 또 다음과 같이 말했다. "1955년 합작화 붐이 일어났을 때 저우샤오저우(周小舟)는 다른 성에서 1년 만에 고급사(高級社, 고급농업생산합작사)를 실현하는 것을 보고 너무 마음이 급해했었다. 그러나 실제적으로는 괜찮았다. 리징취안(李井泉)은 전혀 허둥대지 않고 침착했다. 쓰촨이 고급 농업생산합작화를 실현한 것은 55년도도 아니고 56년도도 아니며 57년도였다. 그래도 너무 훌륭하지 않은가?"

마오 주석은 다음과 같이 말을 이었다. "이제는 신문의 선전보도에 대해 조정을 거쳐야 한다. 현실과 동떨어진 이상론만 늘어놓지 말고 차분한 분위기를 조성해야 한다. 그렇게 하는 것은 절대 찬물을 끼얹는 것이 아니다. 실제 상황과 어울리지 않는 높은 지표를 치켜세우지 말고 모두들 실제 여건에 맞춰 처사하도록 해야 한다. 구호를 제기하고 지표를 정할 때 여지를 남겨두어야 한다."

나는 마오 주석이 이러한 내용에 대해 언급하는 것을 비록 들었지만 앞에서 말한 사상을 해방시키고 품격을 높이며 대담하게 혁신해야 된다는 등 대량의 논설에 눌러서 충분히 주목을 받지 못했다. 대약진 고조가 일어남에 따라 판단력도 흐려졌던 것이다.

마오 주석은 회의가 끝나기 전 연설에서 또 다음과 같이 말했다. "여러 성의 제1서기, 어쩌면 서기 한 명과 기타 동지까지 함께 분망한 업무에서 해방되어 일부 연구 업무를 진행함으로써 중대한 문제들에 주의할 수 있기를 바란다. 예를 들어 우렁시 동지와 여러 차례 담화를 나눈 바 있는데 그에게 『대공보』의 장지롼(張季鸞)를 본받아 사방으로 돌아다니며 소식을 알아보고 이야기를 나누며 티베트를 둘러보고 이러한 회의에 참가하라고 했다. 중앙의 신문이건 성·시의 신문이건 주필이 매일 그런 사무적인 업무에만 파묻혀 있어서는 안 된다. 반드시 해방되어 나와야 한다. 어떻게 해방되어야 할지는 여러분이 연구해봐야 한다. 종합적으로 일상 업무를 적게 관리해야 한다. 적게 관리하게 되면 나중에 많은 것을 관리할 수 있다.

청두회의는 난닝회의에 이어 '반급진주의'를 비판하는 회의였다고 할 수 있다. 마오 주석은 회의 시작 단계에서 실무적인 내용(주로 '두 개의 장부[兩本賬, 1958년 1월 마오쩌둥이 제기한 『업무방법60조(초안)』에서 중앙이 두 개의 장부를 작성할 것을 제기한 것 중 첫 번째 장부는 반드시 완성해야 할 계획으로서 대외에 공개할 장부이고, 두 번째 장부는 완성 기대 계획으로서 대외에 공개하지 않을 장부이다― 역자 주]'에 대해 토론함)이 많은 것을 보더니 회의 마지막 며칠은 이론적인 것, 정풍, 사상좌담회를 열 것을 제기했다. 3월 24일 오전부터 집단회의(거의 전체 회의 규모)를 소집하고 샤오치 동지가 회의를 주재하게 했으며 마오 주석은 출석하지 않았다. 회의 참가자들은 사상에 대한 자유 토론을 벌였는데 결국 또 1956년의 이른바 '반급진주의' 교훈에 대한 종합으로 이어졌다. 발언하는 이들은 거의 모두 자아비판을 했다. 여러 대 합작구(協作区) 구장들이 모두 발언했을 뿐 아니라(커칭스[柯慶施]의 활약이 컸다. 남의 발언 도중에 끼어든 것까지 합치면 모두 세 번이나 발언했으며, 언제나 다른 사람을 훈계하는 말투였다) 회의에 참가한 정치국위원들도 발언했다. 저우 총리, 샤오치 동지, 천윈 동지, 샤오핑 동지 모두가 경험교훈에 대해 얘기했으며, 펑더화이(彭德懷) 총사령관도 깨달은 바가 매우 크다고 말했다.

청두회의는 바로 회의 참가자들이 '반급진주의'에 대해 반성하는 분위기 속에서 끝났으며, 그 반성의 폭과 깊이가 모두 난닝회의를 능가했다. 청두회의는 제8차 당대회 제2차 회의 전에 열린 사상준비회의였다. 역사적 관점으로 보면 난닝회의와 청두회의를 거쳐 지도사상 면에서 '좌'적인 경향이 머리를 쳐들기 시작했던 것이다. 이는 『인민일보』의 선전보도에도 반영되었다.

산샤(三峽)를 건너 우창(武昌)으로 내려가다

청두회의가 끝난 날 저녁식사 자리에서 톈자잉이 나에게 다음과 같은 사실을 알려주었다. 마오 주석이 『인민일보』의 업무 개선 요강 23조에 대해 이번 회의에서 토론할 겨를이 없었다면서 이어 마오 주석이 우한(武漢)으로 갈 것인데 나에게 그와 함께 충칭을 거쳐 산샤로 내려간 뒤 우창에서 『인민일보』 문제에 대해 의논할 것이라고 말했다는 것이다.

3월 27일 나와 톈자잉은 마오 주석을 따라 전용열차를 타고 청두에서 충칭으로 향했다. 그 열차는 예전에 장제스의 전용열차였는데 양식과 장식이 모두 많이 낡아 있는 상태였다. 회의에 참가할 중남지역과 화동지역의 합작구 구장들은 모두 다른 전용열차를 타고 먼저 갔다. 마오 주석의 전용열차는 그날 밤 충칭에 당도했다.

3월 29일 마오 주석이 '쟝샤룬(江峽輪)'으로 불리는 기선을 타고 충칭을 출발했다. 마오 주석을 동행해 기선을 탄 이들로는 경호원(왕징셴[王敬先] 동지가 인솔함)과 근무원들을 제외하고 톈자잉과 나뿐이었다. 원래 마오 주석과 함께 우창에 가서 회의에 참가하기로 했던 일부 성위 서기들은 이미 여객선을 이용해 먼저 출발했다. 나와 톈자잉은 마오 주석이 산샤를 마음껏 유람하면서 잠시나마 휴식을 취하며 한 달간의 잇따른 회의로 쌓인 피로를 풀고 싶어 할 것이라고 짐작했다. 마오 주석의 시중을 드는 근무원은 마오 주석이 시를 한 수 짓는 중이라면서 연필로 쓰고 있는데, 채 완성하지 못한 채 침대머리에 놓아둔 것을 보았는데 아쉽게도 바빠서 뭐라고 썼는지 미처 기억할 새가 없었다고 나와 톈자잉에게 알려주었다.

'쟝샤룬'이 29일 밤 바이디청(白帝城)에 당도했을 때는 밤빛이 짙어 망망한 가운데 파도소리만 은은하게 들려올 뿐이었다. 20일 아침 식사 후 '쟝샤룬'은 다시 출발해 취탕샤(瞿塘峽)에 들어섰다. 우샤(巫峽)에 거의 당도할 무렵 마오 주석은 가운만 걸친 채 조종실로 나왔다. 그는 산샤의 경치를 구경하면서 선장과 항해사에게 산샤의 신화와 전설에 대해 이야기했다. 마오 주석은 또 선장의 손에서 망원경을 받아 들고 여러 측면에서 신녀봉(神女峰)을 유심히 살펴보았다. 그는 우리에게 송옥이 「신녀부(神女賦)」에서 다음과 같이 썼다고 말했다. "신녀의 아름다움에 대해 말할 것 같으면 참으로 하늘이 내린 미모이다. 몸에는 수초같은 옷을 걸쳤는데 비취색 날개를 펼친 듯하다. 세상에 둘도 없는 용모는 아무도 견줄 수 없을 만큼 어여쁘다. 모장은 그녀를 보고 스스로 비교할 수 없음을 알고 옷소매로 얼굴을 가렸고, 서시도 그와 얼굴을 마주치면 무색해져 두 손으로 얼굴을 가렸다.(夫何神女之姣麗兮, 含陰陽之渥飾 。披華藻之可好兮, 若翡翠之奮翼 。其象無双, 其美無極; 毛嬙鄣袂, 不足程式; 西施掩面, 比之無色 。)" 그러면서 그는 사실 아무도 신녀를 보지 못했지만 송옥의 낭만주의적 묘사가 의외로 후세 시인과 묵객에게 무한한 제재를 마련해주었다고 말했다.

시링샤(西陵峽)를 거의 지날 무렵에야 마오 주석은 비로소 선창 내 객실로 돌아와 톈자잉과 나와 한담을 시작했다. 그는 톈자잉과 한 고향 사람인 혁명군 선봉 저우룽(鄒容)에 대해 언급했으며 소보사건(蘇報案)의 장타이옌·장스자오(章士釗) 등 이들에 대해 자유롭게 논했다. 그는 한 걸음 나아가서 중국 자산계급 민주파도 생기발랄하고 용감한 혁명 용사였다고 폭넓게 논했다.(상세한 내용은 졸작 「다섯 가지 두려움 모르는 정신 및 기타」를 볼 것)

우창회의

4월 1일부터 9일까지 마오 주석은 화동과 중남 지역 일부 성위서기들을 불러 우창에서 회의를 소집했다. 한편으로는 그들이 청두회의 상황에 대해 알게 하고 다른 한편으로는 그들(주로 허난의 우즈푸와 안후이의 쩡시성[曾希

聖). 이 '고전(苦戰) 3년' 계획에 대해 보고하는 것을 듣기 위함이었다. 대체로 하루건너 반나절씩 회의하고 그 이외의 시간에는 청두회의 문서를 보게 하고, 또 탄전린(譚震林)·커칭스·타오주에게 청두회의 상황을 소개하도록 했다.

마오 주석은 여러 성의 보고를 듣는 중간 중간 끼어들어 많은 말을 했다.

우즈푸가 허난은 전면 대약진 과정에 처했다고 말할 때 마오 주석은 그것은 모험주의일 수도 있고 마르크스주의일 수도 있다고 말했다. 그 뒤 마오 주석은 또 허난은 업무를 훌륭하게 전개했다면서 그들이 도를 넘었다고 말하면 안 된다고 말했다. 그러면서 그는 또 다만 분위기를 진정시켜야 한다면서 더욱 실제적으로 전개하며 일부 구호는 신문에 실을 때 주의해야 한다고 강조했다.

쩡시성이 안후이(安徽)에서 수리 공사를 대대적으로 진행했다고 말할 때, 마오 주석은 지금 '3년간 고전'함으로써 면모를 일신할 것이라고 말하지만, 사실 3년 뒤에도 또 5년간 악전고투해야만 40조를 완성할 수 있을 것이라고 말했다. 그는 또 다음과 같이 말했다. "구호를 제기할 때는 여지를 남겨두는 것에 주의해야 한다. 3년간 악전고투하는 것은 겨우 초보적으로 면모를 개선하는 것에 불과하다. 지방에서 보고한 성적에 대해서는 믿지 않아도 안 되고, 또 완전히 믿어서도 안 된다. 무릇 모든 일에는 진실한 면도 있고, 또 반드시 거짓인 면도 있기 마련이므로 에누리를 두어야 안정되게 된다. 엔지니어·과학자들에 대해서도 한편으로는 신뢰하면서 또 다른 한편으로는 믿지 말아야 하며 과학을 믿어야 하지만 미신은 타파해야 한다."

수퉁(舒同)이 산동(山東)은 3년 내에 40조를 실현할 자신이 있다고 말할 때 마오 주석은 다음과 같이 말했다. "올해는 전례 없는 한 해이다. 이런 대약진이 역사상에서는 미증유의 일이다. 우리에게는 경험이 없다. 올 한 해동안 전개해보면 내년에는 담량이 조금 더 커질 수 있다. 지금은 조심하고 신중하게 하는 것이 바람직하다. 무슨 일이든지 장담하지 말아야 한다."

저우샤오저우가 후난에도 대약진 고조가 일고 있다고 말할 때, 마오 주석은 전국적으로 고조가 일어나고 있는 원인에 대해 분석했다. 첫째는 이전에(1955년부터 1956년 상반기까지) 고조가 일어난 적이 있었다는 것, 둘째는 1956년 6월부터 반급진주의로 인해 또 '반면 경험'을 얻었다는 것, 셋째는 1957년 3중 전회에서 40조와 '더 많이, 더 빨리, 더 좋게, 더 절약해야 한다'는 방침 및 촉진회를 회복했다는 것, 넷째는 정풍·반우파 운동이 농민의 적극성을 동원한 것인데 이 원인이 제일 중요한 원인이었다. 마오 주석은 또 그가 현재 또 반급진주의가 나타나지 않을까 걱정하고 있다고도 말했다.

마오 주석은 또 다음과 같은 말했다. 현재 두 개의 착취계급과 두 개의 노동계급(노동자와 농민)이 존재한다. 한 착취계급은 제국주의와 관료자본주의·봉건주의의 잔여세력으로서 아직 채 개조되지 못한 지주·부농(富農)·반혁명·나쁜 분자(壞分子)에서 우파까지 포함된다. 다른 한 착취계급은 민족자산계급 및 그에 따르는 지식인으로서 앞의 착취계급과는 다르다. 우리 방침은 뒤의 착취계급과 단합해 앞의 착취계급을 고립시키는 것이다. 계급투쟁은 여전히 존재하며 또 반복될 수 있다. 여기서 마오 주석이 계급투쟁을 다시 제기하고자 하는 생각을 다시 한 번 드러냈다.

『인민일보』에 대한 성위의 의견

4월 7일 오전 마오 주석의 의견에 따라 커칭스가 회의를 주재하고 『인민일보』 23조 업무개선요강에 대해 전문적으로 토론했다. 회의에서 먼저 내가 이 요강을 작성하게 된 구상에 대해 설명하고 여러 성위서기들이 많은 의견을 제기해주기 바란다고 말했다. 회의에 참가한 9개 성·시(상하이)위 서기들 모두 의견을 제기했다. 그 의견들을 종합하면 주로 다음과 같은 내용들이었다.

1. 마오 주석과 중앙의 의도에 대해 『인민일보』가 제일 먼저 풍조를 접하기 때문에, 제때에 여러 성 기관지와 성위에 알리는 한편 신문에 논설 형태로 선전하기를 희망한다. 예전에 『인민일보』가 이런 면에서 잘하지 못했지만 과도기 종합적 노선에 대한 선전과 반우파투쟁에 대한 선전은 훌륭하게 잘했다.

2. 『인민일보』에서 아주 좋은 형세 관련 주류에 대한 선전은 부족한 반면에 지엽적인 것에 대한 내용은 너무 많이 보도했다. 특히 대중들이 의견은 있으나 해결하기 어려운 일부 문제들(예를 들어 종업원 복지, 주택, 부부가 일 때문에 한데 살지 못하고 두 곳에 갈라져 사는 것 등)에 대한 내용은 너무 많이 보도했다.

3. 최근 선전을 통해 분위기를 진정시키는 과정에서 사기에 영향을 주는 것이 있었는데 이를 피하도록 주의하길 바란다. 사기를 떨어뜨리는 상황을 막고 대중의 적극성을 보호해야 한다.

4. 7면에 실리는 이론 문장에서는 중앙 동지들이 제기한 이론문제에 대해 명확하고 바르게 논술하고 실제 생활 속의 문제에 대해 이론적으로 논술하며 논쟁이 있는 학술문제에 대해서는 제때에 반영하고 태도를 표명할 수 있기 바란다.

5. 신문의 지면 배치에서 전국 여러 성을 고루 돌보아 여러 성에 대한 보도를 신문에 실을 때 균형을 잃는 것을 피하기 바란다.

6. 예전에 신문에서 일부 성의 업무 중에 나타난 문제에 대해 실사구시하

게 비평하지 못한 적이 있는데 아직까지도 이에 대한 의견이 있다.

7. 신문사에서 여러 지역에 파견한 기자들의 정치사상수준을 높여야 한다. 예전에 어떤 기자들은 문제를 정확하게 보지 못하고, 요점을 파악하지 못했으며, 보도도 정확하게 쓰지 못했다. 전국 해방 전의 양호한 전통을 이어 신문사 지방 지사 혹은 신화사 지사의 사장을 성위의 한 상무위원이 겸임하는 것도 고려해보기 바란다. 마오 주석이 쓴 일부 뉴스·사설을 편집 인쇄해 기자와 편집자들에게 제공해서 배우게 하기를 바란다.

그날 오후 회의에서 마오 주석이 커칭스에게 오전에 『인민일보』 문제에 대해 어떻게 의논했느냐고 물었다. 커칭스는 회의참가자들이 일부 의견들을 제기하고 우렁시가 모두 기록했다고 간략하게 대답했다. 그러자 마오 주석은 다음과 같이 말했다. "『인민일보』는 전국 여러 성위와 양호한 관계를 유지할 수 있도록 항상 주의해야 한다. 성위의 의견에 귀를 기울이고 그들이 제기한 문제에 대해 성실하게 연구하고 해결해야 한다. 『인민일보』를 잘 만들려면 중앙 여러 부서와 양호한 관계를 유지해야 할 뿐 아니라 여러 성의 지지와 도움도 받아야 한다. 『인민일보』는 당 중앙의 기관지이기 때문에 당연히 중앙에서 관리해야 한다. 여러 성위도 『인민일보』를 잘 만들 수 있도록 도와야 할 책임이 있다. 우리의 일관적인 방침은 전 당이 신문을 만드는 것이다. 마오 주석은 또 이렇게 말을 이었다. 『인민일보』의 23조 업무 개선 요강은 초안으로서 먼저 실행에 옮겨 볼만하다. 연말에 가서 다시 경험을 종합해 수정을 거치면 된다. 농업 40조는 1955년에 작성한 뒤 여러 차례 수정을 거쳤지만, 또 다시 수정한 후 제8차 당대회 2차 회의에 제출해야 한다."

회의가 끝난 뒤에도 마오 주석은 여전히 우창 동호(東湖) 호숫가 별장에 남아 휴식을 취했으며 나와 텐자잉도 며칠 더 머물렀다. 그때 당시 호숫가 별장은 그 후 재건한 동호호텔과는 달리 돌로 쌓아올린 건물이었는데 별로 크지도 않았으나 동호 기슭에 위치해 있었다. 마오 주석은 매일 아침과 저녁 호숫가를 따라 산책을 하곤 했다.

아마도 4월 11일 오전이었던 걸로 기억된다. 마오 주석은 아침 식사 후 산책을 다녀와서 나와 톈자잉을 함께 불러 호숫가 정자 아래서 한담을 나눴다. 마오 주석은 커칭스 주재로 열린 회의에서 여러 성위서기들이 어떤 의견들을 얘기했느냐고 물었다. 나는 기억을 더듬어 상기 의견에 대해 요점만 간략하게 보고했다. 나는 또 『인민일보』와 여러 성위의 관계가 전반적으로 정상적이라는 점, 다만 몇몇 성위에서 『인민일보』가 1955~1956년에 비평과 자아비평을 전개하면서(이와 관련해 중앙의 결정이 있었음) 그들 성의 일부 업무에 대해 비판한 것에 의견이 있어 한동안 관계가 긴장되었으므로, 회의에서 또 지난 일을 다시 거론한 것에 대해서 이야기했다. 마오 주석은 다음과 같이 말했다. "성위에서 제기한 의견에 대해 분석을 거쳐야 한다.

맞는 의견은 받아들여 질실 되게 개선해야 한다. 틀렸다고 생각되는 의견에 대해서는 샤오핑 동지가 주재하는 서기처회의에서 제기해 토론한 뒤 관련 성위에 필요한 설명을 해주도록 해야 한다. 보통 사람들은 모두 비평을 받아들이는 것을 어려워한다. 그대들이 신문에서 성위의 일부 업무에 부족한 점이 존재한다고 공개적으로 비평했으니 그들이 불만스런 의견이 있는 것도 자연스러운 일이다. 하물며 그대들의 비평이 때로는 실사구시하지 않은 경우도 있을 수 있으니까……. 그래서 그대들의 비평은 마땅히 매우 신중해야 하며 십중팔구는 사실에 어긋나지 않도록 애써야 한다.

성위 자체와 관련된 일에 대해서는 사전에 중앙서기처의 의견을 들어볼 수 있다. 일반 업무에 존재하는 부족한 부분에 대해 비평할 경우에는 그대들 편집부 자체에서 책임지면 된다. 물론 역시 경솔하게 행하지 않도록 해야 한다. 어쨌든 그대들은 기자와 편집인원들에게 여러 성위와 양호한 관계를 유지하도록 항상 귀띔해 주어야 한다. 이는 당의 원칙에 따라 일을 처리하는 관계이며 속된 관계가 아니다."

마땅히 주의해야 할 점

이어서 마오 주석은 또 『인민일보』의 선전문제에 대해 언급했다. 마오 주석은 다음과 같이 말했다. 우창회의, 그리고 청두회의 정신이 바로 『인민일보』가 선전해야 할 대강이다. 일부 구체적인 의견은 내가 이 두 차례 회의에서 모두 이야기했다. 그밖에 신문과 밀접히 관계되는 의견이 몇 가지 더 있다. 이어서 마오 주석은 다음과 같은 몇 가지 의견에 대해 이야기했다.

1. 최근 들어 신문에서 선전 반영한 것이 실제로는 부족하다. 그런데 또 사실이 아닌 부분도 있다. 예를 들어 지표·계획에 대해서는 지나치게 과장해 보도했다. 지금부터는 조정을 거쳐 분위기를 진정시켜야 한다. 사기를 북돋우는 말도 해야 하지만 겉만 번지르르하고 실속이 없으면 안 된다. 장쑤성이 제기한 "지표는 10점, 조치는 12점, 열성은 24점"이라는 정신은 훌륭한 것으로서 마땅히 선전해야 한다. 이번에 우창회의 기간에 일부 성에서 선전기조를 조정한다고 하면 사기가 떨어질까 두렵다는 우려를 제기했는데 이런 우려에 주의를 기울여야 한다. 현재 종합적인 방침은 여전히 열의를 북돋아주는 것이다. 사기는 북돋우어야지 떨어뜨려서는 안 된다.

2. 지금 여러 지방에서 모두 이런 '화(化)' 저런 '화'를 많이 제기하고 있다. '화'는 곧 변화를 뜻하며 대중의 소원을 반영한다. '화'라는 구호를 크게 외치면 대중을 동원시킬 수 있다. 그러나 신문에서 선전할 때는 신중해야 한다. 예를 들어 녹화(綠化)의 경우 나무를 일부 심었다고 하여 녹화라고 말할 수 없다. 나무를 살아 있도록 심어야 하며 넓은 면적을 이루며 수림을 이루게

해야 한다. 비행기에서 내려다봤을 때 샹난(湘南, 후난성 남부 지역)·웨베이 (粵北, 광동성 북부 지역) 등 지역처럼 울울창창해야만 녹화라고 할 수 있다. 또 수리화(水利化)를 예로 들면, 1년 만에 실현한다는 사람도 있고 3년 만에 실현한다는 사람도 있다. 사실은 이 모두 '화'라고 할 수 없다. 기껏해야 면모를 일부 변화시킨데 불과하다. 또 예를 들어 '4무(四無)'에 대해 당연히 실현할 수 있다고 믿어야 한다. 그러나 1~2년 혹은 3~5년 만에 실현할 수 있는 것은 아니다. '화'와 '무'에 대해서 함부로 이미 실현했다고 선전하면 안 된다. 설령 계획을 제정하고 구호를 제기하더라도 여유를 남겨두어야 하며 시간적으로, 공간적으로 융통성 있게 말해야 한다. 그렇지 않으면 1년이나 2년 만에 완성할 것이라고 말해버리면 앞으로는 할 일이 없어지는 것이 아닌가? 후대 자손들에게도 할 일을 남겨두어야 한다. 현 시대에 3년간 악전고투를 거쳐 면모를 기본상 변화시키겠다고 말하는 것은 사실 겨우 초보적으로 면모를 변화시킨다는 말이며, 이를 해낼 수 있을지 하는 능력도 1년이 지나야 알 수 있다.

3. 신문에서 선전할 때는 깊이 있게, 성실하게, 세심하게 해야 한다. 우리가 "더 많이, 더 빨리, 더 좋게, 더 절약해야 한다"는 방침을 강조하는데, 신문에서 "더 많이, 더 빨리"만 강조하고 "더 좋게, 더 절약해야 한다"는 것을 경시해서는 안 된다. 우리는 큰 것도 좋아하고 효과도 좋아해야 한다. 크기만 하고 효과가 없으면 사실은 큰 것을 좋아하는 것이 아니라 작은 것을 좋아한다는 것이다. 실속이 없는 것은 곧 효과를 거두지 못했다는 것이다.

신문에서는 일부 구체적인 문제에 대해 작은 것을 통해 큰 것을 볼 수 있어야 하며, 난잡하고 무질서한 수많은 일들을 종합해 이론적으로 명확하게 말할 수 있어야 한다. 신문의 논설은 이론적 색채를 띠어야 한다. 이는 사건의 본질을 깊이 파고들어 법칙을 장악해야 함을 의미한다. 그리하여 기강을 세워야만 간부와 대중들이 방향을 명확하게 분별할 수 있다. 의식형태와 상부구조의 중요성이 바로 여기에 있다.

4. 현재 전국적으로 고조가 나타나고 있으며 수많은 신선한 사물이 나타나고 있다. 그러나 옥과 돌이 뒤섞여 있고 흙과 모래가 같이 떠내려 오고 있다고 할 수 있다. 기자와 편집자들은 정치사상수준을 높여 눈앞에 펼쳐지는 다양한 현상에 대해 정치적으로 판단할 수 있어야 하며, 멀리 내다보는 탁월한 식견이 있어야 한다. 그렇게 하는 것이 쉽지 않다. 그러나 반드시 애써 노력해야 한다. 당면한 대약진 형세가 바로 단련할 수 있는 좋은 기회이다. 여러 성위에서 제기한 의견에 따라 뉴스와 논설을 편집 인쇄해 기자와 편집인원들에게 제공해 학습하도록 할 수 있다.(후에 신화사에서 마오 주석이 쓴 뉴스와 논설을 문집으로 편집 인쇄했다.)

5. 신문의 문제는 보편성을 띤다. 그런 문제가 『인민일보』에 존재할 뿐 아니라 성 기관지에도 존재한다. 올해 여름 전국 신문사 총편집장회의를 소집해 신문선전에 대한 개선방안을 토론할 것이다. 이 일은 루딩이 동지에게 알리고 중앙서기처에 보고해야 한다. (이 일에 있어서 나는 모두 마오 주석의 의견에 따라 처리했다. 후에 딩이 동지가 여름에는 너무 시간이 빠듯하다며 가을에 다시 보자고 말했다. 베이다이허[北戴河] 회의에서도 이 일에 대해서 결정하지 않았다. 이는 아마도 형세 변화가 너무 크고 너무 빨라서 초래한 것으로 보인다.)

마오 주석은 담화 과정에서 또 한 번 나에게 베이징을 떠나 외지를 두루 돌아다니며 보라고 재촉했으며, 나에게 제8차 당대회 제2차 회의가 끝난 후 바로 1~2개월 정도 나가 보라면서 돌아오면 전국신문사 총편집장 회의를 열 것이라고 말했다. 나는 5~6월에 허베이·허난 등지를 다니며 조사 연구를 진행했다. 비록 말 타고 꽃구경 하는 식으로 돌아다녔음에도 수확은 아주 컸다.

난닝회의는 무작정 '우경'에 반대한 회의였고, 청두회의와 우창회의의 주선율은 열의를 북돋우는 회의였다. 회의 과정에서 비록 여유를 남겨두어야 한다거나 분위기를 진정시켜야 한다는 것에 대해 언급했지만 그것은 너무나도 미약한 목소리에 불과했다. 5월 제8차 당대회 제2차 회의 때에 이르러서는 사상 해방과 대담하게 생각하고 대담하게 행동에 옮겨야 한다는 목소리가 모든 것을 압도해버렸다.

내가 『인민일보』와 신화사의 선전을 주관하고 있었지만 역시 대세에 순응할 뿐이었다. 단 마오 주석의 거듭된 당부가 있었기 때문에 처음에는 그나마 신중하게 움직였지만, 6월에 이르러서는 농업면의 생산 '위성'을 쏘아 올리기 시작하면서 이어 철강 '위성', 석탄 '위성'도 잇따라 나타났으며, 대약진 고조가 형성되고 실속 없이 성과를 부풀리는 기풍이 사방에 만연하기 시작했다. 인민공사에 대해서는 처음에는 다만 전형적인 보도에만 국한되었지만 후에는 허난성 전역의 인민 공사화를 시작으로 공산(共産) 기풍이 일기 시작했다. 비록 『인민일보』와 신화사가 1958년의 실속 없이 성과만 부풀리는 기풍과 공산 기풍에 대한 중요 책임을 져야 한다고는 말할 수 없지만, 내가 이 두 기관의 선전업무를 주관하는 기간에 조성된 악영향에 대해서는 지금까지도 깊은 죄책감을 통감하고 있다.

(6) 무력 투쟁과 언론 투쟁

1958년 8월 정치국 상무위원회는 베이다이허에서 중앙업무회의를 열었다. 이번 회의에서는 원래 공업문제에 대해 중점 토론할 예정이었으나 후에 인민 공사 문제를 추가했다.

회의는 8월 17일부터 시작되었다. 나는 다른 용무가 있어서 며칠 늦게 당도했다. 중앙판공청에서 20일 나에게 전화해 빨리 회의에 참가하라고 재촉했다. 나는 21일 중앙판공청의 항공편을 이용해 베이다이허에 도착했으며 후챠오무 동지와 같은 별장에 묵게 되었다. 그것은 베이다이허 중구(中区) 중앙 책임동지들의 별장구역으로서 모두 해방 전 고관과 귀인들, 서양인들이 소유했던 낡은 별장이었다. 마오 주석의 처소만 새로 건설된 높고 큰 단층집이었다.

내가 베이다이허에 당도한 사흘날인 8월 23일 정오에 푸젠성 전선의 인민해방군 포병부대가 여전히 국민당군이 점령 중이던 진먼(金門)·마주(馬祖) 및 그 인근 작은 섬을 향해 일제히 포격을 가했다.

반응을 밀접히 주의

그날 밤 나는 마오 주석이 소집한 정치국 상무위원회의에 참가해서야 비로소 7월 중순 미군이 레바논을 침략하고 영군이 요르단을 침략해 이라크 인민의 무장봉기를 진압하려고 시도한 뒤 중앙은 즉시 푸젠 전선에서 행동을 취해 아라비아 인민의 반제국주의 투쟁을 지지하는 한편 진먼·마주 일대에서 우리 푸젠 연해지역에 대해 자주 소란을 피우고 있는 장제스 집단의 기염을 꺾어놓을 계획을 세우고 있었음을 알게 되었다.

장제스는 7월 17일에 이미 타이완(台湾)·펑후(澎湖)·진먼·마주 전 구간이 '긴급경비태세'에 들어갈 것이라고 선포함으로써 그들이 행동을 취하게 될 것임을 표명했다. 우리 공군은 7월말에 푸젠 전선에 투입되어 국민당 전투기와 연일 작전을 펴 푸젠 연해지역에 대한 제공권을 빼앗아왔다. 포병 증원부대도 잇따라 당도했다. 이와 동시에 전국적으로 미·영 제국주의의 중동 침략에 대항하는 이라크·아라비아 인민을 지원하는 집회와 시위행진을 전개했다. 마오 주석은 회의에서 오늘 포격을 가한 것은 때를 잘 맞춘 것이라고 말했다. 그는 이렇게 말했다. 유엔대회에서 3일 전에 결의를 통과해 미군과 영군이 레바논과 요르단에서 퇴출할 것을 요구했다. 미국인이 우리 타이완을 점령한 것은 더욱 무리한 것임이 드러났다.

우리의 요구는 미군이 타이완에서 철군하는 것과 장제스 군대가 진먼·마주에서 철군하는 것이었다. 그쪽에서 철군하지 않으면 이쪽에서는 공격할 것이다. 타이완은 너무 멀어 공격할 수가 없으니 이쪽에서는 진먼·마주를 공격하는 것이다. 이는 분명 국제사회를 놀라게 할 것이다. 미국인이 놀랄 뿐 아니라 아시아인도, 유럽인도 놀랄 것이다. 아라비아세계 인민들은 기뻐할 것이며 아시아·아프리카 광범위한 인민들은 우리를 동정할 것이다.

마오 주석은 나를 향해 다음과 같이 말했다. "그대가 빨리 와서 회의에 참가하라고 한 것은 이번 돌발사건에 대해 알게 하기 위함에서다. 그대의 임무는 신화사가 국제사회의 반응을 빠르고도 광범위하게 수집하는 것이다. 중대한 반응은 전화로 베이다이허에 전하도록 하라. 보도와 논설은 당분간 발표하지 말고 며칠간 관찰한 뒤에 하기로 한다. 이는 기율이다. 신화사와『인민일보』·라디오방송국 편집부에 알리도록 하라. 명령에 복종하며 지휘에 따르도록 하라. 부대에서 그래야 할 뿐 아니라 신문선전기관에서도 역시 그래야 한다."

마오 주석은 또 이렇게 말했다. "며칠 전 업무회의를 시작하면서 나는 여덟 가지 국제문제에 대해 말했었다. 그 문제들이 다년간 줄곧 머릿속에서 맴돌면서 점차 견해와 관점을 형성했으며 사상이 명확해졌다. 그러나 그런 관점들을 대외선전에서 시간과 장소를 가리지 않고 있는 대로 다 털어놓을 수는 없으며 구별해야 한다. 예를 들어 내가 큰 전쟁이 일어날 수 없다고 말했지만, 군사업무에서는 큰 전쟁이 일어날 것을 준비해야 하며, 선전업무에서는 전쟁의 위험에 대해 얘기함으로써 제국주의 침략정책과 전쟁정책에 반대하고 세계평화를 수호할 것을 호소해야 한다. 또 예들 들어 누가 누구를 좀 더 두려워하느냐는 문제에서 나는 제국주의가 우리보다 좀 더 두려워한다고 말했지만, 선전할 때는 마땅히 우리는 첫째 전쟁에 반대하고, 둘째 전쟁을 두려워하지 않는다고 말해야 한다. 또 예를 들어 나는 제국주의가 긴장 국면을 조성하는 것은 세계 인민이 각성할 수 있도록 자극하는 이로운 일면이 있다고 말했는데, 선전할 때는 제국주의가 긴장 국면을 조성하는 것에 반대한다고 강조해야 한다. 이와 같은 여러 가지가 있다. 이 세계에는 나쁜 일이 너무 많다. 우리가 만약 하루 종일 우거지상을 하고 지낸다면 정신적으로 무너지고 말 것이다. 우리는 분석하는 방법으로 나쁜 일에 이중성이 있다는 것을 볼 수 있는 법을 배워야 한다. 긴장 국면을 보는 것은 물론 나쁜 일이지만 그로 인해 많은 사람들이 각성할 수 있도록 해 그들이 제국주의와 투쟁하려는 결심을 내릴 수 있다면 이 또한 좋은 일인 것이다. 이런 방법으로 문제를 대한다면 우리는 사상적으로 해방을 얻을 수 있어 항상 짐이 너무 무겁다고만 느끼지 않을 수가 있다.

마오 주석은 이번에 진먼에 포격을 가한 것은 솔직하게 말하면 아라비아 인민을 지원하기 위해 취한 행동으로 미국인들에게 따끔한 맛을 보여주기 위하는 데 있다면서 이렇게 말했다. 미국인들이 다년간 우리를 괴롭혀왔다. 그런데 좋은 기회가 왔는데 따끔한 맛을 보여주지 않을 수 있겠는가? 지금 우리는 여러 측의 반응을 관찰해야 한다. 먼저 미국 측의 반응을 살핀 뒤 다음에 취할 행동을 확정지어야 한다. 지금 우리는 주도적인 지위에 처해 있어 앞으로 나갈 수도 뒤로 물러설 수도 있으며, 여유 있게 일을 처리할 수 있다. 미국인들이 중동지역에 불을 지르자 우리는 극동지역에 불을 질렀다. 이제 그들이 어찌 나올지 두고 봐야 할 때다.

우리는 미국이 타이완해협에 긴장 국면을 조성했다고 비난하고 있는데 미국은 억울해할 것이 없다. 미국은 타이완에 몇 천 명에 달하는 군대를 주둔시켰으며, 또 공군기지도 두 곳이나 설치했다. 미국 최대 함대인 제7함대는 타이완해협을 종종 이리저리 휘젓고 다닌다. 미국은 마닐라에 또 매우 큰 해군기지를 한 곳 두고 있다. 미국 해군 참모장 파커는 얼마 전(8월 6일)에도 미국 부대가 레바논 때와 마찬가지로 수시로 타이완해협으로 상륙해 작전할 수 있도록 준비 중이라고 말했다. 이것이 바로 실증이다.

포격을 통한 정찰

이틀이 지난 8월 25일 오후 마오 주석의 주재로 또 정치국상무위원회의가 열렸는데 회의 장소는 베이다이허 해수욕장 휴게실이었다. 마오 주석은 막 바닷물에서 수영을 하고 돌아와 가운만 걸친 채 회의를 주재했다. 샤오치 동지·저우 총리·샤오핑 동지를 제외하고도 펑 총사령관·왕상룽(王尚栄, 총참모부 작전부장)·예페이(葉飛, 푸저우[福州]군구 정치위원)이 회의에 참가했으며 후챠오무와 나도 회의에 참가했다.

마오 주석은 우리는 여기서 피서를 즐기고 있지만 미국인들은 긴장해서 안절부절못하고 있다며 말을 시작했다. "요 며칠 반응을 보면 미국인들은 우리가 진먼·마주상륙뿐 아니라 타이완을 해방시키려고 준비하는 줄 알고 엄청 두려워하고 있다. 사실 우리가 진먼을 향해 수만 발의 포탄을 쏜 것은 포격을 통해 정찰하기 위함이었다. 우리는 반드시 진먼으로 상륙한다고도 말하지 않고 상륙하지 않는다고도 말하지 않는다. 우리는 기회를 봐가면서 움직일 것이다. 신중에 신중을 기해야 하며 거듭 생각한 뒤 움직여야 한다. 진먼 상륙은 작은 일이 아니며 중대한 사안이다. 그곳에 9만 5천 명 장제스 군대가 있는 것은 문제가 아니다. 그 문제는 해결하기 쉽다. 문제는 미국정부의 태도에 있다. 미국이 국민당과 공동방어조약을 체결했는데 방어범위에 진먼·마주가 포함되어 있는지 여부에 대한 명확한 규정이 없다. 미국인들이 그 두 개의 짐보따리까지 짊어지려 할지는 더 관찰해봐야 한다. 포격을 가한 중요 목적은 장제스 군대의 방어력을 정찰하기 위한 것이 아니라 미국인의 결심을 정찰하기 위한 것이며 미국인의 결심을 시험하기 위하는 데 있다. 중국인에게는 '태세신의 머리 위에 감히 집을 지을 수 있는(권세 있는 사람을 건드림)' 담량을 가지고 있다. 하물며 진먼과 마주, 더 나아가서 타이완은 줄곧 중국의 영토였는데 무엇이 두려운가 말이오."

마오 주석은 또 모든 일은 시기를 잘 엿보고 놓치지 말아야 한다면서 다음과 같이 말했다. "지난해부터 반격해오고 있는 우파는 루위원 사건을 들먹이며 『문회보』에 대한 비판은 『신민보』를 장악하고 자아비평을 진행했다. 이번에 진먼을 포격한 것은 바로 미군이 레바논에 상륙한 시기를 틈탄 것이다. 이로써 아라비아 인민을 성원하는 한편 미국인을 시탐(試探)할 수도 있게 되었다. 보아하니 미국인은 이러지도 저러지도 못하는 것 같다. 동서를 고루 돌보기가 어려운 경지에 처한 것이다. 그러나 우리는 선전할 때 당분간 진먼 포격과 직접 연결시키지 말고 미국이 사방으로 침략하고 있다는 사실에 칼날을 겨누고 미국이 중동을 침략한 것에 대해 비난하며 우리나라 영토인 타이완을 점령한 것을 비난해야 한다.

최근 미국 국무원이 반중(反中) 비망록을 발표했다. 우리 『인민일보』는 이를 계기로 삼아 미국이 중국을 침략한 죄행을 낱낱이 열거해 비망록이 우리를 중상 모략한 것에 반박해야 한다. 유엔대회에서 결의를 통과시켜 미·영 군대에 레바논과 요르단에서 철군할 것을 요구한 사실에 대해서도 논설을 발표해 우리나라 타이완을 포함해 전 세계 많은 나라에 설치한 기지에서 철퇴할 것을 미군에 요구할 수 있다. 현시점에서 선전할 때 장외전을 치러야 한다. 그러다가 미국·장제스 및 세계 여러 나라의 동향을 명확하게 파악한 뒤 진먼과 마주를 포격한 문제에 대해 논설을 발표하기 시작하면 된다. 그때 가서 우리나라 정부도 성명 혹은 공문을 발표할 것이다.

지금은 정기를 키우고 예기를 모으고 있으며 활을 당기기만 하고 쏘지는 않고 기다려야 한다."

펑 총사령관은 회의에서 진먼·마주 전선 장병들이 각고 분투하며 용감하게 싸고 있는데 통신보도를 쓸 필요가 있다면서 단 비밀 유지에 주의해야 한다고 제기했다. 회의참가자들은 전선의 기자가 미리 기사를 써 준비하는 데 찬성했으며 기사 발표 시기는 별도로 의논하기로 했다.

평론과 통신보도를 조직하는 것과 관련한 중앙의 상기 지시에 대해 그날 밤으로 나는 비밀전화로 베이징의 『인민일보』 부총편집장에게 알렸다. 그러나 중앙이 진먼과 마주를 포격하기로 결정한 의도와 구상에 대해서는 언급하지 않았다. 이는 그때 당시 최고 군사기밀이었다.

8월 27일 마오 주석은 중앙업무회의 연설에서 여전히 회의를 시작할 때 그가 언급했던 국제문제에 대해 주로 이야기했으며, 또 인민공사에 대해 언급했다. 휴회할 때 마오 주석은 챠오무와 나를 불러다 『인민일보』 선전에 대해 이야기했다. 그는 다음과 같이 말했다. "『인민일보』와 신화사는 국제문제에 대해 연구해야 하며 일정한 견해를 형성해야 한다. 평소에 아무런 준비도 안 하고 있다가 일이 닥쳐서야 부처님 다리에 매달리는 식으로 소감식의 의견을 발표해서는 안 된다. 많은 국제문제에 대해 모두 기본적인 견해를 가지고 있어야 하며 비교적 깊이 있는 평론을 해야 한다.

현재 신문에 발표되는 일부의 평론은 소감식이다. 신문 업무에 종사함에 있어서 실무적인 것만 중시하고 이론 학습에 힘쓰지 않는 것은 좋지 않다. 자주 관계자를 찾아 이론을 주입시켜야 한다. 견해가 생기고 자신의 의견을 가지게 되면 기회를 찾고 제목을 찾아 발휘해야 한다." 마오 주석은 또 이렇게 말했다. "『인민일보』는 시기에 따라 마땅히 일정한 방향이 있어야 하며 선전 중점이 있어야 한다. 당면한 중요 임무를 잘 장악해야 한다. 올해 초에는 신문 선전방향이 명확했다고 할 수 있다. 「메이린(梅林, 상하이 메이린 통조림식품공장)을 통해 전국을 본다」는 사설은 훌륭했다. 최근 한 시기는 선전 면에서 잡다하다는 느낌이다. 편집도 조리 없이 일부 내용은 한데 쌓아놓아 방향을 알아볼 수 없으며, 사상의 명료성과 일관성이 결여하며 평론과 소식의 호응이 부족하다. 현재 중앙은 올해 철강 생산량을 배로 늘리기로 결정하고 인민공사를 대대적으로 건설하고 민병을 대대적으로 건설하기로 결정했다. 이때 신문은 바싹 따라붙어야 한다. 『인민일보』는 지면을 조정해 공업을 돋보이게 해야 한다. 우선 철강공업부터 돋보이게 해야 한다. 공업 관련 소식을 1면과 2면에 배치하고 농업은 3면에 배치하는 것이 좋을 것같다." 마오 주석은 후챠오무와 나에게 검토해보라면서 베이다이허 회의가끝나면 베이징에 돌아가 곧바로 조치하라고 했다.

그 후 며칠 베이다이허 중앙업무회의에서는 철강 생산량을 배로 늘리는문제와 인민공사 문제에 대해 집중적으로 토론했다. 그러나 마오 주석은 여전히 진먼 포격에 대한 여러 측의 반응에 큰 관심을 기울였으며, 특히 미국의 움직임을 예의주시했다. 그의 비서는 여러 번이나 나에게 전화해 신화사가 인쇄 발행하는 『참고자료』에 실린 미국 동향의 후속 소식에 대해 물었다.그동안에는 나도 신화사에 매일 오전 당일 입수한 외국 통신사의 중대한 소식에 대해 전화로 보고할 것을 요구했으며, 중요한 소식은 모두 마오 주석과 저우 총리에게 보고했다.

올가미 정책

8월 30일 중앙업무회의가 끝난 뒤 마오 주석은 베이징으로 돌아와 최고국무회의를 소집했다. 최고 국무회의가 열리기 전날인 9월 4일 마오 주석은정치국 상무위원회의를 소집하고 진먼 포격 후의 정세에 대해 주로 토론했다. 회의 참가자들은 다음과 같이 분석했다. 아이젠하워(Eisenhower)와 덜레스(John Foster Dulles, 아이젠하워 대통령 때의 국문장관)가 모두 연설을 발표해 미국 당국은 이미 명령을 내려 지중해의 군함 절반을 동원해 태평양으로 이동하게 하는 한편 바르샤바에서 중미 회담을 회복할 것을 제기했다고 밝혔다. 보아하니 미국은 우리가 타이완을 해방시키려는 것으로 예상하고 있으며 그들은 타이완을 지키고 싶어 하나 진먼과 마주도 굳게 지켜야 할지 여부에 대해서는 아직 결정을 내리지 못하고 있는 것으로 보였다. 아이젠하워와 덜레스 모두 연설에서 얼버무려버렸다. 미국인들은 역시 진쟁을 두려워하고 있기 때문에 진먼과 마주에서 감히 우리와 맞붙어 싸우려고 하지 않을 것이다. 우리는 이번에 진먼과 마주를 포격해 포격을 통한 정찰 목적을 달성했다. 미국인들이 긴장해하기 시작했을 뿐 아니라 전 세계 인민들도 동원시킨 것이다. 그러나 회의 참가자들은 또 현재 우리 방침은 아직은 당장 진먼에 상륙하려는 것이 아니라 올가미를 조금씩 조여 미국에 보다 더 압력을 가하다가 기회를 보아 행동을 취해야 할 것이라고 주장했다.

회의 참가자들은 저우 총리가 제기한 우리 영해를 12해리라고 선포해 미국 군함이 우리 영해 범위에 속하는 진먼과 마주에 감히 접근할 수 없도록 하는 방법에 찬성했다. 마오 주석은 미국 군함이 우리 영해에 침입하게 되면 우리는 자위반격을 가할 권리가 있다면서 그러나 반드시 당장 포격을 가해야 하는 것이 아니라 먼저 경고하고 기회를 봐서 행동을 취할 수 있다고 주장했다. 마오 주석이 말을 이었다. 우리는 또 다른 계략을 준비해 바르샤바에서 곧 회복하게 되는 중미 회담을 통해 외교 투쟁으로 푸젠 전선의 투쟁과 협동하는 방법을 취할 수 있다. 무력 투쟁도 이용하고 또 언론 투쟁도 이용할 수 있다. 우리에게는 또 선전 투쟁이라는 수단도 있다. 이 대목에서 마오 주석은 후챠오무와 나에게 다음과 같이 말했다. "지금은 미국이 타이완 해협에서 긴장 국면을 조성하고 있다고 대대적으로 비난해야 하며, 미국 군사력이 타이완과 타이완해협으로부터의 철수를 요구해야 한다. 타이완 및 연해 도서가 중국 영토임을 강조하면서 진먼과 마주를 포격한 것은 장제스 군대를 징벌한 것이며, 이는 중국의 내정으로서 그 어떠한 외국도 간섭할 수 없다. 『인민일보』·신화사·라디오방송국은 여론기관으로서 격한 평론을 발표할 수 있다. 물론 적절해야 한다. 너무 지나친 언론은 삼가야 한다."

상기의 선전업무 관련 의견에 대해 나는 모두 『인민일보』와 신화사에 조치시켰다.

마오 주석은 9월 5일부터 8일까지 최고 국무회의를 소집했다. 원래 정한 회의 중요 의사일정은 제2차 5개년계획(특히 1958년 철강 생산량을 배로 늘리는 목표)과 인민 공사문제에 대해 토론하는 것이었다. 마오 주석은 5일과 8일에 두 차례 연설을 발표했다. 그는 국내문제에 대해 언급한 것 외에도 국제문제에 대해 중점적으로 이야기했는데 대체로 그가 베이다이허 회의에서 이야기했던 8가지 문제에 대해 이야기했다.

그중 올가미문제에 대해 언급하면서 마오 주석은 다음과 같이 말했다. 우리가 진먼과 마주를 포격하자 미국인들이 긴장해하기 시작했다. 덜레스가 진먼·마주 올가미에 걸려들려고 하고 있다. 타이완·펑후·진먼·마주를 모두 올가미에 엮을 것이다. 이는 잘된 일이다. 올가미에 걸려들게 되면 우리는 언제든지 걷어차고 싶을 때 찰 수 있다. 우리가 주도권을 쥐고 있고 미국인은 피동적인 위치에 처하는 것이다. 예전에 장제스가 우리를 귀찮게 했던 것은 주로 푸젠의 이 빈틈을 이용할 수 있었기 때문이다. 진먼과 마주가 장제스 군대의 수중에 있는 것은 너무 성가신 일이다. 자신의 침대 곁에 어찌 다른 사람이 코를 골며 자게 두겠는가?(자신의 세력 범위 내에 다른 사람이 침범하는 것을 허락하지 않는다는 뜻 - 역자 주) 그러나 지금 우리는 당장 진먼과 마주에 상륙하려는 것이 아니다. 그저 미국인을 조사해보려는 것이며 미국인을 놀라게 하려는 것이다. 그러나 기회가 있으면 공격할 것이다.

기회가 왔는데 왜 진먼과 마주를 도로 빼앗아오지 않겠는가? 사실 미국인들도 마음속으로 전쟁을 치르는 것을 두려워하고 있다. 그래서 아이젠하워는 공개 연설을 발표할 때 진먼과 마주를 '공동 방어'할 것이라고 딱 잘라서 말하지 않았으며 조금은 몸을 빼려는 느낌이었다. 그들이 몸을 빼는 정책을 취해도 무관하다. 진먼과 마주의 11만 장제스 군대만 철수시키면 되는 일이다. 억지를 쓰며 물러가지 않고 장제스 군대를 그 곳에 머물러 있게 해도 대세에는 영향이 없다. 미국인들이 올가미에 걸려든 것만으로도 잘된 일이다.

마오 주석은 8일 연설 도중에 갑자기 우렁시가 회의에 왔느냐고 물었다. 내가 왔다고 대답하자 마오 주석은 오늘 연설은 뉴스로 보도해야 한다면서 미리 준비하라고 말했다. 나는 챠오무와 의논했다. 어떤 내용을 발표해야 할지 많이 고민스러웠다. 마지막에 올가미 부분에 대해 먼저 쓰기로 확정했다. 내가 기사를 작성한 뒤 챠오무에게도 보여주었다. 회의가 끝난 뒤에도 마오 주석과 다른 정치국 상무위원들이 여전히 친정뎬 휴게실에 남아 있었다. 나는 기사를 마오 주석에게 건네 심열을 받았다. 마오 주석은 기사를 보면서 의견을 얘기하면서 고쳐나갔다. 그가 말했다. 올가미 관련 부분만 발표해도 된다. 기타 문제는 내부적으로만 의견을 교환하도록 한다. 적어도 현 시점에서는 공개적으로 발표하지 않는 것이 적절하다. 올가미문제도 진먼·마주와 연결시키는 것은 적절하지 않다.

국가주석의 신분으로 연설하면서 진먼·마주와 직접 연결시키는 것은 타당하지 않다. 사설을 쓰거나 문장을 쓰는 것과는 다르다. 물론 진먼과 마주에 대한 우리 방침에 대해서도 쓰면 안 된다. 그것은 군사기밀이다. 그러나 곧 회복하게 될 중미회담에 대해서는 입장을 표명해야 한다. 앞으로 결과가 어떻게 되든지 기대하고 있다고 말할 수 있다. 우리는 지금 한편으로는 대포를 쏘면서 다른 한편으로는 담판을 하고 있다. 무력과 언론을 병행하는 것이다. 포를 쏘는 것은 포격을 통한 정찰로서 오늘 3만발을 쏘아 톈안먼 대

중대회에 호응해 기세를 올렸다. 담판은 외교를 이용한 정찰로서 내막을 분명하게 파악하기 위한 것이다. 두 가지 방안을 마련해 두는 것은 한 가지보다 낫다. 담판 경로를 유지하는 것은 필요한 것이다. 마오 주석은 기사를 심사하여 수정한 뒤 나에게 넘겨주며 신화사는 그날 밤으로 발표하고 『인민일보』는 이튿날(9월 9일) 신문에 내도록 지시했다.

여기서 에피소드 하나를 보충하자면 다음과 같다. 바로 최고 국무회의기간인 9월 6일, 후루시초프는 우리가 진먼을 포격한 사건에 대해 갈피를 잡을 수 없어 세계대전을 초래하지 않을까 두려워 그로미코를 베이징에 특파해 어찌 된 영문인지를 탐문하게 했다. 저우 총리와 마오 주석이 잇따라 우리 측의 의도를 그로미코에게 알리면서 대규모 전쟁은 일어나지 않을 것이며 만일 중미 사이에 전쟁이 일어나더라도 중국은 단독적으로 감당할 것이며 소련을 끌어들이지 않기로 마음먹었다고 설명했다. 호루시초프는 상황을 안 뒤 즉시 아이젠하워에게 편지를 써 미국당국에 타이완해협에서 신중하게 처사할 것을 경고하면서, 일단 중국이 침략을 당하게 될 경우 소련은 언제든지 지원할 준비를 하고 있다고 밝혔다.

포격은 하되 상륙하지는 않고 후원은 차단하되 죽음으로 몰아가지는 말자

최고 국무회의가 있은 뒤 마오 주석은 바로 베이징을 떠나 9월 10일부터 28일까지 잇따라 후베이·안후이·장쑤·상하이 등지에 대한 시찰에 나섰으며 29일 베이징으로 돌아왔다. 그리고 이튿날인 9월 30일 마오 주석의 비서가 나에게 마오 주석이 용건이 있어 나를 찾는다고 기별해왔다. 나는 즉시 중난하이 펑저위안으로 달려갔다. 내가 쥐샹서옥 사합원(四合院) 동쪽 곁채에 들어섰을 때 마오 주석은 혼자 서재에서 서첩을 보고 있었다. 그는 나에게 앉으라고 자리를 권한 뒤 그가 이번 순방길에 여러 지역 대중들이 의욕이

넘치고 있음을 보았다면서 특히 철강생산과 민병 건설을 대대적으로 진행하고 있었다고 말했다. 그는 자신이 전국 여러 지역을 순방한 기사를 써 신화사에 줄 것이라며 원고를 타자 중이니 잠시만 기다리면 될 것이라고 말했다. 마오 주석은 이번 순방길에 특별히 장즈중(張治中) 장군과 함께 했다면서 다음과 같이 말했다. 장즈중 장군은 원래 장제스의 심복이었는데 1949년 초 국공 평화담판이 결렬된 뒤 우리 편으로 넘어왔다. 장즈중은 순방 과정에서 공농업의 비약적인 발전에 관심을 가진 것 외에도 타이완해협 정세에도 특별한 관심을 기울였다. 그는 우리가 계속 머뭇거리며 진먼에 상륙하지 않는 것을 이해할 수 없다면서 이번 기회에 타이완 해방을 실현하지 못하더라도 무슨 수를 써서든 진먼과 마주를 도로 빼앗아 와야 한다고 주장했다. 그는 이번 기회를 절대 놓쳐서는 안 되며 기회가 두 번 다시 오지 않을 것이라고 말했다.

이에 대해 마오 주석은 다음과 같이 말했다. "사실 우리도 진먼·마주를 뺏을 생각이 없는 것은 아니다. 그러나 이 문제는 단순히 장제스와만 관련된 것이 아니다. 특히 미국의 태도를 고려해야 한다. 절대 경솔하게 처사해서는 안 된다. 미국인들도 우리와 전쟁을 치르는 것을 두려워한다. 우리가 12해리 영해에 대해 선포한 뒤 미국 군함이 처음에는 이를 인정하지 않고 여러 차례 우리 영해경계를 침입했지만, 그들이 인정하는 8해리 영해 경계선은 감히 넘어오지 못했다. 후에 우리가 여러 차례 경고하자 미 군함은 감히 12해리 경계선을 넘어 침범하지 못했다. 미국 공군도 비록 가끔씩 대륙 내지까지 날아들곤 했지만 타이완해협에서는 미국 비행기가 처음에는 자주 우리 영공을 침범했으나 후에는 해협의 중간선을 감히 넘어오지 못했다. 한 번은 미 군함이 국민당 운송함대를 호위해 진먼에 탄약과 보급품을 운송 중이었다. 그 연합함대가 진먼 항구에 당도했을 때, 우리 측에서 명령을 내려 맹렬한 포격을 가하게 했다. 그러자 미 군함은 바로 뱃머리를 돌려 도주하고 국민당 함대는 재난을 당했다. 이로 보아 미국도 종이범에 불과할 뿐이다. 그러나 미국은 또 진짜 호랑이이기도 하다. 현재 미국은 타이완해협에 미국이 소유한 모든 항공모함 12척 중 6척, 중형 순양향 3척, 구축함 40척, 항공대 2팀을 집중시키고 있는데 그 실력이 막강해 얕볼 수 없으며 진지하게 대해야 한다. 그래서 현재 우리의 방침은 포격은 하되 상륙은 하지 않으며, 진먼을 봉쇄하고, 후원을 끊되 죽음으로 내몰지는 말자는 것이다."

마오 주석은 또 이렇게 말했다. "바르샤바에서 회복한 중미회담에서 여러 회합을 거쳐 서로 정찰을 거친 결과 대체로 미국인이 타이완은 지키고자 하나 진먼에 대해서는 반드시 지키려는 마음이 없음을 판단할 수 있다. 게다가 미국인이 진먼과 마주를 포기하는 것으로 우리가 저들의 타이완 점령을 인정하는 기미가 보인다. 이 문제에 대해서는 대책을 연구해야 한다. 장즈중 장군의 주장을 받아들이는 것은 적절하지 않은 것 같다. 『인민일보』와 신화사는 당분간 선전업무를 중단하고 중앙의 정책 결정을 기다렸다가 움직이도록 하라."

기사를 타자 인쇄한 후 마오 주석은 나에게 다른 의견이 없는지 보라고 했다. 기사 결말 부분에서는 장지중 장군이 동반 시찰한 내용에 대해 전문적으로 서술한 것을 발견했다. 나는 전체 기사에 대해서는 별다른 의견이 없었지만, 다만 결말의 한 단락이 장즈중으로 인해 외부에서 국민당과 어떤 관계가 있음을 연상할 수 있다는 느낌이 들었다. 마오 주석의 의견에 따라 그 기사는 신화사가 그날 밤 방송하고 『인민일보』가 국경일 1면 톱기사로 발표했다.

덜레스의 담화에 대한 분석

국경절이 지나자마자 마오 주석은 잇따라 정치국 상무위원회의를 소집하고 타이완해협 정세에 대해 토론했다. 10월 3일부터 13일까지 거의 매일 회의를 했다. 3일과 4일 이틀간 열린 회의에서는 주로 덜레스가 9월 30일에 발표한 담화에 대해 분석했다. 덜레스는 그 담화 내용에서 분명 '두 개의 중국'을 만들려는 의도를 보였다. 그는 중국공산당과 타이완당국에 "쌍방이 무력행사를 포기하라"는 요구를 제기한 한편 또 타이완당국이 그렇게 많은 군대를 진먼과 마주에 주둔시키지 말아야 한다고 비평했으며, 그것은 "현명하지 않고 신중하지 않은 처사"라고 주장했다. 만약 중국공산당 측이 어떤 양보를 해올 경우 미국의 대 타이완 정책이 바뀔 수 있느냐는 기자의 질문에 덜레스는 "우리는 일부 방면에서는 융통성을 발휘할 것이다." "만약 우리가 반드시 대처해야 할 정세가 바뀌게 된다면 우리 정책도 그에 따라 바뀔 것이다."라고 대답했다.

저우 총리는 상무위원회의에서 다음과 같이 지적했다. 덜레스의 담화는 미국이 당면한 기회를 틈 타 '두 개의 중국'을 만들려고 꾀하고 있으며, 우리에게 무력을 쓰지 않고 타이완을 해방시키는 의무를 감당하게 할 생각임을 표명했다. 이를 조건으로 삼아 미국은 타이완에서 이른바 '대륙 역습' 계획을 포기하고 진먼과 마주에서 철퇴할 생각일 수 있다. 덜레스의 그러한 정책은 한 마디로 말해 진먼과 마주로 타이완과 펑후를 바꾸는 것이다. 이는 우리가 최근 바르샤바 중미 대사급 회담에서 정찰해낸 미국의 비장의 카드와 상황이 일치하다. 미국 측이 회담에서 밝힌 의사는 심지어 덜레스보다도 더 노골적이다.

샤오치 동지와 샤오핑 동지는 모두 중미 쌍방이 모두 서로 내막을 탐지하고 있는 중이라며 바르샤바에서도 그렇고 진먼에서도 역시 그렇다고 주장했다. 이제는 쌍방 모두 상대방의 의도에 대해 어느 정도 파악한 상태이다. 미국인도 우리가 최근에 타이완을 해방시킬 생각도 없고, 또 미국과 맞붙어 싸울 생각도 없다는 것을 알고 있다. 공정하게 말하자면 타이완해협을 두고 대치하는 중에서 쌍방은 모두 조심스러움을 보였다. 우리가 8, 9월에 포격을 통해 정찰한 것은 정확한 처사였다. 그로 인해 미국인이 어떻게 해야 할지 생각하지 않을 수 없게 만들었다. 그리고 우리는 장제스의 함대만 공격하고 미국 군함은 공격하지 않았다. 해군과 공군 모두 미 군함과 미 군용기를 공격하지 말라는 명령을 엄격히 따랐는데 이 또한 신중을 기하고 적절하게 자제한 것이다. 선전 면에서 우리는 미국이 우리나라 영토인 타이완을 침략했다고 대대적으로 비난했으며, 미 군함과 군용기가 우리나라 영해와 영공을 침범했다고 항의했다. 전국 인민을 동원했을 뿐 아니라 국제여론까지 동원했다. 아라비아인민을 지지하는 한편 미국당국에 막대한 압력을 가했다. 이는 정확한 처사였다.

우리와 장제스 사이에는 공통점이 있다

마오 주석은 회의에서 정찰임무는 이제 끝났다면서 문제는 다음 수를 어떻게 두느냐는 것이라고 말했다. 그는 다음과 같이 말했다. 덜레스의 정책에 대해 우리와 장제스 사이에는 공통점이 있다. 즉 첫 번째 공통점은 모두 '두 개의 중국'에 반대하는 것이다. 그는 당연히 자신이 정통에 부합되고 우리를 비적이라고 우기고 있다. 두 번째 공통점은 모두 무력행사를 포기하지 않을 것이라는 점이다.

그는 대륙을 역습하려는 생각을 한시도 잊지 않고 마음에 두고 있으며 우리 측도 절대 타이완을 포기하는데 찬성하지 않고 있다. 그러나 현재 상황은 우리도 상당히 긴 시기 내에 타이완을 해방시킬 수 없고, 장제스의 '대륙역습'도 덜레스마저도 말했다시피 "가설적인 요소가 매우 크다." 남은 문제는 진먼과 마주에 대해 어떻게 하느냐는 것이다. 장제스는 진먼과 마주에서 철수하는 것을 원치 않고 있고, 우리도 진먼과 마주에 반드시 상륙해야만 하는 것은 아니다. 이런 설정을 해볼 수 있다. 진먼과 마주를 장제스의 수중에 남겨두는 것은 어떨까? 그렇게 하는 좋은 점은 진먼과 마주가 대륙에서 매우 가까운 곳에 있어 우리는 그 두 곳을 통해 국민당과의 접촉을 유지할 수 있다. 언제든지 필요하면 수시로 포격을 가할 수 있고, 언제 긴장한 국면이 필요하면 올가미를 더 죄고, 언제 완화된 국면이 필요하면 올가미를 좀 늦추면서 죽지도 살지도 못하게 달아두고 미국인에 대처하는 수단으로 삼을 수 있다. 우리가 포만 쏘면 장제스는 미국인들에게 구원을 청할 것이고, 그러면 미국인들은 장제스가 저들에게 손실을 가져다 줄까봐 걱정되어 긴장하게 될 것이다. 우리에게는 진먼과 마주를 수복하지 않는다 하여 우리가 사회주의를 건설하는 데 영향을 끼치지는 않을 것이다. 진먼과 마주의 장제스 군대만으로는 푸젠 성에 별로 큰 위해를 끼치지 못할 것이다. 반대로 만약 우리가 진먼과 마주를 수복하거나 혹은 미국인에게 장제스가 진먼과 마주에서 퇴각하도록 압박을 가하라고 한다면 우리는 미국과 장제스에 대처할 수 있는 핑계가 하나 줄게 되어 사실상에서는 '두 개의 중국'이 형성되는 것이다.

회의 참가자들은 모두 마오 주석이 제기한 구상에 찬성했다. 장제스 군대를 계속 진먼과 마주에 머물게 해 미국당국에 그 짐을 짊어지게 한 뒤 시시때때로 우리에게 한 번씩 채우면서 항상 조마조마해서 지내게 하는 것이다. 저우 총리는 미국이 중미회담에서 세 가지 방안을 제기할 가능성이 있다고 예측했다. 첫 번째 방안은 우리에게 포격을 멈추게 하고 장제스에게는 진먼과 마주의 군사력을 줄이게 한 뒤 진먼과 마주가 미국과 장제스의 공동 방어범위 안에 속한다고 미국이 성명을 발표하는 것, 두 번째 방안은 우리에게 포격을 멈추게 하고 장제스에게는 진먼과 마주의 군사력을 줄이게 한 뒤 공동 방어는 타이완과 펑후에만 국한한다고 미국이 성명을 발표하는 것, 세 번째 방안은 우리에게 포격을 멈추게 하고 장제스에게는 진먼과 마주에서 퇴각하게 한 뒤 쌍방이 서로 무력을 행사하지 않는다는 의무를 짊어지는 것이다. 세 가지 방안 모두 찬성할 수 없다. 세 가지 방안의 실질은 모두 '두 개의 중국'을 만들어내려는 것이며 미국의 타이완 점령을 합법화하려는 것이기 때문이다. 그러나 중미회담을 계속 이어가는 데 이롭게 하기 위해 미국인을 꼼짝 못하게 견제함으로써 미국 혹은 기타 서방 국가가 타이완해협문제를 유엔으로 끌고 가는 것을 애써 막아야 한다. 아시아 아프리카 벗들에게도 문제를 분명하게 설명해 그들이 진상을 알지 못하는 상황에서 우리를 돕는다는 것이 오히려 방해가 되지 않도록 해야 한다. 회의 참가자들은 모두 저우 총리의 예측과 생각에 찬성했다.

마지막으로 마오 주석은 다음과 같이 말했다. 방침은 이미 정해졌다. 여전히 포격은 하되 상륙은 하지 말고 후원은 차단하되 죽음으로 몰아가지는 말자는 것이다. 그래서 장제스의 군대가 진먼과 마주에 남아있도록 하는 것이다. 그러나 포격도 매일 가하는 것이 아니며 더욱이 매 번 포격할 때마다 포탄을 수만 발씩 쏘는 것이 아니라, 이따금씩 포를 쐈다가 멈추었다가 하며 때로는 강하게, 또 때로는 약하게 하루에 드문드문 몇 백발씩만 쏘면 된다. 그러나 선전은 여전히 대대적으로 해야 한다.

타이완 문제는 중국의 내정으로서 진먼과 마주를 포격하는 것은 중국 내전의 연속이며 그 어떠한 국가와 국제조직도 간섭할 수 없다는 원칙, 미국이 타이완에 육군과 공군을 주둔시킨 것은 중국의 영토와 주권을 침범한 행위이며 미 군함이 타이완해협에 몰려든 것은 긴장한 국면을 조성하려는 저의를 가지고 있는 것으로서 반드시 전면 철퇴해야 한다는 원칙, 두 개의 중국을 만들려는 미국의 처사에 반대하고 미국의 타이완 점령을 합법화하는 것에 반대해야 한다는 원칙, 우리는 장제스와 담판을 통해 진먼과 마주, 나아가서 타이완과 펑후의 문제를 해결해야 한다는 원칙에 따라야 한다. 마오 주석은 상기 원칙들에 대해 여론선전에서 분명하게 제기할 수도 있고 바르샤바회담 외교적 언사로 응대할 수도 있다면서 그러나 원칙을 벗어나지는 않도록 할 것이라고 말했다. 이 모든 것은 모두 우리 정부가 공식적인 성명을 발표한 뒤에 공개적으로 선전해야 한다. 『인민일보』는 현재 며칠간 '휴전' 하면서 탄약을 충분히 준비해두었다가 한 마디 명령이 떨어지면 즉시 일제 포격을 가하도록 한다.

그들이 어떻게 움직이는지 두고 보기로 하자

4일 회의가 있은 뒤 마오 주석은 5일 우리 군에 이틀간 포격을 중단하라는 명령을 내리는 한편 펑더화이 국방부장의 명의로 6일 발표하게 될 「타이완 동포들에게 고하노라」라는 제목의 공문을 직접 작성했다. 공문은 서두에서 "우리 모두 중국인이다. 삼십육계 중에서 화목이 상책이다."라고 제기한 뒤 모두가 타이완·펑후·진먼·마주가 중국 영토라는 것에 동의하고 있으며 또모두가 하나의 중국임을 승인하며 두 개의 중국은 없다고 인정하고 있다고 밝혔다. 공문에서는 "타이완 지도자들이 미국인과 함께 체결한 『공동방어조약』은 마땅히 폐지해야 한다, 미국인들이 언젠가는 그대들을 포기할 것이다, 딜레스의 9월 30일 연설에서 이미 실마리가 드러났음을 보아낼 수 있다. 결국 미 제국주의는 우리 공동의 적이다"라고 썼다. 공문에서는 30년간 지속된 내전을 담판을 거쳐 평화적으로 해결할 것을 정식으로 제안했으며 푸젠 전선이 7일간 포격을 잠시 중단한다고 선포함으로써 진먼의 군민이 공급품을 얻을 수 있도록 할 것이라고 썼으며 단 미국인의 호위가 없어야 한다는 전제 조건을 제시했다.

마오 주석이 작성한 상기 공문은 진먼 포격 정세의 중대한 전환점이 되었다. 즉 군사투쟁 위주로부터 정치투쟁(외교투쟁 포함) 위주로 접어든 것이다.

이틀간 관찰을 거친 뒤 마오 주석은 8일 오후에 또 그의 집에서 정치국상무위원회의를 소집했다. 회의 참가자들은 「타이완 동포들에게 고하노라」는 공문이 발표된 후 강력한 반응을 일으켰다고 지적했다. 일부 서방 매체들에서는 심지어 이는 타이완해협 양자관계, 나아가서 중미관계에 극적인 변화가 일어날 조짐이라고 평가하기까지 했다. 미 군함은 이미 호위를 중단하고 더 이상 우리 진먼 영해로 침입하지 않았다. 오직 장제스의 국방부대만 이는 중국공산당의 '모략'이라고 주장했다. 마오 주석은 그때 나에게 『인민일보』 사설 준비는 어떻게 되었느냐고 물었다. 나는 미국인을 전문 공격하는 글을 한 편 써놓았다고 대답했다. 그러자 마오 주석은 먼저 국민당을 설득해야 한다면서 장제스에게 향한 말을 중점적으로 쓰는 한편 미국인에게 어려운 문제를 내줄 수 있는 글을 한 편 써야 한다고 말했다.

그는 "모략이 아님을 설명하고 타이완에 대한 우리의 일관된 정책에 대해 구체적으로 설명하며 이번에는 또 한 번 손을 내미는 것임을 설명해야 한다. 그리고 미국과 장제스의 관계를 이간질할 수도 있다. 남에게 얹혀사는 것은 괴로운 일이라는 것, 미국이라는 배에 올라타는 것은 믿음직하지 않다는 것을 설명해야 한다. 그런 뒤 덜레스의 이른바 휴전에 대해 비판하면서 미국인들에게 다섯 개의 관문(호위를 중단할 것, 중국의 영해와 영공에 대한 침범을 중단할 것, 군사적 도발과 전쟁 위협을 중단할 것, 중국 내정에 대한 간섭을 중단할 것, 타이완·평후에서 미국의 전부 무장력을 철수시킬 것)을 넘도록 해야 한다."라고 말했다. 마오 주석은 나에게 그날 밤으로 다 작성하라면서 밤까지 기다려서 원고를 볼 것이라고 말했다. 그는 나에게 회의가 끝날 때까지 기다리지 말고 즉시 돌아가 쓸 것을 지시했다.

나는 중난하이에서 나와 '인민일보사'로 돌아와 맞은편에 있는 식당에 가서 볶음국수로 저녁식사를 때운 뒤 바로 사무실에서 사설을 작성하기 시작했다. 마오 주석의 제시가 있었기 때문에 매우 순조롭게 써낼 수 있었다. 자정이 얼마 지나지 않아 교정 완료한 원고를 인쇄해 마오 주석에게 심사를 받으려고 건넸을 때는 이미 9일 새벽 2~3시경이었다. 마오 주석은 과연 그 밤중으로 사설을 심열하고 수정을 거쳤다. 주로 사설 마지막 단락에 대해 수정했는데 다음과 같이 고쳐 썼다. "보아하니 문제에 대한 관찰과 시련을 더 거쳐야 하며 해결될 날까지는 아직도 갈 길이 너무 멀다. 제국주의는 어디까지나 제국주의이고 반동파는 어디까지나 반동파이다. 그들이 대체 어떻게 움직일지 두고 보기로 하자!" 마오 주석은 교정 완료한 원고에 "썩 훌륭하지 않다. 부족한대로 써도 되겠다."라는 지시문을 남겼다. 서명한 뒤에 쓰여 있는 시간을 보니 10월 9일 6시였다.

나는 10월 9일 오전에 마오 주석이 돌려보낸 사설문을 받았으며 동시에 마오 주석의 비서 린커(林克)의 전화를 받았다. 그는 전화에서 덜레스가 8일 미 군함의 호위를 중단한다고 선포한 내용을 사설에 보충하고 발표시간을 하루 늦추라는 마오 주석의 지시를 전했다. 나는 마오 주석의 수정을 거친 원고를 본 뒤 사설 원래 제목이 눈에 확 들어오지 않는 것을 느끼고 마오 주석이 수정한 마지막 단락의 마지막 구절을 따서 제목을 「그들이 어떻게 움직이는지 두고 보기로 하자」로 고쳤다. 그 제목이 특별한데다 사설 문체가 「타이완 동포들에게 고하노라」의 풍격과 비슷했기 때문에 그 사설이 10월 11일 발표된 후 마오 주석의 대작으로 오해를 받기까지 했다.

이틀 뒤 10월 13일, 『인민일보』는 또 「휴전에 대해 말하지 말지어다, 줄행랑이 상책이다」라는 제목의 사설을 발표했다. 이 글은 저우 총리가 4일 정치국상무위원회의에서 제기한 의견에 따라 쓴 것이며 저우 총리의 최종 심사를 거친 글이다. 중요 내용은 미국이 진먼과 마주 전선의 휴전을 요구한 것에 대해 반박한 것이었다. 글에서는 중미 사이에 애초에 전쟁이 없는데 휴전이란 말이 어찌 있을 수 있겠느냐고 분명하게 밝혔으며 미국에 타이완과 타이완해협 주변에서 미국 해·육·공 군사력을 전부 철수시킬 것을 요구했다. 그 사설은 마침 마오 주석이 작성한 10월 13일 발표할 국방부 명령과 조화를 이루었다. 국방부 명령에서는 또 2주일간 포격을 잠시 중단한다고 선포했으며 여전히 미 군함의 호위가 없어야 한다는 전제 조건을 제기하면서 만약 미 군함이 호위할 경우 바로 포격을 가할 것이라고 밝혔다.

미국과 장제스 사이의 모순을 이용

며칠 뒤 아이젠하워가 명령을 내려 태평양지역에 증원했던 제6함대 소속 군함을 지중해로 소환시키고 덜레스를 타이완에 파견해 장제스와 회담을 갖도록 했다. 『인민일보』 편집부는 실정을 알지 못하고 「자업자득」이라는 제목의 사설을 한 편 발표해 덜레스와 장제스가 "짜고 치기"를 한다고 썼다. 10월 21일 사설이 발표된 후 저우 총리는 그날 오전으로 전화해 우리 글이 사실에 부합되지 않고 또 중앙의 방침에도 부합되지 않는다고 엄격하게 비평했다. 그날 오후 마오 주석도 정치국 상무위원회의를 주재하면서 우리 사설에서는 서생 티가 난다면서 중앙의 방침에 대한 이해가 편파적이고 확고하지 못하며 미국과 장제스가 일치하다고 강조한 것에 대해 타당치 못하다고 비평했다. 마오 주석은 다음과 같이 말했다.

"이번에 덜레스가 타이완으로 달려간 것은 장제스에게 진먼과 마주에서 철군하는 조건으로 타이완을 해방시키지 않겠다는 우리 측 승낙을 바꿔내도록 함으로써 미국이 타이완을 완전히 장악하도록 할 것을 요구하기 위해서였다. 장제스는 그의 요구에 찬성하지 않았으며 오히려 진먼과 마주에 대한 '공동방어' 의무를 이행할 것을 미국에 요구했다. 그래서 두 사람 사이에 언쟁이 일어났고 결국 각자가 할 말만 하다가 불쾌하게 헤어졌다. 이는 '짜고 치기'가 전혀 아니다."

마오 주석은 저우 총리에게 특별히 나를 불러 얘기를 하게 했다. 그리고 다시 사설을 한 편 써 덜레스와 장제스의 회담에 대해 새로 평론하게 했다. (저우 총리는 이튿날 바로 나를 찾아 담화했다. 상세한 상황은 내가 쓴 「엄격한 스승의 가르침」이라는 글을 보라. 『우리 저우 총리』라는 책에 게재됨.)

마오 주석은 상무위원회의에서 미국과 장제스의 관계에 모순이 존재한다면서 다음과 같이 말했다. 미국인은 장제스의 '중화민국'을 부속국 심지어 위임 통치 지역으로 전락시키려고 극구 도모하고 있고 장제스는 자신의 반독립성을 유지하려고 죽을 힘을 다해 버티고 있다. 그래서 모순이 생긴 것이다. 장제스와 그의 아들 장징궈(蔣経国)에게는 조금이나마 반미 적극성이 있다. 미국이 너무 핍박하게 되면 그들은 그래도 반항할 것이다. 과거에 후스(胡適)에게 욕설을 퍼붓고 쑨리런(孫立人)을 면직시킨 것이 바로 그 예이다. 그들이 말썽을 일으킬 수 있었던 뒷배가 미국인이기 때문이다. 최근 타이베이(台北)에서 대중들이 미국 대사관을 때려 부순 사건이 일어난 것은 더욱이 일례가 된다. 미국이 타이완에 군대를 주둔시키는 것에 대해 장제스는 다만 미국이 연대(団) 급 단위의 병력을 파견하는 데만 동의했을 뿐 사단(師)급 단위의 병력을 파견하는 데는 동의하지 않았다.

우리 측이 진먼에 대한 포격이 시작된 후 장제스는 미국이 해군 육전부대(해병대) 3,000여 명만 추가하는 데 동의했으며 게다가 타이난(台南)에 주둔하도록 했다. 마오 주석이 다음과 같이 말을 이었다. "며칠 전에도 말한 적이 있다시피 우리와 장제스 사이에는 일부 공통점이 있다. 이번에 덜레스가 장제스와 다툰 사실을 통해 우리는 어쩌면 장제스와 연합해 미국에 대항할 수 있다는 사실을 알 수 있다. 우리는 당분간 타이완을 해방시키지 않음으로써 장제스가 시름 놓고 미국인과 독립성을 두고 싸울 수 있도록 할 것이다. 우리는 진먼에 상륙하지 않을 것이다. 그러나 또 미국인의 이른바 '휴전' 제안도 수락하지 않을 것이다. 이로 인해 미국과 장제스가 더 크게 싸우게 될 것이다. 지난 한 달간 우리 방침은 포격은 하되 상륙하지는 않고 후원은 차단하되 죽음으로 몰아가지는 말자는 것이었다. 지금도 우리 방침은 여전히 포격은 하되 상륙하지는 않고 후원은 차단하되 죽음으로 몰아가지는 말자는 것이며 방침을 더 완화시켜 장제스가 미국에 대항하는 것을 지원하는 데 이롭도록 할 수 있다."

회의 참가자들은 모두 마오 주석의 상기 의견에 찬성했다. 저우 총리는 또 '차단'과 '포격'은 연결되어 있는 것으로서 '차단'을 완화하기로 한 이상 '포격'도 완화해야 한다고 제기했다. 이에 마오 주석이 말했다. 우리는 차라리 홀수 날에만 포격하고 짝수 날에는 포를 쏘지 않을 것이라고 선포하기로 하자. 게다가 홀수 날에는 부두와 비행장만 포격하고 섬 위의 군사 시설과 민가는 포격하지 않기로 한다. 포격도 소규모로 장난삼아 하며 심지어 소규모라고도 할 것 없이 아예 포격을 가하지 않을 수도 있다. 군사적으로 보면 마치 장난으로 보일 수도 있으며 국내외 전쟁사에도 선례가 없는 일이다.

그러나 이는 정치싸움이다. 정치싸움은 그렇게 하는 법이다. 마오 주석은 또 지금 우리에게는 수류탄만 있을 뿐 원자탄이 없다면서 진먼과 마주의 장제스 군대를 치는 것은 쉬운 일이지만 원자탄을 가진 미국인과 싸우려면 이는 결코 좋은 방법이 아니라고 말했다. 그는 또 앞으로 모두가 원자탄을 소유하게 된다면 모두가 원자탄을 쓰지 않을 가능성이 크다고 말했다.

회의가 거의 끝날 무렵에 샤오치 동지와 샤오핑 동지가 공식 성명을 발표해, 짝수 날에는 포격하지 않고 홀수 날에만 포격한다고 선포하는 것이 어떠냐고 제안했다. 마오 주석은 어쩌면 필요할 수도 있다고 말했다. 그는 또 나에게 앞에서 말했던 사설은 공문이 발표된 후에 발표하도록 주의하라고 지시했다.

10월 25일 마오 주석이 작성해 펑더화이 국방부장의 명의로 발표된 「타이완 동포들에게 재차 고하노라」란 제목의 공문에서는 "10월 23일 미국 국무원이 발표한 덜레스의 연설내용을 보면 한편으로는 그 미국 '나으리'가 드디어 '공산당 중국'을 발견하고 가까이하기를 원한다고 말하면서, 다른 한편으로는 또 타이완이라는 이른바 '중화민국'은 '사실적으로 존재하는 정치 단위'라고도 말했다. 미국인의 계획은 1단계에서 타이완을 고립시키고 2단계에서 타이완을 위임통치하려는 것이다'라고 지적했다. 공문에서는 "중국인의 일은 오로지 우리 중국인 스스로만 해결할 수 있다. 일시적으로 해결하기 어려운 것은 긴 시간을 두고 의논할 수 있다." "그대들이 즉시 미국인과 결별할 것을 권하지 않는다. 그렇게 하는 것은 비현실적이다. 다만 그대들이 미국인의 압력에 굴복해 남이 하는 대로 따라 하며 주권을 상실해 마지막에 의지할 곳이 없는 지경에 이르러 바다에 버려지는 일이 없도록 하길 바랄 뿐이다"라고 말했다. 공문에서는 이미 푸젠 전선의 해방군에게 명령을 내려 짝수 날에는 진먼 비행장, 부두, 선박, 해변을 포격하지 않도록 했으며, 홀수 날에는 그대들의 선박과 비행기가 오지 말도록 하라면서 우리도 포격을 가하지 않을 수 있다고 선포했다.

공문이 신문에 발표된 당일(10월 26일) 마오 주석이 나와 톈자잉을 불러 담화했다. 그는 우리에게 허난으로 가 인민공사 관련 상황에 대해 조사하라고 지시한 외에 진먼과 마주 포격에 대해 이야기했다. 그는 이렇게 말했다. "진먼과 마주를 포격하는 과정에서 우리와 미국인은 모두 변두리정책을 실시했다. 미국은 그 많은 군함을 집중시켰을 뿐 아니라 우리 영해를 침입하고 장제스의 함대를 호위하면서도 한 번도 포를 쏘지 않았다. 우리도 포탄을 1만, 2만 발씩 쏘아대고 미 군함이 호위할 때는 더 맹렬하게 포격하면서도 장제스의 함대만 포격하고 미군 함대는 포격하지 않았다. 그렇지만 포탄이 미 군함 근처에 떨어지자 그들은 놀라 줄행랑을 놓았다. 쌍방은 타이완 해협에서 대치하는 한편 또 바르샤바에서 회담을 진행했다. 미국인은 이 전쟁의 변두리에 서 있었고 우리는 다른 한 전쟁의 변두리에 서 있었다. 쌍방 모두 전쟁의 변두리에 서 있으면서 모두 그 변두리 경계를 넘어서지 않았다.

우리는 전쟁 변두리정책으로 미국인의 전쟁변두리정책에 대처한 것이다. 『요재지이(聊齋志異)』에는 귀신을 두려워하지 않는 수많은 이야기가 적혀 있다. 그중 제목이 「청봉(靑鳳)」이라는 이야기가 있는데 자유분방한 서생 경거병(耿去病)이 밤에 황폐한 거처에서 글을 읽고 있었다. '그때 산발을 한 귀신이 들어왔다. 그 귀신은 온통 새까만 얼굴을 하고 있었는데 눈을 크게 뜨고 서생을 바라보는 것이었다. 서생이 피식 웃으며 손으로 먹을 찍어 자기 얼굴에 칠하고 똑같이 눈을 부릅뜨고 그 귀신을 마주보았다. 그러자 귀신이 부끄러워하면서 물러가더라는 것이다.' 우리가 귀신을 두려워하지 않으면 귀신도 어찌할 이치가 없는 것이다. 진먼과 마주를 포격하게 된 경과도 이와 마찬가지 이치이다."

이 말은 마오 주석이 진먼 마주 사건에 대한 종합니라고 말할 수 있다. (주: 이 말을 하기 전날인 10월 25일, 미군이 레바논에서 철수했다.)

마오 주석은 또 나에게 동향을 잘 포착해야 한다고 말했다. "그는 보아하니 지금은 잘 알지 못하는 것 같다면서 미국인이 진먼과 마주에서 몸을 빼려 한 것과 관련해 덜레스의 연설에서 이미 그 동향을 드러냈는데 그대들이 포착하지 못했다"고 말했다. 그는 또 "그대들 편집부도 문장을 썩 잘 쓸 줄 모른다고 말했다. 이어 그는 그날 발표된 「타이완 동포들에게 재차 고하노라」를 예 들면서 문장쓰기 관련 몇 가지 의견을 제기했다."

1. 문장에는 중심사상이 있어야 하며 문장 첫머리에서 제기하는 것이 가장 좋다. 이를 두고 파제(破題, 글 첫머리에 제목의 뜻을 밝힘)라고도 한다. 공문의 첫머리에 절대다수의 사람들이 자신의 나라를 사랑한다면서 중국인의 일은 오로지 중국인 스스로 해결할 수 있다고 제기했다. 이 사상이 전문에 일관되어 있다. 공문 전문은 얼핏 보기에는 조리가 없고 이어지지 않는 것 같지만 내재적 연계에 중점을 두었다. 전문은 이 문제를 둘러싸고 중간

에 비록 다른 내용을 끼워 넣기도 했지만 이 중심사상을 관철시켰다. 『홍루몽』에서 유씨 어멈의 대관원 나들이 장면은 바로 그렇게 쓰여 진 것이다.

2. 문장은 형상적이어야 한다. 공문에서는 '연해 도서'라고 하지 말고 '대진먼, 소진먼, 대단(大担), 이단(二担) 대소 도서'라고 해야 하며 단순하게 '공급'이라고만 할 것이 아니라 '식량, 채소, 식용유, 연료 및 군사 장비를 포함해서'라고 구체적으로 말해야 한다. 그래야만 사람들에게 형상적이고 깊은 인상을 줄 수 있다. 그대들이 문장을 쓸 때는 추상적이고 일반적인 것에 편향되었기 때문에 생동성이 부족해 문장을 읽은 뒤에 구체적인 인상을 남길 수 없다.

3. 문장은 중국의 기백, 중국의 풍격을 나타내야 한다. 두 편의 타이완 동포에게 고하노라는 글의 문체가 바로 그러하다. 중국 문자는 자체의 독특한 문법을 소유하고 있다. 서양의 문자처럼 반드시 주어와 술어, 목적어가 있어야 한다는 엄격한 요구가 없다. 사실 서양인들이 말할 때 흔히 주어와 목적어를 생략하곤 한다. 그대들의 문장은 서양적인 억양이 섞여 있다. 중국인이 쓴 문장에 중국적인 맛이 없이 서양 문자의 문법을 억지로 옮겨다놓은 것이다. 이는 어쩌면 번역된 서양의 문장을 보는 데 습관이 되었기 때문일 수 있다. 사실 번역에도 여러 가지 방법이 있다. 옌푸(嚴复)의 역문은 중국 고문식이고, 린친난(林琴南)의 역문은 전적으로 의역으로서 모두 현재의 백화문 역문과 크게 다르다.

지금부터 진먼·마주 사건은 일단락지어 푸젠 전선의 대포소리가 뜸해졌지만 타이완해협의 풍랑은 여전하다.

진먼·마주 사건의 전 과정에서 마오 주석은 군사·외교·선전 세 갈래의 전선을 직접 지휘했으며 실로 후방에서 책략을 짜 천리 밖에 있는 적을 제압했다고 할 수 있다.

(7) 냉정한 촉진파

1958년 10월 26일 오전 마오 주석의 비서가 나에게 마오 주석이 나와 톈자잉을 불러 담화하고 싶다고 전해왔다. 처음에 나는 아마도 마오 주석의 「제국주의와 모든 반동파는 모두 종이범이라는 것에 대하여」라는 논설문장을 발표하는 사안에 대해 얘기하려는 줄로 알았다. 마오 주석이 일주일 전에 나에게 편지를 보내『세계지식』잡지에 발표된 마오 주석의 종이범에 대해 논한 논설 문장을 전재하되 전재할 때, 편집자의 말을 따로 쓰도록 하라면서 이와 관련해 루딩이 동지와 의논하라고 지시한 바 있기 때문이다.

딩이 동지와 의논한 결과 마오 주석의 논술을 더 추가하기로 했으며 평어를 새로 고쳐 쓰기로 했다. 그래서 나는 톈자잉 동지를 찾아가 마오 주석의 논술을 추가하는 것을 도와줄 것을 청했으며 주로 1957년과 1958년의 논술들로 추가하고 함께『인민일보』편집부의 평어를 작성해 교정 완료한 원고로 인쇄한 후 마오 주석에게 심사를 받으려고 보내놓고 기다리는 중이었다. 그래서 마오 주석이 우리를 찾는다고 하니 그 일에 대해 얘기하려는 줄로 알았다.

내가 마오 주석의 침실에 들어섰을 때 톈자잉은 이미 와 있었으며 손에는 우리가 편집을 끝낸, 종이범 관련 언론 교정쇄와 평어가 들려 있었다. 톈자잉은 먼저 나에게 마오 주석의 수정을 거친 평어를 보여주었다. 주로 평어 마지막 단락에 대해 수정했음을 알 수 있었다. 마오 주석은 또 우리에게 몇 군데 논술 내용에 대해 조절할 것을 요구했다.

그 일에 대한 처리를 끝낸 뒤 마오 주석은 우리에게 오늘 그대들을 부른 것은 다른 방면의 문제에 대해 이야기하기 위해서라고 하면서 국내문제에 대해 이야기하겠다고 말했다.

이어 마오 주석은 단도직입적으로 나와 톈자잉을 지방에 보내 단기적인 조사연구를 진행하게 할 생각이라고 말했다. "그는 지점을 이미 정해놓았는데 바로 허난 신샹(新鄕)지역의 한 현(슈우[修武]현)과 한 공사(신샹 현의 치리잉[七里營] 공사)라고 말했다. 그는 우리에게 각자 조수 여러 명씩 데리고 각각 슈우 현과 치리잉 공사로 가서 공사화 실행 후의 상황을 조사하되 시간은 일주일로 할 것을 요구했다." 그는 11월초 베이징을 떠나 정저우(鄭州)로 가 거기서 소규모의 회의를 열 예정인데 12월초 우창에서 열리는 제8기 6차 전원회의를 위한 준비회의가 될 것이라고 했다. 그는 우리에게 11월 5일 신샹에서 그의 전용열차를 타고 정저우로 갈 것을 지시했다.

세 가지 대사

마오 주석은 올해 중국에 두 가지 대사가 일어났다면서 하나는 대약진이고, 다른 하나는 공사화라고 말했다. 이어 그는 사실 또 세 번째 대사가 있었는데 그것은 바로 진먼 포격사건이라고 말했다. 그는 대약진은 그가 일으킨 것이고 공사화는 그가 제창한 것이라면서 이 두 가지 대사는 8월 베이다이허 회의 기간에 고조에 달했지만 그때 당시 그는 마음을 이 두 가지 대사에 모두 쏟지 못했으며 국제문제에 대부분 정력을 빼앗겼다고 말했다. 그는 그 이전에는 후루시초프와 크게 다퉜고(후루시초프가 7월말에서 8월초까지 사이에 중국을 방문함) 얼마 뒤에는 또 진먼을 포격했기 때문이라고 말했다. 마오 주석은 그 동안 많은 국제문제에 대해 생각해보았다고 말했다. 그는 샤를 드골의 대통령 취임, 레바논사건, 긴장 정세, 봉쇄와 통상정지 등 일련의 문제들을 열거하면서 이런 일들이 대체 좋은 일인지 나쁜 일인지에 대해 자신의 독특한 견해를 이야기했다. 마오 주석은 나에게 신문을 만드는 사람들은 국제문제에 대해 자주 연구하고 견해를 가진 사람들과 의견을 많이 교류하는 과정에서 실제에 부합되는 관점을 점차적으로 형성할 수 있다면서 그러면 국제적인 돌발 사건에 부딪쳤을 때 아무 준비도 없는 상황에서 당황하거나 급해서 부처 다리를 안는 일이 없도록 할 수 있다고 말했다.

마오 주석은 이제부터 국내 문제에 대해 이야기하겠다면서 우리처럼 신문을 만드는 사람들도 계획성이 있어야 한다고 말했다. 그러려면 조사연구를 거쳐 기초자료를 확보해야 한다면서 다음과 같이 말을 이었다. "베이다이허 회의가 있은 뒤 지금까지 2개월이 지났다. 국경절 전에 내가 전국 각지를 말 타고 꽃구경하듯이 돌아다니면서 그대들 신화사에 뉴스(주: 마오 주석 본인이 쓴 전국 각지 순시 관련 기사를 가리키며 10월 1일자 신문에 실림) 한 편을 제공한 것 외에도 매우 많은 문제에 대해 진실 되게 연구해야 한다는 것을 느꼈다."

마오 주석이 말했다. "대약진과 공사화를 잘 실행하면 서로 추진할 수 있어 중국의 낙후한 면모를 크게 바꿀 수 있고 잘하지 못하면 재난이 될 수도 있다. 그대들은 이번에 내려가서 주로 공사화 실행 후의 상황에 대해 알아보도록 하라. 베이다이허 회의에서 나는 공사의 장점은 규모가 크고 집단화수준이 높은 것(一大二公, 일대이공)이라고 말한 적이 있다. 지금에 이르러 보니 사람들은 머리가 뜨거워져 마치 클수록 좋고 집단적일수록 좋은 것으로 여기고 있다. 그대들이 가게 될 슈우 현은 현 전역이 하나의 공사로 되었다. 나는 또 사람을 파견해 산동(山東) 서우장(壽張) 현의 상황을 조사하도록 할 것이다. 그 곳에서는 3년간 악전고투해 공산주의사회에 들어설 계획이라고 전해 들었다.(주: 후에 알게 된 일이지만 그는 이미 천보다를 수이핑[遂平]으로 보내 조사를 진행하도록 했다. 천보다는 이미 서우장에 다녀왔던 것이다.)"

공산주의사회란 무엇인가?

마오 주석은 우리 공산주의자들의 최종 목표는 공산주의사회를 수립하는 것인데 이는 문제 될 것이 없다면서 현재 문제는 다음과 같은 것이라고 말했다. 즉 "공산주의사회가 무엇이냐는 데 대해 현재 모든 사람들이 일치한 인식을 가지고 있지 않으며 심지어 고급 간부 중에도 각자 다른 견해를 가지고 있는 이들이 많다. 7중에는 터무니없는 말도 적지 않다. 그래서 공사화를 실현하는 과정에서 사용하는 구체적인 방법은 실로 여덟 신선이 바다를 건너면서 각자 신통력을 나타내듯이 제각기이다. 그대들은 이번에 조사하러 내려가면서 책 두 권을 가지고 가도록 하라. 한 권은 중국인민대학에서 편찬한 『마르크스 엥겔스 레닌 스탈린이 공산주의사회를 논함』이고, 다른 한 권은 스탈린이 쓴 『소련 사회주의 경제문제』이다. 떠나기 전에 이 두 권의 작은 책자를 한 번 통독하도록 하라. 적어도 인민대학에서 편찬한 책자는 꼭 한 번 읽도록 하라. 그대들의 조수에게도 그렇게 하도록 하라.

마오 주석이 그 자신의 뜻은 우리에게 교조주의적으로 그림에 따라 준마를 찾듯이 번호대로 자리에 앉듯이 융통성이 없이 기계적으로 일을 처리하라는 것이 아니며, 또 책대로 선전하라는 것이 아니라 마르크스·엥겔스·레닌·스탈린이 공산주의와 관련해서 어떤 말을 했는지에 대해 전반적으로 인식함으로써 내려가서 조사하는 과정에서 눈앞에 닥치게 될 현란하고 복잡한 실제 상황 앞에서 냉정한 두뇌를 유지할 수 있도록 하라는 것이라고 정중하게 말했다. 그는 특히 기자라면 길에서 주워들은 근거 없는 말을 그대로 옮기거나 남이 말하는 대로 따라 말할 것이 아니라 실제 상황에 대해 깊이 조사 연구하고 실사구시 해야 하며 타산이 있어야 하고 명석한 두뇌를 가져야 하며 냉정한 촉진파가 되어야 한다고 말했다. 그는 또 신문 선전은 영향력이 크기 때문에 다른 사람이 머리가 뜨거워졌다 하여 신문선전에 종사하는 사람도 덩달아 머리가 뜨거워지게 되면 큰 낭패라고 말했다.

이는 대약진운동 과정에서 내가 처음 듣는 '냉정한 촉진파'가 되어야 한다는 마오 주석의 발언이었다. 1958년 초의 난닝회의에서부터 마오 주석의 여러 차례 담화에 대해 돌이켜보면 나에게 준 강렬한 인상은 신문은 촉진해야 하고 후퇴해서는 안 된다는 것이었다.

마오 주석의 그날 담화는 언급한 문제가 많고 시간도 길었는데 정오가 넘은 시간까지 이어졌다. 그는 나와 톈자잉에게 점심을 먹고 가라고 만류했다. 식당은 북쪽의 5칸짜리 건물의 한 가운데 방이었다. 아마도 사전에 요리사에게 귀띔을 했었는지 요리를 두 접시 추가했다. 한 가지는 작은 뚝배기 개고기찜(小沙鍋炖狗肉)이고 다른 한 가지는 고기 완자 간장 조림(紅燒獅子頭)이었다. 그 외 네 가지 요리는 후난 납육(臘肉, 절여 말린 돼지고기), 두시 고추 볶음(豆豉炒辣椒), 토마토 계란 볶음, 마파두부(麻婆豆腐)였는데 모두 마오 주석이 평소에 자주 먹는 음식이었다. 특별한 것은 순채탕(純菜湯)이었고 한 사람 당 반 정도 타게 구운 옥수수 하나씩을 마지막에 먹은 것이다. 이는 마오 주석의 습관이었는데 어떤 때는 군고구마로 대체하기도 했다. 마오 주석은 식사할 때 술을 한 두 잔씩 마시기 좋아했다. 이날은 마오타이주(茅台酒)를 마셨는데 첫 잔은 주석이 우리에게 권하고 두 번째 잔은 나와 톈자잉이 함께 마오 주석의 건강을 축하하며 권했다.

마오 주석은 식사하는 중에도 우리에게 다음과 같이 지시했다. 내려가서 조사할 때는 각 급 지도자에게 수행하지 못하도록 하라. 생산대장을 찾아야 할 경우에는 공사 서기며 대대장에게 참가하라고 요구하지 말고 생산대장만 찾도록 하고 대중을 찾아 담화를 나눠야 하면 간부에게 참가할 것을 요구하지 말며 현위 서기를 찾아야 하면 그 본인만 불러 담화를 나누도록 하라. 사람이 많으면 담화할 때 걱정하는 점이 많기 마련이다.(동급 간부가 동석할 경우 그럴 뿐 아니라 상급 간부가 동석하면 더욱 그러하다) 대중을 불러 담화할 경우에는 여러 계층의 인물을 고루 찾아야 하며 특히 중농의 태도에 주의를 기울여야 한다. 하방(下放, 중국에서 간부나 지식인들이 사상 단련을 위해 공장·농촌·광산 등지로 노동하러 감 - 역자 주) 간부를 찾아 담화를 나눌 수도 있다. 그들은 걱정하는 점이 적을 수 있다. 종합적으로 다양한 계층의 진실한 생각에 대해 조사해야 한다. 조수 중에 여성 동지도 한두 명 넣어도 좋다. 그러면 농촌 여성들과 담화하기가 편할 수 있다. 그는 우리에게 내려가서 떠들썩히게 소문을 내지 말라고 분부하면시 내가 거느린 팀은 신화사 기자의 명의로, 톈자잉 팀은 중앙판공청 업무인원 명의로 하라고 지시했다.

마오 주석의 처소에서 나온 나와 톈자잉은 잠깐 의논한 뒤 바로 각자 인원을 찾아 조사팀을 구성했다. 나는 베이징에서 기자 3명을 뽑은 뒤 또 허난 분사에서 1명을 뽑아 신샹에서 대기하도록 했다. 남자 둘, 여자 둘, 거기에 나까지 합쳐 총 5명이었다.

나와 톈자잉 등 일행은 10월 27일 밤기차로 베이징을 떠나 남하했으며 이튿날 신샹에 당도했다. 신샹지역위원회와 의논을 거쳐 그날 바로 하향하기로 했다. 톈자잉 팀은 신샹에 남아 치리잉 공사로 가 조사를 진행하고 내가 거느린 팀은 먼저 슈우현으로 가기로 했다. 그렇게 나흘간 조사를 거친 뒤 바꿔서 내가 치리잉공사로 돌아오고 톈자잉이 슈우로 가기로 정했다.

슈우의 한 개 현, 한 개 공사

나와 기자들은 10월 29일 오후 슈우 현으로 갔다. 마오 주석은 8월에 열린 베이다이허 회의에서 이 현에서 대공사를 형성했다고 언급한 적이 있었다. 우리는 먼저 현위의 한 부서기를 찾아 전 현에 하나의 대공사(13만 5천명)를 형성한 일반 상황에 대한 소개를 들었다. 그런 뒤 청관(城関)대대(원래는 공사였음) 대대장, 우리위안(五里堰) 향(대대)의 지부서기, 아이취(艾曲) 향 (대대) 아이취 마을의 생산대장과 각각 이야기를 나누었다. 그리고 또 대중 과 하방 간부 좌담회를 연 뒤에 마지막에 현위서기를 찾아 그에게 단독으로 한 개 현, 한 개 공사 관련 견해를 이야기하도록 했다. 슈우에서 조사를 진 행하는 나흘간 우리는 또 저녁식사와 점심휴식 시간을 이용해 대중의 집을 방문하며 개별적으로 대중들과 접촉했다.

　조사 과정에서 이 한 개 현, 한 개 공사는 원래 245개 합작사가 합쳐져 형 성되었다는 것, 전 현이 수입과 지출을 통합해서 관리하고 생산 자료는 전 부 공유이며 공사(현)가 통합해서 배치한다는 것, 농업과 부업·공업·수공업 제품도 전부 공사(현)가 통합해서 조달한다는 것, 생활 자료의 일상 소비도 공사가 공급한다는 것 등 상황에 대해 알게 되었다. 생산대장과 생산대 간 부들은 모두 그들이 전 국민 소유제를 실행하고 있다면서 남녀노소를 막론 하고 저 수준 공급제를 실행하고 있으며 공공 식당을 열어 밥을 배 두드리 며 마음대로 먹게 하고 있다고 말했다.

　조사 과정에서 우리가 만난 간부와 대중들은 모두 생산에 대한 열정이 높았다. 마침 그들 전 현이 총동원되어 철강을 대대적으로 제련하고 있는 장면을 목격했는데, 남녀노소가 산에 들어가 광석을 져 나르면서도 고생스 럽다거나 힘들다고 불만을 토로하는 이가 없었으며, 신바람이 난 모습이 참 으로 감동적이었다. 공공 식당을 설치했기 때문에 대다수 여성들이 모두 산 에 올라가 일을 할 수 있었던 것이다. 그런데 그 과정에서 또 철강을 대대적 으로 제련하는데 열성을 쏟다나니 심은 곡식을 거둬들일 인력이 없어 어린 초등학생들만 곡식이삭을 줍고 있는 모습이 보였다. 밭에 심은 목화는 대부 분 따지 않은 채로 있었는데 유치원 교사들이 꼬마들을 데리고 조금씩 따 고 있을 뿐이었다. 재정 무역 간부의 소개에 따르면 원래는 실면을 900만 근 (450만 킬로그램) 수확할 수 있지만 10월말까지 고작 159만 근(79만 5천 킬로

그램)밖에 거둬들이지 못한 실정이었다. 공공 식당에서 배를 두드리며 마음 껏 먹을 수 있으니 모두가 당연히 기뻐하고 있었다. 많은 사람들은 한평생 살면서도 그 2개월 동안처럼 배불리 먹었던 적이 없다고 말했다. 그러나 어 떤 노인들은(그들 중에는 원래 빈농이었던 사람도 있고 원래 중농이었던 사 람도 있음) 모두 "이런 식으로 먹다가는 오래 가지 못할 것"이라고 걱정했다.

마지막에 우리는 현위 서기와 밤새 이야기를 나누었다. 그는 먼저 한 개 현, 한 개 공사의 우월성에 대해 이야기하고 또 앞으로 3년 계획에 대해서도 이야기했다. 그러나 또 전 국민 소유제와 공급제에 대한 의문과 우려도 적 지 않게 제기했다.

우리는 11월 1일 슈우에서 신샹 현으로 옮겼다.(톈자잉도 동시에 신샹에서 슈우로 갔다) 그곳은 또 다른 세상이었다. 신샹 현위는 우리에게 간략한 소 개를 하면서 그들이 왜 슈우처럼 한 개 현, 한 개 공사를 실행하지 않고 '현 연합협동조합(県聯社)'이라는 간판만 걸었는지에 대해 중점적으로 설명했다. 그들은 우리가 한 개 현, 한 개 공사에 찬성하는 것으로 알고 있었던 것 같 다. 신샹은 인구와 경작지가 모두 슈우보다 많았으며 경제가 슈우보다 부유 하고 식량과 목화 모두 다수확을 실현했으며 인구 당 연간 평균 분배도 슈 우보다 많았다.

치리잉의 16가지를 '책임지는 것'

이튿날 우리는 치리잉 공사로 갔다. 그 곳은 전국에서 제일 먼저 '인민공 사' 간판을 건 공사였다. 그 공사는 5개 대대에 79개 생산대를 포함하고 있 었으며, 인구 3만 명에 경작지 9만 무(畝, 1무는 약 667㎡)를 소유하고 있으 며 연간 총수입이 1,218만 위안(元)에 달하고 신샹 현에서 가장 부유한 공사 였다. 그 곳에서 나에게 가장 큰 인상을 준 것은 그들이 실행하는 공급제였다. 공사 서기의 소개에 따르면 그들은 16가지를 '책임지는' 제도를 실행하는 데 의(衣), 식(食), 주(住), 행(行), 생(生), 노(老), 병(病), 사(死), 학(学), 육(育), 혼(婚), 낙(樂), 심지어 이발, 목욕, 재봉, 전기요금까지도 모두 공사에서 책임진다는 것, 그 16가지를 책임지는 비용은 1인당 연간 78위안이라는 것이었다.

치리잉 공사에 대한 조사를 마친 뒤 우리는 또 공사 소재지 주변의 두 대대(류좡[劉莊]과 천좡[陳莊])에 내려가 보았다. 그중 류좡 대대(당시 스라이허 [史來賀] 동지가 지부서기 직을 맡았음)가 나에게 특별히 좋은 인상을 주었다. 그 곳은 경영도 솔직하게 하고 있었으며 또 이야기도 솔직하게 하고 있었다. 스라이허 동지는 성과에 대해서 말하면서 또 어려움에 대해서도 말했다. 그가 거느리는 대대는 인구 800여 명에 경작지 1900무(약 126만7,300㎡)를 소유하고 있으며 총수입 31만 위안으로서 인구 당 104위안(1957년에는 96위안)씩 분배할 수 있었다. 그때 당시 그의 걱정은 아직 3분의 2에 달하는 목화를 거둘 사람이 없어서 그대로 밭에 방치해둬야 하는 상황이었다. 대부분 노동력이 철강을 제련하려고 산으로 올라갔기 때문이다.

신샹에서 우리는 또 싱닝(興寧)인민공사에 대해 조사했다. 그 공사는 4000가구에 2만 명 인구를 가진 공사였는데 군사화 관리를 실행하고 있었으면 전 공사를 15개 대대(营) 50개 중대(連)로 편성했다. 특히 가옥 공유제를 실행하고 단체 기숙사제를 실시해 사원을 남녀노소로 갈라 중대, 소대 편제에 따라 집단 거주하도록 한 것이 특별했다. 우리는 동궈(東郭) 대대(大隊)에 대해 구체적인 조사를 진행했다. 그 대대에는 총 224가구가 있는데 처음에는 150가구의 남녀노소가 다 갈라져서 지냈었다. 현재까지도 여전히 60가구가 여덟 곳에 집단 거주하고 있는데 남녀가 각각 네 곳에 갈라져 지내면서 토요일제도를 실행해 주말이면 각자 원래 집으로 돌아가 묵곤 하였다.

대대 간부의 소개에 따르면 이는 공사에서 통합적으로 배치한 것인데, 대다수 사원들이 불만이 큰 것으로 알려졌으며 다만 부부 사이가 좋지 않거나 고부 사이가 좋지 않은 소수 사원만 갈라져 사는 것을 원하는 것으로 알려졌다. 대대 간부는 이런 상황을 바꿀 것을 고심하고 있다고 말했다. 나는 공사 간부들을 만나 이야기를 나누면서 조사를 내려오기 전에 지시 받은 원칙(함부로 의견을 밝히지 말라는)을 생각할 틈도 없이 참을 수 없어서 그렇게 가정을 깨뜨리는 것은 너무나도 잘못된 것이며 공산주의를 실현한다는 것은 가정을 필요로 하지 않는 것이 아니라고 지적했다. 그 공사 간부들은 모두에게 통하는 말이 아니라고 하는 표정을 지으며 허난의 많은 곳에서 다 그렇게 하고 있다면서, 어떤 중앙 책임자가 그때 공산주의사회는 가정에 대한 혁명도 진행해야 한다고 말한 적이 있다고 말했다.

11월 5일 마오 주석이 전용열차를 타고 남하하면서 신샹에 잠시 멈췄다. 텐자잉도 슈우에서 돌아왔다. 오후에 나와 그는 함께 마오 주석의 전용열차에 탔다. 마오 주석은 신샹 지역위원회와 현위 여러 동지의 보고를 듣고 있는 중이어서 우리에게는 정저우에 이른 뒤 그에게 보고하라고 지시했다.

나는 텐자잉과 의논을 거쳐 정저우에 당도해 마오 주석에게 보고할 때 먼저 슈우와 치리잉의 상황에 대해 요점만 소개한 뒤 조사를 통해 발견한 공사화를 실행한 뒤 나타난 문제에 대해 중점적으로 보고하기로 결정했으며, 특히 소유제와 공급제 문제에 대해 주로 슈우 현위 서기가 제기한 문제와 치리잉의 16가지를 책임지는 문제에 대해 보고하기로 했다.

11월 5일 우리는 마오 주석을 따라 정저우(鄭州)에 당도했다. 그날 밤 마오 주석은 우리에게 전용열차에 올라와 보고하게 했다.(그는 외지로 시찰을 떠나게 되면 늘 숙식을 전용열차를 탄 채 해결하곤 했으며, 때로는 심지어 회의도 전용열차에서 열곤 했다) 우리는 원 계획대로 요점만 따서 상황을 소개했다. 나는 슈우에 먼저 갔기 때문에 슈우 현위서기가 제기한 문제에 대해 중점적으로 보고했다. 나는 다음과 같이 보고했다.

슈우 현위 서기에 따르면 비록 한 개 현 한 개 공사는 전 국민 소유제이긴 하지만 공사와 나라의 관계는 국영공장과 나라의 관계와는 다르다. 공사의 제품은 전부 나라에서 통일적으로 수매 조달할 수는 없으며 나라에서도 공사에서 필요한 모든 생산 재료와 생활 재료를 공급할 수는 없다. 슈우 현위 서기는 만약 공사가 국영공장과 마찬가지로 전 국민 소유제를 실행하게 되면 다음과 같은 두 가지 문제를 해결하기 어려울까 우려된다고 말했다.

첫 번째 문제는 자연재해가 든 해에도 나라에서 평년과 마찬가지로 공사에서 필요한 생산 재료와 생활 재료를 조달해줄 수 있느냐는 문제이고, 두 번째 문제는 풍년이 든 해에도 나라에서 공사의 제품을 전부 수매할 수 있느냐는 문제이다. 그 현위 서기는 자연재해가 들어 기황이 발생하는 것을 두려워하면서 한편으로는 풍년이 들어 곡식 가격이 떨어져 농민들에게 피해를 주게 되는 것도 두려워하더라고 내가 말했다. 나는 또 슈우 현위 서기가 저들이 실행하는 낮은 기준의 공급제를 수요에 따른 분배라고 할 수 있는지에 대해 의심하고 있더라고 말했다. 이에 대해 나는 기껏해야 억지로 끼어 맞춘 '의식이 풍족한 생활'이라고 할 수 있을 뿐이라고 말했다.

마오 주석은 현과 나라 간의 경제관계에 대해서, 그리고 서로 어떤 교환이 진행되고 있는지에 대해서도 상세하게 물었다. 나는 다음과 같이 보고했다. 슈우 현과 나라간 경제 왕래는 주로 두 가지이다. 한 가지는 납세인데 농업세, 즉 현물세가 위주이고 공상세는 많지 않았다. 다른 한 가지는 교환인데 주로 나라에서 일괄 수매 식량·목화·유료 등 농부산물을 공출하고 나라로부터 생산 재료와 생활 재료를 구매하는 것이다. 이 두 가지 교환은 모두 상품교환이며 현금 결제 방식을 취하고 있었다.

마오 주석은 공급제에 대해서도 큰 관심을 보였다. 그는 텐자잉의 보고를 들으면서 치리잉 공사의 16가지를 '책임지는 것'의 구체적인 내용에 대해서 상세하게 질문했으며 ,그처럼 낮은 기준의 평균 분배가 필요한지, 오래 갈

수 있을지 하는 문제를 제기했다. 톈자잉은 다음과 같이 말했다. 치리잉의 16가지를 '책임지는 것'의 경우 신샹 지역에서 책임지는 것은 가장 많지만 기준은 여전히 매우 낮다. '식(食)'을 책임지는 것은 무료식사를 가리키는데 모두 공공식당에서 식사하며 1년에 42위안(채소와 육류는 계산에 넣지 않음) 정도가 들 것으로 짐작하고 있다. '의(衣)'를 책임지는 것은 1년에 1인당 천 21자(尺), 목화 2근(1킬로그램), 헝겊신 2켤레(여성들이 산에 들어가 철강을 제련하고 밭에 나가 일을 했기 때문에 천을 짜지도 신을 깁지도 않았다), 총 18위안, 의료비 1인당 매년 2위안으로 제한했다. 산모에게는 적설탕 1근, 계란 20개씩 보조해 주고, 장례와 혼례에는 각각 보조금 10위안씩 주었다. 연극은 무료로 관람했는데 그해에 겨우 연극 관람, 6차례 영화 관람을 조직했다. 톈자잉과 나는 다 이는 고작 평균주의라고밖에 할 수 없으며, '수요에 따른 분배'라고 할 수 없고, 이미 공산주의사회에 들어섰다고는 더더욱 말할 수 없다고 생각하고 있었다.

마오 주석의 평론

마오 주석은 우리 보고를 들으면서 문제를 제기하기도 하고 평론을 발표하기도 하면서 중간 중간 말참견을 했다.

마오 주석은 슈우의 한 개 현, 한 개 공사에 관하여 말하면서 한 개 현에 한 개 공사는 어쩌면 너무 커서 현위에서 그렇게 많은 구체적인 일에 대해 관리할 수 없을 것이며, 게다가 전 현 각지의 생활수준이 매우 불균형적이어서 평균 분배하게 되면 부유한 대대와 부유한 공사의 적극성을 떨어뜨릴 수 있다고 지적했다. 그는 다음과 같이 말했다. "현재 우리는 여전히 사회주의 길을 걸어야 하며 여전히 노동에 따라 분배해야 한다. 무릇 생산의 발전에 이로운 일이면 하고 생산의 발전에 불리한 것이면 모두 해서는 안 된다. 공급제는 공공 식당에만 적용하도록 하며 관리를 강화해 쌀과 잡곡을 배합시키고 마른 것과 무른 것을 배합시켜야 하며, 농번기와 농한기를 구별하여 배치하도록 해 근검절약하는 법을 배워야 한다. 배를 두드리며 흥청망청 먹고 마셔서는 안 된다. 그렇게 하고나면 분명 오래 가지 못할 것이다. 다른 것은 공공 복지사업으로 추진할 수 있다. '책임지는' 방법을 취하지 말고 자신의 능력에 따라 행해야 한다. 옌안시기의 공급제는 전시 공산주의 방법에 속하며 어찌 할 수 없는 상황에서 취한 방법으로서 분배방식의 본보기로 삼아서는 안 된다. 그래서 전국이 해방된 후에는 임금제로 바꾼 것이다."

슈우가 말하는 전 국민 소유제에 대해 말하면서, 마오 주석은 슈우는 안산(鞍山)철강공장과 달라서 제품을 나라에서 통일적으로 수매 조달할 수 없고, 상품교환을 진행하는 수밖에 없으며 전 국민 소유제라고 할 수 없고, 집단소유제라고만 할 수 있다면서 절대 양자를 혼동해서는 안 된다고 말했다. 그는 다음과 같이 말했다.

"슈우 현위 서기가 제기한 문제를 보면 그가 실제상에서는 전 국민 소유제를 실행하는 것에 찬성하지 않고 있음을 알 수 있다. 현에서 생산한 제품을 전부 다 나라에서 수매할 수는 없다. 가능하지도 않고 또 그럴 필요도 없다. 한 현의 현장으로서 그는 신중하게 생각하지 않을 수 없을 것이다. 특히 현에 대해 나라에서는 평상 작황시기에도 현의 필요에 따라 생산 재료와 생활 재료를 전적으로 보장해줄 수 없는데 자연재해를 입은 해일 경우에는 더욱 보장할 수 없을 것임은 불 보듯 뻔한 일이다. 그가 제기한 문제를 통해 우리는 이런 생각을 하게 된다. 만약 생산력이 고도로 발전하지 못했다면 베이다이허 회의 인민공사 관련 결의에서 지적한 바와 같이 제품이 매우 풍부하고 공업과 농업이 모두 고도의 현대화를 실현하지 못했다면 생산관계에서 집단소유제에서 전 국민 소유제로 과도하고 분배방식이 노동에 따른 분배에서 수요에 따른 분배로 과도하는 것은 애초에 불가능한 일이다.

이 두 가지 소유제가 접근하려면 매우 긴 역사 과정이 필요하다."

일부 공사에서 집단 기숙사제도를 실행하고 있는 것에 대한 우리 보고를 듣고 마오 주석은 크게 화를 냈다. "그렇게 하는 것은 국민당이 우리를 중상 모독할 수 있도록 돕는 것이 아니냐? 무릇 그런 터무니없는 짓을 하는 곳이라면 대중들이 들고 일어나 반란을 일으키는 것을 나는 지지할 것이다. 그 간부들은 정신이 혼란해진 것이다. 공산당이라 하여 어찌 가정이 필요하지 않겠는가? 가정을 갈라놓는 것을 금지시켜야 한다. 한 가정은 역시 대·중·소 여러 연령계층이 결합되어야 좋은 것이다."

대중들이 대대적으로 철강을 제련하는 면에서 의욕이 넘쳐 있는 반면에 밭에 자란 곡식은 거둬들일 인력이 없더라고 보고하자, 마오 주석은 1070만 톤 생산목표로 인해 세상이 크게 어지러워질 수 있다면서 다음과 같이 말했다. "베이다이허 회의가 열린 뒤로부터 연말까지 겨우 4개월 사이에 수천만 명이 산으로 들어갔고, 농업은 풍작을 이루어도 수확이 많지 않은데도, 식당에서는 배를 두드리며 마음대로 먹고 있다고 하니 이래서야 되겠는가? 이번 정저우회의에서 냉정을 되찾도록 호소해야 할 것이다."

우리가 보고를 끝마치자 마오 주석은 "우리가 이번에 하향해 조사를 진행한 시간이 겨우 일주일밖에 안 되지만, 베이징의 사무실에 앉아서는 생각조차 할 수 없었던 문제를 발견했다면서 일주일 전과 비해 머리가 어느 정도 냉정해지지 않았느냐, 실제로 많은 처사가 마르크스주의 기본 원리에 어긋난다는 사실을 발견하지 않았느냐면서 대중운동이 일어난 뒤에는 반드시 냉정한 두뇌를 유지해 운동 중에 나타나는 급진적인 불씨를 발견할 수 있어야 한다"고 말했다. 마오 주석은 이번에 천보다를 수이핑으로 파견했는데, 그가 돌아와서 상품교환을 취소하고 제품의 수매 조달을 실행해야 한다고 선전하더라고 말했다. 마오 주석은 또 "그가 예전에 서우장에 가서 조사연구를 진행한 적이 있는데, 3년간 악전고투해 공산주의단계로 과도할 것이라는 그 곳의 계획이 크게 마음에 들었다면서, 우리 일부 동지들은 마르크스-레닌주의 도서를 적지 않게 읽었지만 실제 문제에 부딪치게 되면 마르크스-레닌주의가 어디 갔는지 모른다고 말했다. 마오 주석은 책을 좀 읽을 필요가 있다"고 말했다. 그는 정저우 회의에서 회의에 참가한 동지들과 함께 스탈린이 쓴 『소련 사회주의 경제문제』라는 책을 읽을 계획이라면서, 책을 읽는 한편 당면한 우리나라 경제문제와 연결시켜 책을 읽으면서 의논함으로써 모두들 머리가 맑아질 수 있게 할 예정이라고 말했다.

마오 주석은 또 특별히 나에게 『인민일보』와 신화사가 매일 보도하고 논설을 발표해야 한다면서, 특히 냉정한 두뇌를 유지하는데 주의를 기울여야 한다"고 말했다. 그는 "촉진파가 되어야 하지만 냉정한 촉진파가 되어야지 무모한 촉진파가 되어서는 안 된다"고도 말했다. 마오 주석은 또 신문선전에 대해 일부 의견이 있다면서 며칠 뒤 시간이 날 때 다시 이야기할 것이라고 말했다.

마오 주석은 11월 6일부터 정저우 회의를 주재하고 인민공사 관련 몇 가지 문제에 대한 결정 초안과 15년 계획 요강 초안에 대해 많은 의견을 제기했다. 첫 번째 문서는 천보다의 주도로 작성된 것인데 마오 주석은 그가 과도하는 데 성급하고 상품 생산과 상품 교환에 대해 말하는 것을 꺼리고 있다고 비평하면서 다시 작성할 것을 요구했다. 두 번째 문서에서는 1972년에 2억 톤에 달하는 철강을 생산할 것이라고 제기했는데, 마오 주석은 그 초안이 근거가 부족하다고 지적했으나 수정할 필요는 없다면서 베이징에서 고급 간부 회의를 열어 다시 의논할 필요가 있다고 말했다.(후에는 그래도 방치되었음)

11월 9일부터 10일까지 마오 주석은 회의 참가자들을 이끌고 스탈린의 작은 책자를 한 단락, 한 장절씩 읽어 내려갔는데, 오전과 오후 내내 읽으면서 토론해나갔다. 그는 이렇게 지적했다. 현재 수십만, 심지어 수백만 명에 이르는 간부가 머리가 뜨거워져 있기 때문에 간부들을 조직해 그 책과 다른 한 책 『마르크스·엥겔스·레닌·스탈린이 공산주의사회를 논함』에 대한 학습을 진행함으로써 수많은 혼란스러운 관념을 분명하게 밝히고 명석한 두뇌를 유지해야 한다. 그러지 않고 과도하는 데만 성급해 제품의 통일 수매 조달을 실행한다면 농민들이 반란을 일으킬 것이다. 마오 주석은 스탈린의 작은 책자를 읽는 과정에서 매우 중요한 의견을 아주 많이 이야기했다. 정저우 회의에서는 마오 주석의 건의에 따라 현 이상 간부들이 그 두 권의 책을 보편적으로 학습하라는 결정을 내렸다.

(8) 실사구시하게

마오 주석은 정저우 회의를 일단락지은 뒤 (정저우회의는 원래는 우창(武昌)회의를 위한 준비였음) 11월 13일 바로 기차를 타고 계속 남하했다. 나와 텐자잉도 함께 수행했다. 전용열차에서 마오 주석은 또 허난 11개(신양[信陽]·난양[南陽]·뤄양[洛陽]·카이펑[開封]·상츄[商丘]·덩펑[登封] 등) 현위서기를 불러 좌담했다. 그날 밤에는 또 특별히 수이핑 현위 관계자와 담화하면서 공사 공급제에 대해 상세하게 물었다. 현위 서기는 현재 가장 골치 아픈 일이 전국적으로 너무 많은 참가자들이 찾아오고 있는 것이라면서, 참가자가 매일 적어도 5백 여 명, 많을 때는 3천여 명도 넘어 상대하기 어렵다고 말했다. 마오 주석은 또 신양 지구위원회 관계자를 불러 담화하면서, 특히 그들이 가정을 해체시키지 않은 조치에 대해 칭찬했으며, 또 사원들에게 8시간의 수면과 4시간의 식사시간을 보장해줄 것을 특별히 당부했다.

마오 주석은 14일 우창에 당도해 동호호텔에 투숙했다. 그는 나와 텐자잉에게 후베이 성위서기 왕런중(王任重)과 장핑화(張平化) 동지가 주재하는 좌담회에 참가하라고 지시했다. 그 좌담회는 14일부터 20일까지 연일 열렸으며, 실제로는 조사회의였다. 14일 마오 주석은 후베이 전 성의 상황과 언스(恩施)·샤오간(孝感)·미엔양(沔陽)·샹양(襄陽) 등 현의 공사화 상황에 대한 왕런중 동지의 보고를 들었다. 이어 마청(麻城)·어청(鄂城)·황강(黃岡)·자오양(棗陽) 등 현의 현위서기와 일부 공사 당위서기 및 철강공장 공장장, 하방 간부들이 잇따라 보고를 진행했다. 마오 주석이 회의에 참가하지 않았을 경우에는 회의가 끝난 뒤 우리가 그에게 보고하곤 했다. 우리는 현위 특히 공사 서기, 철강공장 공장장의 보고 중에서 제기된 대규모 공사화 과정에서 부유한 팀과 가난한 팀 사이의 모순 문제, '군사화'·'식당화'에 대한 대중의 저촉 정서가 큰 문제, 대대적인 철강 생산과정에서 훌륭한 품질의 철강이 겨우 20~30% 밖에 안 되는 문제, 간부들이 실속 없이 성과를 부풀리며 업무 실행 시 난폭한 등 문제들을 마오 주석에게 중점적으로 반영했다. 마오 주석이 우리에게 일련의 조사회의에 참가하게 한 중요한 의도는 우리에게 조사연구 수업을 받게 함으로써 실제 상황에 대해 파악할 수 있을 뿐 아니라, 실사구시적인 업무 방법도 배울 수 있도록 하기 위함임을 나와 톈자잉은 후에야 비로소 깨달을 수 있었다.

우창회의는 11월 21일부터 열리기 시작했으며 그것은 정치국 확대회의였다. 회의에는 정치국 위원을 제외하고도 중앙의 일부 부장과 여러 성, 시, 자치구 당위 제1서기가 참가했다. 마오 주석이 회의 첫날 장편의 연설을 했으며, 수많은 중대한 문제에 대해 논했다. 예를 들면 사회주의사회와 공산주의사회 사이에 선을 그어 구별해야 하며 성급하게 공산주의로 과도해서는 안 된다는 것, 신40조(주: 정저우에서 작성한 15년 계획 요강 초안을 가리킴)는 근거가 부족하다는 것, 베이다이허 회의 결의에서 인민공사가 5~6년 혹은 더 많은 시간 뒤에 전 국민 소유제로 과도할 것이라고 한 것은 너무 빠르다는 것, 1958년에는 너무 크게 떠벌렸으나 지금은 분위기를 진정시켜야 한다는 것, 장기간 상품생산과 상품교환을 발전시켜야 한다는 것, 내년 임무를 경감해야 한다는 것 등의 문제들이었다.

머리가 뜨거워졌다

이튿날(11월 22일) 저녁, 마오 주석이 나와 톈자잉을 불러 담화했다. 주로 선전 면에서 분위기를 진정시키고 실사구시적이어야 한다는 문제에 대해 이야기했다. 그는 특별히 나에게 신문을 만드는 사람, 기자는 무슨 일이든 분석할 줄 알아야 한다면서 실사구시적인 올바른 자세를 취해야 한다고 일깨워주었다.

마오 주석의 담화는 그날(11월 22일) 오후 그가 여러 협력 지역 팀장을 불러 담화를 진행한 데서부터 시작되었다.(중앙이 1954년에 중앙국 1급 조직을 폐지한 뒤 1958년 6월 또 기본상 원래 여러 중앙국이 관할하던 성, 시, 자치구를 7대 협력 지역으로 나누고 매개 지역에 팀장과 부팀장 1~2명씩 두었다) 마오 주석은 오후에 열린 회의에서 큰 느낌을 받은 것 같았다. 그는 우리와 이야기를 나눌 때까지도 극도로 흥분한 상태였다. 마오 주석은 원래 여러 협력 지역 팀장들과 1959년 생산목표를 낮추는 것과 관련해 의논할 계획이었으며, 첫 번째 대상이 철강 생산목표였다. 원 목표는 1958년 8월 베이다이허 회의에서 확정된 것이었다. 마오 주석은 원래 철강 생산 목표를 3000만 톤에서 1800만 톤으로 낮출 생각이었다. 그는 원래 그들을 설득할 생각이었으나 결과는 오히려 여러 팀장이 원 목표를 유지하도록 마오 주석을 설득하려들었다. 마오 주석이 말했다. "그들은 나를 납득시킬 생각이었지만, 나는 납득할 수가 없었다. 왜냐하면 그들에게는 근거가 부족했기 때문이었다. 그들 중 어떤 지역은 내년에 철강 생산량을 2배로 늘릴 계획이었고 어떤 성은 4배로, 또 어떤 성은 10여 배, 심지어 어떤 성은 30배로 늘릴 계획이었다. 그러니 어찌 믿을 수 있겠는가?"

마오 주석은 또 이미 12명의 중앙 부장이 보고서를 작성해 올렸는데, 목표치가 놀라울 정도로 높아 마치 군령장을 체결한 것 같았다고 하면서 다음과 같이 말을 이었다. "그러나 그 목표를 달성하지 못하더라도 죄를 묻지 말아야 할 것이다. 철도부 부장은 1959년에 2만 킬로미터 연장길이에 달하는 철도를 건설하겠다고 말했다. 저우 총리의 주도로 제정된 제2차 5개년 계획 초안에서는 5년 내에야 2만 킬로미터의 철도를 건설할 계획이라고 했다. 철도 부장이 1년 내에 완성하겠다고 큰소리쳤는데 어찌 완성할 수 있겠는가? 만약 정말로 완성한다면 나는 기꺼이 기회주의자가 될 것이다."

마오 주석은 또 이렇게 말했다. "사실 1800만 톤의 철강 생산 목표는 기회주의가 아니다. 완성할 수 있을지 여부의 문제이다. 올해(1958년) 철강생산 예상 목표 1000만여 톤 중 품질이 좋은 철강은 겨우 850만 톤밖에 안 되기 때문이다. 보아하니 정저우 회의에서 며칠간 책을 읽었지만 사상문제는 해결하지 못한 것 같다. 모두들 여전히 머리가 뜨거운 상태이다. 1958년에 철강생산을 배로 늘린다는 목표를 세움으로 인해 6,000만 명이 철강을 제련한다고 산으로 올라가 천하가 크게 어지러워졌다. 그런데 내년에 또 배로 늘리거나 심지어 몇 배 늘릴 목표를 세운다면 어떻게 되겠는가?"

마오 주석은 반드시 분위기를 진정시켜야 한다면서 다음과 같이 말했다. "공기 총량은 여전히 일정하나 압축시켜 체적을 작게 하는 것처럼 몸체를 엉성하게 키울 것이 아니라 탄탄하게 다져야 하는 것과 같은 이치이다. 내년에는 임무를 줄여야 한다. 공업분야에서 그리해야 하지만 농업분야에서도 그리해야 한다. 지난해 겨울과 올 봄에 500억 세㎡(土方, 토목공사 시 흙을 재는 단위. 1세㎡가 1'10㎡'임) 규모의 수리공사를 진행했는데 올 겨울과 내년 봄에는 500억 세㎡ 규모의 공사를 진행하지 말고 줄여야 한다."

이 대목에서 마오 조석은 그가 우리를 부른 것은 분위기를 진정시키는 정신을 빨리 『인민일보』와 신화사 기자, 편집들에게 알리게 하기 위해서라고 설명했다. 그가 말했다. "지금부터 선전할 때는 분위기를 진정시키는 기사를 써야 한다. 더 이상 헛된 기운을 불어넣지 말고 실제적으로 열의를 북돋아주어야 한다. 스스로 머리가 뜨거워지지 않게 유지해야 할 뿐만 아니라 더욱이 사람들에게 머리가 뜨거워지도록 부추기지 말도록 해야 할 것이다."

변증법적인 이분법(兩點論)

마오 주석이 말했다. "신문선전업무에 종사하는 기자와 편집인원은 문제를 전면적으로 볼 줄 알아야 한다. 정면도 보아야 하고 또 측면도 보아야 한다. 중요 부분도 보아야 하고, 또 부차적인 부분도 보아야 한다. 성과를 보아야 하고 또 부족점도 보아야 한다. 이를 가리켜 변증법이라고 하며 이분법(兩点論, 사물을 파악하려면 두 가지 측면을 모두 보아야 한다는 주장으로 변증법적 사유방법을 마오쩌둥이 통속화한 것. -역자 주)이라고 한다. 요즘 좋지 않은 기풍이 일고 있다. 결함을 말하지 못하게 하고, 불평불만을 말하지 못하게 하며, 나쁜 말을 하지 못하게 하는 것이다. 모든 일에는 다양면성이 있다. 좋은 일이라 하여 모든 것이 다 좋은 것이 아니라 나쁜 일면도 있다. 반대로 나쁜 일이라 하여 모든 것이 다 나쁜 것이 아니라 좋은 일면도 있는 것이다. 다만 중요한 것과 부차적인 것이 다를 뿐이다. 어떤 일에 대해 다른 사람들이 다 좋다고 말할 때 나쁜 점은 하나도 없는지 질문할 수 있어야 한다. 다른 사람들이 다 나쁘다고 말할 때 좋은 점은 하나도 없는지 질문할 수 있어야 한다. 대약진은 물론 좋은 일이다. 그러나 실속 없이 성과를 부풀리는 기풍은 좋지 않은 것이다."

마오 주석은 우리에게 실제 생산량을 과장해 허위 보고를 하는 것과 실제 생산량을 감춰 보고하는 것 중에 어느 것이 낫다고 생각하느냐고 물었다. 이어 그는 스스로 실제 생산량을 감추는 것이 과장해 허위 보고하는 것보다 낫다고 생각한다고 대답했다. "분명 그렇게 많은 식량을 수확하지 못했으면서 억지로 허세를 부려 생산량을 부풀려 보고한 결과 나라에서는 보고된 생산량에 따라 수매하다보니 식량을 초과 징수하게 되어 결국 농민들이 피해를 입게 되는 것이다. 생산량을 감추고 적게 보고하는 것도 물론 잘하는 일은 아니지만 동정할만한 일이다. 식량 풍년이 들었다면 간부들은 실제대로 보고해야 한다. 농민들이 생산량을 감추고 적게 보고하려는 것은 식량을 조금 더 남겨 조금 더 먹으려는 생각일 뿐이다. 너무 오랜 세월 동안 중국 농민들은 배불리 먹을 수 없고 따뜻하게 입을 수 없는 생활을 해왔기 때문에, 조금 더 먹고 싶어 하는 것은 범죄가 아니다. 생산량을 감추고 적게 보고한 경우는 식량이 여전히 있지만, 과장해 허위 보고한 경우에는 식량이 애초에 없기 때문에 실속 없이 성과를 부풀리는 것이 위해가 더 크다."

이 대목에서 마오 주석은 또 옛 이야기를 시작했다. "세상일에는 진실과 거짓이 있기 마련이다. 실속 없이 부풀리는 사례는 옛날에도 있었다. 적벽대전에서 조조(曹操)의 군대는 83만 명에 이르는 것으로 부풀려졌으나 사실은 겨우 20~30만 명밖에 안 되었다. 게다가 모두 수영을 잘 할 줄 몰라 손권(孫權)에게 패하고 말았다. 이는 공명(孔明)이 동풍을 빌린 이유 때문만은 아니다. 안후이 성에는 "차오후(巢湖) 호수를 물바가지 삼아 들고 물이 부족한 곳에 물을 댄다"라는 구호가 전해지고 있다. 이는 시의 구절일 뿐이다. 수리 공사를 진행하는 것은 시처럼 낭만주의적이지 않다."

마오 주석은 다음과 같이 말을 이었다. "대약진 과정에서 성과를 부풀려 보고한 것은 위에서 너무 과중한 임무로 내리 누른 탓이다. 문제의 위험성은 우리가 하급기관이 올린 보고를 전적으로 믿은 데 있다. 어느 한 현위서기는 농민에게 밀밭에 물을 대라고 강박하면서 사흘 동안 낮과 밤 악전고투할 것을 명했다. 결국 농민은 밤에 밭머리에 초롱을 걸어 밝혀두고 아이에게 망을 보게 하고 그 어른은 잠을 잤다. 그 현위서기는 초롱이 밝혀져 있는 것을 보고 밀밭에 물을 대고 있는 줄로 알았다. 실속 없이 성과를 부풀려 거짓 보고를 하는 기풍이 일고 있는 상황을 감안해 우리는 하급 기관에서 올린 보고서를 전적으로 믿어서는 안 되며 에누리를 두어야 한다. 어쩌면 허위 보고 비중을 30%로 보는 것이 안정적일지도 모른다. 그렇지 않으면 허위 보고의 숫자에 따라 생산계획을 세우면 너무 위험할 수 있으며, 그에 따라 공급 계획을 세우는 것은 더욱 위험할 수 있다."

마오 주석은 다음과 같이 강조했다. "신문 업무에 종사하는 것은 기자 혹은 편집자 누구를 막론하고 모두 냉정한 두뇌를 유지해야 하며 실사구시해야 한다. 하급 기관에 내려가 취재할 경우 그들이 말하는 그대로 보도해서는 안 된다. 스스로 머리를 써 진실한지 이치에 맞는 것인지를 생각해야 한다."

마오 주석은 대약진 과정에서 여러 성이 진척상황계획표(예를 들어 수리공사 중 흙·모래·돌의 세㎥ 진척상황계획표)를 발표하고, '위성'(식량과 철강 고생산량 '위성') 발사 등과 같은 『인민일보』의 보도 방식이 여러 지방에 매우 큰 압력으로 작용해, 결국 '앞서거니 뒤서거니' 서로 경쟁하는 상황이 발생해 성과를 부풀리는 기풍을 초래하게 되었다고 일부 성위가 반영하고 있다면서 이를 경계삼아야 한다고 말했다.

세 가지 의견

마오 주석은 이상과 같이 말한 뒤 또 세 가지 의견을 종합해서 말했다. 첫째, 실사구시해야 한다. 보도에서 사실의 진상을 명확하게 밝혀야 한다. 뉴스는 반드시 진실해야 하는 것이 아닌가? 반드시 허와 실을 분명하게 조사해 성과를 부풀려 허위 보고를 한 것인지, 아니면 진실하고 확실한 것인지를 분명하게 조사해야 한다. 신문보도는 시를 짓고 소설을 쓰는 것이 아니므로 상상과 허구가 있어서는 안 되며, 낭만주의적이어서는 안 된다.

둘째, 지금은 백반(白礬, 명반(明礬))을 넣어 혼란한 사상을 정화시켜야 한다. 『인민일보』 사설에서는 인민공사가 '집단소유제'에서 '전 국민 소유제'로 과도하면서 시간을 단축시켜 3~4년, 혹은 5~6년이면 충분하다고 하면서, 베이다이허 결의 중 "혹은 더 긴 시간"이라는 반 구절은 필요하지 않다고 썼다. 마오 주석은 그 반 구절은 그가 특별히 보충한 것인데, 그때 당시는 좀 더 신중한 것이 좋겠다고 생각해서 그렇게 했다면서, 이제 보니 역시 너무 성급했던 것 같다고 말했다. 그는 또 우리가 그 반 구절마저도 삭제한 것은 더욱 성급한 행위라면서 어느 정치국 위원의 의견에 따라서 그리 했는지 알 수 없다"고 말했다. 마오 주석이 말을 이었다. "최근 반년 간 나를 포함해서 모두들 머리가 뜨거워져 있다. 그래서 명반을 넣어 분위기를 진정시켜야 한다. 찬물을 좀 끼얹을 필요가 있다고 말하는 것이다. 단 간부와 대중의 적극성을 보호하는 데 주의를 기울여야 한다. 잘못이 있다면 지도층에서 책임을 감당하면 된다. 하급 기관에 책임을 묻지 말도록 하라."

셋째, 국제적 영향을 생각해야 한다. 올해 우리는 선전 면에서 지나치게 떠벌렸는데, 국내적으로 혼란을 조성했을 뿐 아니라 국제적으로도 불리한 영향을 일으켰다. 마오 주석이 말했다. "청두회의에서 내가 헛된 명성을 좇아 실제적 재난을 당하지 말도록 해야 한다고 말한 적이 있다. 그런데 지금 바로 그런 위험에 부딪치게 된 것이다. 덜레스가 매일같이 우리를 비난하는 것은 그가 당황하고 있음을 나타내며, 우리가 빨리 강대해질까봐 두려워하고 있음을 보여주는 것이다. 미국인들은 중국에 대해 예방 차원에서 전쟁을 일으켜야 하는 것이 아닐까 하는 생각을 할 수가 있다. 이는 우리에게 불리한 일이다. 왜 하필 모난 돌이 되어 정을 맞으려 하겠는가? 더욱이 우리의 성과 속에는 부풀린 요소도 들어 있지 않은가? 설사 실제로 그렇게 많은 성적을 거두었더라도 크게 떠벌리지 말아야 한다. 겸손해서 나쁠 일이 없다. 중국은 대국이다. 그러나 가난한 대국이다. 올해는 대약진을 이룬 한 해였다. 그러나 설령 현재 보고된 숫자에 따르더라도 전국 농민의 연간 평균 소득은 겨우 70위안 정도밖에 안 되며, 전국 노동자의 매달 평균 임금 역시 겨우 60위안 정도밖에 안 된다. 현재 일부 현위에서는 하루 강아지 범 무서운 줄 모르고 3년간 악전고투해 공산주의 사회로 넘어간다고 떠들고 있다. 정신이 혼란해져서 헛소리를 치는 것이 아니고 무어란 말인가? '가난한 상태에서 공산주의 사회로 넘어간다는 것'이다. 마르크스·엥겔스·레닌·스탈린 어느 누가 공산주의 사회는 매우 가난하다고 말했는가? 그들 모두가 공산주의 사회로 넘어가는 필요조건은 생산물이 극도로 풍부해야 한다'는 것이라고 말했다. 그렇지 않으면 어찌 수요에 따른 분배가 가능할 수 있겠는가? 일부 동지들은 '가난한 상태에서 공산주의 사회로 넘어가려고 하고 있다.' 그런 '가난한 공산주의'가 어찌 우월성과 흡인력이 있을 수 있겠는가?"

마오 주석은 다음과 같이 말했다. "현재 인민공사에서 실행하는 공급제는 수요에 따른 분배가 아니라 평균주의이다. 중국 농민들은 아주 오래 전부터 평균주의사상을 가지고 있다. 동한(東漢) 말기 장로(張魯)가 실행했던 '태평도(太平道)'는 '오두미도(五斗米道)'라고도 불렸는데, 농민이 쌀 닷 말을 내고 입도(入道, 도에 가입함)하면 매일 배불리 먹을 수 있었다. 그것이 아마도 중국 최초의 농민의 공상적 사회주의였을 것이다. 현재 우리 일부 동지들이 서둘러 공산주의 사회로 넘어가려고 하고 있는데 이는 매우 위험한 것이다. 베이다이허 회의에서 공산주의 사회로 넘어가는 다섯 가지 조건에 대해 규정했는데 그중 한 가지 조건도 빠져서는 안 된다. 한 가지가 빠져도 공산주의 사회로 넘어갈 수 없다."

이 대목에서 마오 주석은 감정이 북받쳐서 말했다. "어쨌건 나는 성급하게 과도할 생각이 없다. 나는 올해 65살이지만 설사 앞으로 죽을 날이 멀지 않았다 해도 성급하게 과도하지 않을 것이다."

마오 주석은 이렇게 강조했다. "과도하려면 물질조건과 정신조건을 갖추어야 하며, 또 국제적 조건도 갖추어야 한다. 조건을 갖추지 못한 상황에서 과도한다고 선포해도 소용이 없다. 두 가지 구분선을 그어야 한다. 한 가지는 집단소유제와 전 국민소유제를 구분하는 것이고, 다른 한 가지는 사회주의 사회와 공산주의 사회를 구분하는 것이다. 전 국민소유제로 과도했다고 함부로 선포하지 말고, 더욱이 공산주의 사회로 과도했다고 경솔하게 선포하지 말아야 한다."

마오 주석은 또 이렇게 말했다. "우리가 실행하는 대약진과 인민공사화는 덜레스를 깜짝 놀라게 했을 뿐 아니라 후루시초프도 깜짝 놀라게 했다. 그래도 후루시초프가 신중해 보인다. 그는 다만 12년 내에 공산주의 사회로 넘어갈 수 있는 조건을 준비할 것이라고만 말했을 뿐 그때 가서 과도할 것이라는 말은 하지 않았다. 우리 일부 동지들은 머리가 뜨거워져 소련보다 앞서 공산주의사회로 넘어갈 생각을 하고 있는데 이는 참으로 좋지 않은 것이다. 소련 동지들은 사회주의 건설을 41년간이나 진행해왔지만, 우리는 겨우 9년밖에 안 되면서 선봉에 서려고 하고 있으니 정신이 혼란해진 것이 아니고 무엇이겠는가? 사람은 어린이에서부터 청년·장년·노년에 이르는 과정을 거쳐야 하고, 물은 계곡에서부터 강·호수·바다로 흘러드는 과정을 거쳐야 하듯이 모든 일에는 일정한 이치가 있고, 상대적 규정성이 있으며, 양적인 변화에서 질적인 변화를 이루는 과정이 필요하다. 그래서 멋대로 과도하고 싶다고 하여 과도할 수는 없는 것이다."

미신을 타파하는 것과 과학을 존중하는 것

마오 주석은 그가 정저우에서 상품 생산과 상품 교환을 취소해야 한다는 천보다의 주장을 비평하고, 또 신40조(주: 15년~20년 계획 요강 초안을 가리

219

킴)를 작성한 동지들의 2억 톤~4억 톤에 이르는 철강을 생산하려는 비현실적인 생각을 비평했다면서, 현재 일부 동지들이 사상을 해방시키고 미신을 타파해야 한다고 말하고 있는데, 실제로는 과학마저도 타파하려는 것이라고 말했다. 마오 주석은 무릇 미신이라면 반드시 타파해야 하고 무릇 과학과 진리는 반드시 고수해야 한다면서 다음과 같이 말했다. "자산계급 법권 중 일부는 타파해야 한다. 예를 들어 관료주의·대중 이탈·삼엄한 등급·고생을 두려워하는 것과 교만하고 자고자대하는 두 가지 기풍과 같은 것은 반드시 타파해야 한다. 그러나 그 밖의 상당한 부분은 타파해서는 안 된다. 예를 들어 임금제도, 국가강제법·상하급 관계 등은 여전히 유지해야 한다. 만약 이와 같이 필요하고 유용한 부분마저도 완전히 타파해버리면 세상이 크게 어지러워질 것이며, 언젠가는 반드시 잘못을 뉘우쳐야 할 것이며, 또 사죄까지 해야 할 것이다.

마오 주석은 다음과 같이 말했다. "신화사와 『인민일보』 기자와 편집인원들은 냉정한 두뇌를 유지해 스스로 머리를 많이 써 독립적으로 사고해야 한다. 다른 사람이 말하는 대로 따라 말하거나 멋대로 맞장구를 쳐서는 안 된다. 조사를 진행해야 하며 끝까지 파고들어야 한다. 비교를 행해야 한다. 주변과 비교하고 앞뒤좌우로 비교해야 하며 고금중외를 통해 비교해야 한다. 당(唐)나라 시기에 한 태수(太守)가 있었는데 그는 사건을 심리할 때 원고와 피고에게 묻기에 앞서 원고와 피고 주변 사람과 환경에 대해 먼저 조사를 진행한 다음에야 원고와 피고를 심문했다고 한다. 이를 구추법(勾推法) 즉 비교법이라고 한다. 기자와 편집자들은 이런 조사연구를 통한 업무방법을 배워야 한다. 사실 이는 또 사상방법이기도 하며, 실사구시 하는 방법이기도 하다. 기자, 특히 기자의 우두머리 — 이때 마오 주석은 나를 가리키며 — 자네와 같은 사람은 명석한 두뇌를 가져야 하며 실사구시 해야 한다고 말했다.

마오 주석이 나와 텐자잉과 진행한 그 담화는 매우 직설적이었으며, 때로는 상당히 흥분해 하기도 했다. 아마도 오후에 여러 협력 지역 팀장들과의 담화를 거쳐 생각이 활발해진 때문인지 일사천리로 이야기를 이어나갔으며 그렇게 줄곧 밤중까지 이야기했다.

마지막에 마오 주석은 나에게 하루 빨리 상기의 정신을 기자들에게 알리라고 하면서 어떤 방법을 쓰면 빠를 수 있겠느냐고 나에게 물었다. 나는 신화사 전국 분사회의가 베이징에서 열리고 있으니 주석의 의견을 회의에 전할 수 있다고 그에게 알려주었다. 마오 주석은 처음에 회의를 우한으로 옮겨서 열면 어떻겠느냐고 제기했으나 이어 임시로 조치하려면 불편할 것이라는 점과 게다가 중앙이 정치국 확대회의에 이어 또 6중 전회를 열 계획이어서 많은 사람이 오게 될 것이라는 점을 떠올리게 했다. 이때 텐자잉이 중앙 판공청 전용기가 매일 베이징과 우한 사이를 왕복하고 있으니 내일 베이징에 돌아가 전하고 모레 되돌아와 회의에 참가하는 방안을 제시했다. 나는 그 방법이 실행 가능하다고 생각했으며 마오 주석도 그렇게 하는 것에 찬성했다.

그래서 나는 23일 베이징으로 날아와 당일 국내 분사회의 참가자와 신화사·『인민일보』 여러 부서 주임 이상 간부들에게 정신을 전했다. 그때 당시 나는 마오 주석의 담화 내용 중에 일부 중대한 정책 결정 및 구체적인 사람과 사건을 언급한 것을 고려해 모든 담화 내용을 다 전하지 않았으며, 또 전하면서 그들에게 상세하게 기록하지 말고 종합적인 정신과 요점만 기억할 것을 요구했다. 그래서 그 후 신화사와 『인민일보』 기록에는 모두 완전한 기록이 없다. 다행히 마오 주석이 22일 밤중에 담화한 요점의 일부는 21일 중앙 정치국확대회의에서 이미 말했었고, 일부는 23일 회의에서도 말했다.

마오 주석의 이번 담화는 대약진과 인민공사화 중의 '좌'적인 지도사상문제를 근본적으로 해결하지는 못했다. 그 뒤 열린 제8기 6중 전회에서는 여전히 너무 성급하게, 너무 높은 목표를 달성할 것을 요구하는 '좌'적인 사상 경향이 나타났다. 예를 들면 전체회의에서 통과된 1959년 계획에서 철강 생산량을 1800~2000만 톤으로 정했는데, 비록 베이다이허 회의 때에 비해 900~1000만 톤 줄었지만 여전히 너무 높은 수준이고(1959년 6월 이녠탕 회의에서 비로소 천원 동지의 건의에 따라 1300만 톤으로 낮추었음), 식량 생산량 목표는 여전히 1조 500억 근(5250억 킬로그램)으로 정해 베이다이허 회의에서 정했던 목표에서 줄어들지 않은 상황이었다. 인민공사 관련 결의에서는 성급하게 과도하려는 두 가지 사상경향에 대해서만 비평했을 뿐이며 인민공사의 근본 문제는 여전히 해결하지 못했다. 그러나 이 문제에 대해 역사적인 시각으로 보면 마오 주석은 1958년 11월초 정저우 회의 때부터 대약진과 인민공사화 중에 나타난 그가 '좌'적이라고 여기는 편향에 대해 시정하려고 주의를 기울이기 시작했으며, 이번 담화를 통해 그때 당시 그의 사상을 분명하게 반영했음을 알 수 있다. 어찌 되었든 간에 마오 주석의 이번 담화는 우리나라 신문 업무에 대해서, 실제로 다른 업무에 대해서도 여전히 중대한 의미를 가지는 회의였다.

우창회의 후 마오 주석은 베이징으로 돌아왔다. 1959년 1월에 나는『인민일보』와 신화사 모두 11월 22일 주석의 담화정신에 따라 점검을 진행하는 한편 개선 조치를 취한 상황을 주석에게 보고했다. 주석은 최근 지난해 업무 중의 많은 부족점이 드러나고 있다면서 나쁜 일이 좋은 일로 바뀔 수 있다고 말했다. 그는 이렇게 말했다. "올해 업무는 지난해보다 더 잘 전개할 수 있을 것이다. 업무 처리과정에서 우리는 실수를 하지 않을 수 없다. 어떤 실수는 다른 사람이 이미 한 번 저질렀음에도 자신이 또 저지를 수 있다. 그런 과정을 거쳐야만 교훈을 섭취할 수 있다. 그대들 기자들이 잘못을 반성하고 고치면 그만이다. 그러나 기죽을 것까지는 없다. 교훈을 얻었으면 그것으로 된 것이다."

(9) 투쟁도 하고 단합도 하고

샹산(香山)에서 중난하이까지

1959년 4월 19일은 일요일이었다. 그날은 햇볕이 따뜻한 날이었다. 나는 아침 일찍 가족들과 함께 샹산으로 소풍을 나갔다. 점심에는 샹산 호텔에서 식사를 하고 휴식을 취했다.

옛날 다녀간 적이 있는 곳을 다시 찾은 것이다. 1949년 3월말 마오 주석과 당 중앙이 시바이포(西柏坡)에서 베이핑으로 이주했을 때 처음에는 샹산에 머물면서 공무를 처리했다. 나와 신화사 본사의 일부 편집인원들은 중앙을 따라 샹산에 당도했으며 편집부는 바로 샹산호텔에 설치했다. 마오 주석은 산중턱에 위치한 샘물이 고여 바닥이 들여다보일 정도로 맑은 두 개의 늪을 이루었다는 데서 이름을 얻은 쌍칭(双淸)별장에 거처를 정했다. 류샤오치·저우언라이·주더·런비스 등 중앙 서기처 구성원들도 샹산에서 살았다. 류샤오치·저우언라이는 샹산호텔 옛터 동쪽에 위치한 두 채의 작은 건물에서 살았으며, 그 서쪽이 바로 신화 편집부가 소재한 샹산호텔이며, 앞뒤 세 줄로 들어앉은 사합원(중국 전통 가옥구조 - 역자 주)으로 구성되었다.

그때 당시 신화사 사장은 후챠오무였고, 부사장 겸 부총편집장은 천커한(陳克寒)이고, 나는 부총편집장이었다. 편집부에서 작성한 중요한 기사는 모두 샤오치 동지와 언라이 동지에게 보내 심열을 받았으며, 그중에서 특별히 중요한 것은 마오 주석에게 보내 심열을 받곤 했다. 이는 중앙이 시바이포에서 신화사 중요 간부에 대한 집중훈련을 진행할 때 당시 정해진 규칙이었다. 나는 매일 밤 11시쯤 최종 심사를 거쳐 마무리된 기사를 가지고 차를 타고 시내로 들어가 사법부(司法部)거리 전 국민당 '병참 보급 본부(聯勤総部)' (현재 인민대회당 서쪽에 위치함, 1959년에 이미 철거시킴)에 설치된 신화사 본사 시내 판사방으로 가 베이징 여러 신문사에 기사를 발송했으며, 베이징 분사의 당일 취재 기사 중 중요한 기사를 처리한 뒤 늦은 밤에 샹산으로 돌아가곤 했다. 8월말 편집부가 시내 사법부 거리로 이사하기 전까지 매일 밤 그렇게 했다. 언라이 동지는 5월부터 인민정협 준비에 바빴는데, 낮에는 중난하이로 가서 사무를 보고 밤이면 샹산으로 돌아오곤 했다. 샤오치 동지는 6월부터 8월까지 소련 방문을 마치고 귀국한 뒤 바로 중난하이로 이사했다. 마오 주석은 샹산에서 수많은 중요한 논설문과 기사를 써 신화사에 발표했다. 그의 유명한 「인민민주독재를 논함」이라는 글은 쌍칭별장에서 쓴 것이다. 그는 9월 중순까지 애치슨(Dean Gooderham Acheson)의 백서에 대해 다섯 번째로 평론한 신화사 사설 「유심주의 역사관의 파산」을 완성한 뒤에야 비로소 중난하이 쥐샹서옥으로 이사했다.

이번에 샹산을 다시 찾은 것은 신화사가 샹산에서 이사를 나간 지 거의 십 년이 되어 가는 시점이었다. 오전 내내 와불사(臥仏寺)며 벽운사(碧雲寺) 등 여러 곳을 구경하느라고 많이 지친 나는 샹산호텔 식당에서 점심을 먹자 내가 원래 주숙(住宿)하던 뒤울안의 거처로 돌아와 휴식을 취했다. 내가 막 낮잠을 자려고 할 때 호텔 종업원이 와서 전화를 받으라고 알려주었다.

순간 영문을 알 수 없어 어리둥절했다. 웬 일로 샹산으로 전화해 나를 찾는 것일까? 전화를 받아보고서야 중난하이 교환대에서 걸어온 것임을 알았다. 전화 저쪽에서는 마오 주석의 비서 뤄광루(羅光祿) 동지가 나와의 통화를 원한다고 알려주었다. 그때 나는 마음속으로 중난하이 교환대의 전화 교환원이 참으로 대단하다고 생각했다. 내가 샹산호텔에 있다는 사실까지 수소문해 알아냈으니 말이다. 뤄광루 동지와는 바로 전화 연결이 되었다.

그는 나에게 지금 바로 시내로 돌아와 회의에 참가하라는 마오 주석의 지시를 전했다. 그리 되면 낮잠 자기는 다 글렀다. 나는 바로 차를 타고 시내로 돌아왔으며 그 길로 중난하이로 달려갔다. 그때는 이미 오후 세시가 넘은 시간이었다.

내가 이톈탕에 들어서는데 마오 주석이 나를 향해 호랑이도 제 말 하면 온다면서 어디 갔었느냐, 오후 3시에 회의를 할 것이라는 통지를 하려고 오전 내내 찾았는데 겨우 찾아냈다고 말했다. 나는 이른 아침에 샹산으로 갔는데 이제 막 회의 통지를 받자마자 달려오는 길이라고 재빨리 설명했다.

반격 개시

마오 주석은 어제(4월 18일) 인도 정부 관원이 티베트(西藏) 반란 관련 달라이라마의 「성명」을 퍼뜨렸다면서 우리는 이 기회를 놓치지 말고 반격을 개시할 것이라고 말을 이었다. 그는 나에게 즉시 논설문 한편을 작성하라고 부른 것이라고 말했다. 논설문에서는 어떤 관점들을 중점적으로 논해야 하느냐고 내가 물었다. 이에 마오 주석은 바로 전에 총리, 그리고 다른 사람들과 의논을 거쳤는데 주로 세 가지 측면으로 이른바 '달라이라마 성명'에 논박을 가하도록 하라고 말했다.

첫째, 「성명」은 '티베트 독립'을 내용으로 시작했는데 영국 제국주의가 예로부터 꾸어왔던 꿈— 즉 티베트를 중국에서 분열시키려는 꿈을 반영했다.

둘째, 「성명」에서는 인민해방군이 티베트에서 '1951년 티베트의 평화적 해방 관련 17조 협의'를 어겼다면서도 그러나 아무런 사실도 열거하지 못했다. 우리는 지난 8년간 티베트지역의 모든 정치제도와 사회제도·종교제도는 여전히 평화스러웠던 해방 전과 같으며 전혀 바뀐 것이 없다는 점, 티베트 내부의 사무는 전 티베트 지방정부의 주도로 진행하지 않은 것이 거의 없다는 점, 중앙인민정부가 1962년 이전에는 민주개혁을 진행하지 않을 것이라고 선포한 점에 대해 밝히도록 한다.

셋째, 「성명」에서는 3월 10일부터 19일까지 반란을 일으킨 경과에 대해 왜

곡했다. 우리는 달라이라마가 3월 10일 티베트 주재 중앙 대표인 탄관싼(譚冠三) 장군에게 보낸 세 통의 편지 내용에 따라 '달라이라마는 반동세력에 포위당했고 3월 17일 납치되었다'고 설명하도록 한다. 「성명」에서도 달라이라마와 그 가족 및 관원들이 "라싸를 떠나는 것은 매우 긴박한 일"이라는 사실을 "고문들이 인식했다"라고 썼다.

저우 총리는 또 다음과 같이 덧붙였다. "「성명」의 문장에서는 일인칭인 '나'를 쓰지 않고 삼인칭이 '그'를 썼으며, 티베트 문체가 전혀 아니며, 영국 국왕의 고시문과 같은 문체이다. 「성명」에서 사용한 일부 관념과 어구도 외국적인 것이고, 그 성명을 퍼뜨린 사람 또한 인도 정부 관원이다. 이 모든 것은 「성명」에서 달라이라마 본인이 발표하고자 한 것이 아니며, 다른 사람이 그를 강박했음을 표명한다는 점을 지적해야 한다. 논설 문장에서는 이런 부분을 폭로해야 한다."

샤오치 동지는 또 논설 문장에서 "'현재 그 성명을 발표한 것은 대체 무엇을 하려는 것이냐?'라는 질문을 제기함으로써 그들의 그런 처사는 중국에 대항하기로 작심한 것임을 밝혀야 한다"고 말했다.

회의에서는 또 티베트 반란과 중국-인도 관계에 대한 다른 의견들도 제기되었다. 마지막에 마오 주석은 시간이 늦어서 회의는 여기까지 하자고 제의했다. 그는 나에게 그날 밤으로 논설 문장을 써낼 것을 지시하면서 작성된 문장을 밤늦게까지 라도 기다렸다가 볼 것"이라고 말했다.

회의가 끝나자마자 나는 신화사로 돌아가 논설 문장을 쓰기 시작했으며, 저녁식사 후까지 계속 썼다. 원고를 마무리하고 교정 완료한 원고를 인쇄해 중난하이에 보내고 나니 20일 새벽 3시가 넘은 시간이었다.

이튿날(4월 20일) 오후, 마오 주석이 나와 후챠오무를 함께 그의 집으로 불렀다. 그는 먼저 그의 수정을 거친 교정 완료한 원고를 우리에게 보여주었다. 수정 내용은 주로 이런 한 단락을 보충해 넣은 것이었다. 즉 "현재 티베트의 반란세력은 전적으로 영국인이 만들어낸 것이다. 인도의 확장주의세력은 영국의 불명예스러운 유산을 이어받은 것이다. 그래서 그 세력 내 사람들의 생각은 외국과 내통하는 것이다. 인도를 향해 조국을 등지는 것이다. 보라! 그들 사이가 얼마나 다정한지를…… 그야말로 아기자기하고 차마 떨어질 수 없는 사이로 보이지 않은가?" 마오 주석은 또 후챠오무와 나에게 논설 문장 중 일부 표현에 대해 좀 더 다듬고 수정할 것을 지시했다. 후챠오무와 나는 주석의 침실에서 바로 수정을 거친 뒤 주석에게 심사 결정하도록 했다. 마오 주석은 우리가 수정한 부분을 본 뒤 마지막에 그 논설 문장을 오늘 바로 발표할 것을 지시했으며, 또 "신화사 정치기자 논설"이라고 서명하라면서 그런 형식이 사람들의 중시를 불러일으킬 수 있을 것이라고 말했다. 그리고 제목은 여전히 「이른바 "달라이라마의 성명"을 논함」이라고 달 것과 신화사는 오늘 밤 발표하고 『인민일보』는 내일(4월 21일) 1면 톱기사로 배치할 것을 지시했다. 또 달라이 명의로 발표된 「성명」도 전문을 게재하라고 지시했다. 나는 그 즉시 신화사로 돌아와 번역과 기사 발표에 대해 조치했다.

하루 만인 4월 22일 마오 주석은 또 그의 집에서 정치국 상무위원회의를 소집했으며 나도 참석했다. 마오 주석은 회의에서 이제부터 선전 면에서 인도의 반(反)중국 언행에 대해 집중적으로 반격해야 한다면서 이렇게 말했다. "『인민일보』는 지면을 조정해 티베트 반란 관련 문제를 집중적으로 반영하고, 우리의 신속한 반란 평정 및 현재 실행하고 있는 민주개혁조치에 대해 선전해야 한다. 티베트 반란문제에 대한 인도의 공식적 및 비공식적인 반중국 언행에 대해서는 모두 지속적으로 발표해야 한다. 국제사회가 우리를 지지하는 언론도 발표해야 한다. 3월 17일부터 네루가 의회에서만 5~6차례 연설을 발표했음에도 우리는 줄곧 침묵을 지켜왔다. 그 이유는 그가 어디까지 가려는지 두고 보기 위해서였으며, 한 걸음 물러나 있다가 나중에 행동을 취하여 제압하기 위해서였다. 이제는 그에게 응답할 때가 되었다. 『인민일보』에서는 하루 빨리 네루의 연설에 대한 평론 문장을 써서 중앙에서 토론을 거친 뒤 발표하도록 하라."

여기서 마오 주석이 『인민일보』에 빨리 작성하라고 한 문장은 4월 초 항저우에서 열린 상무위원회의에서 나에게 준비하라고 지시한 것이었다.

티베트의 반란

원래 3월 10일 티베트 상위층 소수의 반동세력이 라싸에서 많은 사람들을 모아 소동을 일으키려고 책동했다. 중앙은 소식을 입수한 뒤 티베트 주재 중앙업무위원회에 경계를 강화하고 만전의 태세를 갖추되 먼저 총을 쏘진 말 것을 지시했다. 그때 당시 마오 주석은 베이징에 있지 않았다(그는 제2차 정저우회의가 끝난 즉시 3월 상순에 우창으로 남하했음).

그는 3월 12일부터 15일까지 세 차례나 중앙에 전보를 쳐 그의 견해를 밝혔다. 그는 라싸 상위층의 반동집단이 우리를 만만하게 보고 소동을 확대할 수 있기 때문에 우리는 민주개혁을 앞당겨 실행할 준비를 하지 않을 수 없다고 주장했다. 그는 티베트에 대해 군사적으로 방어 태세를 취하고, 정치적으로는 공격태세를 취하며, 상위층은 분화시키고 하위층은 교화시켜 반란이 일어날 수 있는 상황에 대처할 준비를 할 것을 건의했으며, 또 달라이의 도주 가능성에 대해 어떤 조치를 취할지 고려하도록 중앙에 제안했다. 그는 또 티베트 주재 중앙 대표 탄관싼 장군의 명의로 달라이의 3월 10일 이후 세 통의 편지에 대한 회답편지를 쓰는 것에 찬성했으며, 너그럽게 아량을 베풀 것과 달라이가 지금까지 했던 약속들을 실천하고 중앙과 마음을 합칠 수 있기를 바라야 한다는 중앙의 결정에 찬성했다.

샤오치 동지는 3월 17일 정치국회의를 열어 티베트의 장군(藏軍, 정식 명칭은 중국민족대본군[中国民族代本軍], 대본은 연대[団]에 해당함 -역자 주)이 반란의 긴급 상황에 적극 준비할 것과 마오 주석의 건의에 대해 토론했다. 회의에서 샤오치 동지와 샤오핑 동지는 이렇게 말했다. 우리가 티베트를 평화적으로 해방시킨 지 이미 8년이 지났다. 예전에 민주개혁을 진행하지 않았던 것은 주로 상위층 인물이 각성할 수 있기를 기다려주기 위해서였다.

지금 일부 상위층 인물이 반란을 일으키려고 시도하고 있어 우리는 개혁을 진행하지 않을 수 없게 되었다. 당면한 임무는 먼저 단호히 반란을 평정할 준비를 하는 것이다. 티베트 지방정부와 티베트군(藏軍)에 대한 개편을 진행하고 정치와 종교를 분리시켜야 한다. 그 다음 전면적 민주개혁을 실행하는 것이다. 회의 참가자들은 중앙 상무위원회의 의견에 찬성했으며 달라이 본인에 대한 방침을 토론했다. 회의에서 보편적으로 일치한 의견은 방법을 강구하여 달라이가 라싸를 떠나지 않게 하는 것이 최선이고, 만약 그렇게 되지 않아 그가 기어이 라싸를 떠나게 되더라도 큰일은 아니라는 것이었다. 그것은 현재 우리 업무의 입장이 더 이상 원래의 티베트 지방 정부 일부 상위층 세력이 각성하기를 기다리는 것이 아니라, 반란을 단호히 평정하는 것과 전면적인 개혁이기 때문이었다. 이에 대해 샤오치 동지와 저우 총리·샤오핑 동지가 중점적으로 설명했다. 저우 총리는 또 이번 사건이 인도 당국과 관련이 있고 영국과 미국정부가 배후에서 매우 적극적으로 인도 당국을 지지해 인도를 제1선으로 내몰리고 있다면서 반란의 지휘중심은 인도의 칼림퐁이라고 지적했다. 회의가 끝나기 전에 중앙은 달라이가 라싸를 이미 떠났다는 소식을 접하고 즉시 티베트로 군대를 추가 지원함으로써 반란이 일어날 수 있는 사태에 대비할 수 있도록 했으며, 단 여전히 먼저 총을 쏘지 않는다는 방침에 따라야 한다고 결정했다.

3월 19일 밤 티베트 매국집단이 반란을 일으켰다. 중앙은 즉시 티베트 주둔 인민해방군에 지시해 3월 20일 단호하게 반격함으로써 반란을 신속하게 평정하도록 했으며, 한편 민주개혁을 실행하기 시작했다.

마오 주석은 우창에서 상하이로 가 먼저 정치국 상무위원회의를 소집한 뒤 3월 25일부터 4월 5일까지 정치국 확대회의와 7중 전회를 소집했다. 내가 3월 23일 상하이에 당도했을 때 회의 토론은 티베트 반란에 집중되어 있었다. 회의 첫날 마오 주석은 이번 회의에서는 인민공사와 1959년 공업·농업 생산계획목표 문제에 대해 중점적으로 토론할 것이라고 선포하는 한편, 샤오핑 동지에게 티베트 반란과 중-인 관계 관련 중앙상무위원회의 의견을 회의에서 통보하도록 지시했다. 샤오핑 동지는 중앙상무위원회의 의견을 다음과 같이 전했다.

첫째, 떳떳하게 그리고 기세 드높이 끝까지 반란을 평정해야 한다. 8년간 중앙과 티베트 주둔 부대가 티베트에 대한 평화적 해방 협의를 꾸준히 이행해왔지만 티베트 상위층 반란집단은 협의를 어기고 조국을 배반했으며 중앙에 대한 무장 저항을 감행해 인민해방군을 공격했기 때문이다.

둘째, 티베트 상위층 반란집단을 규탄한다. 그러나 달라이에게는 여지를 남겨두어 여전히 "반란집단이 달라이를 납치했다"는 설을 적용키로 한다. 한편 판첸(班禅)을 티베트 자치구 준비위원회 대리 주임(원 주임은 달라이였음)에 임명한다고 선포하도록 한다.

셋째, 현재 우리 구호는 민주적인 사회주의 새 티베트를 건설하는 것이다. 티베트 자치구 장정을 새로 작성하고 민주개혁을 진행하며 사회주의를 건설해야 한다. 이 모든 것을 떳떳하게 기세 드높이 선전해야 한다.

넷째, 현재 당분간은 인도 당국(네루를 대표로 함)의 이름을 공개적으로 밝히지 않도록 한다. 마오 주석은 그에게 의롭지 않은 행위를 많이 하도록 내버려둘 것이라면서 이렇게 말했다. 중국의 옛말에 "의롭지 않은 행위를 많이 하면 반드시 스스로 멸망하게 된다"는 말이 있다. 지금은 인도당국이 의롭지 않은 행위를 많이 하게 내버려두었다가 때가 되면 그와 결판을 낼 것이다. 티베트 반란에 대한 네루의 연설들도 잠시 보도하지 않도록 한다. 보도하게 되면 반박을 해야 하는데 아직은 그와 변론할 때가 아니다. 잠시 두고 보다가 행동을 취할 것이다. 이는 여지를 남겨두는 것이다. 이와 관련해서 인도 칼림퐁이 이번 반란의 지휘중심이라는 사실도 잠시는 밝히지 않도록 한다. 이 또한 밝히게 되면 인도정부와 교섭해야 하기 때문이다.(후에 3월 28일 신문 성명을 통해 다만 1955년 반란세력의 활동중심이 칼림퐁이라고만 밝혔을 뿐이며 인도 정부 측은 바로 여러모로 변명하느라고 애썼다)

샤오핑 동지가 중앙상무위원회 의견을 전한 뒤 나를 지목해 관계자 동지와 함께 티베트 반란 사건에 대한 신화사의 신문 성명을 작성할 것을 지시했다. 우리는 신문 성명을 작성한 뒤 챠오무 동지가 수정을 거쳐 중앙상무위원회에 올려 심열을 받았다. 마오 주석은 27일 성명 초고를 여러 군데 수정한 뒤 또 다른 상무위원과 챠오무, 그리고 나에게 문자를 좀 더 다듬을 것을 요구했다. 신화사가 3월 28일 그 성명을 방송하고 『인민일보』는 29일자에 게재했다. 그 후 마오 주석은 나에게 인도 정부 측의 반응에 주의를 기울일 것과 보도 관련 사항을 고민할 것을 서면으로 거듭 지시했다.

상하이 회의가 끝난 뒤 마오 주석은 항저우로 갔다. 나도 저우 총리를 따라 항저우로 갔다. 나의 임무는 제2기 전국인민대표대회 제1차 회의에서 발표하게 될 저우 총리의 정부업무보고와 리셴녠(李先念) 부총리의 예산보고에 대해 수정하는 것이었다. 4월 8일 마오 주석은 항저우 서호(西湖) 서남쪽 호숫가에 위치한 류좡(劉莊) 별장에서 중앙상무위원회의를 소집했다. 회의에서 저우 총리의 보고문에 대해 별로 많은 의견을 제기하지 않았기 때문에 바로 보고문을 마무리 지을 수 있었다. 마오 주석은 회의에서 티베트 반란 사건과 인도 당국의 태도에 대해 즉시 논설을 발표할 수 있도록 준비할 것을 강조했다. 그는 이번 사건은 국내와 국외에서 모두 많은 관심을 모았기 때문에 이번 전국인민대표대회 회의과정에 서 회의 참가자들이 의논을 제기할 것으로 짐작된다고 지적했다. 마오 주석은 『인민일보』가 문제에 대해 충분하게 전개할 사설 준비에 착수하라고 지시하면서 이렇게 말했다. 현재 영국과 미국·인도는 모두 떠들썩하게 반 중국 대합창을 부르면서 티베트 상위층 반란집단을 부추겨 우리의 반란 평정에 저항하고 있다. 이에 우리는 침착하게 대응해야 하며 선전 면에서 반격을 가할 준비를 해야 한다. 베이징에 돌아가는 즉시 준비에 착수해야 한다.

4월 13일 베이징에 돌아온 후 저우 총리는 나에게 논설 문장 자성에 대해 구체적으로 조치했다. 여기서 그는 국제문제 선전팀을 설립할 것을 생각하고 확정했다. 그래서 나와 챠오관화(喬冠華, 그때 당시 외교부 부장 보조(차관)가 책임을 맡고 장옌)張彦, 중앙 외사 판공실 부주임)·야오전(姚溱, 중앙 선전부 국제선전처장)·푸서우창(浦壽昌, 총리의 외사 비서) 등 동지들로 팀을 구성했다. 팀은 저우 총리와 샤오핑 동지의 직접적인 지도를 받으며 매주 혹은 보름에 한 번씩 '인민일보사'에서 회의를 열고 국제문제 관련 보도와 논설에 대해 토론을 진행하기로 했으며, 문제가 있을 경우에는 직접 저우 총리의 지시를 받기로 했다. 당면에는 티베트 반란과 인도 당국의 태도에 대한 보도와 논설 문장을 연구하고 작성하는 데 집중하기로 했다.

상하이 회의 때 마오 주석이 3월 30일 네루의 연설(4월 3일자 『인민일보』에 상세하게 보도함) 내용을 발표할 것을 지시했던지라 나는 먼저 『인민일보』 관찰가 논설 문장을 수정해 저우 총리의 심열을 거친 뒤 4월 15일자 신문에 「중-인 우호관계가 침해를 당하는 것을 허용할 수 없다」라는 제목으로 발표했다. 그 논설 문장에서는 제국주의와 인도의 비공식적인 세력이 우리나라의 반란 평정에 대해 비난한 언론에 대해서만 거론했으며 네루의 연설 중에서 "중-인 관계를 악화시켜서는 안 된다"라고 한 부분에 대해 환영을 표한다고 밝혔다. 그러나 논설 문장에서는 또 네루 연설에 대한 인도의 영자지 『인디언 익스프레스』의 논설 문장을 인용해 네루가 "꽃 선물을 매우 통이 크게 했다. 오른손으로는 티베트에 큰 꽃다발을 던져주고 왼손으로는 중국에 큰 꽃다발을 던져주었다"면서 네루가 "이 양자 사이에서 미묘한 균형을 유지하는 것은 그에게 가장 어려운 시각임이 분명하다"라고 썼다.

4월 15일 마오 주석의 주재로 최고 국무회의가 열렸다. 회의에서는 제2기 전국인민대표대회 제1차 회의와 제3기 인민정협 제1차 회의 의사일정에 대해 토론했다. 마오 주석이 회의에서 장편 연설을 했으며 그 과정에서 티베트 반란 문제에 대해 언급했다. 4월 18일 제 2기 전국인민대표대회 제 1차 회의가 개막했으며 인민정협회의도 동시에 열렸다. 티베트 반란 사건이 이 두 회의에서 의논한 중심 화제 중의 하나가 되었다.

이어 위에서 언급한 바와 같이 마오 주석이 4월 22일 중앙정치국 상무위원회의에서 티베트 반란사건 관련 인도 측의 반 중국 언행에 대해 선전 분야에서 집중적으로 반격해야 한다고 제기한 것이다. 나는 회의에서 돌아오자마자 『인민일보』와 신화사에 그 정신을 전하고 업무를 조치했다. 그날 밤 나는 앞서 『인민일보』와 신화사가 인도 측의 반 중국 언론에 대해 극구 자제해오다가 이제 반격을 시작하면서 설명하는 문장을 실어야 할 것 같다는 생각이 들어 「남을 헐뜯는 자에게 타격을」이라는 제목으로 서둘러 글을 한 편 써 23일 『인민일보』 국제 면에 발표했다. 그리고 4월 24일 또 두 편의 단평을 발표했다.

영국과 인도를 직접 겨냥, 피하지 말라

4월 25일 마오 주석이 챠오무 동지와 펑전 동지, 그리고 나에게 편지를 한 통 썼다. 편지에는 이렇게 썼다.

챠오무·링시·펑전 동지에게:

"제국주의와 장제스 도당 및 외국 반동파가 티베트 반란을 책동하고 중국 내정을 간섭하고 있다"는 설에 대해 오랫동안 강조해왔는데 모두 적절하지 않습니다. 당장 시정해야 합니다. "영국 제국주의세력과 인도 확장주의세력이 한 패거리가 되어 중국의 내정을 공개적으로 간섭하며 티베트를 빼앗으려고 꾀하고 있다" 라고 고쳐야 합니다. 직접 영국과 인도를 겨냥해 피하지 말라고 해야 합니다. 전국적으로 일률적으로 18일(주: 3월 20일이 맞음) 정치 기자 논설의 노선에 따라야 합니다. 오늘 챠오무와 링시에게 베이징 여러 신문과 신화사 간부들을 불러 모아 회의를 열고 이치를 명확하게 설명하고 통일 규격을 형성하기 바랍니다. 펑전은 인대(인민대표대회), 정협(정치협상회의) 대변인에게 알려 이에 따라 통일 규격을 형성하기 바랍니다. 마땅히 떳떳하고 기세가 드높아야 합니다. 어제와 그저께 이틀간 신문이 잘 만들어져 명성과 위세를 드높였습니다. 그러나 부족한 부분도 있습니다.

인도·실론(현재는 스리랑카)·노르웨이 3개국이 중국 공관 앞에서 시위를 펼치고, 특히 나라 정상을 모욕한 그처럼 좋은 뉴스를 눈에 띄는 위치에 배치하지 않았으며 제목도 힘 있게 달지 못했습니다. 단평(주: 『인민일보』 4월 24일에 발표된 2편의 단평을 가리킴)은 훌륭했으나 "본사 논설원"이라고 서명을 하지 않은 것이 단점입니다. 어제 논설 문장, 『인민일보』의 논설(주: 「남을 헐뜯는 자에게 타격을」을 가리킴)은 광명의 논설[주: 『광명일보(光明日報)』 4월 24일자에 발표된 「정신 차리거라, 인도 확장주의자들이여!」를 가리킴]에 비해 힘이 없었습니다. 한쪽은 여자아이이고 다른 한쪽은 청장년이라는 느낌이 들었습니다. 주의하기 바랍니다. 네루에게 직접 욕설을 퍼붓지 말고 반드시 여지를 남겨두어야 합니다. 부디 명심하십시오.

그러나 네루가 24일 달라이와 만나서 어떤 내용의 말을 할지, 우리는 어떻게 논설을 펼칠지, 그대들이 오늘 바로 연구해야 합니다. 발표는 하루 이틀 미뤘다가 할 수 있습니다.

마오쩌동
1959년 4월 25일 오전 6시

챠오무 동지와 나는 25일 오전에 마오 주석의 편지를 보고 즉시 지시에 따라 행동에 옮겼다. 회의를 소집하고 입을 맞추었으며 네루와 달라이의 담화에 대해 연구했다. 인도의 트러스트통신(PTI, Press Trust of India)의 보도에 따르면 달라이는 자신이 탄관싼에게 보낸 3통의 편지는 모두 진짜라고 네루에게 알려주었고 네루는 인도가 여전히 평화공존원칙을 실행하고 있다고 말한 것으로 알려졌다.

우리는 네루가 달라이를 만나기 전과 후의 여러 차례 담화에 근거해 4월 27일 "본사 논설원"의 명의로 「네루 총리의 담화를 읽다」는 제목으로 논설 문장을 발표했다. 국제 선전팀은 26일 마오 주석의 편지에 대해 토론을 벌였는데 우리 모두가 받은 느낌은 형세가 바뀌는 중요한 시각에 우리 사상은 영원히 마오 주석을 따르지 못한다는 것이었다. 『인민일보』뿐 아니라 외사 부문도 예외가 아니었다.

투쟁으로 단합을 추구하다

4월 25일 밤 마오 주석은 또 상무위원회의를 소집하고 인도의 반 중국 언행에 반격을 가하는 문제에 대해 토론했다. 후챠오무와 나도 참석했다. 마오 주석은 회의를 시작하자마자 나에게 문장을 다 썼느냐고 물었다. 내가 수정 중이라고 대답하자 마오 주석은 그의 진일보한 생각을 이야기했다. "우리는 인도의 반 중국 활동에 반격을 가하면서 네루와의 대변론에 중점을 두어야 한다. 지금부터 우리는 네루에 대해 예리하게 비평하면서 그를 자극하는 것을 두려워하지 말고 그와 사이가 틀어지는 것을 두려워하지 말고 끝까지 싸워야 한다. 사실은 사이가 완전히 틀어질 수도 없다. 우리 방침은 투쟁으로 단합을 추구하는 것이다. 당면한 형세가 우리에게 유리하다. 반란이 신속하게 평정되었고 그가 아무리 소란을 피워도 크게 달라질 것은 없다. 티베트의 형세 앞에서 그는 무기력하기 때문이다. 이번 투쟁은 다만 필전과 설전에 불과할 뿐이다. 그러나 시비를 분명하게 가리려면 매우 필요한 투쟁이며 대내외적으로 모두 필요한 것이다. 대변론은 이로운 점이 매우 많다.

그러나 투쟁은 이치가 있어야 하고 이로워야 하며 절도가 있어야 한다. 이치가 있어야 한다는 것은 네루의 여러 차례 연설에 대해 분석을 거쳐 그를 논박할 때 이치를 충분히 따져 티베트 반란의 원인, 우리 측의 반란 평정과 개혁의 성질, 인도 측의 과거의 간섭, 중-인 우호관계를 수호하기 위한 우리 측의 노력 등에 대해 모두 명확하게 설명하는 것이다.

이로워야 한다는 것은 인도 인민이 진상을 분명하게 알 수 있는 면에서 이롭도록 해야 하고, 티베트 반란사건을 둘러싼 국제투쟁에 이로워야 하며, 우리의 티베트 반란 평정과 민주개혁에 이로워야 하고, 또 중-인 우호관계를 수호하고 네루가 우리와 함께 평화공존 5항 원칙을 실행하도록 쟁취하는 데 이로워야 하는 것이다. 절도가 있어야 한다는 것인 즉 여지를 남겨두어야 함을 가리킨다는 것이다. 즉 네루에 대한 분석을 거쳐 그의 좋은 점에 대해서는 긍정해주고 나쁜 점에 대해서만 비평해야 한다. 너무 극단적으로 말하지 말고, 또 필요한 예의는 지키면서 예리하고도 완곡하게, 경멸하지 않고 네루에게 물러날 길을 내어주어야 한다. 우리의 인내심을 보여주고 먼저 공격해 오는 상대를 기다렸다가 후에 제압했음을 보여주기 위해 신화사와 『인민일보』는 인도 측의 황당한 반 중국 논리에 대해 충분히 발표해야 하며 또 티베트 인민이 반란을 평정하고 개혁을 진행하는 것을 열정적으로 옹호하고 있다는 사실도 충분하게 반영해야 한다. 독자의 편지와 역사자료를 발표해 우리가 반란을 평정하고 개혁을 진행하는 것이 정확한 것이고, 외국의 간섭이 무리한 것임을 충분히 설명해야 한다."

마오 주석이 말했다. "네루가 형세에 대해 잘못 짐작한 것이다. 그는 우리가 반란에 속수무책일 것으로 오해했으며 그에게 도움을 청할 줄로 알았던 것이다. 확실히 티베트에 주둔하고 있는 우리 부대는 숫자가 매우 적다.

티베트에 들어갈 때 지방 간부까지 합쳐 총 5만 명이었는데 1956년에 3만여 명을 철수시키고 겨우 1만 여 명만 남겨두었던 것이다. 티베트는 면적이 크고 국경선이 긴데다 그렇게 많은 군대가 수비하고 있지도 않아 모두 지켜내기가 어려웠기 때문에 반란세력이 자유로이 드나들 수 있었다.

그러나 인민해방군은 역시 유능했다. 이번에 티베트 파견 부대를 조금만 늘렸을 뿐인데 아주 빠른 시일 내에 반란을 평정시킨 것이다. 그래서 현재 인도당국은 매우 피동적이고 우리는 매우 주도적인 상황이며 절호의 반격 기회를 맞이한 것이다. 인대(전국인민대표대회)와 정협(전국정치협상회의) 회의가 열리고 있는 가운데 회의에서 떳떳하고 기세 드높이 발언하고 티베트 상위층 반란 집단을 규탄하며, 영 제국주의세력과 인도 확장주의세력이 중국 내정에 간섭하는 것에 반대할 수 있다.

그러나 우리는 기어이 인도와 사이가 틀어지게 하려는 것이 아니다. 사이가 틀어지는 것을 두려워하지 않는다는 것은 사이가 틀어지는 것을 목표로 삼는다는 것은 아니다. 우리는 투쟁을 통해 단합할 수 있기를 바라는 것이다. 달라이에 대해서도 반역자로 보지 않고 여전히 그가 돌아오도록 쟁취하는 방침을 취할 것이다. 인대에서는 그를 판첸과 마찬가지로 부위원장으로 선거할 계획이다. 그가 돌아오든 않든 그것은 그 자신의 일이다. 그러나 우리가 이런 태도를 보이는 것은 국내외에 다 필요한 것이다. 그렇기 때문에

『인민일보』에 게재하는 문장에서는 단합의 기치를 높이 들어야 한다. 그러면 대내와 대외로 모두 이로울 것이며 해가 될 일은 없을 것이다.

회의에서 다른 상무위원들도 모두 자신의 견해를 이야기했으며 모두 마오 주석의 의견에 찬성을 표했다. 회의 참가자들은 모두 빠른 시간 내에 문장을 완성할 것을 요구했다. 마지막으로 마오 주석은 문장 작성팀을 확대해 후챠오무에게 총책임을 맡기고 나에게 초고를 작성한 뒤 챠오무에게 넘겨 수정을 거쳐 다시 정치국 확대회의에 제출해 토론할 것을 결정했다.

그 뒤 며칠간 나는 『인민일보』와 국제 선전팀 동지들과 함께 집중적으로 원고를 수정했으며 4월 30일 수정을 끝낸 원고를 챠오무 동지에게 넘겼다. 챠오무는 5월 1일 하루 종일 원고에 대한 수정을 거친 뒤 그날 밤으로 중앙판공청에 넘겨 인쇄해 마오 주석과 중앙정치국 위원, 그리고 관계자들에게 각각 보냈다.

유리한 정세에 처함, 당근과 채찍의 겸용

5월 2일 오후 마오 주석이 정치국 확대회의를 소집하고 챠오무의 수정원고에 대해 토론했다. 회의에서 마오 주석과 다른 동지들이 적지 않은 의견을 제기했는데 주로 다음과 같은 여섯 가지 의견이다.

1. 문장은 마땅히 4월 27일 네루의 연설에 대한 평론을 위주로 하며 그가 앞서 의회에서 발표한 여섯 차례 연설에 대해서는 언급하지 않음으로서 힘을 분산시키지 않도록 해야 한다.

2. 높은 지붕 위에서 병에 든 물을 쏟아 붓듯이 유리한 정세를 차지해야 한다. 티베트 인민이 오래 전부터 갈망해온 농노제도 개혁으로 서두를 뗌으

로써 순식간에 네루를 사회의 발전에 반대하는 입장에 처하게 해야 한다. 그래서 많은 비중을 차지하는 편폭으로 티베트의 사회제도와 정치제도의 야만적이고 낙후한 일면에 대해 분석해야 한다.

3. 네루가 "민족감정"과 "종교감정"이라는 명분을 내세워 중국의 내정을 간섭하고 있음을 폭로하고 우리나라 정부의 민족정책과 종교정책 및 티베트 평화적 해방 8년간 이행해온 17조 협의에 대해 설명해야 한다.

4. 인도가 중국 티베트지역에 대해 줄곧 야심을 품고 간섭해온 점을 지적하도록 한다. 1950년 우리가 티베트로 진군했을 때와 이번 반란사건 중에서 인도 정부의 소행에 대해 집중적으로 폭로하도록 한다. 또한 영 제국주의가 티베트를 침략한 역사와 연결시켜 인도 확장주의세력이 영국인의 의발을 전수받았음을 폭로해야 한다.

5. 네루 본인의 앞뒤 서로 모순되는 발언에 대해 지적하면서 그의 발언 중 좋은 말을 긍정하고 나쁜 말을 비평해야 한다. 그가 때로는 티베트이 중국의 일부라는 점을 인정했다가 때로는 또 티베트를 중-인 양국 간의 완충지역으로 전락시키려 한다는 사실에 대해 지적해야 한다. 또 한편으로는 중국과 함께 평화 공존 5항 원칙을 창도하면서 다른 한편으로는 여러 가지 구실을 대 중국의 내정을 간섭하고 있다는 점을 지적해야 한다.

6. 논설 문장은 처음부터 마지막까지 중-인 우호관계를 수호하는 내용으로 관철시킬 것이며 역시 이로써 끝을 맺도록 한다. 저우 총리는 특별히 네루가 1954년 10월 중국을 방문했을 때 했던 좋은 말을 인용할 것을 강조했다.

마오 주석은 회의가 거의 끝날 무렵에 회의에서 문장 제목에 대해 제기한 의견에 찬성했으며, 제목을 「티베트의 혁명과 네루의 철학」으로 고치도록 했다. 그는 챠오무와 나에게 그날 밤 여러 사람의 의견에 대해 곰곰이 생각한 뒤 이튿날 하루 시간을 이용해 수정을 거쳐 4일 정치국확대회의에 올려 토론하도록 지시했다.

5월 3일 하루 종일 챠오무 동지와 나, 그리고 푸서우창(저우 총리의 외사비서)이 함께 원고에 대한 수정을 진행했다. 챠오무 동지는 마음속에 이미 전반적으로 계획이 선 듯 체계적인 수정의견을 제기했으며, 직접 필을 들어 수정해 나갔다. 나와 푸서우창 동지는 옆에서 일부 의견들을 제기해 그에게 고려하도록 했다. 우리는 오전 9시부터 밤 9시까지 전체 원고에 대한 수정을 완성했다. 점심과 저녁 식사는 모두 챠오무 동지의 집에서 해결했다.

5월 4일 오후 마오 주석은 또 정치국확대회의를 소집해 『인민일보』에 게재할 네루의 연설에 대한 평론 문장에 대해 토론했다. 원칙적인 의견은 지난번 회의에서 이미 제기했었던 터라 이번 회의에서는 모두들 일부 개별적인 표현과 어구에 대한 의견만 제기했으며 챠오무 동지가 그 의견들을 교묘하게 하나로 종합했다. 마지막에 마오 주석은 정치국이 그 문장을 원칙적으로 통과시킨다고 밝혔다.

그는 서명은 여전히 1956년 발표한 무산계급 독재의 역사경험에 대해 두 차례 논한 문장과 마찬가지로 "『인민일보』 편집부가 중앙정치국 확대회의 토론에 따라 작성한 문장"이라고 명확히 밝힐 것을 제기했다. 신중을 기해 그는 또 우리에게 이튿날 처음부터 마지막까지 수정을 거칠 것을 지시했으며 수정하는 족족 그에게 보내 심열을 받을 것을 지시했다. 챠오무 동지와 나, 그리고 푸서우창 동지는 5월 5일 또 한 번 원고를 읽으면서 수정을 진행했다. 수정한 부분은 많지 않았으며 마오 주석은 저녁 식사 전에 최종 심열을 거쳐 원고를 마무리 했다.

나는 이날 이른 아침에 벌써 신화사에 번역을 배치해놓았던 터라 원고를 마무리 지은 즉시 중문과 영문으로 동시에 발표했으며 『인민일보』는 5월 6일 자로 게재했다.

5월 6일 밤 마오 주석의 비서가 나에게 전화로 마오 주석의 지시 사항을 전했다. 신화사·『인민일보』·중앙인민라디오방송국은 5월 7일부터 티베트문제에 대한 인도와 기타 외국의 언론에 대해 발표하는 것을 일절 중단하고 인도·영국 등의 반 중국 언행에 대해 비평하는 논설을 발표하는 것을 일절 중단하며 인도와 다른 측의 반응을 살핀 뒤 행동을 취하도록 할 것을 지시했다. 전국 여러 신문에서도 그 지시에 따르도록 했다. 내가 중앙선전부에 알려 통지를 발부했다. 그래서 5월 7일부터 여론 계는 잠잠했으며 외교부는 일련의 중-인 간 '각서전'을 시작했다.

「티베트의 혁명과 네루의 철학」이라는 문장이 발표되자 국내외에 강렬한 반응이 일어났다. 어느 한 외국 신문사 베이징 주재 기자는 보도를 통해 "이는 한 편의 마르크스·레닌주의의 걸작이다. 이 글은 문제의 본질을 포착했으며 분명하고도 단호한 태도를 보여주었으며 또 중-인 우호 방침을 시종일관 관철시켰다."라고 평가했다. 인도 신문업계도 잇따라 사설을 발표했다.

인도 영자지 『정치가신문(더 스테이츠맨, The Statesman)』 사설에서는 『인민일보』의 문장이 "대부분 온화하면서도 이치를 설명하는 태도로써 티베트문제에 대한 중국의 입장을 설명했다"라고 썼다. 인도의 유명한 지역신문인 『국민선구보(내셔널 헤럴드, National Herald)』의 사설에서는 "『인민일보』의 문장에서는 인도인과 중국인이 티베트문제에서 논쟁을 멈출 것을 요구했으며 그 어조는 우호적이었다", "중국인은 민주적이고 번영한 티베트자치구는 반드시 중-인 우의를 돈독히 하고 강화할 수 있는 요소의 하나로 될 것이며 인도공화국에 그 어떤 위협으로도 되지 않을 것이며 그럴 리도 없다고 담보한다고 말했다.

그런 담보는 사람들이 받아들이게 될 것이다."라고 썼다. 물론 『인민일보』

의 문장에 대해 터무니없이 비난한 신문들도 있었다. 네루 총리 본인은 5월 8일 의회 연설을 통해 "중국은 언론을 발표해 여러분이 알고 있는 사실에 대해 이의를 제기했다. 나는 중국이 발표한 인도 관련 일부 언론들도 사실이 아니라고 주장한다. 나는 가끔 우리가 이런 논쟁을 계속하는 것이 소용이 있는 것인지 의심이 들곤 한다"고 말했다. 스스로 방관자인 것처럼 하는 네루의 이런 태도에 대해 영국『타임즈』지 사설은 "네루는 더 이상 반박하지 않을 것이며 우호관계 회복에 대한 중국 측의 의견에 주의를 돌릴 것이다"라고 밝혔다. 홍콩의 한 신문 논설에서는 문장이 "감정도 표현하고 이치도 설명했으며 완곡하면서도 강경해 네루가 대답하기 확실히 어렵게 만들었다"라고 썼다.

쟁취하는 것과 여지를 남겨두는 것

마오 주석은 여러 측의 반응을 살핀 뒤 5월 11일 오전 정치국상무위원회의를 소집했다. 그는 다음과 같이 말했다. "반드시 네루에 대한 정확한 방침을 제정해야 한다. 네루는 중간파로서 우파와는 다르다. 그는 여느 사람과 마찬가지로 분석해볼 수 있다. 그에게는 양면성이 있는데 좋은 일면도 있고 나쁜 일면도 있다."『인민일보』에 발표한 문장에서는 그의 좋은 일면을 긍정했으나, 그의 나쁜 일면에 대해서는 중점적으로 비평했다. 그것은 그가 지난 한 시기 동안 해로운 사상을 많이 퍼뜨렸기 때문에 우리는 그렇게 할 필요가 있다. 그러나 반드시 명심해야 할 것은 이번 비평을 거친 뒤 우리는 그에게 좋은 일면이 있음을 보아야 한다는 것이다. 그가 좋은 일을 한 일면도 있기 때문에 우리는 그를 쟁취해야 하며 그에게 잘못을 바로잡을 기회를 주어야지 너무 극단적으로 처사해서는 안 된다.

마오 주석은 또 다음과 같이 말했다. "달라이에 대해서는 지금 당장은 상대해주지 않는 방침을 취해야 한다. 그가 어떤 성명을 발표하건 우리는 당분간 무시할 것이며 한 동안 두고 볼 것이다. 이 또한 여지를 남겨두는 것이다. 어쨌건 그는 종교 수령이고, 티베트 평화 해방 초기에 양호한 태도를 보였으며 후에 베이징에 와서 인대 부위원장 직을 맡아서도 태도가 좋았다. 다시 말하면 달라이에게도 좋은 일면이 있었다. 그래서 앞으로 그가 다시 돌아오고 싶어 한다면 우리는 여전히 환영하는 태도를 보일 것이다. 단 한 가지 조건이 있는데 그가 돌아오기 전에 성명을 발표해 자신이 과거에 칼림풍과 또 다른 곳에서 "티베트 독립" 관련 발언을 한 것은 잘못한 것이며 일률적으로 무효라고 선포하기만 하면 된다. 그러면 돌아올 수 있다. 이 조건은 각박하지 않다. 우리가 과거의 잘못에 대해 추궁하지 않는 것이므로 관대하다고 할 수 있다."

마오 주석은 또 특별히 나에게 이렇게 말했다. "앞으로 티베트 문제에 대한 선전보도의 수량을 줄이도록 해야 한다. 긍정적 보도와 부정적 보도를 각각 절반씩 차지하게 배치해야 한다. 다 좋다고도 하지 말고 다 나쁘다고도 하지 말며 종합적인 분량을 줄이도록 해야 한다."

그 뒤로 마오 주석과 중앙 동지들은 대약진 시기의 업무 과정 중 '좌'적인 잘못을 바로잡는 데로 다시 관심을 돌렸다.

(10) 신문 선전은 바뀌어야 한다

1959년 5, 6월 베이징은 대외적으로 완화하고, 대내적으로 긴축하는 정책을 폈다. 중앙서기처와 정치국 회의가 끊이지 않았으며 국무원 총리와 여러 부총리가 전원 동원되어 외지로 나가 조사 연구를 진행하는 한편 토론을 거듭 진행했다. 이는 1959년 국민경제계획의 중요 목표, 특히 "철강 생산을 기간산업으로 삼아" 철강 생산량 목표를 정하기 위한 노력이었다.

원래 1958년 11월 제1차 정저우 회의 때부터 중앙은 1958년 업무 중 '좌'적인 잘못을 시정하기 시작했던 것이다. 주로 그때 당시 이미 발견한 인민공사운동 과정에서의 결함과 잘못에 대해 시정하는 것이었다. 공업·농업 생산 중 높은 목표치를 제정한 과오에 대해서는 비록 일부 목표치를 낮추긴 했으나 전혀 철저하지 않았으며, 그에 따라 국민경제가 전반적으로 어려움이 갈수록 심각하게 드러났다.

그때 당시 국민경제계획은 "철강 생산을 기간산업으로 삼는 것"이었지만, 1959년 철강 생산량 계획 목표는 줄곧 실행할 수 없었다. 1958년 12월 우창회의에서 철강 생산량의 목표를 8월 베이다이허 회의에서 확정된 3,000만 톤에서 1,800~2,000만 톤으로 낮추었고, 4월 상하이 회의에서 또 1,650~1,800만 톤으로 낮추었다. 그런데 상하이 회의가 끝난 지 얼마 되기도 전에 또 1,650만 톤 목표도 역시 완성하기 어렵다는 사실을 발견한 것이다. 제일 먼저 문제를 발견한 사람은 천원 동지였다. 그는 상세한 조사연구를 거쳐 당년의 철강 생산 목표는 기껏해야 1,300만 톤으로밖에 정할 수 없으며, 게다가 그 목표를 완성하려 해도 너무 많은 어려움을 극복해야 한다고 했다.

시러우에서 이녠탕까지

5월 11일 오후 샤오치 동지가 시러우 회의실에서 정치국회의를 소집했다. 천원 동지가 회의에서 자신의 의견을 구체적으로 설명했다. 저우 총리는 1년 중 이미 반년 가까이 지났지만 철강 생산목표가 자꾸 바뀌는 바람에 종합적인 경제계획이 줄곧 실행되지 못하고 있어 전반적으로 공업생산이 너무 혼란스러운 상황이라면서, 현 시기는 "민심을 안정시키고 생산 면에서 평정을 유지해야 하는 시기"로서 하루 빨리 철강 생산목표를 제정할 수 있기 바란다고 말했다. 그는 천원 동지의 의견에 전적으로 찬성했다. 샤오핑 동지도 현 시점에서는 물러설 결심을 내리는 것이 시급하다면서 확실한 진지까지 물러섰다가 다시 앞으로 나아가야 한다고 주장했다. 샤오치 동지는 완성할 수 있는 만큼 목표를 정하는 것에 찬성하면서 완성하지 못할 목표인 줄 뻔히 알면서도 억지로 확정지어서는 안 된다고 주장했다. 중대한 사안인 것만큼 저우 총리는 먼저 국무원 여러 부총리들과 회동을 갖고 각각 여러 중점 철강산지로 가서 조사를 진행한 뒤 마오 주석에게 보고하고 또 정치국에서 최종 확정짓도록 하자고 제안했다. 회의 후 그와 8명의 부총리는 각각 9개 지역으로 내려갔다.

한 달 뒤인 6월 12일과 13일 마오 주석이 이넨탕에서 정치국 확대회의를 소집했다. 마오 주석은 회의 첫 시작부터 1959년 계획 목표에 대해 여러 차례 회의를 열어 조절했는데, 이번 회의에서는 목표를 더 낮출 것을 결정해야 한다면서 그래서 모두들 각자 의견을 털어놓아야 하며 여러 모로 생각해야 한다고 말했다. 그는 또 예전에 어떤 큰소리를 쳤든지 관계없이 번복하는 것을 허용할 것이라고 덧붙였다. 저우 총리는 그와 여러 부총리가 내려가 조사한 상황에 따라 회의에서 당시 경제 형세에 대해 상세하게 분석했으며 철강 생산목표를 1300만 톤으로 낮춰야 한다는 천위 동지의 제안이 실사구시하다고 주장했다. 푸춘 동지와 셴넨 동지도 계획과 재정·티베트 문제에 대해 설명했다. 랴오루옌(廖魯言)도 1959년 식량 생산목표를 8천억 근(4천억 킬로그램)에서 6천억 근(3천억 킬로그램)으로 낮출 것을 제기했다.

마오 주석은 이틀간 회의에서 두 차례 연설했으며, 또 여러 차례 말참견을 했다. 그가 말했다. "지난해 대약진은 미신을 타파하는 면에서 매우 큰 역할을 했다. 그러나 시간과 공간, 그리고 조건을 고려하지 않아 주관주의가 크게 발전했으며 주관적 능동성과 객관적 가능성을 결합시키지 않고 주관적 능동성만 강조한데다 무절제하게 확대시킨 점에 대해서는 반드시 단호하게 바로잡아야 한다."

마오 주석은 또 그가 과거에는 공업에 손대지 않고 농업에만 역점을 두다 보니 지난해부터 공업을 접촉하기 시작했다면서 이런 상황에서 실수를 범하는 것은 필연적인 일이라고 말했다. 그는 사람의 인식은 여러 번 반복을 거쳐야만 바른 길을 찾을 수 있다고 덧붙였다. 그는 지난해의 경험을 종합할 것을 강조하면서 지난해 경험이 앞으로 경제건설을 진행함에 있어서 매우 귀중하다고 말했다. 그는 다음과 같이 지적했다. "지난해 우리는 적어도 세 가지 실수를 범했다. 첫째, 계획이 너무 크고 생산목표가 너무 높아 억지로 완성해내려고 하다가 필연적으로 비례관계를 파괴해 경제의 불균형을 초래한 것이다. 둘째, 너무 많은 권력을 하부 기관에 내려 보낸 결과 각자 제멋대로 하는 바람에 정책이 어지러워졌으며 자금도 많이 허비한 것이다. 셋째, 공사화가 너무 빨리 진행된 것이다. 시행을 거치지 않고 한꺼번에 보급시켜 공산주의 바람이 크게 일었으며 간부들도 제 역할을 할 줄 몰랐던 것이다. 현재 식량 공급이 딸리는 원인은 주로 생산량을 부풀려 허위 보고를 한 데 있으며, 또 식사를 무료로 하게 되어 배를 두드리며 너무 많이 먹은 것도 원인 중의 하나이다."

마오 주석이 또 말했다. "'더 많이, 더 빨리, 더 좋게, 더 절약하는 것'은 실현할 수 있다. 단 너무 많이, 너무 빨리 하면 안 된다. 지난해 우리는 '더 많이, 더 빨리'에만 주의를 기울이고 '더 좋게, 더 절약하는 것'에는 주의하지 않았다. '많이, 빨리'가 무엇인지에 대해서도 명확하게 알지 못했다. 이제 철강 생산목표를 1,300만 톤으로 안정시키는 것도 여전히 너무 많고 빠른 것이다. 지난해에 품질이 좋은 철강을 겨우 810만 톤 생산했을 뿐인데, 올해 60% 성장을 하겠다는 속도는 소련에서도 선례가 없는 일이기 때문이다. 전체적인 균형에 대해 우리는 거듭 강조했지만 실행하기는 역시 쉬운 일이 아니다. 일이란 직접 겪어보기 전에는 그 어려움을 알 수가 없는 법이다. 너무 많은 권력이 하부 기관에 내려간 상황을 돌려세워야 한다. 인사권, 공업권, 재산권, 상업권을 모두 도로 거둬들여야 한다. 중앙과 성·시 두 개 급에서만 집권하도록 하고 권력을 더 이상 하부 기관으로 내려 보내서는 안 된다. 그렇지 않으면 혼란스러워져 통제할 방법이 없게 될 것이다. 올해 식량 생산 계획은 6천억 근으로 정하되 5천억 근에만 달할 수 있어도 매우 훌륭할 것 같다. 지난해 식량 생산량이 4천8백억 근밖에 되지 않은 것으로 추측하고 있기 때문이다. 그러나 식량 소비계획은 생산량이 4천~4천5백억 근에 이를 것을 전제로 해서 조치해야만 한다."

첫 싸움에서 지다

마오 주석은 또 이렇게 말했다. "대약진은 원래 좋은 일이지만 4대 생산목표(강·철·식량·목화 생산목표)를 너무 높이 정한 결과 계속 피동에 처하게 된 것이다. 경제업무에서 도대체 경험이 있는지, 대중 노선은 도대체 어떠한지, 이런 문제들에 대해 우리는 새롭게 생각해볼 필요가 있다. 지난 한 해 동안 머리가 뜨거웠다면 이제는 냉정해지면 된다. 사람이 돼지보다 못할 수는 없다. 벽에 부딪쳤으면 돌아갈 줄 알아야 한다. 우리는 사회주의 건설에서 경험이 없기 때문에 반드시 수많은 새로운 문제가 나타나게 된다.

이에 대해 반드시 충분한 사상준비가 있어야 한다. 이전에 나는 오직 사람과 사람의 관계에만 주의를 기울이면서 사람과 자연의 관계에는 주의를 기울이지 못했다. 이전에 민주혁명을 진행하는데 바쁘게 싸우는데 만 대부분의 시간을 빼앗겼다. 후에 사회주의 혁명을 진행하면서 계급투쟁에 중요 정력을 기울였다. 지난해 베이다이허 회의에서 비로소 경제건설을 시작했으며, 특히 공업을 중시하기 시작했다. 나는 처음 공업건설을 시작하면서 마치 1927년에 추수봉기를 일으켰을 때처럼 첫 싸움에서 지고 말았다. 나쁜

만 아니라 이 자리에 있는 사람들도 난관에 부딪친 것이다. 지금은 서로 책망하고 서로 원망하고 있을 때가 아니다.

경험 교훈을 진실 되게 받아들여 지나치게 높은 생산목표를 빨리 낮추어 하루 빨리 생산계획을 확정해야 한다.”

마오 주석이 회의에서 두 차례 연설하고 여러 차례 말참견을 했다는 사실에서 그가 지난해 업무에서 범한 실수에 대해 많이 생각했고 또 솔직한 자아비평을 진행했음을 알 수 있다. 나는 그가 처음으로 공업건설을 진행한 것이 마치 추수봉기 때처럼 첫 싸움에서 졌다고 한 말을 특히 주의 깊게 들었다. 그는 추수봉기 때 사방에 지주의 “민단(民団, 옛날 악덕 지주가 백성을 압박하기 위해 조직한 민간단체 -역자 주)”이 지키고 있어 자신은 밭에 하룻밤이나 숨어 있었고 이튿날에도 감히 나와서 돌아다니지 못하다가 사흘째 되는 날에야 봉기대오를 찾을 수 있었던 사실을 상세하게 이야기했다.

그는 그때 당시 궁지에 빠졌었다면서 한 번도 대오를 거느리고 싸움을 한 적이 없었으므로 경험이 없었다고 말했다. 그는 공업건설도 경험이 없기 때문에 첫 싸움에서 역시 지고 말았다고 말했다. 나의 기억으로는 지난해 11월 정저우회의 때부터 우창회의, 상하이회의를 거치면서 마오 주석이 여러 차례나 자아비평을 했지만, 이번 회의에서처럼 철저히 자아비평을 한 것은 처음이었다. 이틀간 회의에서 모두들 기분이 상쾌해했으며, 마오 주석이 이처럼 자아비평을 했으니 우리 자신도 자신의 책임져야 할 부분을 책임져야 한다는 느낌이 들기 시작했다. 저우 총리와 푸춘 동지가 발언하면서 이런 뜻을 밝혔다.

마오 주석은 회의에서 또 신문 선전문제에 대해 말했다. 현재 우리는 선전면에서 어려움에 부딪쳤다. 지난해에는 그렇게 말했는데 오늘은 또 어떠한가? 현재 『인민일보』와 『내부참고』는 제각기 경문을 읽는 식이다. 『인민일보』와 신화사는 이중적인 수법을 쓰고 있다. 공개 보도에서는 좋은 말만 하고 『내부참고』는 나쁜 말만 한다. 물론 『내부참고』도 계속 만들어야 한다. 나쁜 말도 할 곳이 있어야지 않겠는가? 그러나 공개 보도에서 지금처럼 좋은 말만 하는 것도 옳은 방법은 아니다. 지난해에는 큰소리, 거짓말을 너무 많이 했는데 반드시 점차 바뀌어야 한다. 자신이 예전에 부처를 세웠지만 이제는 더 이상 공을 들이지 말도록 하라. 이제는 계획을 확정했고 방침을 명확히 정했다. 선전 기준이 정해졌다. 과거에 신문에서 보도되었던 부풀린 숫자, 지나치게 높은 생산 목표에 대해 더 이상 관계하지 말고 바꾸면 되는 것이다. 어떻게 바꿀지 하는 문제에 대해서는 중앙 서기처에서 연구하기 바란다.

신문 선전을 바꿔야

마오 주석의 의견에 따라 펑전 동지가 14일 서기처 회의를 소집했다.(샤오핑 동지가 5월에 다리를 다쳐 입원 치료 중이었음) 회의에서는 선전을 어떻게 바꿀지 하는 문제에 대해 의논했다. 선전 면에서 반드시 바꾸되 급격하게 바꾸지 말고 점차적으로 바꾸어야 하며, 또 신문을 통해 공개적으로 선전할 때 업무 과정에서 불거진 문제를 있는 대로 다 완전히 드러내지 말아야 하며, 대내와 대외를 구별해야 한다는 것이 일치하는 의견이었다.

마지막에 챠오무와 저우양(周揚), 그리고 내가 문서를 준비한 뒤 서기처의 토론을 거쳐 정하기로 결정했다. 우리 셋은 15일과 16일 원래 중앙 선전부가 작성한 선전면에서 '어떻게 전환을 가져올 것인가'에 대한 문제의 통보(초안)에 대해 함께 토론하고 수정했다. 17일 펑전 동지가 재차 서기처 회의를 소집해 그 통보(초안)에 대해 토론했으며, 일부 수정을 거친 뒤 바로 중앙의 명의로 하부 기관에 내려 보낼 계획이었다. 펑전 동지가 수정을 거친 통보를 샤오치 동지에게 올려 심사 비준을 받았다. 샤오치 동지는 통보 자체에는 별다른 큰 문제가 없지만 중대한 사안인 만큼 마오 주석의 주재로 정치국회의를 열어 토론한 뒤 통과시킬 필요가 있다고 주장했다.

6월 20일 마오 주석이 정치국 회의를 소집해 선전면에서 어떻게 전환을 가져올 것인지에 대해 토론했다. 샤오치 동지가 회의에서 체계적으로 몇 가지 의견을 제기했다.

첫째, 신문과 통신사·라디오 방송국은 마땅히 지난해 선전업무의 경험과 교훈을 성실하게 종합해야 한다. 지난해 신문에서 수많은 '위성'을 발사해 신용을 잃었다. 지난해 실속 없이 성과를 부풀리는 바람이 세차게 불었다.

하부 기관에서 어떻게 얘기하면 우리는 그대로 보도하곤 했다. 겉으로는 마치 "실제와 밀접하게 연결시킨 것"처럼 보이지만 사실은 하부기관을 따른 것으로 추종주의 과오를 범했으며, 결과는 부정적인 방향으로 향해 실제 상황에서 완전히 벗어났던 것이다. 『인민일보』가 실속 없이 성과를 부풀린 선전을 한 것은 그때 당시 중앙 일부 동지의 사상과 기풍을 반영한 것이기 때문에 전적으로 신문만 탓할 수는 없다. 그러나 신문도 책임이 있다. 기자, 편집들이 덧붙여 과장 보도했기 때문에 원래 잘못한 데다 그 잘못을 더 키운 결과를 초래한 것이다. 그렇기 때문에 신문 편집부는 남 탓만 할 것이 아니라 스스로 경험과 교훈을 종합해야 한다. 반 우파투쟁에 앞서 누군가 신문이 "독립적으로 책임질 것"을 요구하면서 당 조직의 지도를 받지 않도록 할 것을 요구한 적이 있다. 이들은 수많은 우파 언론을 발표했다. 한편 또 다른 한 경향도 존재했다. 즉 지나치게 틀에 박혀 융통성이 없고 생기가 없으며 교주주의적인 것이다. 이 또한 중앙의 의견이 아니다. 반년 간 신문은 업무 중 많은 문제에 대해 보도하지 않고 선전하지 않았는데, 이는 의식적으로 그렇게 한 것이며 당분간 보도하지 않는다는 중앙의 결정에 따른 것이었다. 그러나 장기간 그렇게 하는 것도 방법은 아니다.

둘째, 현재 선전면에서 지난 한 시기 지속되던 상황을 바꿔야 한다. 그러나 당장 바꿔도 안 되고 전면적으로 바꿔도 안 되며 점차적으로 바꿔야 한다. 여기에는 두 갈래의 전선 투쟁 문제가 존재한다. 신문 보도에서는 일부 사실에 대해 말해야 하는 한편 또 일부 사실은 말하지 말아야 한다. 다시 말하면 계획적으로 말해야 한다. 실속 없이 부풀려서도 안 되지만 낙담해서도 안 된다. 긍정적인 부분을 위주로 선전하는 한편 결함에 대해서도 일부 지적해야 하며 어려움도 거론할 수 있다. 어려움에 대해 논하는 것도 격려를 위한 것이며 대중들을 동원해 어려움을 극복하게 하기 위하는 데 있다. 그래서 선전면에서 '좌'적인 경향도 경계해야 하고 또 우적인 경향도 경계해야 한다. 현 시기 선전면에서 맞닥뜨린 어려움은 과거에 부풀려진 허위 숫자를 발표했기 때문에 줄곧 피동에 처해 있었던 것이다. 피동적인 상황을 주도적인 상황으로 만들려면 과정이 필요하다.

실제 업무의 변화에는 과정이 필요하기 때문이다. 정책방침과 계획 목표가 이미 확정된 것은 변화의 전제조건이다. 그러나 아직도 실행하고 관철할 시간이 필요하다. 그래서 선전면에서 점차적으로 바꾸고 점차적으로 논하는 수밖에 다른 방법이 없다. 한꺼번에 있는 대로 다 드러내서는 안 된다. 대외 선전 면에서는 또 일부 형제 당이 과거에 줄곧 우리를 칭찬하는 말을 많이 했는데 우리가 갑자기 180도로 태도를 바꾸게 되면 형제 당을 피동에 빠뜨릴 수 있다는 점도 고려해야 한다. 1956년 후루시초프가 스탈린을 전면 부정한 처사로 인해 형제 당을 피동에 빠뜨렸으며 또 적에게 이용당하기까지 했다. 우리는 그렇게 해서는 안 된다. 중앙 신문이든 지방 신문이든 선전 면에서 적과의 투쟁 관념을 유지해야 한다. 앞뒤를 가리지 않고 무턱대고 다짜고짜로 뭐나 다 신문에 폭로해서는 안 된다.

셋째, 업무 과정에 존재하는 부족한 부분에 대해서는 선전할 때 마땅히 일부 부족한 부분을 이미 시정했거나 혹은 어떻게 시정하고 있다는 각도에서 선전해야 한다. 모든 부족한 부분을 모조리 공개해서는 안 되며 그중

100분의 1만 공개하고 전형적이고 교육적 의미가 있는 것으로 공개해야 한다. 이는 우리가 줄곧 실행해온 방법이다. 우리 업무의 주류는 훌륭한 것이며 부족한 부분은 지엽적인 것에 불과할 뿐이기 때문이다. 예를 들어 생산된 제품의 수량과 품질의 관계에서 과거에 수량을 강조한 것은 필요한 것이었다. 수량이 없이 품질을 논할 수는 없는 것이다. 무에서 유를 창조하는 과정에서 처음에는 수량을 중시하는 수밖에 없다. 수량이 있은 뒤에는 품질을 강조해야 한다. 예전에 우리에게 부족한 부분은 수량만 강조하고 품질을 강조하지 않은 것이다. 부족한 부분에 대해 보도함에 있어서 한 쪽으로 치우친 것을 바로잡는 태도를 취하거나 기가 죽어서는 안 되며 대중에게 찬물을 끼얹어서는 안 된다. 물론 부족한 부분에 대해 보도하면서 전혀 기가 죽지 않는 것도 어려운 일이다. 그러나 기가 죽었다가도 다시 의욕을 북돋으면 된다. 전반적인 국면을 보면 중요한 것은 역시 의욕을 북돋우는 것이다.

넷째, 지난 십년 동안의 경험에 따르면 경제건설은 파도식으로 발전해왔음을 알 수 있다. 이는 하나의 법칙이라고 할 수 있다. 발전 속도가 해마다 똑같을 수는 없다. 사람들이 계획을 세우고 생산목표를 정함에 있어서 단번에 완벽하고 객관적이며 실제적으로 할 수 없고 그렇게 정확할 수 없다.

언제나 많을 수도 있고 적을 수도 있으며 빠를 수도 있고 늦을 수도 있다. 상반기에 늦어졌다가 하반기에는 좀 빨라질 수 있고 상반기에 빨랐다가 하반기에는 좀 늦어질 수 있는 것이다. 이는 합리적인 것이며 정상적인 것이다. 그러나 우리는 계획경제를 실행하고 있는 만큼 나타날 수 있는 문제에 대해 마땅히 사전에 미리 예측해 가급적으로 미리 배치해야 한다.

그러면 급격한 파동이 일어나는 것을 피할 수 있어 경제업무에서 균형을 잃는 심각한 상황을 피할 수 있다. 지난해의 대약진은 선례가 없었던 상황이다. 우리에게는 그런 경험이 없었다. 일반적으로 말해서 그때 당시 19% 성장은 가능성이 있는 일이었지만 더 큰 성장을 이룰 경우 도대체 어느 정도에 달할 수 있을지에 대해서는 확실히 알 수 없었다. 지난해 대약진과 그 뒤의 대대적인 불균형 상황을 거친 뒤 우리는 이른바 계획적이고 비례에 따른 발전 속도가 도대체 어느 정도여야 적당한 것인지에 대해 진실 되게 연구하게 되었다. 균형은 변화 과정에서의 균형이다. 그 변화폭이 도대체 어느 정도여야 적절한 것인지는 앞으로 우리가 연구해야 할 문제이다. 과오를 범한 뒤에는 교훈을 섭취할 수 있으며 앞으로 일을 조금 더 잘 처리할 수 있다. 지난해 경험과 교훈은 전 국민적인 것이며 매우 풍부하고도 매우 심각한 것으로서 매우 고귀한 것이다. 이런 경험과 교훈을 종합하는 것은 곧 최대 성과로서 비관하고 실망할 이유가 없다.

샤오치 동지는 연설에서 주로 선전 문제에 대해 논했으며 또 지난해 업무 중에 나타난 결함과 과오에 대한 종합적인 분석도 언급했다.

헛된 명성을 좇다가 실제로 재난을 당하는 일이 없도록 해야

회의가 끝나기 전에 마오 주석도 연설을 했다. 그는 이렇게 말했다. "현재 우리는 명성이 썩 좋지 않으며 남들이 우리를 별로 대단하게 여기지 않는데 이 또한 잘된 일이다. 지난해 지나치게 큰소리쳐서 우리의 적대세력인 제국주의와 반동파뿐 아니라 우리의 일부 벗들마저도 우리를 두려워했었다. 그러나 이제는 크게 두려워하지 않고 있다. 남들이 우리를 두려워하지 않도록 하는 것이 낫다. 우리는 헛된 명성만 좇다가 실제로는 재난을 맞는 꼴이 되어서는 안 된다. 나의 느낌으로는 지난해 베이다이허 회의 후 9월부터 올해 5월까지 줄곧 피동적이었던 것 같다.

지난해 11월에 문제점을 발견하기 시작했다. 그것은 정저우 회의 때 일부 동지들이 '15년(1958~1972) 건설 요강'을 작성해 연간 4억 톤 철강 생산목표를 제정했던 때부터이다. 그때 당시 내가 물었었다. "그렇게 많은 철강을 만

들어서 뭘 하겠느냐? 무슨 쓸모가 있느냐? 그렇게 많이 생산할 수는 있겠느냐?" 그때 이미 모두들 높은 목표를 좋아하고 있다는 것을 발견했었다. 후에 또 천보다가 작성한 문서에서 상품교환에 대해서는 한 마디 언급도 없었고 심지어 '상품'이라는 두 자조차 찾아볼 수 없다는 사실을 발견하게 되었다. 나는 일부 동지들의 사상 속에서 사회주의경제가 상품경제를 필요로 하는지, 제품교환만 필요로 하는지 아니면 상품교환도 있어야 한다고 생각하는지 어리둥절했었다. 그래서 모두들에게 스탈린의 『소련 사회주의경제문제』라는 책을 읽게 했던 것이다.

목적은 모두들 사회주의경제에 대해 실제에 부합되는 견해를 가질 수 있도록 하고 사회주의 경제도 상품경제라는 사실을 알게 하기 위함이었다. 그런데 그때 당시 많은 동지들이 사상의 변화를 실현하지 못했다. 우창회의에서 여전히 생산목표를 높이 정했으며, 농촌에서 평균주의 공급제와 식당제를 실행하고 생산대 노동력과 재물을 무상 조달하는 것은 농민을 착취하는 것임을 여전히 인식하지 못했다. 제2차 정저우 회의 때에야 3급 소유(농촌 생산자료 소유제형태를 가리키는데 인민공사, 생산대대와 생산대가 각각 소유함 -역자 주)와 생산대를 토대로 하는 문제가 비로소 해결되었다. 높은 생산목표는 우창회의, 베이징회의, 상하이회의를 거치는 동안 거듭 낮췄지만 모두 실제적으로 낮추지는 못했다. 이로부터 과오에 대해 인식하는 것은 그처럼 쉬운 일이 아님을 알 수 있다. 사람들의 사상을 실제와 결부시키려면 과정이 필요하다. 지금 사람들이 우리 성과가 공개된 것처럼 그렇게 큰 것이 아니라고 말하고 있는데 대수롭지 않다.

지금 우리는 그 사람들과 성과의 크기에 대해 쟁론할 필요가 없다. 내년에 가서 다시 보면 된다. 지난해 큰소리를 쳤는데 그중 70%는 진실이고 30%는 거짓일 수 있다. 혹은 80%가 진실이고 20%가 거짓일 수 있다. 도대체 어떤 상황인지에 대해서 지금 쟁론할 필요가 없다."

마오 주석은 선전 문제에 대해 언급하면서 지금은 선전면에서 바뀌어야 하며 바뀌지 않으면 안 된다면서 다음과 같이 말했다. "종합적으로 반우파 투쟁 때부터 『인민일보』는 예전에 비해 좋아지기 시작했다. 그러나 지난해에 는 허풍을 너무 많이 너무 크게 쳤다. 현 시점의 문제는 부족한 부분과 과오를 시정하는 것이다. 만약 시정하지 않으면 『인민일보』는 『중앙일보』로 변할 위험이 있으며 신화사도 중앙사로 변할 위험이 있다. 나는 『인민일보』를 볼 때 일부 뉴스와 일부 학술문장만 본다. 다른 기사들은 나의 관심을 끌지 못한다. 그러나 『참고자료』와 『내부참고』는 내가 매일 꼭 챙겨 본다.

이 두 간행물은 더 많은 사람들이 볼 수 있게 해야 한다. 기자협회가 만드는 『신문업무동태』도 괜찮다. 신문업계의 일부 사상동향을 반영했는데 볼만 하다. 단 공개적인 선전은 신화사든 『인민일보』든 라디오방송이든 모두 바뀌어야 한다. 지금처럼 어려운 문제를 회피하여서는 안 된다."

마오 주석은 당면한 신문과 정기 간행물 선전의 통보와 관련해서 중앙의 통보 형식을 취하지 말고 챠오무·저우양·우렁시 세 사람이 의견을 제기한 형식을 취하며 거기에 중앙의 통지를 덧붙여 중앙이 그들의 의견에 찬성했음을 설명하도록 할 것을 제안했다. 그리고 또 6월말 전으로 신문선전업무회의를 열어 여러 성 기관지 총편집장·신화사 여러 지사장과 중앙 1급 신문·간행물, 신화사 본사, 라디오사업국 책임자들이 참가하도록 할 것을 제안했다. 회의에서는 마오 주석의 제안에 찬성했다.

마지막으로 마오 주석은 또 잘 만든 신문이냐 못 만든 신문이냐를 알려면 정치가가 만든 신문인지, 서생이 만든 신문인지를 보면 알 수 있다면서 다음과 같이 말했다. 나는 정치가가 신문을 만들 것을 제창한다. 그런데 이 동지들은 서생이다. 서생의 최대 결함은 우유부단한 것이다. 원소(袁紹)·유비(劉備)·손권(孫權)에게는 모두 그런 결함이 있다. 모두 우유부단한 것이다.

그러나 조조(曹操)는 지모가 뛰어나고 정확한 판단력을 갖추었다. 우리는 일을 처리함에 있어서 독단적이어서는 안 되며 지모가 뛰어나야 한다. 그러나 지모가 뛰어나야 할 뿐 아니라 정확한 판단력도 있어야 한다. 지모가 뛰어나지만 정확한 판단력이 없으면 안 되며 또 지모가 뛰어나지만 요점을 파악하지 못하면 안 되며, 이치에 닿지 않는 허튼 소리뿐이거나 해도 좋지 않다. 많은 의견을 들은 뒤에 단번에 문제의 요점을 파악해야 한다.

조조는 원소를 두고 포부는 크나 지혜는 부족하고 낯빛은 엄하지만 마음은 부드럽다면서, 즉 생각이 없는 사람이라고 비평했다. 신문을 만드는데 있어서도 지모가 뛰어나고 정확한 판단력이 있어야 한다. 한 눈에 정확하게 파악하고 즉시 제때에 파악해야 하며 형세의 변화에 따라 대책을 빨리 바꾸어야 한다.

회의가 끝난 뒤 회의 참가자들이 잇따라 이녠탕을 떠났다. 마오 주석은 나에게 남으라고 하면서 또 샤오치 동지까지 불러 함께 이야기를 나누었다. 마오 주석은 샤오치 동지에게 방금 전에 신문 선전에 대해 훌륭한 의견을 제기했다면서 『인민일보』에서 지난해 많은 문제가 발생하여 개선해야 하는데, 샤오치 동지가 『인민일보』에 대한 지도를 맡으면 어떻겠느냐고 말했다.

샤오치 동지는 지금 맡은 업무가 번잡한데다가 『인민일보』와 접촉이 너무 적어 관리할 수 없다면서 주석께서 직접 관리하는 것이 좋을 것 같다고 말했다. 마오 주석은 샤오치 동지가 그렇게 말하자 앞으로 지시 받아야 하는 일이 있으면 샤오치 동지를 찾거나 총리를 찾아도 되고 또 그를 찾아도 되며, 그러나 앞에 두 분을 많이 찾도록 하라면서 일상 업무는 샤오핑 동지가 주관하는 중앙서기처에서 관리하도록 한다고 나에게 지시했다. 그리고 우리는 흩어졌다. 내가 이녠탕을 나오는데 샤오치 동지가 입구에서 『인민일보』를 잘 만들어야 한다고 말한 뒤 여러 분야의 의견에 귀를 기울이도록 하라면서 다음과 같이 말했다. "지모가 뛰어나고 정확한 판단력이 있어야 한다는 마오 주석의 말대로, 그대들은 먼저 지모가 뛰어나야 하고 그 다음 정확한 판단력을 갖추어야 한다. 중요한 문제에 대해서 그대들은 반드시 자신의 의견을 제기할 수 있어야 하지만 그러나 최종적으로는 중앙에서 결정할 것이다. 그렇게 하면 과오를 범하는 것을 피할 수 있으며 적어도 과오를 적게 범할 수 있다."

이녠탕 회의는 1958년 11월 제1차 정저우 회의 때부터 시작해서 '좌'적 경향을 시정하는 과정에서의 정점이라고 할 수 있다. 이녠탕 회의가 있은 뒤 중앙 여러 부처는 1959년의 계획을 새롭게 배치했으며 실사구시하고 진실되게 이행했다. 신문 선전에 대해서는 회의 뒤 중앙의 통보와 우리 세 사람의 의견을 발표했다. 그런데 후에 중앙에서는 7월 초에 루산(廬山) 회의 일정이 잡혀 있어 시간이 긴박한 점을 감안해 전국 신문선전회의를 당분간 뒤로 미루기로 결정했다. 그런데 루산회의 결과 그 선전회의는 열리지 않았을 뿐 아니라, 현재까지 제기된 신문 선전 관련 의견마저 흐지부지 되고 말았다. 더 심각한 것은 정저우회의부터 시작된 '좌'적 경향 시정 과정이 중단된 것이며, 1958년 1월 난닝회의 때보다 더 심각한 반우파투쟁이 전개되기 시작했던 것이다.

(11) 학술토론에서 '문화대혁명'에 이르기까지

학술문장을 많이 발표하라

1964년 1월 7일 양력설을 쇠자마자 마오 주석이 이녠탕 서쪽 회의실에서 정치국 상무위원회의를 소집했다. 그 회의에서는 주로 소련공산당 중앙위원회 공개편지에 대한 일곱 번째 논평 문장에 대해 토론했다. 회의 중에 마오 주석이 『인민일보』의 문제에 대해 제기했다. 그는 이렇게 말했다. "『인민일보』는 철학, 경제학, 역사학, 문학, 예술 등 분야의 문장을 포함한 학술 분야의 문장을 발표해야 하며 살아 있는 철학을 잡아야 한다. 현재 신문에 정치 뉴스가 너무 많다. 온통 손님을 접견하는 내용이 아니면 이런저런 회의 소식뿐이다. 이런 내용을 아예 신지 않는 것은 어렵지만 적게 실을 수 있다. 이런 내용을 신문에 내려면 지면을 한 두 개 더 늘릴 수 있다. 그리고 학술 분야의 문장을 많이 게재하도록 해야 한다."

마오 주석이 그 문제에 대해 제기했을 때, 당시 나는 전적으로 정상적이라는 생각을 했다. 학술 선전을 강화하는 것은 매우 필요한 일이었기 때문이었다. 나는『인민일보』편집위원회에 마오 주석의 의견을 전했다. 편집위원회는 진실한 토론을 거쳐 학술 문장을 늘릴 수 있는 조치를 취하기로 결정했다. 이어 편집위원회는 학술토론 강화 관련 보고서를 작성해 중앙에 올리는 한편 학술이론업무에 종사하는 간부를 추가 파견해줄 것을 청구했다.

마오 주석은 2월 3일『인민일보』가 올린 보고서에 대해 다음과 같이 서면으로 지시했다. "샤오치, 샤오핑 동지에게:『인민일보』가 역대로 사상이론업무에 대해 중시하지 않아 철학, 사회과학 관련 문장이 너무 적었으며, 이와 관련된 진지를『광명일보』·『문회보』와『신건설(新建設)』월간지에 넘겨왔습니다. 이런 상황은 반드시 바꿔야 합니다. 이제 그들이 시정할 방안을 강구했으니 서기처에서 토론하기 바랍니다. 그리고 그들에게 간부문제를 해결해주십시오." 샤오핑 동지가 서기처 회의를 주재하고 그 일에 대해 의논했으며, 중앙선전부와 중앙조직부에 일임하여『인민일보』에 간부를 추가 파견하는 일을 돕도록 했다.『인민일보』는 바로「학술연구」전문란을 설치하는 준비에 착수했다.

3월 21일 마오 주석이 정치국상무위원회의를 소집하고 소련공산당 중앙위원회 공개편지에 대한 여덟 번째 논평 문장에 대해 토론했다. 그 기회를 틈타 나는『인민일보』의「학술연구」전문란 설치 준비 상황에 대해 이야기했다. 마오 주석은『인민일보』가 이론업무를 관할해야 한다면서 정치만 중시해서는 안 된다고 다시 한 번 강조했다. 마오 주석이 사학분야 상황에 대해 묻는 질문에 나는 사학분야는 논쟁이 많다고 보고했다. 이에 마오 주석은 다음과 같이 말했다. "논쟁을 두려워하지 말라. 논쟁 양측의 의견을 모두 발표해 사람들이 토론하도록 해야 한다. 적지 않은 학술문제(그는 중국 고대 노예사회와 봉건사회 시기구분 문제를 예 들었다)는 다년간 논쟁을 거쳤지만, 여전히 여러 측이 일치하게 찬성하는 결론을 얻어내지 못하고 있다.

그때 당시 우리는 마오 주석이 『인민일보』에 학술이론업무를 확실히 하라고 지시한 것은 우리에게 학술문제에 대한 토론을 조직하라는 것으로 이해했다. 그래서 우리는 4월에 여러 분야 유명 학자가 참가한 좌담회를 소집하고 마오 주석의 지시에 대해 전하면서 좌담회 참가자들에게 『인민일보』를 도와 「학술연구」 전문란(3월 26일부터 출간함)을 잘 만들 수 있도록 도와줄 것을 부탁했다. 회의에서 모두들 활발하게 발언했으며 학술토론을 전개하는 것에 찬성했다.

계급투쟁을 중시하라

그런데 우리의 이해는 빗나갔다. 5~6월 중앙업무회의가 있은 지 얼마 지나지 않아 마오 주석은 6월 21일 인민대회당 푸젠홀(福建庁)에서 정치국 상무위원회의를 소집했다. 내가 회의장에 당도했을 때 루딩이 동지가 이미 자리에 와 있었다. 그 뒤 샤오치 동지, 저우 총리, 샤오핑 동지가 잇따라 도착하고 펑전 동지도 참가했다. 회의가 시작되자마자 마오 주석이 나에게 오늘 나를 부른 것은 나를 비평하기 위해서라고 서두를 떼더니, 『인민일보』가 이상한 짓을 제창하는 것에 대해 비평하기 위해서 라면서 다음과 같이 말했다. "『인민일보』가 1961년에 경극 「이혜낭(李慧娘)」을 찬양하는 글을 발표하고도 줄곧 반성하지 않았으며, '유귀무해(有鬼無害, 귀신이 있어도 해로울 것은 없다)'론에 대해서도 비판하지 않았다. 1962년 제8기10중전회에서 계급투쟁을 중시할 것을 제기했음에도, 『인민일보』는 대외적으로는 계급투쟁을 강조하며 소련공산당 지도자와의 논전 문장을 발표하고, 대내적으로는 계급투쟁을 중시하지 않고 귀신극을 제창하는 것에 대해 자아비평을 진행하지 않았다. 이는 신문을 자아모순의 위치에 빠뜨리는 것이다. 마오 주석은 나를 가리키며 말했다. 자네는 중-소 논전 관련 문장을 연구하느라고 1년도 넘게 신문사 업무를 장악하지 못하고 있다. 자네는 반드시 신문사로 돌아가 회의를 열어 이 문제에 대해 이야기하도록 하라. 또 신화사에도 이야기하도록 하라." 마오 주석은 또 이렇게 말을 이었다.

"『인민일보』는 정치분야 선전과 경제분야 선전은 참 잘하고 있으며, 국제선전분야에서도 성과를 거두었다. 그런데 문화예술 분야에서 『인민일보』는 잘하지 못했다. 『인민일보』는 장기간 이론업무를 중시하지 않았다. 신문 창간 때부터 나는 이 결함에 대해 비평했지만 줄곧 변하지 않다가 최근에야 이 문제에 대해 중시하기 시작했다. 그대들의 「학술연구」 전문란은 나의 압박으로 설치된 것이다. 예전에 『인민일보』는 이론업무를 관장하지 않은 것에 대해 실수할까봐 두려워서라고 했으며, 또 신문에 발표되는 내용은 100% 정확한 것이어야 한다고 말했다. 그리고 이는 소련의 『진리보』를 본받은 것이라고 했다. 사실상에서 실수하지 않는 사람은 없다. 그리고 실수하지 않는 신문도 없다. 『진리보』는 지금 반동적인 방향으로 가고 있다. 그것은 실수하지 않는 것이 아니라 가장 큰 실수를 저지르고 있는 것이다. 『인민일보』는 실수를 두려워하지 마라. 실수를 했으면 바로잡으면 되는 것이다."

마오 주석이 여기서 비평한 『인민일보』에 귀신극을 선전한 문장은 『인민일보』 1961년 12월 28일자에 발표된 「한 떨기 화려한 붉은 매화」라는 제목의 글인데, 경극 「이혜낭」을 찬양한 문장이다. 이 글에서는 경극 각색이 잘되었다고 찬양했으며, 귀신극을 모조리 미신으로 보는 관점에 대해 비평했다. 후에 신문사 문예부는 '유귀무해론'을 비평한 원고를 한편 받았다. 나는 그 원고에 대해 심열하면서 『인민일보』가 나서서 대대적으로 토벌할 필요가 없다고 여겼다. 게다가 마오 주석이 허치팡(何其芳) 동지(그때 당시 문학연구소 소장이었음)를 지목해 편집한 「귀신을 두려워하지 않은 이야기」가 출판된 지도 얼마 되지 않은 시점인지라 그때 귀신극을 비평하는 문장을 발표하는 것이 적절하지 않다고 여겨 그 글을 『문예보』에 넘겨 처리하게 했다. 그래서 『인민일보』는 「이혜낭」을 찬양한 글을 발표한 것이 잘못한 일이라고 여기지 않고 있었으며, 또 '유귀무해론'을 비평하지도 않았다. 편집부에서는 모든 귀신극이 다 나쁜 것이라고 말할 수 없고, 또 모든 귀신극을 다 금지시키는 것도 잘못된 것이라고 줄곧 여겨오고 있었다.

마오 주석의 이번 비평은 이전에 『인민일보』가 학술이론을 중시하지 않는다고 비평할 때보다 훨씬 더 엄숙했다. 마오 주석이 그때 이미 의식형태 영역의 계급투쟁을 관장하기 시작했음을 분명히 알 수 있다. 그러나 그때 당시 나는 이에 대해 미처 깨닫지 못했다. 1961년 초부터 중앙은 국민경제에 대해 조정하고 공고히 하며 충실히 하고 제고하는 업무를 관장하는데 전력을 기울여왔기 때문이다.

또한 1962년 초 7천 명 대회 전과 후에는 더욱이 국민경제의 전면 조정에 대해 강조하는 한편, 정치·문화교육·과학기술·민족·통일전선 등 분야의 업무에 대해서도 계획적으로 일련의 조정을 진행했기 때문이었다. 그리고 또 1962년 여름에 열린 제 8기 10중 전회에서 마오 주석이 계급투쟁에 대해 다시 제기했지만, 샤오치 동지와 샤오핑 동지는 모두 조정업무가 계급투쟁의 영향을 받지 않도록 해야 한다고 제기했고, 마오 주석도 회의 마감 연설을 통해 조정업무에 지장을 주지 않는 것에 찬성했기 때문이었다. 그래서 1961년 특히 1962년부터 『인민일보』와 신화사는 모두 그러한 정신에 따라 국민경제 및 기타 분야의 조정 업무에 대한 선전에 전력해왔으며, 계급투쟁에 대해 선전하지 않았다. 『인민일보』는 농업과 공업 관련 지식 전문란 및 「장단록(長短錄)」이라는 잡문 전문란을 설치하고 뢰이펑(雷鋒)을 본받기, 간부가 노동에 참가하기, '비교하고, 배우고, 앞선 자를 따라잡고, 낙오자를 돕기' 등에 대해 선전했으며, 1963년 가을부터는 더욱이 국민경제가 호전되기 시작한 것에 대해 대대적으로 선전했다. 그 시기에 마오 주석은 주로 중-소 관계와 중-인 관계에 심혈을 기울였으며, 국내 조정업무는 주로 샤오치 동지·저우 총리·천윈 동지·샤오핑 동지가 주관했다.

이제 와서 돌이켜보면 마오 주석은 줄곧 국내 계급투쟁을 장악하는 것을 중시했었던 것 같았다. 1963년 5월 항저우에서 중앙업무회의가 열리고 있을 때, 그는 한편으로는 「국제 공산주의운동 종합적 노선 관련 건의」에 대한 토론과 작성을 주관하고, 다른 한편으로는 또 농촌 사회주의 교육운동 관련 최초의 「10조」에 대한 작성을 주관했다. 1964년 5~6월에 열린 중앙업무회의에서 농촌 사회주의 교육운동에 대해 토론할 때, 그는 전국 기층에 3분의 1을 차지하는 지방 지도권이 우리 수중에 있지 않다고 과도하게 추정했다. 그 회의 기간 6월 3일 마오 주석은 회의 브리핑 자료에 서면 지시를 한 단락 적어 나에게 주었다. 서면 지시 내용은 이러했다.

"그대는 마땅히 올 겨울과 내년 봄 사이에 베이징지역 혹은 톈진 근교로 가서 적어도 5개월은 '현장에 머물며 사업을 지도할' 결심을 내려야 합니다. 베이징 업무는 짬짬이 시간을 짜내 돌아와 처리하도록 하시오.

신화사와 『인민일보』에서 일부 인원들을 뽑아 현지 간부들과 합쳐 업무팀을 구성한 뒤 상황이 가장 좋지 않은 인민공사를 맡아 끝까지 업무를 완성하도록 하시오. 그 인민공사를 이후 그대들이 늘 연계를 취할 수 있는 곳으로 지정하도록 하시오. 그리고 또 다른 해 겨울과 봄에 도시 '오반[五反, 중국에서 1952년 1월부터 1952년 10월까지 펼쳐진 민영 공상업자들의 합법 경영을 위한 운동. 즉 반뇌물(反行賄)·반탈세·누세(反偸稅漏稅)·반국가 재산 도용(反盗窃国家資財)·반원자재 사취(反偸工減料)·반국가 경제 기밀 절취(反盗窃国家経済情報) 등의 5가지 해독에 대한 반대 운동- 역자 주]에 참가하시오. 이번 위대한 혁명에 참가할 수 있는 기회를 절대 포기하지 마시오." 1964년 겨울부터 『인민일보』와 신화사는 모두 주석의 지시에 따랐다. 다만 나만 저우 총리의 정부업무보고(1964년 12월 인대회의에서) 작성과 수정, 그리고 샤오핑 동지·펑전 동지를 따라 조선을 방문하느라고 늦게 동참했다가 앞당겨 퇴출했다.

문예 비판과 '열기 식히기'

6월 21일 푸젠홀에서 『인민일보』가 계급투쟁을 중시하지 않았다고 비평한 뒤 1주일 만인 6월 27일 마오 주석은 전국 문련[(중국 문학 예술계 연합회)의 준말 −역자 주)과 여러 협회 정풍상황에 대한 중앙선전부의 자료에 서면 지시했다. 서면 지시에는 그들 협회 중 대다수가 "15년간 당의 정책을 기본상 이행하지 않았고", "최근 몇 년은 심지어 수정주의 변두리로 타락해 성실하게 개조하지 않는다면 반드시 헝가리 페퇴피(Petofi) 구락부(1954년에 조직된 헝가리의 반 혁명 조직 - 역자 주)와 같은 단체로 변해버릴 것"이라고 썼다.

7월 2일 마오 주석은 정치국상무위원회의를 주재하고 문화부와 전국문련 및 여러 협회에 대해 정풍운동을 새롭게 전개하기로 결정했으며, 또 "5인 소조"(조장은 펑전 동지, 부조장은 루딩이 동지, 조원은 캉성과 저우우양 그리고 나, 후에는 문화혁명소조로 불림)를 구성해 그 업무를 지도하기로 결정했다. 다시 말하면 명목상으로 수정주의에 반대하고 수정주의를 막는 것으로 알려진 문화혁명은 문예영역에서 먼저 시작되었다.

1964년 7월 국제 공산주의운동 종합적 노선을 둘러싼 중−소간 대논전이 끝날 무렵에 이르렀다는 사실에 주의할 필요가 있다. 소련공산당 중앙위원회 공개편지에 대한 아홉 번째 논평 문장인 「후루시초프의 허위 공산주의 관련 및 세계 역사에 대한 교훈」이 7월 14일 발표되었다.

마오 주석은 중-소 논전 과정에서 사회주의 국가에서 수정주의가 나타나는 것은 절대 우연한 현상이 아니라 심각한 사회적 근원의 법칙성이 있는 사건임을 점점 더 강렬하게 인식하게 되었다. 그래서 그는 1964년에 이르러 사회주의국가에서는 수정주의에 반대하고 수정주의를 막는 투쟁을 반드시 강화해야 함을 더욱 긍정적으로 주장하게 되었다. 국제투쟁을 통해 국내투쟁을 연결 지은 것이다. 바로 그때 국민경제 조정 업무가 거대한 성과를 이루었으며, 조정과 회복 임무를 1964년 연말에 완성할 수 있을 것으로 예측하고 있었다. 그런 상황에서 마오 주석이 농촌 기층에서 일으킨 "네 가지 정돈 운동(四清運動, 중국에서 1963년부터 1966년 5월 사이에 전개했던, 정치, 조직, 경제, 사상을 정화하는 운동. 계급투쟁을 기본으로 하는 전제 하에 발동한 사회주의 교양운동'社会主義教育運動'을 가리킴. -역자 주)"이 상부 구조의 '문화혁명'으로 확장되었다.

1964년 여름부터 점차 새로운 형세를 이루었다. 『인민일보』에서 전국 각지 신문과 간행물에 이르기까지 잘못된 비판이 문예영역에서 영화 「북국강남(北国江南)」과 「이른 봄 2월(早春二月)」, 경극 「이혜낭」에 대한 비판에서부터 시작해 기타 의식형태 영역으로 점차 확대되었다. 양셴전(楊献珍)의 "두 개의 사물을 하나로 합치기"법칙, 저우구청(周谷城)의 시대정신, 펑딩(馮定)의 공산주의인생관, 쑨예팡(孫冶方)의 가치법칙관 등은 모두 생트집 잡고 시비가 전도된 비판의 대상이 되었으며 애초부터 학술토론이 아니었다. 그 잘못된 비판은 모두 캉성과 관련이 있었는데, 당시 그는 중앙이론소조 조장이었다.

1964년말 장칭(江青)이 중앙선전부 5명의 부부장(저우우양·쉬리췬[許立群]·린뭐한[林黙涵]·야오전[姚臻]과 나)을 불러 좌담하면서 전국 신문과 간행물에 10부의 영화를 비판하라는 통지를 발부할 것을 중앙선전부에 요구했다. 그녀가 비판하라는 영화로는 「불야성(不夜城)」·「임씨네 점포(林家鋪子)」·「무대 자매(舞台姉妹)」·「붉은 태양(紅日)」·「역풍천리(逆風千里)」·「적군이 성 밑까지 쳐들어오다(兵臨城下)」 및 「베쮼(白求恩)」 등인 것으로 기억하고 있다. 그때 당시 좌담에 참가한 사람들은 모두 찬성하지 않았으며 신중하게 고려해야 한다고 주장했다. 그 일이 있은 뒤 장칭은 상하이로 갔으며 상하이 신문이 그 영화들을 잇따라 비판하기 시작했고 전국 다른 지역들도 잇따라 본받았다. 그러한 압력 하에 중앙선전부는 하는 수 없이 「불야성」과 「임씨네 점포」를 비판할 것을 『인민일보』에 지시했다.

그릇된 비판이 대대적으로 번지는 추세가 나타나고 있는 상황을 감안해 중앙서기처는 1965년 3월초 회의를 열고 그 일에 대해 토론했다. 샤오핑 동지와 펑전 동지는 모두 신속하게 '제동을 걸 것'을 주장했으며 학술토론의 "열기를 식힐 것"을 주장했다. 이에 따라 『인민일보』는 편집자의 논평과 문장을 잇따라 발표해 고전문학작품을 부정하지 말 것과 결함이 있는 현대문예작품도 부정하지 말 것을 제기했다.

그 기간 『인민일보』는 많은 전문란을 개설해 계속하여 조정하고, 공고히 하며, 충실히 하고, 제고시키자는 방침에 대해 선전했다. 예를 들면 혁명 설계, 혁명을 위한 영업, 공업생산 고조 형성, 일하면서 공부하는 것, 마오 주석 저술을 학습하는 것, 공업은 다칭(大慶) 본받기, 농업은 다짜이(大寨) 본받기, 왕제(王杰) 본받기, 쟈오위루(焦裕禄) 본받기, 현위의 혁명화 등 사업은 모두 양호한 효과를 거두었다.

반란을 일으키려는 신호

그러나 아무도 예측하지 못한 일이 일어났다. 심지어 샤오치 동지·저우 총리·샤오핑 동지마저도 사전에 전혀 알지 못한 일이었다. 상하이 『문회보』가 갑자기 1965년 11월 10일자에 야오원위안(姚文元)의 글 「신편 역사극 〈해서의 해직〉을 평함」을 게재한 것이다. 야오원위안의 글 후반부에서는 그 역사극이 옛날 일을 빌려 현 시대 현상을 설명하고 있다고 독단적으로 주장했으며 1962년의 이른바 "단독으로 일을 하려고 하는 풍조", "번안 풍조"와 연결 지어 우한(吳晗) 동지에 대한 정치 공격을 진행했다. 그리고 또 우한 동지가 『인민일보』에 발표한 해서에 대한 문장도 언급했다.

나는 야오원위안의 그러한 관점들에 찬성하지 않았으며 『인민일보』에 전재하는 것에 찬성하지 않았다. 그렇게 연결 짓는 것은 문예평론을 정치문제로 전환시키는 것이라고 주장했다. 나는 펑전 동지(그때 당시 샤오핑 동지가 서남 3선으로 시찰을 나가서 중앙서기처 업무는 펑전 동지가 주관하고 있었음)에게 보고하고 어떻게 처리해야 할지 지시를 바랐다. 그는 의논한 뒤에 다시 얘기하자고 했다.

나는 스트롱을 동반해 상하이로 가서 그의 팔순 생신을 축하는 행사에 참가했을 때 마오 주석이 그를 위해 마련한 생신 축하 연회에서도 어떻게 처리해야 할지에 대해 마오 주석에게 묻지 않았다. 그때 당시 나는 그 일이 마오 주석과는 무관하다고 여겼으며 중앙서기처에 보고한 이상 주석을 성가시게 할 필요가 없다고 생각했다. 그 뒤 저우 총리가 스트롱의 생신을 축하하고 상하이에서 베이징으로 돌아온 뒤에야 비로소 『인민일보』에 전재하기로 결정했으며 편집자의 말까지 붙여 펑전 동지와 저우 총리의 심열과 수정을 거쳐 11월 30일 발표했다. 편집자의 말은 어휘 선택에서 완곡했으며 기본 경향은 여전히 정치문제가 아닌 학술문제로 처리했다.

그 뒤 발전 상황에 비추어보면 야오원위안의 문장은 마오 주석이 '문화대혁명'을 일으키려 한다는 신호였음을 알 수 있다. 그 문장은 장칭이 기획하고 마오 주석이 심열을 거친 문장이었다. 그때부터 대대적인 비판은 갈수록 심각해졌다. 어떤 신문과 간행물에서는 이미 궈뭐뭐(郭沫若)·판원란(范文瀾)

등 유명한 학자의 이름까지 찍어 비판했다.

펑전 동지를 위수로 하는 문화혁명 "5인 소조"는 1966년 2월 초 회의를 열어 그때 당시 학술토론 상황에 대해 연구했다. 회의에서 그들은 이번 토론이 당 중앙의 지도를 받도록 해야 하며 열기를 식히고 실제적으로 "백가쟁명, 백화제방"을 실행해야 한다고 주장했으며 그래서 중앙정치국상무위원회에 올릴 보고서의 제강을 작성했다. 그때 당시 베이징에 있었던 정치국상무위원(샤오치 동지, 저우 총리, 샤오핑 동지)들이 회의를 열고 토론을 거쳐 그 제강에 제기된 의견을 인정했으며 학술토론문장에서 루산회리에 대해 언급하지 않는 것에 찬성했다. 한편 "5인 소조"에 지시해 우창으로 가서 마오 주석에게 보고해 최종 마오 주석이 결정하도록 하는 데 찬성했다. 2월 8일 우리는 우한으로 날아갔으며 공항에서 바로 마오 주석의 거처로 가서 보고했다. 보고를 들은 마오 주석은 중앙의 명의로 그 보고서 제강에 대해 비준하여 발송하는 데 찬성했다. 후에 그 제강은 「2월의 제강」으로 불렸다.

후에야 알게 된 일이지만 거의 이와 때를 같이 하여 장칭은 린뱌오(林彪)의 위탁을 받고 상하이에서 이른바 문예반동노선을 철저히 제거할 「부대 문예업무좌담회 기요」를 작성했다. 그 「기요」는 4월 초 중앙이 전 당 내에 비준발송하기에 앞서 마오 주석의 눈을 거친 것이었다. 한편 이에 앞서 「2월의 제강」을 발송하기 전에 마오 주석은 1965년 12월 항저우에서 천보다 등과 담화할 때 야오원위안의 글은 정곡을 찌르지 못했으며, 요점은 해임이라면서 가정(嘉靖) 황제가 해서를 해임시킨 것처럼 우리는 펑더화이를 해임시킨 것이라고 말했다. 그런 상황에 대해 우리뿐만 아니라 심지어 중앙의 다른 지도동지들까지도 전혀 모르고 있었다. 『인민일보』는 여전히 「2월의 제강」 정신에 좇아 학술토론을 조직했으며 무릇 루산회리와 연관이 있는 문장 내용은 모두 삭제 수정하거나 발표하지 않았다.

"반(半) 마르크스주의"

『인민일보』의 그러한 처사는 또 마오 주석의 엄숙한 비평을 초래했다. 1966년 3월 18일부터 20일까지 마오 주석이 항저우에서 정치국 상무위원확대회의를 소집했다. 조금은 특별한 회의였다. 회의에 참가한 상무위원으로는 주석을 제외하고 샤오치 동지(그는 파키스탄 등 국가에 대한 방문을 준비 중이었음)와 저우 총리뿐이어서 과반수에 이르지 못했다. 샤오핑 동지는 서북 3선 지역으로 시찰을 나가 있어서 회의에 참가하지 못했다.

그밖에 여러 중앙국 서기와 중앙 관계자들이 회의에 참가했다. 회의 의제에 대해서는 사전에 미리 통지하지 않았으며 다만 회의를 시작할 때 우리 당이 소련공산당 제23차 대표대회에 참가할 대표단을 파견할지 여부에 대해 토론할 것이라고 밝혔을 뿐이며 또 그 외에 무슨 문제가 있으면 이야기 해도 된다고 했다. 18일 오후, 마오 주석은 서호 서남 기슭에 위치한 거처인 류좡(劉莊)에서 소규모의 회의를 소집했다. 회의에 참가한 이들로는 샤오치 동지와 저우 총리, 그리고 펑전·캉성·천보다와 내가 참석했다. 회의가 끝나기 전에 마오 주석이 갑자기 나를 비평했다. 『인민일보』에 난잡한 내용을 많이 게재했다면서 귀신극을 제창하고 해서를 추어올렸으며 잘못을 범했다는 것이었다. 그는 이렇게 말했다. "내가 과거에 그대들이 이론을 중시하지 않는다"고 비평했었는데 신문 창간 때부터 비평했으며 여러 차례나 비평한 적이 있다. 나는 장제스를 본받는다고 말했었다. 그가 『중앙일보』를 보지 않는 것처럼 나도 『인민일보』를 보지 않는다. 볼거리가 없기 때문이다. 그대들의 「학술연구」란은 나의 압박에 못 이겨 개설한 것이다. 내가 보기에 그대는 반(半)마르크스주의자이다. 서른 살 자립할 나이가 되어도 자립하지 못하고 마흔 살 불혹의 나이가 되어도 미혹되곤 하는데 쉰 살이 되어 지천명할 수 있을지는 노력 여부에 달렸다. 꾸준히 진보해야만 한다. 그렇지 않으면 무너지고 말 것이다. 그대를 비평하는 것은 그대의 진보를 바라서이다. 희망이 보이지 않는 사람에 대해서 나는 절대 비평하지 않는다. 마오 주석은 또 이렇게 말을 이었다. "그대들 편집인원들도 빼어나지 않다. 좋지 않은 내용을 그렇게 많이 신문에 게재했으니 말이다. 마르크스주의자가 없거나 혹은 고작 3분의 1, 심지어 4분의 1을 차지하는 인원만 마르크스주의자이다. 실수를 하지 않는 신문은 없다. 『인민일보』는 실수를 통해 교훈을 섭취하여야 한다. 앞으로도 또 실수를 할 수 있다. 이제부터 실수를 하지 않는다는 것은 불가능한 일이다. 중요한 것은 잘못을 했으면 고치면 되고 고치면 좋은 것이다. 『인민일보』가 진보는 있다. 지금은 과거보다 좋아졌다. 나도 자주 보곤 한다. 그러나 계속 꾸준히 앞으로 발전해야 한다."

회의실을 나서면서 나는 주석이 이번에 매우 엄숙하게 비평했는데 잘 반성해야겠다고 저우 총리에게 말했다. 총리는 자네만 비평한 것이 아니라 우리에게 한 말이기도 하다고 나에게 말했다. 시링(西泠)호텔로 돌아온 뒤 나는 또 펑전 동지에게 그 일에 대해 이야기했다. 그도 주석의 비평은 나에게 대한 비평만이 아니라 우리에게 대한 비평이기도 하다고 말했다. 그들 두 분의 말은 나에게 위안이 되었다. 그러나 나는 이제 곧 한바탕 폭풍우가 들이닥칠 것임을 어렴풋하게 예감하고 있었다.

마오 주석의 이번 비평은 내가 그에게서 직접 들은 마지막 담화였다. 1956년 봄 내가 처음 이녠탕에 들어선 때부터 꼭 10년 째 되는 때였다.

돌이켜보면 마오 주석이 주의력을 국내문제에 집중시켜 그가 말하는 수정주의에 반대하고 수정주의를 막는 업무배치를 실행하기 시작한 것은 후루시초프가 정권에서 물러난(1964년 10월) 뒤였으며 국민경제가 전면적으로 회복된 뒤였다. 물론 그 이전인 6월에 『인민일보』를 비평함과 동시에 그는 또 1964년 5~6월 열린 중앙업무회의에서 중국에 수정주의가 나타날 수 있을지 하는 문제를 제기했었다. 그러나 대대적으로 수정주의에 반대하고 수정주의를 막을 결심을 내린 것은 1964년 말과 1965년 초에 열린 중앙업무회의에서 「23조」를 작성하는 과정에서였다. 마오 주석은 회의 마지막 단계에 샤오치 동지와 논쟁을 벌였다.

그는 사회주의교육운동의 성질은 사회주의와 자본주의의 모순을 해결하는 것이라고 굳게 믿었으며 운동의 중점은 "당 내부에서 자본주의 길을 걷는 집권파를 숙청하는 것"이라고 확정했다. 한편 그는 또 중앙기관에 두 개의 '독립왕국'(그 당시는 이름을 지적하지 않았다. 후에 참가 인원수가 매우 적은 상무위원회의에서 두 개의 독립왕국 중 하나는 중앙서기처이고 다른 하나는 국가발전계획위원회라고 말했다.)이 있다고 질책했다.

긴박하게 열린 서막

야오원위안의 정치적 모함 문장이 발표된 날 중앙에서는 양상쿤 동지를 중앙 판공청 주임 직에서 전출한다는 통지를 발부했다. 이는 우연한 일치가 아니었다. 한 달 뒤인 1965년 12월에는 또 린뱌오가 마오 주석에게 총참모장 뤄루이칭(羅瑞卿) 동지가 "군권을 찬탈해 당을 배신한다"고 무고하는 일이 일어났다. 그래서 마오 주석은 항저우에서 상하이로 가 정치국 상무위원확대회의(여러 병과와 여러 대 군사지역 사령관과 정치위원이 모두 참가했으며 나도 참석했다)를 긴급 소집했다. 그 후 중앙군사위원회는 또 베이징에서 확대회의를 소집하고 뤄루이칭 동지를 적발하고 비판하는 잘못을 저질렀다. 그러한 형세의 발전에 따라 투쟁도 의식형태영역에서 정치 영역으로 넘어갔다.

중국의 정국은 긴박하게 1966년으로 들어섰다. 3월에 항저우에서 정치국 상무위원확대회의가 열렸고, 3월말에 마오 주석이 펑전 동지와 중앙선전부를 질책하는 담화를 가졌으며, 4월에 항저우에서 정치국 상무위원확대회의가 열렸고, 5월에 정치국 확대회의가 열렸으며 린뱌오가 루딩이 동지를 모함하고 「2월의 제강」 중의 「5.16통지」에 대해 비판하는 등 일련의 사건들은 터무니없이 없는 사실을 꾸며내 이른바 '펑전·뤄루이칭·루딩이·양상쿤 반당집단'을 만들어냈다. 그 후에는 또 '류샤오치·덩샤오핑 자산계급 사령부'로까지 상승했다.

그러한 상황에서 『인민일보』는 도저히 형세에 발을 맞출 수가 없었다. 『인민일보』가 1966년 4월에 불거진 정치 문제를 둘러싸고 해방군보와 논전을 벌인 사실은 대체 정치가가 만드는 신문인지 아니면 서생이 만드는 신문인지 말하기가 너무 어려웠다.

5월 정치국확대회의가 있은 뒤 5월 31일 마오 주석의 비준을 거쳐 중앙은 천보다가 업무팀을 인솔해 『인민일보』에 투입해 탈권을 실행한다고 선포했다. 천보다 본인의 말을 빌린다면 그가 『인민일보』에서 의 "작은 정변"을 일으킨 것이다. 6월 1일 『인민일보』에 그의 주도로 작성된 「온갖 잡귀신을 모조리 쓸어버리자」라는 제목의 사설이 발표되었다. 그때부터 『인민일보』뿐 아니라 전국 신문업계에 큰 재앙이 닥쳤으며 전례 없는 대참사가 일어났다. 이른바 '문화대혁명'은 그때부터 시작되었으며 그로부터 얼마 뒤 나는 옥에 갇혔다.

1968년 9월 1일 『인민일보』『해방군보』『붉은 기』 잡지 편집부가 「신문전선의 대혁명을 끝까지 진행하자」라는 제목으로 반혁명 악문을 발표해 신문업계에 있는 "중국의 후루시초프"의 "못된 무리들"과 "대리인"들을 마구 모독 공격했으며 전국 신문업계에 대한 여러 가지 근거도 없는 날조된 죄상을 만들어냄으로써 신문 전선의 17년 성과를 전면 부정했다. 애석하게도 현재까지도 야오원위안의 그 도필에 대해 체계적으로 반박한 논문은 어디에도 찾아볼 수 없다.

그 지난 일을 돌이켜보면 국민경제의 조정과 회복시기에 『인민일보』의 경우와 같이 우리나라 신문업계가 비록 마오 주석을 대표로 하는, 갈수록 심각해지는 '좌경 지도사상의 영향을 받았지만, 국민경제 및 기타 방면에 대한 전면적 조정에는 기여했던 것이다. '문화대혁명' 전야의 대비판 비록 종합적인 방향은 맹목적으로 남을 따르는 것이었지만 저항하지 않은 것은 아니었다. 그 시기의 경험 교훈은 긍정적인 면과 부정적인 면에서 모두 시대적 특색을 띤 많은 내용이 포함되어 있다. 그래서 분석과 종합을 진행하는 일이 시급하다. 모든 것을 긍정해서도 안 되지만 또 모든 것을 부정해서도 안된다.

(12) 부록: 다섯 가지 두려움 모르는 정신 및 기타*

1957년 6월 1일 후챠오무 동지가 나에게 마오 주석이 나를 찾아 담화하려 한다면서 나에게 먼저 그의 거처로 갔다가 함께 마오 주석에게로 가자고 통지했다.

그것은 초여름의 어느 날 오후였다. 중난하이는 유난히 그윽하고 고요했다. 우리는 챠오무 동지의 거처에서 나와 지름길을 따라 쥐런탕(居仁堂, 이곳은 중앙서기처가 사무를 보는 곳인데 后에 철거함)을 지나 친정뎬(勤政殿, 이곳은 마오 주석이 최고국무회의를 소집하는 곳인데 후에는 역시 전면 철거하고 재건했음) 뒤편의 작은 옆문 앞에 이르렀다. 그 문으로 들어가면 바로 마오 주석의 처소였다.

그곳은 별로 크지 않은 사합원(四合院)이었다. 마오 주석의 큰 서재는 동쪽 행랑채였지만 그는 평소에 북쪽 방에서 사무를 보고 잠을 자곤 하는데 습관이 되어 있었다.

---

* 본 문은 『마오 주석을 추억하다』라는 도서의 부록으로서 1987년 12월에 쓴 것이다.

그 높고 큰 북쪽 건물은 5칸짜리 건물이었는데 마오 주석은 잠을 자고 책을 읽는 대부분 시간을 그 중 동쪽 방에서 보냈다. 그 방도 완전히 서재였으며 중앙정치국상무위원들이 흔히 그 방에서 회의를 하곤 했다.

우리가 들어섰을 때 마오 주석은 그날 신문을 펼쳐 보고 있었다. 그는 막 잠에서 깬 지 얼마 안 된 듯 일인용 침대 두 개를 맞붙여 만든 큰 침대 위에 비스듬히 누워 있었다. 이미 본 『인민일보』와 『광명일보』는 왼손 켠의 목판 침대 위에 놓여 있었다. 거기에는 최근 읽었거나 혹은 읽을 책들이 가득 쌓여 있었는데 고전서적(대부분 책갈피가 끼워져 있었음)도 있고 새 책(어떤 것은 펼쳐진 채 있었음)도 있었다. 그는 『문회보』를 펼쳐들고 있었는데 오른쪽 침대 머리맡의 테이블 위에는 다른 신문들도 많이 쌓여 있었다.

우리가 들어서는 것을 본 마오 주석은 신문을 내려놓고 우리에게 침대 앞 의자에 앉으라고 자리를 권했다. 그는 먼저 우리에게 오늘 신문을 보았느냐고 물은 뒤 요즘 신문들이 참으로 눈길을 끈다면서 많은 사람들이 공산당의 정풍운동을 돕겠다며 탁상공론을 끊임없이 늘어놓고 있다고 말했다.

일부 다른 일들에 대해서 말한 뒤 마오 주석은 단도직입적으로 나를 부른 것은 한 가지 의논할 일이 있어서 라면서 나를 『인민일보』로 옮겨 근무하게 하고 싶은데 나의 의향이 어떤지 물었다.

너무 갑작스러웠다. 사전에 아무 소문도 듣지 못했었다. 후챠오무 동지도 나에게 아무런 귀띔도 해주지 않았다. 그때 당시 나는 빨리 반응했지만 마오 주석에게는 다만 "전혀 마음의 준비가 없었다"는 한 마디만 했을 뿐이다.

마오 주석은 『인민일보』의 임무가 너무 막중해 지도 역량을 늘려야 한다면서 거듭 연구한 끝에 나를 보낼 생각을 하게 되었다고 말했다. 그래서 나는 나의 상황에 대해 설명했다. 나는 비록 옌안 마르크스·레닌학원에서 2년간 공부와 연구를 하고 또 중국인민항일군정대학과 산베이공학(陝北公學)에서 마르크스·레닌주의학과 강의도 했지만, 십수 년 간 줄곧 신문 업무에만 종사해왔을 뿐 이론에 대한 연구가 없고 학술문제·문예문제에 대해서는 아는 것이 더욱 적어 『인민일보』에 가는 것이 적절하지 않다고 내가 설명했다. 마오 주석은 나의 설명을 들은 뒤 또 당내의 많은 책임 당원들이 가르치는 것을 두려워한다는 얘기를 길게 하면서 매우 타당하지 않다고 지적했다.

마지막에 담화를 끝내면서 마오 주석은 나에게 말했다. "중앙에서 자네를 『인민일보』로 전근시킬 계획이며 신화사 사장직도 동시에 겸하도록 할 생각이다. 자네에게 열흘간 생각할 시간을 줄 것이다. 길어도 보름은 넘기지 말도록 하라. 시간이 긴박하고 업무에 자네가 매우 필요하다. 열흘 뒤에 다시 이야기하도록 하자."

마오 주석의 처소에서 돌아온 후 나는 줄곧 주관적, 객관적 조건에 대해 따져 보았는데 『인민일보』에 가는 것이 아무래도 적절하지 않다는 느낌이 들었다.

열흘이 금방 지나갔다. 나는 중앙에서 생각을 바꾼 줄로 알았다.

그런데 6월 13일 오후가 되어 마오 주석의 비서인 가오즈(高智) 동지가 나에게 전화해 즉시 마오 주석에게 가라고 기별했다. 이번에 나는 이녠탕으로 들어갔다. 그 곳은 마오 주석이 정치국회의를 주재하거나 정치국 상무위원 확대회의를 소집하는 곳이었다. 1956년 폴란드와 헝가리에 소동이 일어났을 때 그 곳에서 거의 매일 오후 회의가 열렸다. 이녠탕에서부터 동쪽으로 회랑을 한 구간 걸어 지나야 마오 주석이 거처하는 사합원 서쪽 문에 당도하게 된다.

내가 마오 주석의 거처에 당도했을 때 후챠오무 동지가 이미 와 있었다.

마오 주석은 나를 보자마자 충분히 생각해보았느냐며 열흘이 지났는데 『인민일보』로 갈 것이냐고 물었다.

나는 또 며칠 동안 생각해본 의견들을 열거하며 내가 『인민일보』로 가는 것이 적절하지 않은 이유에 대해 마오 주석에게 다시 설명한 뒤 마지막에 다음과 같이 보충했다. 나 본인의 조건에 비추어보면 내가 『인민일보』로 가는 것은 적절하지 않다고 생각한다. 그러나 당원의 일원으로서 중앙에서 결정을 내린다면 나는 따를 수밖에 없다. 결정을 내리기 전에 나 개인의 의견에 대해 고려해주기를 바란다.

마오 주석은 매우 단호하게 다음과 같이 대답했다. "그렇게 많이 고려할 것 없다. 중앙에서는 자네를 『인민일보』에 보내기로 이미 결정했다. 게다가 오늘 바로 가도록 하라. 오늘 자네는 먼저 챠오무 동지의 조수 신분으로 가서 그를 도와 교정 완료된 원고를 심의하도록 하라. 자네가 본 뒤 그가 또 보고 그가 사인하는 것으로 하라. 그렇게 한동안 업무를 보다가 중앙은 자네를 총편집장으로 임명한다고 정식으로 선포할 것이다. 그리고 동시에 자네는 신화사 사장직을 계속 겸임하면서 두 개 매체의 선전을 통일시키도록 하라."

이어서 마오 주석은 나에게 『인민일보』에 가서 근무하게 되면 충분한 마음의 준비를 해두어야 한다면서, 최악의 상황에 대비할 준비를 해야 하며 "다섯 가지를 두려워하지 않는" 마음의 준비를 해야 한다고 엄숙하게 타일렀다. 그 "다섯 가지를 두려워하지 않는 것"이란 바로 첫째는 면직당하는 것을 두려워하지 않는 것이고, 둘째는 당적에서 제명당하는 것을 두려워하지 않는 것이며, 셋째는 아내와 이혼하는 것을 두려워하지 않는 것이고, 넷째는 감옥에 갇히는 것을 두려워하지 않는 것이며, 다섯째는 목이 잘리는 것을 두려워하지 않는 것이다. 이와 같이 다섯 가지를 두려워하지 않는 마음의 준비가 있으면 감히 실사구시 할 수 있고 감히 진리를 고수할 수 있다는 것이었다.

마오 주석은 면직 당하는 것과 당적에서 제명당하는 것은 흔히 있는 일이기 때문에 마음의 준비를 하고 있으라면서 다음과 같이 말했다. "목이 잘리는 일은 올바른 노선의 지도만 있으면 대체로 일어날 리 없다. 현재의 중앙은 왕밍 '좌'경 노선의 지도와 경우가 다르며 또 장궈타오(張国燾)와도 다르다. 그러나 감옥살이를 하는 것과 관련해서는 마음의 준비가 있어야 한다." 공산당 내에서 일시적으로 억울함을 당하는 일이 있었던 적이 있다. 그러나 올바른 노선의 지도가 있다면 결국은 억울한 누명을 벗고 오류를 바로잡을 수 있다. 공산당원의 일원이라면 잘못된 처분을 극복할 수 있어야 한다. 그럴 수 있다면 오히려 자신에게 이로울 것이다. 이어서 마오 주석은 굴원이 유배를 가서 「이소(離騷)」를 했고 사마천은 궁형을 받은 뒤 분발해『사기(史記)』를 써냈다면서 예를 들어 설명했다. 그는 자신도 그러한 체험을 했다면서 다음과 같이 말을 이었다. 그가 유격전 16자 비결에 대해 얘기할 때 『손자병법(孫子兵法)』을 본 적이 없다. 후에 왕밍의 '좌'경 노선 지도자가 16자 비결이 시대에 뒤떨어진 『손자병법』에서 온 것이라며 역 포위 토벌 전에서는 현대전쟁을 치렀다고 비웃었다. 이때에야 그는 『손자병법』을 찾아 읽었다. 레닌의『국가와 혁명』도 그때 읽은 것이다. 그때 그는 중앙 홍군 지휘 직무를 해제 당하고 한가한 틈을 타 홍군이 행군하면서 경유한 현성에서 얻은 서적들을 적지 않게 읽었던 것이다.

그 다음 마오 주석은 웃으면서 나에게 아내와 이혼하는 것이 두려우냐고 물었다. 나는 두렵지 않다면서 누명을 쓰게 된다면 몰라도 이혼하는 상황까지는 가지 않을 것이라고 대답했다. 마오 주석은 아내와 이혼하는 것을 두려워하지 말아야 한다는 말은 남성을 대상으로 삼았을 경우이고 여성 동지에게는 남편과 이혼하는 것을 두려워하지 말아야 한다고 말해야 한다며 말을 이었다. 종합적으로 "다섯 가지 두려움 모르는 정신"은 항상 준비하고 있어야 한다고 그가 말했다.

그날 담화가 있은 뒤 나는 시험 삼아 한 번 해보려는 마음을 안고 『인민일보』로 출근했다. 나는 마오 주석이 말한 "다섯 가지 두려움 모르는 정신"으로 항상 자신을 경고했으며 진정으로 실사구시 적으로 행하고 있는지 대담하게 진리를 고수하고 있는지 늘 경계를 늦추지 않았다.

보름 뒤에야 당중앙은 덩퉈(鄧拓) 동지를 '인민일보사' 사장에, 나를 총편집장에 임명한다고 선포했다. 덩샤오핑 동지가 이를 위해 특별히 『인민일보』와 신화사 두 매체 편집위원회 동지들을 소집해 회의를 열고 중앙의 결정을 선포하는 한편 덩퉈 동지가 주관하는 『인민일보』가 업무를 전개하는 과정에서 성과를 이루는 것이 중요하고 기본적인 부분이라고 긍정해주었다. 그는 모두가 똘똘 뭉쳐 『인민일보』를 더 잘 만들어나가기를 희망했다. 그 후부터 덩퉈 동지와 나는 업무 분공에 있어서 그가 논평과 이론·문예를 주관하고 내가 뉴스와 지면 배치를 주관했으며, 그런 분공은 몇 년 뒤 그의 업무가 바뀌기 전까지 이어졌다.

* * * *

1958년 3월 나는 중앙정치국확대회의에 참가하기 위해 청두(成都)로 갔다. 그 회의를 청두 회의라고도 부른다. 회의는 3월 8일부터 26일까지 열렸다. 회의가 끝나는 마지막 밤에 톈자잉 동지(그때 당시 그는 마오 주석의 비서였음)가 나에게 이르기를 마오 주석은 내가 그에게 심열을 받으려고 올린 「『인민보』 고전 3년 업무 요강」을 그가 미처 보지 못했으니 나에게 그를 따라 총칭으로 갔다가 다시 창장을 따라 우한으로 내려가도록 하라면서 거기서 또 회의를 열 것이라고 말했다는 것이다.

3월 27일 마오 주석이 전용열차를 타고 청두를 출발했다. 총칭에 당도했을 때는 온통 불빛을 환히 밝힌 산중 도시 야경이 그야말로 장관을 이루었다.

29일 '쟝샤룬'을 타고 총칭을 출발해 밤에 바이디청에 정박했다. 마오 주석을 따라 배에 탄 이들로는 경위원과 시중을 드는 인원을 제외하고는 톈자잉과 나뿐이었다. 마오 주석은 산샤를 마음껏 유람하면서 잠시나마 휴식을 취하면서 한 달간 잇따른 회의 때문에 쌓인 피로를 풀려는 것으로 보였다. 마오 주석을 가까이에서 시중드는 근무인원에 따르면 마오 주석이 사(詞)를 한 수 짓는 중인데 아직 마무리는 짓지 않은 듯 하며 연필로 썼으며 침대머리에 놔두었다고 했다.

30일 아침식사 후 쟝샤룬은 출발해 산샤 구간에 들어섰다. 우샤(巫峽)에 도착할 무렵 마오 주석이 가운만 걸친 채 기선 조종실로 왔다. 그는 기이하고 험준한 협곡 양켠의 경치를 감상하면서 특히 신녀봉을 여러 측면으로 유심하게 관찰했다. 그러다가 시링샤(西陵峽)을 거의 지날 때에야 선실 내로 홀로 돌아가 텐자잉과 나와 함께 한담을 나누었다.

마오 주석은 그가 청두 회의 기간에 명나라 사람이 쓴 쓰촨에 대한 시들을 수집해 그 중 십 여 수를 골라 인쇄해 회의 참가자들에게 나눠준 것에 대해 언급했다. 그는 양신(楊愼)의 시를 특히 칭찬했다. 그는 양신이 명나라의 재능과 학식을 갖춘 사람인데, 조정을 비평한 죄로 윈난(雲南)으로 유배를 가 늙어죽을 때까지 30년이나 거기에 있었으며 거기서 늙어죽었다면서 너무 애석하다고 말했다. 그는 또 쓰촨에서는 역대로 인재가 많이 났다면서 우리 당 내에 많은 장수들이 쓰촨 사람이라고 말했다. 마오 주석은 나에게 신문을 만드는 사람으로서 저우룽이란 사람에 대해 아느냐고 물었다. 나는 『혁명군』이라는 책을 쓴 저우룽을 안다고 말했다. 마오 주석은 저우룽도 쓰촨 사람이라면서 그는 일본어에 매우 능통했는데 그것도 쓰촨에서 배운 것이라고 말했다. 이어 마오 주석은 청조 말기 유명한 "소보사건(蘇報案)"에 대해 구체적으로 이야기했다. "소보안"은 저우룽이 쓴 『혁명군』이라는 책자에서 초래된 것이다. 그가 그 작은 책자를 썼을 때 겨우 18살이었는데 "혁명군의 선봉 저우룽"이라고 서명했다. 『혁명군』이란 책자가 세상에 나오자 상하이의 『소보(蘇報)』가 그 책자에 대해 소개하고 홍보했으며 장타이옌이 서언을 써줌으로써 매우 큰 영향을 일으켰다. 이에 청정부가 크게 당황하여 명령을 내려 관계자들을 잡아들이는 한편 『소보』를 차압하도록 했다. 『소보』는 그때 당시 자산계급혁명파가 상하이에 설립한 중요 여론기관으로서 차이위안페이(蔡元培)·장타이옌·저우룽·장스자오·류야즈(柳亞子) 등이 모두 그 신문에 글을 발표해 봉건군주전제에 대해 비난하고 자산계급 민주공화국에 대해 고취하는 한편 캉유웨이(康有爲)·량치차오(梁啓超) 등 보황파(保皇派)와 논전을 벌이곤 했다.

마오 주석은 자산계급혁명파들이 신문을 만들면서 모두 감옥살이를 하는 것을 두려워하지 않았고 목이 잘리는 것을 두려워하지 않았다고 강조하면서 다음과 같이 말했다. "장타이옌은 경찰이 블랙리스트를 들고 사람을 잡으러 왔을 때 용감히 나서서 "다른 사람은 모두 여기에 없다. 장타이옌을 잡으려면 여기 있다"라고 말하고 태연하게 수감되었다. 저우룽은 원래 잡히지 않았지만 장타이옌이 체포되었다는 것을 알게 되자 선생님(저우룽은 장타이옌을 선생님이라고 부름. 장타이옌은 저우룽보다 15살이 많음) 홀로 책임을 감당하는 것을 차마 견딜 수 없어 의연히 자수했으며 끝내 옥중에서 병사했다. 그때 나이가 겨우 20살이었다. 그때 당시 『소보』의 편집장이었던 장스자오는 오히려 체포되지 않았다.

마오 주석은 그 자산계급혁명가들을 크게 치하했다. "저우룽은 청년혁명가이다. 그의 글은 사실에 어긋남이 없고 꾸밈이 없었으며 열정이 있으며 게다가 평이하여 알기 쉬운 문언문으로 쓰여 졌다. 『혁명군』이 바로 쉽게 읽히는 글이다. 애석하게도 한창나이에 죽어 아쉬울 뿐이다. 장타이옌은 60살 넘어 까지 살았는데, 전반적인 일생은 혁명적이고 위엄이 있는 기풍이 있었다. 특히 『민보(民報)』의 주필을 담당하고 있던 시기에 쓴 글들은 예리한 것이 대적할 자가 없으며 사람의 마음을 끈다. 참으로 혁명적 정치 평론가로 불리기에 손색이 없다. 비록 한 때 북양(北洋) 관리 사회에 발을 들여놓긴 했지만 경학을 연구하고 역사를 연구하는 데 뜻을 두었으며 국학가로 유명하다. 루쉰 선생이 그의 일생에 대해 전면적으로 관찰한 뒤 매우 높이 평가했다. 그러나 그의 문필은 고체이고 심오하여 이해하기 어렵고 해답을 구하기가 어렵다고 불평도 많이 했다. 그가 논문집 한 권을 출판했는데 책 이름을 하필『구서(訄書)』라고 지어 읽기 어렵고도 난해하게 만들었다.”

　장스자오에 대해서 마오 주석은 이렇게 말했다. “그 노선생은 그와 한 고향 사람으로서 후난(湖南) 창사(長沙) 사람이며 역시 청조 말기 민국 초기 유명한 정치 평론가이다.『소보』의 주필을 감당한 것을 제외하고도 또 다른 반청(反淸) 간행물들에 글을 써 발표하기도 했다. 그 후 유럽으로 유학을 갔다가 귀국한 뒤 북양 정부에서 교육총장 등 직을 맡기도 했다. 그의 글은 장타이옌의 글보다 쉽게 읽힌다. 그렇게 심오하여 이해하기 어렵지 않고 편협하지도 않다. 그리고 량치차오의 글에 비해 근엄하고도 조리가 있다. 그는 항일전쟁 과정에서 줄곧 우리 당과 관계를 유지했으며 건국 후 우리 당과 합작도 했다. 그는 스스로 “반동적이기는 하지만 반공(反共)은 하지 않는다”고 말했다.

　마오 주석은 배 위에서 청조 말기와 민국 초기의 이들 정치 평론가들에 대해 많은 말을 했다. 청년시기에 그들이 그에게 깊은 인상을 남긴 것이 틀림없다. 그리고 또 그 자신이『샹쟝 평론(湘江評論)』을 만들 때부터 줄곧 많은 정치 평론을 써온 것과도 관련이 있다. 그는 그 정치 평론가들의 두려움 모르는 혁명정신과 문풍에 더 많은 흥미를 느끼고 있었다.

　마오 주석의 말을 들은 뒤에야 나는 근대 신문과 잡지의 역사에 관심을 기울이기 시작했으며 일부 정치 평론가의 글들을 꾸준히 읽었다.

＊　　＊　　＊　　＊

4월 1일부터 6일까지 마오 주석이 화동(華東)지역과 중남(中南)지역 일부

성위서기를 우창으로 불러 회의를 소집했다. 한편으로는 청두 회의의 결정을 그들에게 알린 뒤 토론하게 하고, 다른 한편으로는 그들(주로 우즈푸와 쩡시성)의 "고전 3년" 계획 보고를 듣기 위함이었다.

마지막 날 마오 주석은 『『인민일보』 고전 3년 업무 요강』에 대해 이들 성위서기가 의견을 제기할 수 있는 시간을 마련했다. 지금에 이르러 돌이켜보면 나의 주도로 작성된 그 요강은 비록 이치에 어긋나는 것은 아니었지만 머리가 뜨거운 상태에서 비현실적으로 지나치게 높은 이상적인 요소가 더 많은 산물이었다. 그때 당시 성위서기들의 관심사는 『인민일보』와 여러 성위 간의 관계 개선이었으며(지난 몇 년간 『인민일보』가 신문 지면에서 비평과 자아비평을 전개했었는데 일부 성위와의 관계가 다소 긴장해졌었음) 『인민일보』가 그들 성과와 관련된 보도와 글을 많이 발표해주기를 희망했다. 마오 주석은 그때 당시 『인민일보』가 여러 성위의 의견을 고려할 것을 요구했으며 성위와 양호한 관계를 유지해 성위의 도움을 얻어 신문을 잘 만들어나가도록 하라고 지시했다. 그는 신문의 「고전 3년 업무 요강」을 수정한 후 여전히 초안으로 먼저 실행하면서 실천 경험에 따라 꾸준히 수정하고 보완하도록 하라고 지시했다.

회의가 끝나 여러 성위서기가 돌아간 뒤 마오 주석은 여전히 우창 동호의 호숫가 별장에 남아 휴식을 취했다. 나와 텐자잉도 거기서 며칠간 유람했다. 별장은 동호 호숫가에 위치해 있으며 호수 맞은편은 뤄쟈산(珞珈山)이 있고 우한대학이 바로 산기슭에 자리 잡았다. 마오 주석은 아침과 저녁에 호숫가를 따라 산책하곤 했는데 이는 참으로 얻기 어려운 정상적인 일과 휴식이 있었다. 베이징에서 그는 늘 밤새 업무를 보거나 책을 읽다가 이른 아침에야 잠에 들었으며 오후 2시경에야 일어나곤 했다.

그러한 작업과 휴식 시간은 매일 뒤로 1~2시간씩 늦춰졌으며 그렇게 약 보름을 한 주기가 되곤 했다.

아마도 4월 8일 오전인 것으로 기억하고 있다. 마오 주석은 아침 식사 후 산책하고 돌아와 텐자잉과 나를 함께 불러 호숫가 정자 아래서 한담을 나눴다. 마오 주석은 창장대교에 대한 이야기로부터 시작해 8.7회의·우창봉기·리위안홍(黎元洪) 나아가 장즈동(張之洞)에 이르기까지 대화를 이어나갔으며 이어서 장타이옌이 한 때 장즈동의 청을 받고 우창으로 가 신문을 만들었는데 장즈동과 관점이 달라 주필로 취임하는 것이 내키지 않아 결국 떠나고 말았다는 이야기도 했다. 그는 또 장타이옌과 같은 급진적인 혁명파도 처음에는 캉유웨이·량치차오 등 보황파와 진영을 분명하게 가르지 않고 그들과 함께 신문을 만들었다고 말했다. 장타이옌은 량치차오가 만드는 『시무보(時務報)』·『청의보(淸議報)』에 글을 써주었고 함께 유신(維新)을 주장했으며 후에야 갈라서서 제각기 갈 길을 가게 되었다.

마오 주석은 또 근대역사에서 통치계급과 피통치계급은 모두 자체의 여론 수단이 필요했으며 모두 신문을 만드는데 열성을 쏟아 부었다고 광범위하게 논했다. 그는 청조 말기 민국 초기 자산계급 개량파와 혁명파가 그랬고 국민당과 공산당도 그랬다고 말했다.

마오 주석은 이어서 나에게 광동(広東) 신후이(新会)사람이냐고 물었고 나는 그렇다고 대답했다. 그 다음 마오 주석은 량치차오에 대해 말하기 시작했다.

마오 주석은 량치차오의 일생은 어딘가 용두사미(虎頭蛇尾)인 듯 했다면서 다음과 같이 말했다. 량치차오가 가장 활발하게 활동했던 시기는 『시무보』와 『청의보』를 만들던 몇 년간이었다. 그때 그는 캉유웨이와 유신변법을 강력히 주장했다. 그가 쓴 「변법통의(変法通議)」가 『시무보』에 연재되었었는데 내세운 이론이 예리하고 조리가 분명했으며 감정이 자유분방하고 조금도 거침이 없었다. 게다가 그의 문장은 변체(騈体)·동성(桐城)·팔고(八股) 등 문체와는 달리 신선하고 평이하여 한 시기 널리 알려졌었다. 그는 그때 당시 가장 호소력 있는 정치 평론가였다.

마오 주석은 또 량치차오가 두 차례나 베이징에 와 회시[会試, 명청 시대에 향시(鄕試)에 합격한 '거인(擧人)'들이 치는 3년마다 한 번 실시한 과거 시험]를 보아 낙제하게 되자 그제야 캉유웨이·탄쓰퉁(譚嗣同) 등과 함께 "공거상서[公車上書, 청조 광서 21년에 캉유웨이가 량치차오 등 수천 명의 거인을 인솔해 연명으로 광서(光緖)제에게 글을 올려 갑오전쟁에서 일본에 패한 청 정부가 주권을 상실한 치욕스러운「마관조약(馬関条約)」을 체결하는 것에 반대한 사건을 가리킴)"에 참가했다며 다음과 같이 이야기했다. '무술변법(戊戌変法)' 후 량치차오는 일본으로 망명해『청의보』를 간행했다. 그 후 혁신의 칼끝이 점차 사라져 완고한 보황파가 되어 군주입헌을 지지하고 민주공화에 반대했다. 후에 그는 위안스카이(袁世凱)의 총통 취임과 돤치뤄이(段祺瑞)의 집권을 지지했지만 위안스카이가 칭제하는 것과 장쉰(張勳)의 복벽에는 반대했다. 제 1차 세계 대전이 끝난 뒤에는 유럽으로 유학을 갔다가 귀국 후에는 정계를 떠나 저술과 학술강연에 만 전념했다.

마오 주석은 또 량치차오가 정치 평론을 쓸 때 항상 태도가 엄숙하지 않았다면서 다음과 같이 말했다. 그는 문장의 기세를 중시했지만 지나치게 벌여놓기를 좋아했으며 고금중외를 넘나들며 아무런 구속 없이 논하기를 즐기지만 흔히 겉모습은 그럴듯하지만 실제는 그렇지 않은 경우가 많아 경솔하고 조잡한 느낌을 주곤 했다. 그 자신도 때로는 입에서 나오는 대로 거침 없이 말하곤 한다고 인정했다.

마오 주석은 글을 쓸 때 특히 정치 평론을 쓸 때 가장 삼가야 하는 것은 기세로 사람을 놀라게 하거나 궤변을 정당화하는 것이라면서 다음과 같이 말을 이었다. 량치차오 세대에 글을 쓰는 사람들은 '서양학문'을 뽐내기 좋아했는데 수학·화학·물리를 정치와 한데 섞어 논하기를 즐겼으며 자연과학 용어로써 정치 평론을 쓰곤 해 늘 웃음거리가 되곤 했다. 신문 업무에 종사하려면 박식해야 할 뿐 아니라 또 학식이 얕아서는 안 된다. 그렇게 하기가 쉽지는 않지만 반드시 애써 배우기에 노력해야 한다.

마오 주석은 또 다음과 같이 이야기했다. "량치차오는 『시무보』 창간 초기에 확실히 고생을 많이 했다. 그 자신이 논평을 써야 했을 뿐 아니라 다른 사람의 원고도 수정해야 했으며 모든 편집 업무와 교열 업무를 모두 그 혼자서 맡아야 했다. 후에야 7~8명의 인원을 늘렸는데 그중 3명의 조수는 광동사람이었다. 현재 우리 신문사들은 걸핏하면 백 명, 천 명이나 되는데 너무 많은 것이 아닌가?"

마오 주석은 량치차오에 대해 칭찬도 하고 비난도 했는데 그의 생애에 대해 익숙히 알고 있음을 알 수 있었으며 그의 저술에 대해서도 연구가 깊고 신문을 만드는 과정에서 부딪치게 될 온갖 시련에 대해서도 체득이 많음을 알 수 있었다.

*　*　*　*

1958년 국경일 전날인 9월 30일 오후 마오 주석의 비서가 나에게 펑저위안(豊沢園, 마오 주석의 거처에 대한 통칭)으로 가라고 통지했다. 내가 마오 주석의 서재에 들어섰을 때 그는 서첩을 보고 있었다. 이는 그가 근무 외여가 시간에 휴식을 취하는 습관이었다. 마오 주석의 서재는 진정한 서재였다. 창문이 있는 한 면을 제외하고 방 세 면에 바닥에서부터 천정까지 닿은 책장에 여러 가지 책들이 꽉 차게 배열되어 있었다. 창문가에는 큰 책상이 놓여 있고 다른 한컨에도 긴 테이블이 놓여 있었는데 그 위에도 책이 가득 쌓여 있었으며 두루마리 서화들도 많이 쌓여 있었다.

마오 주석은 또 자신의 도서관도 하나 가지고 있었다. 톈자잉과 다른 여러 동지들은 그를 위해 전국 각지에서 도서를 수집하곤 했다. 특히 해방 초기에는 장서가 대단했다.

마오 주석은 내가 들어서는 것을 보자 나 대신 뉴스를 한 편 썼다면서 신화사 기자가 전국 각지를 답사한 뒤 소감을 쓴 것이라고 말했다. 그는 원고를 타자하라고 보냈으니 이제 곧 볼 수 있을 것이라면서 나에게 앉아서 기다리면서 이야기를 나누자고 했다.

마오 주석은 먼저 본인이 전국 각지를 답사한 일로 말머리를 떼었다. 그는 지방으로 내려가 다녀보면 많은 신선한 것들을 볼 수 있어 여러 가지 생각들을 하게 된다면서 그러나 마지막에 몇 편의 기사를 쓰고 나면 아주 적은 부분만 말할 수 있을 뿐이라고 말했다.

마오 주석은 또 다음과 같이 말을 이었다. "자네들처럼 신문을 만드는 사람들은 자주 내려가서 신선한 공기를 마셔야 한다. 기자와 편집자들이 그리 해야 할 뿐 아니라 총편집장도 자주 내려가야 한다. 그는 손가락을 꼽으면서 말을 이었다. 올해 자네는 난닝·청두·우창·베이다이허에 가봤다. 비록 회의에 참가하러 간 것이지만 어쨌든 내려간 것만은 사실이다. 앞으로도 더 내려가서 조사연구를 진행해야 한다. 나는 5월에 허베이와 허난으로 내려가 한 바퀴 돌았는데 수확이 크다면서 물론 말 타고 꽃구경에 불과했다고 말했다. 그러자 마오 주석은 말에서 내려서 꽃을 구경해야 한다면서 항상 말 타고 꽃구경만 하면 안 된다고 말했다.

마오 주석은 베이징에 있는 것도 물론 매우 중요하다면서 말을 이었다. "여기는 중국의 정치중심으로서 의론이 많은 곳이다. 신문을 만들려면 여러 방면의 의론에 귀를 기울여야만 논평을 쓸 때 발표할 만한 내용이 있다. 이런 면에서 자네는 장지롼(張季鸞)을 본받아야 한다."

말이 여기까지 미치자 마오 주석은 『대공보(大公報)』에 대해 한바탕 논했다. 『대공보』가 톈진에서 처음 시작할 때는 세 사람이 '합작사'를 이루고 다른 사람에게서 인수한 것이다. 그 3인 '합작사'는 우딩창(吳鼎昌)이 출자하고 후정즈(胡政之)가 경영을 맡았으며 장지란이 주필을 맡았다. 항일전정 전에 꾸준히 발전했지만 지난 중국의 정국 속에서 별로 큰 비중을 차지하지 못했다. 항일전쟁시기에 『대공보』는 전성기를 맞이하게 되었다. 국민당과 공산당 양당 합작 국면이 『대공보』의 역할을 발휘할 수 있는 조건을 마련해주었다. 장지란과 그 후임 왕원성(王芸生)이 그 면에서 일으킨 역할에 중시를 기울일 필요가 있다."

마오 주석은 우딩창·후정즈·장지란 세 사람이 합작해 『대공보』를 만들 때 신문만 만들고 벼슬은 하지 않기로 약속했으나, 후에 우딩창과 후정즈는 모두 관직에 오르고 오직 장지란만 관직에 오르지 않았지만, 그는 장제스의 '국사(国士)'가 되었다고 말했다. 그는 또 다음과 같이 말을 이었다. "장지란은 젊은 시절에 일본으로 유학을 갔다. 비록 많은 유학생들이 모두 당파에 가담했지만 그는 줄곧 초당파임을 자처했다. 그 후 특히 국-공 합작시기에 그는 더욱이 제3자라고 표방했다. 총칭에서 그는 국민당과 공산당 사이를 자주 왕래했다. 그는 천부레이(陳布雷)와 관계가 깊었으며, 한편으로는 또 찡쟈옌(曾家岩)과도 가까이 지내면서 사방으로 소식을 탐문한 뒤 자신의 글을 짓곤 했다. 그는 신문을 만들면서 항상 객관적이고 공정하다고 자찬했다.

평소에 그는 확실히 국민당의 부패에 대해 폭로하고 비평하곤 했다. 그러나 매번 중대한 고비에는 예를 들어 완난(皖南)사변이 일어난 뒤 그는 장제스를 도와 저우언라이를 비난했다. 후에 그의 후임으로 왕원성이 맡은 뒤에도 국민당이 내전을 일으키기 전과 후에 모두 그런 식으로 장제스를 도와오다가 국민당이 무너지기 전날에야 비로소 우리에게 접근해왔다."

마오 주석은 사람들이 국민당에 대한 『대공보』의 역할에 대해 "욕은 작게, 도움은 크게"라고 말하는데 전혀 틀리지 않은 말이라면서, 그러나 장지란이 거위 깃털 부채를 흔들면서 사방으로 다니며 상객이 되어 눈으로 주위를 살피고, 귀로에는 각 방면에 귀를 기울이면서 형세를 관찰하는 방법만은 총편집장으로서 마땅히 본받아야 할 바라고 말했다.

　마오 주석은 또 장지란과 같은 이들이 신문을 만듦에 있어서 좋은 방법은 많다고 말했다. 예를 들어 『대공보』의 요일논단의 경우 원래는 신문사 내부인이 쓴 글만 발표하곤 했는데 후에 장지란이 많은 사회 명류와 학자들에게 원고 청탁을 하면서 볼만한 내용이 많아졌다." 마오 주석은 옌안에 있을 때 이를 자주 보곤 했다고 말했다. 그는 또 『대공보』가 또 많은 젊은 기자들을 양성해냈는데 판창장(范長江)에 대해서는 모두가 알고 있고 양강(楊剛)의 미국 통신도 견해가 독특하다면서 이 둘은 모두 『인민일보』에서 근무한 적이 있다고 말했다.

　마지막에 마오 주석은 우리 신문은 자체적인 전통이 있는데 그 우수한 전통을 계속 유지하고 발양해야 한다면서, 그러나 다른 신문, 예를 들어 해방 전의 『대공보』와 같은 신문에도 그들만의 훌륭한 경험이 있는 만큼 우리는 반드시 우리에게 이로운 경험을 본받아야 한다고 말했다.

　그 무렵 마오 주석이 쓴 뉴스 원고가 타자를 친 후 인쇄되었다. 내가 한 번 보았는데 별로 제기할 의견이 없었다. 마오 주석은 그날 밤으로 발송하고 이튿날(국경일) 신문에 게재할 것을 지시했다.

＊　＊　＊　＊

　마오 주석이 "다섯 가지 두려움 모르는 정신"에 대해 들었을 때부터 시작해 나는 『인민일보』에서 거의 9년간 근무했다. 그 시간 동안 마오 주석은 『인민일보』에 많은 지시를 내렸다. 그중 대부분은 기록 보관되어 분석과 연구를 진행할 수 있도록 제공할 수 있다. 나는 9년간 근무 과정에서 성공한 경험도 있고 또 실수한 교훈도 있다. 단 줄곧 잊을 수 없는 것은 "다섯 가지 두려움 모르는 정신"이다.

1967년에 내가 "문화대혁명"과정에서 "군사감시"를 받고 있을 때 옥중에서 마오 주석에게 쓴 첫 반성편지 첫머리에 그가 10년 전에 나에게 말했던 "다섯 가지 두려움 모르는 정신"에 대해 적었다. 이어서 나는 "10년 뒤인 오늘 제가 정말로 죄인이 되어 옥에 갇힐 줄은 꿈에도 생각지 못했습니다."라고 썼다.

　　앞뒤 사정이 이러하기 때문에 나는 마오 주석이 말했던 "다섯 가지 두려움 모르는 정신"과 신문을 만드는 업무와 관련된 몇 차례 담화에 대한 이야기를 글로 쓰는 바이다. 30년이 지난 일이어서 기억이 완벽하게 정확하지 않을 수도 있지만 중요 내용은 틀림이 없을 것이다. 독자들이 연구하고 참고하기 삼가 바란다.

3. 7천명 대회에서의 샤오치(少奇) 동지

3. 7천명 대회에서의 샤오치(少奇) 동지*

(1) 지극히 중요한 회의

1962년 1~2월 사이에 열린 중앙 업무 확대회의는 건국 이후 중국공산당 역사에서 지극히 중요한 회의였다.

그 당시 중국은 심각한 경제난에 시달리고 있었다. 농업생산은 이미 3년 연속 흉작을 거두었고 식량·목화·유료 작물이 모두 감산하였으며, 1961년의 식량 생산량이 1957년보다 1 천억 근(500억 킬로그램) 줄어들었고, 가축·가금도 갈수록 줄어들고 있는 실정이었다. 많은 농촌에서 기근에 허덕이는 현상이 발생했고, 도시의 배급 식량 공급도 줄어들었으며, 부식품도 턱없이 부족해 많은 사람들이 부종(浮腫)에 걸렸다. 농업 원자재를 위주로 하는 경공업 생산이 1960년부터 급감했고 중공업 생산도 1961년부터 감산했다. 1961년의 공업생산총액이 1960년보다 40% 하락했으며 많은 공장에서는 생산이 중지되었다. 티베트에는 일용품이 턱없이 부족했고 상점의 화물 수납장도 텅 비어 양말 한 켤레를 사기도 힘들었다.

이렇게 심각한 경제난 앞에서 간부와 대중·당 내와 당 외에서는 의론이 분분했으며 사상적으로 아주 혼란스러운 국면을 맞게 되었다. 특히 당내에

---

* 본 문의 원 제목은 "실사구시의 본보기-7천명 대회에서 샤오치 동지의 기풍을 회억하며"이다. 『류샤오치를 추억하며』에 게재, 중앙문헌출판사, 1988년판.

서는 서로 원망하며 당내 단결을 파괴하는 정서가 생겨나기 시작했다. 당 중앙은 중앙업무회의 개최를 준비하는 과정에서 특히 전국농업회의와 전국 공업회의에서 해결해야 할 문제를 놓고 토론할 때, 많은 간부들이 그 당시의 경제난에 대해 각기 다른 의견을 가지고 있었으며, '대약진' 후 4년간의 업무 평가에 대해서도 의견이 엇갈리고 있다는 것을 알게 되었다. 비록 중앙이 1960년 겨울부터 지난 시기 업무 과정에서의 오류를 바로잡기 시작했고, 또 이어서 일련의 지시를 내려 지난 시기 업무 과정에서의 '좌경 잘못'을 바로잡는데 목적을 두고 많은 올바른 방침과 정책을 새로 제정하였지만 그러나 상당수의 책임 간부를 포함한 당내 많은 간부들이 이에 대해 이해하지 못했으며 따라서 관철과 집행 효과도 아주 미미했다.

이런 상황을 감안해 마오 주석과 중앙정치국 상무위원들은 이번 중앙업무회의를 열어, 4년간 사업에서의 경험과 교훈을 중점적으로 종합하고, 비평과 자아비평을 하며, 사상을 통일시킴으로써 전당과 전국 여러 민족 인민을 단합하고 힘을 모아 당면의 어려움을 이겨내 국민경제가 전반적으로 빠른 호전을 이룩하도록 노력해야 한다고 결정했다. 회의 중요성을 고려해 중앙에서는 또 회의 참가 범위를 확대하기로 결정했다. 전국적으로 현위에서 2명, 지구위원회에서 3명, 성위와 중앙 여러 부서에서 4명씩 회의에 참가하도록 했으며 많은 대형 광공업 기업의 책임자를 포함해 회의 참가자 규모가 총 7천 여 명에 이르렀다. 이번 회의는 '중앙업무 확대회의'로 명명되었지만 늘 '7천명 대회'로 불린다.

회의는 마오 주석의 주도로 개최되었다. 회의 과정에서 류샤오치 동지와 기타 중앙 지도자 동지들이 중요한 역할을 하였으며 회의의 성공적인 개최에 뛰어난 공헌을 하였다.

중앙정치국 상무위원회는 회의에 제출해 토론할 종합 보고를 류샤오치 동지가 책임지고 준비하도록 결정했다. 덩샤오핑 동지가 샤오치 동지를 협조하여 그 보고 초안을 작성했다. 샤오치 동지는 처음부터 보고의 취지는 실사구시한 당의 우량한 전통과 기풍을 회복하는 것으로서 4년간의 업무에 대한 종합 건, 당면의 형세에 대한 분석 건, 어려움을 이겨내는 방안과 정책을 제기하건 모두 실사구시하게 해야 한다고 분명히 제기했다. 보고의 초고를 작성하는 과정에서 그는 초고 작성에 참가한 동지들에게 이와 같은 사상을 거듭 강조했다. 보고의 초고를 작성하고 수정을 거치는 전반적인 과정에서, 나아가 전반적인 대회 과정에서 샤오치 동지는 항상 몸소 체험하고 힘써 실천하였으며 실사구시적인 기풍을 살려 모두에게 깊은 인상을 남겨주었다.

샤오치 동지와 샤오핑 동지 주도로 작성된 보고의 초고가 나오자 먼저 마오 주석에게 올렸다. 원래는 마오 주석이 보고 대체적으로 쓸 만 하다고 하면 정치국에 넘겨 토론할 생각이었다. 이틀 후, 마오 주석의 의견은 그 자신이 보기를 기다리지 말고 또 정치국의 토론도 거치지 말고 초고를 직접 대회 참가자들에게 나누어 주어 수정 의견을 제기하도록 하라는 것이라고 샤오핑 동지가 우리에게 전했다. 이와 동시에 샤오치 동지의 주도로 원고작성위원회(정치국·여러 중앙국 및 관련 책임자 동지 등 총 21명 포함)를 설립하여 회의 참가자들이 제기한 의견에 따라 수정한 뒤 정치국에 넘겨 검토해 통과시키며 그 다음 7천 명 대회에 정식으로 보고하도록 했다.

마오 주석이 예전과 다른 회의 방법을 제기한 것은 아마도 대회에서 해결해야 할 문제가 아주 중대하기에 민주적 분위기를 충분히 발양해 여러 가지 서로 다른 의견에 귀를 기울일 필요가 있다고 생각했던 것 같았다. 사실도 그러했다. 샤오치 동지의 보고 초고에서는 지난 4년간 업무 결과와 부족한 점 및 잘못에 대한 분석과 경험 교훈에 대해 언급했고, 당면한 경제난에 대한 견해와 앞으로 임무에 대해 언급했으며, 집중 통일을 강화하고 분산주의를 반대하는 것에 대해 언급했고, 당의 기풍과 당내 생활에서의 중대한 문제에 대해 언급했다. 그러나 방방곡곡에서 온 7천 명의 회의 참가자는 근무처가 각기 다르고 근무경력이 각기 다르다 보니 자연적으로 상기 문제에 대한 견해가 완전히 일치하지 못할 것이며 심지어 완전히 불일치할 수도 있었다. 서로 다른 견해는 대회에서 조를 나누어 토론할 때 반영될 뿐 아니라 자연적으로 원고작성위원회에서도 반영된다. 이로 인해 원고 작성과 수정 업무가 더 복잡해졌으며 사상을 통일시키는 어려움이 더 커졌다. 바로 이러한 상황에서 실사구시적인 기풍을 유지하려는 샤오치 동지의 패기와 굳센 의지가 특히 두드러졌다.

샤오치 동지는 예로부터 관점이 선명하고 예리한 것으로 유명하다. 그는 문제를 토론할 때 자신의 관점을 추호도 숨기지 않을 뿐 아니라 자신의 관점을 명확하게 표현하는데 힘썼다. 샤오치 동지는 또 논증이 충분하고 논리성이 강한 뛰어난 장점을 가지고 있다. 그의 담화는 설득력이 강해 사람들이 마음속으로 기쁘게 따를 수 있게 하였다. 설령 그의 관점에 전적으로 찬성하지 않더라도 변명할 수 없게 만든다. 그의 이러한 특색이 7천명 대회 기간에 충분히 드러났다.

(2) 두 개의 '삼칠개(三七開)'*

샤오치 동지의 실사구시적인 기풍을 가장 전형적으로 반영한 사례는 바로 그가 회의에서 두 개 '삼칠개(三七開)' 관점을 제기한 데서이다.

첫 번째 '삼칠제' 관점은 지난 4년간 사업에서의 성과와 결함·잘못에 대한 평가이다.

---

* 삼칠개(三七開) : 부정적인 것과 긍정적 인 것의 비율을 대략 3:7 정도로 봐야 무난하다는 뜻

그때 당시 상당히 많은 동지들이 보고의 초고에서 성과에 대해 충분히 얘기하지 못했고 결함과 잘못에 대해 너무 많이 지적했다고 주장했다. 그러한 사상 상황이 지난 4년간 업무의 경험과 교훈을 성실하게 종합하는 데 심각한 영향을 주었다. 그 문제에 관해 샤오치 동지는 우리 군이 전쟁 전과를 보고함에 있어서 마땅히 진실해야 한다는 마오 주석의 의견을 여러 번 인용하면서 "성과에 대해서는 충분히 얘기해야 하고 결함에 대해서는 투철하게 지적해야 하며, 성과와 결함을 모두 털어놓고 얘기해야 한다. 있는 그대로 불리지도 말고 빼놓지도 말고 모두 실사구시하게 말해야 한다"고 거듭 설명했다. 그는 다음과 같이 지적했다. 거둔 성과는 사라지지 않을 것이며 잘못과 실수도 부정할 수 있는 것이 아니므로 양자는 모두 객관적으로 존재한다. 당면한 문제는 적지 않은 동지들이 '대약진'을 실행해오면서 업무 과정에 존재하는 결함과 잘못의 심각성에 대해 감히 직시하지 못하거나 혹은 저평가하고 있는 것이다. 그는 또 손가락 9개와 1개(九個指頭与壱個指頭)라는 상투적인 말로 4년간 업무 과정에 존재해온 성과와 결함·잘못의 관계를 개괄해서는 안 된다고 꼬집어 지적했다. 이 4년간 우리는 많은 잘못을 저질렀다.

성과와 결함의 관계를 논할 경우 전국의 전반적인 상황을 10으로 보면 '삼칠제'가 실제 상황과 어울린다. 다시 말해서 성과가 9점이 아닌 7점을 차지하며, 결함·잘못은 1점이 아니라 3점을 차지한다. 이렇게 실사구시 적으로 평가해야만 광범위한 간부와 대중들이 마음속으로 달갑게 받아들일 수 있다. 최근 몇 년간 우리가 배를 곯은 것은 모두가 다 아는 일이다. 우리는 어찌 되었든 간에 손가락 9개와 1개의 논조로 실제 상황을 덮어 감출 수 없으며 이 몇 년간 업무 과정에 저지른 심각한 잘못을 덮어 감출 수 없다.

샤오치 동지는 '삼칠제'는 전국의 전반적인 상황이라고 하면서 한층 더 분석했다. 일부 지방에서는 일을 비교적 잘하여 결함·잘못이 적어 성과와 잘못의 비례가 손가락 9개와 1개의 관계이거나 혹은 손가락 8개와 2개의 관계

일 수도 있다. 한편 일부 지방에서는 일을 특히 잘 못해 특히 많은 잘못을 저질러 '삼칠제'에도 미치지 못할 수 있다. 심지어 거꾸로 된 '삼칠제'일 수도 있다. 여러 지역마다 상황이 다르기에 실사구시 해야 하며 간부와 대중들이 평가하도록 해야 한다.

샤오치 동지의 이런 실사구시적인 분석은 원칙성이 있거니와 또 융통성도 있어, 많은 동지들을 이해시키고 설득시켜 이 몇 년간 업무에서의 경험과 교훈을 비교적 냉정하게 생각할 수 있게 했다.

'성과에 대해서는 충분히 얘기해야 하고 결함에 대해서는 투철히 지적해야 한다.' 1959년 루산(廬山)회의 전기(7월 선보름) 무렵 회의에 참가한 동지들이 매우 좋아했던 샤오치 동지의 이 두 마디 명언이, 사실, 그때 당시에 1958년의 사업 경험과 교훈을 종합하는 데도 시사하는 바가 아주 컸다. 그것도 의 중앙업무회의였다. 많은 동지들이 회의에서 사상을 터놓고 서로 마음을 나누며 사상과 체험에 대해 얘기하고 아무런 거리낌도 없이 하고 싶은 말을 마음껏 하였다. 마오 주석은 그때 당시 그 회의를 '신선회(神仙会)'를 여는 것이라고 칭찬했었다. 보름 간의 '신선회'를 통해 회의 기요 초안이 형성되었다. 그 중요 내용은 '대약진'과 인민공사화 과정에서 그때 당시 이미 인식하고 있었던 '좌'적인 잘못을 바로잡는 것이었으며 회의에서 최후 통과시키는 절차만 남은 상황이었다. 그러나 마음 아프게도 7월 보름부터 마오 주석이 펑더화이 동지에 대한 그릇된 비판을 발동하는 바람에 형세가 급변하였다.

이른바 우경기회주의와 이른바 '군사구락부'에 대한 대대적인 비판이 이어졌으며, '좌'적 경향에 대한 시정은 그 태풍에 휩쓸려 온데간데 없이 사라져 버렸다.

7천명 대회가 열리는 과정에서 샤오치 동지는 그가 1959년 루산회의 전반에 했던 두 마디 말을 거듭 강조하면서, 루산회의 후반에서 전반에 대해 부정한 교훈을 기억해야 한다고 지적한 바 있다. 그는 후반에 우경을 반대하면서 전반의 '좌'적인 경향에 대해 바로잡은 것을 부정했기 때문에, '대약진'과 인민공사화 과정에서 저지른 '좌'적인 실수를 루산회의 후에 바로잡을 수 없었을 뿐 아니라, 오히려 더욱 심각하게 번지게 된 것이라고 지적했다. 그로 인해 당면한 경제적 어려움이 1959년 상반기 때보다 훨씬 초과하게 되었다.

다행히도 7천명 대회에서는 루산회의의 실패를 다시 되풀이 하지 않았다. 대회는 시종 실사구시적인 기풍을 관철하는데 주의를 돌렸고 지난 몇 년간의 잘못을 중시했으며 경험과 교훈을 초보적으로 종합했다.

이와 관련된 다른 한 가지인 '삼칠제'는 바로 그때 당시 심각한 경제적 어려움을 빚게 된 원인에 대한 분석이었다.

그때 당시 이 문제에 대한 간부(전적으로 책임지는 고급간부도 포함)들의 견해가 일치하지 않았다. 당면의 어려움은 3년 연속 이어진 자연재해로 인해 형성된 것인가 아니면 우리 업무 과정에서 저지른 잘못으로 형성된 것인가, 어느 것이 중요 원인인가? 7천명 대회 초기에는 의견이 분분하여 일치된 결론을 내리지 못했다. 모두가 자연재해와 결함·잘못이 모두 원인이라고 인정했다. 다만 어느 쪽이 중요 원인인가에 있어서 의견이 일치하지 못했다. 이 문제를 밝혀낸다면 업무 과정에서 결함·잘못의 심각성을 충분히 인식할 수 있을 뿐 아니라 어려움을 이겨내는 자신감도 높일 수 있었을 것이다. 왜냐하면 자연재해는 피하기 어렵지만 결함·잘못은 시정할 수 있는 것이었으므로 그로 인한 어려움도 이겨낼 수 있기 때문이다.

샤오치 동지는 이 문제에서 사실을 존중하는 원칙과 실사구시 원칙을 유지했다. 그는 농업이 3년 연속 재해를 맞아 감산되어 우리에게 크나큰 어려움을 가져다준 것은 사실이지만, 지난 4년간 업무 과정에서의 잘못, 특히 1959년 루산회의 후에 계속하여 '삼풍'(공산풍·허풍과 함부로 지휘하는 기풍)을 크게 일으켜 끼친 해는 더욱 심각하다고 주장했다. 그는 당면한 심각한 경제적 어려움은 주로 업무 과정에서 우리 자신의 결함·잘못이 빚어낸 결과라고 예리하게 지적했다. 후난(湖南) 농민의 말을 빌려 말한다면 "3점은 천재(天災), 7점은 인재(人災)"인 것이다. 다시 말해서 어려움의 원인이 30%는 자연재해 때문이고 70%는 결함·잘못 때문이다. 샤오치 동지가 제기한 '삼칠제'가 많은 동지들에게 일으킨 영향은 한편으로는 큰 충격을 준 것인데 사상적으로 여러 가지 불합리한 규범에 따른 우려를 쓸어버린 것이고, 다른 한편으로는 자신감이 키워준 것인데 어려운 국면을 되돌릴 수 있다는 희망을 가지게 한 것이었다.

샤오치 동지는 충분한 조사 연구를 거쳐서야 비로소 이런 결론을 얻어냈다. 그는 1960년 겨울, 우리 당 대표단을 이끌고 팔십일 당 모스크바회의에 참석하였고, 소련 방문을 마치고 귀국 한 후, 지도간부는 조사연구를 성실하게 해야 한다는 마오 주석의 창의에 따라 즉시 후난 등 기층에 내려가 몇 개월간 조사연구를 진행했다. 그와 한 고향의 농민이 그에게 말했다. 이 몇 년간 천재가 있었지만 그로 인한 피해는 크지 않았다. 어려움은 주로 간부들이 '삼풍'을 일으켜 빚어진 것이다. '3점은 천재, 7점은 인재'라고 말할 수 있다. 그가 후에 또 산시(山西)·허베이(河北)·산동(山東)·허난(河南)에 가서 조사하였는데, 그곳의 책임자들도 어려움의 중요 원인은 업무 과정에서의 결함과 잘못이라고 말했다. 샤오치 동지는 일찍이 1961년 5월 중앙업무회의에서 이런 견해를 제기한 바 있었다.

샤오치 동지가 이 두 가지 '삼칠제' 관점을 제기하고 유지해 온 것은, 그때 당시 상황에서는 결코 쉬운 일이 아니었다. 대단한 용기와 탁견·강인성이 필요했고, 또한 인내성과 섬세한 설득 작업이 필요했다. 충분한 토론을 거쳐 이 두 관점이 먼저는 보고 작성 위원회에서, 후에는 중앙정치국에서 모두의 찬성을 받았다. 다만 서면보고 최종 탈고 단계에서 두 가지 '삼칠제'라고 직접 밝히지 않고 비교적 완곡한 단어로 표현했을 뿐이었다. 성과와 결함·잘못에 대한 보고에서는 12가지 성과를 열거하였고, 중요 결함·잘못을 4가지로 요약하였다. 그때 당시의 심각한 경제적 어려움의 원인에 한 보고에는 이렇게 써넣었다. "한편으로는 자연재해의 영향으로, 다른 한편으로 주로 상기 업무와 기풍 면에서 저지른 잘못으로 비롯된 것이다."

(3) 분산주의를 비평하다

7천명 대회에서 지난 4년간 업무 경험과 교훈을 종합할 때 당의 실사구시적인 전통을 지니려면 마땅히 비평과 자아비평을 전개해야 한다고 했다. 샤오치 동지는 실사구시 적으로 지난 4년간 업무 과정에 존재했던 결함과 잘못을 지적해냈고 또 실사구시 적으로 비평과 자아비평을 진행했다.

대회 과정에서 실사구시 기풍과 대중노선 기풍에 어긋나는 여러 가지 잘못을 비평하는데 대해 말한다면, 모두가 사상적으로 쉽게 받아들이고 인식적으로도 비교적 일치하였다. 그러나 보고 초고에서 비평한 일부 잘못, 특히 분산주의 경향에 대해 중점적으로 비평한데 대해 모두들의 인식이 크게 엇갈렸다. 많은 동지들, 특히 지방에서 근무하는 동지들이 분산주의를 하나의 뚜렷한 문제로 간주하고 검토하는 것에 대해 사상적 준비가 부족했기에 (중앙 여러 부서에서 근무하는 동지들은 회의 전에 중앙 책임자들이 이 문제 관련해 논의하는 것을 어느 정도 들은 적이 있었음) 매우 갑작스럽다고 느꼈다. 그들은 지난 몇 년간 주로 높은 생산 목표·공산풍·허풍·멋대로 지휘하는 것 등을 포함해 많은 잘못을 저질렀지만 분산주의는 아니라고 강조했다.

회의 과정에서 중앙지도 동지들은 분산주의를 극복하는 문제에 대해 거듭 강조했다. 특히 샤오치 동지는 모두가 분산주의 위해에 대해, 민주 집중제 특히 집중통일을 강화해야 하는 극단적인 필요성에 대해 충분히 인식할 수 있도록 이끄는데 대부분 심혈을 기울였다고 말할 수 있다.

샤오치 동지는 많은 동지들의 의문에 대해 그의 기본 관점을 명확히 제기하였다. 높은 생산 목표·공산풍·멋대로 지휘하는 것이 물론 지난 몇 년간 업무에 존재해온 중요 잘못이지만, 분산주의 경향 또한 중요 잘못이다. 특히 지금 분산주의는 이미 우리가 여러 잘못을 바로잡는 데서 가장 큰 걸림돌이 되고 있었다.

샤오치 동지의 그러한 관점은 대량의 사실을 근거로 하여 제기한 것이다. 그때 당시 분산주의 경향은 이미 전국적으로 보편화된 심각한 현상으로 되었다. 그 뚜렷한 표현은 많은 지방과 부서에서 권력을 보유하고 자신의 지위를 강화하는 것이었다. 각자 제멋대로일 뿐만 아니라 통일적이지 않고 다원화되었으며, 수많은 작은 세계를 형성하였다.

그래서 중앙을 상대로 독립성을 강조하고 하급과 대중에 대해서는 독단과 전횡을 일삼고 민주를 억압하였다. 중앙의 많은 정책들, 특히 1960년 겨울 들어 '좌'적인 잘못을 바로잡고자 새로 제정된 일련의 정책들이 걸림돌을 만나 관철할 수 없게 되었다. 일부 지방과 부서에서는 정책을 무시하거나 혹은 필요한 부분만 취하는 태도를 보였으며 일부는 심지어 차라리 별도의 정책을 제정하기까지 했다.

당 중앙이 1960년 11월에 잇따라 발표한 「농촌 인민공사가 당면한 정책문제에 관한 긴급 지시편지」,「오풍문제를 철저히 시정하는 데에 관하여」 등 지시에 대해, 일부 당위와 부서에서는 문서를 봉쇄하고 아래로 내려 보내지 않았으며 전하지도 않았다. 1961년 1월 공산당 제8기 9중 전회에서 확정된 '조정·공고·충실·제고' 방침을 여러 지방과 각 부서에서는 질질 끌며 관철 집행하지 않았거나 혹은 집행과정에서 약화시켰다. 그때 당시 당내에서 명령을 내려도 집행하지 않고, 금지령이 떨어져도 멈추지 않으며, 윗사람을 기만하고 아랫사람을 속이며, 거짓으로 꾸미는 그릇된 기풍이 상당히 심각했다.

샤오치 동지는 보고 초고를 작성하기 시작할 때 분산주의 관련 사례를 폭넓게 수집하고 엄하게 확인해야 할 뿐 아니라, 이름을 분명하게 밝힘으로써 모두들에게 충격을 줄 수 있어야 한다고 보고 작성에 참가한 동지들에게 요구하였다.

샤오치 동지는 회의에서 '삼풍'·'오풍'을 바로잡든지 '조정·공고·충실·제고' 방침을 실행하든지를 막론하고 가장 먼저 분산주의를 극복해야 한다고 거듭 엄숙하게 지적했다. 그는 언제든지 당 중앙 집중통일의 지도(물론 여러 지방 여러 부서의 적극성을 발휘하는 것과 구체적 실정에 맞게 적절한 대책을 세우는 것에도 마땅히 주의를 돌려야 한다)가 없어서는 안 되며, 특히 혁명 사업이 심각한 어려움에 부딪쳤을 때일수록 집중통일의 지도를 더더욱 강화해야 한다고 강조했다. 샤오치 동지는 분산주의를 극복할 수 있느냐의 여부가 사회주의 사업이 끊임없이 발전할 수 있는지 없는지에 크게 관계된다고 예리하게 제기하였다. 그는 분산주의 길을 걷느냐 걷지 않느냐는 모든 공산당원이 진정으로 사회주의를 건설하느냐 하지 않느냐를 점검하는 시금석이라고 말했다.

샤오치 동지가 이렇게 엄숙하고 예리하게 분산주의 경향을 비평한 것이 많은 동지들에게는 아주 효과적인 각성제 역할을 했다. 샤오치 동지는 또 분산주의에 반대하는 것은 오직 당내 지도간부 내에서만 실행해야지, 일반 간부와 대중을 대상으로 해서 반대해서는 안 되며, 지나치고 난폭한 당내 투쟁방법을 취하는 것은 더더욱 허락하지 않는다고 지적했다. 그는 1959년 루산회의 이후 반우파투쟁 확대화의 과오를 다시 범해서는 절대 안 된다고 강조했다. 보고 초고에서 열거한 많은 분산주의 사례에 대해 샤오치 동지는 여러 지방 여러 부서에서 적절하지 못하다고 판단되는 것은 정정할 수 있으며, 자신이 적절하다고 인정하는 사례로 택하여 바꿀 수도 있다고 밝혔다. 그 후에 초고 중의 적잖은 사례가 바뀌었다. 그러나 최후 탈고할 무렵에는 이런 성질의 잘못은 이름을 분명하게 밝힌 어느 한 곳 혹은 어느 한 부서에만 존재하는 것이 아니라는 점을 고려해 총괄하는 것이 낫다고 여기고 분명히 밝혔던 이름을 모두 삭제해 버렸다. 이로 하여 분산주의 경향의 여러 가지 표현을 비평하였을 뿐 아니라 또 과거 이름을 밝혔던 지방과 부서의 긴장된 정서도 완화시켰다.

분산주의에 대한 샤오치 동지의 비평이 사람들을 탄복시킬 수 있었던 것은 그가 자신에 대해서도 자아비평을 한 것이 한 몫 하였다. 샤오치 동지는 초고 작성 위원회에서 분산주의 현상이 이처럼 보편적이면서도 심각한 것은 여러 지방과 여러 부서만 전적으로 나무랄 것이 아니라고 실사구시 적으로 밝혔다. 그는 이런 경향의 발생에 대해 우선 중앙에서 먼저 책임져야 한다고 말했다. 왜냐하면 '대약진'시기부터 중앙은 여러 차례 결정을 내려 원래 중앙의 직접적인 관할 범위에 속했던 많은 권리를 지방과 부서로 이양시켰기 때문이었다. 그 자신만 하여도 이런 부류의 문서를 여러 건이나 비준했다고 말했다. 너무 지나친 권리 이양이 분산주의 발생에 조건을 마련해 주었던 것인데 이는 중앙에서 저지른 잘못이라고 했다. 일 년 전부터 중앙에서는 그 잘못을 바로잡기로 결심하여 적절하지 못한 권리 이양을 회수하고 동시에 기타 잘못을 바로잡을 수 있는 방침과 정책을 다시 제정하여 여러 지방과 부서에서 관철 집행하도록 요구했다고 했다. 특히 이럴 때일수록 여러 지방과 여러 부서에서는 분산주의 경향을 극복하여 당 중앙 집중통일의 지도를 수호하는 것이 특히 필요하다고 강조했다.

7천명 대회에서 샤오치 동지는 너무 지나친 권리 이양에 대해서만 자아비평을 행했던 것은 아니었다. 그는 또 중앙을 대표하여 지난 4년간 업무 과정에서 저지른 중요한 잘못을 우선 중앙에서 책임져야 한다고 선포했다.

이에 앞서 7천명 대회 개최 전에, 중앙서기처에서 지난 몇 년간 중앙에서 발급한 문서를 검토하여 마오쩌둥 동지와 중앙정치국 상무위원회에 보고서를 올렸다. 보고서에서는 그 문서에 반영된 중앙 업무과정에서의 중요한 결함과 잘못을 지적하였고, 아울러 맨 먼저 중앙서기처에서 책임져야 한다고 설명했다. 그 후 회의에서 그 보고서를 회의참가자들에게 한 부씩 나누어 주었다. 샤오핑 동지가 대회 연설에서 당내 생활의 중대한 원칙에 대해 투철하게 논술하였고, 여러 가지 불량현상에 대해 비평하였으며, 잘못을 바로잡고 어려움을 이겨내는 데 유리한 조건을 제기했으며 또 자아비평도 하였다. 샤오치 동지는 서면보고에서 그 일에 대해 언급하면서 중앙서기처 검사 보고서에서 언급한 일부 일들은 중앙정치국을 거친 것이기 때문에 중앙정치국이 마땅히 책임져야 한다고 성명을 발표했다. 샤오치 동지가 8차 당 대회 후부터 점차 마오 주석을 대체해 중앙정치국의 일상회의를 주재하였기에 정치국의 책임을 맨 먼저 샤오치 동지가 져야 했다.

(4) 자아비평과 분풀이 회

마오 주석은 1월 30일 7천명 대회에서 긴 연설을 하면서 한편으로는 당내에서 민주를 억압하는 열악한 현상에 대해 엄격히 비판하였으며, 다른 한편으로는 최근 몇 년간 업무 과정에서 저지른 결함·잘못에 대해 솔직히 책임질 것이라고 밝혔다. 그는 "중앙에서 저지른 모든 잘못 중 직접적인 잘못에 대해서는 내가 책임져야 하고 간접적인 잘못도 내 책임이다. 왜냐하면 내가 중앙의 주석이기 때문이다. 내가 이렇게 말하는 것은 다른 사람들이 책임을 회피할 수 있도록 하는 것이 아니다. 기타 일부 동지들에게도 책임이 있다. 그러나 맨 처음 책임져야 할 사람은 나다"라고 말했다.

이에 앞서 마오 주석은 중앙정치국 상무위원회회의에서 중앙서기처의 검토 보고서에 대해 언급하면서 다음과 같이 말했다. "보고에서 나를 성인으로 적어 넣지 말라. 성인은 존재하지 않는다. 결함과 잘못은 누구에게나 모두 존재하는 것으로 다만 많고 적음의 문제일 뿐이다."

저우 총리가 대회의 마지막 날 연설에서 국민경제의 '조정·공고·충실·제고'의 종합적 방침을 어떻게 관철시켜야 하는지에 대해 일련의 의견을 제기했다. 그는 전 당·전국의 힘을 동원하고 집중시켜 현 단계의 심각한 경제적 어려움을 이겨내야 한다고 지적했다. 그 연설에서 그는 정부 업무 과정에서의 중요 결함과 잘못에 대해 여러 번 정중하면서도 진지하게 자아비평을 진행하여 사람들에게 감동을 주었다.

중앙 지도층 동지들의 이런 자아비평 정신은 회의에 참가한 동지들을 크게 감화시켰으며, '대약진' 이후의 경험 교훈을 성실하게 종합하도록 힘 있게 추진하고, 또 소조회의에서 마음을 터놓고 기탄없이 서로 마음을 나누며 비평과 자아비평을 하도록 하였다.

특히 마오 주석이 1월 30일 연설에서 일부 성위의 민주 억압 현상에 대해 비평한 후, 여러 성이 조를 나누어 토론을 진행하는 회의에서 '의사소통회(通気会)'로서의 고조된 분위기가 일어났다. 만약 7천명 대회의 전반을 주로 보고의 초고(중앙과 중앙 여러 부서에 대한 업무도 포함)라 보고 이에 대한 의견 제기 단계라고 한다면, 후반은 주로 현위와 지구급 위원회가 성위에 의견을 제기하고, 성위가 자아비평을 진행한 단계라고 할 수 있다. 마오 주석은 어느 성의 동지가 지은 시를 인용하여 '의사소통회' 개최의 분위기를 형상적으로 표현하였다. 그 시는 다음과 같았다. "낮에는 분풀이, 밤에는 연극 구경. 알맹이도 있고 시시한 것도 있으니 모두가 만족스러워하네." '의사소통회'에서 모두들 하고 싶은 말을 마음껏 하였다. 많은 동지들이 몇 년간 꾹 참아왔던 말을 털어놓음으로써 장벽을 허물고 사상을 교류하며 단결을 강화하였다. 많은 동지들이 "이처럼 후련한 회의는 너무 오랜만"이라며 감개무량해했다.

샤오치 동지, 저우 총리, 주 총사령관, 천윈 동지도 각각 일부 성의 소조회의에 참가했다. 샤오치 동지는 안후이(安徽)조에서 당 내 민주를 발양하는 것과 관련해 중점적으로 말했다. 저우 총리는 푸젠(福建)조에서 진실을 말하고 실제적으로 의욕을 북돋아 주면서 실속 있게 일하고 실질적인 효과를 거둬야 한다는 것에 역점을 두고 말했다. 주 총사령관은 산동(山東)조에서 '좌'적인 경향을 바로잡고 생산 발전을 회복시켜야 한다는 점에 역점을 두고 말했다. 천윈 동지는 산시(陝西)조에서 어떻게 하면 더욱 전면적인 인식을 가질 것인지에 역점을 두고 말했으며, 전면적, 비교적, 반복적인 사상방법과 업무방법을 알기 쉽게 설명했다. 덩샤오핑 동지는 초고 작성위원회에서 샤오치 동지를 협조하는 것 외에도 늘 여러 중앙국의 책임자들과 서로 교류하면서 정치국 상무위원과 여러 중앙국 책임자들 사이에서 의사소통을 하는 데서 중요한 역할을 했다.

샤오치 동지의 보고서가 1월 26일 중앙정치국 상무위원회의에서 통과된 후 마오 주석은 보고서에 대해 여러 차례 수정과 토론을 거치는 과정에서 모두들 그 내용에 대해 잘 알게 되었기 때문에 굳이 그대로 읽을 필요 없이 서면 보고로 인쇄 배포하면 되고, 샤오치 동지가 대회에서 별도로 보충 설명하고 해석하면 될 것이라고 제안했다. 샤오치 동지는 당일 밤을 새며 연설 요강을 직접 썼다. 이튿날(1월 27일) 대회 시작 전, 중앙정치국 상무위원들이 인민대회당 무대 뒤 휴게실(전 베이징청)에 모인 가운데 샤오치 동지가 연설 요강을 마오 주석에게 건넸고, 마오 주석은 요강을 보는 족족 한 쪽씩 상무위원들에게 넘겨 돌려 보게 했다. 요강은 총 십여 쪽으로 되었는데 글자를 크게 썼기에 모두들 바로 돌려 볼 수 있었다. 샤오치 동지는 대회에서 요강에 따라 연설하면서 보고 작성위원회에서 언급했던 많은 중점적인 관점에 대해 더욱 명확히 설명했다. 회의 후 일부 동지들이 이런 문제를 제기했다. 샤오치 동지는 서면보고와 연설에서 모두 집중통일을 강화해야 한다고 강조했고, 마오 주석은 1월 30일 연설에서 당 내 민주주의를 발양해야 한다고 강조했는데, "이를 어떻게 이해해야 합당한 것일까?" 그때 당시 이는 모순되는 것이 아니라 서로 보완하는 것이라고 설명이 되었다. 두 사람은 모두 당의 민주집중제를 강화해야 한다고 논술하는 전제 하에서 각각 다른 방면에다 역점을 두었다. 샤오치 동지는 분산주의에 반대해야 한다는 것을 더욱 부각시켰다. 마오 주석은 그때 당시 일부 성의 소조회의에서 나타난 민주 억압 현상을 더 많이 겨냥하였는데, 이는 그가 그 문제에 대해 언급할 때 엄격하면서도 격동된 표정에서 엿볼 수 있었다. 후에 일이 점차 반대 방향으로 번져나갔는데 이에 대해서는 미처 예상치 못했던 것이었다.

*　　*　　*

20여 년이 지난 오늘날에 이르러 다시 1962년의 7천명 대회를 돌이켜보면, 그 회의가 피할 수 없는 시대적 낙인과 역사적 국한성을 띤다는 사실을 사람들은 발견할 수 있다. 그 원인은 주로 다음과 같았다. 그때 당시의 조건에서 대회는 당 중앙(마오 주석을 대표로 함)의 종합적 지도사상의 잘못을 철저히 인식하고 시정하지 못하였으며 또 그렇게 할 수도 없었다. 전적으로 실사구시(샤오치 동지도 전적으로 하기 어려웠음)하지 못했으며, 일부 잘못된 것을 그때 당시에는 옳다고 판단했으며 후에는 또 악성 발전되었다.

그러나 어찌 되었든 간에 역사유물주의 관점으로 볼 경우, 7천명 대회는 중대한 역사적 의의가 있는 회의였다. 회의는 '대약진' 이후 4년 동안의 경험과 교훈을 기초적으로 종합하였고, 그 당시 우리 당이 저지른 꽤나 많은 실수를 시정하였으며, 실사구시의 기풍을 다시 발양케 하였다. 비평과 자아비평을 전개하였고, 전당의 사상을 통일시켰으며, 집중통일을 강화시켰다. 또 그때 당시 심각한 경제적 어려움을 극복할 수 있는 일련의 방침·정책과 방법을 제기하였고, 전당과 전국 여러 민족 인민들을 단결시켜 전국 경제 형세의 호전을 하루 빨리 이루기 위해 분투하였다.

이번 대회와 그 이후의 2월 '시러우회의(西樓会議)'·5월 중앙업무회의에서 샤오치 동지·저우 총리·천윈 동지·샤오핑 동지 및 리푸춘(李富春) 등 동지들의 공동 노력과 마오 주석의 동의를 얻어 국민경제의 조정·공고·충실·제고의 방침을 엄격하고 신속하게 관철 집행해 나갔다. 더욱이 당 중앙에서 기타 중대한 정치적 조치를 취하여 '반 우파' 운동과정에서 잘못 비판받은 대부분의 동지들을 선별하여 억울한 누명을 벗겨주었고, '우파분자'로 분류된 대부분 사람들의 '우파분자' 모자를 벗겨주었으며, 중국의 절대 대부분의 지식분자들이 노동인민의 일부라고 선포했다. 1962년의 긴장된 사업 국면을 거쳐 국민경제가 1963년에 호전되기 시작했으며, 1964년에는 전면적인 호전을 가져왔다. 저우 총리가 1964년 말 제3회 전국인민대표대회 제1차 회의에서 중국이 새로운 역사시기에 진입하였으며 앞으로 국민경제 발전의 중요 임무는 너무 길지 않는 역사시기 안에 중국을 현대화 농업·현대화 공업·현대화 국방과 현대화 과학기술을 소유한 사회주의 강국으로 건설하는 것이라고 엄숙하게 선언했다.

물론 사회주의 현대화의 웅대한 사업은 얼마 지나지 않아 '문화대혁명'의 폭풍우 속에서 중도에 실패하였다. 당의 11기 3중 전회 때에야 실사구시의 사상노선을 다시 회복시키고 발양시켰으며, 중국 특색의 사회주의 현대화 강국을 건설하는 웅대한 사업을 전면적으로 펼쳐나갔으며 개혁과 개방이 비로소 막아낼 수 없는 조류를 형성하였다. 과거를 추억하며 오늘을 생각하면 7천 명 대회는 그로서의 마땅한 역사적 지위가 있으며, 샤오치 동지의 실사구시 기풍은 영원히 사람들이 존경스러워 하고 그리워할 것이다.(1988년 3월)

4. 조정 시기의 샤오치 동지

4. 조정 시기의 샤오치 동지*

(1) 조정 시기에 들어가다

우리나라가 사회주의를 전면적으로 건설하는 역사적 단계에 3년의 '대약
진' 시기가 있었고 또 4년 대조정의 시기도 있었다.

4년 대조정의 시기란 1961년부터 1964년 사이를 말한다. 4년 대조정을 한
것은 우리 당이 3년의 '대약진'(1958~1960년)에서 심각한 '좌'적 착오를 범하였
기 때문이다. 높은 목표 설정, 높은 생산량 예측, 높은 매출을 자랑하고 허
위 보고를 하는 기풍, '공산풍(共産風)' 등 터무니없이 지휘하는 기풍이 크게
불면서 국민경제가 심각하게 파괴되고 전국이 파탄 직전의 심각한 곤란에
빠졌다. 때문에 어쩔 수 없이 전면적인 조정을 하여 우리가 일하는 과정에
조성한 중대한 결점과 착오를 시정해야 했다.

샤오치 동지는 이 시기에 전면적인 조정과 곤란 극복, 국민경제를 전면적
으로 호전시키는 방면에서 중앙의 기타 동지들과 함께 중견 역량이 되어 역
사적으로 중요한 역할을 했다.

1958년 말 1959년 초에 마오(毛) 주석이 먼저 '대약진'과 인민공사 업무에
'좌'적 착오가 존재한다는 것을 발견하고 시정하게 했다. 샤오치 동지, 저우

---

* 본문의 원 제목은 「조정시기의 중대한 공헌— 저우 총리의 1961년부터 1964년까지」로 저자가 1998년 2
월에 소집된 '저우 총리의 생애와 사상 심포지엄'을 위해 쓴 특약 논문이다. 원래 『저우언라이 100 년 기
념— 전국 저우언라이 생애와 사상 심포지엄 논문집』(중앙문헌출판사, 1999년 출판)이라는 책에 수록되
었다.

(周) 총리, 천윈(陳雲) 동지와 덩샤오핑(鄧小平) 동지는 마오 주석의 의견을 지지하여 온갖 방법을 다해 조정을 하려고 했다.

그러나 '대약진', '인민공사화' 등 여러 가지 착오를 조성한 '좌'적 지도사상을 깨끗이 정리하지 않았기 때문에 1959년 루산회의(廬山会議) 후기에 반우경 투쟁이 시작되어 앞 단계의 '좌'경 시정 업무를 전면적으로 부정했고 '좌'경 시정 진행과정이 중단되었다. 1959년과 1960년에 계속해서 '대약진'을 진행함으로써 국민경제가 더욱 심각하게 파괴되도록 했다.

1960년, 소련이 중국을 반대하는 붐을 세차게 일으키자 우리 당 중앙은 후루시초프를 위수로 하는 소련공산당 지도부의 도발에 대처하는데 큰 정력을 기울였다. 복잡한 투쟁을 거쳐 81당 모스크바회의에서 협의를 달성함으로써 국내 업무를 제대로 할 수 있는 비교적 평온한 국제환경을 마련해주었다.

나의 기억에 따르면 샤오치 동지가 모스크바회의가 끝난 후 국가주석의 신분으로 소련을 공식 방문할 때 내가 수행원으로 동행했다. 마지막으로 들른 곳은 이르쿠츠크였는데 샤오치 동지는 연설 원고를 수정한 후 나에게 이렇게 말했다. "지난 1년간 소련공산당 지도부와의 논쟁으로 중앙은 많은 정력을 소모했다. 현재 81당이 협의가 달성되었으니 중국과 소련의 관계가 한동안 완화될 것이며 중앙은 역량을 집중하여 국내 업무에 존재하는 문제를 해결하게 되었다."

베이징에 돌아온 후 샤오치 동지는 직접 마오 주석과 중앙 상무위원회의 기타 동지들에게 역량을 집중하여 국내 업무를 순조롭게 잘하는 데에 관한 의견을 제기한 바 있다. 마오 주석도 당시에 "국내 업무는 토대이다. 국내 업무를 잘하면 우리가 중국−소련 관계를 처리할 때 더욱 유리해지고 주도적인 위치에 서게 된다. 현재 국내 업무에 쌓인 문제가 매우 많다. 원래 우리는 1958년 말부터 대약진과 인민공사화 운동 중의 '좌'적 결점과 착오를 시정하기 시작했으나 루산회의에서 '우' 만 반대하고 '좌' 는 반대하지 않았기 때문에 1959년과 1960년 두 해에 '좌'적 잘못이 1958년보다 더욱 심각해져 해를 끼쳤다"고 지적했다. 샤오치 동지는 "루산회의 후기에 나는 본래 「회의기요」를 중앙의 공식 문건으로 만들어 하달할 생각이었지만 당시에 모두가 한결같이 '우'를 반대하고 '좌'를 반대하는데 흥미를 느끼지 못하였기에 그만두었다. 지금 보니 이는 실책이고 중요한 교훈이 되었다. 지금 '좌'적 문제가 가득 쌓였기에 국제적으로 정세가 완화된 기회를 틈타 전력을 다 해 국내 업무를 정돈해야 한다. 이는 또 가능한 일이다."고 말했다. 당시 현장에서 보고를 청취하던 기타 상무위원들도 동감을 표했다.

국내 조정 업무가 정식으로 시작된 것은 1961년 1월 초에 소집된 중공 8기 9중 전회였다. 이 회의에서 샤오치 동지가 1년간의 중국-소련 관계를 종합적으로 보고한 한편 1959년 국민경제계획을 논의하는데 역점을 두었다.

마오 주석은 전회 전에 중앙정치국 상무위원회회 회의(12월 9일)를 소집했다. 상무위원들은 회의에서 "중앙 업무의 중점을 국제문제에서 국내문제로 옮겨야 한다"고 입을 모았다. 마오 주석은 "앞으로 국제적으로 무슨 바람이 불든 우리는 끄떡없이 중요한 정력을 국내 문제에 놓고 세계의 어떠한 교란도 받지 말아야 한다"고 말했다. 샤오치 동지는 "국제 정세는 주로 중국-소련 관계이고 한동안 완화될 것 같다. 앞으로 반복된다 하더라도 그 영향을 받지 말아야 한다. 1960년에 우리 모두가 국제문제를 해결한 것은 좋은 점도 있었다. 소련공산당 지도부를 잘 알게 된 것이다. 알고 보니 별로 대단한 것이 아니었고 대처하기 어렵지 않았다. 상황을 파악하고 비교한 결과 우리는 국내 업무를 잘할 수 있다는 확신을 더욱 확고하게 가지게 되었다. 우리가 이미 1년의 시간을 잃어버렸으니 더 이상 머뭇거려서는 안 된다."고 말했다. 회의는 다음 한 해에 반드시 큰 조정을 하여 경제업무 뿐만 아니라 기타 업무도 조정하기로 결정했다.

상무위원회의는 1961년 국민경제계획을 원칙적으로 채택한 한편 중앙업무회의(1960년 12월 24일부터 1961년 1월 13일까지)에서 토론, 수정을 하고 8기 9중 전회에 제출해 채택하기로 결정했다.

9중 전회는 "조정, 공고, 충실, 제고(調整, 鞏固, 充實, 提高)"의 8자 방안을 채택하여 전반적인 국민경제의 지도사상으로 삼았다. 사실이 증명하다시피 중앙이 이 결심을 내린 것은 정확하고 현명한 것이었다. 우리나라는 이로써 조정 시기에 들어섰다.

마오 주석은 회의에서 조사 연구의 사조를 크게 일으켜야 함을 강조했다. 그는 "도시에 들어온 후 벼슬이 커지고 자리가 높아진 한편 기층과 멀어지고 실제 상황을 파악하지 않았다. 대약진 이후 정신이 몽롱해져 상황을 잘 알지 못하면서도 결심은 크고 방법 또한 틀려 결국 큰 잘못을 저지르고 말았다. 정저우(鄭州)회의 때에 많은 동지들이 평조풍(平調風, 공짜로 소속 단위의 돈과 노동력 등을 돌려쓰는 기풍), '공산풍(극단적 평균 주의적 공산주의 사조)'의 해로움에 대한 인식이 부족했고 설득이 아니라 강압으로 일을 추진했다. 더욱이 높은 목표 설정, 높은 생산량 예측, 높은 징발, 높은 소비에 대한 상황 파악이 전혀 안 되니 이게 큰일이 아닌가. 결국 목표를 낮추고 과채(채소나 오이, 호박과 같은 박과 식물을 말함)로 식량을 대체할 수밖에 없었다. '농업·경공업·중공업'을 5, 6년이나 강조했는데도 이해하지 못한다. 올해 계획에 이 방침이 생겼는데 현실로 변할 수 있을지 지켜볼 것이다. 이런 것들은 다 조사연구, 실사구시 문제이다. 올해는 조사연구의 해, 실사구시의 해로 되어 실천 과정에 조사를 하고 실천 중에 객관법칙을 인식해야 한다."고 말했다.

샤오치 동지는 마오 주석의 연설은 매우 중요하다며 현재 어려움이 많지만 낙담하지는 말라고 말했다. 그는 천윈(陳雲) 동지의 의견에 찬성하여 앞으로 몇 년간 품질, 품종을 잘 보증해야 하는데 이는 매우 큰일이라고 말했다. 그는 "품질, 품종을 잘 보증해 효과를 보게 되면 수량이 좀 적어도 괜찮다. 그렇다고 해이해져서는 안 된다. 시기를 장악하여 최대한의 노력을 기울여야 한다. 올해는 '8자 조정' 방침을 실행하기에 업무량이 예전보다 아주 많아질 것이다. 더욱 많은 노력을 기울이고 더욱 깊이 있게 조사연구를 하여 당의 실사구시의 우량 전통을 발양해야 한다."고 말했다.

이번 전회 이후 경제에 대한 조정을 시작으로 점차 각 방면으로 확대하였으며 '좌'를 시정하는 것을 중요 내용으로 삼았다. 샤오치, 지우 총리, 친윈, 샤오핑 등 중앙 지도자 동지들이 친히 기층으로 내려가 조사연구를 했으며 실사구시를 바탕으로 일치하게 협동하여 잇달아 일련의 문건을 제작했다. 예를 들면 「농업 60조」, 「공업 70조」, 「상업 40조」, 「수공업 35조」, 「고교 60조」, 「과학기술 14조」, 「문예 8조」 및 잘못 처벌받은 간부들을 가려내어 바로잡으라는 지시 등이다.

1961년 9월, 제2차 루산회의(廬山会議)에서 향후 3년간 조정을 중심으로 한다고 명확히 제기했다.

(2) 7천명 대회

중앙은 전면조정의 방침, 정책들을 실행하기로 결정했는데 관철 집행하는 과정에 진전이 더디고 저애가 매우 컸다. 전국 각 지방과 각 부문의 업무조정 진행 과정도 매우 불균형적이었다. 상대적으로 중앙의 각 부문은 중앙 지도자 동지들을 자주 접촉하고 그들의 의견을 들을 기회가 많기 때문에 사상이 비교적 잘 통했지만 지방 동지들은 중앙 지도자 동지들과 일상적인 접촉이 비교적 적다보니 사상 전환이 늦은 편이었다. 괜찮은 곳도 에게 있었지만 다수의 지방에서는 중앙의 '좌' 시정 방침과 정책에 대한 이해가 부족했고 행동이 늦었으며 망설이거나 관망하는 태도를 가졌고 심지어 '대

간쾌상(大幹快上, 대규모로 신속히 하다)'하려고 했다. 어떤 지방은 각자의 수요에 따라 각 부문이 각각 여러 갈래의 명령을 내리기도 했다. 어떤 지방은 학습을 조직하지 않고 (상급 지시를) 전달하지도, 집행하지도 않았으며 어떤 곳은 자체로 '좌'적인 것을 행하고 제멋대로 하기도 했다.

10월 하순, 중앙상무위원회는 원래 소집하기로 했던 제2기 전국인민대표대회 제3차 회의를 연기하기로 결정하고(후에 1962년 3~4월에 소집했음) 먼저 중공중앙업무회의를 소집하여 당내 사상을 통일시키고 전면조정 방침을 진일적으로 관철시켰다.

샤오치 동지는 중앙업무회의 소집을 준비하기 위해 마오 주석의 의견대로 각 중앙국 제1서기가 참가하는 정치국 확대회의를 소집하고 주재했다. 회의는 11월 6일부터 10일까지 열렸으며 주로 인민공사 3급 소유제와 식량, 티베트, 이듬해 계획을 토론하였다. 아울러 또 공업회의와 농업회의를 소집했다. 회의에 참가한 중앙 각 부문과 전국 각 지방에서 온 동지들이 많은 중요한 문제에 대해 의견이 상당히 엇갈렸기 때문에 업무회의에 회부할 공식 파일을 작성하지 못했다. 마지막 날에 소집된 정치국 확대회의에서 샤오치 동지는 마지막으로 이렇게 선포했다. "마오 주석과 통화를 했는데 주석께서는 이렇게 제안했다. 중앙업무회의를 확대하여 지방, 현(단) 두 급에서 각각 두 명씩 참가시키고 내가 정치국을 대표하여 중앙 업무회의에 제출할 보고서를 작성한다. 중요한 내용은 3년 '대약진'의 경험 교훈을 종합하고, 집중통일을 강화하고, 당내 민주를 개진하고, 비평과 자아비평을 전개하고, 실사구시의 작풍을 발양하는 것이다." 샤오치 동지의 주재로 초안을 작성하고 샤오핑(小平, 덩샤오핑) 동지가 협조를 했다. 샤오치 동지는 현장에서 천보다(陳伯達)를 지정하여 보고서 작성을 책임지게 하고 나와 톈자잉(田家英), 후성(胡繩)을 초안 작성에 참가시켰다.

중앙업무회의는 최초에 중앙과 성 두급이 참가하기로 했는데 후에 지구,

현(단,團) 두 급이 각각 2~5명이 참가하면서 모두 약 7천여 명이 참가하였기 때문에 '7천명 대회'라고 불렸고 공식 명칭은 '확대된 중앙업무회의'였다. 회의에서 3년 경험 교훈을 종합하고 1962년 계획과 7년 계획(1963~1969년)도 제정했다.

원래 중앙은 1960년 6월 상하이회의에서 당의 8기 3차 회의를 7월에 소집하기로 결정했으나 후에 소련공산당이 갑자기 부쿠레슈티회의에서 반 중국 사건을 일으키자 회의 소집을 연기했다. 때문에 이번 7천명 대회는 규모나 내용 방면에서 사실상 당의 8기 3차 회의였다. 또 형세의 변화에 근거해 당 중앙은 3년 '대약진'의 경험과 교훈을 진일보 적으로 인식하였는데 그 심도와 범위가 마오 주석이 1960년 6월에 「10년 종합」을 발표할 때보다 더 컸다. 7천명 대회는 당의 역사에서 원래 소집하기로 했던 8기 3차 회의보다 아주 더 중요한 의의를 가진다.

중앙이 보고를 기안하기로 결정하자 나는 즉시 당시 댜오위타이(釣魚台) 9호 빌딩에 머무르면서 저우 총리(周恩来, 저우언라이)가 전국인민대표대회에서 할 정부업무보고를 작성하는 팀을 다시 조정했다. 아울러 천보다와 의논해 인원을 증가하고 9호 빌딩보다 좀 더 큰 8호 빌딩으로 옮겼는데 천보다가 혼자 15호 빌딩에 머물렀다.

초안 작성팀은 처음에 샤오핑 동지가 주재하여 쓴, 중앙서기처가 중앙상무위원회에 보낸 최근 3년의 지시, 파일 총검사보고 정신과 샤오핑 동지가 댜오위타이에서 창작팀과 초안 작성 요강과 관련해 의논한 결과에 따라 분업하여 각각 기안했다. 초고는 샤오핑 동지가 주재하는 토론을 거쳤다.

샤오치 동지는 남방에서 휴양(그는 11월 초의 정치국확대회의를 주재하고 7천명 대회의 준비 시항을 배치한 후 남방으로 휴양을 갔다)하고 돌아온 첫날에 댜오위타이로와 천보다와 나, 톈자잉, 후성을 찾아 담화를 했다. 그는 우리가 기안한 원고를 마땅치 않아 했는데 주로 원고가 선명하지 않고 예리하지 않다고 나무랐다. 그는 보고서 전체의 정신은 여전히 그가 1959년 루산회의 때에 말했던 두 마디 즉 성적을 충분히 말하고 결점을 투철하게 말해야 한다는 것이라고 했다. 현재 초고의 결점은 성적을 충분히 말하지 않고 결점을 투철하게 말하지 않은 것이라며 특히 결점과 착오를 애매모호하게 말해 마치 무딘 칼로 고기를 자르듯 시원스럽지 못하다고 했다.

그는 우리에게 대담하게 쓰고 사실대로 써야 하며 결점과 착오를 있으면 있는 대로 말하고 관용을 베풀거나 망신 주는 것을 두려워말아야 하며 과분하게 말해도 수정하면 되니 괜찮다고 했다. 그는 "나는 당신들이 지나친 발언을 하여 비판받는 것이 두려워 몸을 사릴 까봐 걱정"이라고 했다. "당신네 몇은(후성은 제외) 다 『루산회의 기요』 초안을 작성한 사람들이다. 그 『기요』의 초고가 많은 공격을 받았고 당신들도 박해를 받았는데 한 번 뱀에게 물렸다고 10년 동안 두레박줄을 무서워할 필요가 없다. 중앙에는 중앙문건 기안 업무에 참가한 동지는 정치적 책임을 지지 않는다는 규정이 있다. 착오가 있다 해도 중앙서기처 또는 중앙정치국이 책임을 진다. 초고(初稿)는 초고(草稿)이기에 틀리면 수정하고 비평하면 되지 절대 사람을 박해하지 않는다. 지난 몇 년의 업무 중 중요한 잘못의 하나가 당내 투쟁이 도를 넘어 걸핏하면 반 경향을 한 것인데 주로 반 우경이었다. 아래 간부들은 상급이 지시를 내리는 한편 '우경 모자'를 씌울 까봐 다른 의견을 제기할 엄두를 내지 못한다. 이러고서야 어찌 건전한 당내 민주생활이 있을 수 있겠는가?" 샤오치 동지의 이 말씀은 지탄하는 바가 있었다. 초고 작성 과정에 어떤 동지들은 확실히 마음속에 두려움을 품고 있었다. 샤오치 동지의 이 말씀을 듣고 모두들 사상을 조금씩 해방시키게 되었다.

샤오치 동지는 이어서 보고서 원고에 강화해야 할 5가지 의견을 제기했다.

(1) 업무 중의 결점과 착오를 열거하고, 선명하고 예리하게 써야 하며 함

축성은 필요하지만 모호한 언사를 써서는 안 된다. 중병에는 극약을 써야 하는데 아파야만 교훈을 섭취할 수 있다. 그러나 문자로 비꼬지 말아야 한다.

(2) 지난 3년간 업무의 결점 착오에 대해 중앙이 중요한 책임을 져야 한다. 사실이 그렇고 또 그렇게 해야만 지방 동지들이 마음속으로 감복할 수 있다. 중앙 서기처가 이미 서면검사를 했으나 중앙정치국은 대회 보고서에서 진일보 적으로 검토를 해야 할 것이다. 많은 중대한 결정은 중앙 정치국이 채택한 것이기 때문이다. 보통 내가 주재한 정치국회의였으니 나는 책임을 남에게 전가할 수도 없고 자아비평을 해야 한다. 그렇지 않으면 사람들이 감복하지 않을 것이다.

(3) 지금 업무에서 가장 중요한 위험은 분산주의 경향이다. 이는 대약진 과정에 중앙이 지방에 너무 많은 권리를 부여하여 생긴 것이다. 7중 전회 때부터 중앙은 3년 대약진의 결점 착오를 시정하는 데에 관한 방침과 정책들을 잇달아 내왔다. 지금의 문제는 이런 방침과 정책이 관철되는 과정에 매우 큰 저애를 받아 진전이 더뎌진 것이다. 그것은 고급 지도간부를 포함해 많은 간부들이 사상이 불통하고 '좌'적 사상의 잘못을 진실 되게 정리하지 않았고 경험 교훈을 진정으로 받아들이지 못했기 때문이다.

1958년 말과 1959년 초에 열린 두 차례 정저우회의(鄭州会議)에서 한 번 시정을 했지만 루산회의에서 우경을 반대한 후 '좌'적 착오가 더욱 심각해졌다. 현재 '좌'를 시정하는 것이 3년 전보다 더욱 힘들어졌다. 중앙의 명령이 집행되지 않고 금지령이 무시당하고 있으며 많은 지방에서 유아독존으로 지방 황제 노릇을 하면서 중앙을 봉쇄하고 중앙과 대항하고 있으니 이번에 반드시 따끔하게 혼내주어야 한다. 그렇지 않으면 사회주의를 건설할 수 없다. 그래서 보고서 원고에 분산주의의 사례를 써넣어야 하는데 매 부문마다, 전국의 매 성마다 다 분산주의의 사례를 뽑아 써넣어야 하며 하나라도 빠져서는 안 된다. 당신네 창작그룹에는 『인민일보』(人民日報)'와 '홍기(紅旗)', 신화사의 책임자가 있는데 당신들도 주도적으로 자신의 분산주의를 적발해야 한다. 그렇지 않으면 당신들이 피동에 빠지게 될 것이다. 이 세 언론단체는 대약진 과정에 '3풍'을 많이 일구었다. 완전히 당신네만 탓할 것은 아니지만 당신들은 '3풍'을 전파하여 매우 나쁜 영향을 일으켰다. 당신들은 국민의 믿음을 저버렸다.

(4) 이 몇 년간 잘못이 생겨도 늘 시정되지 못하는데 이는 당내 투쟁이 지나친 것과 관련이 있는 것 같다. 1959년 루산회의 후 우경반대가 확대되었으며 정확한 의견을 제기한 많은 동지들이 '우경 기회주의분자'의 모자를 뒤집어썼다. 많은 지도자 동지들이 다른 의견을 듣기 싫어하고 걸핏하면 다른 사람에게 모자를 뒤집어씌우고 있으니 어찌 당내 민주생활이 있을 수 있단 말인가? 어찌 사람들이 감히 참말을 할 수 있겠는가? 어찌 잘못을 시정할 수 있겠는가? 이번 대회는 당의 건설과 관련해 당내 투쟁이 지나친 점을 크게 지적하고 당내 민주를 발양해야 함을 강조해야 한다. 이는 당의 건설에서 중대한 사상문제와 조직 원칙– 민주집중제 문제이다.

(5) 이 몇 년의 업무 중에 많은 소중한 경험교훈을 쌓았는데 착오를 범한 것도 소중한 재화로 자신을 되돌아보게 되고 타인에게 교훈이 되기 때문에 반드시 잘 종합해야 한다. 우리는 10여 년간 사회주의를 건설했으니 받아들이는 것이 많고 법칙성이 있는 것은 분석, 귀납하여 전당을 교육하는 경험교훈으로 삼아야 한다. 완벽하게 종합하지 못해도 괜찮다.

사람들의 인식에는 과정이 있으며 필연의 왕국으로부터 점차 자유의 왕국으로 가게 된다. 지금 종합을 어설프게 해도 괜찮다. 이 또한 피하기 어려운 것이다. 당신들이 먼저 몇 개 조(条)를 만들고, 정치국이 수정과 보충을 하고, 7천명 대회에서 또 사람들이 수정, 보충할 것이다.

샤오치 동지의 이런 말씀은 남방에서 휴양할 때 심사숙고했던 것 같았고 말씀이 다 끝난 것은 아닌 것 같았다. 그는 담화가 끝날 무렵에 다른 의견들은 며칠 지나 얘기하겠다며 당신들은 먼저 대담하게 쓰라고 말씀했다.

12월 말부터 이듬해 1월 초까지 샤오치 동지와 샤오핑 동지는 6차례 회의를 소집하여 우리가 기안한 초고를 토론하였다. 주로 중앙의 해당 부와 위원회 책임자 동지들이 참가했고 각 지방의 중앙국과 성위 동지들은 12월 21일부터 시작된, 샤오치 동지가 주재하는 7천명 대회를 위한 준비회의인 예비회의에 참가해 조별로 형세와 계획(1962년 계획과 7년 계획) 및 인민공사 등 문제를 토론했다.

보고서 초고에 대한 토론에서 모두들 많은 의견을 제기했다. 샤오치 동지의 의견이 비교적 중요했는데 주로 다음과 같았다.

(1) 당면한 심각한 경제난이 조성된 원인에 대해 진실하게 과학적인 분석을 해야 한다. 사실대로 설명을 해야 한다. 이런 어려움은 주로 우리 업무 중의 결점 착오로 조성된 것으로, 자연재해 때문이 아니고 소련이 협의, 계약을 파기해서도 아니다. 이 문제를 제대로 밝히면 간부와 군중들은 우리가 스스로 업무 중의 결점 착오를 극복할 경우 현재의 어려움을 거의 극복할 수 있다는 것을 알게 될 것이다. 이렇게 하면 어려움을 극복하려는 간부와 군중의 자신감을 약화시키는 것이 아니라 높여주게 될 것이다. 샤오치 동지는 자신이 후난(湖南) 고향의 농민 군중들에게서 들은 의견을 특별히 얘기한 적이 있는데 농민들은 "삼분천재, 칠분인화(三分天災, 七分人禍. 30%는 자연재해이고 70%는 정책실수라는 뜻)"라고 했다.

(2) 분산주의에 대한 비평의 분량과 심도가 부족하기 때문에 비평을 증가하고 비평을 더 심각하게 해야 한다. 각 부와 각 성의 시례를 분류하여 분석하고 그 위해성을 하나하나 논술하여 그것을 읽는 사람이 놀라움을 느끼게 해야 한다. 다음 집중통일을 강화해야 할 필요성과 긴박성을 더욱 강조해야 한다. 집중통일 강화를 이론적으로 사회주의 우월성의 고도에 올려 논술해야 한다. 집중통일이 없이 자유롭게 방임하면 사회주의가 있을 수 없다.

(3) 형세에 대한 부분에서 성적을 더욱 충분하게 얘기해야 한다. 확대하여 최근 12년의 성과를 얘기하면 사람들이 전면적으로 이해할 수 있고, 역사적 비교를 하기 때문에 인상이 깊어질 수 있다. 결점에 대해서는 너무 세세하게 얘기하지 말고 요약하여 얘기해야 하며 핵심을 찔러 쉽게 기억할 수 있도록 해야 한다.

(4) 당에 관한 부분에서 4개의 요점을 정확히 인식해야 한다. 즉 당내 민주, 비평과 자아비평, 실사구시적인 업무 기풍, 군중노선의 업무 방법이 그것이다. 마오 주석은 이 방면에서 많은 논술을 했는데 "투철하게 논술한 것을 선택하여 상세하게 논술하면 된다. 이는 우리 당의 창조적인 우량전통으로 잘 계승하고 발양해야 한다. 이 네 점을 충분히 명백하게 논술하여 알기 쉽게 만들어야 한다"고 했다.

(5) 기본적인 경험 교훈은 당신들이 여러 번 수정했지만 아직 성숙되지 못했다. 중앙의 각 부문과 지방의 책임자 동지들은 최근 몇 년간 자신이 일하는 과정에 가장 감명 깊었던 성공 또는 실패의 경험 교훈이 무엇인지를 잘 생각해보기 바란다. 이는 수재들이 '문을 닫고 수레를 만드는 것(閉門造車)'보

다 더욱 진실하고 확실한 것이다. 수재들은 종합적인 일을 하고 진실한 자료는 실제로 일을 한 동지들이 제공해야 한다.

(6) 이 몇 년간 우리가 범한 착오 중 어떤 것은 소련 당이 범한 적이 있는 것이다. 그들이 범한 착오를 우리도 범한 것은 우리가 겸손하고 신중하게 처신하지 못했기 때문이다. 사회주의를 건설하는 방면에서 솔직히 우리에게 경험이 부족하니 수업료를 내는 것을 못 피하지만 요 몇 년간 치른 학비가 너무 많다. 그래도 교훈을 받아들이지 않는다면 대가를 헛되이 치른 것이다.

보고서의 초고는 1개월간 수정을 거친 뒤 마오 주석에게 전달되었다. 원래 샤오치 동지는 마오 주석이 읽은 다음 괜찮다고 하면 정치국에 회부하여 토론에 맡길 생각이었다. 후에 마오 주석은 현재 7천명 대회에 참가할 인원들이 잇달아 베이징에 도착하고 있기 때문에 보고서 초고를 그가 다 볼필요 없이 먼저 회의에 참가한 동지들에게 나누어주어 조별 토론을 시키고 아울러 초고작성위원회를 설립해 여러분의 의견에 따라 회의를 열고 토론하여 수정한 다음 다시 정치국에 올려 채택하고 마지막으로 대회에 회부하라고 했다. 상무위원들은 마오 주석의 의견에 동의했다.

이렇게 7천명 대회는 사실 1월 10일에 시작되었다. 방식은 대회를 개최하는 것이 아니라 조별(성을 단위로 하고 인원이 많은 성은 또 소조로 나뉘었다) 토론이었다. 원고작성위원회도 동시에 작업을 병행했다.

초고작성위원회 토론에 참가한 중앙정치국 위원과 후보위원으로는 저우언라이(周恩来), 천윈(陳雲), 덩샤오핑(鄧小平), 펑전(彭真), 리푸춘(李富春), 리셴녠(李先念), 탄전린(譚震林), 보이보(薄一波), 우란푸(烏蘭夫), 천보다(陳伯達) 그리고 각 중앙국의 제1서기 커칭스(柯慶施), 리징취엔(李井泉) (이 두명은 정치국 위원임), 타오주(陶鑄), 왕런충(王任重), 리쉐펑(李雪峰), 숭런치웅(宋任窮),

류란타오(劉瀾濤)가 있었고 이외에 초고작성소조 성원인 톈자잉(田家英), 후성(胡繩)과 나까지 모두 21명이었다.

초고작성위원회의 토론은 상당히 열렬했는데, 제대로 사상을 열고 각자 자기의 의견을 발표했다. 샤오치 동지는 회의를 주재하면서 정치가의 풍도를 남김없이 보여주었다. 그는 확고하게 원칙을 견지하여 정치적으로, 사상적으로, 이론적으로 그리고 조직 원칙으로 선명하고 예리하고 심각하게 중앙의 기존 방침과 정책을 논술했는데, 논리가 명확하고 논술이 투철하고 조리가 분명하고 순서가 정연했다. 또한 임기응변을 잘해 되도록 합리적인 의견을 받아들이고 편파적인 의견을 보완하였으며, 각 부문과 각 지역이 중앙의 방침과 정책을 관철시킬 때 융통성을 확보하는 한편 원칙을 떠나지 않게 했다. 또한 바르지 못한 의견에 대해 인내심 있게 해석하고 완곡하게 이치를 설명했으며 필요할 때에는 이치에 근거하여 온 힘을 다해 변론을 하기도 했다.

원칙성도 있고 융통성도 있는 이 의론은 주로 아래와 같은 문제에 집중되었다.

(1) 성적과 착오에 관한 평가. 어떤 동지들은 성적을 충분히 말하지 않았다고 생각했고 어떤 동지들은 결점을 너무 많이 지적했다고 했다. 샤오치 동지는 두 방면의 평가가 다 사실에 부합돼야 하며 적당해야 한다고 역설했다. 그는 이렇게 말했다. 보고서 초고를 기안하는 방침은 본래 성적을 충분히 말하고 결점과 착오를 투철하게 말하는 것이다. 지금 여러분께서 성적을 충분히 말하지 못한 부분이 있다고 생각되면 덧셈을 하여 있는 대로 더 보태고, 결점과 착오를 너무 많이 말한 부분이 있다고 생각되면 뺄셈을 하여 사실에 부합되지 않은 것을 삭제하면 된다. 양자는 다 실사구시라는 동일한 원칙을 취하면서 허위보고를 하거나 생산량을 숨기지 말고 있는 대로 적절

하게 말해야 한다.

(2) 형세에 대한 평가. 어떤 동지들은 보고서 초고가 이 방면을 너무 심각하게 말했다며 지방에서 형세가 호전되고 있다고 말했다. 샤오치 동지는 "지금 가장 어려운 시기가 지나갔는가?"고 예리한 질문을 했다. 그는 이렇게 말했다. 중앙은 이미 착오를 시정하는 방침과 정책들을 내놓았는데 정책 방면에서는 상황이 이전보다 좋아졌다. 우리는 이미 잘못을 인식하고 시정할 방법을 제기했으며 형세를 호전시키는 가장 기본적인 전제를 갖추었다. 이는 각성하지 않고, 잘못을 모르고, 잘못을 시정하는 방법을 취하지 않는 것에 비해 큰 차이가 있는 것이 분명하다.

그러나 중앙의 방침과 정책이 관철 집행되는 데에는 과정이 있다. 중앙의 지시를 빨리 이해하는 사람이 있는 한편 늦게 이해하는 사람도 있고, 유력한 조치를 취하는 곳도 있고 그렇지 않은 곳도 있어 각 지방의 상황이 불균형적이다. 그러나 전반적으로 많은 부문과 지방이 중앙의 방침과 정책을 제대로 실행하지 않았다. 중앙이 조정(調整), 공고(鞏固), 충실(充実), 제고(提高)의 방침을 결정한지 거의 1년이 되었으나 관철하는 과정에 매우 큰 저애를 받았다. 이런 방면에서는 형세가 좋아졌다고 말할 수 없다. 우리가 아직도 계속 망설이고 관망하는 태도를 취하면서 굳건하고 과단적인 조치를 취하지 않는다면, 도시 인구를 감소시킬 결심을 내리지 않고 일부 광공업 기업을 폐쇄·중지·합병·전환하지 않고 대다수의 인프라 프로젝트를 중단시키지 않고, 농업을 조속히 회복시키지 않는다면 상황은 더욱 나빠질 것이다.

형세를 평가할 때 과거의 경험을 보면 과분하게 낙관하는 것보다 조심스럽고 신중한 것이 낫다. 지나치게 낙관하다가 의외의 상황이 닥치면 우리는 큰 피동에 처하게 된다. 조심스럽고 신중히 처신하다가 상황이 우리가 예상했던 것보다 좋으면 더 좋지 않은가?

(3) 현 단계에서 어려움을 극복하는 중요한 열쇠이다. 어떤 동지들은 이번에 중앙이 "어려움을 극복하는 열쇠는 분산주의를 반대하는 것"이라고 강조한 데 대해 이해하지 못하고 있다. 어떤 동지들은 당면 어려움이 조성된 원인은 '세 가지가 높은 것'(높은 목표 설정, 높은 생산량 예측, 높은 매상), '세 가지 기풍'(성과를 부풀리는 기풍, '공산풍', 터무니없이 지휘하는 기풍)이라고 지적했다. 어떤 동지들은 중요한 문제는 주관주의가 매우 심각한 것이라고 지적했다. 어떤 동지들은 열쇠는 루산회의 후 반우경이 확대된 것이라고 했다. 또 어떤 동지들은 자신의 내심 사상부터 검사해야 한다며 루산회의에서 옆으로 나가지 말았어야 했다고 말했다. 즉 펑더화이(彭德懷)와 대립하지 말았어야 했고, 또 후루시초프, 덜레스와 등을 져 목숨을 내걸고라도 '대규모로 신속히' 하면서 계속 대약진을 한 것이 잘못이라고 했다. 샤오치 동지, 저우 총리와 샤오핑 동지는 이런 문제에 대해 분석을 했다.

샤오치 동지는 특별히 다음과 같이 지적했다. "위에서 말한 이유에는 다 나름대로 일리가 있다. 우리가 지난 몇 년간 이런 착오를 범해 각 방면의 업무에 중대한 위해와 심각한 곤란을 조성한 것은 사실이다. 지금의 문제는 위에서 말한 그런 착오를 지난 몇 년간 중앙이 이미 발견하고 잇달아 시정할 방법을 제기했다는 것이다. 만약 여러분께서 한 해 동안 중앙의 지시대로 해왔고 각 부문, 각 지방이 중앙의 지시를 성실하게 구체적으로 실행했더라면 우리가 현재 직면한 어려움이 지금처럼 심각하지는 않았을 것이다. 현재 중앙은 조정 방침이 관철되는 것을 막는 가장 큰 장애물은 분산주의이고, 중앙의 명령과 금지령이 무시당하는 것이라고 인정하고 있다. 전당 상하가, 우선 고급 간부가 사상과 행동을 통일하고 솔선수범한다면 우리는 당면의 심각한 곤란을 전승하는데 많은 시간이 필요치 않을 것이다."

(4) 집중통일을 강화하는 데에 관하여. 초고작성위원회 성원들은 거의 다

집중통일을 강화할 것을 강조하는데 찬성했다. 지난 몇 년간 중앙이 하부에 권력을 지나치게 많이 이양하였는데 이는 지방과 부문의 적극성을 동원시키는데 유리한 반면 소극적인 역할도 매우 컸다. 즉 각자 제멋대로 하고 많은 부서에서 서로 다른 정책을 실시하면서 당의 민주집중제를 엉망으로 만들었다. 토론 과정에 일부 동지들은 중앙은 주로 각성과 각 부에 대한 집중통일을 강화해야 한다며 이 방면에서 극복해야 할 분산주의가 매우 많다고 했다. 그러나 어떤 동지들은 지구, 현 두 급에도 집중통일을 강화해야 한다며 현재 많은 지방에 반(半)무정부주의, 무정부주의가 존재하여 업무를 조직의 말단까지 관철시키기 어렵다고 말했다.

샤오핑 동지는 집중과 민주의 관계를 중점적으로 얘기하고 나서 지방의 기층 조직에 대해서는 분산주의를 반대할 것을 제기하지 않고 집중통일을 강화해야 할 필요성과 절박성을 정면으로 얘기하는데 치우쳐야 한다고 말했다. 샤오치 동지는 루산회의 후 반우경화가 확대되어 많은 간부의 적극성이 타격을 받았기에 현재 감히 다른 의견을 제기하는 간부가 너무 적다며 이는 위험한 현상이라고 말했다. "과거에 우리 당내 투쟁이 확대되면서 당내 민주를 크게 약화시켰다. 각종 상황을 일률적으로 논하면 안 된다.

어떤 지방은 극단 민주화가 많은데 분산주의가 바로 그것이다. 또 어떤 지방에서는 집중통일을 너무 융통성 없이 하면서 터무니없이 지휘하고 있다." 그는 중앙의 각 부문과 각성에는 "집중통일을 강화하고 분산주의를 반대하라"고 강조하고 지구와 현 두 급에는 분산주의를 반대하는 것이 아니라 "민주를 발양할 것을 강조한다"는데 동의했다.

(5) 보고서 초고에 부마다 성마다, 분산주의 사례를 열거했다. 초고작성위원회가 토론할 때 어떤 동지들은 자기들과 관련된 사례가 확실하지 않다고 했고, 어떤 동지들은 사실과 어긋난다고 했으며, 심지어 자기들에게 분

산주의 사례가 없다고 주장하는 사람도 했다. 샤오치 동지는 확실한 사례를 교환할 것을 제안했다. 아무튼 하나도 빠져서는 안 되었다. 그러나 모든 사례는 반드시 명단에 오른 단위의 허락을 받아야 했으며, 수재들은 대조 확인을 할 때 반드시 해당 단위의 확인을 받아야 했다. 후에 각 단위가 수정, 교환한 사례가 다 도착한 후 샤오치 동지와 샤오핑 동지가 하나하나 교열을 했다. 나중에 결심을 내리고 각 단위의 사례를 전부 삭제했다.

그는 "현재 다들 중앙이 제기한 집중통일을 강화하고 분산주의를 반대하는 방침에 찬성하고 있기 때문에 부마다, 성마다 사례를 들 필요가 없다. 이런 현상이 너무 보편적어서 어느 부나 어느 성에만 있는 것이 아니다." (설명: 샤오치 동지는 대회에서 구두로 보충설명을 할 때 여전히 『인민일보』, 신화사와 『홍기』 잡지를 지명하여 잘못을 비평하였다. 마오 주석도 이 세 단위와 방송국이 그릇된 말을 한 것을 반성하라고 했다.)라고 했다. 그러나 샤오핑 동지는 마지막에 "어떤 지방에서는 자기들에게 분산주의가 없다고 말하는데 상황을 몰라서 그럴 것이다. 나에게는 그 곳에서 「공업 70조」의 시행을 거부했다는 자료가 있다"면서 그 자리에서 자료 한 묶음을 책상 위에 올려놓고 믿어지지 않으면 보라고 했다.

(6) 「농업발전강요 40조례」와 '15년 만에 영국 따라잡기'에 관하여. 초고작성위원회와 조별토론에서 다 이 두 분투목표를 명확하게 재차 천명해야 한다는 사람이 있었다. 저우 총리가 이에 대해 상세히 해석을 했다.

샤오치 동지는 이렇게 강조했다. "우리는 현재 열심히 조정을 하고 있는데 농업이 회복되는데 빠르면 3년, 늦으면 5,6년이 걸린다. 농업이 회복되어야 공업이 발전할 수 있다. 우리가 지금은 신중히 하는 것이 좋다. 현재 대회에 제출해 토론하고 있는 3년 계획과 7년 계획(10년 계획을 회복[조정]과 발전 두 단계로 나누었음)이 완성된다 하더라도 「농업발전강요 40조례」와 '15년 만에 영국 따라잡기' 목표와는 거리가 멀 것이다. 지금 잠시 이 두 목표를 제기하지 않는 것이 좋다. 우리가 이번에 제기하지 않는다고 취소하는 것은 아니다. 2, 3년 더 지나 보는 것이 더 좋지 않을까?"라고 했다. 마오 주석도 신중히 하는 것을 찬성했다.

초고작성위원회의 토론에서 보다시피 샤오치 동지 등 중앙의 지도자 동지들은 고급간부의 사상을 통일시키기 위해 인내심을 가지고 충분히 해석하고 완곡하게 이치를 설명하고 차근차근 일깨워주었다. 그러나 중대한 원칙적인 문제에서는 단호하고 선명하고 조금도 모호하지 않게 말함으로서 높은 지붕 위에서 병에 든 물을 쏟듯, 파죽지세의 박력과 굳센 신념을 보여주었다. 논설이 예리할 때는 사람들이 문득 깨닫게 했고, 완곡할 때는 사람들이 깊은 생각을 해보게 했으며 이 두 방면이 상부상조하면서 완벽한 해석을 이루었다.

초고작성위원회의 마지막 이틀의 회의에서 앞에서 서술한 중대한 의견이 통일되었다. 그리고 경제방면의 집중통일의 10항 요구, 기본적인 경험 교훈 및 당의 민주집중제와 실사구시, 군중노선에 대해 집중적으로 토론했고 많은 좋은 건의를 제기했다. 샤오치 동지와 샤오핑 동지가 창작그룹을 이끌고 원고 전체에 대해 또 수정을 한 후 마오 주석에게 바쳐 심사하게 했다.

1월 24일 오후, 마오 주석은 이녠탕(頤年堂)에서 정치국 상무회의를 소집하고 보고서 수정본(이를 제2원고라고 불러 2주 전에 대회에 나눠주어 조별 토론을 하던 초고와 구별시켰다)을 토론하게 했다. 마오 주석은 "과부생자, 중인지력(寡婦生仔, 衆人之力, 과부가 아이를 낳은 것은 많은 사람의 도움을 받았기 때문"이라며 "7천명의 토론을 거쳐 원고가 완성되었으니 이는 집단창작이고 또한 회의개최 방식의 창조물이다. 먼저 보고서를 만들고 후에 토론한 것이 아니라 먼저 토론하고 후에 보고서를 작성했다"고 말했다.

그는 이 보고서의 제2원고가 성적을 인정하고 잘못을 반성하고 경험교훈을 종합했으며, 당면한 문제에 대한 조치와 10년 분투목표를 제기했는데 방향이 정확하고 조치가 적절했다고 칭찬을 했다. 그리하여 정치국에 회부하여 토론하기로 결정했다.

정치국 회의는 샤오치 동지가 주재했으며 1월 25일에 보고서 수정본을 토론하고 채택했다.

마오 주석은 1월 26일 밤에 또 상무위원회 회의를 소집했다. 그는 보고서를 다시 한 번 봤는데 매우 훌륭하다고 말했다. 그는 이 원고는 7천명이 토론하여 채택된 것이고 그들이 제기한 의견도 제2원고에 흡수시켰기 때문에 샤오치 동지가 대회에서 이 원고를 다시 읽을 필요가 없다며 서면보고의 방식으로 대회에 발급하고 구두로 설명을 하면 된다고 했다. 그는 다들 이 같은 독창적인 방법에 찬성하는지의 여부를 물었다. 많은 동지들이 그렇게 하는 것을 찬성했다. 그러나 샤오치 동지는 난감해했는데 내일 대회를 개최하기 때문에 시간이 촉박하여 임시로 보충설명을 준비하기 곤란하다고 했다. 그러자 마오 주석은 이 일은 준비를 시작한지 2, 3개월이 됐으니 샤오치 동지가 승산이 있을 것이고 설명을 하는 것이 어렵지 않을 것이라고 했다. 그리하여 주석은 즉시 산회를 선포하고 샤오치 동지에게 내일 발언할 것을 준비시켰다.

샤오치 동지는 밤을 새면서 10여 쪽이나 되는 발언 요지를 써냈다.

1월 27일 오후, 7천명 대회가 시작되기 전, 마오 주석은 주석단 뒤의 휴게실에서 상무위원회 회의를 열고 샤오치 동지가 지난밤에 작성한 보충설명 요지를 돌려가며 보게 했다. 10여 쪽의 요지는 상하이 연필공장에서 특별제작한 6B형 굵은 연필로 썼는데 뒤로 갈수록 글자가 점점 더 커졌다.

마지막 몇 장은 아마 날이 밝을 무렵에 쓴 것 같았는데 샤오치 동지가 매우 피곤한 상태였던 것 같았다. 회람이 끝난 후 마오 주석은 여러분에게 의견을 묻고 나서 샤오치 동지에게 이 요지대로 발언을 하라고 지시하면서 이 의견들은 상무위원회가 여러 차례 토론한 것이라고 말했다. 모두들 이에 동의했다.

1월 27일, 샤오치 동지가 7천명 대회에서 요지대로 발언을 했다. 내용도 서면보고처럼 세 부분으로 나뉘었으나 국내 형세를 얘기하는데 역점을 두었다. 그는 이 연설이 사람들에게 가장 깊은 인상을 남기게 된 것은 '삼칠제'라고 했다. 그는 이렇게 말했다. "1958년 이후 전반적으로 성적이 중요한 것이고 결점은 부차적인 것이었지만 '9개의 손가락과 1개의 손가락'의 관계로 비교하는 것은 타당하지 않다. 우리 업무에 결점과 착오가 확실히 매우 심각하기 때문이다. 그래서 '삼칠제'로 비교하는 것이 더 적합하다고 생각한다.

결점과 착오는 3할이고 성적은 7할이니 그래도 성적이 중요한 것이다. 일부 부문과 지방에는 착오가 3할보다 많을 수 있고 또 착오가 3할 안 되고 성적이 7할 이상인 곳도 있다. 각 부문과 각 지방은 사실대로 평가를 해야 한다. 현재의 큰 어려움이 어떻게 생긴 것인지, 어떤 원인이 중요한 것인지에 대해 후난의 농민들은 '삼분천재, 칠분인화'라고 말했다. 서면보고는 '많은 정도에서' 우리가 일하는 과정에 결점과 착오가 있었기 때문이라고 했다. 이 말이 비교적 사실에 부합되고 우리의 잘못을 시정하는데 유리하다. 잘못이 시정되면 어려움도 거의 해결된다. 이는 전국의 종합적인 상황을 말한 것이다. 각 지방, 각 부문의 상황이 어떠한지는 당신들이 스스로 판단하기를 바라며 간부와 군중들이 인정하면 된다."

샤오치 동지가 말한 이 두 '삼칠제'가 대회에 참가한 동지들 속에서 큰 반향을 일으켰으며 그들을 크게 흥분시켰다. 이 두 평가가 그들 특히 지구, 현 두 급 간부의 큰 걱정을 덜어주었다. 그리하여 그들이 업무 중의 잘못과 어려움에 대해 소홀히 하지 않도록 했고, 반드시 있는 그대로 자신의 잘못을 정시하도록 했으며, 반드시 어려움과 투쟁하려는 결심을 강화하게 했으며, 또한 어려움을 극복하는 자신감을 높여주었다.

그들 중 대부분 사람들이 "중앙의 이런 실사구시 적인 태도가 몇 년간 우리의 사상을 괴롭히고 업무를 교란시키는 응어리를 풀어주었다"고 말했다.

샤오치 동지는 연설에서 이 몇 년간 당내 민주가 부족하였는데 이는 당내 투쟁이 지나쳤기 때문이라고 말했다. 그는 반우경, 반우파 투쟁이 확대되어 사상문제를 정치문제로 간주하고 비판투쟁을 했기 때문에 당내 많은 동지들이 잘못을 범할까봐 두려워 감히 참말을 하지 못하고 감히 상황을 진실하게 보고하지 못했는데, 이는 당내 민주를 억눌렀을 뿐만 아니라 우리가 업무 중의 착오를 제때에 발견하지 못하게 만들어 잘못을 시정하기가 더욱 어려워졌다고 말했다. 샤오치 동지는 어떤 의견은 정확한 것이었으나 아무개가 말한 적이 있기 때문에 따라서 말하면 잘못으로 인정받았는데 이는 비정상적이라고 말했다. 샤오치 동지는 공산당원은 정직한 사람이 되어야 하고, 정직한 말을 하고, 정직한 일을 해야 한다고 강조했다. 이런 정곡을 찌르는 예리한 말들이 대회에서 매우 큰 반향을 일으켰으며 많은 동지들이 큰 교육을 받았다.

샤오치 동지가 연설을 끝마친 후 마오 주석이 1월 30일 장편의 연설을 발표하여 민주집중제를 집중적으로 얘기했다. 마오 주석의 이번 연설은 중앙판공청이 7천명 대회의 각 조별토론회에 파견했던 업무인원들이 "회의에서 성위에 대한 의견이 매우 적었는데 의견이 있어도 제대로 말하지 않았다. 회의 도중에 성위서기가 들어서자 분위기가 갑자기 무거워졌다."고 보고한 점을 고려하여 한 것이다. 마오 주석은 스스로 자아비평을 하는 한편 성위 1급 동지들이 "일언당(一言堂, 대중의 의견을 무시하는 지도자의 독단적인 태도를 말함)"을 하고, 다른 의견을 받아들이지 않고, 개인이 독단적으로 결정하고, 우두머리로 자처하며, "호랑이의 엉덩이는 만지지 못한다(사람이 횡포와 기세가 대단하여 아무도 감히 건드리지 못함을 이르는 말)"고 비평했다.

그는 심지어 격동된 어조로 "내 기어이 한번 호랑이의 엉덩이를 만져봐야겠다"고 말하기도 했다. 그는 당내 민주를 발양하여 비평과 자아비평을 전개할 것을 강조했다. 그는 잘못을 범한 후 자아비평을 한다면 계속 성위 서기로 남아있을 수 있지만 기어이 잘못을 고치지 않고, 패도를 부리고, 자아비평을 하지 않는다면 어느 땐가 꼭 '패왕별희(霸王別姬, 초나라 패왕 항우와 그의 연인 우희가 마지막 이별을 하는데, 패왕이 우희와 이별하듯 성위서기 자리에서 물러나게 될 것임을 비유하는 말)'가 될 것이라고 말했다. 마오 주석의 이번 연설은 매우 선명하고, 매우 예리하고 또 매우 생동적이었다.

7천명 대회는 이로써 또 하나의 클라이맥스에 이르렀다. 앞의 단계에서 샤오치 동지의 보고를 토론했는데 주로 중앙과 중앙 각 부문에 의견을 제기하는 클라이맥스였다. 마오 주석의 말대로 라면 베이징에서 음력설을 쇠고, 화가 나면 분풀이를 하고, 베이징에서 화를 다 푼 뒤 화목하게 돌아가 일을 잘 한다는 것이었다. 각성의 소조에서 지구·현위의 서기가 성위서기를 비평하고 성위서기가 자아비평을 하는 열렬한 분위기가 나타났다. 어떤 성위서기는 자신이 거칠게 질책했던 현위 동지를 직접 찾아가 사과했으며 심지어 끌어안고 눈물을 흘리기도 했는데 장면이 매우 감동적이었다. 샤오치 동지는 직접 안후이성(安徽省)의 소조회의에 참가하기도 했다.

마오 주석의 연설은 샤오치 동지 연설의 민주와 집중 두 방면을 통일시켰으며 특히 당내 민주를 발전시켜야 한다고 강조하여 대회에 거대한 영향을 일으켰다. 주(朱) 총사령, 저우(周) 총리, 천윈(陳雲), 샤오핑 동지가 대회 또는 소조회의에서 각각 연설, 발언을 했으며 당의 영광스러운 전통 발양· 실사구시·비평과 자아비평·당내민주 발전·사상통일·단결일치·당면 어려움을 계승하기 위한 분투 등에 대해 통찰력 있는 견해를 발표하여 대회가 원만하게 성공을 이룩하는데 탁월한 기여를 했다.

7천명 대회는 우리 당이 사회주의를 전면적으로 건설하는 시기에 열린 중대한 의의를 가진 회의였으며 당의 8기 1차 회의 노선의 계속과 발전이라

할 수 있었다. 잘못된 '좌'적 지도사상을 근본적으로 완전하게 제거하지는 못했지만 역사유물주의 관점으로 보면 이 회의가 우리 당이 3년간 실행한 '대약진'의 잘못을 시정했고 당면한 심각한 경제난을 극복하기 위해 사상·정치·조직적으로 '좌' 적 잘못을 시정하는 실제적이고 유효한 방침, 정책을 제정했다. 샤오치 동지는 중앙의 기타 지도자들과 함께 전면조정을 위해 새로운 국면을 열었다.

(3) 사회주의도 경제위기가 발생할 수 있다.

7천명 대회가 끝난 후 마오 주석은 남방으로 가 휴양을 갔으며 샤오치 동지가 조정 업무를 한층 더 강화했다. 그 역시 조사연구에 착수하여 국민경제 상황을 더 확실하게 알아보았다.

그가 처리한 첫 문제는 리셴녠(李先念) 동지가 급히 찾아와 보고한 재정 상황이었다. 셴녠 동지는 "7천명 대회 때 아직 상황이 확인되지 않은데다가 사상적으로 주저하는 바가 있어 재정 방면의 상황보고가 사실에 부합하지 않았다. 실제 상황은 7천명 대회에서 말한 것처럼 '재정 수지가 균형적이고 약간 여유가 있는 것'이 아니라 재정 적자가 심각하다"고 말했다.

샤오치 동지는 셴녠 동지의 보고를 듣고 나서 즉시 2월 21일 정치국회의(후에 이번 회의와 이후에 열린 몇 차례의 정치국 확대회의를 통칭해 시러우회의(西楼会議)라고 불렀다. 회의 지점이 중난하이 서문 중앙판공청 빌딩 인근의 회의 홀이기 때문이다.)를 소집하여 재정적자 문제를 토론했다. 셴녠 동지의 보고에 따르면 올해 재정의 예산 적자가 30억 위안을 초과할 수 있는데 대약진 3년(1958~1960)의 재정 적자는 모두 180억 위안이었다.

샤오치 동지는 재정부의 보고가 정확하지 않았다고 엄숙하게 비평하고 나서 우리나라는 현재 사실상 인플레이션 상태이고 경제위기가 일어났다고 할 수 있다고 말했다. "자본주의에 경제위기가 있고, 사회주의 건설이 경제 법칙을 위반한다면 역시 경제위기가 발생한다. 우리나라는 현재 비상시기에 있고 거대한 재정적자는 우리나라의 국민경제가 전반적으로 심각하게 균형을 잃었다는 것을 설명한다. 지금 상황이 7천명 대회에서 예측한 것보다 더욱 심각하다는 것을 알 수 있다. 7천명 대회에서 채택된 내년 계획을 진일보 적으로 조정하여 각항 지표를 내려야 한다. 공업은 지표를 많이 내리고 농업도 많이 내려야 하며 확실한 기초 위에서 성실하게 회복과 조정을 보증해야 한다."

천원 동지는 우리는 현재 비상시기에 있으며 반드시 비상조치로 해결해야 한다며 다음과 같이 말했다. "당면의 심각한 어려움을 해결하는 첫 번째 가는 비상조치는 모든 힘을 집중해 농업을 회복시키는 것인데 이는 근본이다. 두 번째 비상조치는 도시 인구를 감소시키고 일부 광공업 기업을 폐쇄·중지·합병·전환시키는 것인데 이는 끓는 솥 밑에서 장작을 꺼내고(釜底抽薪, 문제를 근본적으로 해결한다는 뜻), 눈썹에 붙은 불을 끄는 것이다. 세 번째는 엄격하게 절약하고 인플레이션을 막는 것이다.

저우 총리, 샤오핑 동지와 주(朱) 총사령관은 샤오치 동지와 천원 동지의 의견을 지지했다. 사흘간 토론한 결과 회의는 천원 동지를 위수로 하는 중앙재정소조의 업무를 회복시키기로 결정하고, 당면한 경제적 어려움을 극복할 수 있는 비상조치를 빨리 내와 중앙에 보고하라고 이 소조에 책임을 맡겼다. 이번 회의의 상황을 샤오치 동지가 전화로 우창(武昌)에서 휴식하고 있는 마오 주석에게 보고했고 마오 주석은 동의한다고 표했다.

샤오치 동지는 3월 12~13일에 또 정치국회의를 소집하여 중앙재정소조의 보고를 토론했다. 푸춘(富春) 동지(부조장)는 보고서에서 천원 동지가 제기한 6대 비상조치를 상세하게 해석했다. 즉 첫째, 10년 경제계획을 두 단계로 나누는데 앞의 단계는 회복 단계, 뒤의 단계는 발전단계이며 농업을 회복하는 것이 우선이다. 둘째, 도시 인구를 감소시키는 한편 군대를 정예화하고 행정기구를 간소화한다. 셋째, 인플레이션을 막을 수 있는 모든 조치를 취한다. 넷째, 도시인민의 최저 생활 수요를 보장하기 위해 전력을 다한다. 다섯째, 모든 가능한 힘을 다 농업 증산에 사용한다. 여섯째, 계획 기관의 주의력은 주로 공업·교통 방면으로부터 농업 증산과 인플레이션을 막는 방면으로 옮겨져야 한다. 푸춘 동지는 올해와 내년의 계획에 대해 대폭 조정을 해야 한다고 제기했다. 샤오치 동지와 천윈 동지가 제기한 방침과 방법에 따라 농업을 회복시키고, 공업은 조정을 실시했으며, 2년 내에 2000만 명의 도시인구를 더 감소시켜야 한다는 기존의 계획을 견지했다.

회의 중에 두 가지 문제에 대한 토론이 가장 많았다. 하나는 당면한 경제 형세를 어떻게 평가하는가, 회복하는데 시간이 얼마 걸리는가 하는 것이었다. 어떤 동지들은 현재 어떤 상황은 확실하지 않다고 말했다. 예를 들면 각지에서 보고한 지난해의 식량 생산량은 2800억 근(1근=0.5kg)인데 아마 정확하지 않을 것이라는 것, 이 생산량으로 전국 대부분 농촌 농민들의 생활을 보장한다는 것은 상상도 할 수 없으니 적게 보고했을 가능성이 많다는 것이다. 또 어떤 동지들은 중앙 각 부문이 파악한 상황에 따르면 각지에서 보편적으로 심각한 어려움을 호소했다고 했다. 중앙은 어쩔 수 없이 300억 근의 식량을 수입해야 하는데 그렇지 않으면 베이징, 톈진, 상하이에서 식량이 끊길 위험이 있었다. 때문에 상황이 어떻든 중앙은 비상조치를 취해 당면한 어려움을 덜어야지 그렇지 않으면 후과를 상상하기 어렵다.

실제 상황이 예측보다 낫다면 농업이 더 빨리 회복될 것이니 물론 좋은 일이다. 그러나 만에 하나라도 가장 나쁜 상황을 대비해야 한다. 어떤 동지들은 농업이 회복되는데 어려움이 크다며 5년 내지 8년 동안 회복시킬 준비를 해야 한다고 말했고 어떤 동지들은 3년 내지 5년 동안에 회복되는 것은 가능한 일이라고 했다. 그러나 다들 확신이 없었다. 샤오치 동지는 우리의 방침은 빠르게 진행되도록 노력하고, 더디게 진행될 경우를 준비하는 것이라고 강조하여 지적했다. 그는 천원 동지의 주장에 찬성했는데, 즉 농업을 회복시키는 것이 열쇠이고, 3년 동안에 회복되도록 노력하고 5년 동안에 회복될 준비를 하는 것인데, 방법은 끓는 솥 밑에서 장작을 꺼내고, 도시 인구를 감소시키고, 공업을 축소하고, 전력을 다 해 농업을 지원하는 것이다. 한 마디로 말하면 공업을 줄이고 농업을 늘리는 것이다.

중앙은 결심을 내린지 오래며 지금은 결심을 내리는 문제가 아니라 실천하는 문제이다. 단호하고 신속하게 지난해 중앙이 출범시킨 결정과 이번 회에서 결정한 비상조치를 실행시켜야 한다. 우리가 이미 1년을 놓쳐버렸으니 현재 더 망설이고 관망해서는 안 된다. 저우 총리, 샤오핑 동지(천원 동지는 3월 초에 피로가 쌓여 병에 걸렸다. 중앙이 그를 남방으로 요양을 보냈기 때문에 이 이틀간의 회의에 참가하지 못했다.)가 샤오치 동지의 이 의견을 특별히 지지했다.

다른 문제는 비상시기를 어떻게 호칭하는가 하는 것이었다. 모두들 다 우리나라가 '비상시기'에 들어섰다고 공개적으로 선포하는 것을 동의하지 않았다. 그러나 '조정시기'라고 하면 좋을지 아니면 '회복시기'라고 하면 좋을지에 대해 견해가 엇갈렸다. 어떤 동지들은 회복시기라고 호칭하자면서 열쇠는 농업을 회복시키는 것인데 이는 경제 호전을 결정하는 기반이라고 했다. 어떤 동지들은 조정시기라고 하는 것이 좋다고 했다. 샤오치 동지는 종합보고에서 "현재 심각한 경제곤란의 해결책은 우선 농업을 회복시키는 것이다.

백성에게는 먹는 일이 가장 중요한데(民以食為天), 농업이 1957년의 수준(식량 생산량 3900억 근)으로 회복되지 않는다면 우리나라는 위기에서 벗어날 수 없다. 때문에 일상 업무의 중심은 전력을 다 해 농업을 조속히 회복시키는 것이어야 한다. 그러나 '회복'이라는 두 글자로 향후 몇 년의 업무를 개괄한다면 조정·공고·충실·제고의 8자 방침을 완전하게 표현할 수 없다. 때문에

'조정시기'라는 말을 사용하는 편이 비교적 적절하고 합당하다"고 말했다. 저우 총리와 샤오핑 동지는 다 샤오치 동지의 의견에 찬성하면서 '조정시기'는 7천명 대회에서의 표현법과 맞물린다고 했다.

샤오치 동지의 이 두 문제에 관한 의견은 당시 중앙 각 부문의 고급간부의 사상을 통일하는데 매우 큰 역할을 했고 5월 회의를 위해 사상기초를 마련해주었다.

이 이틀간 정치국회의의 결정이 매우 중요했기 때문에 샤오치 동지는 언라이, 샤오핑 동지와 함께 3월 16일 비행기를 타고 우창으로 가서 마오 주석에게 상세하게 보고했다. 마오 주석은 정치국 확대회의의 결정을 찬성했다.

5월 7일부터 11일까지 샤오치 동지는 정치국 확대회의를 소집했는데 지점은 화이런당(懷仁堂) 뒤의 홀이었다. 정치국 위원, 서기처 성원 이외에 각 중앙국 제1서기, 일부 성의 성위서기 및 중앙 해당 부문의 책임자도 참가했다. 회의는 시러우회의의 정신에 근거하여 1962년 계획을 어떻게 구체적으로 조정할지 집중적으로 토론했다. 당시 마오 주석은 여전히 외지에서 휴양을 하고 있었기 때문에 이번 회의에 참가하지 못했다.

리푸춘 동지가 중앙재정소조(천원 동지가 베이징을 떠나 요양을 하면서 저우 총리가 주재했다)를 대표하여 1962년 계획 집행 상황과 조정 조치를 보고했다. 그는 1분기를 보면 1962년 계획을 집행한 상황이 매우 좋지 않다며 이렇게 말했다. "가장 두드러진 것은 1960년 식량 생산량이 1957년보다 낮은 반면 도시 인구는 공업, 인프라 건설의 지나친 증가로 1957년보다 4000만 명 증가되었으며, 공·농업 비례가 심각하게 실종되고, 식량 공급이 심각하게 부족하고 공·농업이 다 소모전을 벌이고 있다. 장기적으로 이렇게 나간다면 양쪽이 다 피해를 보게 되고 전반적으로 국민경제가 무너질 것이다. 때문에 반드시 계획을 대폭 조정하고 과단하게 긴급 조치를 취해야 한다."

저우 총리와 샤오핑 동지는 발언할 때 다음과 같이 강조했다. 어려움이 예전보다 더 심각하다는 것을 지금 이미 깨달았으니 큰 결심을 내려야 한다. 도시 인구를 2000만 명 더 감소시키는 것이 열쇠인데 더 이상 망설이면서 결단을 내리지 못해서는 안 된다. 우리는 이미 1년이란 시간을 헛되이 보냈는데 질질 끌다가는 나라가 망할 수 있다. 현재 아직 인식이 부족할 수도 있고 앞으로 다른 조치를 취하게 될 수도 있다. 지도자의 책임은 예견을 하는 것이며 되도록 어려움을 더 많이 생각해봐야 한다. 주 총사령은 "농업은 나라의 근본이고 백성에게는 먹는 것이 기장 중요하다"고 강조하면서 농업 문제를 해결하지 않으면 나라를 건설하는 기반이 튼튼하지 않게 된다고 했다. 그는 군대를 정예화하고 행정기구를 간소화해야 함을 강조하면서 이 오래된 전통을 버리지 말고 어려움 속에서도 분투하는 전통도 버리지 말아야 한다고 강조했다. 회의에서 마오 주석이 농촌에서 사람이 굶어죽고 도시에서 부황이 든다는 말을 듣고 고기를 드시지 않기로 결심했다는 말이 나오자 모두들의 얼굴에 감동의 표정이 역력했다.

샤오치 동지는 종합 발언에서 다음과 같이 말했다. "지금 형세가 매우 어렵다. 일부 지역은 좀 나아질 수 있지만, 종합적으로 매우 어려운 상태이고 전반적으로 형세가 좋지 않다. 7천명 대회 때에 일부 동지들이 '가장 어려운 시기가 이미 지나갔다'고 말한 적이 있는데 지금 보니까 어떤 지방은 가장 어려운 시기를 지나왔지만 대부분 지방은 그렇다고 말할 수 없다. 간부와 군중들에게 우리가 어려움에 대한 인식이 부족했었다고 명확히 말하고 자아비평을 해야 한다. 최근 몇 년간 우리는 늘 어려움에 대한 평가가 부족하여 피동에 처했고, 늘 피동적으로 뒤로 물러서곤 했다. 지금 아예 마음을 단단히 먹고 충분히 뒤로 물러서고, 안전성 있는 진지까지 물러서서 발을 제대로 붙인 뒤 다시 앞으로 나가기를 시도해봐야 한다.

과거의 경험에 따르면 어려움을 충분히 예측하는 것은 나쁜 점이 없고 어려움에 대한 예측이 충분하지 못했을 때 손해를 보게 된다." 샤오치 동지의 이 말은 회의 중에 일부 동지들이 어려움을 많이 얘기하면 '우'이고 비상조치가 너무 심하면 '좌'가 아닌가 하고 제기한 것을 두고 말한 것이었다. 샤오치 동지의 변론은 매우 날카로웠다.

샤오치 동지는 계속해서 다음과 같이 지적했다. "도시 인구를 2000만 명 더 감소시키면 이는 끓는 솥 밑에서 장작을 꺼내는 것이 되고, 그렇지 않으면 도시와 농촌이 다 피해를 입게 된다. 업무량이 매우 크기 때문에 큰 결심이 필요하다. 결심이 크고 행동이 빨라야 하며 또 절차 있게 조심스럽고 신중한 태도로 매우 세심하게 일을 해야 한다. 이 막중한 임무를 완성하기 위한 가장 근본적인 것은 각급 당위의 최고 책임자가 친히 사상공작을 잘 실천함으로써 간부와 군중들이 이 일을 영광스럽게 나라를 위해 분담하는 큰일로 생각하도록 만드는 것이다. 세심하지 못하거나, 기세만 크고 실효가 없거나, 간단하고 거칠게 해서는 안 되며 또 앞으로 생길 예측 못했던 문제까지 대비해야 한다."

이번 대회에서는 중앙재정소조가 제기한 1962년 국민경제계획 조정 초안을 채택해 8기10중 전회에 회부해 토론시키기로 했다.

(4) 일을 계급투쟁과 연결시키지 않는다.

중앙의 전면 조정 방침은 베이다이허 회의(北戴河会議, 7월 25일부터 8월 24일까지) 및 그 후의 8기10중 전회에서 심각한 방해를 받았다.

중앙은 베이다이허 중앙업무회의를 소집하기로 결정했는데 원래 정한 중요한 의사일정의 하나가 바로 5월 회의에서 대폭으로 조정한 1962년 계획을 더한층 구체적으로 실행시키는 것이었다. 주로 2년 내에 도시 인구를 2000만 명 더 감소시키고 일부 광공업 기업을 폐쇄·중지·합병·전환시키고 많은 인프라 프로젝트를 취소시키는 것이었다. 이를 위해 중앙은 또 대·중도시업무회의를 개최하기로 결정했다.

베이다이허 회의는 처음부터 긴장된 분위기 속에서 열렸다. 이번 회의는 매우 특별했는데 전체회의를 열지 않고 큰 지역을 단위로 조별토론만 했다. 중요한 논의는 마오 주석이 주재하는 중심조(정치국과 중앙국 제1서기, 중앙 해당 부문 책임자가 참가)에 집중되었다. 마오 주석은 중심조의 첫날(8월 6일) 회의에서 '계급, 형세, 모순' 3대 문제를 토론시켰다. 그는 이렇게 말했다. "후루시초프는 소련에 계급이 없어졌다고 말했는데 우리 중국은 대관절 어떤가? 중국의 형세는 작년이 재작년보다 좋아지고 올해가 작년보다 좋아진 것인가, 아니면 지금 온통 캄캄하고 광명이 없는 것인가? 나는 온통 캄캄한 것이 아니라 기본상 환한 것이라고 생각한다. 사회주의 사회에는 모순이 있는가? 인민내부 모순은 언제든 다 있다. 문제는 적아 모순이 있는가 없는가 하는 것이다. 중국에 아직 계급이 존재한다는 것을 인정한다면 중국에 아직도 무산계급과 자산계급의 모순이 있고 사회주의와 자본주의 두 갈래 길의 모순이 있다는 것을 인정해야 하는데 이는 적아 모순이고 장기적으로 존재할 것이다. 사회주의와 자본주의가 어느 쪽이 이기는가 하는 문제는 수십 년이 아니라 수백 년 존재할 문제이다."

마오 주석의 이 연설은 덩즈후이(鄧子恢)의 "농촌 인민공사에서 특별히 어려운 곳은 세대별 생산책임제를 해도 된다"는 주장을 비평하면서 시작되었다. 이 연설은 단번에 베이다이허 회의(뒤이어 소집된 8기10중 전회까지)를 계급투쟁을 위주로 하는 방향으로 이끌어갔다. 이때부터 회의는 점차 이른바 '암흑풍(黑暗風)', '단간풍(単幹風)', '번안풍(飜案風)'에 대한 큰 비평으로 번졌다. 마오 주석은 이 3대 문제를 두고 회의 중심조에서 연이어 7차례 연설을 했다. 회의 분위기가 점점 더 긴장되어 갔으며, 중심이 되는 조에 참가한 우리 수재들은 5월 회의에서 결정된 전면조정의 각항 비상조치가 물거품으로 될 위험이 느껴지는 것을 어쩔 수 없었다.

다행히 중앙 지도자 동지들이 그 후 잇달아 발언을 하여 우리 기분도 어느 정도 누그러졌다.

샤오핑 동지는 8월 11일 이런 발언을 했다. "소련공산당은 후루시초프 집단이 권력을 장악했기 때문에 자본주의가 복구될 위험이 생겨난 것이다. 우리 당은 마오 주석이 영도하고 마르크스주의 노선, 방침, 정책들을 제정했기 때문에 자본주의가 복구되는 것을 피할 수 있었다. 그러나 일종의 사회현상으로서 사회주의사회에 계급과 계급투쟁, 두 갈래 길의 투쟁이 존재하는 것은 장기적인 것이다. 우리는 간부들을 교육하여 계급분석의 방법을 장악하게 해야 한다."

샤오치 동지도 이날 발언을 했다. 그는 계급투쟁이 장기적으로 존재하고 반동계급의 반격이 불가피하다는 데 동의했다. 그는 "우리 대오 중에 어떤 동지들이 일시적으로 동요되고 있는데 계속 그렇게 나갈지 지켜봐야 한다. 무산계급의 견정성이 있어야만 타인의 동요를 극복할 수 있다."고 말했다. 형세와 관련해 그는 다음과 같이 말했다. "7천명 대회 후 과거에 발견하지 못했던 어려움을 발견했는데 재정 적자부터 시작해 농업과 공업, 상업의 어려움이 다 원래 예측했던 것보다 더 심각하다는 것을 발견했다. 그래서 정치국회의에서 어려움을 충분히 예측할 것을 제기했는데 예측이 충분하지 못해 피동에 빠질까봐 두려워서였다.

당시 확실히 어려움을 많이 얘기했는데 모두가 충분한 사상준비를 가지고 더욱 큰 힘으로 어려움을 극복하게 하기 위하는데 있었다. 이 때문에 일부 동지들이 자신감을 좀 잃을 수도 있겠지만 당시 전국이 온통 암흑 속에 있다고는 생각하지 않았다. 지금도 매우 심각한 어려움을 극복하고 있는 중이다. 나는 어려움이 생긴 것은 농업이 감산하고, 공업이 너무 빠른 속도로 증산하면서 비례가 심각하게 실조되었기 때문이라고 말한 적이 있다.

끓는 솥 밑에서 장작을 꺼내고 농업과 공업의 지표를 충분히 낮추어야 한다. 도시 인구를 2000만 명 더 감소시키는 것은 중앙이 당시에 매우 큰 결심을 내린 것이다. 지난해 여름에 1000만 명을 줄이기로 했고 7천명 대회 때에 올 상반기에 700만 명을 더 줄이기로 했으며, 3월에는 2년 내에 2,000만 명을 더 줄이기로 결정했다. 이 2,000만 명을 줄이고 나면 가장 어려운 시기가 지나가게 된다. 농촌의 상황은 당시 매우 심각했는데 많은 지방에서 잇달아 사람이 굶어죽는 일이 생겼고 1억 명의 식량이 모자랐다. 조사결과 당시 이미 20%가 농가 세대별 생산책임제를 실행했으나 지금은 10%밖에 되지 않는다. 집체경제를 공고히 하는 유력한 조치를 취하기만 한다면 '단간풍(単幹風, 개인경영을 하는 풍조)'은 근절할 수 있는 것이다. 중국 농업의 출로는 대농업(현대농업)을 발전시키는 것이고 농업 현대화는 반드시 대농업화 되어야만 가능하다.

저우 총리도 같은 날 발언을 했다. 그는 마오 주석의 3대 문제에 관한 연설에 동의한다고 표했으며 형세에 대한 견해를 집중적으로 설명했다. 그는 "올해 3월~5월 사이에 우리가 어려움을 많이 제기한 것은 주관적으로 다함께 이 어려움을 극복하기 위한 대안을 내놓도록 독촉하기 위한 것이었다. 그러나 객관적으로 일부 동지들이 형세를 너무 소극적으로 생각하게 됐을 수도 있다. 하지만 대다수 동지들이 적극적으로 일하면서 확신을 가졌다. 중앙선전부는 중앙정치국회의의 정신을 선전요강으로 작성해 발급했는데 간부와 군중들이 듣고는 보편적으로 반응이 좋았다. 그들은 지금 경제가 매우 어렵지만 중앙이 전국 인민을 이끌고 천방백계로 어려움을 극복할 수 있는 방법과 결심을 가지고 있다며 전망이 매우 낙관적이라고 생각한다"고 말했다.

이 때 샤오치 동지가 "이런 어려움을 솔직하게 간부와 군중들에게 알려주었기 때문에 간부와 군중들은 이를 자신에 대한 당의 신뢰라고 생각하게 되었다. 그래서 당을 더욱 믿게 되고, 모두가 마음을 합치고, 단결 협력하고, 일심전력으로 어려움을 극복하게 되었다"고 한 마디 보탰다.

마오 주석도 자신이 있고 방법이 있고 조치가 유력하면 효과도 빠르다며 일치단합 하는 것이 매우 중요하다고 말했다.

8월 20일, 샤오치 동지는 베이다이허 회의가 거의 끝날 무렵 중심이 되는 조에서 이렇게 제기했다. 이번 회의에서 제기된 계급투쟁과 두 갈래 길의 투쟁을 어떤 범위로 연계시켜야 하는지, 너무 많이 연계시키지 않아도 되는 것은 아닌지? 현재 아직 어려움이 많아 해결하는데 힘을 집중해야 하기 때문이다. 그러니 어떤 일은 있는 그대로 논하고 계급투쟁과 두 갈래 길의 투쟁과 연계시키지 않아도 되지 않을지? 다른 일은 그 자체가 계급투쟁이다 보니 자연히 연계시켜야 한다.

샤오치 동지는 자신의 관점을 상세하게 밝히고 나서 다음과 같이 말했다. "당내에서, 일정한 조직 범위 내에서 각종의 다른 의견이 발표되도록 허락해야 하는데 이는 당 규약의 규정에 의거해 당내 민주를 발양하는 것이다. 다른 의견이 있다면 얘기하는 것이 얘기하지 않는 것보다 낫다. 공산당원은 광명정대해야 하고 자기 입장을 숨기지 말아야 한다. 그러나 당의 규약대로 일을 처리하고 조직의 규율에 복종해야 하며 조직의 동의를 거치지 않은 채 도처에서 아무 말이나 하고 아무 짓이나 해서는 안 된다. 그렇지 않으면 조직규율을 위반하는 것이고 규율 처분을 받아야 한다. 당 규약에 의거해 당내 일정한 범위에서 자유롭게 의견을 발표하는 것은 조직규율을 위반하는 것이 아니며 어떠한 조직처분도 받지 말아야 한다. 그렇지 않으면 당내 민주가 사라진다. 때문에 계급투쟁을 너무 많은 범위로 연계시키는 것은 타당하지 않으며 업무 중의 문제를 조정할 때 있는 그대로 사실을 논해야 한다."

샤오치 동지가 제기한 이 문제는 중대한 문제이기 때문에 베이다이허 회의에서 정론이 내려지지 않았다.

그러나 몇 명의 중앙 지도자 동지가 지난 한 시기의 형세에 대한 견해를 설명하면서 심각한 어려움을 극복하는 비상조치가 잇달아 효과를 보았다고 얘기한 덕에 베이다이허 회의에서 이른바 '3풍'에 대한 비평이 범람하지 않았다. 특히 도시업무회의에서 저우 총리가 원칙을 견지하면서 설득력 있는 사실을 내놓고 완곡하게 이치를 설명한 결과 이른바 '암흑풍'에 대한 비평이 이치에 맞지 않고 설득력이 없다는 것이 더욱 드러났다. 중앙이 제기한 비상조치가 여전히 대다수 회의참가자의 찬동을 받았다.

그러나 캉성(康生), 천보다 등이 엉뚱한 속셈을 가지고 억지로 펑 총사령관(彭德懷)의 청구서(申訴書), 시중쉰(習仲勳)이 소설 「류지단(劉志丹)」을 지지한 것 등이 두 가지 일을 정치 노선의 원칙으로 분석하면서 '번안풍'을 일으켰다고 중상 모략했다. 그리고 덩즈후이가 대집체를 전제로 '농가 세대별 생산책임제'를 하자고 제기한 것을 '단간풍(単幹風)'을 일으킨다고 무함했다. 이 두 사건을 비판하는 바람이 베이다이허 회의에서 시작해 베이징의 8기10중 전회까지 쭉 이어지면서 한동안 인심이 흉흉하고 사상이 온통 혼란스러워졌다.

8기10중 전회에서 회의 공보를 채택해 "무산계급 혁명과 무산계급 독재의 역사시기에, 자본주의에서 공산주의로 과도하는 모든 역사시기(이 시기는 수십 년 또는 더욱 많은 시간이 걸린다)에 무산계급과 자산계급 간의 계급투쟁이 존재하고 사회주의와 자본주의 이 두 갈래 길의 투쟁이 존재한다"고 단언했다. 이것이 바로 마오 주석이 후에 자주 말한 계급투쟁을 다시 제기한다는 것이었는데 그 결과가 점점 더 심각해졌으며 '계급투쟁 위주'에서 '문화대혁명'까지 악성으로 발전했다.

마오 주석은 10중 전회가 시작(9월 24일)될 때에 여전히 계급, 형세, 모순을 재차 천명하면서 계급투쟁은 해마다 얘기하고 달마다 얘기해야 한다고 말했다. "그러나 그는 이번 연설에서 이전에 인정하지 않았던 소수 동지들의 의견을 인정했다. 그는 계급투쟁이 조정업무를 방해해서는 안 된다며 다음과 같이 말했다. 각 지방의 동지들이 주의할 것은 루산회의는 원래 조정업무를 하려 했으나 후에 반당집단이 나오면서 업무를 잃어버리고 말았다. 업무를 우선 자리에 놓아야 하며 계급투쟁은 병행시키면서 너무 심각한 자리에 놓지 말고 각 지방, 각 부문은 전달을 할 때 주의해야 한다. 현재 두 위원회를 조직하여 펑더화이, 시중쉰의 문제를 심사해야 한다. 계급투쟁이 우리의 업무를 방해하지 못하게 하는 한편 대부분 시간에 우리는 일을 해야 한다. 공안부문 등 소수 사람들이 계급투쟁을 전문적으로 맡으면 된다."

그는 이날 회의가 끝날 때 또 이렇게 말했다. "루산회의는 펑더화이의 방해를 받았을 뿐만 아니라 수정주의의 방해, 네루의 방해를 받았다. 사실 우리는 어떠한 방해도 받지 말아야 한다. 우리는 어떠한 풍파에도 자신의 입장을 고수해야 한다. 후난에 "물고기 한 마리가 노닐면서 물결을 세 번 치니 게으른 놈이 속아 넘어간다"는 속담이 있다. 우리는 게으른 자가 되지 말고 속임수에 넘어가지 말아야 한다. 계급투쟁의 관점도 매우 중요하지만 업무를 잘 보증해야 하며 꽉 틀어쥐지 않는다면 틀어쥐지 않는 거나 마찬가지이다. 마오 주석의 이 말은 당시 경제곤란이 확실히 매우 심각하고 예사롭지 않았음을 설명한다.

이튿날인 9월 25일, 샤오치 동지가 장편 연설을 했다. 그는 어려움에 대처하는 3가지 태도(하나는 견정함, 하나는 동요, 하나는 반당)를 얘기했다. 그는 절대다수 동지들이 첫 번째 태도를 견지하고 사회주의 길을 견지하고 있는데 이는 마오쩌동 사상에 부합되는 것이라고 말했다. 그는 또 "지금 돌이켜보니 어려움이 커봤자 대단한 것이 아니었다. 우리는 이를 악물고 마음을 굳게 먹고 비상조치를 취하면서 끝내 견뎌냈다. 가장 해결하기 어려운 것은 식량이었지만 여름철 수확량이 예상보다 많았다. 과거에 단간풍이 매우 크게 불었으나 지금 알아보니 그렇게 심한 것은 아니었다. 우리가 인내심을 가지고 설득을 하는 한편 구체적인 어려움을 해결해준다면 집체경제가 여전히 공고해질 수 있는 것이다. 열쇠는 당내 교육이다. 17급 이상 10여 만 간부의 사상이 통일된다면 아무리 큰 어려움이라도 우리를 어쩌지 못할 것이다. 우리가 루산회의 때의 착오를 다시 범해 바로잡힌 업무를 잃어버리는 일이 없어야 한다"고 말했다.

샤오치 동지는 마지막으로 다음과 같이 강조했다. "업무를 마오 주석의 의견대로 실행해야 하며 계급투쟁의 교란을 받아서는 안 된다. 대부분의 힘을 조정 업무에 사용해야 하고 계급투쟁은 소수의 사람들이 하면 된다. 입무를 실질적으로 진행하면서 문제와 사실을 있는 그대로 논하고 계급투쟁과 연결시키지 말아야 한다. 그렇지 않으면 간부들이 시름 놓고 일을 할 수 없다. 현재 당장 내년의 농업 풍작을 위해 실질적인 일들을 해야 한다. 상업 부문은 농업 생산재를 빨리 준비해야 하며 착정기, 양수기, 트랙터, 운반 자동차 등의 품종이 수요에 맞고 품질이 좋아야 한다. 엔지니어, 회계사, 고급 기술자들은 농업 서비스에 힘을 집중시켜야 한다. 모두들 일심전력으로 농업 회복을 보증해야 한다. 농업이 회복되어야 국민경제가 살아날 수 있고 도시와 농촌 인민의 생활이 개선될 수 있다."

저우 총리는 계속되는 연설에서 조정 업무가 계급투쟁의 방해를 받지 말아야 하고 '우'를 반대하는 한편 반드시 '좌'를 방지해야 한다고 했다. 또 시기에 맞춰 조정을 해야 하는데 좋은 기회는 놓치면 다시 오지 않는다고 했다.

이렇게 마오 주석, 샤오치 동지, 저우 총리가 연설을 해서 조정 업무와 계급투쟁의 관계에 결론이 내려졌다. 비상시기에 대한 중앙의 비상조치가 확실해졌다.

중앙의 현명한 결책으로 전당 간부들은 군중들을 이끌고 일심전력하여 천방백계로 전면조정의 임무를 앞당겨 완성했다. 국민경제는 1963년에 일부 호전되었고 1964년에 전면 호전되었다.

이 4년의 조정 시기에 샤오치 동지는 중앙의 기타 지도자 동지들과 함께 일심전력으로 원칙을 견지하고 마오 주석의 동의를 얻어내고 비상조치를 취하면서 하나 또 하나의 심각한 경제적 곤란을 극복했으며 3년 '대약진' 때문에 생긴 전면적인 경제 하락세를 되돌리고 사회주의를 전면 건설하는 새로운 국면을 열었다. 샤오치 동지는 높은 이론 분석 능력과 변증법적 논리로 어려움을 정시하고, 다른 관점을 정시하고, 이런 일이 다시 일어나지 않도록 정확한 논단과 비상조치를 견지하면서 전면조정 방침을 관철시키는 과정에 독특하고 탁월한 역할을 했다. 물론 그런 과정에서 '대약진' 중의 '좌'적 지도사상의 잘못을 전면적으로 정리하지 못했고 또 '계급투쟁을 다시 제기'(8기 10중전회의 성명에서 마오 주석은 이 관점을 이론화하여 자본주의에서 공산주의로 과도하는 역사시기에 사회주의와 자본주의 두 갈래 길의 투쟁이 존재하는 것은 역사적 법칙이라고 말했다)하면서 악성으로 발전해 '문화대혁명'이 일어나는 것을 막지 못했다. 그러나 역사적으로 문제를 보면 샤오치 동지 및 기타 중앙 지도자 동지들의 노력이 없었더라면 '대약진' 후 우리나라 국민경제의 하락세가 어디까지 갔을지 알 수 없었을 것이고, 우리나라 국민경제가 '문화대혁명' 10년 내란의 파괴를 이겨낼 수 없었을 것이다.(1999년 1월)

5. 저우(周) 총리에 대해 가장 인상 깊었던 몇 가지 일

5. 저우(周) 총리에 대해 가장 인상 깊었던 몇 가지 일*

경애하는 저우언라이 총리가 우리를 떠난 지 13년이 된다. 이 위대한 공산주의 전사, 우리나라의 걸출한 국무활동가를 회억할 때마다 그가 전심전의로 인민을 위해 봉사하고 당과 나라를 위해 온 힘을 다 한 것, 그가 이룩한 위대한 공적과 행동기풍이 연이어 떠오르고 갖은 생각이 밀물처럼 떠올라 자신을 억제할 수가 없다. 인민보도사업에 대한 그의 거대한 공헌은 나의 필로써 만분의 일이라도 다 써내지 못할 것이다. 여기서 나에게 가장 인상 깊었던 몇 가지를 적어 저우 총리에 대한 절절한 그리움을 기탁해본다.

(1) 첫 번째 담화

저우 부주석(당시 모두들 습관적으로 그를 이렇게 불렀는데 그가 중공중앙 군사위원회 부주석이었기 때문이다)이 처음으로 나와 담화를 한 것은 1948년 9월 허베이성(河北省) 핑산현(平山縣) 시바이퍼촌(西柏波村)에서였다.

그것은 어느 초가을 저녁 무렵이었다. 나는 스시민(石西民) 동지[우리는 판창장(范長江), 메이이(梅益), 천커한(陳克寒) 등 신화사 본사의 20여 명 동지들과 함께 중앙의 지시에 따라 중앙 소재지로 와 합동훈련을 했다)와 함께 마

---

* 본 문장의 원 제목은 「엄한 스승의 가르침-저우 총리에 대해 가장 인상 깊었던 몇 가지 일을 회억하다」로 원래 중앙문헌출판사가 1990년 1월에 출판한 책『우리의 총리』에 수록되었다.

을 어귀의 후퉈하(滹沱河) 강변을 따라 산보했다. 저우 부주석이 우리를 마주하여 걸어왔는데 먼저 스시민 동지와 인사를 한 후 나에게 이름이 뭔지, 어디에서 근무하는지를 물었다. 스시민 동지가 그에게 나를 소개시킨 후 저우 부주석은 1년 전에 중앙이 산베이(陝北)에 있을 때 태항에 있는 신화사 본부에 전보를 보내 나와 메이이, 장잉우(張映吾), 가오양원(高揚文) 등 몇 명의 동지들을 뽑아 전문적으로 평론 업무를 맡겼던 사실을 기억해냈다. 나는 지금도 당시에 저우 부주석이 고개를 들고 이 일을 회억하던 모습이 생생하다. 이는 내가 처음으로 저우 부주석의 놀라운 기억력을 알게 된 것이다.

저우 부주석은 우리에게 엄격한 훈련을 잘 받으라고 격려하고, 또 원래 해방구에서 근무하던 동지, 원래 국민당 통치 구역에서 일하던 동지들과 잘 협력하고 서로 배우고 서로 장점을 취하고 단점을 보완하면서 공동으로 발전하라고 했다. 그는 "이번 합동훈련은 조건이 매우 좋다. 후차오무(胡喬木) 동지가 인솔하고, 샤오치 동지가 직접 장악하고 있으며, 중대한 선전 문제는 중앙서기처가 토의하여 결정한다. 이는 전국 해방의 새로운 국면을 위해 준비하는 것이다"라고 지적했다.

저우 부주석은 또 최근 전쟁 형세를 보면 전국이 곧 해방될 것이고 중앙이 예견했던 것보다 훨씬 앞당겨질 것이라고 말했다. 그는 지금부터 어떻게 인민공화국 건설을 기획하고 준비할지, 그리고 건국 이후 많은 새 업무에 관한 방침과 정책을 생각해봐야 한다고 했다. 그는 당신네 보도사업에 종사하는 사람들은 전국이 해방된 후 어떻게 홍보 보도를 해야 할지 지금부터 준비해야 한다고 말했다. 많은 새로운 문제가 당신들이 익숙하지 못한 것이기 때문에 진실 되게 대하고 허심탄회하게 학습해야 한다고 말했다. 그는 경제건설 문제와 외교문제를 특별히 제기했다. 그는 또 통일전선 업무가 전국이 해방된 이후 더욱 넓게, 더욱 심도 있게 진행될 것이며 각 파의 민주인사들에 대한 홍보에 각별히 신경을 써야 한다고 제기했다.

저우 부주석의 이런 의견은 원칙적인 것이고 또 핵심을 찌르는 것이라는 것을 후에 사실을 증명했다. 우리는 보도업무를 하는 과정에서 연이어 이런 문제에 부딪혔는데 정확하게 처리한 경험도 있고 잘못 처리한 교훈도 있었으며 늘 저우 부주석의 가르침과 도움을 받았다.

저우 부주석과 시바이퍼에서 한 담화는 내가 평생 처음 직접 그의 가르침을 받은 것이었기에 지금까지 기억에 생생하게 남아 있다.

(2) '편집장 보좌관'

베이핑(北平)이 해방된 후 신화사 본부는 당 중앙을 따라 도시로 들어갔고, 중앙 판공청과 함께 샹산(香山) 고아원 옛터에 자리를 잡았다. 우리 편집부는 후에 샹산 식당으로 불린, 여러 개의 사합원(四合院)이 우물 정(井)자로 연결된 단층집에 있었다. 저우 부주석과 샤오치 동지는 이런 사합원을 연결시키는 동쪽 두 작은 2층집에 거주했고, 마오 주석은 산중턱에 있는 '쐉칭별장(双清別墅)'에 거주했다.

그 때부터 나는 저우 부주석을 만나고 그의 가르침을 들을 기회가 점점 많아졌다. 얼마 후 평화회담과 인민정치협상회의 준비를 위해 저우 부주석은 샹산에서 시내 중난하이로 옮겨갔지만 여전히 신화사에 매우 큰 관심을 두었다. 신화사도 많은 일을 그에게 보고하고 지시를 요청했다.

신화사는 보도기관이기 때문에 24시간 동안 지구를 따라 끊임없이 일을 해야 했다. 많은 중요한 원고가 저녁 심지어 자정에야 완성되었다. 그러나 이 때면 중앙 각 부·위원회의 지도자 동지들이 다 잠들었기 때문에 그들을 찾아 문제를 의논하기가 매우 어려웠다. 중앙 지도자 동지들 중에도 밤에 일하는 습관이 있는 분은 마오 주석, 샤오치 동지와 저우 총리뿐이었다. 반드시 마오 주석, 샤오치 동지에게 보고를 해 지시를 받아야 할 정도로 중요한 일이 아니면 일반적으로 저우 총리를 찾았는데 이것이 점차 관례로 되었다. 때문에 후에 중앙에서는 신화사의 지도 관계에 대해 이렇게 규정했다. 당의 지도는 중앙 선전부에 귀속되고 행정 지도는 국무원 문교(文敎)판공실에 귀속되고, 임시적인 중요한 문제는 총리판공실에 귀속된다. 많은 '중요한 문제'를 밤에 결정해야 하기 때문에 '임시성'이 '경상성'으로 변해버렸다.

물론 당의 8차 전국인민대표대회 이후 중앙서기처를 설립해 신화사 및 『인민일보』의 비교적 중요한 문제에 관한 홍보 방침은 다 서기처에서 회의를 통해 결정하거나 또는 직접 덩샤오핑 동지에게 보고를 해 지시받았다.

우리는 스스로 해결할 수 있는 문제는 스스로 해결하려고 노력했고 낮에 중앙지도자 동지들에게 지시를 요청할 수 있는 문제는 되도록 낮에 해결했지만 밤에 급히 처리해야 할 일은 여전히 저우 총리가 결정했다. 때문에 내가 후에 신화사와 '인민일보사'의 지도 업무를 맡은 후 중앙 지도자 동지들 중에서 저우 총리와 접촉이 가장 많았다. 중요한 논평과 중요한 뉴스 원고의 마지막 심사결정으로부터 중요한 지면배치까지 밤에 결정을 내려야 할 일은 언제나 저우 총리에게 지시를 요청했는데, 그는 매번 인내심을 가지고 세심하게 지도하고 도와주곤 했다. 그는 몇 번이나 농담 반 진담 반으로 "내가 당신네 편집장이 다 됐군 그래. 당신들은 스스로 길을 걷는 법을 배우고 나를 적게 찾을수록 좋네. 난 편집장 보좌관쯤이면 되네"라고 말했다.

실로 신화사와 '인민일보사'가 저우 총리에게 폐를 끼친 일이 너무나도 많았다. 그는 우리의 '편집장' 특히 '야근 편집장'이 되어 많은 정력을 쏟아 부었다. 깊은 밤에 총리에게 원고를 보내거나 또는 전화로 지시를 요청할 때마다 나는 미안한 마음에 망설이곤 했으나 저우 총리를 귀찮게 하는 것 외에 다른 방법이 없었다. 지금도 그것은 나에게 되돌릴 수 없는 유감으로 남아 있었다.

(3) 도시에 들어간 후의 새로운 과제

신화사는 도시에 들어간 후 낯설고 민감한 문제에 직면했는데 바로 각 민주당파, 민주인사에 관한 홍보였다. 정치협상회의 준비기간과 중앙인민정부 건설 이후 우리는 늘 이 문제에 부딪혔으며 이런 저런 착오를 범하거나 또는 이런 저런 소홀한 점이 생기곤 했다.

내 기억에 두 가지 사건으로 저우 부주석이 몹시 성을 내고 우리를 엄격하게 비평한 적이 있다. 한 가지 사건은 구삼학사(九三学社)가 베이핑이 해방되자마자 우리 당의 주장을 옹호하고 국민당이 계속 내전하는 것을 반대한다고 시국에 대한 선언을 발표했으나 신화사 베이핑 지사가 이를 보도하지 않은 것이다. 다른 한 가지 사건은 1949년 8월 5일, 청치엔(程潛) 전 국민당 후난성 정부 주석이 봉기 통전을 발표했는데 신화사 화중(華中) 총지사와 제4야전군 총지사가 이를 늦게 발표한 것이다. 저우 부주석은 천커한(陳克寒) 동지(그는 신화사 편집장, 사장을 역임했다)와 나를 여러 번 찾아 "신속히 변화하는 형세의 뒤에 떨어져 이 방면의 보도를 제때에 중시하지 않았다"고 엄숙하게 비평하였다.

내 기억에 가장 생생한 것은 4월에 샹산에서 있은 비평이었다. 그는 이렇게 간곡하게 우리를 타일렀다. 신화사는 당의 통신사(인민공화국 창립 이후 국가의 통신사)이며 또 인민의 통신사이다. 신화사의 모든 편집, 기자는 모두 다 신화사가 당과 인민의 귀와 눈, 목구멍과 혀라는 이 근본 성질을 인식해야 하며 보도를 쓰든 논평을 쓰든 다 신화사라는 신분을 기억하고 각 방면을 두루 돌봐야 한다. 현재 특히 당신들에게 익숙하지 않지만 당내 정치생활에서 날로 지위가 중요해지고 있는 각 민주당파, 민주인사를 돌봐야 한다. 당신들의 홍보 보도는 당의 통일전선 정책을 충분히 구현해야 하며 각 민주당파, 민주인사를 충분히 존중해야 한다.

저우 부주석의 이런 훈계는 전국 해방 초기에 중대한 의의가 있었을 뿐만 아니라 우리나라가 장기적으로 공산당이 지도하는 다당 협력제를 실행하는 데 더욱 깊은 의의를 가지고 있다. 그러나 우리가 첫째로 당의 통일전선 정책에 대한 이해가 깊지 않아 제대로 관철시키지 못했고, 둘째로 민주당파, 민주인사들에 대해 상당히 낯설어 보도에 경상적으로 문제가 생겼으며 자주 잘못을 범했다. 저우 부주석은 이에 대한 요구가 매우 엄격했고 또 매우 참을성 있게 우리를 도와 시정하곤 했다.

각 민주당파, 민주인사의 활동에 관한 보도에서 우리가 우선 직면한 것은 보도할 때 명단의 선택과 배열에 익숙하지 못해 늘 중요한 인원을 빠뜨리거나 또는 명단을 뒤죽박죽으로 만들고 조리가 없어 불필요한 오해와 혼란을 조성케 한 것이다. 신화사가 한 번씩 착오를 범할 때마다 저우 총리는 우리에게 반성을 하게 했다. 직접 취급한 일이든 아니든 매번 천커한 동지와 나에게 서면 반성을 하고 공동으로 서명하게 했다. 몇 번은 우리가 반성문을 쓰고 난 후 저우 총리가 "당신들이 반성 전문가가 되기를 바라는 것이 아니라 매 번의 잘못을 진실 되게 대해고 업무 개진에 힘써 다시 잘못을 범하는 것을 피하기 바랄 뿐이다"라고 거듭 말했다.

내 기억에 1950년 11월쯤에 정무원회의가 열렸다. 회의 후 저우 총리는 나를 남으라 하고 또 치옌밍(齊燕銘) 동지(당시 정무원 판공청 주임이었음)와 쉬빙(徐冰) 동지('문화대혁명' 전에 그는 중공중앙 통전부 상무 부부장이었음)를 찾아와 신화사를 도와 각 민주당파, 민주인사를 소개하고 명단을 배열하는 순서를 정하게 했다. 저우 총리는 "이는 하나의 학문이고 우리 당이 민주당파, 민주인사와의 관계를 처리하는 매우 중요한 정치문제"라며 신화사의 지도자와 편집기자는 다 이 학문을 장악해야 한다고 했다.

후에 우리는 이 일을 '명단학(名單学)'이라고 불렀다. 정무원 판공청과 중앙 통전부 동지들의 도움 하에 우리 기자들은 점차 각 민주당파, 민주인사들을 알게 됐고 그들과 친구로 사귀었다. 문자 기자뿐만 아니라 촬영 기자도 그렇게 했다. 이렇게 약 2년의 시간을 들여 이 문제가 기본상 해결되었다.

또 한 번 총리가 우리를 비평한 사건이 나에게 깊은 인상을 남겼다. 그것은 1963년 5월 사이였는데 『인민일보』는 류샤오치 주석과 천이(陳毅) 부총리 겸 외교부장이 인도네시아 등 4개국을 방문하고 돌아오면서 열렬한 환영을 받는 사진을 게재했다. 그것은 '인민일보사' 촬영기자가 직접 찍은 사진인데 발표할 때 일부 민주인사와 여성 동지들의 모습을 잘라버렸으며 오려붙이는 방법으로 환영하는 사람들의 위치를 옮겼다. 이 때문에 저우 총리가 몹시 큰 화를 냈다. 그는 '인민일보사'가 신화사가 보낸, 천이 부총리가 이미 본 사진을 발표하지 않고 본사 기자가 찍은, 천이 동지 또는 기타 중앙 지도자 동지의 심열을 거치지 않은 사진을 발표했는데 잘못 투성이라고 했다.

그는 이 사건을 기술 방면으로만 보지 말고 정치적으로 봐야 한다며 다음과 같이 원인을 밝혔다. "이번에 샤오치 동지가 4개국을 방문한 것은 중대한 의의를 가지고 있다. 베이징에 돌아올 때의 환영 장면은 내가 직접 중앙의 동지들과 의논해 배치한 것이다. 환영하러 간 사람들에게는 각 방면의 대표인물들이 포함돼 있어 특별히 '대성황'을 이룬 집단사진을 찍어 이번 해외방문의 성공을 지지한다는 것을 충분히 밝혔다. '인민일보사'가 일부 민주인사들을 제멋대로 잘라버렸으니 그런 정신에 어긋났고 정치적 민감성이 부족하다는 것을 말한다.

이것이 첫째이고 둘째는 '인민일보사'가 특별히 배치한 여성 동지를 잘라버렸는데 이는 정치적 관념이 박약한 것으로 가부장적 남성주의의 냄새를 풍긴다. 중앙은 얼마 전에 여성 동지들을 외사활동에 참가시키기로 결정하고 과거에 외사활동에 부인을 참가시키지 않던 습관을 바꿔 국제관례에 적응하기로 했다. 많은 여성 동지들이 '부인'이 되기 싫어해 그녀들을 외사활동에 참가시키기가 쉽지 않았다. 『인민일보』가 발표한 사진이 마침 여성 동지들을 잘라버렸으니 여성을 경시하는 것이기도 하고 또 중앙의 정신에 어긋나기도 한다. 셋째, '인민일보사'가 원본 사진에서 여러 사람들이 서있던 위치를 제멋대로 옮기고 심지어 얼굴 사진을 잘라 옮겨 붙였으니 이는 허위로 날조하고 속임수를 쓰는 작풍이다. 넷째, 신화사의 사진은 천이 동지가 본 것이라고 사진 뒷면에 특별히 설명을 달았으며 마음대로 편집을 해서는 안 된다고 밝히기까지 했다.

'인민일보사'가 제멋대로 했으니 이는 심각한 비조직적 무규율적 행위이다. 다섯째, 베이징의 기타 신문들이 다 신화사 사진을 사용했으나 『인민일보』만 본사 기자가 촬영한 사진을 사용했으니 자기 것이 좋다거나 또는 신화사의 사진을 쓰는 것이 체면에 손상을 준다고 생각하는 것은 아닌지, 이는 집단 이기주의 사상으로 주의하고 시정해야 할 바이다." 저우 총리는 후에 나를 만났을 때에도 거듭 비평했는데 내가 『인민일보』 편집장과 신화사 사장을 겸했지만 이 두 언론사가 늘 '싸움'을 한다며 이는 좋지 않은 일이라고 했다. 그는 서로 잘 소통하고, 서로 배우고, 서로 돕고, 서로 불복하는 일이 없어야 한다고 말했다.

저우 총리는 이렇게 구체적으로 세심하게 당의 정책을 관철시켰으며 신화사와 '인민일보사'도 그렇게 하도록 엄격하게 요구했다.

(4) 매일 『참고자료』를 반드시 봐야 한다.

신화사는 마오 주석의 제안으로 창간하고 확대 발행한 『참고소식』을 출판하는 한편 내부 『참고소식』을 출판했는데 내용이 『참고소식』보다 더욱 넓고 풍부하고 상세했으며 오전버전과 오후버전으로 나뉘어져 하루에 두 권(지금은 매일 큰 한 권)이었다. 그러나 그것이 저우 총리가 이렇게 하라고 제안한 것임을 아는 사람이 많지 않다.

저우 총리는 정무로 매우 바삐 보냈으며 장기적으로 외교 업무를 주재하면서 국제 동태를 파악하는 중요성을 잘 알고 있었다. 건국 초기부터 그는 국제적으로 공개된 정보를 최대한 많이 수집하라고 신화사에 여러 차례 지시한바 있었다. 우선 모든 중요한 외국 통신사의 소식보도를 받아 적으라고 요구했고 후에 또 서방의 중요 신문과 간행물의 중국과 관련된 논평을 전면적이고 상세하게 신속히 수집하여 '귀와 눈'의 역할을 충분히 발휘하도록 지시했다.

저우 총리는 신화사가 수집한 이런 공개 자료를 매우 중시했다. 그는 우리에게 "아무리 바빠도 난 매일 이 두 권의『참고소식』을 본다(마오 주석도 그렇게 했음)"고 여러 차례나 말했다. 회의 참가 차 그의 사무실에 가거나 논평의 심사를 의뢰할 때마다 나는 사무실 책상에서 그가 다 보고나서 붓으로 많은 부호를 그려놓은『참고소식』을 볼 수 있었다. 어떤 때 그는 손에『참고소식』을 들고 자신의 관점과 근거를 설명하기도 했다. 제때에 상황을 파악하기 위해 그는 신화사에 24시간 당직 제도를 세우게 했으며 신화사가 외국 통신사의 중대한 뉴스를 접수할 경우 반드시 즉시 총리판공실에 보고하게 했다.(중대한 사건은 총리가 직접 마오 주석에게 알렸다) 또『참고소식』의 인쇄를 시작하거나 제본하기 전에 먼저 총리판공실과 외교부, 국무원 외사판공실, 총참모부, 중련부 등 해당 부문에 교정 완료한 원고를 보내게 했다.

여기서 1970년 3월, 시아누크가 모스크바로부터 베이징에 와 비행기에서 내리자마자 저우 총리가 그에게 론 놀이 프놈펜에서 정변을 일으킨 상세한 경과를 알려줄 수 있었던 이유, 1971년 7월 키신저가 미국 대통령 특사로 중국을 방문해 파키스탄으로부터 베이징에 왔을 때 저우 총리가 그에게 닉슨 대통령이 미국에서 발표한 연설 요지를 알려주고 또 연설 전문을 보여줄 수 있었던 이유를 알 수가 있다.

이로부터 외국의 많은 정치가들이 어떻게 저우 총리가 국제 사무에 대한 식견이 넓고 통찰력이 있으며 기민하고 뛰어난 기억력과 넓은 학식을 가지고 있다고 탄복해 하는지를 알 수 있다. 이 방면에서 『참고소식』이 합당한 역할을 했던 것이다.

바로 그런 이유로 저우 총리는 신화사와 '인민일보사'의 국제문제에 관한 보도와 논평에 대해 늘 시기적절하게 구체적인 지시와 도움을 줄 수 있었다. 나에게 가장 깊은 인상을 준 것은 조선(한국) 정전담판시기(1951년 여름부터 1953년 여름까지) 판문점의 투쟁을 협조하기 위해 저우 총리가 거의 매일 우리에게 어떤 방면의 문제를 보도해야 하고 미국을 상대로 어떤 관점의 논평을 써야 하는지 지시를 했던 것이다.

이런 지시 중 일부만 저우 총리가 밤에 잠들기 전에 당직 비서에게 이튿날 오전에 우리에게 알려주라고 당부한 것이고 대부분은 저녁에 지원군대표단이 개성에서 보내온 보고와 『참고소식』의 해당 재료를 보고 우리에게 알려준 것이었다. 그중 많은 경우에 우리에게 자정 전에 다 써서 교정 완료한 원고를 인쇄한 후 직접 그에게 보내 심열을 받도록 요구했다. 이렇게 저우 총리가 원고를 다 심열하고 나면 새벽 3, 4시가 될 때가 많았다. 저우 총리의 피로를 덜어드리기 위해 우리는 원고를 되도록 빨리 쓰고 잘 쓰는 한편 보지 않아도 된다고 저우 총리에게 건의하곤 했지만 늘 "내가 귀찮아할까 봐 걱정하지 말라"는 대답을 듣곤 했다.

판문점 담판이 전쟁포로 문제로 들어가고 투쟁이 더욱 긴장되고 복잡해졌으며 우리의 보도와 논평도 더 많아졌다. 어느 날(아마도 1953년 5월쯤) 저우 총리는 회의가 끝난 후에 나에게 "외국 기자의 보도는 다 본인의 이름을 사용하고 있고, 헬렌 웰링턴과 윌프레드 버켓(당시 판문점에서 취재 중이던 중국에 우호적인 두 기자의 이름)도 본인의 이름으로 보도하고 있으니 우리 기자도 보도에 서명을 하는 것이 어떻겠는가, 우리도 자기 이름의 기자를 양성해야 한다. 처음에는 집단 이름을 사용하는 것도 괜찮은데 원고가 여러 사람이 쓴 것이기 때문이다. 이름을 한 번 사용하기 시작하면 그 후부터 쉬워진다. 이것이 바로 신화사 무선 통신에 처음으로 본사 특파기자 '우민(吳敏)'(개성에서 보내온 보도와 논평에 이 서명을 사용했음)과 '장난(江南)'(베이징에서 쓴 논평과 논설에 이 이름을 사용했음)이 나타난 유래이다.

(5) 타이완 해협의 두 차례 풍파

1958년 여름과 가을, 타이완 해협의 진먼(金門) 전선에서는 포성이 울렸다. 저우 총리는 『인민일보』의 논평을 더욱 철저히 했다. 펑더화이 국방부장의 「타이완 동포에게 드리는 책」(10월 6일, 이는 마오 주석이 쓴 것임)을 발표한 후 『인민일보』는 10월 11일부터 연이어 여러 편의 사설을 발표했다. 첫 번째 사설의 제목은 「휴전은 생각지도 말라, 줄행랑이 상책이다」였는데, 이는 정치국 상무위원회 회의에서 발표된 저우 총리의 의견을 근거로 집필하고 그의 심사를 거친 것이었다. 두 번째 사설의 제목은 「그들이 어떻게 행동하는지 보기로 하자」였는데, 이는 또 정치국 상무위원회 회의에서 있은 마오 주석의 의견을 근거로 밤새 집필하고 그의 심사를 거친 것이었다.

마오 주석은 원고를 심사할 때 사설의 마지막 단락만 수정하고는 "별로 좋지 않다. 겨우 쓸 만하다"고 평어를 달았다. 나는 그가 수정한 중의 한 마디로 사설의 제목을 달았다.(제목이 특별했기 때문에 사람들이 사설 전체가 다 마오 주석의 대작인줄 알았다) 세 번째 사설(10월 21일)은 신문사 편집부가 직접 쓴 것인데 덜레스가 타이완에 간 것에 대한 논평으로 중앙 지도자 동지들의 심사를 거치지 않았다. 첫 두 편은 다 미국과 장제스(蔣介石)의 모순을 얘기하면서 미국이 타이완을 완전하게 장악하려 한다고 폭로했다. 그런데 마지막 사설은 미국과 장제스가 짜고 치기를 한다고 했다.

저우 총리는 이날 세 번째 사설을 비평하면서 이런 논평이 사실에 부합되지 않는다고 지적했다. 이튿날 또 나와 차오관화(喬冠華) 동지를 불러 그의 사무실 곁의 식당에서 함께 밥을 먹으면서 델레스의 타이완 방문을 어떻게 이해해야 하는지를 얘기했다. 저우 총리는 이렇게 분석했다. "이번에 델레스가 타이완을 찾은 것은 미국 당국이 진먼 포격전이 확대되어 미국까지 말려들까 봐 두려웠기 때문이다. 미국이 장제스 군대에 진먼, 마주(馬祖) 등 섬에서 철거할 것을 요구했다는 소문이 있는데 이는 인민해방군에 의해 소멸되는 것을 방지할 뿐만 아니라 또 장제스 군대가 자꾸 내륙을 건드려 우리 군의 반격을 받음으로써 미국이 진퇴양난의 처지에 이르는 것을 방지할 수 있다. 또 그렇게 하게 되면 미국은 '두 개의 중국' 또는 '하나의 중국, 하나의 타이완' 정책을 펼 수 있다.

델레스의 타이완 방문은 장제스에게 압력을 가하기 위한 것이다." 저우 총리는 델레스의 몇 차례 연설과 장제스 연설의 미묘한 차이, 타이완 신문의 논평과 미국 신문의 논평이 현저한 차이가 있어 이런 견해를 충분히 증명하고 있다고 말했다. 나와 차오관화는 이 분석에 찬성을 표했다. 저우 총리는 마지막으로 "타이완 문제에는 두 개 방면이 있는바 하나는 조국 통일의 문제이며 이는 중국 내정으로 어떠한 외국도 간섭할 수 없다. 두 번째 방면은 미국이 타이완을 침략하여 점령한 것인데 이는 중국과 미국 간의 문제로 우리가 굳건히 반대한다. 『인민일보』는 사설 한 편을 더 준비해 미국의 음모, 미국과 장제스의 다툼을 중점적으로 설명해야 하며 장제스도 '두 개의 중국'을 원하지 않는다는 것을 명확하게 지적해야 한다. 그러나 펑 총사령관이 두 번째 『타이완 동포에게 드리는 글』을 발표한 후 발표해야 한다."고 말했다. 이것이 바로 그 후 10월 30일에 발표된 네 번째 사설이다.

첫 번째(1958년)로 타이완 해협이 긴장되었을 때 저우 총리는 『인민일보』의 사설이 어떻게 중앙의 방침을 관철시켰는지 밀접히 주시했고, 두 번째(1962년)로 타이완해협의 정세가 긴장되었을 때 저우 총리는 『인민일보』의

지면배치에 묘안을 내놓았다.

이번의 긴장 국면은 장제스가 우리가 경제난에 처한 틈을 타 '내륙에 대해 반격'하려고 5, 6월 사이에 획책하면서 시작되었다. 당시 중앙은 미국 당국의 동의와 지지가 없이 장제스가 감히 경거망동할리 없다고 판단했다. 미국의 태도를 분명히 알아내기 위해 저우 총리는 당시 국내에서 휴가 중이던 중미회담의 우리 측 대표 왕빙난(王炳南) 동지(당시 우리나라의 폴란드 주재 대사로 있었음)에게 즉시 비르샤비로 돌이가 미국 측 대표 개벗(폴란드 주재 미국 대표)을 만나게 했다. 왕빙난은 바르샤바로 돌라간 후 미국 측 대표와의 만남에서 미국에 심각한 경고를 제기하고 미국 정부가 반드시 장제스의 모험적인 행동과 이로 생긴 모든 후과를 완전하게 책임을 져야 한다고 지적했다. 미국 측 대표는 "미국은 장제스가 중국 내륙을 공격하도록 지지한 적이 없으며 또 절대 지지하지 않을 것"이라고 밝혔다. 그는 또 장제스는 미국의 동의를 거치지 않고 중국 내륙을 공격하지 못한다는 의무를 감당하고 있다고 밝혔다. 우리 측은 여전히 그에게 "우리 정부의 경고를 워싱턴에 보고할 것"을 요구했다. 그는 이에 동의했고, 또 미국은 전력을 다 해 장제스의 모험을 방지할 것이라고 약속했다.

나흘 후인 6월 27일, 케네디 미국 대통령이 기자회견에서 성명을 발표하였는데 당시 장제스의 '내륙 반격'으로 타이완해협의 국면이 긴장해진 것은 언급하지 않고 타이완 지역에서의 무력 사용을 반대한다고만 밝혔다. 또 미국의 군사적 역량이 해협지역에 존재하는 목적은 이른바 '방어적'인 것이라고 다시 천명했다. 케네디는 기자들이 질문을 하자 그제야 "1954년 미국과 장제스가 조약을 체결할 때 양자 간 서한을 교류한 적이 있는데, 국민당 당국은 서한에서 미국의 동의가 없이 내륙에 무력행동을 하지 않을 것이라 약속했다"고 밝혔다. 케네디는 또 "나는 그 서한이 여전히 유효하다고 생각한다"고 말했다. 케네디의 성명과 담화는 우리나라 정부의 경고에 대한 공식적인 반응이었다. 미국 당국의 태도가 명확해졌다.

이토록 중요한 뉴스를 어떻게 처리해야 할까? 구체적으로 신화사는 어떻게 보도해야 하고 『인민일보』에는 어떻게 게재해야 할까? 신화사의 보도는 비교적 쉬운데 케네디의 연설 요점을 전면적으로 전달하면 된다. 어려운 것은 『인민일보』의 어느 지면, 어느 위치에 이 뉴스를 게재해야 하는가 하는 것이었다. 당시 나는 매우 신경을 썼으며 편집부의 동지들과 의논하여 3개 방안을 구상해냈다. 하나는 국제뉴스 지면의 눈에 띄는 위치에 싣는 것이고, 다른 하나는 1면의 눈에 띄는 곳에 싣는 것이고, 또 하나는 1면의 눈에 잘 띄지 않는 곳에 싣는 것이다.

나는 이 세 가지 방안을 저우 총리에게 보고하면서 어떻게 배치하면 좋을지를 물었다. 저우 총리는 나에게 세 방안의 이유를 하나하나 설명하라고 하고나서 어느 방안이 마음에 드는가 하고 물은 후(나는 당시 두 번째 방안이 마음에 든다고 대답했다) 자신의 생각을 말했다. "이렇게 우리나라와 직접적으로 관련되는 중대한 사건을 국제뉴스 지면에 배치하는 것은 물론 타당치 않지만 1면의 현저한 위치에 놓을 필요까지는 없다. 케네디의 태도가 중요하기는 하지만 그의 말만 들을 것이 아니라 그의 행동도 지켜봐야 한다. 이처럼 매우 중요하지만 지나치게 부각시킬 필요가 없는 뉴스를 어떻게 배치해야 할지, 예전에도 이런 문제에 직면한 적이 있다."

그는 나에게 이전에 전쟁범 특별 사면과 석방, 중국-인도 국경 분쟁 등 중요한 뉴스를 어떻게 취급했던지 기억이 나는가를 묻고 나서 현재 케네디에 대한 태도표시 역시 그대로 따라하면 된다며 1면 오른쪽 아래 구석에 배치하라고 했다. 저우 총리의 가르침을 받은 후 나는 이같이 중요하지만 지나치게 부각시킬 필요가 없는 뉴스를 자신 있게 처리할 수 있었다. 예를 들면 1962년 10월 쿠바에 대한 미국의 군사적 봉쇄, 1963년 7월 소련공산당 중앙의 성명서 발표, 1964년 3월 우리나라가 모든 일본 전쟁범을 석방한 것 등을 다 『인민일보』의 1면 오른쪽 아래 구석에 게재했다.

그 후 '문화대혁명' 시기에 나는 먼저 감옥에 갇혔다가(그 때에는 '군사적 감호'라고 불렀음) 4년 후 또 '인민일보사'의 간부학교[허난(河南) 예현(葉縣)]에서 강제로 노동개조를 했다. 어느 날 아침(1971년 7월 16일), 중앙라디오방송이 키신저의 중국방문 공고를 방송했다. 당시 한 인쇄 노동자가 나에게 "당신이 일을 그만둔 지 여러 해 됐는데 이 성명이 『인민일보』의 어느 위치에 발표될지 맞춰보라"고 했다. 나는 잠시 생각하다가 "1면 오른쪽 아래 구석에 실게 될 것"이라고 대답했다. 이튿날 『인민일보』가 왔는데 과연 그 곳에 게재되었다. 다들 놀라움을 금치 못했다. 사실 이는 별로 신비로울 것 없이 전례를 따른 것 뿐이었다. 나는 이번에도 저우 총리가 일부러 배치한 것일 거라고 추측했다.

(6) 엄격한 비평

1959년 11월 18일, 총리가 나를 시화팅(西花庁)에 불러 담화를 했는데 이는 내 평생에 저우 총리로부터 가장 호되게 비평을 받았다. 내가 총리판공실로 갔을 때 저우 총리는 한창 서류를 보고 있었다. 그는 우선 나에게 편지 한 통을 보여주었다. 이는 리푸춘 동지가 샤오핑 동지에게 보내고 다시 저우 총리에게 전달한 서한이었는데 내용은 『인민일보』 11월 16일 1면 톱기사에 발표된 1월부터 10월까지의 전국 공업생산 상황을 비평한 것이었다. 보도는 이 10개월간의 공업 총생산량이 1958년 같은 시기에 비해 43.9% 성장했다고 밝혔다. 푸춘 동지는 이 보도가 중앙의 규정을 심각하게 위반했다고 했다.

저우 총리는 내가 푸춘 동지의 편지를 다 보기를 기다려 "신화사와 '인민일보사'가 이번에 큰 잘못을 저질렀다"고 엄중하게 말했다. "중앙은 10월부터 홍보를 냉정하게 할 것, 열정 속에 냉정함을 보장하면서 지난해의 실속 없이 성과를 부풀렸던 착오를 방지할 것을 거듭 강조해왔는데 당신들이 기어코 이런 잘못을 저질렀다."

저우 총리는 참을성 있게 이 보도의 잘못을 분석했다. 그는 다음과 같이 지적했다.

첫째, 뉴스는 국가통계국의 초보적인 통계를 근거로 했는데 이런 통계는 국무원 각 부문이 자체로 내놓은 수치를 종합한 것으로 확인된 바가 없으며 중앙 지도자 동지들이 참고로 사용하는 내부 자료일 뿐 일반적으로 공개적으로 발표하지 않는다. 그중의 많은 수치들은 하나하나 확인할 것이 필요하고 연말이 되어야 조정이 가능하다. 또 이번 초보적인 통계의 방식이 지난해와 달랐다. 공업 총생산량에서 지난해에는 인민공사와 관할 구역의 공업을 통계하지 않았으나 올해에는 이 부분을 포함시켰기 때문에 올해 1∼10월에 지난해 같은 시기에 비해 48.9% 증가했다는 것은 비과학적이다. 당신들이 내부 자료를 공개적으로 발표한 것은 정말 잘못이다. 이후에 또 이렇게 한다면 국무원은 각 부문에 통지를 보내 신화사와 '인민일보사'에 자료를 발급하지 못하도록 할 것이다.

둘째, 중앙은 원래 올해의 각종 제품의 생산량과 총생산량을 하급기관이 보고한 대로 모두 계산에 넣지 않고 여지를 남길 계획이었다. 때문에 앞으로 1년의 통계 수치를 발표할 때 각 지역과 각 부문이 보고한 것보다 적을 것이다. 10월 말부터 11월 초까지 공업·교통 운수업·재정·무역 영역의 선진생산자대표대회를 개최할 때 중앙은 각 부문의 연설문을 심사하면서 각종 제품의 예상고를 다 삭제했다. 그건 당신들도 알고 있다. 현재 『인민일보』와 신화사가 1∼10월 통계수치를 발표한 것은 여지를 남겨야 한다는 중앙의 정신에 어긋나는 것으로 업무상 피동에 빠지게 됐다.

셋째, 중앙은 "무릇 전국적인 수치는 반드시 중앙의 비준을 거쳐야 발표할 수 있다"는 규정을 내놓은 바 있다. 이른바 "중앙의 비준을 거친다"는 것은 중앙의 모 한 사람을 가리키는 것이 아니라 중앙서기처, 중앙정치국 심지어 정치국 상무위원회에서 통과돼야 한다는 것이다. 중앙은 또 리푸춘 동지를 지정하여 전국적인 경제수치의 발표를 주관하게 했다. 당신들은 이런 규정을 알면서도 따르지 않았다. 뉴스원고는 중앙의 한 책임자 동지가 본 적이 있지만 푸춘 동지를 거치지 않았고 중앙회의에서 토론하여 통과된 적은 더욱 없었다.

저우 총리는 『인민일보』와 신화사가 이번에 공개한 10개월 공업생산량 수치는 정치적으로나 조직적으로나 다 잘못된 것이라고 강조하였다. 그는 내가 서기처와 정치국 회의에 이미 참가했고 또 정치국 상무위원회 회의에 자주 참가하니 중앙의 정신을 알 것이고 신화사, '인민일보사'가 이런 착오를 범한데 대해 완전한 책임을 져야 한다고 특별히 지적했다. 당시 나는 이번에 잘못을 범한 경과를 간단하게 설명하고 요약하여 반성했다. 저우 총리는 반성을 그렇게 쉽게 하지 말고 돌아가서 잘 생각해본 후에 말하라며 "중요한 것은 경험을 진실 되게 종합하고 교훈을 받아들여 비슷한 잘못을 다시 범하는 것을 피하고 일을 잘 하기 위한 것이다. 루산회의처럼 반 우경 때문에 실속 없이 성과를 부풀려서는 안 된다"고 말했다.

끝날 때 저우 총리는 특별히 나에게 돌아가서 4가지를 선포하라고 했다.

1. 중앙은 다음과 같은 내용을 재차 천명한다. 현재 모든 전국적인 수치(공업·농업·인프라·교통 운수·재정 무역, 종합적인 수치와 단일 종목 수치)를 일률적으로 발표하지 않고 올 연말 또는 명년 초기에 한다. 언제 공개하고 어떻게 공개하는지는 리푸춘 동지와 중앙서기처를 거쳐야 한다.

2. 중앙은 '인민일보사'와 신화사 두 편집부에 권한을 부여하여 중앙 각부·위원회가 발표하려고 보내온 재료와 뉴스원고에 대해 의문스러운 것은 발표하지 않고 중앙에 보고해 결정을 요청하도록 한다.

3. '인민일보사'와 신화사는 중앙의 결정과 정신을 엄격하게 따르면서 일을

처리해야지 자기 생각대로 결정해서는 안 된다. 중대한 뉴스와 논평을 발표할 때는 중앙에 보고해 지시를 요청하는 제도를 엄격하게 준수해야 한다.

4. 중앙은 신화사와 '인민일보사' 전체 편집, 기자들에게 지난해 '대약진' 홍보 중의 경험교훈을 받아들이고 이번의 잘못과 연결시켜 깊이 반성하고 실속 없이 성과를 부풀리는 것을 반대하고 실사구시의 작풍을 발양하여 열정 속에 냉정함을 보장하면서 홍보 업무를 더욱 잘 할 것을 지시한다.

나는 저우 총리에게서 돌아온 후 즉시 '인민일보사'와 신화사 편집위원회의를 소집하고 저우 총리의 지시를 전달, 토론했다. 이어 또 '인민일보사'와 신화사 전체 편집·기자 대회를 소집해 전달하고 초보적인 반성을 했다.

이번 교훈을 거울로 삼고 일을 더 잘 하기 위해 '인민일보사' 편집위원회는 당면한 국내 문제의 홍보에 관한 지시요청 보고서를 작성해 중앙의 비준을 받았다.

저우 총리의 이번 비평은 루산회의 이후의 이른바 '반우경 투쟁'의 절정기에 있었던 것으로 우리가 그런 상황에서 냉정함을 유지하는데 큰 도움이 되었다. 또 '인민일보사'와 신화사가 한동안 홍보 업무에서 '성과를 부풀리는 기풍'을 다시 일으키지 않도록 했다. 유감스러운 것은 홍보 방면의 이런 냉정함은 오래 유지되지 못하고 '우경을 반대하고, 열의를 북돋우는' 풍조의 충격을 끊임없이 받았으며, 1958년에 또 1960년에 크게 불었던 '공산풍', '성과를 부풀리는 기풍', '터무니없이 지휘하는 기풍'을 또 다시 범했다.

(7) 리종런(李宗仁)의 기자회견

리종런 전 국민당정부 대통령 서리가 1965년 6월에 오랫동안 거주하던 미국을 떠나 유럽(스위스)을 거쳐 조국으로 돌아왔다.

1965년 9월 중순의 어느 날, 저우 총리가 나와 궁펑(龔澎)(당시 외교부 보도사 사장으로 있었음), 장옌(張彦)(국무원 외사판공실 부주임), 야오전(姚溱)(중앙선전부 부부장) 세 동지를 그의 사무실로 불렀다.

저우 총리는 리종런 선생이 기자회견을 소집하려고 해서 참모 또는 고문으로 몇 명을 추천하라고 했더니 그가 우리 넷을 고문으로 추천했다고 알려주었다. 총리는 "당신네 몇은 중앙의 대내와 대외 정책을 잘 알고 있으며 두 분은(나와 궁펑)은 여러 차례 정부대표단 대변인을 맡은 적 있고 기자회견을 한 경험이 있으니 리종런 선생에게 도움이 될 만 하다. 그러나 당신네 임무는 고문이니 곁에서 도우면서 참고적인 의견을 제공할 뿐 자기 의견을 억지로 강요하거나 사람을 곤란하게 만들어서는 안 되며 주객이 전도되게 해서는 더욱 안 된다. 모든 것을 리종런 선생이 스스로 결정하게 해야 한다. 이 점을 반드시 기억해야 한다."고 말했다.

계속해서 총리는 우리에게 리종런이 귀국한 자초지종을 얘기해주었다. "더린(德鄰, 리종런의 자) 선생이 출국한지 16년이 되는데 이번에 결연히 돌아온 것은 쉬운 일이 아니다. 더린 선생은 심사숙고를 한 후에 귀국하기로 결정한 것이다." 저우 총리는 또 리종런 선생이 베이징에 도착한 후 성명을 발표하여 자기가 '죄지은 몸'으로 해외에서 돌아온 것은 인민에게 두 가지 잘못을 고백하기 위함이라고 말했다고 했다. 하나는 1949년 평화담판 때에 그가 평화협정을 받아들이지 않은 것인데 이에 대해 지금까지도 "매우 큰 죄책감을 느끼고 있다"고 했다. 둘째는 그가 미국에 거주하는 동안 '세 번째 세력'을 키우면서 '거듭 잘못을 저지른 것'이다. 저우 총리는 "이렇게 솔직하게 고백하는 것은 좋은 일이며 인민의 용서를 받을 만 하다. 그러나 사실 이 두 가지를 완전히 그의 탓이라고 할 수는 없다."고 말했다.

총리는 이어 이 두 사건을 상세하게 분석했다. "그 때 리종런은 명의상 '대통령 서리'일뿐 실권이 없고, 군사가 없고, 돈도 없어 싸울 수도 없고 화해할 수도 없는 처지였으며, 정계에서 물러난 후 평화(奉化) 시커우(溪口)에 은

거해있던 장제스의 조종을 받을 수밖에 없었다. 리종런은 바이충시(白崇禧)의 영향을 받아 평화협의를 받아들일 결심마저 내리지 못했다. '제3세력을 키워 외국의 힘을 빌려 정권을 얻으려 한 것은 그가 미국에 환상을 가지고 있다는 것을 설명하는데 이 또한 낡은 중국의 정계 거물들의 통폐였다."

저우 총리는 이렇게 한참 말한 후 우리 당의 방침은 세 마디 즉 "조국을 사랑하는 사람은 한집 식구이고(愛国一家), 애국은 가리지 않고, 거취가 자유롭다." 라고 말했다. 그는 리종런 선생이 이번에 귀국해 정착하면 우리와 한집식구가 되니 과거의 잘못은 묻지 않을 것이라고 했다. 계속해서 그는 "1948년 우리가 공개했던 43명의 1급 전범 중 청치엔(程潛)과 푸쭤이(傅作義)는 봉기를 일으킨 고급 장교지만 이미 전쟁범 명단에서 제외되었고 10여 년간 우리와 함께 일을 했다. 웡원하오(翁文灝)와 웨이리황(衛立煌)은 50년대에 귀국해 정착했는데 지금은 정협 위원이다. 두위밍(杜聿明)은 전투 중에 포로가 되었다가 10년 후에 특사를 받았으며 지금 역시 정협 위원이다. 애국을 가리지 않고 우리는 일률적으로 성심으로 대한다. 그들은 외국으로 가도 되고, 갔다가 돌아올 수도 있고, 돌아왔다가 다시 갈 수도 있는데 이를 두고 거취가 자유스럽다고 말한다."라고 말했다. 저우 총리는 이 세 마디가 리종런 선생에게 적용되고 기타 누구에게나 다 적용된다며 우리는 말하면 말한 대로 한다고 했다.

저우 총리는 이렇게 말했다. "내가 이런 말을 한 것은 당신들이 리종런 선생에 대해 정확한 인식과 정확한 태도를 가지게 하기 위한 것일 뿐이다. 이번에 고문으로 가서 모든 일에서 리종런 선생을 존중해야 한다. 외국 기자들이 무엇에 관심을 두는지, 어떤 문제를 제기할 것 같은지 등 상황제공만 한다. 그리고 난제가 생기면 솔직하게 얘기하면 된다. 그러나 자기가 무엇을 말할지, 어떻게 말할지는 완전히 스스로 결정하게 해야 한다.

연설문을 우리가 작성할 필요는 없다. 그의 신변의 청스위안(程思遠) 선생이 말도 잘 하고 글도 잘 쓰며 오랫동안 그의 비서로 일한 적이 있어 리종런 선생의 습관과 신분을 더욱 잘 표현할 수 있기 때문이다."

저우 총리는 마지막으로 우리에게 이렇게 당부했다. "리종런 선생이 기자 회견 연설문에 대한 의견을 꼭 들어보고 싶어 한다면 이런 것들을 고려해 보게 할 수 있다. 첫째, 지난 역사적인 묵은 빚은 다시 들추지 않아도 된다. 둘째, 귀국한 후 특히 동북을 참관한 후의 소감을 중점으로 얘기한다. 셋째, 중미관계는 얘기해도 되지만 적게 얘기하는 것이 좋다. 넷째, 중국-소련 관계는 얘기하지 않아도 된다. 다섯째, 타이완에 대해서는 평온한 태도로 여지를 두는 것이 좋다. 여섯째, 기자들이 현장에서 제기하는 질문에는 사실대로 대답하면 되고 주저할 필요가 없다."

저우 총리에게서 나온 후 우리는 제각기 준비를 하기 시작했다. 2,3일 후 리종런 선생이 우리를 그의 거처로 불러 기자회견을 어떻게 준비할지에 대해 의논했다. 우리는 총리의 지시대로 중외기자의 상황과 그들이 관심을 갖는 문제를 제공했다. 리종런 선생도 자신의 생각을 얘기한 후 청스위안 선생에게 우리와 의견을 교환하게 했다.

9월 26일 리종런 선생이 기자회견을 열었는데 청스위안 선생과 류중룽(劉仲容) 선생이 수행하여 참석했다. 기자회견에는 중외 기자 및 홍콩, 마카오의 기자 300여 명이 참가해 전례 없는 성황을 이루었다. 리종런 선생은 장편의 연설을 발표하고 나서 기자들이 제기한 질문에 일일이 대답했는데 2시간이 넘게 걸렸다. 이어 리종런 선생은 또 뷔페식 연회를 열어 기자들을 초대했다. 중외기자들 이외에도 차이팅카이(蔡廷鍇), 루한(盧漢), 류원후이(劉文輝),샤오리즈(邵力子), 황샤오훙(黄紹竑), 웡원하오(翁文灝), 두위밍(杜聿明), 쑹시롄(宋希濂), 판한제(范漢杰), 랴오야오시앙(廖耀湘) 등 국민당 군정 고위직, 말대황제 푸이(溥儀)와 푸제(溥杰)가 참가했다. 그들은 모두가 기자들이 취재하고 싶지만 만나기 어려운 뉴스인물들이었다.

그 결과 모두가 다 좋아했다. 이는 저우 총리가 리쭝런 선생과 의논한 후 구체적으로 조치한 일이었다.

(8) 제1차 핵실험

1964년 10월 13일 오후, 총리 판공실이 나에게 통지를 보내 저녁밥을 먹은 후 차오관화(喬冠華)와 야오전(姚溱) 두 동지와 함께 댜오위타이 6호 빌딩으로 오라고, 저우 총리가 우리에게 시킬 일이 있다고 전했다.

당시 나는 댜오위타이 8호 빌딩 중앙문서기안 소조에 있었는데 6호 빌딩과 멀지 않았다. 저녁밥을 먹은 후 나는 차오관화, 야오전과 함께 천천히 걸어 10분 만에 저우 총리의 거처에 도착했다. 6호 빌딩 앞에서 총리의 비서가 우리를 총리 사무실도 아니고 객실도 아닌 작은 식당으로 안내했다. 우리는 식당에서 작은 원탁에 둘러앉았는데 이상한 생각이 들었다. 아마 서류를 작성하거나 또는 밤을 새울 일이 생긴 모양이구나, 라고 생각했다. 원탁에서 의논하면서 서류를 작성하고, 야식을 먹기 편리했기 때문이다.

잠시 후 저우 총리가 들어왔다. 그는 저녁식사를 금방 마쳤는지 이쑤시개로 이를 쑤시는 한편 원탁 주변을 왔다 갔다 하면서 우리에게 임무를 알려주었다.

저우 총리는 평온한 어조로 우리에게 이렇게 선포했다. "요 며칠 로브르노(羅布泊) 인근에서 첫 원자탄을 폭발시킬 것이다. 당신들을 오라고 한 것은 코뮈니케와 정부성명을 작성하기 위해서이다. 오늘밤에 다 작성해야 하는데 마오 주석에게 올려 심사를 받은 후 핵폭발이 성공하면 발표할 것이다. 요 며칠사이에 폭발시킬 계획이 있을 뿐 폭발의 구체적인 시간은 정하지 않았다. 날씨를 봐야 하는데 폭발이 성공할지도 확신할 수 없기 때문에 이 일은 지금 특급 기밀이다. 당신들은 원고를 쓸 때 시간을 비워두면 된다."

저우 총리는 첫 핵실험은 쉽지 않았다며 10여 년래 중국이 핵에너지를 연구, 이용해온 대체적인 과정을 얘기했다.

1950년대 초에 중국 정부는 과학자들을 집중시켜 원자력에 대한 연구를 시작했다.

1954년 후루시초프가 중국을 방문하면서 중국에게 소형 원자로와 가속기 설비를 제공하기로 약속했다.

1955년 1월 마오 주석이 중앙서기처 회의를 소집해 과학자와 엔지니어들의 보고를 듣고 원자탄을 연구제작하기로 결정했다.

1957년, 소련정부가 약속대로 중국에게 원자탄 교수 모형과 설계도 자료를 제공했고 이에 관한 협정을 체결했다.

1959년 6월, 후루시초프가 미국을 방문하기 3개월 전에 일방적으로 협정을 파기하고 중국에게 원자탄 교수 모형과 설계도 자료를 제공하기를 거부했다.

1959년 7월, 중앙은 자력갱생으로 원자탄을 만들기로 결정하였고 처음부터 시작해 8년 만에 만들어내기로 했다. 즉 원자탄을 반드시 만들어내야 하고, 또 반드시 만들어낼 수 있다는 것이었다. 그러나 소규모로 만들어 "너에게 있으면 나에게도 있다"는 정도가 되어야지 대규모로 만들어서는 안 된다. 돈이 너무 많이 들어 대규모로는 개발할 수 없다.

1962년 11월 과학자와 엔지니어들의 노력을 통해 원자탄을 앞당겨 만들 수 있다는 실행가능성 보고가 나왔다. 중앙은 되도록 1964년~1965년에 원자탄을 만들어내는 한편 탄도 미사일의 연구 제작(한동안 중앙서기처와 정치국은 회의에서 이 두 가지를 언급할 때 '동근 것[원자탄]'과 '긴 것[미사일]'이라는 은어로 대체했다.)을 재촉하기로 결정했다.

저우 총리는 "이번에 핵실험이 성공하면 사전에 계획을 완성했다고 말할 수 있는데 이 말은 실험이 성공한 후에야 해야 한다. 그러나 당신들은 지금

정부성명과 커뮤니케이션을 준비해두어야 한다"고 말했다.

이어 저우 총리는 자신이 구상한 정부 성명의 요점을 말했다. 첫째, 우리 나라 정부의 핵무기에 대한 정책을 전면적으로 상세하게 서술해야 한다. 우리의 목표는 핵무기를 전면적으로 금지하고 철저하게 소각하는 것이다.

둘째, 우리나라가 핵실험을 하고 핵무기를 발전시킨 것은 압박에 의한 것이고, 자위를 하기 위한 것이며, 제국주의의 핵 위협과 핵 공갈에 대처하기 위한 것이다. 셋째, 중국은 어떠한 상황에서도 절대로 먼저 핵무기를 사용하지 않을 것임을 선포해야 한다. 넷째, 각국 정상회의를 소집할 것을 제안하고 핵무기를 보유한 국가는 핵무기를 사용하지 않을 의무를 이행하도록 한다.

총리와 담화하는 도중에 그의 외사비서 겸 영어 통역 푸서우창(浦寿昌) 동지가 핵무기에 대한 우리나라 정부의 태도에 관한 자료를 가져와 원고를 작성할 때 참고로 삼게 했다.

저우 총리는 자신의 의견을 얘기한 후 우리에게 자정 전후까지 정부성명을 만들어내라고 지시했다. 그때는 이미 밤 8시였다.

우리 셋은 곧바로 어떻게 총리의 사상을 표현할지 의논하고 성명의 구도를 대체적으로 작성했다. 우리는 또 분업을 하였는데 우선 차오관화가 대체적인 의견을 말하고 내가 적당한 단어를 골라 문장을 만들었으며, 다 같이 의논하여 결정한 후 야오전이 집필하여 써냈다. 성명이 순조롭게 작성되었다. 2000자 미만의 정부성명은 자정이 지난 후 얼마 안 돼 완성되었다. 간단한 코뮈니케까지 작성하고 나니 14일 새벽 두시쯤 되었다.

저우 총리는 초고를 보고나서 또 작은 식당으로 와서 친절하게 미소를 지으면서 "원고가 대체적으로 쓸 만하다"며 개별적인 글자와 단어를 더 다듬어서 마오 주석에게 올려 심사를 받을 것이라고 말했다. 그는 "당신네 수재들의 솜씨는 과연 빠르군요"라고 칭찬하면서 "쌍란(노른자가 둘인 계란) 국수로 당신들을 위로할 것"이라고 했다. 총리는 "쌍란은 나의 고향[화이안(淮安)] 특산인데 이것으로 당신들을 위로하는 데는 특별한 의미가 있다. 우리가 지금 두 탄(兩彈, 원자탄과 미사일)을 만들고 있기 때문이다"고 말했다.

이어 저우 총리는 "폭발시키는 것은 핵장치인데 체적이 비교적 크고 실전형 원자탄은 아니다"라고 말했다. "과학자와 엔지니어들은 현재 소형의 비행기로 휴대해 공중 투하할 수 있고, 앞으로 탄도 미사일에 장착할 수 있는 원자탄을 연구 제작하고 있다. 그러나 여하간 이번 실험의 성공은 중국이 자력갱생으로 핵무기를 완성하는 이정표(그 후 첫 핵실험 6개월 후인 1965년 5월, 중국은 처음으로 비행기로 원자탄을 공중 투하하는데 성공했다. 2년 후인 1966년 10월, 중국 첫 탄도 미사일이 성공적으로 발사됐다)로 될 것이다."

저우 총리는 마지막으로 우리에게 발표 방법을 설명했다. 그의 전화를 기다리라고 했다. 하루가 지나 10월 15일 밤이 되자 저우 총리가 나에게 전화를 걸어 이튿날 오전에 신화사에서 기다리라면서 사람을 파견하여 정부성명을 가져다줄 것이니 발표 전 작업을 잘 준비했다. 그러나 언제 발표할지는 그의 통지를 기다려야 했다. "중국어와 영어로 된 문자보도와 구두 방송이 동시에 나가야 한다. 영어 원고는 외교부가 번역하고 차오관화가 책임지고 준비한다. 이 모든 것이 발표되기 전까지 엄격하게 비밀을 지키고 기밀이 누설될 수 있는 모든 요소를 잘 막아야 한다."

10월 16일 오전 나는 아침 일찍 신화사 사무실로 와서 주무즈(朱穆之) 동지(당시 신화사 부사장이었음)와 의논한 후 즉시 라디오사업국, '인민일보사'와 베이징일보사의 책임자 동지들에게 9시에 신화사로 오라고 통지했다. 또 메이이(梅益) 동지에게 아나운서와 함께 오라고 해서 최종 원고가 나온 후 즉시 방송할 수 있게 준비시켰다.

10시 쯤 총리가 자오웨이(趙煒) 동지를 파견하여 프린트한 정부성명을 세 부씩 보내면서 그의 전화를 받은 후에 발표하고 그 전에는 엄격하게 비밀에 부치라고 당부했다. 이때에야 나는 사무실의 동지들에게 첫 원자탄 폭발에 관한 정부성명을 발표한다고 알리면서 절대적으로 비밀을 지킬 것을 요구했다. 그런 다음 메이이 동지가 아나운서와 어떻게 방송할지 의논하고, 내가 신문사 동지들과 함께 어떻게 발표할지를 연구했다. 그러나 다들 나의 사무실 안에 있었고 누구도 떠나지 않은 채 총리의 통지를 기다렸다.

우리는 오전부터 오후까지 계속 기다렸다. (오후) 3시가 지난 후 총리가 전화로 폭발이 성공했다면서 두 원고의 첫 머리 공백에 '16일 15시'(베이징 시간, 오후 3시)라고 적어 넣으라고 했다. 그러나 마오 주석은 기다렸다가 외국의 반응을 보고 발표하라고 했다. 총리는 나에게 외국 통신사의 소식을 주시하면서 수시로 그에게 보고하라고 했다. 그는 또 지금 각자 자기 근무처로 가서 방송과 발표를 준비하라고 했고, 그러나 언제 공표할지는 통지를 기다려야 하며 공표하기 전까지 비밀을 지키고 관련 인원들만 알게 하라고 했다.

그 후 우선 도쿄에서, 그 다음 워싱턴, 스톡홀름, 런던, 파리에서 우리나라 서부지역에서 핵실험을 했다는 소식이 전해왔다. 신화사는 신속히 총리에게 연이어 보고를 올렸다.

저우 총리는 저녁에 마오 주석, 샤오치 등 중앙 지도자 동지들과 함께 인민대회당에서 대형 가무 「동방홍」 출연자들을 접견할 때인 그날 밤 10시에 세계를 놀라게 하는 이 뉴스를 발표하기로 결정했다.

저우 총리는 전화로 나에게 이렇게 통지했다. "당신들은 이번 임무를 완성했다. 다음 임무는 정부업무보고 초안을 작성하는 것이다. 당신들이 먼저 생각하고 의논하라. 며칠 후에 내가 당신들을 만나 얘기할 것이다."

여기서 말하는 것은 저우 총리가 1964년 12월의 제3기 전국인민대표대회 제1차 회의에서 한 정부업무보고를 말한다. 이는 내가 '문화대혁명' 전에 마지막으로 총리의 직접적인 지도하에 초안 작성에 참가한 것이다. 10년 후인

1974년 말, 나는 또 저우 총리가 제4기 전국인민대표대회 제1차 회의에서 한 정부업무보고 초안 작성에 참가했다. 그 때 우리의 총리는 이미 암에 걸려 병상에 누워 있어 덩샤오핑 동지가 초안 작성을 주재할 수밖에 없었다.

그러나 1월 13일의 대회에서 저우 총리는 사람을 놀라게 할 정도의 강한 의지력으로 기운을 차리고 생애 마지막 정부업무보고를 다 읽었다. 나는 주석대에서 그의 힘찬 목소리를 들으면서, 그의 수척해진 얼굴을 보면서 나도 몰래 뜨거운 눈물을 흘렸다. 정말 우리의 좋은 총리였다!(1990년 1월)

6. 저우 총리의 1961년부터 1964년

6. 저우 총리의 1961년부터 1964년*

(1) 8자 방침의 제기

4년 조정 시기(1961년부터 1961년까지)는 새 중국이 창립된 후 중요한 시기이고 또 새 중국이 사회주의를 전면적으로 건설하기 시작한 역사적 단계의 중요한 전환점이었다. 저우언라이는 중국 국민경제의 성쇠와 관계되는 이 중요한 시각에 당시 중앙의 기타 지도자 동지들과 함께 사람들의 마음 속에 깊이 새겨진 탁월한 공헌을 했으며, 국민경제가 '대약진'의 좌절을 거친 후 회복과 발전을 하는데 가장 중요한 역할을 했다.

1958년 난닝(南寧)회의에서 시작된 '대약진'은 연속 3년간 중국 국민경제에 심각한 파괴와 손실을 가져다주었다. 1958년 말부터 시작된 조정업무는 루산회의에서 중단되었다. 같은 때에 일어난 중국을 반대하는 세계적인 붐 때문에 우리 당 중앙은 대부분의 정력을 그 곳에 쏟아 부을 수밖에 없었다.

1960년 7월 국무원 국가계획위원회는 국민경제가 심각하게 균형을 잃은 것을 감안하여 즉시 조정할 준비를 했으며, 8월에 '정돈, 공고, 제고'의 6자 방침을 제기했다. 저우언라이는 이 방침을 토론할 때 '공고'와 '제고'를 채납하고 '정돈'을 '조정'으로 고치고 '충실'이라는 한 마디를 추가해 8자('조정, 공고,

---

* 본문의 원 제목은 「조정시기의 중대한 공헌— 저우 총리의 1961년부터 1964년까지」로 저자가 1998년 2월에 소집된 '저우 총리의 생애와 사상 심포지엄'을 위해 쓴 특약 논문이다. 원래 『저우언라이 100년 기념— 전국 저우언라이 생애와 사상 심포지엄 논문집』(중앙문헌출판사, 1999년 출판)이라는 책에 수록되었다.

충실, 제고')의 조정방침을 만들었다. 저우언라이는 그가 주재한 국무원회의에서 이렇게 해석했다. "'정돈'의 뜻은 '조정'보다 적절하지 못하고 사람들이 받아들이는데도 한계가 있다.

대약진 과정에 대규모 공사, 빈껍데기 공사를 많이 벌였기에 이를 '보강'해야 하며, 이는 단지 '공고'히 하고 '제고'할 문제가 아니다. 하지만 지금 마침 소련이 중국과 체결한 모든 계약을 파기하고 모든 협의를 찢어버리고 중국에서 업무를 협조하던 모든 전문가를 철회한다고 선포했다. 중국과 소련은 국제공산주의 운동에 관한 중대한 문제에서 치열하게 논쟁을 벌이고 있으며, 중국-소련 관계가 심각하게 악화되고 있다. 때문에 1960년 여름 베이다이허에서 소집된 중앙업무회의에서 국민경제를 조정하기 위한 8자 방침이 합당한 중시를 받지 못했다." 저우언라이는 또 회의의 요구에 따라 역사상 각 시기 별 중국-소련 양당 관계에 대해 상세한 보고를 했다.

하여간 국민경제를 조정하는 지도방침이 저우언라이 총리의 주재 하에 제기되었던 것이다.

(2) 조사연구의 풍조를 크게 일으키다

1961년 1월 중공중앙 8기 9중전회가 소집되었다. 이번 회의는 1960년 11월 세계 81당 모스크바회의에서 공동성명에 관한 협의를 달성한 후 열린 것이다. 당시 중앙 정치국 상무위원회는 형세를 분석할 때 "모스크바회의에서 치열한 논쟁 끝에 협의를 달성해 중국-소련 관계가 적어도 한동안 완화될 수 있다. 때문에 우리 당 중앙의 업무 중점은 국제문제에서 국내문제로 옮겨져야 한다"고 입을 모았다. 때문에 이번 회의에서 류샤오치와 덩샤오핑이 81당 회의 상황 분석 보고를 하였으며, 이밖에 저우언라이가 연설에서 다음과 같이 강조했다. "국민경제가 심각하게 균형을 잃어 파탄의 경지에 이르렀다. 중앙상무위원회는 이미 역량을 집중하여 국내문제를 해결하기로 확정했다. 올해는 큰 전역을 치른 후 대폭적으로 휴식하며 정비하는 한 해로 전면적인 조정을 전반적으로 고려해야 한다. 최소 올해와 내년 두 해 사이에 조정, 공고, 충실, 제고의 8자 방침을 실행해야 한다.

경제업무 뿐 아니라 기타 업무도 마찬가지이다." 때문에 이번 회의에서는 1961년 국민경제계획을 집중적으로 토론했으며 계획과 이 계획에서 제기한 국민경제 조정 8자 방침을 비준했다. 마오쩌동은 연설에서 조정 방침을 인정하는 한편 1961년을 조사의 해로 제기하고 조사연구의 풍조를 크게 일으켰다. 상황을 잘 알아야 결심이 커지고 방법도 정확하게 된다.

회의 이후 마오쩌동은 친히 조사팀을 조직하여 농촌으로 가서 조사연구를 했으며, 류사오치, 저우언라이, 천윈, 덩샤오핑 및 기타 중앙의 지도자 동지들도 잇달아 농촌으로, 공장으로 가서 광범위하고 세밀하고 계통적인 조사연구를 했다. 중앙에서는 여러 차례 회의를 열고 토론을 했으며 회의 후 각 방면의 업무를 조정하는 문건 초안인 「농촌 60조」, 「공업 70조」, 「상업 40조」, 「수공업 35조」, 「고교 60조」, 「과학연구 14조」 및 저우언라이의 문예업무좌담회에서의 의견을 근거로 만든 「문예 8조」 등을 작성했다.

그러나 중앙이 결정한 조정방침과 각항 정책은 관철 집행하는 과정에 진전이 더디고 매우 큰 간섭과 저애를 받았다. 중요 원인은 당내 간부 특히 고급 지도간부들이 상황을 잘 알지 못하고 사상이 불통하고 결심이 크지 않은 한편 언제나 많이, 빨리 하려고 하고, 또는 지표를 적게 내리려 하거나 후에 내리려 하고, 또는 시간을 끌면서 관망하려 했기 때문이었다.

중앙이 하달한 조정 문건에 대해 어떤 사람들은 모른 척 제멋대로 하거나 또는 필요한 것만 취하고 다 집행하지 않거나 심지어 전달하지 않고 토론하지도 않고 집행하지도 않았다. 중앙정치국 상무위원회는 조사과정에서 발견된 이런 현상을 매우 크게 중시했으며, 몇 차례의 토론을 거친 후 확대된 중앙업무회의를 소집하고 중앙, 성, 지구, 현(단) 4급 중요 책임자 간부를 참가시켜 사상 작풍 문제를 치중하여 해결하고 조정방침을 관철시키기로 했다.

(3) '7천명 대회'에서 자아비평을 하다

확대된 중앙업무회의는 1962년 1월에 열렸으며 7천여 명이 참가했기 때문에 7천명 대회라고 불렀다.

류샤오치가 대회에서 서면보고와 연설을 하여 '대약진' 후의 경험 교훈을 종합하면서 성적을 인정하는 한편 실수도 지적했다. '좌'적 착오의 시정과 중앙의 집중통일의 지도가 관철되는 것을 방해하는 분산주의 경향을 치중하여 비평했으며, 당중앙 정치국을 대표하여 자아비평을 하고 대약진 해의 '좌'경 착오의 중요 책임을 짊어졌다. 그는 다음과 같이 명확히 지적했다. "중앙이 이런 착오를 시정하는 일련의 방침과 정책을 제기한 후 전당의 당면한 중요 임무는 중앙이 결정한 방침과 정책을 관철 집행하고 이런 방침과 정책이 실행되는 것을 방해하는 분산주의 경향을 굳건히 반대하고 민주집중제를 강화하고 중앙의 집중통일의 지도를 강화하는 것이다."

마오쩌둥은 대회에서 연설을 하고 자아비평도 했다. 그는 1958~1960년 3년 대약진의 결점과 착오는 주로 자기가 책임져야 한다고 선언했다. 그는 당내 민주의 중요성과 긴박성에 역점을 두고 얘기했으며 각급 당 조직에 민주가 결핍하고 서기가 모든 것을 결정하고 있다면서 "엉덩이를 만질 수 없는 '호랑이'의 엉덩이를 꼭 만져보고야 말겠다"고 단호하게 제기했다. 그는 분조별로 '출기회(出気会, 분풀이를 하는 회의라는 뜻)'를 소집하여 중앙과 성위에 의견을 제기하고 대통에서 콩을 쏟아내 듯이 속마음을 터놓고 대면할 것을 호소했다. '7천명 대회'에서 흉금을 터놓고 이야기하는, 열렬하고 감동적인 비평과 자아비평의 새로운 고조가 일어났다. 사실상 중앙의 의견에 대해 류샤오치가 서면보고를 토론할 때 거의 다 털어놓았기 때문에 이때는 주로 각 현위가 각 성위에 의견을 올리는 것이었다.

저우언라이는 2월 7일에 연설을 했다. 그는 우선 자아비평을 했다. 그는 이 3년간의 잘못에는 국무원 및 그에 소속된 각 부·위원회의 책임이 매우 크다고 말했다. 국가의 계획, 정책과 관련된 많은 문건은 국무원이 당 중앙에 요청하여 비준 받은 것이니 국무원에 중요한 책임이 있다고 했다. 그는 '4고(四高, 4 가지 높은 것)', '3다(三多, 3 가지 많은 것)'를 예로 들어 설명을 했다. '4고'란 높은 목표 설정, 높은 생산량 예측, 높은 매상, 높은 전출을 말하는데 국무원이 중요한 책임을 져야 한다. '3고'는 계획의 변동이 많고 인프라 프로젝트가 많고 권리를 하급에 지나치게 많이 이양한 것을 말하는데, 역시 국무원이 매우 큰 책임을 져야 한다. 어떤 정책성 문건은 중앙의 비준을 거치지 않은 채 제멋대로 하달되었는데, 국무원과 해당 부·위원회가 모든 책임을 져야 한다.

저우언라이는 구체적인 예를 들어 자기 잘못을 설명했다. 한 가지 예는 그가 1959년 8월 인민대표대회 상무위원회에서 정부업무보고를 할 때, 농업이 해마다 10% 증산하면 약진이고, 15% 증산하면 대약진이고, 20% 증산하면 특대약진, 공업이 해마다 20% 증산하면 약진이고, 25% 증산하면 대약진이고, 30% 증산하면 특대약진이라고 한 것이다. 저우언라이는 자기가 이런 증산 폭을 제기한 진실한 의도는 한 배 심지어 몇 배씩 증가되어야 대약진이라고 생각하는 동지들을 설득하기 위한 것이었지만, 농업이든 공업이든 그가 말한 대로 대폭 증산한다는 것은 근본적으로 불가능한 것이라고 했다. 저우언라이는 이렇게 말했다.

"미국은 지난 100년간 앞의 50년 공업의 평균 연간 성장률은 20%였고, 후의 50년 공업성장률은 1.1%였다. 미국은 강철을 해마다 10여만 톤씩 생산하던 데로부터 연간 1000만 톤씩 생산하기까지 28년(1872~1900)이란 시간이 걸렸으나 중국은 10년(1949~1959, 1958년에 1070만 톤 생산한 것은 셈에 넣을 수 없다. 그해 좋은 강철은 850만 톤도 안 되었다.)이 걸렸으니 매우 빠른 속도 이다. 대약진은 '욕속부달(欲速不達, 어떤 일을 급하게 하면 이치어 이루지 못함.)'이다. 1960년에 억지로 연간 1800만 톤의 강철을 생산했고 1961년에 또 900만 톤을 생산하려 했다가 결국 올해에 계획을 750만 톤으로 내릴 수밖에 없었다. '강철 생산을 경제 시책의 중심에 둔 결과 기타 산업을 감해버리고 종합 균형을 파괴했으며 자체의 생산설비를 파괴하여 그 뒤를 잇기 어려워졌고 결국 생산량이 줄어들 수밖에 없었다. 이는 우리가 객관적인 법칙을 위반한 결과이고 우리에 대한 징벌이다.'

저우언라이는 또 다른 한 가지 예를 들어 자기 잘못을 설명했다. 그것은 권력을 하부에 지나치게 많이 이양한 것이다. 그는 자기가 한때 각 성, 시, 자치구에 공업 생산량이 농업 총생산량을 초과해야 하고 여러 개의 공업 시스템을 형성하라고 호소한바 있다고 말했다. 그가 직접 문건을 작성하여 중공업은 76.5%의 권리를 하부에 이양하고, 경공업은 85%를 하부에 이양하도록 했으며 재정권도 지나치게 많이 이양하여 매우 큰 악과를 초래했다고 말했다. 그는 한 나라의 총리로서 어려울 때 강철 천 톤마저 전출하지 못하게 됐으니 자업자득이 아닐 수 없다고 말했다.

저우언라이는 '4고', '3다'가 많은 동지들에게 매우 큰 압력을 가져다주었고 많은 동지들을 해쳤다면서 이 기회를 타 여러분께 사과드린다고 말해다.

저우언라이의 폐부에서 우러나오는 자아비평은 회의에 참가한 동지들을 크게 감동시켰다.

저우언라이는 이렇게 지적했다. "우리 업무에 실수가 있었던 것이 중요한 원인이고 자연재해까지 겹치면서 현재 전국의 경제난이 매우 심각해졌다. 농업이 대대적으로 감산하고 경공업 생산이 1960년부터 하락했으며 중공업은 지난해까지 억지로 버티다가 결국 떨어지기 시작했다. 인민의 생활수준이 크게 내려갔는데 적지 않은 농촌에서 사람이 굶어죽었고 도시 공급이 심각하게 모자라며 많은 사람이 부황이 들었다. 우리는 반드시 전당을 동원하여 최대한의 노력을 들여 어려움을 극복해야 한다."

저우언라이는 연설의 마지막에 어려움을 극복하기 위한 8대 조치를 제기했다. 즉 도시 인구를 굳건히 감소시키는 것, 농업 특히 식량·목화·기름의 증산에 전력하는 것, 공업 특히 인민의 생활용품 공업의 생산을 증가시키기 위해 노력하는 것, 인프라 건설 전선을 축소하는 것, 창고의 물자를 전면적으로 깨끗이 정리하는 것, 뒷거래를 엄금하고 공급을 잘하는 것, 굳건히 외채를 상환하고 외부 원조 계약을 이행하는 것, 새로운 질서와 새로운 기풍을 형성하는 것이다. 그중 가장 중요한 조치는 도시 인구를 감소시키는 것인데 1961년에 1000만 명을 감소시켰고 1962년 상반기에 계속해서 700만 명을 감소시켜야 한다.

7천명 대회는 3년 대약진의 경험 교훈을 종합하고 '좌' 적 잘못을 시정할 방침과 정책을 제기했다. 비록 '좌'경 지도사상을 근본적으로 개변시키지 못했지만 우리 당이 사회주의를 건설하기 위해 투쟁하는 장정 중에 중대한 역사적 의의를 가진 회의이며 전당 간부들 속에 조정 시기를 위한 사상기초를 마련해주었다. 하지만 당시 사람들의 의론 중심이 민주집중제였고, 또 당시에 어려움에 대한 평가가 충분하지 못했기 때문에 중앙이 결정한 조정에 관한 방침과 정책, 저우언라이가 연설에서 제기한 어려움을 극복하기 위한 8대 조치가 구체적으로 실제 업무 중에 실행되지 못했다.

(4) 경제난이 예상했던 것보다 아주 더 심각했다

'7천명 대회' 이후 중앙은 더욱 철저하고 세밀하게 방침과 정책을 관철하려고 계속해서 각 부문의 업무를 각각 연구했다. 류샤오치가 정치국회의(시루

회의[西楼会議]라고 통칭함)를 주재하여 2월 하순에 각각 재정부문의 보고를 청취했다. 결과 4년(1958~1961년) 재정수지가 과거에 말했던 것처럼 수입이 지출보다 많아 39억 위안의 잔고가 있는 것이 아니라, 지출이 수입보다 많았고 잔고는 가짜였으며 실제 재정 적자가 270억 위안이었다. 이로써 정치국은 각 부·위원회에 상황을 더욱 명확하게 알아보고 중앙에 사실대로 보고하라고 요구했다. 긴장되고 진실 되게 상황을 파악하면서 사실을 열거하고 비교한 결과 당면한 경제난이 과거에 예상했던 것보다 아주 더 심각하다는 것을 발견했다.

천원(陳雲)은 세밀하게 조사연구를 하고나서 우선 그가 주재하는 중앙재정경제소조에서, 그 다음 정치국회의에서 다음과 같이 예리한 발언을 했다. "당면 경제난의 심각한 정도와 이런 어려움을 극복하는 난이도가 매우 크다는 것을 제대로 정시해야 하며 아울러 어려움을 극복하는 유리한 조건과 이런 어려움을 비교적 빨리 극복해낼 수 있는 가능성도 보아야 한다. 농업이 회복되는데 시간이 필요하기 때문에 지금의 계획과 벌려놓은 공사를 멈춰야 하며 억지로 회복되기를 기다리는 것은 방법이 아니다. 살길은 도시 인구를 감소시키고 전력을 다해 농업의 생산량을 증가시키고 공급을 보장하고 공급부족제품을 계획에 배치하는 것이다."

저우언라이는 천원의 의견을 매우 지지했으며 "지표를 최대한 많이 내려 믿음직한 선까지 내리며 입지를 굳히고 전력을 다 해 조정한 후 앞으로 나아가야 한다. 때문에 원 계획을 대폭 조정해야 한다"고 강조했다. 그는 천원이 제기한 방법을 대련(对聯) 하나로 요약했다. 상련(上聯)은 '먹고 입고 쓰는 것을 먼저 실행하고(先抓吃穿用)'이고 하련(下聯)은 '농업 경공업 중공업을 실현한다(実現農軽重)'였다. 횡비(橫批)는 '종합평형(綜合平衡)'이었다.

저우언라이는 천원과 푸춘, 셴녠 동지에게 "심각한 경제난이라는 실제 상황과 어려움을 극복하는 방법을 중앙 당·정·군 기관의 고급 간부들에게 잘 얘기하여 형세에 대한 사람들의 견해를 진일보적으로 통일시키고 우선 중앙 기관에 조정 방침을 전면적으로 실행시키라.”고 제안했다. 정치국회의는 저우언라이의 제안에 동의하여 2월 26일 국무원 소강당에서 중앙 각 기관 당조 성원 고급간부회의를 열었다. 이 회의에서는 천원의 보고에 강렬하게 반응하여 우레 같은 박수소리가 울려 퍼졌는데 이는 역사상 유례가 없는 것이었다.

3월 사이에 정치국은 중앙 각 부·위원회 당조의 상술 3개 보고에 대한 토론상황 보고를 수렴한 후 그들이 제기한 의견에 대해 토론했다. 각 부·위원회의 의견 중에 주로 2개 문제에 대한 논쟁이 비교적 많았다. 하나는 현재를 조정시기라고 해야 하는지 아니면 회복시기라고 해야 하는지, 이는 8자 방침에 대한 이해와 집행에 관계되는 것이었다. 다른 하나는 농업을 회복하는데 도대체 시간이 얼마 걸리는지, 어떤 사람은 3~5년이 걸린다고 했고 어떤 사람은 5~8년이 걸린다고 했는데 이는 조정에 대한 신심 및 효과와 관계되는 것이었다.

천원은 원래 몸이 허약하고 여러 가지 병을 앓고 있었는데 몇 달 동안 조정 업무를 주재하면서 밤낮으로 바삐 보내다보니 또 몸겨누워 3월 초 남방으로 휴양을 갔다. 조정 업무는 저우언라이가 대신 주재했다. 저우언라이는 여러 사람들의 의견을 종합하여 매우 설득력 있는 견해를 내놓았다. 그는 이렇게 말했다. “첫 번째 문제는 조정시기라고 하는 것이 비교적 적당한 것 같다. 8자 방침의 첫 두 글자가 바로 조정이고 9중 전회에서도 조정을 얘기했으며 ‘7천명 대회’도 지금을 조정시기라고 했기 때문에 회복시기라고 시정해 국내외에 오해를 불러일으킬 필요가 없다. 그러나 사실상 이 시기의 업무 내용은 회복이며 열쇠는 농업을 회복시키는 것이다.

당면한 중요 임무는 1957년의 수준으로 회복시키는 것이라 말할 수도 있다. 1960년 농업의 각항 실제 생산량이 다 1957년보다 많이 내려갔다. 식량은 26% 감소되어 1951년의 수준에 해당되고 목화는 35% 하락하여 1951년 수준에 해당되었으며 유료는 50% 감소되어 1949년 수준 이하였고, 사육중인 돼지는 56% 하락해 1949년보다도 못했다. 농업이 감산했기 때문에 농산물을 원료로 하는 경공업은 1960년부터 연속 3년 동안 하락했다. 중공업은 지나치게 빨리 성장했는데 1960년에 1957년의 2배 이상 성장함으로써 공·농업 생산 균형을 깨뜨렸다. 농업이 공업을 뒷받침해주지 못하고 공업 내부의 균형도 깨졌으며 경공업 공급이 급속히 성장하는 도시인구를 만족시키지 못했다. 우리는 사실상 농업을 대가로 공업을 발전시켰는바 이런 불균형은 오래 갈 수 없다.

중공업이 1961년에 대폭 하락했고 1962년에는 강철 생산량 계획 지표를 870만 톤으로 낮출 수밖에 없었으며 이는 1958년에 생산한 1070만 톤 중의 좋은 강철 수량과 맞먹는다. 때문에 전력을 다 해 농업을 지원하여 회복시켜야 하며 또한 '강철 생산을 경제시책의 중심에 두면서' 감소된 기타 공업 부문을 회복시켜야 한다. 물론 모든 산업을 다 회복시키는 것이 아니라 공급이 수요를 초과하는 업종은 감산하고 수요가 공급을 초과하는 업종은 증산해야 한다. 때문에 조정시기라고 하는 것이 적당한데 이는 8자 방침을 관철시키는데 유리하다."

류샤오치는 저우언라이의 의견에 찬성하면서 이렇게 주장했다. "우리나라는 현재 경제난이 심각하다. 사회주의 국가도 경제업무를 잘 못하면 경제위기가 일어날 수 있다. 현재 우리나라가 경제위기에 처해 있다고 말할 수 있다. 지금은 비상시기로 비상조치를 취해야만 경제난을 극복하고 경제위기를 넘길 수 있다." 류샤오치는 다음과 같이 말했다. "7천명 대회 때 우리는 상황을 제대로 파악하지 못했기 때문에 경제난에 대해 충분히 예견하지 못했던 것 같다. 지금 진일보적으로 상황을 파악하였기에 지난 예견을 전환시킬 수 있고 또 전환시켜야만 한다. 조치도 그에 따라 강화해야 한다. 상황 분석에서 예견을 더욱 신중하게 하는 것은 나쁜 점보다 좋은 점이 많다.

예견을 충분히 하지 못하고 소홀히 대하고 방심하는 것은 좋은 점보다 폐단이 많다. 차라리 신중하게 예견했다가 후에 사실 그토록 심각하지 않았다는 것이 증명되면 더 좋지 않은가? 지금 두려운 것은 예견을 충분히 하지 못하고 큰 결심을 내리지 않고 유력한 효과를 취하지 않고 있다가 큰일을 그르치는 것이다." 류샤오치는 "마오 주석이 창도한 조사연구의 풍조에 근거해 지난 1년간 우리는 상황을 점차 명백히 알게 되었다. 더욱 큰 결심을 내리고 더욱 유력한 조치를 취하여 조정 업무를 잘 보증해야 하며 더 이상 소중한 시기를 놓쳐서는 안 된다."고 말했다.

류샤오치와 저우언라이의 의견은 베이징에서 있는 정치국 위원의 일치한 찬성을 받았다. 회의 후 류샤오치, 저우언라이, 덩샤오핑은 3월 중순에 함께 베이징에서 우한으로 날아가 그 곳에서 휴식 중인 마오쩌둥에게 보고했다. 마오쩌둥은 정치국회의의 의견에 동의하고 천원과 리푸춘, 리셴녠의 세 보고서를 결재했다.

(5) 비상조치를 취하다

시루회의의 결정을 따라 중앙 재정소조는 저우언라이의 주재 하에 1962년 국민경제계획을 다시 수정했는데 공업과 농업 간, 공업 내부 비례의 심각한 불균형을 해결하는데 역점을 두면서 비상조치를 취해 당면의 경제난을 극복하려 했다.

류샤오치는 5월 초부터 연속 정치국 확대회의를 소집하여 중앙재정소조가 제기한 방안을 토론했다. 회의에서 리푸춘, 리셴녠, 야오이린(姚依林), 덩즈후이(鄧子恢)가 각각 계획, 재정, 공상업과 농촌 업무에 관한 특별 보고를 했다. 세푸치(謝富治)와 린펑(林楓)도 각각 공안과 문화교육 문제에 관한 발언을 했다.

5월 11일, 저우언라이는 회의에서 한 발언들을 종합하여 장편 연설을 했다.

저우언라이는 "1년여의 실천을 거쳐 마오 주석이 9중 전회에서 제기한 조사 연구를 크게 해야만 '상황을 잘 파악하고 결심이 커지고 방법이 정확해진다' 는 말이 매우 시기적절하고 정확한 것이었다는 것이 증명되었다."고 말했다.

저우언라이는 '상황을 잘 파악'한다는 것이 쉽지 않고 점차적으로 인식하는 것이라고 말했다. "우리는 어려움의 발전 추세를 명확하게 파악했다. 즉 10년 중 5년은 조정시기이며 주로 농업을 회복하는 것이다.

이 점은 고급 간부들 중 절대다수의 견해가 비교적 일치한다. 하지만 각자가 처한 구체적인 상황이 다르다보니 완전히 분명하게 파악했다고는 말할 수 없으며, 예상치 못했거나 추측이 모자랐을 가능성도 있다. 어려움을 충분히 말하고 심지어 지나치게 말하는 것은 나쁜 점이 없다. 지도자는 반드시 최악의 상황에서 출발해야 하는데 이는 마오 주석이 일관적으로 우리를 교육해오던 바이다.

1945년 옌안(延安) '7차 당대표 대회' 때에 마오 주석은 10여 가지의 가능성 있는 어려움을 얘기하면서 모두들에게 최악의 사상준비를 하라고 했다. 후에 사실 어려움이 그리 많지 않았으니 좋은 일이 아니었는가! 우리가 어려움을 얘기하는 것은 누군가를 놀라게 하느라고 그런 것이 아니라 어려움을 이겨내기 위한 것이다. 어려움 앞에서 고개를 숙이는 사람은 공산당원이 아니다. 우리 당은 끊임없이 어려움을 극복하는 전투 과정에서 점차 장대해지고 건강해졌으며 마침내 신민주주의 혁명의 위대한 승리를 이룩하고 새 중국을 건설했다. 나의 체험에 따르면 어려움에 대한 예견이 부족했던 상황이 매우 많았고, 그래서 업무에서 피동에 빠진 채 대응하곤 했다.

주관적으로 어려움을 빨리 극복하기 위해 노력해야지만 구체적으로 업무를 배치할 때는 천천히 준비해야만 극복할 수 있다. 각 부문의 지도자 동지들은 간부들에게 사상공작을 많이 하여 그들로 하여금 전면적으로 이해하고, 빨리 하려고 힘쓰고, 천천히 준비하게끔 해야 한다."

저우언라이는 또 지도자의 결심은 상황을 명확하게 파악하는 데서 오며 상황을 잘 알아야만 결심이 커질 수 있다고 말했다. "조정 업무에 대한 중앙의 결심은 크다. 지난해 9중전회 때에 컸고 지난해 9월 루산회의 때에도 컸으며 올해 '7천명 대회'에서도 컸다. 지금은 2월 시루회의를 거쳐 결심이 더욱 커졌다. 도시인구를 감소시키는 문제를 보더라도 지난해 1년간 1000만 명을 감소시켰다. 올해는 상반기에 700만 명 감소시킬 계획이었고 3월에는 1300만 명을 감소시키기로 했다가 지금은 2000만 명을 감소시키기로 결심했다. 이는 역사상 유례가 없는 것으로 중앙의 결심이 매우 크다는 것을 설명한다. 중앙의 이 결심은 각급 당위의 사상정치공작을 통해 광범한 간부와 군중의 결심으로 변해야 한다."

저우언라이는 또 현재 중앙재정소조가 어려움을 극복하는 방법들을 생각하고 약간의 국민경제 조정 비상조치를 내왔지만 아직 멀었다며 광범한 간부와 군중의 창조성에 의거해야 한다고 말했다. "우리 지도자들이 상황을 잘 설명하기만 한다면 광범한 간부와 군중들은 많은 방법을 생각해낼 것이다."

저우언라이는 연설에서 회의 중에 일부 동지들이 제기한 문제에 대답했다. '7천명 대회' 때에 가장 어려운 시기를 넘겼다고 말하고 나서 지금 또 어려움의 심각한 정도에 대한 예견이 충분하지 못했다고 하니 모순되는 것 같다며 이를 어떻게 인식하고 어떻게 해결해야 하는가 하는 문제였다.

저우언라이는 가장 어려운 시기를 넘겼다고 말할 수도 있다며 이는 주로 지난 한해 중앙이 큰 힘을 들여 조정을 했고 많은 방침과 정책을 다시 제정함으로써 3년 대약진 중 여러 방면의 '좌'적 착오를 시정한 것을 가리킨다고 말했다. "이는 경제 상황을 호전시키는 기반이다. 그러나 당시에 최근 3, 4개월 중에 발견된 그런 심각한 어려움을 발견하지 못했던 것은 사실이다. 예를 들면 4년 재정 수지 상황이 39억 위안의 잔고가 아니라 270억 위안의 적자이고 이로써 인플레이션이 생겨났으며 지난해만 60억 위안의 지폐를 더 발행했다. 지금의 상황은 경제난이 아직 완화되지 않은 것이다."

첫째는 올해 식량 생산량 3,000억 근(1957년 연간 생산량은 3,900억 근, 여기에는 콩 200억 근이 포함돼 있음)이라는 지표를 완성할 수 있을지 낙관적이지 않다. 각지에서 보고해온 상황을 보면 300억 근 감산은 확정된 것이기 때문이다.

둘째는 적지 않은 성에 흉작이 가져다준 후과가 사라지지 않았고 어떤 지방에는 여전히 굶어죽는 사람이 있었다.

셋째, 중앙은 올해 730억 근의 식량을 수매할 계획인데 각성에서 보고해온 것은 700억 근밖에 되지 않아 아직 30억 근이 모자란다. 이는 1,000만 명의 도시 인구의 1년 식량에 해당된다.

넷째는 도시의 식량 공급이 여전히 부족하고 인민의 생활수준이 대폭 내려갔으며 식량은 일인당(공업용 식량 포함) 381근(일반적으로 423근 필요함)밖에 안 된다. 개인에게 분배할 경우 기관의 간부는 매달 겨우 약 24근 분배받게 된다. 도시에 부황이 든 사람이 많아졌다.

다섯째, 지난해 수입한 식량으로는 텅 빈 재고를 보충하기에 모자라고 올해에 수입한 것은 주로 이재민 구제에 사용해야 한다.

여섯째는 목화 생산량이 빠르게 증가되지 못할 것으로 예상된다. 곡식밭이 목화밭을 차지했기 때문이다. 도시에서 일인당 면직물 정량 공급이 연간 겨우 3자에 그쳤다.

일곱째, 도시 돼지고기 공급이 지난해의 연간 30억 근으로부터 10억 근으로 줄었으며 지금은 저수준 공급을 유지할 수밖에 없다.

저우언라이는 이상은 주로 농업 방면의 어려움이라며 농업은 기반이고 농업의 어려움이 완화되지 않으면 기타 어려움 특히 도시와 광공업 지역의 어려움이 호전되기 어렵다고 말했다. "이런 방면으로 말하면 가장 어려운 시기를 넘었다고 말할 수 없다."

저우언라이는 다음과 같이 강조했다. "현재 시간이 긴박하고 조건이 성숙되었다. 우리는 더 이상 결단을 내리지 못한 채 망설이지 말고 취소해야 할 항목을 다 취소해야 한다. 가장 긴박한 조치로는 도시 인구를 굳건히 감소시키는 것인데 이것이 열쇠이다. 중앙은 2,000만 명의 인구를 감소시키기로 결정했다. 이는 끓는 솥 밑에서 장작을 꺼내는 것이다. 대량의 인프라 건설 프로젝트를 취소하고 광공업 기업은 일부를 폐쇄하고, 일부는 생산을 중단시키고, 일부는 합병시키고, 일부는 업종을 바꾸어야 한다. 근골을 다치더라도 아까워하지 말아야 하는데 이는 모든 힘을 다 해 농업의 회복을 지원하기 위함이다. 그렇지 않으면 출로가 없고 어려움을 넘길 수 없으며 호전될 수 없다."

류샤오치는 저우언라이의 의견에 찬동했다. 그는 도시 인구 2,000만 명을 감소시키는 것은 매우 큰 결심을 내린 것이라며 2,000만 명이 줄면 가장 어려운 시기도 지나갈 것이라고 말했다.

이렇게 5월 정치국회의는 중앙재정소조가 제기한 진일보적으로 조정할 방안을 통과시켰다.

(6) 계급투쟁을 확고히 하는 것이 조정업무에 영향을 주어서는 안 된다.

1962년 여름 베이다이허에서 열린 중앙업무회의는 마오쩌둥의 건의로 소집된 것이다. 이 회의는 전체회의를 열지 않고 소조회의만 열었다. 하지만 중요 문제는 중심소조에서 토론했다. 중심소조는 마오쩌둥이 주재했는데 정치국과 서기처 성원 그리고 각 지역의 서기, 중앙 해당 부문의 중요 책임자가 참가했다. 이번 회의의 원래 의제는 농업, 식량, 상업 및 공업이 농업을 지원하는 문제를 토론하는 것이었으나 조정방안(도시인구 감소, 인프라 전선 축소, 일부 광공업 기업 폐쇄 등 포함)을 실행시키기 위해 중앙업무회의에 또 도시업무회의를 껴서 열었다.

그러나 회의가 시작되자마자 마오쩌둥은 중심소조에서 잇달아 계급, 형세, 모순에 관한 연설을 여러 차례 했으며 회의 중요 내용은 점차 '암흑풍', '단간풍', '번안풍'을 반대하는 것으로 바뀌었다. 이번 회의(7월 25일부터 8월 24일까지) 및 그 후의 8기10중 전회 예비회의(8월 26일부터 9월 23일 베이징에서 열렸음)와 10중전회(9월24일부터 9월 27일까지)는 다 이 선을 따라 나갔다. 저우언라이는 중심소조의 회의에 참가한 한편 중심소조에서 회의를 하지 않을 때에는 도시업무회의를 주재했다.

베이다이허 회의에서는 '단간풍'을 대대적으로 비평했다. 주로 안후이(安徽)에서 실행된 '다섯 가지 통일' 하의 '책임전' 제도(생산대별 생산책임제, 경작지 생산량 확정, 인원별 책임제)를 보급해야 한다는 덩즈후이의 주장을 비평했다. 마오쩌둥은 연설 중에 또 텐자잉(田家英)이 후난, 저장으로 가서 조사한 후 "특별히 어려운 지방에서는 '농가 세대별 생산책임제'가 어려움을 극복하는 유효한 방법이었다"라고 말한 것을 비평했으며 또 내가 주재한 신화사 『내부참고』에 '농가 세대별 생산책임제'에 관한 재료가 너무 많다고 비평했다.

이른바 '번안풍'이란 펑더화이가 6월 사이에 중앙에 상소 편지를 보낸 것을 말하는데 편지에는 루산회의에서 그에 대한 중앙의 비평과 결론이 사실에 부합되지 않으니 다시 심사하여 정확한 결론을 내리기를 바란다고 썼다.

마오쩌둥이 중심소조에서 이를 제기하자 회의에서는 펑더화이에 대한 비평 강도를 높였으며 그 후 10중전회 및 그 예비회의에서 더욱 격렬하게 비평했다.

이른바 '암흑풍'이란 마오쩌둥의 말대로라면 "형세에 대한 예견에서 당시 형세가 온통 암흑이라 하면서 한 점의 광명이 있다는 말도 못하게 함으로써 자신감을 잃게 하고 전도에 대해 비관하게 했다"는 것을 가리킨다. 업무회의 각 소조는 '암흑풍'을 대대적으로 비평하였으며 이는 당연히 도시업무회의가 조정 조치를 실행하는 데 부정적인 영향을 미쳤다. 나와 톈자잉은 중심소조에 참가하는 한편 도시업무회의에도 참가했다. 저우언라이가 우리에게 각 방면의 의견을 들어보라고 해서였다.

중앙이 비준한 방안에 따라 도시업무회의는 구체적으로 매 성, 시, 자치구와 중앙 각 부문에 현실화시켜야 했다. 중앙 재정소조가 제기한 방안은 주로 다음과 같았다.

(1) 도시 인구를 2000만 명 감소시킨다.

(2) 기본건설 프로젝트의 투자는 1960년의 384억 위안으로부터 1962년에는 67억 위안으로 줄이고 공사를 시작한 프로젝트는 1960년의 1,800개로부터 1962년에는 1,000개로 줄인다.

(3) 절대다수 중공업의 생산 지표를 1962년에 1961년보다 5~20% 낮춘다. 기존의 6만여 개의 공장 기업은 일부는 유지하고 일부는 축소하고 일부는 합병하고 일부는 업종을 바꾸며 일부는 폐쇄한다.

위에서 서술한 중요 방안은 당시 베이다이허에서 '암흑풍'을 비판하는 붐이 대대적으로 일자 큰 충격을 받았다. 도시업무회의에서 적지 않은 동지들은 중앙이 2월 회의와 5월 회의에서 형세를 너무 심각하게 평가하고 어려움을 너무 많이 얘기했으며 따라서 너무 과격적인 조치를 제기했다 주장했다.

많은 지방과 부문은 잇달아 도시 인구를 적게 감소시키고 인프라 프로젝트를 적게 중단시키고 광공업 기업을 적게 폐쇄·중단시킬 것을 요구했다. 어떤 동지들은 중앙재정소조가 제기한 비상조치는 우리나라 국민경제의 "근골을 다치게 하고", "원기를 크게 잃게 하는 것"이라고 했다. 심지어 어떤 동지들은 에둘러서 조정업무를 주재한 저우언라이를 비난하기도 했다.

저우언라이는 회의에서 중앙이 왜 이런 비상조치를 취하게 됐는지 반복적으로 해석했다. 그는 3년 대약진 과정에 우리(중앙을 포함)는 빠르게 많이 할 생각만하고 좋게, 절약할 생각은 하지 않았으며 장기적으로 이를 인식하지 못하여 문제가 점점 더 심각하게 쌓였는바 최대의 결심으로 조정하지 않으면 안 될 경지에 이르렀다고 지적했다.

기본건설 전선은 확실히 너무 길다. 1957년 인프라 투자가 약 100억 위안밖에 안 되었으나 1958~1960년에는 인프라 투자가 모두 1112억 위안으로 연평균 278억 위안이었다. 시공한 프로젝트가 1957년에는 900여 개밖에 안 되었으나 1960년에는 1815 개나 되었다.

공장 기업이 너무 많이 증가되고 종업원 인수가 3년 내에 3,000여 만 명 증가되었다. 많은 기업이 생산을 중단했거나 절반 중단한 상태이고 노동 생산성이 30% 내려갔다. 도시 인구는 1957년에는 9,000만 명밖에 안 되었으나 1960년에는 1억3,000만 명으로 증가했다. 저우언라이는 다음과 같이 지적했다. "지난 몇 년간 공업은 큰 걸음으로 앞으로 나갔지만 농업은 큰 걸음으로 후퇴했다. 식량을 예로 들면 1957년에 식량 생산량이 3,900억 근(콩을 제외하면 3,700억 근)이었지만 1961년에는 2,800억 근밖에 되지 않았다. 올해는 식량 생산량을 2900억 근으로 계획하고 있는데 계획을 완성하더라도 도시 인구 1억2,000만 명에 대한 공급이 부족한 상태이다. 심지어 1957년의 식량 생산량으로 회복한다 하더라도 현재의 도시인구에 정상적으로 공급하지 못한다. 이것이 바로 우리가 직면한 준엄한 현실이다.

저우언라이는 이렇게 말했다. "중앙이 앞에서 말한 3가지 조치를 결정한 것은 예삿일이 아닌 것이 분명하다. 어떤 동지들은 '근골을 다치게 했다'고 말했는데 실제로 '근골을 다친' 것이 분명하다. 왜냐하면 일을 너무 크게 벌렸기 때문에 우리나라의 물력, 재력이 감당할 수 없어 공사를 중단하고 '근골을 다칠' 수밖에 없기 때문이다. 그렇게 많은 인프라 프로젝트를 취소하고 그렇게 많은 공장·광산, 기업을 폐쇄했으니 '근골을 다친' 것이 아니겠는가, 칼을 들이댈 때마다 핏자국이 낭자하다. 이런 것들은 다 인민이 피땀으로 번 돈으로 건설한 것이니까! 중앙이 그리 냉정하고 독한 줄 아는가? 이는 전반적인 국면에서 출발하여 생각한 것이고 어쩔 수 없는 일이다! 그렇지 않으면 국민경제가 전반적으로 무너지게 되고 우리나라가 날마다 나아가 해마다 쇠락해질 것이므로, 조정을 하지 않고 비상조치도 취하지 않고 망설이면서 질질 시간만 끌면 기회를 놓치게 되고 우리나라는 망하게 될 것이다. 즉 살길이 따로 없다는 말이다."

저우언라이는 도시업무회의에서 버팀목처럼, 튼튼한 반석처럼 원칙을 견지하면서 중앙의 결책을 수호했다. 아울러 차근차근 일깨워주고 끈질기게 설득을 하였는바 이치와 인정을 겸비하여 사람들을 크게 감동시켰다.

베이다이허에서 나와 톈자잉은 도시업무회의를 방청할 때 각종 다른 의론을 들었다. 중앙의 결책에 대해, 더욱이 도시인구를 감소시키고 인프라 프로젝트를 중단하고 많은 광공업 기업을 폐쇄하는 것에 대해 찬성하는 사람도 있고 의심하는 사람도 있고 반대하는 사람도 있었다. 특히 본 도시, 본 부문과 관계되는 일에 대해 많은 동지들이 옴니암니 따졌고 심지어 최악으로 단호하게 거부하는 사람도 있었다. 어떤 사람들은 심지어 '암흑풍'을 반대하는 기회를 타서 중앙의 지도자 동지, 특히 천원을 대신하여 중앙재정소조 업무를 주재하는 저우언라이를 비난했다. 공개적으로 이름을 지명하지 않았으나 사람들은 듣자마자 누구를 말하는지 알 수 있었다.

나와 톈자잉은 중앙에 대한 일부 동지들의 태도가 올바르지 못하고 총리에 대해 극히 불공평하다고 매우 분개했지만 회의에서 발언을 하기 불편했다. 어느 날, 저녁밥을 먹은 후 나와 톈자잉(그리고 메이싱[梅行])은 이 일을 의론하면서 뼈가 목구멍에 걸린 듯 괴로워했다. 하여 총리 비서인 쉬밍(許明)에게 전화를 걸어 총리와 만날 것을 요청했다. 저우언라이는 낮에는 의견이 분분한 회의에 참가하고 밤에는 많은 일을 처리해야 했으나 곧바로 우리를 오라고 했다. 우리는 그에게 "도시업무회의는 분위기가 나빴다"며 "어떤 동지들의 발언은 지극히 비정상적이고 전반적으로 국면을 돌보지 않았다. 특히 어떤 동지들은 2월 시루회의와 5월 정치국 확대회의에서는 중앙의 결책에 찬성한다고 표했으나 지금은 마음이 변해 원망을 하고 있다. 심지어 저우 총리를 빗대어 말하니 듣기 너무 거슬린다."고 말했다. 우리는 이렇게 말하다가 눈물까지 흘렸으며 중앙이 결정한 비상조치가 실현되지 못할까 봐 걱정했다. 우리는 이런 동지들이 "국가대사에 대해 이토록 바라기만 하니 이를 어쩌면 좋은가?" 하고 걱정했다.

저우언라이는 흥분해지 말라고 우리를 위로하는 한편 이렇게 엄숙하게 말했다. "비상조치는 중앙회의에서 결정하고 마오 주석이 동의한 것이니 반드시 굳건히 관철 집행해야 한다. 이런 조치를 집행하는 것은 각 방면의 실제 이익과 관계되고 매우 어렵기 때문에 일부 동지들이 잠시 납득하지 못하는 것은 이해가 되니 인내심을 가지고 설득하고 타당하게 도와주어야 한다." 그는 매우 감개무량해 하며 이렇게 말했다. "1959년 봄 조정 시기에 나는 한 나라의 총리로서 1,000톤의 강철도 수출하지 못했다.

지금 또 이렇게 큰 저애를 받고 있으니 민주집중제를 실행하고 집중통일을 강화하는 것이 쉽지 않다는 것을 알 수 있다. 7천명 대회가 매우 필요하다는 것이 지금 증명되었으나 한 달이나 회의를 했음에도 문제를 완전하게 해결되지 않고 있다." 그는 매우 격동되어서 이렇게 말했다. "과거에 천군만

마를 지휘하면서 어떤 때는 전반적인 국면의 승리를 위해 국부를 희생시키기도 했다. 군령이 무겁기가 산과 같았고 수천수만의 전사들이 죽는 것을 두려워하지 않고 서슴없이 목숨을 바쳤다. 지금 평화적 건설 시기에 조정업무를 할 때처럼 이렇게 큰 어려움에 부딪혀 본 적이 없다. 그러나 당신들은 중앙이 원칙을 견지한다는 것, 토론을 거쳐 결정을 내리고, 결정은 반드시 집행한다는 것을 믿어도 된다. 나는 이미 샤오치 동지와 샤오핑 동지에게 계급투쟁이 조정업무에 영향을 주어서는 안 된다고 말한 적이 있는데 마오 주석도 찬성을 표했다."

이번 담화는 깊은 밤까지 지속되었다. 우리가 문어귀에서 총리와 작별을 고할 때 텐자잉은 눈물이 글썽해 있었다.

하루쯤 지난 후 저우언라이는 8월 17일 중심소조에서 발언을 하였다. 그는 마오쩌둥이 얘기한 계급, 형세, 모순에 관한 의견에 동의한다며 형세에 대한 견해를 치중하여 얘기했다. 그는 이렇게 말했다. "형세에 관하여 한동안 어려운 현상을 말했는데 주관적으로는 방법을 적극 생각하여 어려움을 극복하기 위한 것이었다. 객관적으로 일부 동지들이 형세가 칠흑처럼 캄캄하다고 생각하게 했을 가능성도 있다. 물론 많은 동지들은 여전히 자신만만하여 최대한의 노력을 기울이고 있다. 중앙이 당면 형세에 관한 홍보 요점을 발표한 후 절대다수 동지들의 반응이 매우 좋았던 사실이 이 점을 증명한다. 중앙 각 부·위원회 동지들은 매우 노력하면서 낙담하지 않고 중앙이 제기한 임무를 완성하기 위해 방법을 생각하고 있는데 조치가 유력하고 효과가 빠르며 효과가 예상했던 것보다 좋았다."

마오쩌둥은 저우언라이의 발언 중에 한 마디 끼어들며 "조정업무는 효과를 보았으며 다들 자신감을 가지고 있다"고 말했다.

류샤오치도 그의 발언에 "최근 통계에 따르면 올해 상반기에 도시인구를 감소시키는 임무를 완성했으며 식량 공급 부담이 크게 줄어들었다. 예전에 어려움이 심각하다는 것을 강조했기 때문에 인구를 감소시킬 결심을 내리게 된 것이다"라고 보댔다.

(7) 국민경제가 전면적으로 호전되다

베이다이허 중앙업무회의(7월 25일부터 8월 24일까지)에 이어 베이징에서 8기10중전회와 그 예비회의를 소집했다.

예비회의는 거의 한달(8월 26일부터 9월 23일까지) 걸렸으며 '세 가지 기풍'에 대한 비판이 베이다이허보다 더하면 더했지 못하지 않았다. 또 계속해서 「진일보적으로 인민공사 집체경제를 공고히 하고 농업생산을 발전시킬 데 관한 결정(초안)」, 「농촌 인민공사 업무조례 수정 초안」, 「상업 업무 문제에 관한 결정」 등 문서를 수정하였다. 이 사이에 저우언라이는 리푸춘, 리셴녠, 보이보(薄一波) 등과 회동하여 각각 각 성·시·자치구, 중앙 각 부문과 의논하여 중앙이 결정한 비상조치를 하나하나 실행시켰다. 그중에서 반복적으로 상의를 많이 한 것은 상업문제(주로 식량, 목화, 유료, 육류 식품의 구입과 판매, 징용 및 일용품의 공급과 판매 등 문제)였다.

8기10중전회 정식회의(9월 24일부터 9월 27일까지)가 열리자 마오쩌동은 회의 의사일정을 얘기한 후 또 한 번 계급, 형세, 모순 3대 문제를 계통적으로 얘기했다. 그중 형세에 관한 문제에서 그는 계급투쟁을 실행하는 것과 조정업무를 장악하는 것 사이의 관계를 이야기했다. 베이다이허 회의가 거의 끝날 무렵에 류샤오치가 "계급투쟁 문제를 너무 밀접하게 연결시키지 않는 것이 어떤가? 어떤 문제는 있는 그대로 논하고 정치적 원칙의 관점에서 비판하지 않아도 된다"고 제기한 적이 있었기 때문이었다. 당시에는 정론이 내려지지 않았다.

이번 전회가 개막할 때 마오쩌동은 이렇게 연설했다. "계급투쟁이 조정업무를 방해해서는 안 된다. 각 지구, 각 부문이 반드시 주의하기를 바란다. 1959년 루산회의의 교훈을 되 삭여야 한다. 당시에 당내 투쟁을 틀어쥐고 업무는 내버려두었으며 '좌'를 반대한 것이 아니라 '우'를 반대했다. 이번에는 업무를 우선 자리에 놓아야 하며 계급투쟁을 병행하되 너무 심각한 위치에 놓지 말아야 한다. 현재 이미 두 개의 전문 안건 수사팀을 내와 두 개의 '번안'(즉 펑더화이와 시중쉰의 두 억울한 누명) 문제를 심사하고 있는데 계급투쟁이 우리의 업무를 방해하게 해서는 안 된다. 우리는 대부분의 시간을 업무에 사용하고 공안부문과 같은 전문 인원을 지정하여 계급투쟁에 대처하게 해야 한다. 계급의 관점이 매우 중요하기는 하지만 업무를 보증해야 하고 또 잘 보증해야 한다. 루산회의는 본래 교란을 받지 말아야 했었다.

당시와 그 후에 우리는 또 제국주의, 수정주의, 반혁명의 교란을 받았다. 사실 우리는 어떠한 교란도 받지 말아야 했으며 당 내외 교란이든 국내외 교란이든 우리 업무에 영향을 주지 말아야 했었다. 조정업무를 잘하도록 전력하여 내년과 후년 두 해 동안 농업을 회복시켜야 한다. 전당이 단결하여야 하며 잘못을 범한 적이 있는 모든 동지들도 포함해 단결해야 한다.

잘못을 범한 적이 있는 동지는 잘못을 시정해야 하며 마르크스주의 방면으로 다가서고 중앙노선 방면으로 다가서야 한다. 그래야 우리가 잘 협력할 수 있다."

류샤오치는 연설에서 어려움에 대처하는 3가지 태도에 치중하여 얘기했다. "첫째는 어려움을 굳건히 극복하고 사회주의 길을 견지하는 것이고, 둘째는 어려움이 두려워 사회주의 길을 포기하는 것이며, 셋째는 어려움을 이용하여 당을 공격하는 것인데 이는 반동적인 것이다." 류샤오치는 또 "올해 5월 회의에서 어려움에 대한 예측이 좀 많았다.

만약 사회주의 길을 견지한다면 어려움이 좀 더 많아도 문제될 것이 없다. 만약 동요한다면 매우 좋지 않다. 지금 보니 어려움이 커봤자 별거 아니었다. 가장 어려운 시기는 이미 지나갔고 형세가 호전되었다."고 말했다. 류샤오치가 연설하는 중에 마오쩌둥은 "어려움에 겁을 먹고 잠시 동요하여 건의를 제기한 것은 사상인식 문제이지 수정주의라고 말할 수 없다.

중앙의 동의를 거치지 않고 도처에서 농가 세대별 생산책임제를 홍보한 것은 규율위반 문제이다. 도처에서 홍보를 하지 않고 당내에서만 의견 또는 건의를 제기하는 것은 허용되는 것이다"라고 보충했다. 마오쩌둥의 이 말을 나는 당시에 이해할 수 있었다. 마오쩌둥은 베이다이허 회의 중심소조에서 그가 지명하여 비판한 톈자잉을 덩즈후이와 구별시킨 것이다. 기타 중앙의 지도자 동지들도 이런 저런 의견이 있었던 것은 더 말할 것 없었다. 후에 마오쩌둥은 톈자잉에게 반성을 하라 하지 않았고 톈자잉도 자발적으로 반성을 하지 않았다. 물론 그럼에도 덩즈후이가 '단간풍'을 일으켰다고 비판한 것은 잘못이었다.

저우언라이는 9월 25일 오후에 연설을 하여 마오쩌둥의 연설과 전회에 회부하여 통과할 문건, 결정에 동의한다고 표했다. 그는 형세에 관해 이렇게 말했다. "5월 회의에서 어려움에 대한 예측이 지나쳤으나 업무가 여전히 적극적이었고 자신감이 크고 열성이 넘쳤다. 어려움을 강조하는 것은 업무의 성적을 부정하는 것이 아니다. 최근 몇 년간 특히 '7천명 대회' 이후 대량의 조정업무를 했는데 효과가 매우 빨랐다. 때문에 나는 이런 4가지를 명확히 해야 한다고 생각한다. (1) 계급투쟁, 예를 들면 펑더화이, 시중쉰의 두 사건은 이미 전문 안건 수사팀이 심리하고 있으니 조정업무가 교란을 받지 말아야 한다. (2) '우'를 반대할 때 반드시 '좌'도 반대해야 한다. 일반 간부와 군중들에게까지 미치지 말고 운동을 하지 말아야 한다. 이는 루산회의에서 얻은 교훈이다. (3) 계급교육을 강화하고 전당을 단결시켜야 한다. (4) 아직도 대량의 조정업무를 해야 한다. 시기를 보증해야 하는데 좋은 기회는 놓치면 다시 오지 않는다."

저우언라이의 이 말은 간단명료하고 핵심을 찔렀다. '세 가지 기풍'을 반대하는 붐이 크게 불던 당시에 이렇게 거리낌 없이 솔직하게 말하는 실사구시적인 풍격은 사람들의 찬양을 받았다.

8기10중전회 및 그 전의 베이다이허 회의에서 마오쩌둥이 계급투쟁을 다시 제기하고 '세 가지 기풍'을 크게 비판한 것은 당내의 '좌'경 지도적 사상이 진일보적으로 발전했음을 설명했고, 4년 후에 일으킨 이른바 '문화대혁명'과도 밀접한 관련이 있다. 그러나 당시 및 그 후의 상황을 보면 이는 조정업무에 중대한 방해를 조성하지 않았고 중앙 지도자 동지의 중요한 정력은 여전히 조정업무를 장악하는데 집중되었다.

다만 1963년부터 시작된 '사청운동(四淸運動, 네 가지를 정돈하는 운동, 후에 농촌 사회주의교육 운동이라고 불렸음)'이 각지의 경제 조정업무에 어느 정도 영향을 미쳤고, 또 1964년부터 시작된 '학술, 문예비판'이 그 후의 '문화대혁명'에 사상적, 정치적 준비조건으로 되었다. 그러나 여하튼 중앙 지도자 동지, 특히 저우언라이는 조정 방침을 견지하고 많은 일을 하여 국민경제가 비교적 빠르게 회복되고 발전하게 했다. 1963년부터 호전되기 시작하고 1964년에는 전면적으로 호전되었다.

저우언라이는 제4기 전국인민대표대회 제1차회의(1964년 12월 20일부터 1965년 1월 4일까지)에서 '문화대혁명' 전의 마지막 정부업무보고를 하면서 이렇게 선포했다. "현재 국민경제를 조정하는 임무가 기본상 완성되었고, 공·농업 생산이 전면적으로 고조되었으며, 국민경제가 이미 전면적으로 호전되었기에 곧 새로운 발전시기에 들어서게 된다."

저우언라이는 '농업, 공업, 재정무역, 문화교육' 등 4 개 중요 방면으로 4년간 국민경제 조정 업무에서 거둔 거대한 성과를 개괄했다.

농업 방면에서 식량, 목화, 담배, 사탕수수, 돼지, 양 등 농산물과 축산품의 생산량이 모두 1957년의 수준을 초과했다. 1964년 전국이 보유한 트랙터 수량이 1957년의 4배였고 배수·관개 설비의 마력은 12배 증가했다. 농촌의 전력 사용량이 22배 증가하고, 화학비료가 2배 남짓 성장했으며 농지 수리시설건설 성과가 매우 컸다.

공업방면에서 1964년 공업 총생산량이 1957년에 비해 많이 성장했다. 4년간 중요 공업제품 품종이 2만4천여 종 증가하고 제품의 품질이 보편적으로 높아졌으며 어떤 것은 세계 선진수준에 도달했거나 거의 도달했다. 원가가 현저하게 내려가고 노동생산성이 해마다 높아졌다.

제품 공급 상황이 현저하게 개선되고 물가가 안정되었으며 재정수지가 평형을 이루고 도시 인민의 생활이 어느 정도 개선되었다. 1964년에는 1957년에 비해 돼지고기, 양고기, 채소 등 부식품 공급이 다 30% 이상 성장하고 기계로 제조한 종이, 알루미늄 제품, 법랑 제품, 자전거, 라디오 등 중요 일용품은 다 50% 이상 성장했다.

문화, 교육, 위생, 체육 사업도 새로운 발전을 이룩했다.

저우언라이는 앞으로 10년은 우리나라 국민경제 발전의 열쇠가 되는 10년이라며 우리는 독립적이고 비교적 완정한 공업 시스템과 국민경제 시스템을 건설해야 할 뿐만 아니라 더욱 오랜 시기 내에 진일보적으로 농업, 공업, 국방, 과학기술의 현대화를 전면적으로 실현하여 우리나라 국민경제가 세계 앞줄에 서게 해야 한다고 말했다.

종합적으로 4년 조정 시기에 저우언라이는 중앙의 기타 지도자 동지들과 함께 3년 대약진으로 국민경제가 심각하게 파괴된 상황에, 우리나라가 쇠락하는가 아니면 다시 중흥하는가 하는 중대한 전략적 문제에서 조정방침을 견지했으며 수고를 아끼지 않고 전심전력으로 고생과 원망을 달갑게 받아들였다. 그는 원칙을 견지하고 끈질기게 설득을 했으며 과단성 있는 조치와 타당한 절차를 취하였고 온갖 위험과 어려움 앞에서 의지를 굽히지 않았으며 국민경제 조정 임무의 승리적인 완성을 위하여, 국민경제가 비교적 빠르게 회복되고 발전하도록 중대한 역할을 했다. 우리 전당과 전국 여러 민족 인민은 영원히 저우언라이의 이 위대한 공헌을 잊지 않을 것이다.(1998년 2 월)

7. 랴오청즈(廖承志) 동지가 신화사
업무를 지도하다

7. 랴오청즈(廖承志) 동지가 신화사 업무를 지도하다*

(1) 전면적인 내전이 시작될 때 임무를 맡았다.

옌안의 7월은 1년 중에서 날씨가 가장 덥다. 1946년 7월은 날씨가 매우 더웠을 뿐만 아니라 정치적 분위기도 매우 더웠다. 장제스가 정전협정을 파괴했고 국민당 군대가 해방구에 전면적인 내전을 발동하기 시작한 것이다.

신화사는 마오 주석의 6월 30일 지시에 따라 장제스 군대가 우리를 공격한 소식을 연속 발표했다. 2개월 남짓 중단되었던 홍보전이 또다시 열기를 띠었다.

바로 이 때 랴오청즈가 난징 중공 대표단으로부터 옌안으로 날아와 신화사 사장 직무를 맡았다. 청즈 동지는 1936년에 산베이(陝北) 홍색중화사(紅色中華社, 신화사의 전신)의 업무에 참가한 적이 있었다. 그는 당시 국제뉴스의 모든 번역과 편집 업무를 맡았으며 1937년 봄에 떠났다.

나는 7월 어느 날 오후에 처음으로 청즈 동지를 만났다. 그는 칭량산(淸涼山)으로 이사 온지 얼마 안 되었는데, 산 중턱에 줄줄이 선 토굴집을 따라 신화사와 '해방일보사'의 동지들을 찾아보았다. 그는 만면에 웃음을 짓고 동지들과 악수를 나눴다. 이 동지의 머리를 쓰다듬기도 하고 저 동지의 어깨

---

* 랴오청지 동지는 1946년 7월부터 1949년 6월까지 신화사 사장으로 있었다. 본문의 원 제목은 「옌안, 타이항(太行)으로부터 시바이퍼까지-랴오청즈 동지가 신화사 업무를 지도한 것을 회억하여」이며 원래 신화사 「신문업무·신문사 연구특집」1989년 제7기에 게재되었다.

를 두드리기도 하면서 열정적이고 친절했으며 온화하면서도 활기차고 익살 맞았다. 이는 내가 만나기 전에 상상했던 2만5천리 장정을 거치고 또 국민당 감옥에서 4년이나 지낸 원로 혁명가의 이미지와는 매우 달랐다. 처음 만났을 때의 인상이 오랫동안 나의 기억 속에 남았는데 사실 이는 청즈 동지의 특유의 풍도였다.

청즈 동지는 버구(博古, 천방시엔[陳邦憲])가 1946년 4월 8일 총칭에서 옌안으로 날아오던 중 왕뤄페이(王若飛), 예팅(葉挺), 덩파(鄧発) 등 동지들과 함께한 비행기에서 조난당한 후 신화사와 '해방일보사'의 업무를 접수하여 관리하게 된 것이다. 이에 앞서 4월 말 중앙은 신화사와 『해방일보』를 합병하여 통신사를 위주로 하는 시스템을 실행하려 했다. 당시 장제스가 내전을 발동하려 결심했다는 것이 점점 명백해졌기 때문이다. 내전이 일어나기만 하면 신문 출판과 발행이 이전보다 더욱 어려워지게 된다. 전국 및 전 세계에 우리당과 우리군의 방침과 정책과 입장을 제때에 홍보하고 각 해방구의 상황을 소통하기 위해 라디오 방송이라는 가장 편리한 도구를 사용할 수밖에 없었다. 이런 상황을 예견하여 마오 주석은 시의 적절하게 "전당이 통신사를 설립할 것"을 제기했다. 중앙으로부터 지방까지 신화사 통신망을 건설하는 것을 장제스가 전면적인 내전을 발동하는 데 대처하는 중대한 전략적 조치의 하나로 삼았으며 우선은 신화사 본사를 보강했다. 이 업무는 5월부터 시작됐고 랴오청즈가 신화사 사장을 맡은 후 계속 빠른 속도로 진행되었으며 큰 개편을 완성했다.

랴오청즈는 신화사 사장이기도 하고 '해방일보사' 사장이기도 했다. 처음에는 위광성(余光生)이 여전히 편집장을 맡았는데 그는 1947년 1월에 옌안을 떠나 하얼빈으로 갔다. 이때 부편집장으로는 원래의 아이스치(艾思奇), 천커한(陳克寒) 그리고 난징, 상하이, 베이핑(北平)에서 옌안에 철거해온 판창장(范長江), 스시민(石西民), 메이이(梅益), 쉬마이진(徐邁進), 치엔쥔루이(錢俊瑞)

가 있었으며 그들은 또 보도업무를 하는 동지들을 데려왔다. 여기에 옌안 각 부문에서 소집해온 많은 동지들을 합치니 이때의 칭량산은 그야말로 인재가 넘쳐 대성황을 이루었다.

큰 개편을 거친 후 중요한 편집진은 해방구부, 국민당구부와 국제부 등 3개의 편집부에 집중되었다. 이 세 부는 신화사 본사의 모든 뉴스와 논평, 문장을 쓰는 것을 맡았고 직접 문자 방송을 내보냈으며 더 이상 『해방일보』의 편집 업무를 맡지 않았다. 이렇게 하니 원고의 질이 보장되고 시효가 높아졌다. 이런 원고는 방송되는 한편 『해방일보』에 발표되었으며 앞에서 말한 세 부와 병행되는 신문 편집부가 편집과 지면배치를 맡았다. 산간닝변구[산시(陝西)·간쑤(甘肅)·닝샤(寧夏)의 변경 지역]과 옌안의 뉴스는 취재통신부가 맡았다. 이런 원고는 또 다른 두 편집부에 공급되었는데 하나는 입말방송부로 '옌안신화라디오방송'의 원고를 편집하는 것을 맡았고, 다른 하나는 영어 방송부로 신화사의 영문 문자 방송을 편집하는 것을 맡았다. 이밖에 또 외국 통신사 소식을 제공하는 번역과 초보적인 규모를 이룬 자료실이 있었다. 개편을 하여 이런 시스템을 실행하니 신화사 본사가 크게 강화되었다.

이와 동시에 각 중앙국, 지국의 지지와 도움 하에, 당 중앙의 요구에 따라 여러 큰 해방구에서 총지사, 지사 편성 시스템을 완성했으며 특파기자 제도를 건설하고 전선기자단을 편성하기 시작했다. 이렇게 방대한 전면적인 해방구 통신망을 건설하는 과정에 판창장, 천커한 등이 청즈 동지를 협조하여 중요한 공헌을 했다.

청즈 동지는 여러 사람의 특장을 발휘하는데 능하여 사람을 적절한 곳에 배치하고 긴밀히 단결시켜 견강한 전투 집단을 형성했으며, 당 중앙 지도자 동지들의 직접적인 도움 하에 해방전쟁 초기의 뉴스홍보 업무를 훌륭하게 완성했다.

(2) 연안에서 철거하다.

청즈 동지는 신화사에 와서 곧바로 전시대비 문제에 직면했다. 국민당군은 해방구를 전면적으로 공격하여 실패하자 중점 공격을 배치했으며 공격의 중점을 동서 양측 진지에 두었는데, 한쪽은 산동(山東) 해방구이고, 다른한쪽은 옌안과 산간닝변구였다. 당 중앙의 전략방침은 운동전으로 적의 병력을 소멸시키고 한 지역의 잠시적인 득실을 따지지 않는 것이었다. 때문에주도적으로 연안에서 철거할 준비를 했다.

중앙군사위원회 부주석인 저우언라이는 일찍 1946년 11월에 전시대비 회의를 소집하고 전쟁 중에 어떻게 신화사의 방송이 중단되지 않도록 보장하는가 하는 것을 연구했다. 랴오청즈가 이 회의에 참가했다. 당시 회의에서는 옌안에서 동북으로 180리에 있는 와야오바오(瓦窯堡)에 제1선 전비 방송국을 건설하고 황허(黄河) 동쪽(진수이[晉綏], 진차지[晉察冀], 진차루위[晉察魯予] 세 해방구 중 한 곳을 선택)]에 제2선 전비 방송국을 건설하기로 결정했다. 청즈 동지의 말을 빌면 이는 "교활한 토끼가 굴 세 개를 파 놓는다"는 것이다. 옌안에서 철거할 때 와야오바오가 인계받고 와야오바오를 사용할 수없을 때에는 허동(河東)이 인계받게 된다. 이렇게 칭량산의 전시 대비가 시작되었으며 일을 하지 않아도 되는 부녀자와 어린이, 노약자들을 먼저 와야오바오 일대에 보냈다.

1947년 2월 저우언라이는 또 회의를 소집하여 신화사의 전시 대비 업무를 재차 연구했는데 구체적으로 중국어방송, 입말방송, 영문방송이 어떠한 상황에서도 중단되지 않도록 하고, 대외 방송의 공률을 높여 우리의 정보가전 세계에 전파되도록 했다. 언라이 동지는 중앙군사위원회 3국의 왕정(王挣), 왕쯔강(王子鋼) 등에게 지시를 내려 신화사를 도와 통신설비 문제를 해결하게 했다. 랴오청즈는 중앙의 결정을 진일보적으로 수행하기 위해 긴장되게 전시 대비 작업을 했으며 인원과 물자, 기자재들을 여러 차례 와야오바오로 옮겼다.

3월 12일 장제스가 명령을 내려 옌안을 폭격했다. 국민당 군이 옌안을 침범하기 시작했다.

3월 14일 랴오청즈는 신화사와 『해방일보』의 대부분 인원을 데리고 옌안에서 철거하여 와야오바오로 갔다. 옌안에서 끝까지 일을 한 동지는 20~30명이었는데 그들은 3월 16일까지 방송을 마친 후 17일 밤에야 마오 주석과 함께 옌안에서 철거했다. 그날 와야오바오의 전시 대비 방송국이 방송을 인계받아 제1선이 위치를 옮길 때 방송이 중단되지 않도록 했다. 후종중난(胡宗南) 부대가 옌안에 쳐들어왔을 때 우리의 방송국은 여전히 '신화사 산베이통신', '산베이 신화라디오방송'의 명의로 전국과 전 세계에 "장제스는 반드시 패하고 중국 인민은 반드시 승리한다"고 선언했다.

옌안에서 철거한 후 랴오청즈는 중앙의 지시에 따라 신화사 본사를 3갈래로 나누었다. 한 갈래는 그가 인솔하여 3월 20일 동으로 황하를 넘었고, 다른 한 갈래는 판창장이 인솔하여 당 중앙을 따라 산베이를 옮겨 다니며 싸웠으며, 또 한 갈래는 와야오바오에서 계속 근무했다. 극도로 어려운 상황에서 『해방일보』는 3월 27일에 마지막 한 기를 출판한 후 휴간했다. 신화사 본사는 3월 28일 마지막 원고를 방송한 후에야 와야오바오에서 철거하고 (당시 방송국은 적군과 겨우 10여 km 떨어져 있었다) 진지루위(晉察魯予) 해방구 서현(涉県)의 신화사가 임시로 본사를 대체했다.

신화사 임시 본사는 당 중앙이 진지루위 중앙국에 전보로 명령을 전해 3월 중순에 긴급히 건설한 것이다. 랴오청즈는 원래 신화사 본사를 진수이 해방구로 옮기고 대오가 강을 넘기 전에 먼저 천커한을 선발대와 함께 다싱현(達興県)에 파견할 생각이었다. 그러나 진수이 중앙지국은 연구한 결과 그곳에 조건이 구비되지 못했다는 판단을 내리고 전보로 중앙에 지역을 바꿀 것을 요청했다. 진지루위 중앙국은 중앙의 긴급 지시를 받은 후 급히 타이항(太行), 타이웨(太岳), 지루위(冀魯予)에서 간부를 소집하고 기자재를 준비했는데 보름도 안 되어 타이항산 기슭의 서현[베이징~광저우간 철도 위의 한단(邯鄲) 서쪽]에 임시 본사의 기틀을 마련했다. 와야오바오에서는 3월 28일 방송을 중단했다. 서현은 3월 29일에 방송을 인계받아 문자방송이 하루도 중단되지 않도록 보장했다. 기술적 원인으로 입말방송과 영문방송은 4월 1에 인계받았다. 진지루위의 동지들은 임시 본사를 건설하기 위해 최대의 노력을 기울였으며 영광스러운 인계 임무를 성공리에 완성했다.

랴오청즈는 신화사 본사 전체 동지들을 지도하여 당 중앙의 요구에 따라 옌안에서 안전하게 철거했으며 방송이 중단되지 않도록 보장하고 타이항 임시 본사가 인계받을 때까지 견지함으로써 임무를 원만하게 완성했다. 이 과정에 청즈 동지는 높은 식견으로 사전에 미리 준비를 했고 위험한 상황에서도 침착하게 지휘를 했으며 민정을 세심하게 살피고 환난을 같이 하여 동지들로부터 큰 칭송을 받았다.

(3) 타이항(太行) 임시 본사가 업무를 인계받다.

타이항 임시 본사가 업무를 인계받은 후 랴오청즈는 신화사 본사 인원을 인솔하여 행군 서열을 편성했는데 한 지대가 세 대대를 관할하였으며 진수이 해방구의 싼지아오진(三交鎮)을 떠나 타이항으로 전이하기 시작했다.

이 때 우리 군은 이미 타이위안(太原) 이북의 퉁푸철도(同蒲鉄路) 북쪽 구간을 통제하고 랴오진수이(遼晉綏) 해방구와 진차지 해방구를 연결시켰다. 청즈 동지는 우리를 이끌고 팡산(方山), 란현(嵐県), 징러(静楽), 신현(忻県)을 지나 위안핑(原平)으로부터 퉁푸로(同蒲路)를 넘어 진차지 해방구에 진입했으며 우타이산(五台山) 서남쪽을 따라 행진하여 우타이현(五台県) 경내의 동서

파아오촌(東西漂村)에 도착해 묵으면서 휴식했다. 이때는 초여름이라 후퉈허(滹沱河) 양안은 아름다운 강남 풍경이었다. 청즈 동지는 오는 길에 줄곧 말을 타고 앞뒤로 달리면서 세 갈래 대대의 노약자와 부녀자, 어린이들을 돌보느라 고생을 많이 했다. '쿤룬지대(崑崙支隊)'라고 불린 우리 이 대오의 제일 앞에는 전무처(電務處) 대대가 있었다. 청즈 동지는 쉬젠성(徐健生), 추즈청(祝志澄)과 함께 지대의 지휘부와 행정대대를 이끌고 대오의 마지막에서 걸었고 편집부 대대는 대오 중간에서 걸었다. 노약자와 환자는 다 행정대대에 집중되었지만 나머지 두 대대에도 아이를 데리고 있는 여성 동지들이 있어 행군 도중에 랴오청즈는 늘 왔다 갔다 하면서 찾아보고 당부하고 돌보곤 했다. 모두들 그를 친절하게 '302'라고 불렀다. 이는 행군 도중의 그의 번호였는데 어린이들도 그를 이렇게 불렀다. 전체 '쿤룬지대'는 길에서 감원 또는 낙오자가 없이 중앙공작위원회 주둔지인 핑산현(平山縣)의 시바이퍼촌과 멀지 않은 곳에 안전하게 도착했다.

당시 진차지는 이미 토지개혁을 시작했다. 전쟁시기에 본사에 이렇게 많은 인원이 필요 없는 것을 감안하여 랴오청즈는 중앙공작위원회(류샤오치, 주더(朱德), 동비우(董必武) 세 중앙 지도자 동지로 구성된 중앙공작위원회는 황허 동쪽에서 중앙이 위탁한 업무를 돌보았다.)에 청시해 기존의 인원을 세 부분으로 나누어 일부는 치엔쥔루이와 쉬젠성의 인솔 하에 진차지 토지개혁에 참가시키고, 일부(병이 있어 치료가 필요한 동지들 포함)는 진차지일보사와 신화사 진차지 총지사에 보내고, 나머지 일부는 랴오청즈 동지의 인솔 하에 휴식케 하면서 명령을 기다렸는데 이 과정이 한 달 걸렸다.

우리가 후에야 알게 되었는데 그때 산베이에 남은 당 중앙과 마오 주석은 후방에서 전략 전술을 세우고 우리 인민해방군의 이듬해 작전계획을 제정하였다. 그들은 전략적 방어를 전략적 공격으로 바꿔 인민해방군전쟁의 역사적 전환을 이루기로 결정했는데 핵심은 세 갈래로 공세를 펼침으로써 "군

웅이 사방에서 일어나 천하를 다투는 것"이었다. 중앙 군사위원회는 5월 사이에 진차루위 야전군(류버청[劉伯承], 덩샤오핑이 인솔)과 화동(華東) 야전군 (천이[陳毅], 쑤위[粟裕]가 인솔])에게 "대규모로 공세를 펼쳐 중원을 경략하라"는 명령을 내렸다. 류·덩 대군의 주력에게 중원을 진격하여 다베산(大別山)을 직접 공격하는 동시에 천겅(陳賡), 세푸즈(謝富治) 병단을 갈라내어 강을 건너 남으로 위시(予西, 허난성 서부 지역)에 보내 어위산근거지(鄂予陝根拠地, 후베이, 허난, 산시 세 성이 인접한 곳에 있는 근거지)를 개척하게 했다. 천겅·쑤위 대군은 위완쑤(予皖蘇) 지역으로 진격하여 기회를 기다렸다가 적을 섬멸하게 했다. 이렇게 세 갈래의 대군이 '품(品)' 자 모양의 진세를 이루어 중원을 경략했다. 중앙군사위원회는 류·덩 대군에게 6월 1일 전으로 휴식과 정돈을 마치고 명령을 기다렸다가 출격할 것을 요구했다.

6월 초, 랴오청즈는 중앙의 지시를 받고 즉시 타이항으로 전이했다. 청즈 동지는 신화사위원회를 소집하여 의논한 후 천커한, 스시민, 메이이가 선발대를 데리고 즉시 출발하고 그는 대대 인마를 거느리고 남으로 가기로 결정했다. 선발대는 6월 5일에 동서 피아오촌을 떠나 딩현(定県), 안궈(安国), 허지안(河間), 시엔현(献県), 헝수이(衡水), 난관(南官)을 거쳐 갔다. 이 일대는 이미 완전히 해방되었으며 스자좡(石家荘)은 우리군의 포위권에 있었다.

우리는 14일에 한단 서쪽의 예타오진(冶陶鎮)에 도착했다. 이는 진지루위 중앙국의 소재지였다. 덩샤오핑을 위수로 하는 중앙국 성원은 이 때 거의 다 전선에 있었으며 보이보, 쉬샹치엔(徐向前), 텅다이위안(騰代遠) 등 몇 명의 지도자만 남아 있었다. 우리 선발대가 야오타오진에 온 후 랴오청즈도 보이보의 전보 재촉을 받고 후속 대오를 떠나 혼자 급히 찾아와서 본사 주소를 선택하는 토론에 참가했으며 마지막에 여전히 임시 본사를 지점으로 결정이 났다. 즉 야오타오 서쪽으로 30리에 위치한 서현(渉県)의 동·서 쉬촌(戍村)이었다. 청즈 동지와 우리 선발대는 7월 1일 전에 이 곳에 도착했고 본사 대대의 인원들도 7월 상순에 전부 도착하여 '동서 피아오촌'에서 '동서 쉬촌'으로의 전이했다.

신화사 본사는 이렇게 옌안으로부터 성공리에 철거를 마쳤다. 우리가 다시 일을 시작해 발표한 첫 특급뉴스는 류버청·덩샤오핑 대군이 루시(魯西) 남쪽에서 황하를 건너 대반격을 한 승리의 소식이었다.

(4) 중앙과 멀리 떨어져 있던 타이항 시기

랴오청즈는 타이항 서현에 도착해 짐을 내려놓자마자 즉시 당 중앙, 마오 주석을 따라 행동하는 판창장에게 전보문을 보내 뉴스홍보에 관한 사항을 수시로 중앙에 보고하고 매주 홍보 요점을 전보로 타이항에 보내라고 했으며, 또 타이항에서 발송하는 원고에 주의를 돌리고 수시로 의견을 제기하라고 했다. 이때부터 청즈 동지는 판차장의 소부대를 통해 당 중앙과 밀접한 연계를 가졌으며 그가 중요하다고 생각되는 일은 다 사전에 중앙에 청시하고 사후에 보고를 올렸다. 매번 사위원회 회의가 끝날 때마다 거의 다 그가 직접 보고서를 작성해 중앙에 올렸다.

한 번은 내가(당시 나는 사위원회 비서였음) 대신 전보문을 작성하면서 한 가지 중요한 내용을 빠뜨려 그에게서 큰 비평을 받았다. 창장 동지가 인솔한 소부대(번호는 4대대)는 중앙을 따라 산베이를 전전했다. 타이항과 연락하는 임무를 맡은 한편 중앙이 발표하는 중요한 문건과 중앙의 동지가 쓴 사론, 문장은 다 그들이 타이항에 전송해왔다. 그들은 또 중앙사와 외국통신사의 통신을 듣고 베껴 중앙의 지도자 동지들이 참고로 삼게 했다. 그들은 행군하면서 일을 했는데 갖은 고생을 다 하면서 임무를 훌륭하게 완성했다.

타이항 시기의 신화사는 당중앙 기관보인 『해방일보』가 옌안에서 철거한 후 곧바로 정간했기 때문에 당보의 임무(주로는 사론을 발표)까지 맡았으며 통신사, 신문, 라디오방송국의 신분을 한 몸에 지녔다. 때문에 편집부의 임무가 더욱 과중해졌다. 랴오청즈는 중앙의 지시에 따라 임시 본사의 동지와 옌안에서 온 동지들을 단합시켜 신화사 본사에 각급 조직을 건설했다.

사무위원회는 청즈 동지와 천커한, 스시민, 메이이, 쉬마이진, 주즈청 이렇게 여섯 명으로 구성되었다. 원래 임시 본사의 책임자였던 우민(吳敏), 장판스(張盤石)가 진지루위 중앙국의 근무처로 돌아갔고 기타 동지들은 대부분 옌안에서 온 동지들과 함께 각 부문에 편입되었는바 협력이 잘 되었다. 청즈 동지는 주변을 단합시키는데 능했는데 진지하고 솔직하며 친절하고 열정적인 태도와 붙임성 좋고 익살스러운 작풍으로 곧바로 주변의 모든 동지들을 감화시켰다. 다들 마음을 합쳐 서로 도우면서 한집식구처럼 지냈다.

편집부는 옌안 시기에 비해 일부 변동이 있었다. 해방구부, 국민당구부, 국제부 세 중요 편집부 이외에 입말방송부, 영문방송부, 번역부, 자료실, 총편실이 있었다. 무릇 비교적 중요한 원고는 천커한, 시스민이 심열하고 수정하는 밖에 랴오청즈가 일일이 친히 심사하고 수정했다. 그는 또 논평과 평론적인 뉴스를 쓰고 영문방송을 위해 원고를 최종 마무리했다.

청즈 동지의 결정에 따라 편집부는 8월부터 보름에 한 번씩 하던 국내 논평과 국제 논평을 회복했다. 기존의 문자방송, 입말방송, 영문문자방송을 전부 다 옌안 시기의 규모로 회복했고 또 매일 1,500자의 '간명뉴스'(행동중인 야전부대가 받아 적도록 특별 공급하는 것)와 매일 2,500자의 '뉴스정보'(즉 참고소식인데 예젠잉[葉劍英], 양상쿤[楊尙昆] 등 동지들로 구성된 산베이 당 중앙, 핑산 중앙공작위원회, 삼교진의 중앙후방위원회에 특별 공급하는 것)를 새로 증가했다. 각 지사에 공급하던 '업무통보'도 회복했다.

진차지위 중앙국과 밀접한 연계를 유지하기 위해 청즈 동지는 자주 전화로 연락을 하였고 매주 최소 한 번씩 야오타오진으로 가 보이보가 주재하는 중앙국회의에 참가했으며 그곳에서 해방구의 많은 상황을 파악했다. 당시 각 해방구는 토지개혁을 진행하고 있었는데 이런 상황을 파악하는 것은 뉴스홍보업무를 잘하는데 꼭 필요했다. 이 방면에서 청즈 동지는 보이보 동지에게서 많은 도움을 받았다. 청즈 동지는 8, 9월 사이에 또 핑산으로 가서 그곳에서 열린 중앙공작위원회가 소집한 전국토지회의에 참가했다.

신화사의 타이항시기는 마침 우리 인민해방군이 전략적인 방어로부터 전략적인 반격으로 전환하는 시기였다. 각 야전군은 전선기자단을 편성해 군사보도업무를 맡았다. 청즈 동지는 전세가 신속히 펼쳐지는 것을 보고 전선통신시스템을 건설하기로 결정했다. 신화사 본사는 화동(華東)전선과 중원전선의 경험에 근거하여 각 전선부대에 야전분사를 설립하는 업무조례 초안을 작성하여 각지에 시험적으로 실행하라고 통고했다. 후에 또 전세의 발전과 야전군의 확대에 따라 점차 야전총지사(야전군 1급), 야전분사(병단 1급), 야전지사(종대 1급)의 시스템으로 발전시켰으며 용감하고 과감하고 고생을 두려워하지 않으며 부지런한 군사기자들을 많이 양성해내 위대한 인민해방전쟁의 보도임무를 훌륭하게 완성했다.

신화사가 타이항에 옮겨간 후 국민당통치구의 소식 원천이 너무 적었다. 중앙사의 소식을 받아 적었을 뿐이고 옌안 때처럼 충칭, 시안, 상하이, 베이핑 등지로부터 국민당 통치구의 신문잡지를 자주 받아볼 수 없었다. 청즈 동지는 이런 결정을 내렸다. 지중(冀中)의 허지안(河間)에 기자진을 파견하여 한편으로는 그곳에서 베이핑과 톈진 두 지역에서 수집한 국민당통치구에 관한 자료를 소식으로 써 지중(冀中)분사의 무선 통신기를 통해 본사에 발송하게 하고, 다른 한편으로는 베이핑과 톈진 두 지역의 간행물을 신속히 본사에 보내게 한다. 한편 산동에 사람을 파견하여 장제스 관할지역의 간행물을 어떻게 수집할지 화동(華東) 총분사와 의논한다. 이런 조치를 취했기 때문에 국민당 통치구의 소식원천이 개선되었다.

국제뉴스의 원천에 관해 청즈 동지는 각 외국 통신사의 통신을 매우 중시했다. 전무처 동지들의 노력으로 외국 통신을 받아 적는 업무가 신속히 옌안 시기의 수준으로 회복되었으며 편집업무에 비교적 충족한 소재를 제공했을 뿐만 아니라 산베이에서 전전하고 있는 당 중앙에 국제 동향을 파악할 수 있는 소식을 제때에 제공했다.

앞에서 서술한 뉴스 원천을 개척하는 업무 이외에 청즈 동지는 또 대외홍보를 매우 중시했다. 그의 직접적인 관심 하에 신화사 첫 국제지사가 1948년 봄에 프라하에 설립되었다. 얼마 후 또 런던에 지사를 설립했는데 당시이 두 국외 지사의 중요 임무는 신화사의 영문 통신 원고를 받아 적고 출판하여 해방구의 영향을 외국에 확대하는 것이었다. 청즈 동지는 영문 문자방송에 만족하지 않고 타이항에 오자마자 영어방송을 적극 준비했으며 얼마 후 9월 중순에 방송을 시작했다. 베이핑, 톈진, 칭다오, 난징, 상하이에서 다 영어방송을 들을 수 있었다. 적지 않은 외국기자들은 이 방송을 근거로 우리당의 주장과 우리군의 승리를 보도했다.

신화사 본사 대대의 인원들이 타이항에 온 후 청즈 동지는 직원들을 윤번으로 토지개혁 운동에 한동안씩 참가시킬 생각이었으나 후에 중앙에 청시한 후 소수의 인원만 참가시키고 대다수 동지들은 여전히 정력을 집중하여 업무에 진력하게 했다. 이 사이 청즈 동지는 또 중앙의 지시에 따라 본사에서 그리고 각 총분사와 분사·지사에 통지를 보내 전체 인원들 중에서 '세 가지를 조사하고 세 가지를 정돈하는 운동'을 시작했다.

특히 '공담가' 반대 운동에 역점을 두고 토지개혁 운동을 대하는 편집기자의 입장, '뉴스는 반드시 진실해야 한다'는 원칙을 엄격히 준수하는 문제를 집중적으로 해결했다. 청즈 동지는 이를 위해 여러 번 보고를 했으며 토지개혁운동의 방침, 정책을 뉴스업무 중에 나타난 문제와 결합시키면서 차근차근 잘 일깨워주고 이치를 명확하게 설명하면서 사람들의 정치적 각오를 높여주고 그들이 사상문제를 해결해주었다.

전반적으로 타이항 시기에 신화사 본사는 청즈 동지의 지도하에 동심협력하여 부지런히 일하면서 물질적 조건의 어려움을 극복하기 위해 노력했으며, 중앙과 멀리 떨어진 상황에서 자발성을 적극 발휘하면서 업무와 정치사상 방면에서 매우 많은 성과를 이룩했다.

물론 이렇게 각 방면의 조건이 비교적 어려운 상황에서 신화사 본사는 업무에서 적지 않은 잘못과 실수를 하기도 했는데 중앙의 엄숙한 비평과 도움을 받아 시정했다. 매번 중앙의 비평에 대해 청즈 동지는 먼저 앞장서 반성을 하고 먼저 책임을 졌으며 먼저 시정하는 방법을 제기했다. 그는 참답고 성근한 태도였고 솔직하고 자연스러웠으며 무성의하게 일을 처리할 때가 전혀 없었다. 책임을 밀어버리거나 남에게 전가하는 일은 더욱 없었다.

그런 실수 중 그와 직접 관련되는 것도 그랬고 간접적으로 관련되는 것도 그랬으며 심지어 간접적인 관계마저 별로 없는 것도 그랬다. 예를 들면 타이항 본사가 마오 주석의 1947년 12월 「당면 형세와 우리 임무에 관하여」라는 원고를 발송할 때 전신부호의 착오와 누락이 20여 곳이나 있었다. 산베이 중앙은 이를 발견하고 전보로 엄숙하게 비평했다. 이 일은 워낙 청즈 동지와 별로 관계가 없었으며 이런 착오와 누락은 전보문의 번역, 전송, 수신 등 절차와 관련이 있었다. 그러나 청즈 동지는 앞장서 자아비평을 했는데 사전에 엄격한 요구를 제기하지 않았고 평소에도 검사와 독촉을 소홀히 했다고 반성했다. 후에 옛 혁명근거지와 혁명근거지 토지개혁, 당 정비 업무에 관한 중공중앙의 지시를 발표할 때 청즈 동시는 사전에 한 글자도 틀리지 말 것을 요구해 잘못을 방지했다. 자신을 엄하게 단속하고 용감하게 자아비평을 하고 용감하게 책임을 감당하는 청즈 동지의 이런 정신을 두고 그의 아래에서 일하던 많은 동지들이 훗날에도 흥미진진하게 이야기하면서 본보기로 삼았다.

(5) 시바이퍼(西栢坡)에서 중앙과 합류하다.

서북전장에서 우리군은 포위선에서 공격하기 시작했으며 산베이이의 승리 국면이 이미 준비되었다. 중원, 화동, 화북, 동북 각 전장에서 전략적 반격의 첩보가 빈번하게 들려왔으며 화북과 화동 해방구가 하나로 연결되었다. 당 중앙과 마오 주석은 옌안이 수복되기를 기다리지 않고, 1948년 3월 하순에 산베이를 떠나 동으로 황허를 건너 중앙공작위원회 소재지인 허베이 핑산현 시바이퍼로 옮겼다. 동시에 신화사 본사를 타이항 서현으로부터 핑산 시바이퍼 인근으로 옮기도록 명령을 내려 중앙이 가까운 곳에서 직접 지도할 수 있게 했다.

랴오청즈는 명령을 받은 후 즉시 시스민과 쉬마이진을 파견하여 선발대를 데리고 핑산으로 가서 방송국 설립, 주둔지 선택, 물자 비축 등을 책임지고 준비하게 했다. 그 후 그들은 4월 하순에 중앙을 따라 그곳에 있던 판창장이 지도하는 소분대와 합류하여 업무를 타당하게 준비했으며 몇 차례 실험을 거친 후 5월 22일 정식으로 타이항의 업무를 인계받았다. 청즈 동지는 13개월 25일간의 타이항 시기를 마친 후 5월 27일 신화사 본사 인원을 데리고 세 조로 나누어 지난(冀南), 지중(冀中)을 거쳐 핑산에 도착했다. 6월 6일 모두가 핑산 시바이퍼 인근의 새로운 주소에서 일을 시작했다.

청즈 동지는 핑산에 도착한 후 중앙의 직접적인 지도하에 타이항 시기의 업무를 종합하는 한편 새로운 형세에 근거하여 편집부를 개편했다. 이 때 중앙에서는 류샤오치가 신화사 업무를 지도하는 것을 맡았고 루딩이(陸定一, 그는 원래『해방일보』의 편집장이었는데 '7차 당대회' 후부터 지금까지 중앙 선전부장을 맡았다.)가 신화사 업무를 토론하는 회의에 자주 참가하였으며 후차오무(胡喬木)가 신화사 편집장을 맡았다. 중앙은 신화사에 대한 지도를 강화했고 더욱 큰 도움을 주었다.

이때 신화사 본사에는 타이항 본사와 산베이 소분대의 전체 인원이 합류했다. 한편 치엔쥔루이, 쉬젠성 동지의 지도하에 진차지에 남아 토지개혁에 참가했던 동지들을 불러오고 또 원래 중앙공작위원회와 중앙후방공작위원회에서 일하던 일부 동지들도 참가시켜 모두 830여 명이나 되면서 전례 없던 성황을 이루었다.

신화사 본사가 개편을 거친 후 사장은 여전히 랴오청즈 동지가 맡고 편집장은 후차오무 동지가 맡았다. 청즈 동지는 관리위원회를 지도하고 사의 행정과 일반 문제를 맡았다. 후차오무 동지는 편집위원회를 지도하고 본사와 분사의 편집, 취재 업무를 책임졌다. 편집위원회 아래에 두 개의 편집 부문이 있었는데 하나는 편집부로 부장은 판창장(후에는 천커한이 맡았음)이 맡았는데 여기에는 군사, 도시, 농촌, 국제, 장제스 관할구, 영문번역, 중문번역, 참고편집 등 8개 조가 있었다. '취재, 편집, 연구'를 병행시키기 위해 자료연구실도 잠시 편집부에 포함시켰는데 여기에는 해방구, 장제스 관할구, 국제, 도서 등 4개 조가 포함되었다. 다른 편집 부문은 라디오방송관리부라고 불렀는데 부장은 청즈 동지가 겸했고 아래에 입말방송편집부와 영어방송편집부를 설치했다.

중앙군사위원회 3국의 대대적인 도움으로 이때의 본사는 이미 20개의 총분사, 분사와 함께 무선 통신 연계를 가졌다. 그중 지방 총분사와 분사에는 동북, 화북, 화동, 중원, 서북, 진수이, 지러랴오(冀熱遼), 지중, 타이항, 루완쑤, 화중이 있었고 전선총분사와 분사에는 동북, 화동, 중원, 서북, 산동, 화중, 화북 등 1, 2, 3 병단과 위산어(予陝鄂)가 있었다. 각 해방구와 각 전선의 무선 통신망이 건설되면서 신화사의 보도 내용이 이전보다 풍부해지고 시효성도 개진되었다.

당 중앙은 선견지명을 가지고 전국이 해방되는 시간이 원래의 계획보다 크게 앞당겨질 것을 고려하여 중앙공작위원회와 합쳐 신속히 새 중국 국가

정권을 건설하는 데에 관한 각항 준비 작업을 했다. 신화사에 대한 지도를 강화하는 것이 바로 이런 업무 중 중요한 한 가지였다. 중앙은 일찍 6월 초에 중앙국, 분국에 신문, 통신사에 대한 지도를 강화할 것을 지시했으며 아울러 선전업무에서 청시 및 보고제도를 실행할 것을 규정을 했다. 중앙의 지시에 따라 랴오청즈, 후차오무 동지는 의논하여 중대한 절차와 조치를 내오고 신화사를 신속히 전국적인 통신사로 성장시키고 강력한 이목과 후설의 역할을 발휘하게 하려 했다. 중요한 조치가 바로 간부양성을 틀어쥐고 간부의 정치 자질과 업무 능력을 높이고 우수한 업무기풍과 업무방법을 양성하는 것이다.

1948년 10월부터 랴오청즈는 역량을 집중하여 신화사 본사의 일상 업무를 전면적으로 관리하여 모든 기계의 정상적인 운행을 보장하고 입말방송과 영어방송을 잘 틀어쥐었으며 후차오무 동지에게 정력을 집중하여 편집간부들을 양성하게 했다.

이때부터 편집부문은 일부 핵심 역량을 뽑아내어 소수의 정예 편집진을 편성하여 후차오무의 지도 아래 시바이퍼 당 중앙 주둔지(샤오치 동지 처소의 앞뜰)에 거주하면서 긴장되고 엄격한 훈련을 받게 했다.

집중 훈련은 류샤오치가 화북 기자단에게 연설을 하면서부터 시작되었다. 그는 연설에서 보도사업이 당의 사업에 중요한 역할을 한다는 것을 상세히 설명하고 기자들이 노력할 방향과 마땅히 갖추어야 할 품성을 제기했다. 편집진이 창작한 뉴스, 논평과 사론은 다 차오무 동지가 수정했고 중요한 것은 샤오치 동지에게 보내 검열을 받았으며 어떤 것은 또 마오 주석과 저우언라이가 심사했다. 매일 밤 차오무 동지는 편집진의 전체 인원을 모아놓고 중앙 지도자 동지의 의견과 매일의 원고에 나타난 문제에 대한 강평을 전달했는데 비평도 있고 격려도 있었다. 다들 각자의 의견을 발표했는데 해석을 하기도 하고 토론을 하기도 했다. 마오쩌둥, 류샤오치, 저우언라이 등 중앙 지도자 동지들이 저술하고 수정한 원고에 대해서도 평가를 하고 학습 체득을 이야기하기도 했다. 청즈 동지는 정기적으로 앞에서 말한 여러 가지 의견을 종합하여 전체 인원들에게 보고를 함으로서 모든 사람이 중앙의 정신을 알고 더욱 부지런히 업무를 연구하도록 했다.

이 시기에 신화사 본사가 발표한 많은 업무 통보, 예를 들면 군사보도를 개진하고 적에 대한 투쟁을 강화하는 데에 관한 지시, 뉴스는 필요한 배경을 설명해야 한다는 것, 뉴스 전보문 맨 앞부분의 지명 사용법에 대한 규정, 종합보도를 강화하는 데에 관한 건의, 입말방송 원고를 작성하여 적들의 요언을 격파하는 데에 관한 통보, 언어사용에 관한 지시, 통계수학을 세밀하게 이용하는 레닌의 기풍을 따라 배울 것, 뉴스가 지연되는 현상을 극복하는 데에 관한 지시 등은 다 이 시기의 편집진 업무에서 얻어낸 경험과 교훈이고 중앙의 요구에 근거해 종합해낸 것이다.

또 이때부터 마오 주석은 신화사에 점점 더 많은 원고를 써주기 시작했다. 10월 22일 우리 군이 정저우(鄭州)를 해방한 뉴스를 쓴 것으로부터 시작해 우리 군의 랴오시대첩(遼西大捷) 뉴스, 베이핑의 장제스와 푸쭤이(傳作義)가 스자좡을 몰래 기습하려는 것을 폭로한 뉴스와 논평(마오 주석은 이번에 공성계를 연출하였는데 몇 편의 원고의 역할이 몇 개 군의 저격 역량과 맞먹었다. 장제스, 푸쭤이는 며칠씩이나 망설이면서 경술하게 남으로 이동하지 못했지만 우리군은 밤낮으로 길을 재촉하여 바오딩(宝定) 남쪽에 도착했다. 적군은 베이핑으로 철거하는 수밖에 없었다.), 우리 군이 난양(南洋)을 점령한 소식, 우리 백만 대군이 창장을 가로 건넌 소식 등을 썼다. 마오 주석은 화이하이 회전(淮海会戰)과 호흡을 맞추기 위해 친히 황웨이(黃維)병단에 대한 방송 연설, 두위밍(杜聿明) 등에 항서를 재촉하는 문장을 썼다. 마오 주석은 또 적지 않은 논평을 썼는데 예를 들면 「중국 군사형세의 중대한 변화」, 「혁명을 끝까지 진행하자」, 「전쟁범이 화해를 요청한 것을 논하다」 등 국민당 당국의 우롱을 적발하고 음모를 논한 논평이 있다. 이때의 신화사는 여전히 통신사, 신문과 방송 3 가지 임무를 한 몸에 지녔기 때문에 청즈 동지는 사람들을 조직하여 마오 주석이 창작한 뉴스, 논평, 방송 연설을 학습하게 하고 이런 문장을 신화사 직원들이 학습할 본보기로 삼았다.

편집 인원을 대대적으로 양성하는 한편 랴오청즈는 또 기관여가문화학교를 세우고 행정인원, 전보문 인원, 인쇄공장 종업원들을 참가시켜 배우게 했다. 편집인원이 교사를 담당하게 했으며 소학반과 중학반으로 나누었다. 이는 농촌에서 온 잡역부의 문맹을 퇴치하고 공·농간부의 문화수준을 제고시키는데 도움이 되었을 뿐만 아니라 편집인원들과 기타 인원들의 관계를 크게 개선하고 전사 각 부문 간의 단합과 협력을 증진했다.

이 여가문화학교는 핑산으로부터 베이징까지 계속 이어졌으며 매우 오랜 시간 지속되었다. 청즈 동지가 공·농간부들을 위해 설립한 이 학교를 사람들은 잊지 못했다.

핑진전선(平津戰線)에서 우리 군이 빠르게 발전하자 청즈 동지는 중앙의 지시에 따라 12월 중순에 판창장, 쉬마이진 동지에게 선봉대를 거느리고 베이핑 서쪽 교외로 가서 국민당 뉴스기관을 인계받게 하는 한편 본사가 입성할 일을 계획했다.

1949년 1월 말, 베이핑이 평화적으로 해방되었다. 신화사는 중앙의 명령을 받고 '하나가 둘로 나뉘었다'. 편집부 인원은 후차우무를 따라 핑산으로부터 베이핑 서쪽 교외로 갔고 랴오청즈는 3월 22일 편집인원, 기술인원, 행정인원을 포함한 방송관리인원(즉 입말방송과 영어방송 두 부분의 인원)을 데리고 직접 입성하여 중앙라디오방송사업관리부(후에 중앙라디오방송사업국으로 고쳤음)를 설립했으며 베이핑신화라디오방송국(얼마 후 중앙인민라디오방송국으로 고쳤음)이라는 이름으로 전국에 방송을 시작했다.

중화인민공화국이 설립된 후 청즈 동지는 언론계 직무에서 물러나 외사와 해외교포 관련 업무로 근무처를 옮겼다. 그러나 그가 신화사의 옌안-타이항-시바이퍼 시기에 당과 인민에게 한 공헌, 드팀없는 공산주의 품격, 혁명낙관주의의 풍채, 열정적이고 솔직하며 겸손하며 친절하며 활달하고 익살스러운 모습이 그와 함께 일을 하고 그와 접촉했던 모든 당 내외 인사들의 기억 속에 깊이 새겨졌다. 모두들 다 청즈 동지를 매우 그리워하고 있다!(1989년 7월)

8. 차오무(喬木) 동지를 회억하다

8. 차오무(喬木) 동지를 회억하다*

(1) 사론(社論)으로 차오무 동지를 알게 되다

내가 후차오무 동지를 알게 된 것은 1941년 9월 말 옌안으로 가서 『해방일보』 업무를 맡으면서였다. 그때 나는 뉴스부에서 근무했다. 매일 발표되는 사론은 뉴스부를 통해 원고가 발송되었다. 어느 사론은 누가 집필한 것인지 대강 알 수 있었다. 나는 사론 원고를 통해 후차오무 동지를 알게 됐다고 말할 수 있다. 내가 처음으로 알게 된 차오무 동지의 사론은 『교조(敎条)와 바지』(1942년 3월 9일)였다. 그때 정풍운동이 금방 시작되었기 때문에 편집부에서는 정풍운동에 관한 사론을 중시했으며 또 이 사론의 제목이 특별했다. 곧바로 후차오무 동지가 쓴 것이라고 소문이 났다.

차오무 동지는 『해방일보』에 많은 사론을 썼는데 나에게 깊은 인상을 남긴 것은 두 편이다. 하나는 『총칭은 로마를 보라』(1943년 8월 21일)이고, 다른 하나는 『장제스를 반박하다』(1946년 4월 7일)이다. 전자는 이탈리아 무솔리니의 파시스트 정권의 멸망을 빌려 국민당의 파시스트 독재를 비판한 것이다. 당시 나는 국제 논평 업무를 맡고 있었는데 국제사건을 빌려 국내 정국

---

* 이 문장은 1994년 1월에 썼으며 원래 당대중국출판사가 1994년에 출판한 『후차오무를 회억하다』에 수록되었다.

을 논평할 생각을 한 적이 없었던지라 매우 새롭다는 느낌을 받았다. 후자는 장제스의 연설을 반박한 것이었는데 그가 동북정전협정과 정치협상회의 결의를 파기하고 전면적인 내전을 준비한다고 폭로한 것이다. 이는 해방구 군민에게 자위반격을 준비할 것을 동원하는 격문으로 논점이 선명하고 엄밀했으며 필치가 날카롭고 거침없고 힘찼다. 그때 나는 이미 차오무 동지가 마오 주석의 비서라는 것을 알았으며 그가 마오 주석에게서 많은 것을 배운 것이 틀림없다고 생각했다.

정풍운동이 시작된 지 얼마 안 되어 마오 주석은 『해방일보』를 개조하는 업무를 주재했다. 그 때 '해방일보사' 사장인 버구(博古) 동지가 중앙업무를 주재하던 시기(토지혁명전쟁 시기)에 실행한 '좌'경 기회주의 노선을 정리하지 않았고, 또 항일전쟁 초기 왕밍(王明) 우경 기회주의 노선의 영향을 숙청하지 않았기 때문에 그가 주재하는 『해방일보』가 완전한 중앙기관보로 되지 못했던 것이다. 『해방일보』의 정풍운동은 주로 당보의 당성 원칙, 뉴스의 진실성 원칙, 이론을 실제와 연결시키는 것, 군중을 긴밀히 연결시키는 것, 비평과 자아비평, 정치와 업무의 관계, 전당의 신문을 만드는 방침 및 뉴스대오의 사상개조 등 중대한 문제를 해결하는 것이었다.

차오무 동지는 마오 주석의 비서로서 『해방일보』를 개조하는 과정에 많은 일을 했다. 그가 마오 주석과 버구 동지, 루딩이 동지(그는 『해방일보』를 개조하기 시작할 때 편집장으로 있었음)의 연락원 일을 자주 했고 후에 마오 주석을 서기로 하는 당 중앙 선전위원회의 비서 직무를 맡았다는 것을 나는 알았다. 그는 『해방일보』를 정돈하기 위해 적지 않은 논평을 썼다. 그가 쓴 사론 『우리의 신문을 더 잘 만들자』, 『신문과 새로운 문풍』 등은 다 당시 『해방일보』의 결점을 겨누고 쓴 것이다. 당시 내가 받은 인상은 차오무 동지가 문장을 잘 썼을 뿐만 아니라 뉴스업무에도 매우 능통했다는 것이다.

그러나 전반 옌안시기에 나는 차오무 동지에 대해 이름만 들어봤을 뿐 사람은 만나보지 못했다. 나는 당시 20여 세의 젊은 편집일 뿐 신문사의 편집 위원회 회의에 참가하지 못했고 중앙의 지도자 동지는 더욱 접촉할 수 없었다.

(2) 차오무의 지도하에 합동 훈련을 받다

그를 만나고 그에게서 가르침을 받은 것은 시바이퍼 시기 후 차오무 동지가 직접 나의 업무를 지도할 때였다.

마우 주석은 성공리에 산베이를 전전한 후 동으로 황허를 건너 핑산현 시바이퍼로 왔다. 신화사는 옌안에서 철거하여 중앙과 1년 남짓이 멀리 떨어져 있다가 다시 타이항으로부터 핑산으로 옮겨 중앙의 직접적인 지도를 받았다. 이때 차오무 동지가 신화사 편집장을 맡았으며 사장은 랴오청즈 동지였다. 마오 주석은 1948년 6월에 각 중앙국, 분국, 구 당위, 성위 및 전위(전선위원회)에 신문과 통신사에 대한 지도를 강화할 것을 지시했다. 얼마 안 돼 당 중앙은 즉시 신화사의 중요 간부를 단체로 훈련시켜 곧 다가올 전국 해방의 새로운 국면을 맞이하기로 했다. 중앙 서기처에서 합동훈련을 맡은 것은 류샤오치 동지(마오 주석과 저우언라이도 자주 지도를 했다)였고 평상시에 구체적인 업무를 책임진 것은 차오무 동지였다. 합동훈련에는 판창장, 천커한, 메이이, 스시민 등 20여 명의 중요한 편집 인원이 있었다. 당시의 신화사는 삼위일체의 보도기관으로 중국의 당보, 통신사, 라디오방송국의 기능을 겸하였다.

합동훈련은 마오 주석이 『진수이일보(晉水日報)』 편집인원들에게 했던 연설과 류샤오치 동지가 화북 기자단에 했던 연설을 토론하면서 시작됐다. 이 두 연설은 당의 보도업무의 성질, 임무, 방침, 업무 방법, 업무 작풍을 명확하게 제기했으며 이번 훈련의 강령이었다.

이어 보도업무의 기본 훈련이 있었다. 여기에는 당 중앙의 노선, 방침, 정책을 이해하고 관철하는 것, 해방구, 국민당통치구, 세계의 상황을 다방면으로 신속하게 반영하는 것, 뉴스와 논평의 소재 선정, 제목 선정, 입론, 구도, 언어 사용, 문장 부호 등이 포함되었다. 이런 방면에서 샤오치 동지와 차오무 동지는 요구가 매우 엄격했다.

차오무 동지는 모든 발표될 원고를 심사했을 뿐만 아니라 신화사 각 지방의 분사, 야전군 분사의 모든 원고(이런 원고는 시간성이 긴박한 것은 오는 대로 편집해 발송하고 나머지는 다 조판하여 인쇄했음)까지 보았다. 샤오치 동지는 처음 한동안은 모든 원고를 다 보다가 후에 점차 적게 보았고 합동훈련이 거의 끝날 무렵에는 차오무 동지가 보내온 원고만 보았다. 중요한 원고는 또 마오 주석과 저우언라이에게 보내 심사하도록 했다.

매일 밤 9시쯤 다들 하루의 편집과 창작 임무를 마치고 차오무 동지도 모든 원고를 다 심사한 후 그는 관례대로 편집회의(당시에는 농담으로 기자회견이라고 말했음)를 소집했는데 주로 그날 원고에 대한 의견을 얘기했다.

이는 생동적이고 활기찬 회의였다. 회의에서 차오무 동지가 마오 주석과 샤오치 동지, 언라이 동지의 지시를 전달하고 원고를 품평한 후 각자가 자기 의견을 얘기하면서 의논이 잇달아 터져 나왔다. 차오무 동지의 원고에 대한 의견은 큰 정책으로부터 작은 문장부호에 이르기까지 요구가 엄격했고 세밀하게 품평하였는데 엄하기로 가혹할 정도에 이르러 사람들을 어쩔 줄 모르게 했다. 일반 편집에게 그러했고 판창장, 천커한, 메이이, 스시민에게도 예외가 아니었다. 모두들 회의에서 해석, 변론을 할 수 있었다.

그러나 대다수 상황에 후차오무 동지가 근거를 가지고 일리에 맞게 말하여 다들 진심으로 승복하곤 했다. 어떤 원고에 대해 그는 처음부터 끝까지 성한 데가 없을 정도로 비평하고 다시 쓰게 했다. 어떤 원고는 세 번, 네 번씩 다시 써서야 통과되었다. 판창장처럼 경험이 풍부하고 전국적으로 이름난 오랜 기자가 쓴 전국에 관한 논평도 차오무 동지로부터 엄한 비평을 받은 적이 있다. 후에 판창장은 나에게 마오 주석을 따라 산베이를 전전하는 과정에 루딩이 동지와 차오무 동지가 쓴 원고를 마오 주석이 수정하고 다시 쓰게 한 것을 보고 교육을 받지 않았더라면 차오무 동지의 의견을 받아들일 수 없었을 것이라고 말했다. 『대공보(大公報)』에 있었더라면 그는 진작 일을 그만두었을 것이다. 차오무 동지가 사람들을 납득시킬 수 있었던 것은 그가 다른 사람의 결점을 지적할 수 있었을 뿐만 아니라 더욱 좋은 작품을 직접 써내거나 개작할 수 있었기 때문이다. 「백정, 노예와 백치」(1948년 10월 20일 신화사 시평)가 바로 그가 개작해낸 논평이다.

전반적으로 합동훈련 시기의 편집 업무에서 차오무 동지는 머릿속에 계산기가 들어 있는 것처럼 기준에 부합되지 않는 원고는 아무리 작은 착오가 있더라도 정확하게 골라내어 다시 정확하게 처리하곤 했다. 이 모든 것은 사람들에게 깊은 인상을 주었다. 즉 그가 상당히 높은 마르크스주의 수준을 가지고 있다고 생각했다.

합동훈련이 한동안 진행된 후 차오무 동지는 일상 편집업무 중에 보편성을 가진 문제들을 발견했고 이런 문제를 해결하기 위해 계통적으로 의견을 제기했다. 1948년 11월부터 신화사가 중앙을 따라 베이핑에 진입했을 때 (1949년 3월 말)까지 중앙선전부와 신화사 본사가 뉴스홍보업무에 관한 많은 지시를 내렸는데 대다수가 차오무 동지가 작성했거나 그의 의견에 따라 쓴 것이었다.

그중에서 비교적 중요한 것은 「각지 뉴스보도에서 우경 편향을 시정하는 데에 관한 지시」(1948년 2월 중공중앙은 토지개혁 홍보 중 '좌'경 착오를 시정하는 데에 관한 지시를 내린 적 있음),「뉴스 통신 창작을 개선하는 데에 관한 지시」,「뉴스 보도를 개진하는 데에 관한 지시」,「뉴스가 늦어지는 현상을 극복하는 데에 관한 지시」,「종합보도를 강화하는 데에 관한 지시」,「언어 사용에 관한 의견」, 「통계수치를 사용하는 데 관한 의견」 등이 있다. 모두들 차오무 동지가 뉴스업무에 능통하고 우리 당의 탁월한 신문학가에 손색이 없다는 것을 깊이 느꼈다.

합동훈련에 참가한 모든 동지들은 마오 주석과 류샤오치 동지의 말과 행동에서(마오 주석은 직접 많은 중요한 뉴스와 논평을 썼음), 차오무 동지가 주재하는 일상 편집 업무에서 평생 잊을 수 없는 가르침을 받았다.

(3) 우수한 정론가의 풍채

신 중국이 창립된 후 차오무 동지가 직접 신화사를 지도했다. 특히 『인민일보』 시기에 그는 신문학가로서 박식다식하다는 것이 더욱 부각되었다. 그는 평생 보도에 대해 많은 논술을 했으며 이는 우리나라 무산계급 신문학의 이론 기초를 체계적으로 구성하고 있다.

이른바 '문화대혁명'이 시작될 때까지(1961년 후 한동안 병으로 휴양할 때를 제외) 차오무 동지는 오랜 동안 나의 업무를 직접 지도했다. 그는 나의 좋은 스승이자 훌륭한 벗이었고 정치적으로, 사상적으로, 업무적으로 나에게 많은 도움을 주었다. 그중에는 높은 식견을 가지고 멀리 내다볼 때도 있었고 매우 사소한 것도 있었다. 엄밀하고 참답고 완벽한 것을 추구하는 그의 작풍이 나에게 큰 영향을 주었다.

나는 그의 도움을 받아 점차 중앙 핵심 지도자의 업무방법과 업무작풍에 익숙해졌다. 중앙의 중요한 회의에 참가해 중앙을 위해 원고를 쓰는 과정에 차오무 동지는 매우 진실 되게 종합과 귀납을 하고 각종 다른 의견을 흡수, 회답하면서 탁월한 솜씨와 비범한 능력을 보여주었다. 차오무 동지의 수정을 거친 중요한 원고는 마오 주석과 기타 정치국 상무위원들이 다 만족스러워 했으며 일부 정치국 위원들은 자신의 의견을 완전히 표현하지 못했다 생각하면서도 흠을 잡기 어려워했다. 그는 중앙 핵심 지도자의 고급 비서로서 얻기 힘든 기재였다.

나에게 가장 깊은 인상을 준 것은 마오 주석이 친히 주재하여 작성한 두 논문이었는데 한 편은 「무산계급 독재의 역사적 경험을 다시 논하다」(1956년 12월 29일 발표)이고, 다른 한 편은 「티베트의 혁명과 네루의 철학」(1959년 5월 6일 발표)이었다. 이 두 논문은 다 차오무 동지가 집필했는데 초고를 작성한 것도 그였고 여러 차례 수정한 것도 그였다. 나는 그의 조수로서 처음부터 마지막까지 원고의 작성, 수정에 참가했으며 이것이 매우 어려운 숙제라는 생각이 들었다.

「재론」이라는 문장을 수정하는 과정에 마오 주석이 주재하는 정치국 회의에서 모두들 많은 의견을 발표했다. 헝가리 사건을 어떻게 분석할지에 관하여, 티토의 연설에 어떻게 회답할지에 관하여, 10월 혁명의 기본 경험과 공동의 길을 어떻게 논술할지에 관하여, 교조주의와 수정주의를 반대하는 데에 관하여, 국제주의와 민족주의에 관하여 등 많은 날카로운 의견들이 있었다. 물론 성숙되지 못하고 정확하지 않은 견해도 있었다. 마오 주석과 중앙 정치국 기타 위원들은 실사구시적인 분석을 거쳐 원칙을 견지하는 한편 융통성을 가질 것을 강조했다. 차오무 동지는 특유의 정론가의 풍격으로 강유를 겸비하고 포폄을 적절하게 했다. 마지막으로 마오 주석이 제기한 두 가지 다른 성질의 모순(인민 내부 모순과 적아 모순)을 구별하고 처리하는 데에 관한 관점이 이 논문으로 하여금 더욱 철학의 빛을 뿌리게 했으며 국내와 국제에 광범위한 영향을 미쳤다.

「티베트의 혁명과 네루의 철학」이라는 문장을 수정하는 과정에 가장 처리하기 어려운 것은 당시 네루에 대한 태도였다. 그는 우리가 비평할 대상이기도 하고 또 우리가 단합할 대상이기도 했다. 마오 주석과 저우 총리는 토론 중에 핵심을 찌르면서도 적절한 의견을 많이 얘기했으며 수정 할 때 단합과 투쟁을 병행하고 투쟁으로 단합을 도모하는 방침을 체현할 것을 요구했다. 문장을 지을 때 이런 방침을 어떻게 관철할지 어려움이 매우 컸다. 차오무 동지는 여러 차례 심사숙고하고 반복적으로 수정하면서 끝내 타당한 방법을 찾았다. 그것은 다음과 같았다. 전문의 첫 머리에서 유리한 지세를 차지하고 티베트혁명으로부터 시작해 얘기하면서 티베트 농노제도가 반동적이고 암흑하고 잔혹하고 야만적이라는 것을 폭로한다. 이로써 중국군대가 티베트의 반란을 평정한 것을 구실로 중국을 반대하는 언론의 기초를 파죽지세로 철저하게 분쇄했다. 이어 중국 문어문 작성법인 '억누르기 위해 먼저 추켜세운다'는 필법을 취하여 우선 네루의 좋은 점을 인정한 후 그의 잘못된 이론을 비평한 것인데 그의 전후 모순되는 말을 이용하여 그의 모(창)를 이용하여 그의 순(방패)를 공격했다. 전체 문장은 사실을 충분히 열거하여 이치를 따지면서 서두르지 않고 세심하게 얘기했는데 날카로운 곳은 먹물이 목판 깊숙이 스며들 듯 하고 완곡한 곳은 이야기가 흥미진진하여 귀가 솔깃하였으며 고저장단의 억양이 있고 이치와 인정이 모두 뛰어났다.

이 논문의 마지막 부분에서는 저우 총리의 의견대로 네루가 1954년에 중국을 방문할 때 했던 우호적인 연설을 인용하여 중국-인도 양국과 양국 인민은 계속 우호적으로 협력하면서 아시아와 세계 평화를 위해 노력할 것이라고 표했다. 이렇게 단합-비평-단합이라는 공식이 원만하게 마침표를 찍었다.

차오무 동지는 평생 헤아릴 수 없이 많은 중요한 원고를 집필했다. 우리 당의 우수한 정론가로서의 그의 풍모는 우리가 따라 배워야 할 바이다.

(4) 루산(盧山)회의에서 '문화대혁명' 까지

1959년의 루산회의는 차오무 동지의 일생에서 중요한 고리였다. 회의 전

단계 즉 이른바 '신선회' 기간에 차오무 동지는 우리를 데리고 회의기요를 작성했다. 그는 대약진 시기의 잘못을 예리하게 제기하고 회의기요 초고에 써 넣었다. 초고가 강력한 '좌'경 정서를 가진 일부 동지들의 비평을 받자 그는 또 샤오치 동지가 제기한 "성적은 많이 말하고 결점은 투철하게 말해야 한다"는 원칙을 견지하는 전제하에 그는 각종의 다른 의견을 두루 돌보려고 애쓰면서 초고를 수정하였다. 수정고가 나온 후 회의는 갑자기 180도로 방향을 바꾸었고 「기요」는 더욱 강력한 비난을 받았다. 어떤 동지들은 펑 총사령관의 의견서와 한데 섞어 논하면서 제멋대로 공격했다. 차오무 동지와 기요 작성에 참가한 우리들은 사이비의 비평을 받았다. 차오무 동지는 당시에 당황해하고 낙담했으며 반년동안 지속돼오던 '좌'경 착오 시정이 곧 중단되는 것을 지켜봐야만 했다. 며칠 동안 그는 말 한 마디도 하지 않고 얼굴 표정이 침울했으며 걱정이 태산 같았다. 마오 주석이 "수재는 우리 편이다"라고 말한 후에야 차오무 동지는 전반적으로 국면을 중시하면서 기운을 내어 전회 결의를 작성했다.

펑더화이 동지를 대표인물로 하는 이른바 '군사클럽'을 잘못 비판하는 국면을 돌려세울 수 없게 되었음에도 그는 여전히 함께 기요 작성에 참가한 한 사람을 도우려 했다. 그는 텐자잉 동지와 나와 의논을 한 후 기요 작성에 참가한 그 사람에게 마오 주석에게 반성문을 써 보내 양해를 구할 것을 제안했다. 차오무 동지는 호의였지만 상대방은 앙분을 베풀었다. 20여 년 후 이 기요 작성 참가자는 책을 써서 자기가 그 편지를 쓴 것이 "두고두고 한이 되었다"라고 하면서 차오무 동지의 건의가 그를 해친 것처럼 말했다. 더욱이 그는 저술에서 자기가 루산회의에서 차오무와 자잉을 보호했다고 말하기까지 했다. 사실은 전혀 반대였다. 바로 그가 루산회의 후기에 이른바 '검거 자료'를 써서 많은 '죄상'을 열거하면서 차오무 동지, 자잉 동지와 나를 고발했던 것이다. 펑전(彭真), 이보(一波), 상쿤(尙昆) 동지가 우리에게 대회에서 그 사람과 대질하라고 했다. 8기8중 전회에 참가했던 동지들이 다 당시 회장에서 대질하는 정경을 목격하였다. 중앙은 이를 위해 2개월간 조사를 했고 10월 초 마오 주석이 차오무, 자잉과 나를 찾아 담화를 해서야 사건이 종결되었다. 30여 년이 지나 내막을 아는 사람이 점점 적어지고 있다. 나에게는 차오무, 자잉 두 망우를 위해 역사 사실을 공개적으로 밝혀야 할 미룰 수 없는 책임이 있다.

루산회의는 가랑비에서 사나운 비바람으로 변해버렸는데 이는 차오무 동지가 평생 처음으로 겪는 일이었다. 한 달 동안의 긴장한 국면은 그의 심신을 지쳐버리게 했으며 이는 그가 후에 극도의 정신피로로 지병이 생긴 근원이었다. 그럼에도 그는 자신의 안위를 돌보지 않고 여전히 소련 패권주의를 반대하는 투쟁에 뛰어들었다. 1960년 하반기, 그는 81당 모스크바회의 성명 초안을 작성하는 모든 과정에 참가했고 복잡하게 뒤얽혀진 투쟁을 경험하였으며 나중에 협의가 달성되는데 탁월한 기여를 했다. 그 후 그는 또 농촌 조사와 농촌 60조를 작성하는 업무에 참가했다. 그는 장기적으로 쌓인 긴장과 과로로 1961년 하반기에 장기간 직장을 떠나 요양을 해야 했다. 이른바 '문화대혁명'이 시작될 때까지 그는 기본상 휴양 상태였다. 그러나 여전히 『인민일보』에 개진 의견을 제기하곤 했다.

1966년 3월, 마오 주석은 정치국 상무위원회 항저우회의에서 나를 엄하게 비평하고 차오무 동지도 비평했다.(그는 당시 현장에 없었다) 나는 원래 그의 병이 호전된 다음 알려드릴 생각이었으나 곧바로 이른바 '문화대혁명'이 일어났다.

'문화대혁명'이 시작되기 전인 5월 31일, 나는 천보다(陳伯達)에게 권력을 빼앗기고 감옥에 들어갔으며 그 후 차오무 동지와 연락이 끊겼다. 나는 4년간 감옥 생활을 하고 또 2년간 강제노동을 한 후에야 베이징에서 차오무 동지와 만날 수 있었다. 그는 나에게 이 몇 해 동안 그는 많은 충격을 받지는 않았지만 일을 못하고 '냉장' 당했다고 알려주었다.

덩샤오핑 동지가 다시 나와서 일을 시작한지 얼마 안 되는 1975년 3월, 마오 주석의 비준을 거쳐 차오무 동지와 나는 『마오쩌둥선집』 자료조에 전출되어 마오쩌둥선집의 편집에 참가했다. 동시에 전출되어 이 업무에 참가한 사람으로는 후성(胡繩), 시웅푸(熊复), 리신(李鑫)이 있었다. 얼마 후 샤오핑 동지(그는 당시에 국무원 부총리였는데 사실상 중병 중인 저우언라이를 대신하여 국무원 업무를 주재했다)가 또 국무원 정치연구실을 설립했으며, 차오무와 자료조의 몇 명의 책임자 외에 덩리췬(鄧力群)과 위광위안(于光遠)을 추가해 지도자 성원으로 지정했다. 이는 사실상 한 개 지도부, 두 가지 일이었다. 정치연구실은 국무원의 우청뎬(武成殿) 허허우러우(和后楼)에 있고 자료조는 화이런탕(懷仁堂)의 시스위안(西四院)에 있었는데 각각 많은 연구인원과 편집인원을 보유하고 있었다. 덩리췬과 위광위안은 주로 정치연구실의 일을 했으나 샤오핑 동지는 매번 마오 주석의 원고를 토론하고 정리할 때 그들을 참가시켰다. 차오무 동지가 이 그룹의 두 방면의 업무를 주재했다. 그는 『마오쩌둥선집』의 정리 업무에 매우 익숙했으며 또 엄격히 틀어쥐었다.

짧은 반년이란 시간 내에 그의 주재로 마오 주석의 많은 원고가 정리되었는바 그중에서 매우 중요한 것으로는 샤오핑 동지가 마오 주석의 동의를 거쳐 최종 마무리를 한 「10대 관계를 논함」과 「음악 종사자와의 담화」가 있다.

정치연구실의 업무는 주로 국내 업무와 국제 상황을 조사 연구하는 것이고 특히 전면적인 정돈에 관한 상황을 제때에 총리와 부총리에게 반영하고 보고하는 것이었다. 차오무 동지는 늘 출제하여 사람들에게 조사연구를 시켰으며 많은 중요한 상황을 샤오핑 동지에게 보고했다. 예를 들면 영화 「창업」은 '4인방'의 질책을 받았으나 샤오핑 동지가 인정을 했다. 영화 「바다노을」은 '4인방'에 의해 방영이 금지되었으나 샤오핑 동지가 해금시켰다.

장칭(江青)이 다이자이(大寨)에서 한 연설은 샤오핑 동지의 지시를 거쳐 빠른 경로로 마오 주석에게 보고되었다. 국무원 정치연구실은 '4인방'에 역행하는 것이 되었다. 차오무 동지가 지시해 작성한 「전당 전국 각항 업무의 총칙」이라는 문장은 바로 '4인방'이 당시에 대대적으로 선동하던 "계급투쟁을 위주로 한다"는 것에 정면으로 회답한 것이다. 불행한 것은 곧바로 이른바 '우경 번안풍을 반격하는' 바람이 불어 샤오핑 동지가 또 타도당하고 차오무 동지 및 나와 같은 사람들도 비판 대상이 된 것이다.

차오무 동지는 이 때문에 매우 괴로워했다. 한 번은 나와 후성, 시웅푸가 특별히 그와 담화를 하면서 각 방면의 압력에 버티라고 그를 지지했다. '4인방'은 시종일관 그를 눈엣가시로 생각하여 때려눕힌 후 발로 차려고까지 했다.

(5) 다시 일하다

'4인방'을 무너뜨리고 '문화대혁명'이 끝난 후 차오무 동지는 중대한 역사적 의의를 가진 당의 11기 3중 전회에서 다시 중앙 지도부에 흡수되어 일을 했다. 그는 전회가 채택한 전당의 업무 중심을 사회주의현대화건설로 옮겨야 한다는 노선을 관철 집행했으며 사상이론 전선에서 적극적으로 사상을 해방하고 실사구시 적으로 많은 혼란 상태를 수습하여 바로잡았다.

계속해서 '극좌' 사조를 비평하는 한편 점차 머리를 쳐들고 있는 4 가지 기본원칙을 부정하는 우경 사조도 비판했다. 1980년 가을부터 1981년 여름까지 차오무 동지는 나에게 광저우(廣州)[1980년 초 나는 광동(広東)성위에 조동되어 일했다]에서 베이징으로 돌아와 「건국 이래 당의 약간의 역사문제에 관한 결의」의 수정에 참가하라고 했다. 이 결의의 초안 작성 작업은 중앙 정치국, 중앙서기처의 지도하에 덩샤오핑 동지의 주재로 진행된 것이다.

초안작성 소조는 주로 차오무 동지가 책임졌다. 차오무 동지는 1945년 「약간의 역사문제에 관한 결의」작성에 참가했고 또 다년간 마오 주석의 비서 직무를 담당하고 장기간 중앙의 문건을 작성해오던 풍부한 경험과 정치사상 소양을 바탕으로 반복적인 수정을 거쳐 마침내 초안 작성과 수정 업무를 원만하게 마쳤다. 이 결의에 포함된 마오쩌동 사상 영혼의 3개 기본점(실사구시, 군중노선, 독립자주)은 차오무 동지가 마오쩌동 사상의 풍부한 내용을 간명하게 개괄해낸 성과이다.

1982년 봄 내가 광동에서 베이징라디오텔레비전부에 전근되어 온 후 차오무 동지는 늘 라디오텔레비전 업무를 관심했으며 나에게 업무 개진에 관한 좋은 의견을 많이 제기했다. 나의 기억에 그는 제11차 전국라디오업무회의 문건을 심사할 때 전화를 걸어와 라디오텔레비전을 대대적으로 개혁하는 것에 동의 한다며 뉴스 개혁을 돌파구로 하는 한편 군중이 좋아하는 건전한 문예프로를 잘 만들어야 한다고 했다. 그는 우리의 라디오텔레비전 업무는 우량한 전통이 있는데 계승하고 발양해야 한다고 했다. 우리는 외국을 본받을 때 그들의 정수를 골라 취하고 찌꺼기는 버리는 방침을 실행해야지 절대 서양문화를 그대로 받아들여서는 안 된다고 했다. 나는 사고를 미연에 방지하는 그의 지도사상이 매우 정확하다고 생각한다.

차오무 동지의 80세 생일날에 나는 그의 댁을 찾아 축하를 드렸다. 당시에 그는 이미 중병에 걸렸으나 휠체어에 앉아 나와 무칭 동지와 반시간이나 이야기했다. 그는 그가 신화사를 지도할 때의 옛일을 회고하였으며 신화사의 발전 전망에 대해 관심을 표했다. 그는 자기 병세를 얘기하고 나서 나의 병세도 물었다. 이번 만남이 영원한 이별이 될 줄 몰랐다. 그 후 두 주일이 지나 나는 큰 병에 걸렸다가 겨우 목숨을 건졌는데 병원에서 10개월 동안이나 치료받았다. 병중에 나는 그가 사인하여 보내준 문집을 받았다. 거듭 읽으면서 옛일이 떠오르고 오만가지 생각이 다 들었다. 얼마 후 차오무 동지가 서거했다는 소식을 듣고 애석함을 금할 수 없었다. 그러나 중병을 앓고 있어 그의 유체와 고별하지 못한 것이 너무 유감스럽다.

지난해 10월 중순에 사회과학원 등 단위가 개최한 차오무 동지 서가 1주년 좌담회에서 나는 매우 간단한 발언을 했다. 회의 후 관련 동지의 의견에 따라 발언을 문장으로 작성했다. 나는 병으로 몸이 허약하고 정력이 달렸기 때문에 쓰다가 말다가 했다. 흘러간 기억을 두서없이 돌이키면서 변변치 못한 이 몇 마디로 애도의 마음을 표할까 한다.(1994년 1월)

9. 계몽 선생 아이쓰치(艾思奇)를 회억하다

9. 계몽 선생 아이쓰치(艾思奇)를 회억하다*

(1) 『대중철학(大衆哲学)』의 나에 대한 계몽

아이쓰치(艾思奇) 동지는 나의 계몽 선생님이다. 1935년 12.9 학생 항일구국 붐이 나를 애국운동에 말려들게 했다. 나는 광저우 12.16 시위대행진에 참가한 후 또 광야중학(広雅中学) 전교가 문을 닫고 동맹휴교(하향하여 항일구국 홍보를 하도록 겨울방학을 앞당길 것을 요구)를 하는데 참가했는데 이 두 번의 행동이 모두 큰 성공을 얻었다. 그러나 그 후에 일으킨 광저우시 중학생의 '시험 거부'(졸업 연합고사 반대) 운동은 실패했다. 나는 막막함에 빠져버렸다. 이 때 한 고학년의 학우(후에야 그가 공산당원이라는 것을 알았다)가 책 한권을 나에게 보여주었는데 바로 아이쓰치 동지가 새로 출판한『대중철학』이었다.

아이쓰치 동지의 이 저술은『독서생활』잡지에 연재된 적이 있고, 또『철학연설』이라는 책으로 출판된 적이 있지만 나는 다 보지 못했다. 그 때 나는 아직 항일구국 운동에 가담하지 않았다. 나는 '시험 거부'가 실패한 후 여름방학 내내 농촌에서 항일구국을 홍보하면서 틈을 타『대중철학』을 세심하게 읽었다. 나는 큰 힘을 들여서야 첫 두 장을 다 봤다. 이 두 장에는 철학의 가장 기본적인 이론을 썼는데 저자가 일상생활에서 시작해 얘기했으

---

* 아이쓰치는 중공중앙 고급당교 부교장으로 있었으며 중국의 저명한 마르크스주의 철학가, 교육가와 혁명가이다. 본문은 저자가 쓴『영수와 전우를 회억하다』(신화출판사 2006년 출판)는 책에 수록되었다.

나 나는 여전히 아리송해서 겨우 읽어 내려갔다. 제3장까지 가니 저자가 쓴 제목들이 나를 끌어당겼다. 예를 들면 「채플린과 히틀러의 구별」, 「뇌봉탑이 무너지다」, 「고양이는 쥐를 먹기 위해 태어난 것이다」 등은 구체적인 사례를 통해 철리를 설명하였으며 나의 머릿속에 새로운 세상을 열어주었다. 일상생활, 국가대사로부터 국제형세까지 희미하던 데로부터 빛이 보였다. 내가 아는 것이 매우 적었지만 아이쓰치 동지가 나의 계몽선생님인 것은 틀림없다. 그는 나를 신청년이 되어야 하고 항일구국의 선두에 서야 하며 사회를 개조하는 버팀목이 되어야 한다고 계발했다.

이때부터 나는 '잡지광', '독서광'이 되었고 『독서생활』, 『세계지식』, 『독학대학』등이 나의 새 반려가 되었다. 나는 심지어 아이쓰치와 정이리(鄭易里)가 함께 번역한 『신철학대강』을 읽기 시작했다. 나는 독서회, 합창단 등 여러 가지 항일구국 활동에 참가했다. 항일 전쟁이 일어나자 나는 아이쓰치 동지가 새로 출판한 『철학과 생활』을 가지고 학우들과 함께 북상하여 옌안으로 갔다. 나는 아이쓰치 동지의 계몽의 은혜를 잊을 수 없다.

(2) '라오아이(老艾, 아이쓰치에 대한 애칭)'에 대한 인상기

그러나 나는 아이쓰치 동지에 대해 이름만 알았지 사람은 만나보지 못했다. 옌안에 도착한 후 먼저 중국인민항일군사정치대학에서 공부했는데 우리에게 철학과를 가르친 사람은 장루신(張如心) 동지였다. 후에 마르크스·레닌주의학원에서 공부했는데 역시 아이쓰치 동지의 강의를 받지 못했다. 마르크스·레닌학원 연구실에 들어가서야 나는 가끔씩 아이쓰치 동지를 만나게 되었는데 그 때 그는 철학연구실 주임으로 있었다. 그는 양차오(楊超, 별명은 헤겔), 황나이[黃乃, 신해혁명의 선구자 황싱(黃興)의 아들] 등 동지들을 지도하여 배우면서 가르치게 했다.(철학소교사로 되었음) 나는 마르크스·레닝주의 연구실에 있었지만 그와 얘기를 나눠보지 못했고 마음이 쏠렸지만 여전히 낯설게 느껴졌다.

그 후 1939년 가을 나는 중공중앙 선전부에 전근되어서야 아이쓰치 동지와 자주 만날 수 있었다. 그 때 그는 중공중앙 문화공작위원회 비서장으로 란자핑(藍家坪) 중앙선전부의 두 번째 줄 토굴집에 거주했다. 나는 중앙선전부 편심과(編審科)에서 간사로 있었으며 다른 간사인 위중옌(余宗彦) 동지와 함께 바로 그의 곁에 거주했다. 그는 늘 중앙선전부 산 아래에 있는 구라부[구망실(救亡室)'이라고도 불렸음]에서 철학연구토론회를 열었다. 처음에는 마오 주석이 창의한 철학소조였고 후에 정식으로 신철학연구회를 설립했다. 나와 편심과의 동료들이 가끔씩 가서 방청하였다.

아이쓰치 동지는 후에 산간닝변구[陝甘寧邊区, 산시(陝西)·간쑤(甘肅)·닝샤(寧夏)의 변경 지역] 문화협회 주임 직무를 맡았다. 그는 당시 항일근거지의 유일한 문화 정기 간행물인『중국문화』의 출판을 주관했다. 그의 비서는 왕쾅(王匡) 동지였다. 왕쾅은 나와 광동 한 고향 사람이었는데 그는 늘 나에게 아이쓰치 동지가 어떻게 문화위원회의 업무 때문에 바삐 보내는지를 알려주었다. 그러나 내가 보기에는 아이쓰치 동지가 철학 연구에 더 전념하는 것 같았다. 그는 가끔 밖에 나가 강의를 하기도 하고 또 옌안에서 학습하는 소교사(대다수는 마르크스·레닌학원의 연구생)들에게 특별 지도를 하기도 했다. 그러나 더 많은 시간은 토굴 안에서『과학적인 역사관 교정』,『철학 선택』등 책[우리의 편심과장 우량핑(吳亮平)과 함께 집필]을 집필했다.

사람들은 아이쓰치 동지가 '유물', '유심' 등 철리를 입에 달고 사는 학자인 줄 알았지만 그와 이웃으로 2년간 살면서 나는 그가 감성이 매우 풍부한 시인이며 가수라는 것을 발견했다. 그는 늘 연구하는 틈을 타 토굴집에서 나와 독일 고전 시인 하이네의 시를 낭송하곤 했다. 때로는 낮고 우렁찬 바리톤 음성으로 '볼가 강 뱃사공의 노래', '마르세유의 노래' 그리고 내가 알아들지 못하는 일본 민요를 불렀다. 한번은 그가 중앙선전부 앞의 옌허(延河) 강변에서 낭떠러지를 향해 목청껏 노래를 부르는 것을 보기도 했다. 바로 그곳에서 그의 철학 친구인 허페이위안(和培元) 동지가 1940년 여름 수영을 하다가 사망했다. 허페이위안은 당시 옌안의 유명한 청년 철학가로 마오 주석을 도와 철학 서적을 수집, 정리하였는데 마오 주석이 매우 아끼는 사람이었다.

아이쓰치는 생활이 매우 검소했다. 왕쾅 동지는 아이쓰치 동지에게 상하이에서 옌안으로 가져온 솜두루마기가 있다고 나에게 알려주었다. 하지만 나는 해마다 겨울이면 그가 정부에서 발급한 보통 솜옷(1944년 '풍의족식' 때에 그는 변구에서 자체로 방직한 모직 갈색 솜옷을 입었는데 좌우 소매에 기운 자리가 있었다)을 입었고 여름에도 다른 사람들과 같이 손베틀로 짠 무명 적삼을 입었다. 당시에 변구의 경제가 어려웠기에(완난사변[皖南事變] 후 국민당은 18집단군에게 공급하던 매우 적은 양의 군량과 급료마저 중단했다) 중앙은 생산으로 자신을 구할 것을 제기했으며 후에 또 "스스로 손을 움직여 먹을 것과 입을 것을 풍부히 하자"고 제기했다. 아이쓰치 동지도 황무지를 개간하고 생산하는데 참가했다. 아이쓰치 동지는 중간 수준의 식사를 했는데 매달 공급 표준은 일인당 매달 돼지고기 3근, 식용유 1근반, 소금 1근, 채소 30근, 석탄(부엌에서 사용) 60근, 좁쌀 매일 1근 4냥이었다. 내가 우량핑 동지의 밥그릇을 보니 이런 '중간 수준의 식사'는 우리 일반 간부의 '보통 식사'보다 별로 낫지 않았으며 끼니마다 감자에 잘게 썬 고기를 함께 볶은 것이 더 있을 뿐이었다. 그러나 아이쓰치 동지는 태연자약했다. 그는 토굴집 앞의 작은 공터에 옥수수, 감자 등을 심었다.

그는 늘 쪼그리고 앉아서 농작물들을 세심하게 관찰하곤 했다. 어느 한 번 우리는 그가 높이 자라지 못한 옥수수를 유심히 살펴보고 있는 것을 보았다. 나는 달려가 그에게 뭐 특별한 것이 있는가 하고 물었다. 그는 옥수수가 싹이 움터서부터 물알이 들고, 성숙되는 과정은 변증법의 과정이라고 말했다.

아이쓰치 동지는 돈후하고 겸손하고 붙임성이 좋았다. 중앙선전부에서 사람들마다 그를 '라오아이(老艾)'라고 불렀다. 위로 뤄푸(洛甫) 동지(그는 당시 중앙선전부를 주관했는데 역시 란자핑의 토굴집에 거주했다)로부터 아래로 '꼬맹이'(옌안 시기 어린 사역병에 대한 애칭이었음)까지 그를 '주임' 또는 '비서장'이라고 부르는 사람이 없었다. 원인은 ㄱ가 간부의 틀을 꼬물만치도 차리지 않았고 일상생활에서 뿐만 아니라 강단에 올라 강의를 할 때도 그랬기 때문이다. '라오아이'라는 애칭은 사람들에게 친근감을 주었으며 전국이 해방될 때까지 사용되었고 평생 사용되었다. 내가 알기로는 그와 연배가 같은 노동지들 중에 그처럼 '수장'이라고 불리지 않은 사람이 매우 적었다.

(3) 아이쓰치 동지와 함께 일하다

옌안에서 내가 아이쓰치 동지와 가장 오래 같이 일한 것은 『해방일보』에서 일할 때였다. 옌안『해방일보』는 1941년 5월에 창간된 중공중앙 기관지였다. 아이쓰치 동지는 9월 사이에 중앙선전부로부터 『해방일보』로 전근하여 부편집장 겸 부간부(副刊部) 주임직을 맡았다.

나도 같이 몇 명의 중앙선전부 간사들과 함께 그곳으로 전근되었는데 나는 뉴스부에서 편집으로 있었다. 이렇게 1947년 옌안에서 철거하기 전까지 나는 '라오아이'와 자주 접촉했다.

라오아이가 인솔하는 부간부에는 부주임 딩링(丁玲)과 수췬(舒群), 천치시아(陳企霞), 린머한(林黙涵), 원지저(溫済沢), 리신(黎辛), 천융(陳涌), 당시 이름은 양스중[楊思仲]이었다.) 등 편집이 있었으며 그중 린머한, 원지저는 나처럼 중앙선전부에서 갔다. 몇 개의 편집 부문 중 부간부의 일이 제일 활기찼다. 마오 주석은 이 부문의 업무를 매우 중시했는데 처음에 직접 좌담회를 소집하여 부간에 원고를 조직해주었다. 루딩이 동지가 7차 당대회 이후 중앙 선전부에 가 근무하고 위광성이 옌안을 떠나 동북으로 갔을 때 아이쓰치 동지가 그들을 대신하여 편집장을 맡은 적이 있다. 그는 루딩이 등 편집위원회와 함께 칭량산 산허리의 첫 번째 줄 토굴집에 살았고 나는 편집들과 함께 산꼭대기의 두 번째 줄 토굴집에 거주했는데 란자핑 중앙선전부에 있을 때보다 좀 멀어졌다.

칭량산에 있는 5년 사이에 두 가지 일이 나에게 가장 인상을 깊었다. 한 가지는 1942년 신문사에서 정풍 운동을 시작했는데 편집부에서『봄바람』이라고 하는 벽보를 내붙였다. 내가 원고 한 편을 썼는데 신문사의 민주를 논한 것이었다. 나는 원고에 신문사의 현행제도가 민주적이 아니라며 많은 큰 일을 편집들이 아직 모르는 상황에 편집위원회(사장, 편집장과 부편집장으로 구성)가 결정을 내리니 이는 민주가 아니라고 제기했다.

나는 편집부의 큰일은 꼭 편집대회에서 의논하여 통과시켜야지 편집위원회가 결정을 내려서는 안 된다고 주장했다. 벽보가 나붙은 후 의론이 분분했으며 큰 풍파가 일어났다. 부편집장 위광성(우리 국제판을 주관했음)과 총지부서기 천탄(陳坦) 동지가 나를 찾아 담화를 하면서 조직성과 규율성이 없다고 비평을 했고 나는 이에 불복했다. 후에 아이쓰치 동지가 편집부의 두 줄의 토굴집 밖 산비탈에서 나를 만나 역시 나의 관점이 타당하지 않다고 말했다. 그는 이렇게 말했다. "내가 항일전쟁 전에 상하이에서 만든『독서생활』은 동종업자들이 만든 잡지로 규모가 작고 편집인원들이 서로 뜻이 같고 생각이 일치하였으며 일이 있으면 서로 의논했기에 매사가 순조로웠다. 지금 만들고 있는 것은 당 중앙 기관지로『독서생활』과 완전히 다르기에 조직이 있고 규율이 있어야 한다. 민주는 조직이 있고 규율이 있는 민주여야 하고 모든 것은 당 중앙의 지시를 받들어야 한다.

편집위원회는 당 중앙이 결정한 것으로 전체 신문사를 지도할 권한을 부여받았다. 편집위원회 역시 중앙의 결정대로 일을 처리하고 중요한 일은 중앙에 청시보고를 올려야 한다. 이번에 루딩이 동지가 『해방일보』는 정풍(당시에는 '개판'이라고 불렀음) 과정에 '불완전한 중앙기관지로부터 완전한 중앙기관지로 변해야 한다.'는 마오 주석의 지시를 전달했다. 신문사는 당 중앙과 반드시 호흡을 같이 하고 또 호흡이 통해야 한다. 버구(당시 '해방일보사' 사장으로 있었음) 동지가 말했던 바와 같이 말 한 마디, 글 한 자도 중앙을 이탈해서는 안 되며 극단 민주를 하지 못하고 조직성과 규율성이 없어서는 안 되며 무정부주의를 실행해서도 안 된다. 이는 이전에 『독서생활』을 만들 때와 완전히 다르다." 아이쓰치 동지는 나에게 잘 생각해보라고 했다.

그가 한 말에 나는 큰 감촉을 받았다. 특히 우리는 지금 동종업자들과 함께 잡지를 만드는 것이 아니라 당 중앙 기관지를 만든다는 말에 나는 매우 큰 깨달음을 얻었다. 나는 나의 생각과 행동이 당 중앙 기관지 직원의 요구에 부합되는지 생각해보기 시작했다. 후에 루딩이 동지가 "지식분자는 절대적인 평균주의와 극단적인 민주사상 이 두 가지 소자산계급 개인주의 표현을 극복해야 한다"고 한 마오 주석의 지시를 전달하자 나는 그만 문득 크게 깨닫고 스스로 반성하기 시작했다.

다른 한 가지 일은 1943년 여름 국민당 반동파가 제2차 반공 고조를 일으켰을 때의 일이다. 후종난(胡宗南)이 군사를 데리고 산간닝변구를 침범하자 옌안 군민들이 긴장하게 전쟁 준비를 하면서 정풍 운동이 '구원 운동'으로 바뀌었는데 즉 국민당 특무라고 잘 못 인정받은 '실족자(失足者)'를 '구원'하는 것이었다. 이는 캉성(康生)이 당의 대오 배치를 엉망진창으로 만들었기 때문에 중앙 각 기관이 극도로 긴장해졌으며 초목이 다 군사로 보이고 '특무'가 헤아릴 수 없이 많아보였다. '해방일보사'도 마찬가지였다. 어느 날 정오, 나는 아이쓰치 동지와 함께 칭량산 아래에 있는 인쇄공장으로 가서 교정쇄를 보았다. 나는 편집이라 국제판의 교정 완료한 원고를 보았고 아이쓰치는 각 판의 편집이 다 보고난 4개의 가판을 다 보았다. 도중에 그는 나에게 내가 몸담고 있는 뉴스편집부의 운행 상황이 어떤지 물었다. 나는 일부 동지들을 '구원'했다며 하지만 어떤 동지들은 날카롭게 반박하면서 승인하지 않으니 우리가 어찌할 방법이 없을 뿐만 아니라 오히려 경의가 생긴다고 말했다. 그는 부간부에도 자기가 특무라고 '탄백'을 한 사람이 한 명도 없다고 했다. 그는 나에게 특무가 그렇게 많은 가고 물었다.

나는 특무가 있을 가능성이 있지만 지금 '구원'한 만큼 많지는 않을 것이라고 했다. 또 어떤 일은 전후가 합리하지 않다며 멀쩡한 항일청년을 국민당 특무라고 하니 납득이 되지 않는다고 했다. 그는 나에게 구두 자백을 중시하지 말고 증거를 중요히 여겨야 한다며 없으면 없었지 임무를 완성하기 위해 특무를 잡아내지는 말아야 한다고 말했다.

나는 많은 동지들이 노파심을 가지고 탄백하라고 거듭 권고하고 있는데 이는 진심이 틀림없고 열정으로 넘치지만 도저히 '구원'을 해낼 방법이 없으며 끝까지 딱 잡아떼면서 인정하지 않는 것을 보면 잘못된 것 같기도 하다고 말했다. 후에 사실이 증명하다시피 아이쓰치 동지의 진지하고 조심스럽고, 실사구시로 일하는 태도가 완전히 정확한 것이었다. '탄백'을 했던 많은 동지들이 '자백을 번복'하여 "강요받은 자백을 근거로 죄를 판정받았다"고 주장했다. 마오 주석은 이를 발견한 후 신속히 제동을 걸어 '구원'을 제지했으며 잘못된 것은 일률적으로 시정하게 했다. 그는 중앙대강당대회(中央大礼堂大会)에서 친히 사과를 했다. 아이쓰치 동지는 두뇌가 명석하고 사실대로 일을 처리했는데 이는 당시 신문사 운동의 지도층('학습위원회'라고 불렀음)에서 보기 드문 것이었다. 그가 나에게 남긴 심각한 인상은 '학자 냄새'가 나지 않는다는 것이었다.

옌안에 있던 10년 동안 아이쓰치 동지는 줄곧 내가 존경하는 스승이었다.

예전에 그는 나를 계몽했고 어떤 사람이 되어야 하는지 가르쳤으며, 이 중요한 10년 동안 어떻게 진정한 공산당원이 되어야 하는지를 가르쳤다. 이는 내가 평생 잊을 수 없는 것이었다.

유감스러운 것은 옌안에서 철거한 후 나는 더는 아이쓰치 동지의 직접적인 가르침을 받을 기회가 없었다. 나는 계속 보도업무에 종사하였고, 그는 이론 업무와 교학 업무에 바쁘게 보냈다. 전국이 해방된 후에도 계속 그러했다. 아이쓰치는 '문화대혁명' 전에 일찍 세상을 떴으며 우리 당은 아쉽게 영재를 잃었다. 나는 '문화대혁명'이 시작되자마자 타도 받고 천보다에게 짓밟혔다.

아이쓰치 동지가 우리를 떠난 지 35년이 되었다. 여러 가지 원인으로 나는 글을 지어 그를 추모한 적이 없다. 오늘 이 문장으로 깊은 그리움과 경의를 표한다.(2001년 12월)

10. 자잉(家英)과 함께 일하던 나날

10. 자잉(家英)과 함께 일하던 나날*

자잉이 원한을 품고 세상을 뜬지 거의 30해가 된다. 생전에 왕래하던 것을 생각할 때마다 마음이 착잡해진다. 여러 가지 원인으로 지금까지 문장을 지어 기념하지를 못했다. 올해 30년 기일을 맞이하여 창연하게 붓을 들어 다년간 쌓인 분노를 만에 하나라도 의탁해보고자 한다.

(1) 양자링(楊家岺)에서 서로 알게 되다

톈자잉(田家英)과 나는 1937년 말에 혁명 성지인 옌안에 도착했다. 그러나 그는 산베이공학(陝北公學)에 가고 나는 항일군정대학(抗日軍政大学)에 가서 서로 안면이 없었다.

우리는 모두 마르크스·레닌학원에서 공부를 한 적이 있었다. 그러나 자잉이 1939년 가을에 마르크스·레닌학원에 와 공부할 때 나는 이미 마르크스·레닌학원 연구실로부터 중공중앙선전부로 전근되었다. 두 단위는 서로 인접해 있었으며 모두 다 옌허 오른쪽 기슭의 란자핑(藍家坪)에 있었다. 뤄푸(洛甫) 동지가 중앙선전부 부장과 마르크스·레닌학원 원장을 겸했으나 나와 자잉은 왕래가 없었다.

---

* 톈자잉은 중공중앙 판공청 부주임, 중앙정치연구실 부주임, 마오쩌둥 주석 비서를 역임한 바 있다. 1966년 5월 '문화대혁명'에서 정치적 박해를 받고 비분하여 자살했다. 본문은 1996년에 썼으며 원래 『마오쩌둥과 그의 비서 톈자잉(증정본)』(중앙문헌출판사, 1996년)에 수록되었다.

자잉은 1941년 9월 마르크스·레닌학원에서 중앙정치연구실로 전근했으며 나도 중앙선전부에서 『해방일보』로 전근했다.

나는 『해방일보』에 발표된 「항일전쟁 중의 공업협력 운동」이라는 문장을 통해 저자인 톈자잉을 알게 되었다. 당시 나는 그가 '공업협력'에 오랫동안 종사한 사회활동가인 줄 알았지 20세도 안 되는 청년일 줄은 생각지도 못했다. 얼마 후 또 자잉이 『해방일보』에 쓴 「노비의 해방」, 「후방역(侯方域)부터 말하다」 등의 문장을 통해 그가 박식하고 재능이 많은 사람이라는 것을 점차 알게 되었다.

내가 처음으로 자잉을 만난 것은 1944년 12월 옌안 중공중앙 직속기관 군영(群英) 대표대회에서였다. 대회에는 340명이 참가했는데 중앙 직속 각 단위의 1,000여 명의 노동영웅과 선진 공동 저자들 가운데서 선발한 것이었다. 대회는 양자링(楊家嶺)에 새로 지은 지 얼마 안 되는 중앙대강당에서 열렸으며 12월 14일부터 21일까지 진행되었다. 주총사령이 개막사를 하고 류샤오치 동지가 폐막식에서 장편의 연설을 했다.

톈자잉과 나는 다 대표였다. 대회 기간에 출판한 『중앙직속 군영회보(中直群英会報)』에 우리의 사적을 쓴 보도가 실렸다. 그러나 대회가 시작되었을 때 우리는 서로 만나지 못했다. 이사이 우연한 기회에 원래 중앙선전부에 있다가 후에 중앙판공청으로 전근하여 총무 업무를 맡은 류즈지우(劉滋久) 동지가 나에게 자잉을 소개해주어 알게 됐다. 첫 만남에서 자잉은 재기가 발랄하고 포부가 있고 순박했으나 일반 지식인들처럼 건방지거나 조심스럽지 않았으며 온화하고 솔직하여 깊은 인상을 받았다. 즈지우 동지는 나에게 자잉은 정치연구실에서 연구를 하고 문장을 쓸 뿐만 아니라, 양자링의 잡역부들에게 글을 가르치고 있는데 매우 큰 환영을 받는다고 했다. 나는 자잉이 노동자와 농민들과 결합하면서 "머리 숙여 유자(儒子)의 소가 되는" 신형 지식분자로 성장하고 있다는 생각이 자연스럽게 들었다. 그는 나에 대해 아는 것이 많지 않았으며 내가 『해방일보』에 발표한 국제 논평을 보았는데 독특한 견해를 가지고 있었다고 말했다. 지식분자들은 대체로 문장을 통해 서로 알게 된다.

그러나 그 후 별로 왕래가 없었다. 그때 옌안에 있던 사람들이 다 알다시피 각 기관이 분산되어 있다 보니 서로 왕래하기가 불편했다. 버스가 없는 것은 더 말할 것도 없고 공무를 처리할 때만 말을 탈 수 있었으며 일반 간부는 두 다리로 걸어 다녀야 했다. 친한 친구나 업무상 연계가 많지 않으면 일반적으로 왕래가 매우 적었다. 옌안에서 철거한 후 자잉은 동으로 황허를 건너 진수이(晉綏)에서 토지개혁을 했고, 나는 타이항(太行)으로 옮겨 갔기에 서로 멀리 떨어졌고 자연이 만날 기회가 없었다. 1948년 우리가 다 시바이퍼에 있을 때에도, 자잉은 마오 주석의 비서로 있었고 나는 신화사 본사 합동 훈련반에 있었는데, 서로 다 일이 바빠 우연히 만나면 인사나 하는 정도였다.

(2) 징구(靜谷)에서 도움을 청하다

베이핑(北平)이 해방된 후 신화사는 중공중앙 본부를 따라 샹산(香山)에 진주했다. 자잉은 마오 주석을 따라 산허리에 있는 쌍칭(双淸)별장에 살고 우리 편집부는 산기슭의 샹산 고아원(香山慈幼院, 후에 샹산 음식점으로 되었음)에 자리 잡았다. 자잉이 여러 번 마오 주석이 집필한 뉴스 또는 논평을 가지고 산 아래로 와 후차오무 동지를 찾았기에 나와 자잉이 만나는 횟수가 많아졌다. 그러나 『마오쩌둥 선집』 제1권이 출판될 때(1951년 10월)에야 무릎을 맞대고 허물없이 이야기하면서 서로를 알아가기 시작했다.

『마오쩌둥 선집』 제1권이 정식으로 출판되기 전에 후차오무 동지는 특별히 각 뉴스, 홍보, 번역 부문을 모아놓고 중국 정치·사상사의 이 대사를 홍보하라고 배치했다. 또 특별히 나에게 자잉 동지와 연락해『마오쩌동선집』 제1권을 종합적으로 소개하는 보도를 쓰라고 했다.

이에 앞서 나는 자잉 동지가 마오 주석의 저술에 대해 매우 익숙할 뿐만 아니라 깊은 연구를 해왔다는 것을 알고 있었다. 그와 나는 다『중국청년』 잡지의 특약 기고자였는데 나는 항미원조 전쟁에 관한 국제 논평을 많이 썼고, 그는 마오 주석의 저술을 학습하는 데에 관한 논문을 많이 썼다. 때문에 나는 그가『마오쩌동선집』제1권의 편집업무에 참가하여 종합소개를 쓰는 것이 가장 합당하다고 생각했다.

1951년 9월 말, 나는 요청을 받고 그의 거처인 중난하이 펑쩌위안(豊沢園)의 징구(静谷)로 갔다. 그가 머물고 있는 세 사랑방에는 온통 책이었고 몇 개의 간이 서가에도 책이 꽉 찼으며 테이블 위에, 장의자 위에, 창턱 위에, 심지어 땅에까지 낡은 책이 무더기로 쌓여 있었다. 그는 이 책들을 가리키면서 상당히 만족스러운 어조로 "이것들은 해방 전에 출판된 책으로 전국 각지의 낡은 서점에서 골라 산 것이다. 내용은 매우 가치가 있지만 가격은 매우 싸서 몇 십 전(100전=1위안)이면 좋은 책 한 권을 구할 수 있었다."고 말했다. 본론으로 들어가자 그는 신화사에『마오쩌동 선집』제1권에 관한 종합 소개를 써주겠다고 통쾌하게 대답했다. 그러나 그는 보름 동안의 시간이 필요하다며 몇 명의 동지들을 찾아 협력해야겠다고 말했다.

이어 그는『마오쩌동선집』제1권의 내용과 관련해 교정 완료한 원고 책자를 들고 "이 한 권에는 10여 편의 문장이 들어 있는데 핵심은 중국혁명의 성질과 특점이다. 성질은 민족 민주 혁명인데 천두슈(陳独秀)의 주장과 다를 뿐만 아니라 트로츠키파의 주장과도 다르며 특히 혁명전쟁으로 반혁명전쟁을 반대했다. 혁명의 동력과 동맹군, 혁명의 대상, 국내와 국제 통일전선, 토지혁명 및 혁명 전략과 부대건설 등 문제는 다 혁명의 성질과 특점을 둘러싸고 전개되었다."라고 말했다. 당시 나는 마오 주석의 저술에 대해 잘 알지 못했기 때문에 그의 깊고 예리한 견해에 매우 탄복했다. 보름이 채 안 돼 자잉이 주재하여 집필한 종합소개가 차오무의 수정을 거쳐 신화사에 의해 발표되었다.

그 후 『마오쩌둥선집』 제2권, 제3권, 제4권이 출판되었는데 다 전례대로 자잉이 종합적으로 소개하는 말을 썼다. 이런 소개는 『마오쩌둥선집』의 매 권에 대해 간단명료하게 요점을 설명한 것이었다. 내가 가장 깊은 인상을 받은 것은 그가 쓴 제3권의 소개였는데, 전권을 서로 관련된 두 가지 문제 즉 정풍운동과 생산운동을 집중적으로 해결하는 것으로 귀납했는데, 그야말로 이해가 투철하고 요점을 잘 파악했다. 이 두 문제를 원만하게 해결함으로써 우리 당은 항일전쟁 승리 및 그 후 국민당 반동파에 대해 자위를 위해 반격하는 해방전쟁에서 정치·사상·조직·물질적인 기반을 튼튼하게 마련할 수 있었고, 전당이 일치하여 마오 주석을 수반으로 하는 당 중앙 주위에 뭉쳐 전국 인민을 이끌고 장제스를 물리칠 수 있었다.

자잉은 평생 대부분 시간을 마오 주석의 저술을 전파하는데 보냈다. 『마오쩌둥선집』 제1권부터 제4권까지의 편집과 주석 작업(1962년부터 그는 또 전 4권 주석을 개정했음)에 참가했을 뿐만 아니라, 제5권의 목록을 만들고 원고를 선택하기 위한 초보 단계의 준비를 했다(상세한 것은 후에 있음). 그는 또 『마오 주석 저술 선독』 갑, 을 두 판본을 편집했으며, 1958년과 1963년에 『마오 주석 시사(詩詞)』 두 판본을 편집 출판했다.

자잉은 마오 주석의 저술을 수집, 정리, 편집하는 가운데 마오 주석의 국내와 국제문제에 대한 논술을 숙지하게 됐다. 해방 전에 그는 이런 논술을 유형별로 스크랩했으며 해방 초기에 이를 근거로 『한 동지의 독서필기』라는 책을 출판했다. 그 후 그는 또 당시 중앙정치연구실의 몇 명의 동지를 지도하여 『마오쩌둥 선집』 4권본을 전부 테마 별로 편집하여 1964년에 『마오쩌둥 저술 특집 발췌문』을 편집했다. 이 발췌문은 당시에 마오 주석의 말을 추려

적거나 사상과 배경을 분리하여 '어록'을 만드는 기풍에 맞서 낸 것이라 할수 있다. 자잉은 『발췌문』이 나온 후 나에게 한 권을 주면서 농담반 진담반으로 이렇게 말했다. "이건 내부 열람 참고서로 당신과 같은 '편수(編修)'들에게 전문적으로 제공하는 것이다. 앞으로 발표할 때 각 단락의 원문 또는 제목은 반드시 공식 출판된 원본을 인용해야 한다. 그중 미공개 발표작은 연구에만 사용하고 일률적으로 인용하지 말라. 책 전문은 밖으로 전하지 못하며 복제하지도 말라." 자잉이 말한 '편수'란 우리 사이에 농담으로 주고받는 말이었다. 송 왕조 시대의 추밀원(樞密院)과 명·청 왕조 시대의 한림원(翰林院)에는 다 편수관(編修官)이 있었는데, 국사를 편찬하고 실록을 기록하고 회요(會要, 한 조대의 제도나 연혁을 기록한 책)를 편찬했다. 자잉은 마르크스주의는 시간, 지점, 조건을 따진다고 말했다. 그는 워낙 어록을 만드는 것을 찬성하지 않았는데 교조주의 경향을 조장하고 또 각자 필요한 것만 취하게되어 진의를 잃게 된다고 여겼기 때문이었다. 이는 자잉의 엄격한 학문 연구 태도를 보여준다. 후에 중앙 서기처가 중앙 선전부에 비교적 완벽한 마오주석 어록을 편찬하라고 하자 그제서야 자잉은 중앙선전부 동지들을 도와한 판본을 편집했다. 그러나 천보다의 교란과 린뱌오(林彪)의 방해로 끝까지 출판되지 못했다.

(3) 첫 번째 협력

나와 자잉이 협력해 원고를 작성하기 시작한 것은 1956년 10월에 『무산계급 독재의 역사 경험을 다시 논함』이라는 문장을 쓰면서부터였다. 이 장편의 논문은 마오 주석이 중앙정치국회의 집단 토의를 주재하고, 차오무 동지의 인솔 하에 자잉과 내가 서류를 작성한 것으로 정치국이 여러 차례 수정한후 탈고했으며, 발표할 때 "이 문장은 중국공산당 중앙정치국 확대회의 토론을 거쳐 『인민일보』 편집부가 쓴 것"이라고 밝혔다. 이 장편 논문의 중심사상은 스탈린(소련공산당과 소련 정부 포함)의 시비와 공과 및 그 근원과 경험교훈을 분석하고 당시 유행되던 반공 망론을 반박하고 마르크스·레닌주의를 수호하는 것이었다.

자잉은 워낙 마오 주석의 저술과 중국근대사 연구에 몰두해왔기에 국제문제에 대해서는 잘 알지 못했으나, 마오쩌둥 사상의 기본관점에 익숙했고, 또 이런 기본 관점을 바탕으로 정치국 확대회의에서 제기된 국제문제를 능숙하게 분석할 수 있었기에, 회의 토론 과정에 발표된 의견을 종합하면서 업무에 몰입했으며, 후차오무 동지를 도와 서류를 작성하고 반복적으로 수정했다.

처음에 우리 셋은 이렇게 분업했다. 차오무가 제1절(10월 혁명 길의 기본원칙 또는 기본경험)을 작성하고 내가 제2절(스탈린의 공적과 과실)과 제4절(국제 단결에 관하여)을 작성했으며 자잉이 제3절(교조주의와 수정주의를 반대)을 작성하고 머리말과 맺는말은 차오무가 썼다. 정치국회의(그사이 마오 주석이 주재한 정치국 상무회의가 여러 차례 열렸음)의 토론을 거쳐 후차오무가 전문을 수정하는 막중한 임무를 맡고 자잉과 내가 곁에서 협조했다. 정치국 상무위원회 특히 마오 주석이 매우 중요한 수정을 했으며 마지막으로 마오 주석이 친히 최종적으로 심사를 했다.

자잉은 원고 작성과 수정 과정에서 교조주의 반대에 관한 논술을 매우 훌륭하게 썼다. 그가 쓴 중국 당 역사상 교조주의의 잘못에 관한 논술은 시작부터 탈고까지 별로 큰 수정을 하지 않았다. 그가 쓴 무산계급독재와 사회주의 민주, 집중과 민주에 관한 논술은 샤오치 동지와 샤오핑 동지의 칭찬을 받았다. 사후에 그는 "중국 당 역사상 교조주의에 관하여 마오 주석과 중앙은 일찍 정론이 있었으며, 독재와 민주, 민주 집중제에 관하여 마오 주석은 항일전쟁시기의 저술에서, 특히 건국 전에 쓴 「인민 민주주의 독재를 논함」이라는 문장에서 멋진 논술을 하였다"고 나에게 알려주었다.

그러나 나는 여전히 자잉이 마오쩌둥 사상을 활용하여 당면의 국제공산주의운동을 매우 훌륭하게 분석했다고 생각했다. 그는 마오쩌둥 사상의 정수를 능숙하게 파악했고, 또 레닌의 관점도 익숙히 알고 있었으며, 당시 형세와 결합시켜 적절하게 명백히 논술하여 반박할 여지가 없다. 이 절에서 자잉은 레닌의 논점을 여러 번 논술함으로써 수정주의를 반대하는 논술이 확고한 자리를 차지하게 했다.

우리 셋은 마지막으로 전문을 수정할 때 거인당(居仁堂, 마오 주석이 살던 국향서옥 뒤)에서 밤을 새우며 일했다. 차오무 동지가 집필을 책임지고 자잉이 곁에서 많은 수정 의견을 제기했으며 차오무 동지가 그것을 받아들였다. 우리가 몇 페이지를 수정했을 때마다 자잉은 그것을 침실에서 기다리고 계시는 마오 주석께 가져다주어 마지막 심사를 하게 했다. 이렇게 왔다 갔다 하면서 자잉은 머리도 쓰고 심부름도 하면서 날이 밝을 때까지 고생했다. 그 때가 1956년 12월 28일 오전 9시가 넘었던 시점이었다.

(4) 위베이(予北) 조사

내가 자잉과 또 협력한 것은 1958년 10월 위베이에서 조사연구를 한 것이었다. 이는 마오 주석이 맡긴 임무인데 그는 우리 둘에게 각기 한 개 팀을 이끌고 윤번제로 신샹(新鄕)과 슈우(修武) 두 현으로 가서 인민공사 상황을 조사하라고 했다.

마오 주석은 10월 26일에 우리를 찾아 담화를 했다. 그는 여름에 베이다이허 회의에서 "인민공사의 특점은 '1대2공'(첫째는 인민공사 규모가 커야 하고 둘째는 인민공사 공유화 정도가 높아야 함을 이르는 말)"이라고 지적한 바 있었는데, 지금 각급 간부들 중에 "규모가 클수록 좋다", "공유화 정도가 높을수

록 좋다"고 하는 경향이 있다며 우리는 대체 상황이 어떤지 알아야 한다고
하였다.

그는 우리에게 우선 마르크스–엥겔스, 레닌, 스탈린의 공산주의에 관한
이론을 학습하여 실제 상황을 조사할 때 사상준비를 하라고 하였다. 그는
우리에게 기층에 내려가 조사하는 방법을 상세하게 알려주었다.

나와 자잉은 마오 주석(국향서옥)에게서 나온 후 함께 인근에 있는 자잉의
거처인 징구로 가서 어떻게 허난(河南)에 가서 조사할지를 논의했다. 우리
는 상의한 결과 자잉이 중앙판공청 비서실에서 사람을 뽑아 한 개 팀을 만
들고 중앙 판공청 인원의 명의로 조사를 진행하며 내가 신화사 기자의 명의
로 신화사 본사와 허난 지사 및 '인민일보사'에서 사람을 뽑아 한 개 팀을 만
들기로 했다. 자잉은 먼저 신샹의 치리잉공사(七里營公司, 이는 전국의 첫 인
민공사였다)로 가겠다고 말했다. 그는 합작사 때부터 그곳 상황을 알았고 그
곳의 인정을 잘 알고 있었기 때문에 진실한 상황을 파악하기가 비교적 쉬웠
다. 나는 먼저 슈우에 가기로 했는데 그곳은 전현 13만5,000명의 인구로 한
개 공사를 이루었으며, 허난(전국적일 수도 있음)의 첫 1현1공사로 내가 가본
적이 없어 인상이 새로웠다. 두 팀은 각자 나흘씩 조사한 후 장소를 바꾸어
계속 나흘간 조사를 하고나서 11월 5일에 신샹에서 합류하여 마오 주석의
전용열차에 올라 보고를 하기로 했다.

10월 28일 오후, 우리 두 팀은 함께 기차를 타고 베이징에서 출발해 29일
신샹에 도착했으며 신샹지구위원회의 동지들과 만난 후 그날 오후에 즉시 각
각 치리잉과 슈우로 갔다. 4일 후 자잉이 슈우에 가고 내가 치리잉에 갔다.

11월 5일 우리는 다시 신샹에서 만나 서로 두 곳의 상황에 대한 견해를
교환했다. 우리 두 사람은 약속이나 한 듯이 똑같이 치리잉인민공사가 "너
무 크고 공유화 정도가 지나쳤다"는 인상을 깊게 받았다.

치리잉에서 금방 돌아올 나는 치리잉의 분배제도에 지나치게 많은 것이

포함됐다는 생각이 들었다. 자잉이 먼저 그 곳에서 조사했다. 그는 치리잉에 3만 명이 있고 연간 총수입이 1,000만 위안 이상인데 분배는 공급제를 실행하며 무릇 의, 식, 주, 행, 생, 로, 병, 사, 혼(婚), 육(育), 학(学), 악(楽) 및 이발, 목욕, 재봉, 전기 요금 등 모두 16개 항목을 모두 공사가 분배한다고 얘기했다. 자잉은 중국 농민은 매우 오래 전부터, 역사 연구 자료에 기록된 것은 적어도 한나라(漢) 때부터로 "돈을 내지 않고 밥을 먹는 농민사회주의 사상"을 가지고 있었다고, 그러나 인민공사가 너무 많은 것을 분배하니 공사의 부담이 지나치다고 했다. 공급제를 금전으로 환산하면 1인당 매년 78위안이 들고, 지출이 모두 200~300만 위안에 달했다. 나는 슈우에서는 그렇게 많은 것을 분배하지 않았으나 농민들이 공공식당이 "좋긴 좋은데 오래 가지 못할 까봐" 걱정한다고 말했다.

나는 이렇게 말했다. "슈우현에 수십 개 대대, 수백 개 생산대가 있어 현에서 모든 경영관리에 관여할 수 없다. 현재 사실은 아직 공사화 초기 체제이고 현 이하는 여전히 공사1급(대체로 예전의 구1급에 해당) 수준에 머물렀다"고 말했다. 그러나 이 현의 현위서기는 "현과 국가의 경제관계에 변화가 생길까봐 더욱 걱정스럽다"고 말했다. 당시 허난의 일부 간부들이 공사의 집체소유제를 전민소유제로 변화시키려 했기 때문이었다.

이 현위서기는 "국가가 풍작을 거둔 해에 현에서 자급하고 남은 농산물을 전부 받아들이고 현에 필요한 생산수단과 일용백화를 공급할 수 있을지, 또 흉작이 든 해에 생산수단과 일용백화 공급을 보장하고 현에 부족한 식량과 기타 농산물 공급을 보장할 수 있을지"를 걱정했다. 자잉은 최근 천보다(그는 먼저 산동의 서우장[寿張]에 갔다가 후에 허난의 수이핑[遂平]으로 갔다)가 도처에서 상품교환을 폐지하고 상품배정을 실행하며 농촌 인민공사를 안산강철공사(鞍山鋼鉄公司)처럼 만들자고 선동하여 일부 간부들을 어리둥절하게 만든다고 말했다.

우리는 의견을 교환하는 과정에서 두 곳에서 보편적으로 강철을 대량 만들고 있다는 사실을 얘기했다. 남녀노소가 일제히 산에 올라 광석을 메어 나르고 작은 용광로로 강철을 제련했는데, 그 열정은 감동적이었지만 밭에 난 목화는 따는 사람이 없었고, 밭의 가을걷이가 너무 허술해 땅에 많은 알곡이 떨어져 있었다. 이렇게 나가면 풍년이 들어도 풍작을 못 할 것 같았다.

나와 자잉은 전용열차에서 마오 주석에게 보고를 할 때 두 문제를 집중적으로 얘기했는데, 하나는 슈우현위 서기의 우려였고, 다른 하나는 치리잉의 '16가지 분배'였다.

우리는 함께 마오 주석의 전용열차에 올라 정저우(鄭州)로 출발했다. 중앙은 11월 정저우에서 업무회의를 소집하여 11월, 12월에 우창에서 열리는 8기6중 전회를 위해 준비하기로 결정했다. 마오 주석은 전용열차에서 신샹의 지위 서기와 몇 명의 현위 서기와 담화를 하면서 우리에게 정저우에 도착한 후 보고를 하라고 하였다. 자잉과 나는 보고를 청취하는데 참가했고, 나머지 시간에는 계속해서 슈우와 치리잉에서 조사할 때 보고 들은 견해를 서로 교환했다.

자잉은 나에게 마오 주석에게 슈우 상황을 보고할 때 스탈린의 『소련사회주의 경제문제』라는 책과 연결시켜 말하라고 제안했다. 스탈린은 책에서 집체소유제가 전민소유제로 과도하는 문제를 얘기한 바 있었다. 스탈린은 이 문제를 얘기하면서 과도하는 데는 조건이 갖춰져야 한다며 당장 과도할 것을 주장하지 않았다. 천보다는 상품교환을 취소하고 상품배정을 실행할 것을 주장하면서 스탈린이 책에서 얘기한 과도 문제를 중요한 논거로 삼았다. 스탈린의 이 책은 마오 주석이 우리가 위베이로 조사하러 갈 때 휴대하게 한 두 이론서 중의 하나였으며, 다른 하나는 인민대학이 편집한 『마르크스, 엥겔스, 레닌, 스탈린이 공산주의를 논함』인데 두 권 다 얇은 소책자였다.

우리는 또 "베이다이허 회의에서 인민공사화를 하고 강철을 한 배 늘리기로 결정하였는데 지금 보니 시간이 너무 짧고 너무 서둘렀던 것 같다. 특히 우선 시점을 실행하다가 점차 보급시킨 것이 아니라 한꺼번에 전국으로 확장시켰기에 각지에서는 '여덟 신선이 바다를 건너며, 제각기 재주를 피우 듯(八仙過海,各顯神通)' 서로 앞장서려 애를 써 문제가 많아졌다"고 얘기했다. 마오 주석은 출발할 때 우리에게 책 두 권을 가지고 다니면서 이론 준비를 하라고 말했고, 각급 간부 특히 고급 간부들의 공산주의에 대한 인식이 일치하지 않다고 했는데, 지금 보니 맞는 말이었다.

우리는 또 현재 각지의 인민공사가 다 '분배'를 맡아하고, '분배'가 많을수록 좋다고 여기는 것 같은데, '분배'는 공급제이고 사람마다 다 똑같은 것을 분배받는 것은 사회주의의 노동에 의한 분배가 아니고, 공산주의의 수요에 의한 분배는 더욱 아니라고 얘기했다. 자잉은 이를 "가난한 공산주의"라고 말하는 사람이 있는데 이는 마르크스주의에 대한 더없는 풍자가 아닐 수 없다고 했다.

11월 5일 마오 주석은 정저우(鄭州)에 도착한 날 저녁에 자잉과 나에게 전용열차에서 보고를 하게 했다. 내가 먼저 슈우의 상황을 보고했는데 주로 이 현의 현위서기의 우려를 얘기했다. 자잉은 치리잉의 상황을 얘기했는데, 치리잉의 '16가지 분배' 공급제를 얘기했다. 우리가 문제를 보고할 때 마오 주석은 질문을 하는 한편 논평을 했다. 자잉과 나는 천보다를 지적하지 않았을 뿐 자기 견해를 다 얘기했다. 그런데 마오 주석은 내가 보고를 마칠 무렵 천보다 얘기를 꺼냈다. 천보다는 얼마 전 산동 서우장(壽張)에 가보니 그 현에서 "3년 고생해 공산주의에 진입한다"는 슬로건을 제기했다고 매우 높이 칭찬했고, 이번에 수이핑에 파견했더니 돌아와서 상품교환을 취소하고 상품분배제도를 실행해야 한다고 제기했던 것이다.

대약진과 인민공사화 운동에 과도한 '좌'적 경향이 나타나 반드시 시정할 때가 되자 마오 주석이 자잉과 나를 위베이로 조사를 보낸 것으로 짐작되었다. 우리의 조사 결과가 마오 주석에게 영향을 미쳤다. 마오 주석은 정저 우회의에서 회의에 참석한 중앙의 일부 부장과 일부 성위서기들과 함께 스탈린의 『소련 사회주의 경제 문제』를 읽고 나서 두 개의 경계를 잘 나누라고 했다. 하나는 집체소유제와 전민소유제의 경계이고, 다른 하나는 사회주의와 공산주의 경계였다. 그 후의 우창회의(중앙업무회의와 8기6중 전회 포함)에서도 이 두 문제에 대해 많은 논평을 하였다. 자잉과 나는 후차오무와 함께 『인민공사의 약간의 문제에 관한 결의』를 작성할 때, 마오 주석의 의견에 따라 두 경계를 엄격하게 나눌 것을 견지하면서 일부 동지들과 논쟁을 했다. 자잉의 입장은 매우 명확했고 힘 있는 웅변으로 깊은 인상을 남겨주었다. 물론 당시 상황에서 1958년 '좌'적 지도사상이 근본적으로 시정되지는 못했지만(대약진이든 인민공사화 문제든 다 그러했는데 6중전회의 해당 결정이 이를 증명했다) '공산풍', '실속 없이 성과를 부풀리는 풍토', '제멋대로 지휘하는 기풍'에는 한동안 제동이 걸렸었다.

(5) 루산 풍운

중앙의 루산회의를 소집하는 데에 관한 통지에 따라 나는 자잉, 차오무와 함께 6월 29일 오후 중앙판공청이 준비한 전용열차를 타고 우한으로 간 후 배를 타고 쥬장(九江)으로 가 루산(廬山)에 올랐다.

함께 이 전용열차를 타고 남으로 간 사람으로는 중앙정치국 위원들(그들은 각각 공무용 찻간을 하나씩 차지하고 있었다) 및 중앙의 몇 명의 부장이 있었다. 기차에 오른 지 얼마 안 되어 차오무와 자잉은 나에게 그들에게 6월 12일~13일 이녠탕(頤年堂) 정치국회의에서 마오 주석이 한 연설 내용을 전달하라고 했다. 차오무는 병으로 입원했고, 자잉은 쓰촨으로 조사를 가서 다 이 회의에 참가하지 못했다.

나는 그들에게 이녠탕 회의의 상황을 상세하게 전달했다. 회의는 마오 주석이 사회하고 천윈 동지가 1959년 강철 생산량 목표를 1,300만 톤으로 정한 것을 토의하고 통과시켰다. 마오 주석은 회의에서 두 번 연설을 했다.

나는 마오 주석이 회의에서 대약진 지표가 너무 높았다고 자아비평을 한 것을 강조했다. 그는 1958년 제1차 공업이 실패한 것을 1927년 추수봉기가 첫 전투에서 실패한 것과 같다고 취급하였다. 마오 주석은 현실에 맞추어 지나치게 높은 지표를 낮추어야 한다며 천윈 동지의 의견이 맞았다고 강조하였다. 또 서로 원망하지 말고 경험 교훈을 진실하게 종합하고 경제건설을 진실하게 배워야 한다고 하였다. 나는 마오 주석이 "루산에 올라 회의를 할 때 모두들 마음을 가라앉히고 경험교훈을 얘기해야 하며 상하이회의(1959년3월~4월)와 정저우회의(1958년 11월) 때보다 더 화기애애하게 얘기하면서 서로 마음을 주고받으라"고 말했다고 얘기했다. 나는 특히 이녠탕 회의에서 모두들 사상을 열고 서로 먼저 얘기하여 했으며 사상이 활기를 띠었다고 말했다.

전달 과정에서 모두들 의견을 발표했다. 차오무는 대약진이 종합균형을 파괴한다며 "균형은 상대적이고 불균형은 절대적"이라는 관점으로 경제업무를 지도하는 것을 찬성하지 않았다. 그는 "만약 기차의 네 쌍의 바퀴가 언제나 불균형이라면 기차는 궤도를 이탈하여 뒤집히게 된다"고 형상적으로 말했다. 자잉은 그가 얼마 전에야 쓰촨 신판현(新繁県)에서 조사를 마치고 돌아왔는데, 1958년 그 곳에는 제멋대로 지휘하고 실속 없이 성과를 부풀리는 풍토가 심각했다고 말했다.

자잉은 그가 조사를 갔던 대대의 두 권의 장부에 대해 상세하게 이야기했다. 하나는 상급에 대처하기 위한 다수확 장부로 가짜 장부이고, 다른 하나는 실제 생산량 장부로 소수의 간부들만 알고 있었다. 그는 또 뤄스파(羅世

発, 쓰촨성의 전국노동모범)에 따르면 그 곳에서는 촘촘하게 모내기를 하라는 상급의 지시를 따르지 않았지만 풍작을 거두었고, 다른 대대는 상급의 강제 규정에 따라 모내기를 한 결과 흉작이 들었다고 말했다. 아무 생각 없는 지휘가 참으로 사람을 죽이는 결과였다. 자잉은 어떤 성의 책임자 동지는 아직도 납득이 되지 않았다며 중앙과 일치함을 유지하려면 아직 설득을 많이 해야 할 것 같다고 거듭 우려를 표시했다.

이녠탕 회의에서 시작된 사상을 열어놓고 의논을 하는 분위기는 루산회의의 전 단계에서는 좋은 징조가 되었다. 그러나 후에 루산회의가 이른바 '우경 기회주의'를 반대하는 것으로 변했으며 자잉에게는 정치적 상처를 남겼다.

루산회의가 시작되자 마오 주석은 회의 기요를 작성하여 사람들이 종합한 경험 교훈을 문장으로 작성하라고 했다. 우리는 모든 회의 참석자들처럼 주변 산수를 유람했는데 바이루동(白鹿洞), 센런동(仙人洞), 우라오펑(五老峰), 룽탄(龍潭), 식물원 등 여러 곳을 구경했다. 한편 우리는 매일 함께 있으면서, 특히 저녁을 먹은 후 회의 기요를 작성하는 문제를 논의했다. 산수를 유람할 때에도 이런 화제가 떠나지 않았다. 한 번은 바이루동을 구경하면서 우리는 우리나라의 법제 문제를 치열하게 의논했다.

자잉과 차오무는 헌법을 작성하는 일에 참가했었는데 지금까지 우리나라에는 기본법 하나만 있고, 기본법을 실행하는데 필요한 기타 법률은 거의 공백상태이며, 심지어 형법과 민법마저 없어 모든 것을 다 수장이 결정한다며 극히 불만을 토로했다.

루산회의가 시작될 때 마오 주석은 그가 회의 토론에 제출한 19개 문제를 두 부분으로 나누었다. 경제방면에 속하는 7개 문제는 리푸춘 동지가 작성하여 중앙에 올려 중앙의 비준을 받아야 하며, 그 외 10개 문제는 양상쿤(楊尙昆), 후차오무, 천보다와 내가 회의 토론 내용을 정리하여 기요로 만들게 했다. 얼마 안 돼 마오 주석은 다시 19개 문제를 모두 기요로 작성하라고 지시했다. 초안작성소조는 원래의 4명에 자잉과 탄전린(譚震林), 쩡시성(曾希聖, 안후이성위 제1서기), 저우샤오저우(周小舟, 후난성위 제1서기) 등을 추가했다. 사실상 탄전린, 쩡시성, 천보다, 양상쿤 등 4명은 펑전 동지가 토론을 사회할 때에만 참가했고 구체적인 집필 업무는 기타 동지들이 나누어 맡았으며 후차오무가 주도했다. 우리는 이렇게 분업했다. 차오무와 내가 독서, 국내 정세, 올해 임무, 내년 임무, 4년 임무, 홍보, 단결, 국제 정세 등 8개 문제를 맡았고 자잉과 저우샤오저우가 농촌 공동식당, 3가지 결정, 생산소대 반채산단위, 농촌 말단의 수정, 살림살이 배우기, 농촌 공산당과 공청단의 역할, 군중노선, 협업지대, 체제 등 9개 문제의 집필을 맡았다.

자잉과 나는 함께 루산에 올라 구링(牯嶺) 동쪽에 있는 동구허(東沽河) 왼쪽 기슭의 허동루(河東路) 길가에 있는 단층집으로 갔다. 단층집은 모두 5칸이었는데 자잉이 동쪽 방에 지냈고 나는 서쪽 방에 지냈으며, 중간의 한 칸은 식당이고 하나는 응접실이고 또 하나는 가정부의 숙사였다. 후차오무와 천보다는 우리 인근에 살고 있었다. 그들은 아침밥 이외에 점심밥과 저녁밥은 우리와 함께 먹었다. 저녁밥을 먹은 후에는 항상 응접실에서 기요 집필과 관련된 일들을 의논하였으며 각자가 소재한 소조회의 상황을 이야기하기도 했다.

루산회의 전기에 사람들의 마음은 1958년의 경험 교훈을 어떻게 종합하겠는가 하는데 집중되었는데, 사실은 마오 주석과 당 중앙이 1958년 11월 정저우회의에서 시작한 '좌'를 계속 시정했다. 우리는 회의 기요 집필과 관련된 것을 의논했기 때문에 주저하는 바가 없었으며 다 정상이라고 생각했다. 과거에 원고를 작성할 때에도 이렇게 사상을 열고 의논을 했다. 그렇지 않으면 사상 준비가 성숙되지 못하여 원고를 잘 쓸 수가 없었다.

의논 중에 자잉이 가장 많이 얘기한 것은 3가지 문제였다.

첫째는 독서문제였다. 자잉은 마오 주석이 우리를 위베이에 조사를 보낸 것부터 시작해 두 차례의 정저우회의, 우창회의와 상하이회의를 돌아보았으며, 얼마 전 자기가 쓰촨으로 가서 조사한 상황과 결부시키면서 농촌문제 방면의 마오 주석의 사상은 구체적으로 4월에 6급 간부들에게 보낸『당내 통신』에서 구현되었다며, 기층 간부들은 감회가 깊고 열렬히 옹호하고 있다고 말했다. "문제는 중층간부 특히 고급간부들 중에 많은 사람들의 사상이 아직 통하지 않고 있다는 것이다. 그는 이번 루산회의는 성위와 부급 지도 자에게 사회주의와 공산주의의 차이점을 제대로 알게 하고 사회주의 단계는 매우 긴 역사시기이며, 특히 낙후한 농업을 경제적 기초로 하는 중국(그는 쓰촨 농촌의 경제상황을 상세하게 얘기했다)에서는 더욱 그러하다는 것을 알게 해야 한다고 했다. 현재 적지 않은 고급 간부들은 아직도 '달리기를 해 공산주의에 진입하려는 생각'을 가지고 있다. 구체적인 표현은 '공산풍'을 크게 일으키는 것이 아니라 여전히 '대규모로 신속히 할 것'을 주장하면서 사회주의 단계를 빨리 뛰어넘으려 하는데서 나타난다." 그는 마오 주석이 "루산회의에서 이론 학습에 힘 써야 하고 성실 되게 독서를 하고 실제와 결합시켜 경험 교훈을 종합해야 한다"고 한 말에 매우 찬동한다고 밝혔다.

둘째는 정세에 관한 문제였다. 자잉은 "현재 적지 않은 고급 간부들은 최근 반년 간 중앙이 소집한 일련의 회의를 통해 대약진과 인민공사화 중의 잘못이 이미 다 시정됐으며 정세가 좋은 방향으로 발전하고 있다고 생각한다"고 말했다. 자잉은 전반적인 정세가 이미 '바닥'까지 온 것이 맞는가 하고 질문했다. 나의 기억에 우리들 중에서 그가 첫 사람으로 이렇게 문제를 제기했다. 자잉은 아직 '바닥'까지 오지 않았다며 '좌' 적인 잘못된 생각과 행동을 근본적으로 돌려세우지 못했기 때문에 여기에서 멈추지 않을 것이라고 했다. 그는 쓰촨에서 조사할 때 옛 고질병이 재발했다는 느낌을 받았다며 자칫하면 상황이 더욱 나빠질 수 있다고 했다. 그는 차오무가 제기한 "1960

년에는 계속 약진을 하지 말고 조정을 하고 종합균형을 이루는데 주력해야한다"는 말에 찬성했다. 차오무는 사회주의에도 경제위기가 올 수 있다며 우리나라는 이미 위기에 처해 있고 전반적으로 국가경제가 심각하게 균형을 잃었으며 계속 약진을 해나가다가는 경제실조의 후과를 상상조차 할 수 없을 것이라고 말했다.

셋째는 자아비평 문제였다. 자잉은 마오 주석이 제1차 정저우회의 때부터 끊임없이 자아비평을 하면서 1958년 업무가 잘못된 중요한 지도적 책임을 감당했으며, 상하이회의 때에 와서는 "16점 공작방법"(그리고 최근의 이녠탕[頤年堂] 회의에서의 발언)을 제기했다고 말했다. 마오 주석은 상하이회의에서 자아비평을 한 후 "이번에 내가 여러분들께 속마음을 털어놓았으니 다음 회의에서는 당신들이 속심을 털어놓으시오"라고 말하였다. 때문에 이번 루산회의에서 각지 성위서기와 중앙 각급 부장들은 자아비평을 하면서 각자 자기가 짊어져야 할 책임을 짊어져야 한다고 했다. 그래야만 경험 교훈을 잘 종합할 수 있다는 것이었다. 자잉은 마오 주석이 7월 10일 연설을 한 후에 이 점을 더욱 강조했다. 그는 마오 주석이 연설에서 1958년의 4대 잘못을 열거했는데 지금 여러분들이 자아비평을 하는데 도움이 될 것이라고 했다.

자잉은 두 가지 건의를 했다. 첫째는 후차우무에게 회의 후 해당 성위서기와 부장들을 만나 그들이 속마음을 털어놓도록 권장하라고 했다. 차오무는 그대로 했고 일정한 효과를 보았다. 다른 하나는 일부 소조의 토론이 제대로 되지 않은 것에 관해서였다. 1958년의 잘못을 얘기하는데 큰 저애를 받았고, 이 문제와 관련된 발언은 늘 중단되거나 반박을 받다보니 경험과 교훈을 종합할 수가 없었다. 자잉은 양상쿤 동지에게 이 문제를 반영하면서 이런 상황을 샤오치 동지, 저우 총리와 마오 주석에게 보고할 것을 주청했다. 이 문제를 후차오무가 양상곤 동지에게 이야기했다. 상쿤 동지는 당시에 중앙판공청 주임의 신분으로 각 소조의 연락을 맡았다.

우리는 여러 차례 토론을 거쳐 7월 12일에 회의 기요 초고를 완성했으며 13일과 14일 후차오무의 주재 하에 반복적인 수정을 거쳐 19개 문제를 12개 문제로 합친 후 샤오치 동지에게 가져갔다. 14일 저녁, 샤오치 동지가 우리를 찾아 담화를 했는데 초고를 더 개진해야 하지만 지금 먼저 각 소조에 나누어주어 토론하게 한 다음 사람들의 의견을 모와 다시 수정하자고 했다.

『회의 기요』 초고는 15일 인쇄하여 각 소조에 나눠주고 토론에 맡겼다.

샤오치 동지는 16일 각 소조의 조장을 소집하여 회의를 열고(차오무, 자잉과 내가 다 참가했다) 회의를 연장하고(원래는 15, 16일까지 회의를 할 계획이었음) 산 아래에서 사람을 더 찾아와 참가시키고 소조를 혼합 편성(즉 큰 지역을 단위로 하지 않음)한다고 선포했다. 샤오치 동지는 사람들에게 『회의 기요』 초고를 잘 토론하라며 방침은 여전히 "성적은 충분히 말하고 결점은 똑바로 얘기하는 것"이라고 했다. 초고작성소조는 여러 사람들의 의견을 근거로 수정을 했다.

15일 밤 마오 주석은 펑 총사령관이 보내온 편지(14일 쓴 것임)에 "인쇄 발급하여 여러 동지들이 참고하게 하라"는 지시문을 써 인쇄하여 회의에 나눠주게 했다.(17일 발급) 여러 소조는 회의에서 처음 며칠은 『회의 기요』 초고를 집중적으로 둘러싸고 발언을 했다. 특히 '형세와 임무' 부분에 관한 의견이 매우 많았고 펑 총사령관의 편지를 의론하는 사람은 많지 않았다.

나와 자잉, 차오무, 천보다는 펑 총사령관의 편지를 본 후 의논을 한 적이 있었다. 나의 기억에 17일 우리 넷은 식당에서 점심밥을 먹으면서 "오전에 펑 총사령관의 편지를 봤는데 잘 썼고 우리가 작성한『회의 기요』의 사상과 일치한다"고 했다. 나와 자잉은 펑 총사령관이 나서서 말을 한다면 무게가 있고 역할이 클 것이라고 생각했다. 그러나 차오무는 "오히려 반대 효과를 볼 수도 있다"고 말했다. 그는 왜 그럴 수 있는지에 대한 해석을 하지는 않았다. 우리는 편지의 개별적인 문구, 예를 들면 '소자산계급 열광성' 등의 말이 눈에 거슬리지만 전반적으로 우리가 작성한 『회의 기요』보다는 예리하지 않다는 느낌이 들었다.

각 소조의 토론은 19일부터 펑 총사령관의 편지에 관한 의견이 점차 많아지고 『회의 기요』 초고에 대한 의견은 오히려 점점 적어졌다. 차오무, 자잉과 천보다는 소조 발언에서 『회의 기요』 초고를 집필할 때의 생각을 집중적으로 해석했고 차오무는 형세와 임무를 중점적으로 얘기하고 나서 "여러분의 의견에 따라 성적을 더욱 충분히 말하고 결점과 잘못을 더욱 명확하게 얘기할 수 있다"고 설명했다. 자잉은 그가 쓰촨에서 조사를 한 것과 결부시켜 농촌업무 중의 군중노선 등 문제를 얘기했다. 그들은 다 펑 총사령관의 편지를 언급하지 않았다.

7월 20일과 21일, 우리는 샤오치 동지의 19일 지시에 따라 『회의 기요』 초고를 수정하고 이를 제2원고라고 불렀으며, 7월 22일 펑전 동지가 사회를 맡은 서기처 회의에 교부해 토론케 하였다.

회의가 끝난 후 펑전 동지는 우리에게 어서 회의 의견에 따라 수정하라고 하면서 샤오치 동지에게 가져다주겠다고 말했다.

뜻밖에도 7월 『인민일보』의 사설은 루산 정세를 돌변시켰다. 마오 주석은 그날 회의에서 연설을 했는데 여전히 자아비평을 하는 한편 잘못을 한 사람(그가 말한 것은 '좌파 친구')도 자아비평을 하고 책임을 분담하라고 권고했다. 그러나 그는 대약진과 인민공사의 잘못을 "많이 지적한 사람"을 중점적으로 비평하면서 그들의 "방향이 잘못 됐다"고, 총 노선이 "흔들렸고", "우파와 30킬로미터만 떨어져 있다"고 말했다. 마오 주석의 연설에 전 회의장은 큰 충격을 받아 쥐죽은 듯 고요해졌고 공기마저 얼어붙은 듯 했다. 하루사이에 루산회의는 180도 돌변했으며 '좌경'에 대한 시정으로부터 '우경' 반대로 변해버렸다.

이는 마치 푸른 하늘에 날벼락을 치는 것과 같아서 차오무, 자잉, 나, 천보다는 놀라고 망연해졌다. 회의가 끝난 후 차오무는 혼자 거처로 돌아갔고 자잉, 나, 천보다는 허동로를 따라 서쪽으로 가 센런동을 지나는 동안 아무 말도 없었다. 자잉은 매우 격분하여 정자에 이런 주련을 썼다. "사면의 강산이 눈앞에 보이고 만가의 근심과 기쁨은 마음속에 두다(四面江山来眼底, 万家 憂樂到心頭)".

이날 점심식사는 침울한 분위기였고 누구도 말 한 마디 하지 않았다. 후 차오무, 천보다는 밥을 먹고 거처로 돌아갔다. 자잉과 나는 객실에서 마주 보며 말없이 30분이나 앉아 있었다. 후에 자잉이 참지 못하고 큰 소리로 "누 군가의 농간이 틀림없다"고 말했다. 그는 "마오 주석이 왜 180도 돌변을 했을까?" 라는 생각을 했던 것이다.

23일 전에 자잉과 나는 마오 주석이 그사이 계속해서 '좌'를 시정할 것을 강조해왔다는 것을 알고 있었다. 마오 주석은 펑 총사령관의 편지를 인쇄 발급한 날 저녁에 차오무, 자잉과 담화를 할 때에도 여전히 "지금 '우경 기회 주의'의 우두머리는 바로 나"라며 "나는 '우경' 친구가 너무 적어 걱정이었다. 지금 사실은 무모한 돌진을 반대하고 있는데 무모한 돌진 반대의 사령은 나 다"라고 말했다. 샤오치 동지가 16일 정오에 각 팀장을 소집하여 회의를 확 대하고 팀을 재구성한다고 얘기할 때에도 "성적은 충분히 말하고 결점은 명 확하게 말하는" 방침을 다시 천명했던 것이다. 7월 18일까지도 마오 주석은 이렇게 말했다. "빚은 갚아야 하는 법이다. 지난해의 잘못에는 사람마다 다 책임이 있는데 우선은 나였다. 현재 결점을 완전하게 시정하지 못했고 배경 이 든든하지 못한 것도 사실이다. 실속 없이 부풀리고, 맹탕 지휘하고, 많 은 것과 큰 것을 탐내는 '기풍'은 여전히 없애야 한다. 그는 다른 사람이 자 기 결점과 착오를 말하는 것을 싫어하는 '좌파'와 잘 얘기하여 그들이 각 방 면의 이야기를 듣게 할 생각이었다."

자잉은 이런 상황을 회상하여 이야기한 후 나에게 "마오 주석의 23일 연설 첫머리의 설명에 주의했는가?"라고 물었다. 자잉은 이렇게 말했다. "마오 주석은 전날 각 협작구 구장(즉 후에 성립된 6개 중앙국의 제1서기)과 담화를 할 때 그들에게서 각종의 다른 의견을 들으라고 얘기했다. 그러나 그들은 이미 여러 날 들었다며 더 이상 주석께서 나서 말씀하지 않는다면 '좌파' 대오가 흩어져버릴 것이라고 얘기했다. 그는 오늘 내가 나서서 얘기하지 않으면 안 되겠다고 말했다." 자잉은 마오 주석의 23일 연설은 '좌파'의 부추김을 받은 것이 틀림없다고 했다.

자잉과 나는 계속해서 누군가의 '부추김'이 원인의 한 가지이지만 마오 주석 자신의 사상이 더욱 중요한 원인이라고 얘기했다. 우리는 농촌 공공식당에서 '돈 내지 않고 밥을 먹는 것'을 예로 들었는데 '돈 내지 않고 밥을 먹는다'는 것은 커칭스(柯慶施)가 베이다이허 회의를 열기 전에 제기했던 것이다. 마오 주석은 베이다이허 회의에서 "부루조아 계급 법권 타파"를 이론적 높이로 올려 논증했으며, 회의 후 또 『인민일보』에 장춘차오(張春橋)가 마오 주석의 논점을 근거로 쓴 문장을 게재하게 하고 토론을 벌이도록 했다.

자잉은 주석이 우창에서 우리와 담화를 할 때 "동한 시기에 장로(張魯)의 오두미도(五斗米道)가 농민이 먹고 입는 문제를 해결하려 한 것을 매우 동정했다"고 말했다고 했다. 그는 이렇게 말했다. "주석의 이런 심리상태는 유래가 깊으며 일찍 합작화시기에 여러 번이나 얘기한 적이 있었다. '부유한 백성, 강한 나라를 조속히 실현하려는 포부가 주석의 사상에 깊이 자리 잡았으며, 이는 또한 수백 년간 수많은 지사와 인사들이 목숨을 바치면서 분투해온 것으로 나무랄 것이 없다. 그러나 그중에는 한 가지 위험이 들어 있는데 너무 급하고, 너무 빠르고, 너무 큰 요구가 심각한 재난을 불러올 수 있다는 것이다." 우리는 합작화시기에 고급농업생산합작사를 지나치게 빨리 확장한 것, 농업발전강요를 앞당겨 실현하려 한 것, 15년 만에 영국을 추월하려 한 것, 대약진, 인민공사 등 사례를 열거하면서 이런 것들은 다 '좌'적

사상경향을 어느 정도 반영하고 있다고 했다. 그러나 제일 먼저 이런 경향을 발견하고 제일 먼저 자아비평을 한 사람도 마오 주석이었다.

당시 자잉과 나의 인식은 이러한 수준에만 머물러 있었다.

마오 주석이 23일 연설을 한 후 자잉은 줄곧 당혹감과 울분에 젖어 있었다. 게다가 소조회의에서 많은 사람들이 발언을 했는데 이른바 '질문'도 있고 '적발'도 있었으며 또 이른바 '비판'도 있었다. 자잉은 나에게 "가만히 보고만 있으라"고 했다. 다행스러운 것은 자잉이 중앙 지도자 동지 곁에서 오랫동안 일을 해왔기 때문에 규율을 엄하게 지키는 습관이 있었고 정식 회의에서는 함부로 발언하지 않았다. 자잉은 소조회의에서 쓰촨에 가 조사할 때 실속 없이 부풀리는 현상을 발견했다고 말한 적이 있는데, 후에 사람들은 이를 두고 "대약진과 인민공사를 공격했다"고 비난했다. 그러나 단지 이뿐이었다. 우리가 평소에 『회의 기요』 집필을 둘러싸고 했던 의론은 소조회의에 나가 얘기한 적이 없었다. 때문에 회의에서 사람들은 꼬투리를 잡지 못했다. 그러나 자잉은 여전히 회의 밖에서 한 의론이 누설되어 불필요한 시끄러움이 생길까봐 걱정되어 우리 초고작성인원을 모아놓고 "사나이는 제가 한 일을 책임지는 법, 누구든 함부로 말을 하면 책임져야 한다"고 언명한 바 있다.

24일 저녁식사 때 나는 후차오무와 자잉에게 "소조회의에서 누군가 나를 펑 총사령관 편을 든다고 비판하더라"고 말했다. 그들 둘은 나에게 무슨 말을 하던가 하고 물었다. 나는 "펑 총사령관의 편지를 나눠준 후 소조회의에서 누군가 펑 총사령관의 편지를 비판하자 나는 거듭 펑 총사령관을 위해 변호했다. 그러자 24일 소조회의에서 누군가 나를 노선 착오를 범했다고 말했고, 또 수재들이 펑 총사령관과 한통속이라고 말하는 사람도 있었다.

한 나이 많은 동지는 나에게 '방향을 잃었다'고 부드럽게 일깨워주었다."고 말했다.

자잉은 내가 소조회의에서 그렇게 변호를 하지 말았어야 했다며 그러나 말한 것이 잘못은 아니라고 했다. 차오무는 내가 반성을 해야 한다고 했다. 내가 어떻게 반성을 해야 하는가 하고 물으니 그들 둘 다 아무 말도 하지 않았다. 나중에 내가 "반성을 해야 한다면 그 나이 많은 동지가 비평하던 것처럼 '일시적으로 방향을 잃었다'고 태도표시를 하는 수밖에 없다."고 했다. 차오무는 그래도 반성을 하는 것이 좋을 것이라고 말했다.

차오무는 말을 다 끝내지 못한 채 회의하러 오라는 마오 주석의 전갈을 받고 나갔다. 나와 자잉은 차오무가 돌아오기를 기다렸다. 밤 11시 쯤 되어 차오무가 돌아왔다. 그는 다짜고짜 나에게 서면 반성문을 쓰라고 하면서 자기가 소조장에게 가져다주겠다고 말했다. 그는 나에게 소조회의에 참가하지 말고 집에서 『회의 기요』를 수정하라면서 나를 도와 휴가를 맡아오겠다고 말했다. 샤오치 동지가 제3원고를 내와 중앙문건을 만들어 하달하겠다고 재촉했기 때문이었다. 그와 자잉은 내가 그 나이 많은 동지의 말대로 "일시적으로 방향을 잃었다"고 말하는 데 찬성했으며, 길게 쓰지 말고 몇 백 자면 된다고 했다. 나는 그날 밤에 반성문을 써서 이튿날 차오무에게 주었으며 후에 『간보(間報)』에 실렸다.

차오무는 "마오 주석이 정치국 상무위원회 회의가 끝날 때 나를 남게 하고 얼마 전에 말을 함부로 했다고 그를 비평하였으며, 수재들(차오무, 자잉, 나와 천보다의 이름을 지적했음)의 표현이 좋지 않았다고 하면서 겸허한 태도를 가져야 한다고 말했다"고 전했다.

루산회의는 23일부터 점점 더 긴장되어 갔다. 28일 저녁 마오 주석은 자잉과 천보다를 찾아 담화를 했다. 자잉은 매우 늦어서야 돌아왔는데 오자마자 나의 방에 들어와 "마오 주석은 우리 둘과 담화를 할 때 전에 수재들의 표현이 좋지 않았고 방향이 잘못되었다고 비평하는 한편 우리에게 너무 긴장해하지 말라고 하였다"고 말했다.

자잉은 주석이 비평할 때 자기가 격동되어 변명을 했다고 말했다. 그는 소조회의에서 쓰촨 뤄스파 대대의 일을 말한 적이 있었다. 후에 누군가 그를 삼면홍기(중국공산당이 1958년에 제정한 사회주의 건설의 '총 노선', '대약진', '인민공사'를 일컬음)를 반대한다고 공격했는데 그는 이를 받아들일 수 없다고 했다. 그는 말하다가 눈물까지 흘렸으며 자기 말에는 근거가 있다며 직접 대질해도 되고 중앙이 쓰촨에 사람을 보내 조사를 해도 된다고 말했다.

주석은 "당신이 남의 나쁜 말을 했으니 그들이 역으로 당신을 비평하는 것도 있을 수 있는 일이다. 긴장을 해보는 것도 좋은 일이다. 돌아서서 자기에게 뭔가 잘못이 있는지 생각해볼 수 있기 때문이다. 그러나 너무 긴장해 할 필요는 없다. 며칠 후 내가 당신들에게 '정전령'을 내리고 수재들에게 '정전패'를 내줄 것이다. 당신들도 너무 잘난 체 하지 말고 겸허한 태도를 가져야 한다. 사람의 세계관은 개조하기가 쉽지 않으며 한평생 고치면서 살아야 한다. 당신들이 앞에서 한 말은 거의 다 맞는 말이다. 그러나 틀린 말도 있고 어떤 것은 방향이 틀렸으며 어떤 것은 말이 지나쳤다. 끊임없이 진보해야 한다"라고 말했다.

자잉은 또 오늘 저녁 담화에서 주석이 처음부터 펑 사령관을 비평하려고 했던 것은 아니었다고 말했다. 내가 "왜?" 하고 물었다. 자잉은 주석이 오늘 밤 펑 사령관 얘기를 하면서 이렇게 말했다고 했다. "처음에는 그의 편지에 문제가 있다는 것을 발견하지 못했고, 몇 글자 적어 사람들에게 나누어 주어 참고로 삼게 했을 뿐 별 뜻이 없었다. 내가 의견을 적었고 또 내가 소조회의에서 한 발언도 회의 간보에 실렸으니 이 편지를 사람들에게 보여줘도 된다고 생각했으며 별다른 생각이 없었다. 23일에 그런 말을 할 생각은 더욱 없었다. 그런 말은 22일 대구(大区) 구장의 보고를 받고 생각해낸 것이다.

당시 두 명의 구장이 '현재 소조에 삼면홍기를 반대하는 말들이 많아졌고, 일부 사람들은 정신을 다른 곳에 팔고 있다'며 '주석께서 나서 얘기를 해야지 그렇지 않으면 대오가 흩어져 군사가 남지 않을 것'이라고 말했다." 이 말을 듣고 주석은 문제의 심각성을 느꼈으며 온밤을 고민한 끝에 이튿날(23일) 그런 연설을 하게 된 것이었다.

나는 자잉의 말을 듣고 나서 얼른 함께 가서 차오무에게 알려주자고 했다. 차오무는 매우 냉정하게 듣고 있었는데 마음속에 계산이 있는 것 같았다. 아마 24일 밤이었던 것 같은데 마오 주석이 그와 단독으로 담화를 나눌 때에도 그런 말을 했으며 그는 자신이 있었던 것이다. 자잉의 말이 끝나자 차오무는 우리 네 수재의 문제가 이번 회의에서 일 단락 마무리될 것이라고 말했다. 주석은 그와 자잉, 천보다와의 담화에서 "겸손하게 일처리를 하라"는 말에 역점을 두었다. 우리들은 중앙 지도자 동지 신변에서 근무하고 있었기에 그 후 더욱 조심스레 처신했다.

그 후 며칠 동안 자잉은 예전대로 소조회의에 참가하고 차오무는 집에서 휴식을 취했으며(주석은 그에게 며칠 쉬면서 8중 전회 서류를 작성할 준비를 하라고 했다.) 천보다는 여전히 병가를 냈고, 나는 샤오치 동지의 의견대로 (성과에 대한 서술을 보강하고, 결점과 착오 부분은 문자를 압축하되 여전히 요점을 유보하고, 편향을 바로잡는 문제는 정면으로 얘기하여 어떠어떠하게 해야 한다고만 말하고 어떠어떠하게 하지 말아야 한다는 말은 안 한다.) 집에서 『회의 기요』 제3원고를 만들어 차오무 동지에게 전했다.

7월 30일 오후 양상쿤 동지가 나의 거처로 와서 "주석께서 회의 각 조 조장에게 '이후에 다시는 후차오무, 천보다, 톈자잉과 우렁시(吳冷西)의 일을 꺼내지 말라'고 지시했으며 각조 조장들에게 '회의에 참가한 동지들을 돌보면서 역량을 집중시켜 8중 전회를 잘 개최하라'고 하였다"고 전했다.

양상쿤 동지는 주석께서 '정전령'을 내린 것이니 시름을 놓아도 된다고 말했다. 이렇게 되자 우리 네 사람은 해방이라도 된 듯 함께 선인동 쪽으로 산책을 나갔다. 이 때 우리의 기분은 일주일 전과는 달랐는데 이는 개인이 비평을 받지 않았기 때문이었다. 기분은 좋았지만 우려되는 것이 없는 것도 아니었다. 8중 전회에서 '우경 기회주의'를 대대적으로 비평하려 하니 회의 기요를 집필할 수 없을 것 같았다. 더욱 큰 근심은 지난해 연말 정저우회의 때부터 시작된 '좌경 시정 업무가 중단될 수 있다는 것이었다. 이는 당과 국가의 대사였다.

8월 2일에 시작된 8중 전회가 불행하게도 걱정하던 것과 딱 들어맞았다. 아직 제 곬에 들어서지 못한 신선회에서 날카로운 논쟁이 붙어 초연이 가득한 투쟁회가 되어버렸다. 자잉은 깊은 수심에 잠겼다.

자잉은 마음이 강직하고 나라와 백성을 걱정하는 사람이었다. 루산회의 후기에 시비가 전도되고 폭풍우 같은 투쟁이 일어난 것을 보고 그는 격분을 느끼고 침울해졌으며 스스로를 독려하기도, 낙심하기도 했다. 차오무와 나는 그 정경을 보고 그에게 8중 전회 서류를 작성하는데 참가할 것을 건의했다. 자잉은 나를 도와 회의 공보(주로 경제 정세와 임무를 얘기했음)를 집필할지언정 차오무가 책임진 8중 전회 결의(내용은 우경 기회주의를 반대하는 것)를 작성하는데 참가하지 않으려 했다. 그는 소조회의에 매우 적게 참가했고 대회에도 우리와 관련된 몇 차례만 참가했으며 한가할 때는 우리와 길게 잡담을 했다. 그는 내가 동유럽, 서유럽, 아프리카, 아시아를 방문했던 소감을 얘기하는 걸 듣기 좋아했고, 청나라 때의 명인과 자기가 수장한 묵적에 대해 실컷 이야기를 늘어놓았으며, 소일산(蕭一山)의 『청대통사(淸代通史)』보다 더욱 성숙된 새 청사를 쓸 생각도 털어놓았다.

한 번은 자잉이 마오 주석으로부터 가의(賈誼)의 양부양론을 읽으라는 제안을 받았던 얘기를 했다. 그는 『조굴원부(吊屈原賦)』를 매우 좋아했으며 첫 단락을 암송했다. 그는 지금 중국의 상황에는 『치안책(治安策)』에 열거된 폐단이 어렴풋하게 보인다고 했다. 그는 1954년에 중앙이 6대 중앙국을 철거한 것을 찬성했고, 현재 또 6대 협작구(후에 또 6대 중앙국 편제를 구성했음)

를 설치하는 것을 찬성하지 않았다. 그는 한대(漢代) 초기의 제후들은 현명했고 당대(唐代)에 번진(藩鎭)을 내온 것은 스스로 천하를 어지럽히는 일이라고 말했다. "진시황은 역사상 처음으로 중앙집권을 건설한 황제로 큰 공헌을 했으나 분서갱유로 약점을 남기고 후세에 욕을 먹었다.

역대의 이른바 현명한 군주는 대체로 다 나라와 가정을 잘 다스렸는데 양자를 다 잘하기란 쉽지 않지만 반드시 그렇게 해야 한다." 자잉의 이런 의론은 단순하게 역사를 의말한 것으로 보이지만 사실은 느낀바가 있어서 한 말이었다.

보름동안 열린 8중 전회는 이른바 '군사클럽'을 대대적으로 비판했기에 7월 2일부터 16일까지 열린 신선회보다 사람을 힘들게 했고, 7월 17일부터 8월 1일까지의 적발비판회보다도 더 힘들었다. 마오 주석이 8월 11일 자잉과 담화를 할 때 "수재는 우리 사람"이라고 말했기 때문에 자잉은 기분이 좀 나아졌지만 여전히 기운을 차리지 못했다. 차오무, 자잉, 나와 천보다 네 사람이 적발되었고 중앙이 입안해 심사를 하고 있었기 때문이었다.

8중 전회 마지막 며칠 동안 큰비가 내리고 먹구름이 낮게 드리우면서 자연기후와 정치기후가 이중 압력을 주었다. 대회가 끝난 17일 오후 많은 사람들이 큰 비를 무릅쓰고 잇달아 하산했다. 나의 기억에 제일 먼저 하산한 사람은 펑타오(彭濤, 당시 화학공업부 부장이었음)였다. 자잉과 나는 회의 업무 때문에 사흘 후(19일)에야 하산했다. 나는 급히 출발하다보니 회의 간보마저 서랍 안에 두고 와서 중앙판공청의 통보비평을 받았다.

자잉과 나는 산에서 내려온 후 쥬장(九江)에서 배를 타고 난징에 갔다가 다시 전용열차를 타고 베이징으로 돌아왔다. 배에서 내가 자잉에게 사진을 한 장 찍어주었는데 그 때 표정이 마침 당시 자잉의 심정을 잘 보여주고 있는 것 같았다.

우리 '4인 사건'은 계속해서 10월까지 심사를 받았는데 펑전 동지가 두 번 우리를 찾아 담화했고 우리는 중앙에 반성문과 해명을 써 올렸다. 10월 17일, 마오 주석이 차오무, 자잉, 나, 천보다를 찾아 담화했다. 마오 주석은 "당신들은 루산에서 일을 잘못 처리했지만 적대분자와 우경기회주의 분자는 아니고, 총 노선을 기본상 옹호하는 한편 잘못된 관점 또는 우경 사상을 가지고 있는 부류에 속한다"라고 했다. 그제야 '4인 사건'은 끝이 났다. 마오 주석에게서 나온 후 나는 자잉을 따라 그의 서재로 갔다. 그는 문안에 들어서자마자 덩실덩실 춤을 추고 바닥에서 곤두박질을 한 후 큰 소리로 "주석께서는 우리를 이해하신다"고 큰소리로 말했다.

(6) 다시 루산에 오르다

1960년 한 해 동안 나와 자잉은 자주 만나지 못했다. 년 초부터 연말까지 나의 업무는 주로 국제와 관련된 것이었고, 자잉은 정력을 집중해 『마오쩌둥 선집』 제4권을 편집했기 때문이었다.

1961년 마오 주석이 "조사연구의 풍조를 크게 일으킬 것"을 제창한 후 중국은 사실상 조정시기에 들어섰다. 자잉은 마오 주석의 지시에 따라 먼저 저장(浙江)으로 가서 인민공사 상황을 조사한 후 이어 광저우로 가서 마오 주석이 주재하는 인민공사 문제를 토론하는 회의에 참가했으며, 동시에 『농촌인민공사 업무조례(초안)』(『농업 60조』라고 통칭)을 작성하는데 참가했다. 그 때 나는 마침 천이(陳毅) 동지가 이끌고 있는 중국정부대표단을 따라 라오스 문제에 관한 제네바회의에 참가하고 있었다.

우연한 기회에 나와 자잉은 또 루산에 올라 다시 협력하게 되었다.

내가 제네바회의가 휴회하는 틈을 타 귀국하여 베이다이허에서 휴가를 보낼 때였다. 당시 샤오핑 동지는 그곳에서 보이보 동지가 집필한 『공업 70조』에 관한 토론을 주재하고 있었는데 나에게 참가해 들어보라고 했다. 후에 중앙은 루산에서 중앙업무회의(8월 23일부터 9월 16일까지)를 소집하기로 결정했다. 나와 자잉은 회의에 참가하라는 통지를 받고 루산에 도착했다. 샤오핑 동지는 자기가 대회 기간에 대표단을 거느리고 조선노동당 대표대회에 참가하고 펑전 동지가 그를 대신하여 『공업 70조』의 수정 업무를 주재할 것 같다며 나와 톈자잉, 후성에게 수정을 맡으라고 했다. 또 보이보 동지에게 수재들을 파견해달라고 요구해도 된다고 했다. 내가 자잉과 이 일을 의논하자 그는 자기는 공업 상황에 대해 잘 모른다고 솔직하게 털어놓으면서 꼭 상황을 잘 아는 동지들을 참가시켜야 한다고 말했다. 후에 보이보 동지와 의논하였는데 그는 원래 집필 업무에 참가했던 메이싱(梅行), 마훙(馬洪), 양보(楊波), 장페이(張沛) 등 동지들을 보냈다.

자잉은 나에게 마오 주석이 산에 오르기 전에 "이번 루산회의를 잘 열어야 하며 마음편한 회의로 열어야 한다"고 말했다고 했다. 마오 주석은 여전히 지난번 루산회의에서 우경을 반대한 것이 잘못이 아니라고 주장하는 한편 "그 때 루산회의에서 계속 '좌'를 시정해야 하는데 후에 우를 반대하면서 '좌'에 대한 반대를 상쇄해버렸다. 높은 지표, 높은 매상, 높은 분배, 공산풍이 이전보다 더 심각해졌다."고 말했다. 자잉은 주석의 견해에 매우 큰 변화가 생겼다며 이번에는 지난번보다 회의를 더 잘할 수 있을 것 같다고 했다. 올해에 중앙이 조정에 관한 많은 결정을 내렸기 때문이고 이번 회의에서 공업 뿐 아니라 재정무역, 교육 등 방면에서도 많은 조정 결정을 내리게 된다고 했다.

자잉과 나 그리고 수정소조에 참가한 동지들은 회의 중 각 소조가 제출한 『공업 70조』에 관한 의견을 성실하게 연구했는데 주로 4개 문제가 있었다. (1) 당면한 공업상황에 대한 예측에서 어떤 동지들은 『공업 70조』 초안의 서언에 공업상황이 좋지 않다는 말이 너무 많다며 공업 형세가 이미 '바닥'을 치고 반등하기 시작했다고 했다. (2) 초안에 규정된 당위 지도하의 공장장책임제에 대해 다른 의견이 있었는데 공장장에게 그렇게 많은 관리 권한을 주면 안 된다고, 회계사제도를 설립하는 것을 이해할 수 없다고 했다. (3) 초안에 "노동의 양과 질에 따라 임금을 지불하고, 부지런한 사람은 장려하고 게으른 사람은 처벌한다"고 강조한 데 대해서도 의견이 있었다. "정치를 우선시해야 하고, 종업원의 소득 차이가 지나치면 안 된다(사실 '지나친 것'이 아니었는데 그들은 계속 평균주의를 실행하려 했을 뿐이다. 후에 이를 '한 솥의 밥을 먹는다'고 했다.)"고 주장했다. (4) 초안에 군중노선만 강조하고 군중운동을 강조하지 않은 것에 대해 반대 의견을 제기했으며 여전히 기술혁명을 강조하고 '불합리한' 규장제도를 없앨 것을 주장했다.

이 4 가지 문제와 관련해 자잉과 나는 집필에 참가한 동지들에게 실제 상황을 열거하라고 했다. 그들은 『공업 70조』를 제정한 원인은 공업관리에 심각한 폐단과 혼란이 존재하고 상황이 초안 서언에 얘기된 것보다 아주 더 심각하기 때문이라고 했다. 어떤 동지들은 당시 공장에서 실행한 당위 집체 책임제의 여러 가지 폐단을 상세하게 얘기하면서 공장장이 아예 생산을 지휘, 관리하지 못한다고 말했다. 그들이 말한 상황을 듣고 나서 나와 자잉은 의논한 후 이렇게 큰 원칙적인 문제를 샤오핑 동지와 펑전 동지에게 보고하기로 결정했다. 그들이 결정을 내려야 수정하기가 편했던 것이다.

그리하여 우리는 그들에게 각 조의 의견과 우리의 견해를 보고했다. 샤오핑 동지는 보고를 듣고 나서 "초안은 이미 결정된 것이니까 원칙은 수정할 수 없고 문자에 대한 수정은 의논해볼 수 있다"고 단호하게 말했다. 그러나 '공업 상황'은 「서언」에서 제대로 얘기하지 못한 것 같으니 단독으로 지시를 써 '조정, 공고, 충실, 제고' 8대 방침을 명확하게 재언명하고 아울러 금후 3년간의 조정을 중심으로 삼는다고 강조하라고 했다. 펑전 동지는 우리에게 샤오핑 동지의 의견대로 『72조』를 수정하는 한편 공업문제에 관한 중앙의 지시도 집필하라고 했다. 자잉은 집으로 돌아가는 길에 나에게 역대 난세에 이렇게 정확한 판단을 내릴 수 있는 재상이 필요했고 지금도 마찬가지라고 말했다.

샤오핑 동지가 조선으로 간 후 펑전 동지가『공업 70조』(초안)의 수정과 중앙의『당면 공업문제에 관한 지시』의 최종 마무리를 주재했는데 기존의 원칙을 견지했다. 여전히 군중노선을 강조했으며 가능한 한 '군중운동'이라는 말을 사용하지 않고 '군중에 의거하다' 또는 '군중을 발동하다'라고 썼다. 여전히 '노동의 양과 질에 의한 분배'를 강조했으며 정치를 모든 것에 우선으로 한다는 말도 제기했다. 기술혁신을 강조하였고 가능한 한 '기술혁명'이라고 말하지 않았다. 과학을 존중할 것을 강조하였고 그것을 '미신을 타파하는 것'과 동렬에 놓았으며 과학을 미신처럼 '타파'해서는 안 된다고 지적했다. 상대적으로 안정된 규장제도는 생산이 정상적으로 운행되는데 필수라고 강조했다. 특히『당면 공업문제에 관한 지시』는 문제를 투철하게 설명했기에 회의 중에 현재의 폐단을 적게 얘기하자는 의견이 오히려 적어졌다.

자잉은 공업문제를 잘 알지 못했지만 허심탄회하게 전문가의 의견을 듣고 남의 충고를 잘 받아들이고 의혹을 분석하고 반복적으로 의견을 교환하면서 끝내 맡겨준 임무를 완수했다.

자잉은 정세를 매우 정확하게 분석했다. 그는 지금 막연하게 '바닥'(즉 어려움이 극치에 달했고 앞으로는 좋아만 진다는 뜻)까지 왔다고 말하면 안 된다고 했다. 조성을 중심으로 하는 조정, 공고, 충실, 제고의 방침이 이미 확정되었고, 계획 지표가 이미 낮아졌으며, 농촌에는『60조』, 공업에는『70조』가 생겼다. 이런 방면으로 보면 정세가 이미 좋은 방면으로 변화하고 있다. 그러나 현재 식량의 공급과 수요의 차이가 매우 크고 추수함에 감산할 가능성이 있어 내년 봄에 기근이 들 수도 있다. 공업생산 질서가 혼란스럽고 많은 공장이 생산을 정지하고 원료 공급을 기다리고 있으며, 공급과 수요의 차액이 매우 크다.

아직 어려움이 바닥까지 오지 않았으며 자칫하면 진일보적으로 악화될 가능성이 있다. 자잉은 특히 농촌상황에 대해 낙관적이지 않았다. 그는 "현재 1959년과 비교하면 많은 성이 예전에는 증산을 한다고 큰소리쳤다가 지금은 어렵다고 아우성이다. 국가에서 수백만 톤의 식량(이는 건국 이래 처음)을 수입했지만 태부족이다. 어떤 성은 중앙에서 많은 식량을 가져오려 애쓰고 어떤 성은 식량을 적게 전출하려 노력하고 있다. 대다수 성에서 사람이 굶어죽는 일이 발생했고 상황이 진일보적으로 악화될 가능성이 있다."고 말했다. 그는 상당수의 농촌간부가 감히 참말을 못하고 있다며 '한 손엔 높은 지표, 한 손에 우경 모자를 쥐는 것을 두려워한다고 했다.

그는 지금의 어려움이 제1차 루산회의 때보다 더욱 심각하다며 그 회의에서 제기했던 우리의 관점이 사실에 부합된다는 것이 증명되었다고 말했다.

나는 자잉이 제2차 루산회의에서 전의 제1차 루산회의 때보다 더욱 성숙되었고 풍채가 당년에 손색이 없으며 기분이 유쾌해 있다고 느껴졌다. 그는 『농업 60조』를 집필하는 과정에 마오 주석의 높은 중시를 받았을 뿐만 아니라 『공업 70조』를 수정하면서 재능을 충분히 발휘했으며, 그가 2년 전에 찬성했던 조정을 위주로 하는 방침이 점차 실행되고 있었던 것이다. 자잉과 나는 지난번 루산회의 전기 때처럼 산수를 유람했으며, 특히 후성 동지(그는 지난번 루산회의에 참가하지 않았음)와 함께 다시 한 번 식물원을 구경하면서 많은 의논을 했다. 하지만 이번에 차오무 동지가 산에 오르지 않아 의논이 예전처럼 강렬하지 못했다.

(7) 7천명 대회

루산회의에서 내려온 후 자잉은 즉시 중앙을 위해 인민공사의 기본 채산 단위 문제를 토론하는 서류를 준비했고, 나는 연말 전에 소집하기로 했던

제2기 인대 제3차 회의 정부업무보고를 작성하기 시작했다. 그러나 후루시
초프가 10월의 소련공산당 22차 대표대회에서 새로운 반 중국, 반 알바니아
운동을 일으키자 중앙정치국 상무위원회는 즉시 인대회의 소집을 연기하고
(후에 1962년 3월부터 4월까지 소집) 중앙업무회의를 소집하기로 결단했으며
전당의 역량을 동원시켜 조정 업무를 강화했다. 자잉과 나의 업무 중점도
그에 따라 변하였다.

중앙상무위원회는 저우 총리가 소련공산당 22차 대표대회 참가를 중단하
고 앞당겨 귀국한 후인 10월 하순에 중앙회의를 소집하기로 결정했다. 샤오
치 동지는 11월 5일 주재한 중앙정치국회의에서 다음과 같이 선포했다. "마
오 주석과 상무위원회의 의견에 따라 이번 회의에서는 '대약진'의 경험 교훈
을 종합하고 전당의 사상을 통일하며 역량을 집중하여 조정업무를 잘 한
다. 정치국은 이번 회의에 보고서를 작성해 올려야 한다. 샤오치 동지는 천
보다가 주도하고 나와 자잉, 후성이 참가해 업무보고를 작성하라"고 지명했
다. 나는 그 자리에서 리푸춘, 리셴녠, 보이보, 안쯔원(安子文, 당시 중앙 조
직부장이었음) 등 동지들과 의논해 그들이 주관하는 부문에서 사람을 뽑아
창작그룹을 구성하기로 했다. 먼저 메이싱(梅行), 양보(楊波), 마훙(馬洪) 랴오
지리(廖季立), 자오한(趙漢), 판징위안(潘静遠), 장페이(張沛)를 데려왔고 후에
또 우보(吳波)와 돤윈(段雲) 동지를 데려와 댜오위타이 8호 빌딩과 15호 빌딩
에 모이게 했다.

이튿날, 샤오핑 동지가 댜오위타이 8호 빌딩으로 와서 회의를 소집하고
보고 작성 골조를 4개 부분으로 나누라고 했다. (1) 정세와 임무: 농촌상황
이 호전되기 시작했고 공업 생산의 하락이 기본적으로 안정되었다. 3면에서
의 홍기를 견지하고 8자 방침을 관철시키며, 3년 만에 조정을 마치도록 노력
해야 한다. (2) 중앙의 집중통일 지도를 강화고 민주집중제를 강화하고 분
산주의를 극복하는 것이 열쇠이다. (3) 당풍을 개진하고 실사구시적인 업무

작풍과 군중 노선을 관철하는 업무 방법을 관철하고 당내 민주를 강화해야 한다. (4) 기본적인 경험과 교훈. 그는 우리에게 먼저 분업해 집필한 다음 천 보다의 주도하에 수정하라고 일렀다.

우리는 이렇게 분업했다. 내가 제1, 제2 부분을 책임지고, 메이싱·양보·마홍·랴오지리·장페이가 협조했다. 자잉이 제3 부분을 책임지고 자오한, 판징위안이 협조했다. 후성이 제4 부분을 책임졌다. 우리가 초고를 집필한 후 천 보다가 수정하였고 12월 중순에 제1원고를 내놓았다.

12월 21일 샤오핑 동지가 제1원고에 대한 토론을 주재했고 푸춘, 셴녠, 이보, 탄전린, 안즈원이 참가했다. 회의에서는 주로 제1, 2, 4 부분에 관한 의견을 많이 의논했는데 형세에 대한 예측이 지나치게 낙관적이라며 좀 더 유보해야 한다고 했다. 이유는 현재 상황이 아직 명확히 파악되지 않았기 때문이며, 특히 공업, 재정과 무역이 그렇다고 했다. 15년 만에 영국을 뛰어넘겠다는 슬로건이 여전히 가치가 있는 것인지 생각해봐야 하고, 집중통일을 더욱 강조해야 하며, 분산주의의 갖가지 폐단을 끔찍할 만치 더 써야 한다는 것이다. 경험과 교훈은 중앙 서기처가 정치국 상무위원회의에 올린 검사 보고서를 근거로 명백히 논술하는 한편, 당의 역사 교훈과 연결시켜 써야 한다. 회의에서는 자잉이 집필한 당내 문제 부분에 관한 의견이 비교적 적었는데 "정면 논술을 강화하고, 당면의 나쁜 기풍을 시정할 것을 강조해야 한다."고만 했다.

앞에서 말한 중앙서기처 검사 보고서는 샤오핑 동지가 친히 주재하여 집필한 것으로 그중에는 최근 몇 년의 중요한 착오가 적혀 있었다. 총 노선이 제기된 후 제때에 구체적인 정책을 제정하지 않은 것, 이미 결정된 정책 중 어떤 것은 잘못된 것이라는 것, 계획 지표가 너무 높고 또 자주 변한다는 것, 사실에 근거하여 처리하지 않았고, 각지의 구체적인 실정에 맞게 적절한 대책을 대지 않았으며, 전국적으로 많은 '대규모 건설'을 하였는데 이는 군중

노선을 위반한 '군중운동'이라고 했다. 중앙이 하부에 권력위양을 지나치게 많이 했고 또 한 급 한 급씩 위양했다고 했다.

며칠이 지나 샤오치 동지는 제1원고를 본 후 일부러 댜오위타이로 와서 천보다, 나, 자잉, 후성을 찾아 담화를 했다. 샤오치 동지는 다짜고짜 "보고는 여전히 1959년 루산회의에서 했던 두 마디, 즉 성적을 충분히 얘기하고 결점을 똑바로 얘기해야 한다고 쓰라"고 했다. 구체적인 의견은 주로 다음과 같았다. (1) 지난 4년의 결점, 착오를 털어놓고 있는 대로 얘기해야 한다. 있는 대로 대담하게 다 얘기하고 우물쭈물하지 말아야 한다. 중병에는 극약을 처방해야 하고, 비지땀을 흘리게 해야만 교훈을 받아들일 수 있다. (2) 최근 몇 년의 잘못은 중앙이 주로 책임을 지고 보고에서 정치국을 대표하여 자아비평을 해야 한다. 그렇지 않으면 아래에서 불복할 것이다. 1년간 중앙은 점차 착오를 시정하면서 각지, 각 부문도 착오를 시정하고 제멋대로 하지 말 것을 요구했다. (3) 분산주의에 관한 사실을 열거해야 한다. 성마다, 부마다 다 예를 들어야 하며 아무도 빠지면 안 된다. 이런 현상이 너무 많고 너무 보편적이다. (4) 이 몇 년의 착오는 당내의 지나친 투쟁 특히 1959년 루산회의에서 '우'만 반대하고 '좌'를 반대하지 않은 것, 후반기에 전반기를 전면 부정한 것, 회의 후 당내에서 보편적으로 반 우경 투쟁을 벌인 것과 매우 큰 관련이 있다. 당내 민주가 부족하여 많은 착오가 제때에 시정되지 못했다. 샤오치 동지는 특별히 이런 부탁을 했다. "수재들은 이것저것을 두려워하고 꼼짝달싹 못할 것이 아니라 감히 사실을 말할 수 있어야 한다.

지나친 말을 해도 상관없다. 초고니까 중앙정치국에서 토론을 할 것이고 틀리면 정치국이 책임지게 된다." 샤오치 동지가 간 후 나와 자잉 사이에 이런 말이 오갔다. 지난번 루산회의에서도 샤오치 동지는 태도가 명확했다. 8중 전회 때에는 『회의 기요』까지 하달할 생각이었으나 아쉽게도 물거품이 되었다. 이번 7천명 대회에서도 샤오치 동지가 이 같은 담력과 식견을 보여줬으니 우리가 시름을 놓아도 될 것 같다. 나는 자잉에게 이렇게 말했다.

일주일 전에 마오 주석 댁에서 상무위원회회 회의를 열고 토론회의를 어떻게 진행할지를 의논할 때 마오 주석은 이렇게 말했다. "서기처는 반성을 하면서 최근 몇 년의 잘못에 대한 책임을 떠안았고 나의 지시를 잘 관철시키지 않았다고 했는데 나를 성인으로 간주한 것이다. 사실 최근 몇 년의 착오는 우선 다 내가 책임을 져야 한다. 내가 당중앙 주석이고 중대한 결책은 다 내가 내렸거나 동의한 것이기 때문이다." 주석은 또 "나의 잘못을 당신들이 얘기하지 않으면 내가 얘기하겠다"고 말했다.

자잉은 자기도 똑같은 느낌이라고 했다. 1961년 마오 주석은 계속해서 조사연구를 했으며『농촌 인민공사 60조』를 시작으로 '좌'적 편향을 점차 시정해갔다. 최근 몇 년간 그가 집필한 조사 자료와 원고가 다 마오 주석의 중시를 받고 채용되었다. 그는 이번에 7천명 대회를 열게 된 것은 중앙 상무위원회의 의견과 잘 맞아떨어진다고 했다. 워낙 샤오핑 동지는 중앙업무회의를 3급(중앙, 성, 지구) 간부회의로 진행할 생각이었지만 후에 마오 주석이 4급(현급 및 현급과 맞먹는 광공업 기업, 군대의 책임자를 증가) 간부회의로 확대하고 '중앙업무회의' 앞에 '확대된'이라는 세 글자를 붙일 것을 제안했다.

자잉은 또 샤오치 동지가 이번에 결점을 명확하게 얘기해야 할 뿐만 아니라 어휘 사용이 예리해야 한다고 강조했다며, 우리는 글을 쓰는 사람이고, 보고는 샤오치 동지가 하는 것이기 때문에, 원고를 쓸 때 그의 지시에 따라 써야 하며 고쳐도 그가 고쳐야 한다고 말했다. 우리 둘은 이렇게 의논한 후 후성 동지의 의견을 묻고 나서 처음부터 끝까지 샤오치 동지의 의견대로 제1원고를 수정하기로 했다.

12월 25일부터 26일까지 샤오치 동지와 샤오핑 동지가 같이 우리가 쓴 제2원고의 토론회를 주재했다. 회의에서 많은 의견이 제기되었는데 주로 다음과 같았다. (1) 당면한 심각한 경제적 어려움이 생긴 원인을 과학적으로 분석해야 하는데, 중요 원인은 자연재해가 아니고 후루시초프가 전부의 협의와 계약을 파기한 것도 아니다. 우리가 일하는 과정에 착오를 범했기 때문이다. 이 점을 보고에서 잘 얘기하여 간부와 군중들이 우리가 잘못을 고치기만 한다면 반드시 어려움을 극복해낼 수 있을 것이라는 확신을 가지게 해야 한다. (2) 분산주의에 대한 비판을 더욱 강화해야 한다. 각 지방, 각 부문의 분산주의를 분류하여 그 해로운 점을 강조해야 한다. 홍기(紅旗)잡지사와 『인민일보』, 신화사의 책임자(천보다, 후성, 나를 가리킴)는 보고서 집필에 참가하면서 자기가 잘못한 사례도 적어 넣어야 한다. 분산주의를 극복하지 못하고 분권만 있고 집권이 없다면 사회주의로 될 수 없다. (3) 우리의 이 몇 년의 착오에 소련과 비슷한 것도 있었다. 다른 사람의 잘못을 자기도 똑같이 범할 수 있으니 이 점을 교훈으로 삼아야 한다. (4) 원래 경험과 교훈을 단독으로 한 부분으로 만들려고 했으나 지금의 구조에 전반적으로 적합하지 않기 때문에 제1부분에 합병시켜야 하며 다시 써야 한다.

자잉이 책임진 당의 문제에 관한 부분에 대해서는 다들 잘 썼다며 조금만 개진하면 된다고 했다. 즉 마오 주석의 실사구시, 군중노선, 당내민주에 관한 일관된 사상을 진일보적으로 명백히 논술해야 하며 특히 당면의 당내 부정기풍을 타깃으로 해야 한다는 것이다.

회의 후 초고작성그룹이 재편성 되었는데 내가 정세와 임무 부분의 수정을 맡고 그중의 경험교훈은 천보다가 다시 쓰기로 했다. 두 번째 부분은 메이싱, 마훙, 랴오지리, 양보 등이 수정했는데 그들이 분산주의 상황을 잘 알기 때문이었다. 자잉과 후성이 당의 문제 부분을 수정했다.

자잉은 수정하는 과정에서 실사구시적인 작풍은 당성의 첫째가는 표준이라고 강조했다. 그는 "정직한 사람이 손해 본다"는 사상을 집중적으로 비평하고 "정직하게 말하고 정직하게 일하며 정직한 사람이 되자"고 제창했다. 그는 군중노선을 논술할 때 군중운동을 군중노선의 유일한 형식으로 삼는 사람들은 겉보기에 그럴 듯 해보이지만 사실은 군중을 이탈하고 군중 이익을 위반한 이른바 '군중운동'이라고 매우 엄숙하게 비평했다. 이런 것들은 후에 대회에서, 특히 현위 1급 간부들 사이에서 열렬한 반향을 일으켰다.

자잉은 수정하는 과정에 여러 차례 나와 후성 동지에게 이렇게 말한 바 있다. 당의 문제 부분에서 가장 중요한 것은 당내 민주이고 당내 민주의 핵심 또한 비평과 자아비평을 전개하는 것이다. 그는 중앙조직부의 동지(자잉을 협조하여 집필에 참가한 동지들인 자오한, 판징위안은 다 중앙 조직부에서 왔음)들은 이에 관한 전형적인 자료를 많이 가지고 있는데 어떤 지방의 당위는 작풍이 매우 좋지 않지만 있는 대로 다 털어놓기는 곤란하다고 말했다. 그는 진실 되게 연구하여 8차 당 대회에서 채택된 당 규약에 따라 당내 생활 규율, 수칙 또는 요구 몇 조례를 내와 각급 당 조직 특히 기층의 당 지부가 집행하게 해야 한다고 말했다.

1월 3일부터 6일까지 샤오치 동지와 샤오핑 동지가 또 회의를 소집하여 제3원고를 토론, 수정했다. 회의는 한 단락을 읽고 한 단락을 의논하는 방식으로 진행되었다. 논술과 문자에 관한 의견이 매우 많았는데 어떤 것은 그 자리에서 수정하였고, 어떤 것은 수재 한 명을 지정하여 수정을 한 다음 다시 회의에 올려 토론하게 했다. 나흘간 오전 오후 다 일하여 겨우 완성했다.

샤오치 동지는 1월 7일에 수정을 마친 원고(후에 보고서의 제1원고라고 통칭했음)를 마오 주석에게 전했다. 그와 샤오핑 동지는 마오 주석이 다 보고 나서 대체로 쓸 만하다고 하면 정치국 전체회의를 소집하여 정식으로 토론, 수정, 통과시키고 나서 대회에서 보고할 계획이었다.

1월 10일 샤오핑 동지가 나에게 어제 저녁 샤오치 동지, 저우 총리와 함께 마오 주석 댁에서 작은 회의를 열었다고 알렸다. 마오 주석은 보고서 원고가 너무 길어 아직 다 못 봤다면서 "내가 다 볼 때까지 기다리지 말고 또 중앙정치국이 통과시킬 필요 없이 아예 지금 이미 베이징에 도착한 대회에 참가할 모든 동지들에게 나눠주어 의견을 모으라. 동시에 원고작성위원회를 조직하여 사람들의 의견에 따라 수정한 다음 정치국에 올려 통과되면 정식으로 보고하라"고 말했다. 샤오핑 동지는 나에게 몇 곳의 문자만 조금 수정하고 중앙판공청에 넘겨 인쇄 발부하여 대회에 토론시키라고 했다. 이렇게 되어 확대된 중앙업무회의가 1월 11일에 각각 소조회의를 하는 형식으로 일을 시작했다.

7천명 대회가 시작된 후 보고서 제1원고에 대한 토론이 대회 각 소조와 상무위원회가 지정한 원고작성위원회에서 동시에 진행되었다. 원고작성위원회는 샤오치 동지가 주재했고 모두 21명이었는데 상무위원, 정치국 위원, 각 대구의 서기가 포함되었으며 나와 자잉, 후성도 참가했다. 대회 각조의 의견도 원고작성위원회에 반영되었다. 모두들 거의 다 보고서의 3대부분의 논술에 동의했으나 적지 않은 의견도 제기됐는데 맞는 것도 있고 틀린 것도 있었다. 원고작성위원회는 1월 17일부터 일주일간의 열렬한 토론을 거쳐 끝내 수정 임무를 완성했다.

원고작성위원회의 토론은 분산주의 문제에 집중됐다. 어떤 사람은 이 문제를 지나치게 강조했다고 했고, 어떤 사람은 예를 너무 많이 들었는데 어떤 사실은 실제에 부합되지 않는다고 말했다. 샤오치 동지와 샤오핑 동지는 이렇게 거듭 설명했다. 마르크스주의는 시간, 지점, 조건을 따지며 다른 상황에 다른 중요모순이 존재한다. 중앙이 이미 일련의 조정 방침, 정책을 내왔으니 각급 당위가 관철 집행하는 것이 열쇠며 제멋대로 해서는 안 된다. 현재 전면조정 방침을 관철하는 가장 큰 장애물은 분산주의이다. 예를 든 것과 관련해 샤오치 동지는 예를 든 것이 적절하지 않다면 합당한 것으로 교체하면 된다고 했다. 후에 중요한 문제가 기본적으로 해결되자 샤오치 동지는 예를 든 것을 전부 삭제하라며 유사한 사례가 한 곳, 한 부서에만 있는 것이 아니기 때문이라고 했다. 샤오치 동지, 저우 총리, 천원 동지와 샤오핑 동자는 수정고가 원만하게 작성되도록 큰 역할을 했다.

자잉과 나는 중앙상무위원회의 원칙을 견지하는 박력과 차근차근 설명하는 인내심에 매우 감복했으며 교육을 받았다.

대회와 원고작성위원회가 토론한 문제에 대해 자잉은 성적은 몇 가지 더 얘기해도 되지만 4대 착오(높은 지표와 되는대로 지휘하는 것, 공산풍, 분산주의 경향, 도시인구 성장이 너무 빠른 것)는 소홀히 하지 말아야 한다고 말했다. 그는 샤오치 동지가 제기한, 현재의 어려움은 주로(나중에 탈고할 때 '대체로'라고 함축적으로 썼음) 우리가 일하는 과정에, 작풍의 잘못으로 생긴 것이라는 견해에 굳건히 찬성했다. 그는 자기가 지난 1년간 농촌 조사에서 수집한 자료를 인용해 이 이치를 증명했다.

자잉은 치열한 논쟁 대상인 분산주의를 극도로 미워했다. 그는 이렇게 말했다. 1년간 중앙이 과거의 '좌'적 잘못을 점차 시정하고 전면적인 조정을 실행했으나 중앙의 지시가 여전히 관철되지 못하고 있다. 원인은 많은 지방과 부문이 중앙의 지시에 대해 자기가 필요한 부분만 듣거나 또는 겉으로 복종하는 척 하고 속으로는 따르지 않거나 또는 학습하지 않고, 전달하지 않고, 집행하지 않는 '삼불주의'로 저항하기 때문이다. 이런 분산주의의 악렬한 경향은 건국 이래 유래가 없는 것이다. 그대로 내버려준다면 '좌'적 잘못을 시정할 수 없을 뿐만 아니라 당과 국가의 통일이 파괴되고 분열될 위험이 있다. 자잉은 또 마오 주석이 읽으라 했던 가의(賈誼)의 『치안책(治安策)』에 대해 깊은 소회를 느꼈다고 했다. 그는 이렇게 말했다. 한고조 유방은 황위에 오른 후 얼마 안 되어 제후를 분봉하였는데 그 결과 제왕들이 군대를 보유하고, 자신의 지위를 강화하고, 할거하여 우쭐대면서 중앙정권에 위협을 주었다. 그러다가 먼저 연왕 장도(燕王臧荼) 등 네 왕이 반란을 일으켰고 후에 '칠국의 난'이 일어나 큰 전쟁을 치러서야 평정시킬 수 있었다. 그는 또 당조

때 변경을 지키는 장군이 경솔하게 군사를 일으킨 것을 예로 들면서 안사의 난(安史之亂)을 시작으로 번진의 발호(藩鎭跋扈), 환관의 전횡(宦官專橫)이 일어나 당나라가 망하게 되었다며 역사를 거울로 삼아야 한다고 했다. 자잉이 이렇게 나와 기타 동지들과 고금을 논한 것은 다 회의장 밖에서였다.

원고작성이 끝난 후 우리는 또 샤오치 동지의 지시대로 보고 전편을 통일적으로 한 번 수정(원고작성위원회는 회의를 할 때 이미 토론하면서 한번 고쳤다)했으며, 마오 주석의 심의 교열을 거쳐 1월 25일 정치국회의에서 정식으로 통과되었다.

1월 27일의 7천명 대회 전체회의에서 샤오치 동지는 이 보고서(보고서 제2원고라고도 함)를 읽지 않고 그것을 서면보고서로 대회에 올려 토론시켰다. 그는 전체회의에서 전날(1월 26일) 밤 마오 주석의 건의에 따라 밤새 작성한 제강(회의가 시작되기 전 마오 주석과 기타 상무위원이 회람하고 동의했음)에 관한 보충 연설을 했다. 이 유명한 연설은 실사구시적인 정신, 솔직한 비평과 자아비평, 예리한 관점, 반박할 수 없는 논증으로 만장의 열렬한 반응을 얻었다. 모두들 샤오치 동지가 얘기한 2개의 '삼칠제'가 핵심을 건드려 각급 간부들이 오랫동안 품고 있었던 마음의 응어리를 풀어주었다고 생각했다. (전문은 『류샤오치선집(劉少奇選集) 하권 참조』)

사흘 후인 1월 30일 마오 주석은 대회에서 민주집중제를 주제로 장편 연설을 하여 당내민주를 발양할 것을 강조했으며 함께 베이징에서 음력설을 쇠면서 '출기회(出気会, 출기는 분노를 발설한다는 뜻.)'를 열자고 제안했다. 이렇게 되어 7천명 대회 후반기의 클라이맥스가 일어났다. 이른바 '출기회'란 이런 것이었다. 마오 주석은 대회 상반기에 각 소조에서 비평과 자아비평이 잘 안 되고 각 지위, 현위(주로 현위, 매 현에 두 명의 책임자 동지가 대회에 참가했음)가 성위에 의견을 매우 적게 제기한 것을 알고 1월 30일의 연설에서 당내 민주를 발행할 것을 크게 제창한 후 각 성위 서기들에게 다른 사람도 발언을 시키라고 했다. 그는 심지어 격한 어조로 "반드시 호랑이 엉덩이를 만져야 한다"고 말했다. 그 후 각 소조에서는 솔직하고 예리하게, 긴장되고 열렬하게 비평과 자아비평을 전개했다.

자잉은 당시에 중앙판공청 부서기 직무를 겸하고 있었으며 여러 차례 나와 함께 중앙판공청의 파견을 받고 각 소조로 가서 인원 회보회의를 방청했다. 자잉은 나에게 "각 소조에서 얘기한 의견은 여전히 매우 온화한 편이며 중앙판공청이 평소에 인민에게서 받은 편지 내용처럼 심각하고 격렬하지 않다"고 말했다. 그는 감개무량하여 이렇게 말했다. 만약 마오 주석이 친히 사람들에게 '출기'라고 호소하지 않았더라면 각 조에서 그렇게 성위(직접 중앙 부문을 비평한 것도 있었음)를 비평하는 의견이 나오지 못했을 것이고, 적지 않은 성위도 이런 장소에서 이렇게 진지하게 자아비평을 하지 않았을 것이다. 어떤 성위서기는 직접 현위서기 곁으로 가서 자기가 나쁜 방법을 내놓고 작풍이 거칠었던 것을 사과했으며 둘이 다 감동되어 눈물을 흘렸다.

이는 전국이 해방된 후 가장 성공적으로 개최된 지도간부들 사이에 속심을 털어놓는 회의였다. 당시에 이런 타유시(중국 당대 장타유의 시에서 유래한 통속적인 해학시)가 전 회장에 유행하였다. "낮에는 분노를 발설하고 저녁에는 연극을 보네, 매일 두 끼 건량에 한 끼 죽 먹으니 누구나 다 좋아하네. (白天出气,晚上看戲,両干一稀,皆大歡喜,)"

자잉은 이상의 상황에 근거하여 그가 주재하여 집필하는 샤오치 동지의 보고서 제3부분 당내민주 부분에 대해 많은 수정을 했는데 내용이 더욱 정리가 되었다. 이것이 바로 보고서 최종 원고에서 당 간부의 '3대 규율, 8항 주의'와 당성을 강화하는 데에 관한 '8대 요구'의 유래였다.

대회가 끝나기 전 샤오핑 동지는 자잉에게 마오 주석의 연설을 정리하게 하고 나에게 샤오치 동지의 연설을 정리하라고 했다. 샤오치 동지의 연설은 어휘사용이 능란하고 조리정연하고 논리가 분명했기 때문에 나는 거의 다

속기록으로 정리했고 일부 문자만 수정했을 뿐이다. 자잉은 원래 마오 주석의 연설을 『마오쩌둥 선집』을 편집하던 관례대로 약간 수정하려 했다.

그러나 마오 주석이 연설 속기록이야말로 당시 그의 사상정서와 언어풍격에 더욱 부합된다고 해서 자잉은 완전히 속기록으로 정리했으며 가능한 한 적게 수정했다. 우리 수재들이 이 두 연설을 의론할 때 누군가 "샤오치 동지는 집중을 강조하고, 마오 주석은 민주를 강조했는데 이를 어떻게 이해해야 하는가?"하고 물었다. 자잉은 당시에 하하 크게 웃으면서 "상부상조하는 것"이라고 말했다.

그는 "샤오치 동지는 중앙과 각 성, 부의 관계를 해결하는데 역점을 두고 마오 주석은 성위와 현위의 관계를 해결하는데 역점을 두었다. 샤오치 동지가 전자를 해결하자 마오 주석은 곧바로 후자를 집중적으로 해결했는데 양자가 다 전당적인 문제이다"라고 말했다. 자잉의 해석을 듣고 모두들 일리가 있다고 했다.

7천명 대회에서 과거 3년의 '좌'경 착오를 깨끗하게 청산하지 못했지만 당시의 역사적 조건에서는 성공적으로 개최된 것이었다. 전당 4급 간부들이 사상을 통일하고 동심협력하여 군중들을 이끌고 힘들게 분투하면서 마침내 겹겹의 어려움을 극복하였으며, 3년도 안 되는 사이에 전면 조정의 임무를 앞당겨 완수하여 전국의 형세가 전면적으로 호전되었다.

(8) 베이다이허(北戴河)에서 좌절을 맛보다

7천명 대회 후 얼마 안 되어 자잉은 마오 주석의 지시대로 후난 농촌으로 가서 '농업 60조'가 관철된 상황을 조사했는데, 주제는 "농업생산을 어떻게 회복하는가?" 하는 것이었다. 샤오치 동지는 베이징에서 정치국 상무위원회(마오 주석은 이미 남방으로 갔고 저우, 주, 천, 덩이 다 참가했다)의 2월 확대회의와 5월 확대회의(이 두 회의를 다 '시로우회의(西楼会議)'라고 했다. 그것은 두 회의가 다 샤오치 동지 거처 곁에 있는 중앙판공청 시로우 회의 홀에서 열렸기 때문이다)를 주재했으며, 새로 발견한 심각한 경제적 곤란(적자가 또 30억 위안 증가하고 농촌에 사람이 굶어죽는 현상이 없어지지 않았으며, 일용품 공급이 매우 부족하고 기업의 통폐합이 실행되지 않았고 도시 인구가 감소되지 않았다)에 대해 토론하고 당시 우리나라는 경제위기와 같은 비상시기에 들어갔으며, 단호하게 비상조치를 취하여 해결해야 한다고 지적했다. 자잉은 이 회의에 참가하지 않았다.

6월 말 자잉이 남방에서 베이징으로 돌아와 전화로 나를 그의 집에 오라고 했다. 그는 우선 나에게 베이징의 두 차례 회의 상황을 묻고 나서 자기가 후난 농촌에서 조사해보니 농민들이 보편적으로 농가 세대별 생산책임제를 원하더라고 알려줬다. 거의 40%가 이미 스스로 농가 세대별 생산책임제를 실행했거나 또는 '구량전(口糧田, 자가용 식량을 생산하는 농지)'을 확대하고 있었으며 나머지 약 60%는 아직도 망설이면서 관망하는 중이었는데 설득을 하면 여전히 집체경제 또는 반(半)집체경제를 할 것 같다고 했다. 그는 상하이에서 보고를 할 때 천원 동지가 그의 견해를 찬성했다고 말했다. 베이징에 돌아온 후 샤오치, 샤오핑 동지도 그의 보고를 받고나서 어려운 곳에서는 농가 세대별 생산책임제가 임시변통의 계책(어려운 고비를 넘기는)이고 피할 수 없는 추세라고 말했다.

나는 그에게 이렇게 알렸다. 천원은 2월 26일 국무원 확대회의(부부장급 간부들 참가) 업무보고 때에 "비상시기에 비상조치를 취할 것"을 제기했는데 장내에 여러 차례 폭풍우와 같은 박수소리가 울려 퍼졌다. 그는 도시주민들에게 매일 1냥(50그램)의 콩(두부 250g을 만들 수 있음)의 배급을 증가하고 매달 250g의 물고기를 배급하고 매년 나일론 양말 두 켤레를 배급(당시 백화상점의 상품 진열대가 텅텅 비였다)하고 고가의 사탕을 팔아 화폐를 회수해야 한다고 했는데 특히 열렬한 반응을 얻었다. 자잉은 연거푸 잘했다며 천원 동지는 정말로 방법이 있고 인심을 크게 얻었다고 말했다.

자잉은 마오 주석이 베이징으로 돌아오기를 기다려 조속히 조사한 상황을 보고하겠다고 말했다.

이 사이에 중앙 판공청은 조사팀 몇 개를 전국 각지에 파견하여 농가 세대별 생산책임제 상황을 조사했다. 양상곤 동지와 자잉 동지가 『인민일보』도 사람을 파견해 참가하라고 했기에 나는 몇 명의 동지를 파견했으며 아울러 조사팀 하나를 북경 교외의 팡산(房山)으로 파견했다. 나는 또 자잉과 의논하여 신화사와 『인민일보』의 내부참고 간행물에도 농가 세대별 생산책임제에 관한 자료를 발표하게 했다.

내가 팡산에 파견한 조사팀의 보고서가 아직 나오기도 전에 자잉은 또 전화로 나를 자기 집에 오라고 했다. 내가 집 문에 들어서자마자 자잉은 다짜고짜 "큰일났다"고 말했다. 그는 이렇게 말했다. 그가 마오 주석에게 농가 세대별 생산책임제의 상황을 얘기하자 마오 주석의 안색이 매우 어두워졌다. 그러나 당시에는 별다른 말이 없었다. 그러나 이튿날 잇달아 허난, 산동, 장시(江西)의 성위서기와 담화를 하여 중앙은 농촌 집체경제를 공고히 하는 데에 관한 결정을 내릴 것이라며 천보다를 지정하여 초고 작성을 맡기고 자잉을 참가시키지 않았다.

자잉은 나에게 내부참고에 더 이상 농가 세대별 생산책임제에 관한 자료를 게재하지 말고 농가 세대별 생산책임제 조사를 위해 파견한 조사팀도 조속히 철수하라고 했다. 나는 돌아와서 곧바로 자잉의 말대로 했다. 팡산에 파견된 조사팀은 조사보고의 중점을 어떻게 집체경제를 공고히 해야 하는가 하는 것에 두고 농가 세대별 생산책임제는 부차적으로만 언급했다.

이 일 때문에 8월의 베이다이허 회의 때에 누군가 『인민일보』를 고발했는데 『인민일보』 조사팀이 팡산에서 농가 세대별 생산책임제를 하라고 부추겼다고 했다. 나는 사전에 인쇄한 조사보고서를 내놓았기에 비판을 당하는 것을 면할 수 있었다. 그러나 마오 주석은 연설에서 신화사가 『내부참고』에 농가 세대별 생산책임제에 관한 많은 자료를 게재했는데 이는 타당하지 않다고 말했다. 그는 게재하려면 찬성과 반대 두 방면의 의견을 실어야지 한 방면의 의견만 실어 『내부참고』를 견책 소설로 만들어서는 안 된다고 말했다. 그러나 『기자통신』을 발행하여 서로 다른 의견을 발표하는 것은 고려할 만 하다고 말했다.

자잉의 처지는 나보다 훨씬 나빴다. 그는 당시 베이징에서 『농촌인민공사 집체경제를 공고히 하는 데에 관한 결정』(그는 여태껏 농촌인민공사 서류를 작성하는데 다 참가했으며 중요 기안자이기도 했다.)을 작성하는데 참가하지 못했고 베이다이허 회의(7월 25일부터 8월 24일은 중앙업무회의였고 8월 26일부터 9월 23일까지는 10중 전회 예비회의였다.) 기간에 중심조(정치국 성원과 각 대구 조장 및 소수의 관련 동지만 참가했음, 자잉과 나도 참가했다.) 회의에서 첫 시작부터 마오 주석의 지명 비평을 받았다. 마오 주석은 그가 7천명 대회 후에 『농업 60조』를 수정하지 않고 오히려 농가 세대별 생산책임제를 찬성했다고 비평했다.

마오 주석은 또 덩즈후이 동지를 거듭 비평했다.(그는 1961년 3월부터 안후이에서 '책임전'제도를 실행하는 것을 찬성했는데 이를 후에 농가 세대별 생산책임제라고 했다. 1962년 5, 6월 사이에 또 베이징 중앙당교 등 단위에서 보고를 할 때 농가 세대별 생산책임제의 우월성을 홍보했다.) 덩즈후이는 회의에서 반성을 했다. 자잉은 회의에서 반성을 하지 않았다. 자잉이 내부에서 중앙 책임자 동지에게만 조사상황을 보고했기 때문이다.

자잉은 나에게 지금 천보다(陳伯達)가 『결정』의 초안 작성을 주재하고 있는데 득의양양해서 자잉을 보면 말을 하지 않고 인사도 안 하고 못 본 척 한다고 했다. 자잉은 천보다도 마오 주석이 태도 표시를 하기 전까지 농가 세대별 생산책임제를 찬성했다고 했다. 그러나 천보다는 매우 교활한 사람이라 종래 마오 주석 앞에서 새로운 의견을 제기하지 않았고 마오 주석이 태도를 표시한 다음에야 그 뜻에 따라 말 하곤 했다.

자잉은 나에게 그는 원래 덩즈후이의 의견에 찬성하지 않았고, 1961년 봄 광저우에서 『농업 60조』를 기안할 때만 해도 안후이에서 책임전을 실행하는 것을 반대했다고 했다. 그러나 그는 올해 후난에서 조사를 할 때 마오 주석과 샤오치 동지의 고향으로 갔는데 정치적 각오가 높았던 생산대대에서 뜻밖에 대대 간부와 사원들이 다 농가 세대별 생산책임제를 실행할 것을 요구했으며 하는 말에 이치가 있었다. 또한 그들은 어려운 고비를 넘기고 나서 집체경제를 회복할 것이라고 말했다. 이런 실제상황을 보고 나서 그는 군중들이 흉년이 들자 갖은 방법을 다 해 생산에 의거하여 스스로를 구하려 하고 있다고, 농가 세대별 생산책임제는 실행가능하고 효과도 빠른 것이라는 생각을 가지게 되었다. 그는 이렇게 생각했다. 지도를 하면서 농가 세대별 생산책임제를 실행한다면 집체경제를 60%쯤 유보할 수 있다. 그렇지 않고 아무렇게나 내버려두고 농민들이 마음대로 하게 한다면 집체경제가 무너질 수 있고 집체 재산의 손실이 더욱 커질 수 있다. 그는 이렇게 명확하게 표시했다. 지금 농가 세대별 생산책임제를 하는 것은 경제가 어려운 상황에 농민이 생산으로 스스로를 구하는 좋은 방법이며 형제가 호전된 후 계속 집체경제로 간다. 지도의 예술은 앞으로 나갈 줄도 알고 뒤로 물러설 줄도 아는 것이다. 뒤로 물러서는 것은 앞으로 더 많이 나가기 위함이다. 자잉은 회의 후기에 나처럼 중앙의 지정 하에 『집체경제를 공고히 하는 데에 관한 결정』 초안을 수정하는데 참가했다. 그러나 천보다가 주재하기로 이미 결정이 났기 때문에 어쩔 도리가 없어 줄곧 울적해 있었다.

베이다이허 회의는 자잉의 정치 생애에서 가장 큰 좌절이라 할 수 있는데 그 심각한 정도가 1959년 루산회의를 훨씬 초과했다. 그 후에 자잉의 말에 의하면 마오 주석은 농촌 인민공사 및 기타 문제에 관한 중앙 문건을 기초하는데 별로 그를 찾지 않았다. 자잉은 당대(唐代) 한유(韓愈)의 『진학해(進学解)』 중의 "투한치산, 내분지의(投閑置散, 乃分之宜. 한산한 직분에 처신하는 것이 분수에 맞는 일이다)"라는 말을 인용했는데 여기에서 그의 마음을 읽을 수 있었다. 그는 당시 회의에서 토론한 중심문제(계급, 형세, 모순)에 대해 침묵하고 말을 하지 않았다. 어떤 때에 내가 이런 문제로 그에게 질문을 하면 그는 머리를 절레절레 흔들거나 빙그레 웃기만 했다. 나는 그에게 "샤오치 동지와 샤오핑 동지가 계급투쟁을 실천하는 것이 경제 조정에 영향을 주어서는 안 된다고 거듭 강조한 결과 마오 주석은 결론을 내릴 때 동의한다고 했고 조정이 첫째가는 업무라고 명확히 지적했다"고 알려줬다.

그는 나에게 연속적으로 두 마디를 했다. "그러면 됐어, 그러면 됐어!"

(9) 『10조(条)』에서 『23조(条)』까지

1963년에 들어 자잉과 내가 함께 있는 시간이 점점 적어졌다. 1962년 12월부터 소련공산당이 추종자들을 규합하여 유럽의 여러 형제당의 대표대회에서 우리당과 알바니아당을 공개적으로 공격했으며, 국제공산주의운동 중에 공개 논전을 일으켰다. 우리당은 어쩔 수 없이 도전에 맞섰다. 나는 국제문제를 다루는 수재들과 함께 밤낮으로 회답편지와 답변 논문을 기안하느라 바삐 보냈다.

1963년 5월 마오 주석은 항저우에서 상무위원회 확대회의를 소집하였는데 그중의 한 의정은 베이징과 항저우에서 기안한 소련공산당에게서 온 편지에 대한 답장 초안(후에 『중공중앙의 국제공산주의운동 총노선에 관한 건의』라고 수정했음)을 토론하는 것이었다. 다른 한 의정은 내가 항저우에 간 다음에야 알았는데 농촌 사회주의교육운동의 약간 문제에 대한 지시(후에 4청운동의 첫 「10조또는 「전 10조라고 통칭했음)에 관한 것이었다. 이 두 파일의 기안 업무에 자잉은 다 참가하지 않았다. 전자는 국제문제니까 자잉이 참가하지 않은 것을 이해할 수 있었다. 이상한 것은 후자가 농촌 인민공사에 관한 문제로 자잉의 본업이었는데도 참가하지 않은 것이다. 그는 항저우로 회의하러 오라는 통지를 아예 받지 못하고 베이징에 남아있었다. 천보다가『전 10조』를 기초했는데 내용은 마오 주석이 구술하여 받아쓴 것이고 어떤 단락은 마오 주석이 친히 쓴 것이었다.

마오 주석은 샤오핑 동지에게 일임하여 총노선 건의의 두 초안에 대한 토론을 주재하게 했으며 린커(林克)를 파견해 방청하면서 상세하게 기록해 그에게 보고하게 했다. 회의에서 베이징에서 온 동지가 천보다가 항저우에서 기안한 원고의 결점을 제기하여 치열한 논쟁이 일어났다. 마오 주석은 나중에 상무위원회와 천보다·캉성(康生)·나만 참가한 작은 회의를 열고 베이징에서 온 동지의 의견을 지지한다며 다시 기안하라고 지시했다.

베이징에 돌아온 이튿날 나는 자잉의 집에 가서『전 10조』를 기안한 상황을 알려주었다. 그는 알았다며 여하튼 시행이니 하는 거를 보자고 했다. 나는 계속해서 총노선 건설 두 초안의 토론 결과를 그에게 알려주었다. 자잉은 웃으면서 천보다는 워낙 텅 빈 이론을 좋아하는 사람이니까 이번에 코를 뗀 것이 이상할 것 없다고 말했다. 그러나 그는 곧바로 엄숙하게 "당신 이번에 일을 벌였어, 천보다는 조금이라도 비평을 받기 싫어하고 앙심을 잘 품거든. 지금 그가 수위를 차지한데다가 차오무가 병에 걸리고 나도 놀고 있으니 그는 더욱 안하무인격이겠지. 이번에 당신은 그의 미움을 샀어. 특히 그가 마오 주석 앞에서 졌으니 당신은 그가 보복하기만 기다리게"라고 말했다. 자잉의 이 말은 마음속에서 우러나온 말이었다. 그러나 당시 나는 이런 변론이 댜오위타이 초안작성 그룹에서 늘 있었던 일이고 완전하게 일 때문이었으며 다른 뜻이 없었기 때문에 천보다에게서 보복을 당할 것까지는 없다고 생각되어 별로 마음에 두지 않았다.

1963년 9월, 샤오핑 동지는 사청운동 과정에 '좌'적 편향이 일어날까봐 두 번째 『10조』의 초안을 작성하는 데에 대해 토론하였는데 이를 『후10조』라고 도 부른다. 자잉이 중요 기안자의 한 사람이었다. 그 때 나는 소련공산당 중앙의 공개서한을 논평하는 논문을 집필하느라 바빠서 서기처와 정치국이 『후10조』를 토론하는 데 참가하지 못했다. 1964년 초여름의 만남에서 자잉은 나에게 "마오 주석은 샤오치 동지에게 사청운동을 지도하라 했고, 샤오치 동지는 『후10조』를 수정해야 한다고 여긴다"고 말했다. 자잉은 이 때문에 고민이라며 아래에 내려가 조사연구를 할 수도 없으니 어떻게 수정해야 할지 감이 잡히지 않는다고 말했다.

1964년 8월 자잉은 샤오치 동지를 따라 남방으로 가서 『후10조』를 수정했다. 베이징에 돌아온 후 자잉은 나에게 이렇게 말했다. "광저우에서 수정할 때 샤오치 동지는 운동 중에 '반혁명 양면 정권'을 무너뜨려야 하며 토지혁명보다 더욱 심도 있는 혁명운동을 해야 한다고 했다.

그리고 관련 방침과 업무 방법을 매우 상세하게 썼는데, 예를 들면 공작대를 조직하는 것, 찰근관련(扎根串聯, 군중들 속으로 깊이 들어가 분산된 군중들을 연결시키는 것) 등 앞의 두 10조보다 아주 길었다. 이는 마오 주석의 뜻에 부합되지 않을 수 있다(이 파일은 9월 18일에 발표되었으며 『후10조』 수정 초안이라고 불렀다)"

그해 연말 중앙은 제3기 전국인민대표대회 제1차 회의와 중앙업무회의를 소집하기로 결정했다. 이번 업무회의 중요 의정은 마오 주석의 건의대로 농촌사회주의교육운동에 관한 파일을 다시 만드는 것이었다. 나는 당시 저우 총리가 인대 회의에서 할 정부업무보고를 기안하느라 사회주의교육운동 파일을 기안하는데 참가하지 못했다. 자잉은 참가했으나 진행자는 천보다였다. 보름동안의 반복적인 토론을 거쳐 『17조』가 나왔으며 업무회의가 끝날 무렵 어떤 성위 서기들은 집으로 돌아갔다.

그러나 12월 27일 오후, 마오 주석이 인민대회당에서 상무위원회를 소집하였으며 중앙국 제1서기가 참가했다. 마오 주석은 중앙업무회의를 총망하게 끝내지 말고 이미 떠나간 성위서기들을 데려와 농촌사회주의교육운동에 관한 결정을 다시 기안하라고 했다. 회의가 끝난 후 나는 급히 『인민일보』로 돌아와 자잉에게 전화로 마오 주석이 긴급회의를 소집한 상황을 알렸다.

양력설이 지난 후 얼마 안 돼 자잉이 나에게 전화로 자기가 여전히 기안 업무에 참가한다고 말했다. 천보다는 매일 마오 주석에게로 가서 의견을 청취했다. 결정 초안은 거의 다 마오 주석이 한 조를 구술하면 천보다가 한 조를 정리하고 회의에서 한 조를 채택하는 것으로 되었다.

제3차 인민대표대회 제1차 회의가 끝난 후 나는 베이징 교외의 퉁현(通縣)으로 가 사청운동에 참가하게 됐다. 출발하기 전 나는 일부터 자잉을 찾아가 가르침을 청했다. 내가 전후 4개의 파일을 기안하는 사업에 다 참가하지 못해서 중앙의 몇 차례 수정에 관한 것을 잘 알지 못했기 때문이다.

자잉은 이렇게 말했다. 『전 10조』는 원래 별 문제가 없어 그대로 시행해도 되었다. 3개월 후에 『후10조』를 내온 본래의 의도는 너무 과격하게 실행되고 타격 범위가 너무 커지는 것을 방지하기 위해서였다. 그러나 주석께서 언짢아하시면서 3개월밖에 실행하지 않았는데 종합 할 만한 경험이 뭐 그리 많은 가, 라고 하였다. 그 후 주석은 샤오치 동지에게 지휘봉을 잡고 사청운동을 지도하게 했다. 샤오치 동지는 최선을 다 해 운동을 잘하려 했고 특히 이번 운동이 토지혁명(해방전쟁 시기에 샤오치 동지가 중앙 토지개혁위원회의 업무를 주재했다)보다 더 준엄한 것이라고 강조했다. 마오 주석도 당시에 국제 수정주의 반대 투쟁과 연결시켜 국내 수정주의를 방지하는 문제를 고려했다. 샤오치 동지는 광저우에서 『후10조』를 수정할 때 매우 큰 공을 들였다. 지금 보아오니 기층의 사불청(四不淸)을 지나치게 심각하게 예측하여 방침과 방법을 토지개혁과 비슷한 수준으로 정한 것이 흠이었다.

자잉은 이렇게 말했다. 『후10조』 수정 초안이 나온 후 각지에서는 여러 가지 다른 의견이 있었다. 주로는 실제 일하는 과정에서 기층 간부들에 대한 타격 범위가 지나치게 크고 방법이 너무 번거롭고 지방 간부들이 다른 상황을 다른 한 방법으로 처리하지 못하도록 창조성을 속박한다는 등의 의견이었다.

자잉은 이렇게 말했다. 12월 중앙업무회의에서 기안한 『17조』(처음에는 '회의기요'라고 불렀음)는 원래 『후10조』 수정 초안의 결점을 시정할 계획이었으나 뜻밖에 마오 주석이 쓸데없는 잡소리뿐이라고, 두 계급, 두 갈래 길의 투쟁을 강조하지 않았다고 다시 기안하라고 했다. 후에 기안한 『23조』는 대다수 기층간부들을 보호하는 방면에서 타당한 규정을 내왔으나 전체 문장의 키포인트적인 논조가 『후10조』의 수정 초안을 훨씬 능가했다.

자잉은 나에게 이런 것에 특별히 주의하라고 했다. 『23조』는 당의 10여 년의 기본 이론과 기본 경험을 강조했으며, 전반적으로 과도시기에 무산계급과 자산계급, 사회주의와 자본주의라는 두 계급, 두 갈래 길의 투쟁이 존재한다고 강조했다. 당면의 사회주의 교육운동(더 이상 '사청운동'이라고 부르지 않았다)의 근본적인 성질은 사회주의와 자본주의의 모순이다. 『23조』는 "이번 운동의 중점은 당내 자본주의 길을 걷는 집권파를 정돈하는 것"이라고 특별히 지적했고, 또 이런 집권파는 아래에 있을 뿐만 아니라 위에도 있고, 지방에도 있고 중앙에도 있다고 했다.(후에 탈고할 때 '중앙' 뒤에 '부문'이라는 두 글자를 보탰다) 자잉은 "당신이 이번에 하향해 기층에서 사청운동을 할 때 『23조』대로 한다면 큰 문제가 생기지 않겠지만 운동을 발전시킨다면 아래로부터 위까지 문제가 점점 더 커질 것이니 알아서 잘 처리하라"고 말했다.

자잉은 자기 업무를 얘기할 때 자기는 베이다이허 회의 후 『마오쩌둥 선집』제1권부터 제4권까지의 주석을 교정하는데 전력해왔고, 지금까지 다 완성하지 못했다며 할 일이 있으니 허송세월하지 않게 되었다고 말했다.

(10) 폭풍 전야

『23조』후 자잉은 계속해서 『마오쩌둥 선집』제1~4권의 모든 주석을 다시 정리했으며, 『마오쩌둥 선집』제5권을 편집하기 위한 준비를 했다. 나는 베이징 교외의 퉁현으로 가서 사회주의교육운동에 참가했다. 그러나 얼마 안 돼 소련공산당이 국제회의를 소집하겠다고 해서 다시 베이징으로 돌아와 샤오핑 동지와 함께 비밀리에 조선으로 협상하러 떠났다. 그 후 또 국내에서 문예학술 비판이 갈수록 심각해지자 서기처는 나에게 더 이상 사회주의교육운동에 참가하지 말고 베이징에 남아 『인민일보』와 신화사가 학술토론의 궤도에서 적절하게 나갈 수 있게 관리하게 했다.

이 때문에 나는 1965년 6월에 자잉을 찾아 의논했다. 나는 그에게 이렇게 알려주었다. 장칭(江靑)이 중앙선전부 5명의 부부장을 찾아 전국적으로 10부의 영화를 비판할 것을 요구했으며, 특히 『인민일보』가 새로 나온 경극 『리후이냥(李慧娘)』을 찬양하는 문장을 게재했다고 질책했다. 학술계에서도 캉성(康生)의 개입으로 중앙당교가 양셴전(楊献珍), 손예팡(孫冶方), 펑딩(馮定)을 비평할 것을 발기했으며, 현재 젠버짠(翦伯贊)과 판로(範老), 궈로(郭老)를 비판할 준비도 하고 있다.

자잉은 나에게 이렇게 말했다. 철학, 경제학과 사학 방면에서는 오래 전부터 서로 다른 견해가 있었으며, 이런 학술방면의 백가쟁명은 허락되는 것이고 제창할만한 것이다. 문제는 개인의 감정싸움으로 되지 말아야 하고, 더욱이 학술문제를 정치와 결부시켜 정치비판을 해서는 안 된다.

자잉은 장칭은 예술을 하는 사람이 아니고, 또한 예술만 하는데 만족할 사람이 아니라며 "그녀는 마음 씀씀이가 바르지 않고 정치적 야심이 있다. 그녀는 정치 비서로 된 것에 만족하지 않고 늘 주석 앞에서 법석을 떨곤 하는데 대체 어쩔 셈인지 모르겠다"라고 말했다.

우리는 의논하는 과정에서 이번에 학술토론이 정치비판으로 번진 것이 정상적이 아니라고 느껴졌다. 마오 주석은 1964년 초기에 『인민일보』가 학술문제를 다루지 않는다고 비평한 후 그 해 6월에 계속해서 『인민일보』가 계급투쟁을 실행하지 않는다고 비평했다. 그동안 전국적으로 비판이 꼬리에 꼬리를 물고 전개되면서 마오 주석이 연이어 일으킨 사청운동과 평행으로 발전했다. 다행히 중앙서기처가 끊임없이 '온도를 낮추는 조치'를 취했기 때문에 큰 재난이 일어나지는 않았다. 자잉은 이에 대해 낙관하지 않았다.

11월에 들어 문학계를 뒤흔든 천동소리가 울렸다. 상하이 『문회보(文匯報)』가 야오원위안(姚文元)의 『신편 역사극 「해서파관(海瑞罷官)」을 평함』을 발표했는데, 문장은 이 역사극이 1962년의 '단간풍'과 '번안풍'을 위해 위세를 돋우는 것이라고 억지를 부렸다. 나는 이 글을 『인민일보』에 옮겨 싣는 것을 반대했다. 이 문장이 『인민일보』가 1959년에 발표한 해서를 찬양하는 문장(이는 차오무가 우한[吳晗]에게 쓰게 하고 자기가 직접 수정한 것임)도 비평했기 때문이다. 또 이 문장이 문예평론의 범위를 벗어났고 정치적으로 이 극을 "과거를 빌려 지금을 논한다"고 비판했기 때문이다.

나는 즉시 자잉을 찾아 의논했다. 나는 "상하이신문(시위 기관보 『해방일보』가 아니라 『문회보』의 이름으로 냈다)이 왜 베이징시의 부서장을 비판했을까?"라고 물었다. 자잉은 『문회보』의 이 문장에서 말한 '단간풍', '번안풍'은 1962년 베이다이허 회의의 중요 비판대상으로 이를 베이징과 상하이 두 도시의 일로 봐서는 안 된다고 했다. 그는 내가 장칭이 『인민일보』에 「해서파관」을 비판하라고 했다던 말을 꺼내며 "이 일은 장칭이 꾸민 것일 수도 있다. 그녀는 옛날에 상하이의 사람과 잘 아는 사이였고 지금도 상하이에 있다. 내막이 더 복잡할 수도 있다"고 말했다. 이에 대해 나는 반신반의했다. 나는 "이 일을 어떻게 처리할지 이미 중앙서기처에게 지시를 요청했는데 평전 동지가 의논해보겠다고 말했다. 샤오핑 동지가 3선 지구로 시찰을 갔으니 평전 동지는 샤오치 동지와 총리와 의논할 것이다"고 말했다. 주석은 당시에 항저우에 있었다.

자잉은 며칠 안으로 항저우에 간다며 마오 주석으로부터 천보다, 아이쓰치(艾思奇), 후성과 함께 항저우로 가 마르크스·레닌의 권위 있는 저술을 읽고 서문을 쓰는 일을 상의하라는 통지를 받았다고 말했다. 이 일은 그 해여름에 결정됐으며 『공산당선언』, 『공상에서 과학으로—사회주의의 발전』, 『국가와 혁명』 등 몇 권의 저술이 큰 글씨로 인쇄되었다. 자잉은 "마오 주석이 지금 마르크스·레닌주의의 권위 저술을 읽으려 하는데 이는 우리당의 한가지 큰일이다"라고 말했다. 우리당은 혁명 또는 건설 방면에서 풍부한 경험교훈을 쌓았고 국제 공산주의운동도 50년간 매우 큰 변화가 일어났다. 마오주석이 이런 것들을 종합하여 이론으로 상승시킨다면 중국뿐이 아니라, 전세계에도 지극히 소중한 공헌이 될 것이다. 자잉은 『문회보』가 「해서파관」을 비판한 사건은 항저우로 가면 관련 소식을 들을지도 모르니 때가 되면 전화로 나에게 알리겠다고 말했다.

후에 상하이에서 안나 루이스 스트롱(Anna Louise Strong)의 80세 생일을 경축한 후 베이징으로 돌아오니 저우 총리가 『문회보』에 게재된 「해서파관」을 비판한 문장을 『인민일보』에 전재하라고 통지했다. 전재할 때 『인민일보』는 편집자의 말을 넣었는데 총리와 평전 동지가 수정한 것으로 여전히 학술토론으로 처리했다.

12월 7일 나는 상하이로 가 중앙정치국 상무위원회 확대회의에 참가하라는 통지를 받았다. 그날 밤 나는 항저우에 전화를 해 자잉에게 회의에 참가하라는 소식을 들었는지, 회의 내용이 무엇인지 물었다. 자잉은 자기와 후성, 아이쓰치가 다 회의에 참가하라는 통지를 받지 못했다며 천보다만 마오 주석을 따라 상하이로 갔다고 말했다. 그도 회의 내용이 무엇인지 몰랐고 이틀 전에 예췬(葉群)이 갑자기 항저우로 와서 마오 주석과 이틀 오후 얘기했다는 것만 알고 있었다. 그 후에야 마오 주석은 회의를 소집하기로 결정했던 것이다. 좋은 일인지 나쁜 일인지 그도 잘 알지 못했다.

나는 12월 8일에 상하이로 갔으며 회의가 시작되어서야 린뱌오(林彪)가 뤄루이칭(羅瑞卿) 동지에게 억울한 누명을 씌웠다는 것을 알게 됐다.

월말에 자잉은 항저우에서 베이징으로 돌아오자마자 나에게 "마오 주석이 상하이에서 항저우로 돌아온 후 우리를 찾아 담화를 했는데 주로 철학 문제를 얘기했다. 얘기하던 중에 야오원위안의 문장이 정곡을 찌르지 못했다며 핵심은 명나라(明朝)의 가정(嘉靖) 황제가 해서의 관직을 파면하고, 우리가 루산에서 펑더화이의 관직을 파면한 것이라고 덧붙였다"고 전했다. 그 말을 듣고 나는 크게 놀랐다. 그러고 보면 학술 비판이 정치적 투쟁으로 상승했고 의식형태 분야의 투쟁이 정치 분야 및 당의 고위층 내의 투쟁으로 상승한 것이다.

(11) 동호(東湖)에서 사별하다

1966년 2월 8일 자잉과 나는 펑전 동지를 따라 베이징을 떠나 우한으로 갔다. 같은 비행기에는 또 루딩이(陸定一), 캉성(저우양은 병으로 가지 못했음), 후성(胡繩), 쉬리췬(許立群), 야오전(姚溱) 등 5명의 소조판공실 성원이 있었다. 우리는 베이징에 있는 상무위원(류, 저우, 덩)의 결정에 따라 마오 주석에게 보고를 하러 가는 길이었다. 보고할 주제는 학술비평이었다.

상하이에서 『해서파관』을 비평하기 시작한 후 베이징의 공기는 매우 긴장했다. 이른바 '학술토론'(사실상 정치적 비판)이 긴박하게 진행되었으며 궈

(郭), 판(范)은 문을 닫아걸고 손님을 만나지 않았다. 베이징에 있는 중앙 상무위원회는 중앙이 이번 비판을 직접 지도하기를 바라며 "5인 소조"에게 지시를 내려 토론하고 의견을 제기게 했다.

"5인 소조"는 1964년 7월 마오 주석이 정치국 상무위원회 회의를 주재할 때 설립된 것이었다. 펑전이 조장, 루딩이가 부조장이고 캉성, 저우양(周揚), 내가 성원이었다. 당시 이 소조의 임무는 문화부와 문련 각 협회의 기풍을 바로잡는 것이었고, 후에 학술토론의 임무를 추가로 맡았다.

'5인 소조'는 2월 초 회의를 열고 학술토론의 현 상황을 연구했으며 '쌍백(双百)' 방침을 거듭 설명하고 나서 진리 앞에서 사람마다 평등하고, 학벌 작풍을 방지한다고 했다. 아울러 공개적으로 이름을 지적하여 비판하는 것을 엄하게 막는다는 규정을 내렸다. 펑전 동지는 쉬리췬과 야오전 동지에게 중앙 상무위원회에 보고할 제강을 쓰라고 했다. 2월 6일 샤오치 동지가 상무위원회 회의를 소집했는데 총리와 샤오핑 동지가 참석했고 펑전, 루딩이, 캉성, 나, 쉬리췬, 후성 등도 참가했다. 베이징에 있는 상무위원회는 "5인 소조"의 「보고서 제강」 (후에 「2월 제강」이라고 불렀음)에 동의했으며, 마오 주석에게 보고하여 그가 마지막 결정을 내리게 하라고 당부했다.

이튿날, 샤오치 동지는 또 상무위원회 회의를 소집하여 당면 외사업무 중에서 비교적 중요한 문제와 『마오쩌둥 선집』 제5권 문제를 토론했다. 참가자 수는 전날보다 조금 적었으며 천이 동지와 자잉이 증원되었다. 자잉이 『마오쩌둥 선집』 제5권의 구상과 준비 업무를 보고했다. 회의에서는 자잉의 의견에 동의했고 그를 지정하여 우한으로 가서 마오 주석에게 보고하게 했다. 외사업무에 관한 몇 개 문제에 대해서는 저우 총리가 나를 지정하여 마오 주석에게 보고하게 했으며 나에게 마오 주석이 결정을 내린 후 즉시 베이징에 전화를 걸어 그에게 보고하라 했다.

우리 일행은 한커우(漢口)공항에 도착하자마자 우창 동호(東湖)호텔로 가서 마오 주석에게 보고를 올리라는 통지를 받았다. 우리가 동호 남안의 바이화(百花) 별장에 도착해보니 마오 주석이 미리 회의 홀에서 기다리고 있어 보고가 즉시 시작되었다. 먼저 펑전 동지가 베이징에서 상무위원회에 보고했던 상황을 설명한 후 쉬리천과 후성(이 두 사람은 다 '5인 소조 판공실 주임이었음)이 각각 상황을 소개하고 보고서 제강의 중요 내용을 보고했다. 마오 주석은 들으면서 중간에 말을 하거나 문제를 제기했다. 모든 것이 매우 순조로운 듯 했으며 오전 11시에 시작해 오후 1시 30분에 끝났다.

이튿날에는 『보고서 제강』을 더 토론하지 않고 자잉이 『마오쩌동 선집』 제5권의 편집에 관한 구상과 자료수집 상황을 보고했다. 자잉은 "샤오치 동지 등은 베이징에서 토론할 때 제5권을 조속히 완성할 것을 주장하는 한편 모든 것은 주석의 의견대로 결정하라 했다"고 특별히 설명을 했다. 주석은 처음에는 그런 '골동품'에 별로 흥미를 느끼지 못한다고 했으나 후에는 "다들 쓸모 있다고 생각하니까 준비를 하는 것도 나쁘지 않겠다"며 먼저 목록을 작성하고 보자고 했다. 그는 또 차오무가 아직도 요양 중이고 천보다에게 다른 임무가 있다며 자잉이 이 업무에 익숙하니 먼저 하고 있다가 앞으로 대오를 확대하라고 했다. 주석은 또 7천명 대회에서 그가 한 말은 당시에 각 성에 기록 원고를 한 부씩 주어 전달용으로 삼았으며 이밖에 그가 또 여러 차례 수정했다며 우리에게 여기에서 한 번 더 읽어보고 수정할 곳이 있는지 본 다음 당내에서 토론시키고 공개적으로 발표하라고 했다.

이어 나는 베이징에 있는 상무위원회의 의견대로 소련공산당 23차 대표대회, 인도네시아 정변, 베트남노동당과의 회담, 쿠바문제 및 저우 총리가 파키스탄과 루마니아를 방문한 것 등을 보고했다. 다수 문제에 대해 마오 주석은 당장에서 의견을 얘기했으며 개별적인 문제만 아직 시간이 있으니 곧바로 결정하지 말고 천천히 상의하자고 했다.

마지막으로 내가 국제적으로 마오쩌동 사상에 대해 여러 가지 표현법이 있고 국내에서도 최근 새로운 표현법이 나왔다고 말했다. 예를 들면 "마오쩌동 사상은 마르크스·레닌주의의 최고봉", "마오쩌동 사상은 제일 높고 제일 활성화된 마르크스주의"라는 것이다. 나는 베이징에 있는 상무위원회는 상술한 두 표현법에 동의하지 않는다며 여전히 1960년 3월 톈진회의에서의 표현법 즉 "마르크스·레닌주의, 마오쩌동 사상"이라는 표현법을 따라야 할지를 마오 주석께 물었다. 마오 주석은 외국인들이 뭐라 하는지는 우리가 관여할 수 있는 것이 아니니 내버려두고, 우리는 여전히 톈진회의의 결의대로 해야 한다며 린뱌오의 이 두 표현법이 타당하지 않다고 말했다. 마오 주석은 또 펑전과 캉성을 지정하여 우한을 떠날 때 먼저 쑤저우(蘇州)로 가서 린뱌오를 직접 만나 잘 얘기하라고 했다. 나는 그날 밤으로 저우 총리에게 전화를 걸어 마오 주석에게 보고한 상황을 얘기했다.

사흗날, 자잉을 포함해 우리 몇몇 수재들은 마오 주석이 여러 차례 수정한 7천명 대회의 연설문을 한 번 읽었는데 한 단락 읽고 한 단락을 수정하곤 했다. 자잉에 따르면 마오 주석은 이 원고를 한 번씩 수정할 때마다 자잉에게 한 번 씩 교정하게 했다. 때문에 우리는 유창하게 읽어 내려갈 수 있었는데 주석의 연설 풍격이 그대로 살아있었을 뿐만 아니라 문구도 매우 세련되어 별로 의견을 내놓을 것이 없었다. 다만 어떤 문구는 7천명 대회 후에 주석이 말한 것이었다. 통독을 맡은 캉성은 성이 차지 않아서 1962년 9월 8기10중전회 성명에서 제기된 사회주의사회 계급투쟁이라는 말도 써넣자고 했다. 당시에 자잉은 이를 반대했으나 캉성은 여전히 주장을 굽히지 않으면서 소련공산당중앙 공개서한을 논평하는 9편의 문장은 이것보다 중복된 것이 더 많다고 했다. 결국 나중에 끝내 추가하고 말았다.

그날 밤, 나는 자잉과 함께 동호 바이화호텔 2호 빌딩에 있는 나의 거처에서 이야기를 나눴다. 자잉은 마오 주석이 마침내 『마오쩌동 선집』 제5권의 목록 선택을 허락했으니 자기도 할 일이 생겼다고 말했다. 그는 "마오 주석은 원래 마르크스·레닌 저술을 읽기 좋아해서 책마다 한 부분을 읽고 한 부분을 논의했으며, 책 한권을 다 읽으면 친히 서언을 써 중국혁명 및 최근 반 세기 동안 국제공산주의운동의 이 책과 관련된 경험교훈을 종합하곤 했다"고 말했다. 자잉은 이 일 때문에 지난해(1965년)에 반년 남짓 바삐 보내면서 마르크스·레닌 명작의 대형 활자본을 서둘러 인쇄했다.

11월에 주석은 그들을 항저우로 불러 독서에 관한 일을 얘기했다. 두 번 얘기했는데 주로 주석께서 철학문제를 얘기했다. 자잉은 이렇게 말했다. 주석은 철학에 매우 큰 흥미를 가지고 있었는데 늘 철학의 높이로 각종 사물을 의논했다. 마르크스주의 변증사상이 전문가의 손에서 능숙하고 자유롭게 운용되었다. 이번에 주석은 많은 철학문제를 얘기했다. 변증법의 기본 법칙은 대립적인 통일이라고 했고, 분석과 종합의 변증법을 얘기했고, 계승과 지양을 얘기했으며, 변증법과 형식의 논리를 얘기했다. 끝없이 널리 얘기했으나 다 이론을 실제와 연결시켰기 때문에 서생 냄새가 전혀 나지 않았다. 이는 주석의 일관적인 작풍이었는데 그는 언제나 현학적인 철학연구와 교학을 반대해왔고 실제와 연결시킬 것, 실제를 접촉할 것을 제창했다. 그런데 유감스러운 것은 두 번이나 담화를 했지만 독서가 시작도 되기 전에 또 중단된 것이다.

자잉은 "마오 주석의 마음은 여전히 정치에 있는 것 같다"며 마치 전쟁 시기에 군사에만 전념하는 것과 같다고 했다. 『마오쩌둥 선집』 제1권부터 제4권까지는 그의 평생의 군사 생애와 정치 투쟁의 이론적 종합이었다. 그는 단순하게 이론연구에만 종사해본 적이 없으며 『실천론』이나 『모순론』에서도 정치투쟁과 군사투쟁의 깊은 흔적을 보아낼 수 있다.

자잉은 주석께서 만년에 정력을 집중해 이론 연구를 하여 중국혁명과 세계혁명의 경험을 종합하기를 바란다고 말했다. 스탈린은 만년에 잘못이 많았지만 그의 주재로 『소련공산당사』, 『정치경제학』 등 저술이 편찬되었고, 또 친히 『소련사회주의 경제문제』라는 책을 쓰기도 했다. 그 중에 잘못된 것도 있지만 어쨌든 세계적으로 처음으로 사회주의국가의 경험을 종합한 것이었다. 주석은 소련공산당 20차 대표대회 후 "스탈린의 책을 학습해야 한다. 분석하는 태도로 학습해야 한다"고 거듭 말한 적이 있다.

자잉은 이번에 마오 주석이 『마오쩌둥 선집』 제5권 편찬을 허락한 것은 좋은 기회라고 말했다. 이전에 네 권을 출판한 후 마오 주석은 제1권부터 제4권의 주석을 다시 교정하는 것에만 동의했고 제5권을 편집하는 것은 동의하지 않았다. 지금 교정 업무가 거의 끝났으니 마침 제5권을 편집할 수 있게 된 것이다. 건국 후 주석의 원고와 연설 내용은 매우 풍부했는데 우리당이 민주혁명을 완성하고 사회주의혁명과 건설 시기에 들어선 역사를 기록한 것이었다. 이 역사의 새로운 시기에 우리당은 줄곧 사회주의를 어떻게 건설할지를 탐색해왔다. 마오 주석의 저술은 이 시기 당이 실천과 이론 방면에서 어떤 시도를 했는지 보여주었으며 좋은 문장이 많았다. 그중에서 단계적인 대표작 예를 들면 『국가 재정과 경제 상황이 기본상 호전되도록 힘쓰기 위한 투쟁』, 『농업 합작화 문제에 관하여』, 『10대 관계를 논함』, 『인민내부모순을 정확히 처리하는 문제에 관하여』 그리고 기타 이미 정리했거나(이번에 통독한 『확대된 중앙업무회의에서의 연설』도 포함됨), 정리하지 못한 연설, 담화에는 마르크스·레닌주의를 발전시켜 얻은 훌륭한 사상이 많이 포함돼 있었다. 자잉은 또 마오 주석이 외국 친구와 했던 담화에는 예절적인 것을 제외하고도 변증유물주의와 역사유물주의 빛이 반짝이는 관점이 많이 포함돼 있는데 적은 부분은 정리됐으나 많은 부분은 아직 정리되지 못했다며 이런 것들은 다 우리당의 소중한 자산이라 정성들여 편집해야 한다고 했다. 자잉은 또 "제5권은 당연히 앞의 4권보다 편집이 더 어려울 것이다.

앞의 4권은 시간이 오래 경과됐고 역사의 검증을 거쳤기 때문에 편집에 확신이 섰다. 제5권은 시간이 비교적 가깝고 실천 중에 정확하다고 증명된 것도 있고, 정확하지 않았던 것도 있고, 또 일부 정확하지 않은 것도 있다. 때문에 시기를 나누는 것, 서두, 끝머리를 성실하게 고려해야 하며 목록도 정성을 들여 정리해야 한다"고 말했다. 자잉은 샤오치 동지가 빨리 완성하라고 각별히 요구를 했다며 최선을 다 할 것이라고 말했다. 그러면서 차오무가 조속히 완쾌되어 요양을 끝내기를 바랐다. 천보다는 매우 교활하여 줄곧 참가하지 않았으며 최근에도 의견을 발표하지 않았다.

단화는 깊은 밤까지 이어졌다. 이튿날 니는 평전 동지를 따라 상하이로 갔다. 그런데 동호에서 밤새 이야기를 나눈 것이 자잉과 나의 마지막 이별이 될 줄이야 누가 알았으랴!

한 달 후 나는 또 명령을 받고 항저우로 회의를 하러 갔다. 마오 주석은 나를 반(半)마르크스주의라고 엄하게 비평했으며, 또 당시 자리에 없는 차오무와 자잉을 비평했다. 나는 마음이 무거워 상하이를 들르면서도 요양 중인 차오무에게 감히 알리지 못했고, 베이징에 돌아와서도 자잉에게 감히 말하지 못했다. 그가 너무 큰 자극을 받게 될까봐 잠시 미루었다가 자세한 상황을 얘기하려 했다. 뜻밖에도 시간은 나를 기다리지 않았다. 4월에 또 상하이에 갔고 5월에 베이징에 돌아와 펑(彭), 뤄(羅), 루(陸), 양(楊)을 크게 비판하는 중앙정치국 확대회의에 참가했다. 회의가 끝나기도 전에 오래전부터 장칭, 천보다의 눈에 가시였던 자잉은 5월 22일 갑자기 가산을 몰수당했다. 23일 자잉은 억울하게 세상을 떠났다.

자잉이 우리를 떠난 지 30년이 된다. 그는 부지런하고 배우기를 좋아하였고, 뛰어난 기억력과 넓은 학식을 가지고 있었으며, 조사연구에 능하고 실사구시 적이었고, 강직하여 아첨할 줄 몰랐으며, 솔직하고 의리가 있고, 교만하거나 조급해하지 않았다. 그는 마오쩌둥 사상을 홍보하는데 평생의 정력을 다 바쳤다. 그의 이런 훌륭한 모습은 사람들의 마음속에 깊이 아로새겨졌다. (1996년 4월 4일 청명절)

11. 야오전(姚漛) 동지를 추억하다

11. 야오전(姚溱) 동지를 추억하다*

(1) 마오쩌동 사상 홍보 전문가

야오전 동지가 우리를 떠난 지 35년이 되었다. 그는 겨우 48세의 한창 나이에 억울하게 이 세상을 떠났다. 우리당은 아쉽게도 빛나는 재능을 가진 마르크스주의, 마오쩌동 사상 홍보 전문가를 잃었다!

내가 처음으로 야오전 동지를 알게 된 것은 1950년 가을 상하이에서였다. 그것은 수퉁(舒同), 샤정눙(夏征農), 윈이췬(惲逸群) 등이 소집한 언론계 인사들의 모임에서였다.

윈이췬 동지는 나에게 그를 '친상샤오(秦上校)'라고 소개했다. 나는 당시 신화사 편집장이었으며 화동(華東) 총지사와 상하이 지사를 시찰하러 상하이에 왔다. 나는 첫 대면에 그가 재능이 넘치는 사람이라는 것을 알았으나 깊이 얘기를 나누지 못했다. 다만 그가 해방 전에 '친상샤오'라는 필명으로 상하이의 간행물에 해방전쟁에 관한 군사 논평을 써 크게 명성을 날렸다는 것만 알았다.

1954년에 야오전 동지가 상하이에서 베이징으로 전근되어 중앙 선전부에서 근무해서야 우리는 서로를 잘 알게 되었다. 특히 1959년부터 우리는 자

---

* 본 문의 원 제목은 「옌안 십년 ― 마오 주석 인상기(延安十年 ― 毛主席印象記)」로 2001년 『중화혼(中華魂)』 제8-10기에 게재됨.

주 협력했는데 같은 건물에 살고 같이 식사했으며 뜻이 맞아 친하게 지냈다. 야오전 동지는 충성스럽고 솔직하고 총명하고 용감했으며 논쟁을 두려워하지 않고 공통점을 찾아내는데 능했고 친구를 널리 사귀었으며 사람들과 단합할 줄 알았다. 나는 지금도 그를 매우 그리워하고 있다.

야오전 동지는 1954년 제네바회의 후 우리나라의 국제적 지위가 역사적인 비약을 한 중요한 시각에 중앙선전부(中央宣伝部) 국제선전처(国制宣伝処)로 가 일했다. 당시 중앙은 국제 활동을 대대적으로 전개하기로 하고 국제문제에 관한 홍보를 강화하는 한편 대외 홍보를 확대하려 했다. 야오전 동지는 중앙선전부에서 처음에는 양강(楊剛) 동지와 함께 일했고, 후에 혼자 이 업무를 진행하면서 중국을 세계에 알리고 또 세계가 중국을 아는데 큰 기여를 했다.

1959년 초 저우 총리는 국제문제 선전소조를 설립하여 직접 총리가 지도하기로 결정했다. 야오전 동지는 소조 성원이었고 기타 성원으로는 차오관화(喬冠華, 당시 외교부 부장 조리로 있었음), 장옌(張彦, 국무원 외사판공실 부주임), 시옹푸(熊复, 중공중앙 대외연락부 비서장), 푸서우창(浦寿昌, 저우 총리의 외사 비서)와 내가 있었다. 이 소조는 나의 주도 하에 '인민일보사에서 회의를 열고(일반적으로 일주일에 한 번씩 회의를 했고 어떤 때는 상황에 따라 회의를 일주일에 두세 번씩 하기도 했다.) 당시 국제 형세 특히 중대한 사건을 토론했으며 보도방침을 연구하고 논설을 쓰고 국제 논설을 토론, 수정했다. 중요한 것은 저우 총리에게 가져가 심사를 받았다. 나의 기억에 이 소조가 처음으로 기안한 논설은 『티베트 혁명과 네루 철학』의 초고였다.

후에 마오 주석이 주재한 중앙정치국 회의에서 토론을 거쳤는데 주로 후차오무 동지가 수정하고 마오 주석이 본 다음 최종 탈고했다. (1959년 5월 6일『인민일보』를 참조) 이 소조는 1962년 중국-소련 논전이 확대된 후 점차 중앙의 반(反) 수정주의 원고 기안소조에 의해 대체되었다. 전자는 후자의 초기 형태라고 말할 수 있다.

1964년 여름부터 야오전 동지와 나는 수도 각 언론단위 책임자 연석회의 소집자로 있었다. 이 연석회의는 중앙서기처가 정한 비정기 회의(일반적으로 2주일에 한 번씩 열렸음)로 중앙의 홍보 의도를 전달하고 각 언론사가 홍보하는 과정에 직면한 해결하기 어려운 문제를 보고했다.

내가 중앙서기처 회의, 정치국 회의, 정치국 상무위원회 회의에 자주 참가해 중앙의 의도를 많이 알고 빨리 알아차렸기에 마오 주석은 나를 소집자로 지명하고 중앙선전부 부부장(내가 당시에 『인민일보』 편집장, 신화사 사장이었으나 기타 언론사를 지휘하기에 적합하지 않았기 때문)을 겸하게 했다. 그러나 나는 중앙선전부의 일상 회의에 참가하지 않았다. 나는 중앙서기처 회의에서 야오전 동지에게도 소집자 직무를 맡길 것을 건의해 샤오핑 동지의 동의를 얻어냈다. 내가 중앙선전부 일상회의에 참가하지 않았기 때문에 당시 중앙선전부 부부장이고 뉴스 홍보를 주관하는 야오전 동지를 소집자의 한 명으로 두면 중앙선전부의 의도를 전달할 수 있었다. 그리하여 회의를 할 때 내가 중앙의 의견을 전달하고 각 언론사가 제기한 문제는 야오전 동지가 중앙선전부의 의견대로 해답했으며 중앙에 물어봐야 할 문제는 내가 중앙서기처 회의 또는 정치국 상무위원회 회의에 가져갔다.

이런 연석회의가 1966년 초까지 지속되었다. 천보다가 『인민일보』와 신화사의 권력을 탈취한 후 6월에 문화대혁명 소조 성원이 참가한 수도 각 언론사 책임자 면담을 소집했는데 그 때 연석회의를 취소한다고 정식으로 선포했다. 야오전 동지는 이미 모든 직무를 박탈당하고 비판 투쟁을 받았다.

야오전 동지의 일생에서 가장 빛나는 시기는 1960년부터 1966년까지였다. 이 6년 동안 그는 전력을 다 해 두 가지 큰일을 하면서 자신의 재능과 인품을 생생하게 보여주었다.

첫 번째 큰일은 1960년부터 그가 중-소 논전에 뛰어든 것이었다.

두 번째 큰일은 1965년 초부터 그가 문화혁명에 관한 중앙의 '5인 소조'의 업무에 참가한 것이었다.

(2) 중-소 논전(論戰)에 뛰어들다

후루시초프가 중국을 반대하는 운동을 발동한 후 우리당 중앙은 레닌 탄신 90주년을 기념할 때 3편의 문장을 발표하여 당대 국제공산주의운동의 몇 개 중대한 원칙에 관한 우리당의 입장과 관점을 명확하게 밝히고, 현대 수정주의를 비판하기로 결정했다. 이는 중-소 논전에서 후루시초프의 수정주의를 비판하는 시작이었다. 야오전 동지는 이 비판의 전 과정에 참가해 자신이 마르크스·레닌주의, 마오쩌둥 사상의 충실한 호위병임을 충분하게 보여주었다.

최초의 창작그룹

중앙은 당시 3편의 문장을 발표하기로 결정했다. 그것은 루딩이 동지가 베이징에서 열린 레닌기념대회에서 한 연설, 『홍기』 잡지의 사설 「레닌주의 만세」, '인민일보사'의 사설 「위대한 레닌의 길을 따라 전진하자」 등이었다. 이 세 편의 원고는 각각 중공중앙 선전부, 『홍기』 잡지 편집부, 『인민일보』 편집부가 기안하고 샤오치 동지가 주재하는 중앙정치국이 토론, 수정, 심사하여 결정한 것이다. 야오전 동지는 루딩이 동지의 연설문을 기안하는데 참가했다. 연설문의 제목은 「레닌의 기치 아래 단결하자」였다. 이 연설은 레닌의 혁명정신을 말하는데 역점을 두고 수정주의자가 혁명을 반대한다고 비판했다. 연설 중의 경구는 "수정주의자는 자신이 혁명을 하지 않으려 할 뿐만 아니라 다른 사람이 혁명하는 것도 반대한다"였다.

이어 야오전 동지는 소련공산당 중앙이 중국을 반대하는 「통지서」를 보낸 데 대한 중공중앙의 답신을 기안하는데 참가했다. 소련공산당의 「통지서」란 1960년 6월 부쿠레슈티에서 열린 각국 공산당회의를 앞두고 소련공산당 중앙이 각국 당에 보낸 편지인데 중국공산당을 난폭하게 공격했다. 부쿠레슈티 회의 후 우리당 중앙은 회답을 하기로 결정하고 샤오핑 동지를 지정하여 '수재'들을 이끌고 회답서를 쓰게 했다.

그해 여름, 중앙은 베이다이허에서 중앙업무회의를 소집했는데 답신을 쓰는 수재들도 그 곳으로 갔다. 이 초고작성그룹에는 쉬리췬, 야오전(이 두 명은 다 중앙선전부 부부장임), 덩리췬, 후성(이 두 명은 다 『홍기』 잡지사 부편집장임), 시웅푸(熊复), 왕리(王力), 장샹산(張香山) (이 세 명은 다 중공중앙 대외연락부 비서장과 부비서장임), 판뤄위(范若愚, 중앙당교 부교장), 차오관화(喬冠華, 당시에 외교부 부장조리였음)와 내가 있었다. 루딩이, 천보다, 후차오무가 샤오핑 동지가 주재하는 서기처 회의에 참가해 수정에 관한 것을 토론했다. 마지막으로 집필하여 수정을 마무리 지은 것은 후차오무였다.

야오전 동지는 초고작성그룹의 수재들과 함께 베이다이허 서구의 중앙직속기관 초대소에 거처했다. 그는 나와 함께 거실 하나에 침실이 두 개인 트윈룸에 살았다. 우리는 베이다이허에서 한달 남짓 바쁘게 보냈다. 베이징에 돌아온 후 또 정치국 상무위원회 회의의 몇 차례 토론에 의거하여 수정했으며, 9월 초에야 원고를 마무리했는데 거의 두 달 남짓 걸렸다.

『회답서』를 기안하는 과정에 야오전 동지는 탁월한 정치가의 안목으로 소련공산당의 『통지서』의 전후 모순과 실수투성이인 10여 개의 논점(나와 그는 40~50개의 논점을 열거한 적이 있다)을 콕콕 집어내어 하나하나 반박했다. 예를 들면 『통지서』에서 한편으로는 제국주의 본질은 변하지 않는다고 했고, 다른 한편으로는 아이젠하워가 "우리와 마찬가지로 평화를 사랑한다"고 말했던 것이다. 기안그룹은 그의 제의를 한층 발전시켜 『통지서』 이외의 소련 측의 갖가지 중국 반대 활동으로 범위를 확대해 예리하게 반박했다. 『회답서』에서 그가 기안한 부분(후루시초프가 부쿠레슈티 회의에서 우리 당에 기급 공격을 한 것)은 서술과 논평을 결부시키고 이치와 정리를 겸비해 정론에 관한 그의 재능을 보여주었다.

이에 앞서 나는 그가 늘 차오관화·왕리와 협력해 『홍기』잡지에 국제 논설을 발표하곤 했으며, 서명은 위자오리(于兆力), 즉 차오(喬, 필명은 위화이(于懷]), 야오(姚), 왕(王)의 이름에서 각각 한 글자나 한 부분을 취하여 구성한 것이라는 걸 알았다. 그들 세 명은 다 장쑤 사람이었다. 한번은 나에게 그들의 논평을 수정하는데 참가할 것을 요청했는데 내용은 제국주의에 관한 것이었던 것 같다.

레닌언덕 위의 '준마'

1960년 9월 사이에 중-소 양당은 81당 회의를 준비하기 위한 회담을 진행했다. 우리당은 덩샤오핑 동지를 단장으로 하는 대표단을 모스크바로 파견했다. 야오전 동지는 대표단 고문으로 수행했으며, 주로 루딩이 동지를 협조했다. 회담에서는 각자 자기 말만 하였는데 여전히 『통지서』와 『회답서』에서 논쟁했던 문제였으며 결실을 맺지 못하고 끝났다. 이어 10월 사이에 모스크바에서 81당회의 공문서 초고작성위원회 회의를 열었는데 야오전 동지도 대표단의 업무에 참가했다. 나는 이 두 번의 회담에 참가하지 않고 마오 주석의 지시대로 베이징에 남아 후방에서 지원했다.

81당 모스크바회의는 1960년 11월 모스크바에서 열렸다. 우리당은 대표단을 파견하여 참가했는데 단장은 류샤오치, 부단장은 덩샤오핑이었다. 야오전 동지는 대표단 고문이었다. 출발 전에야 급작스레 나를 대표단에 가입시키기로 결정했다. 아마 샤오치 동지가 회의 후에 국가 주석의 신분으로 소련을 공식 방문하게 되어 나에게 야오전 동지와 맞바꾸게 할 계획이었던 것 같았다. 내가 전방에 나가고 그를 후방에 남겨 지원하게 하려고 했던 것 같았다. 후에 일손이 부족하다고 하여 야오전도 그냥 보냈다.

야오전 동지는 81당회의 기간에 기타 수재들과 함께 우리당 대표가 회의에서 발언할 원고를 기안하고 수정하는 업무를 맡았다. 이 일은 매우 어렵고 힘들었다. 발표문마다 반복적으로 수정을 해야 했는데 바쁠 때에는 연속 36시간을 일해야 했디. 그는 언제나 지기가 맡은 일을 빨리 완성했다. 그래서 우리는 그를 '준마'라고 불렀다.(그는 말띠였다)

그는 때로는 초고작성위원회의 논전에 참가해 펑전 동지를 도와 소련 측의 말장난을 제때에 간파했으며, 우리당에 대한 소련 측의 은밀한 비방을 적발하면서 강한 정치적 민감성을 보여주었다. 회의는 3주일 동안 열렸는데 나중에 서로 타협하여 협의를 달성했다.

야오전 동지는 우리당 대표단의 샤오치 동지, 샤오핑 동지와 펑전 동지의 직접적인 지도하에 대표단의 기타 동지들과 함께 임무를 훌륭하게 완성했다.

1960년 81당 모스크바회의 이후 중소관계가 한동안 완화되었다. 우리당 중앙은 전력을 다 해 국내 조정업무를 장악하기로 결정했으며, 아울러 이론 홍보 방면에서도 당대의 국제 공산주의운동의 중대한 문제에 관한 기본적인 이론 연구를 강화할 것을 요구했다. 이 때문에 중앙서기처는 중앙선전부, 중앙대외연락부, 중앙편역국, 중앙당교 등 관련 단위에 지시를 내려 한 방면으로는 마르크스, 엥겔스, 레닌, 스탈린의 과학적인 사회주의에 관한 기본이론을 체계적으로 연구하게 하고, 다른 한 방면으로는 국제공산당운동 역사의 중대한 이론문제에 관한 각종 같지 않은 논점을 수집 연구하게 했다.

내 기억에 따르면 루딩이 동지와 왕자샹(王稼祥) 동지가 공동으로 해당 단위 책임자 회의를 소집해 중앙이 맡겨준 임무를 어떻게 완성할지를 전문적으로 의논한 적이 있다. 쉬리첸, 야오전, 시웅푸 동지가 회의에서 "19세기 말에 기회주의가 나타나 마르크스주의를 공격한 논전으로부터 시작해 2차 세계대전 후 각국 당 대표인물의 저술을 체계적으로 수집하여 번역, 출판하자"고 제안했다. 이것이 바로 1962년부터 잇달아 '회서(灰皮書, 회색 겉표지의 책)' 시리즈가 출판된 원인이다.

야오전 동지는 이에 특별히 열성을 보였다. 그는 물에는 원천이 있고 나무에는 뿌리가 있듯이 누구에게나 다 선조가 있다며 우리의 선조는 마르크스이고 다른 사람들에게도 자기 선조가 따로 있다고 했다. 수정주의를 비판하려면 "역사와 연결시켜야 하고 선조의 무덤을 파야 한다"고 했다. 이 시리즈 총서에는 베른슈타인의 『사회주의의 전제와 사회민주당의 임무』, 카우츠키의 『무산계급독재』, 트로츠키의 『영구혁명론』으로부터 질라스의 『스탈린과의 담화』 등이 포함되었으며 내부 참고용으로 사용했다. 인쇄할 때에 회색 겉표지를 사용했기 때문에 사람들은 이를 '회피서(灰皮書)'라고 불렀다.

야오위타이에서의 나날들

1962년 연말부터 중소 논전이 확대되자 야오전 동지는 중앙의 지시대로 창작그룹의 동지들과 함께 야오위타이 국빈관 8호 빌딩에 입주했다. 1966년 봄까지 후루시초프주의를 반대하는 일련의 문서와 문장을 썼다. 야오전 동지는 밤낮으로 열심히 일하면서 몇 주일씩 집으로 돌아가지 못하곤 했다.

이 시기에 중소 논전은 이름을 지적하지 않고 비판하던 데로부터 공개적으로 이름을 부르면서 공격하는 것으로 나갔는데, 이는 후루시초프가 직접 발동한 것이어서 우리당 중앙은 이런 공격에 회답하지 않을 수 없었다. 이런 공격은 동유럽의 몇몇 형제당의 대표대회에서 공개적으로 진행된 것이었다. 우리 창작그룹은 중앙의 지시대로 사전에 이런 대회에 참가하는 우리당

대표단에게 발표문을 작성해주었으며, 대회 중에도 중국 반대 언론이 있으면 회답 성명을 긴급히 만들었다.

사전에 예상치 못했고 또 시간이 촉박했기 때문에 상술 발언과 성명은 간명한 태도표시로 되었을 뿐 상세한 답변은 이루어지지 않았다. 중앙은 매번 회의 후에 그들의 중요한 중국 반대 언론에 회답하여 공개적으로 논전을 펼치기로 했다.

1962년 12월 13일부터 야오전 동지는 창작그룹 동지들과 함께 『전 세계 무산계급은 단결하여 우리의 공동의 적을 반대하자』, 『레닌주의와 현대 수정주의』, 『모스크바 선언』과 「모스크바 성명」을 토대로 단결하자』 등 7편의 논평을 써 각각 『인민일보』, 『홍기』 잡지에 발표함으로써 우리당에 대한 공격에 상세하게 회답했다. 3개월간 진행된 후루시초프 수정주의에 대한 비판은 공개 논전의 1회전이었고, 야오전 동지는 공헌을 하여 많은 칭찬을 받았다.

1963년 3월 중앙은 수정주의 반대 문서(문서와 문장 포함) 초안작성소조를 정식으로 설립하였는데 야오전 동지는 소조 성원이었다.

1963년 3월부터 야오전 동지는 중-소 양당 회담을 개최하기 위한 당 중앙의 준비업무에 참가했다. 소련공산당이 우리당에 편지를 보내 중소 양당 회담에서 국제공산주의운동 총 노선을 의논할 것을 제안하고 이 총 노선에 관한 일련의 원칙을 제기했던 것이다. 당 중앙은 우리당도 총 노선에 대한 건의를 제기하여 중소 양당 회담 때에 의논하기로 결정했다.

우리당은 초고를 기안한 후 북한, 베트남 양당과 아시아 기타 형제당의 의견을 널리 구하여 반복적으로 수정을 했으며, 이어 마오 주석이 정치국 상무위원회 회의를 소집하여 심의했고 마지막으로 6월에 정치국 회의에서 정식으로 채택했다. 야오전 동지는 이 모든 과정에 참가했으며 밤낮없이 바삐 보내면서 역사적인 공헌이 있는 이 기안 임무를 훌륭하게 완성했다. 이것이 바로 세계를 뒤흔든 중공중앙의 『국제공산주의운동 총 노선에 관한 건의』(1963년 6월 17일 『인민일보』에 발표)이다.

7월 상순부터 7월 중순까지 야오전 동지는 우리당 대표단 고문으로 모스크바로 가서 중소 양당 회담에 참가했다. 그는 발표문 기안에 참가하는 한편 대표단의 내부 사무를 겸임하여 처리했으며 대표단 주둔지(레닌언덕 위의 소련공산당중앙 귀빈관)와 내가 있는 주소련 대사관(고문들 거처) 사이를 오가느라 몹시 바빴으나 전혀 힘든 티를 내지 않았다. 우리는 그를 '사무장'이라고 놀렸다.

아홉 편 『논평』의 기안자

소련공산당 중앙은 7월 9일 공개서한을 발표하여 중공중앙과 마오쩌둥 동지, 류샤오치 동지, 저우언라이 동지, 덩샤오핑 동지 등 중공중앙 지도자의 이름을 지명하여 공격했다. 중소 양당 모스크바 회담이 중단되었다. 중앙은 소련공산당 중앙의 공개서한에 대해 공개적으로 회답하고 후루시초프를 지명하여 비판하기로 결정했다.

야오전 동지는 그 때부터 집필에 몰두했으며 창단단체의 동지들과 함께 소련공산당 공개서한에 회답하는 논평을 썼다. 『인민일보』와 『홍기』 잡지의 편집부 글의 형태로 발표했는데 '1 논평'부터 '9 논평'까지 발표 시간은 1963년 9월 6일부터 1964년 7월 14일까지 10개월이 걸렸다. 이 아홉 편의 논평은 마오 주석의 직접적인 지도하에 작성된 것이고 덩샤오핑 동지가 수정을 주도했으며 마지막에 마오 주석이 탈고하여 중앙정치국에 올려 채택했다.

수재들이 원고를 기안하는 과정에 전력을 다 했지만 이는 집단창작이었다. 초고는 각자 나누어 썼는데 수정하는 과정에 크게 고칠 필요가 있으면 (주로 사고의 방향을 바꾸었는데 이 때문에 골조를 변경해야 했다.) 기안자를 바꾸곤 했다. 혹시 사람을 바꾸지 않더라도 수정을 여러 번 하여 7, 8번씩 고쳤다.(우리는 이를 '7원고', '8원고'라고 불렀다.) 사실상 이 아홉 편 중 절반 이상은 몇 번씩이나 원고를 바꾸었는데, '8 논평'은 15번 고쳤고 '9 논평'은 18번을 고쳤다. 때문에 이 논평들은 마지막에 탈고할 때 초고와는 전혀 딴 모습으로 변해 누가 쓴 것인지 알 수 없었다.

그러나 나의 기억에 아홉 편의 원고 중 두 편의 초고는 야오전 동지를 위주로 기안한 것이다. 그것은 『소련공산당 지도자와 우리의 의견차이의 유래와 발전』(2 논평)과 『두 가지 근본적으로 대립되는 평화 공존 정책』(6 논평)이었다.

원래 중앙은 '9 논평' 이후에 두세 편 더 발표할 계획이었으나, '9 논평'이 발표된 3개월 후인 10월 14일 후루시초프 정부가 무너졌다. 소련공산당은 이 일에 관한 공보를 16일에 발표했다. 바로 이 날 우리나라가 첫 원자탄을 성공리에 폭발시켰다. 10월 17일 『인민일보』는 우리나라 정부의 첫 핵실험이 성공했다는 성명과 후루시초프가 하야한 소식을 동시에 게재했다. 전국과 전 세계가 다 이 두 대사를 연결시키면서 의론이 분분했다. 우리나라 정부의 성명은 저우 총리의 직접적인 지도하에 야오전, 차오관화와 내가 기안한 것이다.

소련공산당 새 지도자가 정권을 잡은 후 우리당 중앙은 한동안 냉정하게 관찰하면서 공개 논전을 잠시 중단하고 소련공산당 중앙의 공개서한에 대해 더 이상 논평하지 않고 있다가 소련공산당 새 지도자가 다시 공개적으로 공격을 진행한다면 계속해서 따져보기로 했다. 그러나 자료수집과 조사연구는 여전히 계속 진행되었다. 다만 옛날처럼 그렇게 많은 사람들이 전력을 다 할 필요가 없어 각 해당 부문이 분업하여 진행했으며 필요할 때에만 집중해서 처리했다. 때문에 야오전 동자와 창작그룹의 기타 중요 책임자는 여전히 댜오위타이 8호 빌딩에 있었으나 많은 사람들은 원래 근무처에서 정상적으로 출근했다.

변론을 좋아하고 털털한 성격

야오전 동지는 1962년 말부터 중소 논전의 원고 기안과 회담에 참가해 있는 동안 많은 고생을 했으며 일을 훌륭하게 하여 중앙 지도자 동지와 동료들의 칭찬을 받았다. 그는 일에서 새롭고 기발한 주장을 잘 내는 장점이 있었다. 우리 창작그룹은 덩샤오핑 동지의 창도 하에 백가쟁명을 하였는데, 한 편의 원고 골조를 두고 반복적으로 변론을 했을 뿐만 아니라, 한 장절, 한 단락, 한 마디, 그리고 한 글자에 대해서도 얼굴을 붉히며 논쟁하곤 했다. 야오전 동지는 늘 남다른 견해를 발표하고 거듭 해명하곤 했다. 많은 상황에서 그는 의문을 잘 제기하고 흠잡기를 좋아하고 글귀를 까다롭게 따지면서 논쟁을 불러일으키곤 했다. 그러나 근거를 가지고 사실과 이치를 잘 얘기하기만 하면 그는 또 달갑게 수긍하면서 다른 의견을 접수하곤 했다. 때문에 사람들은 감히 그와 변론을 했고 그와 대들면서도 그가 화를 낼까봐 두려워하지 않았다. 그는 때로는 뭇사람들의 비난의 대상이 되기도 했으나 난감해하지 않았다. 일리가 있는 사람의 말에 복종하는 것은 창작그룹의 통칙이었는데 야오전 동지가 이를 제일 잘 지켰다.

야오전 동지에게는 또 매우 뚜렷한 장점이 하나 있었는데 그것은 친구를 널리 사귀고 우호적인 것이었다.

그는 논쟁을 잘 해 이름을 날렸으나 각 방면의 동지들과 매우 우호적으로 지냈으며 거만하게 횡포를 부리거나 오만한 기세로 남을 깔보거나 혼자 잘난 척 하거나 말로 상대에게 상처를 주는 나쁜 습관이 없었다. 누구에게나 오랜 친구처럼 대하고 널리 교제했으며 일에는 엄격하지만 동료들에게는 매우 너그러웠고 주변사람들과 화목하게 지냈다. 내가 창작그룹을 이끌었지만 일상 사무는 그에게 일임했다. 그는 대인관계와 생활 관리를 빈틈없이 잘 처리했다. 우리는 그를 '사무총장'이라고 불렀다. 창작그룹은 다른 부문에서 왔는데 20여 명은 댜오위타이에 3년이나 거주하면서 중앙 당·정·군 기관과 학자, 유명 인사들과 많은 연계를 가졌기에 섭외 또는 내무에서 이런 '사무총장'이 꼭 필요했다.

(3) "5인 소조"의 업무에 참가하다

야오전 동지의 일생에서 가장 빛나는 시기는 바로 두 번째 큰일을 한 것, 즉 "5인 소조"의 업무에 참가한 것이다.

"5인 소조"는 1964년 7월 중앙정치국 상무위원회의 결정에 의해 성립된 것으로 특별히 정해진 임무는 중앙을 협조하여 문화부와 전국적인 문예단체가 다시 기풍을 정돈하도록 협조하는 것이었고, 직접 상무위원회에서 책임졌다. 조장은 펑전 동지, 부조장은 루딩이 동지, 성원은 캉성, 저우양, 나였다. 이는 마오 주석이 1964년 6월 27일 각 문예협회가 "수정주의 변두리까지 갔다"고 비답을 한 후 얼마 안 돼 있은 일이었다. 이 소조는 처음에는 문화부와 각 문예협회가 다시 정풍(원래 1964년 초에 시작된 정풍이 6월에 한 단락 끝났으나 마오 주석의 지시가 있은 후 다시 진행했음)을 하도록 배치하고 보고를 청취, 토론했을 뿐이었다.

야오전 동지는 처음에 "5인 소조"의 일에 참가하지 않았다. 후에 정풍이 언급된 문제가 점점 더 넓어지면서 캉성을 선두로 하는 학술비판이 또 끼어들어왔으며 이는 뉴스 홍보의 각 방면에 영향을 미쳤다. 야오전 동지는 중앙선전부 부부장으로 뉴스 홍보를 담당했기 때문에 따라서 끌려든 것이다.

1964년 12월, 나는 저우양(周揚) 동지가 주재하는 몇몇 부부장의 작은 회의에 참가하라는 중앙선전부 판공실의 통지를 받았다. 내가 회의장에 도착해서야 야오전 동지가 이 회의는 장칭의 제안으로 열게 된 것이라고 알려주었다. 회의에는 또 쉬리친, 린머한(林默涵)이 왔으며 모두 5명의 부부장이 참가했다. 장칭은 마지막에야 왔는데 오자마자 중앙선전부에 전국 신문과 간행물에 10부의 영화를 비판하라고 통지를 보내라고 했다. 그 중에는 『불야성(不夜城)』, 『임가포자(林家鋪子)』, 『무대자매(舞台姉妹)』, 『홍일(紅日)』, 『역풍천리(逆風千里)』, 『병림성하(兵臨城下)』, 『베쑨(白求恩)』 등이 포함돼 있었다. 당시 모든 부부장이 다 동의하지 않았다. 모두들 이 영화들은 결점이 없는 것은 아니지만 그 심각성이 반드시 공개적으로 비판해야 할 정도까지는 아니라 신중하게 고려해야 한다고 했다. 또 이렇게 큰 범위의 비판은 군중들에게 영화계가 엉망진창이라는 생각을 가지게 하며 전국의 영화계에 큰 타격을 주게 될 것이라고 했다. 모두들 장칭이 지적한 몇 개의 영화에 대해 어떤 것은 매우 환영받는다는 둥 어떤 것은 반응이 괜찮았다는 둥 저마다 한 마디씩 하면서 의론이 분분했다.

야오전 동지는 "전국의 신문이 그렇게 대대적으로 영화 비평을 하고 학술 비평까지 한다면 기타 방면의 업무를 홍보할 자리가 없게 되고 4년 정풍의 위대한 성과를 제대로 홍보할 수 없다"고 특별히 지적했다. 나는 그 이유를 특별히 지지했다. 당시 내가 주재하고 있는 한 창작그룹이 저우 총리의 정부업무보고를 기안하고 있었는데, 마오 주석과 기타 중앙 상무위원회의 의견에 따라 4년 정풍의 성과를 대서특필해야 했던 것이다. 장칭은 아무 것도 얻어내지 못하자 화를 내며 가버렸다. 후에야 장칭이 즉시 상하이로 가서 문예대비평을 발동하려고 밀모했다는 것을 알았다.

첫 충격파를 막아내다

1965년 11월 10일 상하이 『문회보』가 야오원위안의 『신편 역사극 「해서파관」을 평함』이란 글(이하 '야오 문')을 발표했다. 이튿날 오전, 야오전 동지가 전화로 나에게 큰일 났다며 알고 있는가 하고 물었다. 나는 무슨 큰일이냐고 물었다. 그는 『문회보』가 '야오의 문장'을 발표해 상하이가 북경을 한 대 때렸다고 말했다.

나는 당시에 아직 『문회보』를 보지 못했다. 그는 '야오의 문장' 내용을 간단하게 말하고 나서 이 문장에는 『인민일보』가 1959년에 우한(吳晗)이 해서를 칭찬하는 글을 실었다고 지적했는데, 『인민일보』도 때린 것이라고 강조했다. 나는 즉시 『문회보』를 찾아보았는데 그야말로 아닌 밤중에 홍두깨 격이었다. 『문회보』가 왜 이렇게 제멋대로 히는지 매우 회가 났다.

나는 즉시 야오전 동지와 의견을 교환했다. 나는 이렇게 말했다. 마오 주석은 1959년 5월 상하이에서 열린 중앙업무회의에서 해서를 칭찬한 적 있으며, 그 후에야 후차오무가 명사(明史) 전문가를 우한으로 청하여 해서의 문장을 쓰게 했던 것이다. 문장은 루산회의 후에 발표되었으며 차오무는 수정할 때 '무산계급 해서'를 써야지 '자산계급 해서'라는 뜻이 있어서는 안 된다고 했다. 마오 주석은 루산회의에서 이렇게 말한 적이 있다. "'야오의 문장'을 『인민일보』와 연결시킨 것은 전혀 이치에 맞지 않다. 『해서파관』이라는 연극이 어떤지 나는 본적이 없다. 그러나 '야오의 문장'은 문예비판을 루산회의라는 심각한 정치문제와 연결시켰고, 1962년의 이른바 '번안풍', '단간풍'과 연결시켰는데 이는 참 터무니가 없다."

야오전 동지는 나에게 『문회보』와 야오원위안만 보지 말고 그 까닭을 알아야 한다고 말했다. 당시 나는 대수롭지 않게 여겼으나 후에 생각해보니 그의 정치적 민감성에 탄복하지 않을 수 없었다.

야오칭 동지가 '까닭'을 물었기 때문에 며칠 후 나는 펑전 동지(당시 그는 대리 총서기로 서기처 업무를 주재했으며 샤오핑 동지는 서남 3선으로 시찰을 갔다)를 만나 『인민일보』가 '야오의 문장'을 어떻게 처리해야 할지, 전재해야 할지, 문장을 따로 써 논평을 해야 할지 물었다. 펑전 동지는 중앙의 동지와 의논해보겠다고 말했다. 나도 처리를 늦추는 것이 좋겠다고 생각했다. 마오 주석은 나에게 『인민일보』는 중앙 상무위원회가 관리하며 일상 업무는 중앙 서기처에 물어보면 된다고 말한 적이 있었다.

두주일이 지난 후 야오전 동지와 나는 미국의 유명한 기자 안나 루이스 스트롱을 동반하여 상하이로 날아가 그녀의 팔순 생일모임에 참가했다. 출발하기 전에 그는 쉬리췬(당시 저우양이 병에 걸려 그가 중앙선전부 상무부부장 직무를 이어받았다)이 상하이 선전부에 야오원위안 문장의 상황을 물었다가 퇴짜를 맞았는데 상대방이 "모른다"고 대답했다고 말했다. 그는 이번에 우리가 상하이에 가면 자기가 상하이에서 일할 때의 아는 사람을 많이 만나게 될 것이라며 한번 알아보는 게 어떠냐고 물었다. 나는 오랫동안 망설이었다. 이번에 스트롱의 생일을 축하하는 것은 저우 총리가 특별히 조치한 것으로 특별히 전용기를 준비해 우리에게 먼저 그녀를 데리고 가고 총리가 후에 가서 축수 연회를 사회할 것이라고 했다. 마오 주석이 스트롱을 접견할 가능성도 있는데 우리가 직접 마오 주석에게 그 뜻을 알아보는 한편 상하이의 동지들과도 알아보는 것이 좋지 않을지…… 우리 둘은 이렇게 반복해서 생각해 보다가 나중에 이렇게 결정했다.

(1) 상하이 측에서 '야오 문'에 관한 화제를 꺼내지 않으면 우리도 주도적으로 묻지 않는다. 쉬리췬이 이미 퇴짜를 맞았기 때문이다. 만약 상하이에서 누군가 우리에게 어떻게 처리하는가를 물어본다면 이미 중앙서기처에 문의해 놓았으나 아직 회답을 받지 못했다고 사실대로 얘기한다.

(2) 마오 주석이 스트롱을 접견할 때, 주석에게 주도적으로 '야오의 문장'을 어떻게 처리해야 할지를 묻지 않는다. 당시에 나는 이 일이 주석과 무관하다고 생각했다.

마오 주석은 지방 신문과 간행물 중에 잘 되었다고 생각되는 문장이나 보도가 있으면 꼭 나에게 『인민일보』에 전재하라고 하곤 했다. 이 일은 이미 서기처에 문의해 놓았으니 주석을 귀찮게 할 필요가 없었다. 그리고 그렇게 많은 외빈들 앞에서 이 일을 꺼내는 것도 타당하지 않았다.

11월 23일 베이징에서 상하이로 가서 우리는 스트롱과 함께 진장호텔(錦江飯店)에 묵었다. 이밖에 랴오청즈(외사 사무실 부주임), 당밍자오(唐明照, 대외연락부 국장, 스트롱의 오랜 친구) 및 마하이더(馬海德, 미국인, 본명은 조지 하템), 엡스타인 등 미국 전문가가 있었다.

이튿날 오전 10시, 마오 주석은 진장호텔 남쪽빌딩 꼭대기 층 로비에서 스트롱을 접견했다. 장칭은 대문 어귀에서 스트롱을 마중한 후 곧바로 물러났고 그 후 마오 주석이 스트롱을 위해 준비한 오찬회에 참가했다. 스트롱은 유명 기자 특유의 민감성으로 처음부터 화제를 직접 국제 정세로 끌었다. 마오 주석도 그 화제를 따랐다. 그는 이렇게 말했다. "스트롱과 처음으로 담화 할 때(1946년 가을 연안에서의 담화를 가리킴)부터 지금까지 거의 20년이 되었다. 그 때 나는 당신에게 '원자탄은 종이범이고 장제스는 종이범이고 미국 제국주의도 종이범'이라고 말한 적이 있는데 지금 보니 후루시초프도 종이범이었다. 수재들이 그를 비평하는 문장을 9편 썼을 뿐인데 그만 와해되고 말았다. 나와 중앙정치국 상무위원회의 모든 동지들이 다 아직 그를 공개적으로 비평하지 않았다. 내가 말다툼을 두려워해 그런 것이 아니다. 나는 후루시초프와 말다툼을 한 적이 있는데 한 번은 1958년이고 다른 한 번은 1959년이며 두 번 다 중난하이에서 직접 크게 다투었다. 그 것은 내부 회담을 할 때였다." 마오 주석은 이어 현장에 있는 몇 명의 미국 전문가에게 국제 정세를 어떻게 보느냐고 물었다. 그들은 저마다 한 마디씩 하면서 이야기꽃을 피웠다. 야오전과 나도 가끔 한 마디씩 했다.

이어 오찬회 분위기가 열렬하고도 홀가분해졌다. 스트롱의 질손 트레이시 스트롱이 쓴『순수한 마음』이라는 책에서 이번 회담 때에 우리가 "몹시 우울해있었다"고 했는데 사실이 아니었다. 회견하는 중에 '야오의 문장'에 관한 일은 꺼내지도 않았다.

상하이에 있는 사흘간 나는 장춘차오를 두 번 만났다. 그는 당시 상하이 시위 선전부장이었다. 1950년 내가 상하이에서 그를 만났을 때 그는 신화사 상하이지사 지사장이었다. 서로 잘 아는 사이었으나 그는 이번에 '야오의 문장'에 관한 일은 일절 꺼내지 않았으며 나도 얘기할 생각이 없었다. 야오전 도 상하이에서 몇 명의 지인을 만났으나 다 시치미를 떼며 화제를 다른 곳 으로 바꾸었다. 실수가 없도록 엄하게 일러놓은 것이 분명했다.

저우 총리는 상하이에서 베이징으로 돌아온 날 『인민일보』에 『문회보』의 '야오의 문장'을 전재하라 지시하고 나에게 편집자의 말을 써 '야오의 문장'을 전재할 때 함께 게재하라고 했다. 나는 편집자의 말을 써서 펑전 동지에게 가져가 심열을 받았다. 그는 나에게 자기 집에 와 토론하여 수정한 후 저우 총리에게 가져가 심열을 받으라고 했다. 때는 이미 11월 말이었다.

야오전 동지는 『인민일보』가 이 문장을 전재한 날에 나에게 전화로 "늦었 다"고 말했다.

후에 야오전 동지는 또 나에게 이 일을 얘기하면서 "비록 마오 주석이 스 트롱을 접견할 때 '야오의 문장'에 관한 얘기를 꺼내지 않았지만 장칭이 오 찬회에 참가한 것은 주목할 만한 일이다. 그가 상하이에서 우한에 대한 비 판을 발동한 것과 어떤 관계가 있을 수 있다는 것이었다. 저우 총리가 상하 이에서 돌아온 후에야 전재하라고 지시한 것은 아마 상하이에서 무슨 소식 을 들었던 것 같다"라고 특별히 귀띔해주었다. 나는 이미 전재했다며 그러나 저우 총리가 수정한 편집자의 말을 보면 여전히 학술 토론 범위의 문제라며 너무 걱정하지 말라고 했다.

학술과 정치

이때부터 『인민일보』와 전국의 각 신문, 간행물이 『해서파관』에 대한 논평을 논평하기 시작했는데 찬성하는 것도 있고 반대하는 것도 있었다. 이에 앞서 이미 영화에 대한 논평, 학술에 대한 논평이 있었으며 한때 백화제방, 백가쟁명이었다. 야오전 동지는 나와 함께 펑전 동지가 소집한 당시 학술토론에 관한 작은 회의에 참가하곤 했다. 베이징시위에서 선전이론 업무에 종사하는 덩퉈(鄧拓), 판진(范瑾) 등 동지들도 참가했다. 쉬리친, 후성, 린머한이 문예학술계 동태를 보고하는 것을 맡았다. 이런 회의가 약 일주일에 한번씩 열렸으며 사람이 많을 때도 있고 적을 때도 있었다. 의론이 잇달아 터져 나왔는데 중요 경향은 '야오 문'에서 학술 문제를 정치화한 것을 동의하지 않는다는 것이었다. 문예평론과 학술연구는 백화제방, 백가쟁명의 방침을 견지하되 공개적으로 이름을 지적하는 비판은 신중하게 하며 특히 전국의 저명한 전문가와 학자에 대한 비평은 제한해야 한다는 것이다. 쉬리췬과 야오전이 특별히 격렬하게 얘기했다.

이런 학술 토론의 분위기가 후에 발생한 두 큰 사건에 의해 깨졌다. 첫 번째 사건은 내가 상하이회의(12월 8~15일)에 참가했다가 린뱌오가 뤄루이칭(羅瑞卿) 동지를 무함한 것을 알고 베이징에 돌아와 수재들에게 전달하자 모두들 깜짝 놀란 것이다. 두 번째 사건은 후성 동지가 항저우에서 베이징으로 돌아와 수재들에게 이렇게 전달한 것이다. 마오 주석은 상하이에서 항저우로 돌아간 후 천보다, 아이쓰치, 톈자잉, 후성에게 야오원위안이 『해서파관』을 논평한 문장이 핵심을 찌르지 못했다고, 핵심은 '파관'이라며 "명나라의 가정 황제가 해서의 관을 파직시키고 나는 루산에서 펑더화이의 관직을 파직시켰다"라고 했다는 것이다. 모두들 더욱 크게 놀랐으며 토론을 학술 범위 내에 제한하려던 꿈에서 깨어났다.

야오전 동지는 이에 특별히 낙담했다. 그는 우울한 기색으로 나에게 이렇게 말했다. 중앙선전부는 수도 각 신문이 같은 날에 '야오의 문장'을 전재하지 말고 를 정하라고 했다. 원래 『베이징일보』는 11월 29일, 『인민일보』는 11

월 30일, 『해방군보』와 『광명일보』는 같은 날 12월 1일에 게재하기로 정했다. 그런데 군보가 사사로이 앞당겨 11월 29일 전재했고 편집자의 말을 써 우한의 『해서파관』을 "한 그루의 큰 독초"라고 『인민일보』와 다르게 썼다. 듣는 바에는 뤄루이칭 동지(그는 당시 중앙군사위원회 비서장 겸 총참모장이었음)에게 요청해 결정한 것이라고 했다. 그런데 지금 왜 또 그를 "군권을 찬탈하려" 음모하고 있다고 하는지? 현재 학술토론이 정치 비판으로 변했으니 선전부가 일을 처리하기 곤란해졌다. 그는 나에게 군보의 동향을 유의해보라며 『인민일보』는 시국을 잘 살펴야 한다고 말했다. 그는 그야말로 민감하고 착한 사람이었다!

그 후 펑전 동지가 "5인 소조" 회의를 두 번 소집하여 학술토론을 어떻게 조직할지 토론했다. 캉성은 회의에서 마오 주석이 이미 『해서파관』에 정치문제가 있다고 지적했으니 학술강좌가 학술만 논하고 정치를 논하지 않을 수 없다고 거듭 말했다. 그러나 쉬리췬과 야오전은 이 문제를 신중히 대해야 한다고 여겼다. 야오전 동지는 학술 문제와 정치문제를 어떻게 구별해야 되는지를 물었다. 그는 이 방면에 관한 홍보를 파악하기 매우 어렵다며 역사를 논하면 누구를 빗대어 말하는지 각자가 여러 가지 추측을 하게 되고 심지어 역사 인물에 자신을 들어 맞추기도 한다고 했다. 펑전 동지는 베이징 시위가 조사를 한 결과 우한은 펑더화이와 아무런 관계도 없었다고 했다.

회의에서 또 많은 동지들이 발언을 했는데 제각기 자기 의견을 발표했으며 일치된 결론을 내릴 수 없어 아무런 결과 없이 헤어졌다.

회의 후 펑전 동지가 샤오치 동지와 저우 총리에게 청을 넣어 펑전 동지와 캉성이 항저우로 가 직접 마오 주석을 만나 토론을 어떻게 조직할지 물어보기로 했다. 당시 전국의 신문과 간행물은 이미 문예, 역사, 철학, 도덕, 경제학 등에 관한 토론을 펼쳤으며, 형세는 중앙이 방향을 정해주어 이 토론이 중앙의 지도하에 진행되게 할 것을 요구했다. 펑전과 캉성은 12월 22

일 항저우에서 마오 주석을 만나 담화를 나눴다. 펑전은 그래도 부족한 것 같아 또 24일 단독으로 마오 주석에게 문의했다.

펑전 동지는 돌아온 후 먼저 류사오치, 저우언라이, 덩샤오핑 동지에게 보고를 하고 1월 2일 "5인 소조" 회의를 소집했다. 회의에서 펑전 동지가 마오 주석에게 물은 후 중앙이 내린 두 가지 결정을 선포했다. (1) 이번 학술 토론은 계속해서 '풀어놓는 방침'을 취한다. (2) 정치 문제는 2개월 후에 다시 논한다. 캉성은 회의에서 『해서파관』이 핵심은 파관이라는 것을 강조했다. 루딩이 동지는 의식형태 영역에서 누가 이기고 누가 지는가 하는 방면에 아직 할 일이 많다고 체계적으로 얘기했다. 문화혁명은 장기적으로 진행된다. 회의에서는 "5인 소조" 사무실을 설립하기로 하고 주임은 쉬리친, 부주임은 후성과 야오전으로 정했으며, 임무는 학술토론 중에 이미 논쟁이 발생한 문제를 정리하고 학술계의 사상동향을 수집하며, "5인 소조"의 결정에 따라 각 신문 간행물의 선전을 지도하는 것이라고 했다.

이때부터 야오전 동지는 "5인 소조"의 업무에 더욱 자주 참가했으며 특별히 각 신문 잡지의 홍보를 지도하는 것을 맡았다. 그는 후에 쉬리친과 함께 세 신문과 세 잡지(즉 『인민일보』, 『광명일보』, 『베이징일보』, 『홍기』, 『철학연구』, 『전선(前線)』)의 책임자를 소집하여 회의를 열고 "학술 토론에 대한 지도를 강화하기 위해 세 신문과 세 잡지의 학술 문장은 다 중앙 선전부의 심사를 거쳐야 한다."고 선포했다. 『홍기』는 잠시 학술토론 문장을 싣지 않았다. 야오전 동지가 나에게 알려준 바에 따르면 이는 『홍기』를 주재하는 천보다의 의견이었다. 천보다는 당시 베이징에 없었고 또 "5인 소조"에 참가하지 않았으나 『홍기』를 원격 조종하여 모든 것을 지휘했다. 『홍기』는 사실상 이미 한 포를 쏘았다. 12월에 발표한 치번위(戚本禹)의 『역사주의를 평함』으로 저명한 역사학자 지엔버짠(翦伯贊)을 이름을 지적하지 않고 비평한 적이 있으며 지금은 행동을 잠시 중지하고 기회를 엿보고 있었다. 후에야 안 일이지만 그는 항저우에 숨어 있고 뤄왕리(羅王力), 관펑(關峰), 치번위 등이 그를 위해 일하고 있었다.

『2월 제강』을 기안하다

2월 3일, 펑전 동지가 "5인 소조" 회의를 소집하고 당면 학술계의 상황과 신문 간행물이 토론을 조직한 상황을 토론했다. 보고와 발언을 합쳐 오전과 오후에 다 회의를 했다. 야오전 동지는 신문 간행물이 토론을 조직한 상황을 말할 때 관펑과 치번위가 지금 루산회의에 관한 문장을 쓰고 있다고 말했다. 그는 "이미 덩튀를 비판한 간행물이 나왔으며 궈라오(郭老)의 이름을 지적한 것도 있다. '5인 소조'가 태도 표시를 해야지 그렇지 않고 조금이라도 돌파구가 뚫린다면 전반적으로 전선이 동요될 것이다."고 말했다. 그는 나의 의견에 특별히 찬성한다고 말했다. 내가 "어떤 사람들은 남의 어깨를 밟고 위로 올라가려 하고 있다. 저명한 학자를 비판하여 무너뜨린 후 명인을 자신의 발판으로 삼으려 한다. 뿐만 아니라 스스로 권위를 자처하면서 신문, 간행물의 편집부가 자기 문장을 한 글자도 고치지 못하게 하고 그렇지 않으면 발표 못한다고 하는데 마치 '학패(学霸)', '학벌(学閥)'과 같다"고 말했던 것이다. 당시 내가 관펑이 『인민일보』에게 그의 문장을 수정하지 말라한 것을 빗대어 한 말이다. 야오전도 몇 가지 예를 들었다. 야오전은 또 "어떤 당원은 간행물을 좌우지하면서 중앙선전부의 말을 듣지 않고 독자성을 고집한다. 예를 들면 『철학연구』는 이미 그들끼리의 '동인잡지'로 되어버렸는데 이것이 바로 학벌인 것이다."고 지적했다.

2월 4일 오전, 펑전 동지는 자기 집에서 쉬리췬, 야오전, 후성과 나 등을 모아놓고 중앙 상무위원회에 학술토론 상황과 문제를 보고하는 데에 관한 것을 의논했다. 그는 어제 "5인 소조" 회의를 열고난 후 저녁에 전화로 샤오치 동지에게 요약하여 회보를 했다. 샤오치 동지는 베이징에 있는 중앙상무위원을 소집하여 보고를 듣겠다며 펑전 동지에게 준비하여 5일 오후에 보고를 하라고 했다. 펑전 동지는 보고에 대한 몇 가지 구상을 얘기하면서 우리에게 토론하라고 했다. 그 몇 가지 의견은 아래와 같았다.

(1) 문화혁명은 오랜 동안 무산계급과 자산계급이 의식형태 분야에서 승부를 니누는 큰일이다.

(2) 당면의 학술토론은 '풀어놓는' 방침을 취하여 각종 다른 관점이 충분히 발표되게 한 후 논쟁을 통해 의견일치를 달성한다.

(3) 학술토론은 사람마다 평등하며 이치로 사람을 설득해야지 권세로 억눌러서는 안 된다. 신문에서 공개적으로 이름을 지적하여 비평하는 것을 통제하고 당위의 비준을 거쳐야 한다.

(4) 대오를 조직하고 각 방면의 힘을 조직하고 좌파에 의거하고 중간파를 단결하면서 자산계급 의식형태에 공격을 가하며 종파주의를 행하지 않는다.
(5) 좌파를 단결하고 서로 돕고 정풍의 방식으로 작은 범위 내에서 비평과 자아비평을 한다.

회의가 끝날 때 펑전 동지는 쉬리췬과 야오전을 지명하여 보고서 요지를 작성하라고 했다. 그들 둘은 나와 함께 댜오위타이 8호 빌딩으로 왔다. 야오전이 나에게 원고를 어떻게 쓰면 좋으냐 하고 물었다. 나는 펑전 동지가 말한 몇 가지 의견을 약간 정리하고 보태면 된다고 했다. 또 요점만 나오면 되지 너무 많이 보탤 필요가 없으며 펑전 동지가 보고를 할 때 말로 보충하면 된다고 했다. 쉬리친은 그것이 어렵다며 "5인 소조"가 회의를 할 때에 벌써 서로 다른 의견이 있었다고 말했다. 나는 펑전 동지의 의견대로 쓰는 것이 옳다며 펑전 본인이 보고를 하게 되고, 또 그가 "5인 소조"의 조장이기 때문이라고 말했다. 쉬리친과 야오전은 "좋다. 정치 착오를 지더라도 조직 착오는 지지 말아야 한다. 중앙에 중앙의 문서에 결점이나 착오가 있으면 수정하면 되고 기안자는 정치적 책임을 지지 않는다'는 성문화되지 않은 규정이 있으니까"라고 말했다.

그들 둘은 점심밥을 먹은 후 낮잠을 자지 않고 회의홀에서 일을 시작했다. 오후부터 시작해 밤 10시에야 끝냈다. 내가 밤에 영화를 보고 방에 돌아와 보니 교정 완료한 원고가 보였다. 펑전 비서가 전화를 걸어와 나의 의견을 물었다. 내가 수정을 다 하고나니 자정이 넘었으며 펑전 동지의 수중에 가져갔을 때는 이미 그가 친히 수정을 마치고 조판에 넘겼을 때였다. 이것이 바로 후에 억울하게 비판을 받은 『2월 제강』이라고 불린 『"5인 소조" 보고서 제강』이다. 이 제강에서 5인 소조가 처음으로 "문화혁명 5인 소조"라는 이름을 얻었다.

2월 5일 오후 샤오치 동지가 저우 총리, 덩샤오핑, 천이, 리푸춘, 펑전, 루딩이, 캉성 등 동지들이 참가한 베이징 정치국 상무위원회 확대회의를 주재했다. 먼저 펑전 동지의 보고를 듣고 후에 쉬리친, 후성의 보고를 들었다. 야오전과 나도 참가했다. 회의가 끝날 때 샤오치 동지가 펑전에게 "5인 소조" 성원을 데리고 우창으로 가서 마오 주석에게 보고하라고 했다. 그는 모두들 『보고서 제강』에 동의하지만 회의에 3명의 상무위원만 참가해 절반이 안 되고 학술문제를 잘 모른다며 마오 주석이 학술 문제를 잘 아니 그가 결정하게 하라고 했다.

2월 8일 펑전 동지 일행이 베이징에서 우한으로 날아가 직접 마오 주석을 만나 보고를 했다. 야오전 동지는 가지 않았다. 나는 베이징에 돌아온 후

보고한 상황을 그에게 알려주었다. 그는 '풀어놓는' 방침이 이미 결정됐으니 일이 쉽게 됐다며 그러나 신중해야 하고 또 무슨 일이 일어나지 않게 방비해야 한다고 했다.

『인민일보』를 위해 걱정하다

우창에서 보고를 할 때 마오 주석이 린뱌오의 마오쩌둥 사상에 관한 두 가지 표현법(즉 '마오쩌둥 사상은 마르크스·레닌주의의 최고봉'이라고 한 것과 '마오쩌둥 사상은 최고의, 가장 활성화된 마르크스주의'라고 한 것)을 비평했기 때문에 나는 베이징으로 돌아온 후『인민일보』에 사설 한 편을 다시 써서 지난 한동안 이 문제에 관한 홍보에서 혼란했던 점(『인민일보』는 원래 1월에 마오쩌둥 사상을 논하는 사설을 발표하려 했으나 샤오핑 동지의 의견을 따라 잠시 발표하지 않았다.)을 해명하려 했다. 바로 이 때『해방군보』가 연속 '정치를 부각'하는 사설 몇 편을 발표했다. 나는 이 문제를 계기로 마오 주석과 류, 저우, 덩 중앙상무위원의 관점을 명백히 논술하려 했다.

이에 관해 나는 야오전 동지의 의견을 물었다. 그는 홍보 방면에서 마오쩌둥 사상을 용속화하고 절대화하는 것을 일관적으로 반대해왔으며 린뱌오의 '최고봉', '최고의 가장 활성화 된'이라는 말은 더욱 찬성하지 않았다.

당시 그는 쉬리췬, 톈자잉 등과 협력하여 일시적으로 유행되던『마오쩌둥 어록』과는 구별되는, 시간·지점·조건을 상세하게 밝힌 어록을 편집하고 있었다. 그러나 그는『인민일보』가 사설을 발표할지 여부에 대해 신중해야 한다고 거듭 강조했다. 후에 우리는 의논한 결과 문제가 복잡해지는 것을 피하기 위해『인민일보』가 자체로 결정을 내리고 또 샤오핑 동지가 공업교통운수업업무회의에서 했던 연설을 기조로 정치는 업무에 실행되어야 한다는 관점을 정면으로 논술하기로 결정했다. 그리하여『인민일보』는 2월 중순부터 몇 개의 제목으로 나누어 사설 원고를 쓰기 시작했다. 첫 문장은 내가 두 번이나 고쳤지만 만족스럽지 못했다. 이 때 마오 주석이 갑자기 항저우에서 중앙 상무위원회 확대회의를 열자고 했다. 나는 이 일을 잠시 중단할 수밖에 없었다.

3월 18~20일, 상무위원회 회의가 항저우에서 열렸다. 7명의 상무위원 중에 마오, 류, 저우 세 명만 참가했다. 샤오핑 동지가 서북 3선에서 시찰을 하면서 휴가를 맡고 참가하지 않아 반수가 안 되었기 때문에 비공식 면담으로 고쳤다. 마오 주석은 회의에서 문화혁명 문제에 대한 견해를 얘기했는데 여운을 남기면서 말을 할 듯 말 듯 했다. 그는 소련공산당 23차 대표대회에 참가하지 않을 것이라고 명확히 밝히고 나서 "다른 사람이 흔들리지 않게 하려면 먼저 자기가 흔들리지 말아야 한다"고 말했다. 마오 주석은 18일 자신의 거처에서 2명의 상무위원(류, 저우)만 참가하고 펑전, 천보다, 캉성과 내가 참석한 작은 회의를 소집했는데 갑자기 나를 "반(半) 마르크스주의", "진보하지 않으면 무너진다"고 비평했고, 또 후차오무와 톈자잉 동지(그들 둘은 그 자리에 없었음)를 비평하기도 했다.

나는 베이징에 돌아오자마자 아직 댜오위타이 8호 빌딩에 있는 야오전 등 몇 명의 수재에게 전달했다. 야오전은 듣고 나서 아무 말도 없다가 30분쯤 지나 나의 방으로 와 걱정이 태산인 듯 "상황이 좋지 않네, 대세가 이미 기울어졌으니 여기는 오래 머무를 바가 아니군, 스스로 잘 조처하기 바라네."라고 말했다. 나는 왜 그리 생각하는가 하고 물었다.

그는 이렇게 또박또박 말했다. "아직도 모르겠는가? 주석께서 당신을 호되게 비평했고 자리에 없는 두 대비서도 따라서 크게 욕을 먹었네. 천보다만 아무 일도 없었지. 이건 몇 사람의 일이 아니고 전당의 대국에 관한 일이고 당의 최고층에 관한 큰일이네. 후과를 예상하기 어렵지만 십중팔구는 좋지 않을 것 같네. 물론 당신도 조심하게. 당신이 1963년 여름 항저우에서 천보다를 반박하여 궁지에 몰아넣은 적이 있으니 그가 보복할 수도 있네." 나는 "부끄러운 일을 하지 않았으니 귀신이 찾아와도 두려울 것 없다"고 자신만만해 말했다. 나는 공명정대하게 일을 했으며 당의 규칙대로 일했고 종래로 부정한 행동을 한 적이 없었다. 마오 주석 앞에서 다른 사람의 나쁜 말을 하지 않았고 고자질을 해본 적이 없기 때문에 다른 사람이 나의 나쁜 말을 해도 개의치 않았으며 겁내지 않았다. 야오전은 마지막으로 "하긴 양심에 부끄러운 것이 없으면 됐네"하고 말했다.

그 후 사흘도 안 돼 야오전 동지는 단호하게 댜오위타이에서 나가 사탄(沙灘)으로 갔다. 우리는 헤어지기가 아쉬워 처연하게 마주보았다. 우리는 댜오위타이 8호 빌딩에서 3년 넘게 이웃으로 있었고 조석으로 함께 지내면서 동고동락했다. 그런데 이렇게 헤어지게 되었으니 어찌 슬프지 않으랴?!

(4) 마지막 결별

나는 여전히 댜오위타이에 있으면서 중일 양당 회담, 샤오핑 동지가 주재하고 저우 총리가 참석한 서기처 특별회의(마오 주석이 베이징시위와 중앙선전부를 비평한 담화를 토론하고 천보다와 내가 『2월 제강』을 철거하는 데에 관한 통지를 작성하기로 결정했음)에 참가했고 상하이로 가서 후에 『5.16 통지』라고 불린 초고를 수정했으며 베이징으로 돌아와 저우 총리와 알바니아 총리 메흐메트 세후의 회담에 참가했다.

이 사이에 야오전 동지는 나와 별로 연락이 없었다. 유일하게 한 번이자 마지막으로 그가 나에게 전화를 걸어왔다. 그것은 4월 6일 『인민일보』가 '정치 부각'을 논하는 첫 사설을 발표한 후였다. 야오전 동지는 전화에서 다짜고짜 나에게 "간이 배 밖으로 나왔는가? 이게 어느 때라고 바보같이 스스로를 곤란하게 만드는가?"라고 말했다. 나는 "이건 3개월 전부터 준비해온 것이지 갑자기 흥이 나서 한 것이 아니네. 당신도 알다시피 나는 고집스러운 면이 있어 일리가 있다 생각하면 물러서지 않는다네. 이번에는 꼭 분을 풀어야겠네"라고 말했다.

야오전 동지는 나에게 "스스로 잘 조처하고 몸조심하게"라고 여러 번 말한 후 길게 한숨을 내쉬고는 전화를 끊었다. 나는 계속 고집을 부리면서 잇달아 제2편, 제3편의 '정치 부각'에 관한 사설을 발표했으며 군보의 7편의 사설(2월 3일부터 4월 5일까지)에 회답했다. 이 3편의 변론식 사설은 여전히 샤오핑 동지가 공업교통운수업업무회의에서 한 연설을 기조로 삼았고 이론적 색채만 가했을 뿐이었다. 나 개인이 원고를 마무리 짓고 서명하며 발송했으며 어떤 중앙 동지에게도 검열을 받지 않았다. 2월에 류, 저우, 덩과 마오 주석마저 린뱌오의 마오쩌둥 사상에 관한 표현법을 동의하지 않았으니 나는 믿는 언덕이 있어 두려움을 몰랐던 것이다. 제4편은 아직 마무리 짓지 못한 채 정국이 돌변하여 그만두었다.

내가 야오전 동지와 마지막으로 만난 것은 5월에 소집된 중앙정치국 확대회의에서였다. 야오전 동지, 쉬리췬 동지, 후성 동지와 나는 이 매우 긴장되고 또 매우 특별한 회의에 참가했다. 우리 네 명은 각각 다른 소조에 편입되었으나 회의할 때 여러 차례 만났다. 그런 특수한 분위기 속에서 우리 네 명은 너무 긴장하여 서로 왕래하지도 않았다. 회의장에서 만나도 가끔씩 서로 머리만 살짝 끄덕였고 더욱 많은 경우에는 눈만 마주쳤으며 심지어 모른 척 할 때도 있었다. 그러나 그것이 나와 야오전 동지의 영원한 이별이 될 줄이야 누가 알았겠는가!

바로 그 회의에서 마오 주석이 3월말에 했던 3차례 담화가 전달되었다. 야오전 동지와 쉬리췬, 후성은 처음으로 마오 주석이 이런 말을 하는 것을 들었다. 베이징시위는 독립된 왕국이고 중앙선전부는 염라전이며 우파를 비호하고 좌파를 억누르는 대당벌이다. 이렇게 나가면 해산시켜야 하고 마지막까지 공격해야 한다……. 회의에서 샤오치 동지, 저우 총리, 샤오핑 동지가 강요에 못 이겨 잇달아 반성을 했으며, 심지어 연세가 많은 저우 총사령도 예외가 아니었다. 유독 린뱌오만이 '정변'을 크게 떠들어댔다. 린뱌오의 사나운 기세와 그의 친필 증명서를 보고 많은 노 동지들이 분노와 수치에 떨었다. 야오전, 쉬리친, 후성은 놀라고 당황하고 분한 기색이 역력했다!

회의에서는 펑전, 뤄루이칭, 루딩이, 양상쿤 등 네 명을 '반당집단'이라고 모함했으며, 『2월 제강』을 취소하고, "문화혁명 5인 소조"와 그 사무기구를 철거하고, 새로운 '문화혁명소조'를 설립하고, '무산계급 문화혁명'을 전개하기로 결정했다.

이렇게 우리 네 명 중 쉬리친과 야오전은 이중신분으로 그들 둘과 나는 염라전의 핵심 인물이고, 쉬리친, 야오전과 후성은 "5인 소조" 사무실의 당벌이니 일망타진 된 셈이었다. 야오전 동지는 일찍 한쪽으로 물러났으니 사실상 권리가 없는 상태라 회의 후 즉시 비판투쟁을 받았다. 나는 5월 31일 천보다에 의해 권력을 빼앗기고 역시 비판투쟁을 받고 노동개조를 했으며 얼마 안 되어 감옥에 갇혔다.

(5) 세상과의 비장(悲壯)한 사별

내가 야오전 동지가 억울하게 자살했다는 소식을 처음으로 들은 것은 비판투쟁을 받으면서 노동개조를 하던 중 나를 감독하던 노동자 동지가 몰래 알려줬기 때문이었다. 나는 너무 큰 충격을 받아 그만 연판(鉛版) 한 장도 들지 못했다(나는 인쇄공장에서 노동했는데 전문적으로 신문 연판을 나르고 씻는 일을 했다.) 이에 앞서 5월 정치국 회의기간에 나는 덩튀 동지가 억울하게 자살했다는 소식을 들었고, 그 후 또 나의 오랜 동료인 왕중이(王宗一) 동지(중앙선전부 선전처에서 근무했다. 1956년 무모한 돌진을 반대하는 사론을 썼으며 원래 나와 함께 신화사 편집부에서 일했다)가 똑같이 세상을 떠났다는 소식을 들었다. 언론계에는 재난이 너무 많이 일어났던 것이다!

후에 나는 여러 방면으로 야오전 동지가 억울하게 죽기 전의 상황을 알아봤으며, 그가 왜 이런 극단적인 선택을 했는지 이해가 되었다.

그는 『2월 제강』의 기안자였다. 『5.16 통지』가 당치 않은 이유를 내세워 이를 억지로 비판했으니 그가 당연히 불복했을 것이다.

그는 또 각 신문 간행물의 학술비판 문장의 심사자였다. 이는 중앙의 결정을 집행한 것으로 비난할 바가 아니었다.

그러나 그를 비판투쟁한 사람들 중 가장 악랄한 것은 당시 중앙선전부 조반파(造反派)의 작은 두목인 루안밍(阮銘)이었는데, 이 두 가지를 꼭 잡고 놓지 않으면서 가혹하게 비판투쟁을 했다. 그는 '문화대혁명'후 '사상을 해방시킨다'는 명의로 자산계급 자유화를 행하였고, 1989년 초여름 베이징 풍파 때 도처에서 활동을 하더니 결국 후에 미국으로 도망갔다.

이 조반파들은 또 캉성의 사주를 받고 야오전 동지가 상하이가 해방되기 전 감옥에 갇혔던 사실(50년대에 간부를 심사할 때 아무 문제없다고 판정이 났음)을 끄집어내어 '변절자'라고 무함하면서 최대의 압력을 가했다. 그를 땅바닥에 쓰러뜨리고도 발로 차면서 죽이려고 작정을 했다. 야오전 동지가 비판투쟁을 받을 때 얼마나 큰 시달림을 받았을까!

야오전 동지는 평소에 실면증이 있었다. 나는 그와 함께 댜오위타이에 있을 때, 그의 운전기사가 그에게 수면제를 가져다주는 것을 자주 보곤 했다. 그는 또 나에게 해방 전 체포되었을 때 이2층집에서 뛰어내려 이웃들을 놀래는 방법으로 지하당조직에게 경보를 보냈다며 그 때 척추를 다쳐 늘 아프다고 말했다.

그는 아마 비판투쟁을 받을 때 밤마다 잠을 이룰 수 없어 더없이 고통스러웠으리라. 야오전 동지는 평생 충성스럽고 총명하고 격정에 넘치고 솔직했다. 그런데 이런 결말을 보았으니 비장하고 장렬하기 그지없으며 그야말로 원통하기 그지없다!

야오전 동지의 억울한 사건은 1978년 초에 끝내 누명을 벗었다!

유감스럽게 당시 나는 이 사실을 몰랐다. 내가 이미 중앙선전부 사람이 아니었고 또 후에 병원으로 가 눈 부위에 대수술을 받았으며 수술 후 남쪽 충화(從化)에 가서 요양을 했기 때문이었다. 이 때문에 그리고 여러 가지 원인으로 지금까지 붓을 들어 애도의 뜻을 표하지 못했도다! 오호 통재리!

지난해 야오전의 고향에서 기념문집을 낼 계획이라는 소식을 듣고 나는 이 기회에 그를 기념하는 글을 써 다년간의 소원을 이루고자 했다. 그런데 5월에 붓을 잡기 시작해 6월에 심장병이 발작할 줄을 누가 알았겠는가? 두 달 반 동안 입원치료를 받고 퇴원한 후 계속 글을 쓰다가 11월에 또다시 옛 병이 도져 4주일 동안 입원했으며 양력설이 지난 후 또 경미한 뇌졸중에 걸렸다. 그렇기 때문에 글을 쓰다 말다 중간 중간 쉬기도 했다. 늙은 천리마가 마구간에 누워 있으면서 천 리를 달리고 싶어 하지만 더 이상 지난날의 풍채를 보여줄 길 없고, 열사가 만년이 되니 힘이 마음을 따라 주지 않는 것과 같았다. 이렇게 질질 끌다가 그만 세기를 뛰어넘게 되었던 것이다.

원고를 다 쓴 날 나는 푸른 하늘을 쳐다보았다:

야오전 동지가 높은 산꼭대기에 서 있었으며 한 줌의 황토로 산화한 것이 아니었다.

2001년 1월 15일

(Endnotes)

1. 본 문의 원 제목은 「옌안 십년 ― 마오 주석 인상기(延安十年―毛主席印象記)」로 2001년 『중화혼(中華魂)』 제8-10기에 게재됨.

2. 본 문은 저자가 쓴 『마오 주석을 추억하다―내가 직접 겪은 몇 가지 중대한 역사 사건의 단편들』이라는 저서이다. 1990년 12월에서 1994년 6월 사이에 썼으며 신화출판사에 의해 1995년에 출판되었다.

3. 본 문은 『마오 주석을 추억하다』라는 도서의 부록으로서 1987년 12월에 쓴 것이다.

4. 본 문의 원 제목은 "실사구시의 본보기-7천명 대회에서 샤오치 동지의 기풍을 회억하며"이다. 『류샤오치를 추억하며』에 게재, 중앙문헌출판사, 1988년판.

5. 삼칠개(三七開) : 부정적인 것과 긍정적 인 것의 비율을 대략 3:7 정도로 봐야 무난하다는 뜻

6. 본 문장의 원 제목은 「조정 시기의 중견 인물- 류샤오치(劉少奇) 탄신 100주년」이며 저자가 류샤오치 탄신 100주년을 기념하기 위해 쓴 특약 문장이다. 원래 『당의 문헌』 1999년 제1기에 게재되었다.

7. 본 문장의 원 제목은 「엄한 스승의 가르침-저우 총리에 대해 가장 인상 깊었던 몇 가지 일을 회억하다」로 원래 중앙문헌출판사가 1990년 1월에 출판한 책『우리의 총리』에 수록되었다. .

8. 본문의 원 제목은 「조정시기의 중대한 공헌- 저우 총리의 1961년부터 1964년까지」로 저자가 1998년 2월에 소집된 '저우 총리의 생애와 사상 심포지엄'을 위해 쓴 특약 논문이다. 원래 『저우언라이 100년 기념- 전국 저우언라이 생애와 사상 심포지엄 논문집』(중앙문헌출판사, 1999년 출판)이라는 책에 수록되었다.

9. 랴오청지 동지는 1946년 7월부터 1949년 6월까지 신화사 사장으로 있었다. 본문의 원 제목은 「옌안, 타이항(太行)으로부터 시바이퍼까지-

랴오청즈 동지가 신화사 업무를 지도한 것을 회억하여」이며 원래 신화사 「신문업무·신문사 연구특집」1989년 제7기에 게재되었다.

10. 이 문장은 1994년 1월에 썼으며 원래 당대중국출판사가 1994년에 출판한 『후차오무를 회억하다』에 수록되었다.

11. 아이쓰치는 중공중앙 고급당교 부교장으로 있었으며 중국의 저명한 마르크스주의 철학가, 교육가와 혁명가이다. 본문은 저자가 쓴 『영수와 전우를 회억하다』(신화출판사 2006년 출판)는 책에 수록되었다.

12. 톈자잉은 중공중앙 판공청 부주임, 중앙정치연구실 부주임, 마오쩌둥 주석 비서를 역임한 바 있다. 1966년 5월 '문화대혁명'에서 정치적 박해를 받고 비분하여 자살했다. 본문은 1996년에 썼으며 원래 『마오쩌둥과 그의 비서 톈자잉(증정본)』(중앙문헌출판사, 1996년)에 수록되었다.

13. 야오전 동지는 중공중앙 선전부 부부장, 중앙 국제문제 선전소조 성원, 중앙 반(反)수정주의원고 기초소조 성원, 국제문제 전문가였다. 1966년 7월, '문화대혁명'에서 정치박해를 받고 비분하여 자살했다. 본문은 원래 저자가 집필한 신화출판사 2006년 출판 『영수와 전우를 회억하여』라는 책에 수록되었다.